MW00736506

La batalla de las ideas

(1943-1973)

Beatriz Sarlo

La batalla de las ideas

(1943-1973)

(Con la colaboración de Carlos Altamirano)

Ariel

Diseño de cubierta: Mario Blanco
Diseño de interior: Alejandro Ulloa

© 2001 Beatriz Sarlo

Derechos exclusivos de edición en castellano
reservados para todo el mundo:
© 2001 Grupo Editorial Planeta S.A.I.C. / Ariel
Independencia 1668, 1100 Buenos Aires

ISBN 950-9122-75-0

Hecho el depósito que prevé la ley 11.723
Impreso en la Argentina

Ninguna parte de esta publicación, incluido el diseño de la cubierta, puede ser reproducida, almacenada o transmitida en manera alguna ni por ningún medio, ya sea eléctrico,
químico, mecánico, óptico, de grabación o de fotocopia, sin permiso previo del editor.

ÍNDICE

ANTOLOGÍA

ADVERTENCIA

El lector tiene en sus manos un volumen que recorre, cronológicamente, los mismos años que el anterior de esta misma colección, *Bajo el signo de las masas (1943-1973)*, de Carlos Altamirano. Hace un tiempo, Tulio Halperín Donghi, director de la Biblioteca del Pensamiento Argentino, nos encargó a Altamirano y a mí la preparación del tomo dedicado a esas tres décadas. Trabajamos juntos en el establecimiento de un índice tentativo y discutimos cuáles debían ser los ejes del libro futuro. Pero, a mitad de camino, cuando una masa enorme de escritos comenzó a presionar sobre la extensión editorialmente aceptable del volumen, tomamos la decisión (juzgada por Halperín como no desprovista de motivos) de dividir esos textos, y los problemas que suscitaban, en dos libros independientes, de una autonomía en verdad relativa. Altamirano se haría cargo del pensamiento político en un sentido bastante estricto porque son los militares, los sindicalistas, los partidos, los políticos y, entre ellos, las figuras dominantes de Perón y Frondizi, quienes se pronuncian; y porque las grandes configuraciones políticas de los años que van entre la revolución de junio y el regreso de Perón al gobierno organizan la exposición. En esos términos exactos, *Bajo el signo de las masas* es un libro de pensamiento político.

Sin embargo, mientras trabajé con Altamirano en este proyecto, tuvimos siempre en claro que el discurso de significación política no se limitaba al de quienes hacían la política como gobernantes o aspirantes a serlo, como dirigentes de organizaciones directamente imbricadas en la escena electoral o en el conflicto social. Por una parte, estaba el discurso de los políticos y de los actores que, como los militares, fueron desafortunados actores políticos; también era político el discurso de organizaciones, como las sindicales, que no podrían separarse, en esos años, de la escena propiamente política. Pero había otra masa, verdaderamente gigantesca, de discursos *sobre* la política y la sociedad, que casi siempre aspiraron a ser escuchados no sólo en la esfera pública sino también a influir en el proceso político, como guías, intérpretes o puntos de referencia ideológicos; sus emisores no eran políticos sino intelectuales (a veces intelectuales que se pensaban a sí mismos también como políticos). Se trata, tanto en este caso como en el primero, de hombres y de organizaciones, de grupos y de instituciones: intelectuales y artistas, universitarios, la Iglesia, el movimiento estudiantil.

Naturalmente, este volumen quedó destinado a agruparlos y tratar de entenderlos a lo largo de los treinta años que van entre 1943 a 1973, fechas marcadas por el surgimiento, la caída, la proscripción y el regreso del peronismo. Pero no es únicamente el peronismo el tema de este volumen, aunque jamás perdió en esos treinta años su centralidad como el enigma a resolver de la política argentina; o el enemigo a liquidar; o el aliado que debe conquistarse; o la ideología de la que hay que liberar a las masas; o la que hay que absorber y transformar para acercarse a ellas. Alrededor del peronismo giran, a no dudarlo, los intelectuales y las instituciones que quieren hacer oír su palabra en la vida pública.

En el período que abarca este volumen, se definieron también algunos debates más específicamente culturales que alcanzaron, porque eso era lo propio de la época, significación política. La universidad fue discutida primero en términos académicos, pero en ese debate nunca estuvo ausente una idea de lo que la universidad debía ser en un país como la Argentina; las actividades y pronunciamientos universitarios tuvieron, por lo demás, trascendencia sobre otras dimensiones de la vida pública. La Iglesia no sólo debió ocuparse de qué hacer con las masas (peronistas), sino también de la radicalización teológica y política de un clero que se dedicaba cada vez más activamente a las cuestiones seculares hasta convertir el Evangelio en un mensaje de agitación revolucionaria. Los intelectuales ensayaron la inscripción de la cuestión peronista en marcos explicativos de origen marxista o en el más amplio y vago continente de los movimientos nacionales del tercer mundo. Los universitarios, la Iglesia y los intelectuales exploraron los conflictos no resueltos que el golpe de estado de 1955 creyó que era posible liquidar con la proscripción, y que otros, como Frondizi, habían pensado que era posible asimilar en una refundación política e ideológica. También exploraron sus propios dilemas en relación con una sociedad que había cambiado, en un mundo que había cambiado más aún después del triunfo de la revolución cubana.

La línea narrativa de este libro podría sintetizarse en el pasaje de las soluciones reformistas a las propuestas revolucionarias. Y ella incluiría no sólo a la izquierda marxista y peronista, cuyo peso en el campo intelectual es grande, sino también a la Iglesia y la universidad como institución. Otra forma de definir esa línea narrativa sería la de subrayar la progresiva pérdida de especificidad de los discursos intelectuales en relación con ciertos grandes temas: ciencia y técnica (de la investigación a la denuncia de las condiciones dependientes del saber); literatura y artes (del compromiso al arte político, de la modernidad y la vanguardia a la revolución); universidad (el fin de la cuestión universitaria propiamente dicha, que se disuelve en la revolución en la universidad y una universidad para la revolución); catolicismo y socialcristianismo (de las encíclicas a la teología de la liberación).

En el volumen preparado por Altamirano, la cuestión peronista articulaba todo el resto de las cuestiones, incluso cuando se creyó que se estaba saliendo finalmente de las condiciones puestas por el peronismo; en este volumen, el acento colocado sobre la transformación y sus vías pesa definiendo la problemática de la época. Por supuesto, la cuestión peronista no se ha eclipsado en los discursos intelectuales. Ella sigue exigiendo una respuesta y todos, desde el grupo de la revista *Sur* a los marxistas y nacionalistas, creen tener la suya. Pero se entreteje con la cuestión del cambio revolucionario y la insuficiencia de los caminos reformistas y de la instituciones republicanas, que los golpes de estado subrayaban dramáticamente.

Los intelectuales hablan de sí mismos y de lo que deben hacer en relación con la política, muchas veces, cada vez más a medida que pasan los años, se percibe un sentimiento de insatisfacción por la práctica intelectual, académica y científica que es juzgada insuficiente y pierde progresivamente su autonomía. Pero, en los años sesenta, también se escucharon otros discursos que intentaban abrir un campo de propuestas reformistas, en la universidad, en la investigación, en la relación entre sociedad e intelectuales. A esos discursos, que se volvieron cada vez menos audibles, este volumen trata de registrarlos. Si el movimiento histórico va hacia el lado de la radicalización, eso no sucedió en el vacío de otras posiciones. Como fuera, cuando se llega a comienzos de la década del setenta, se tiene la sensación de que la izquierda ha ganado una batalla cultural que la vuelve muy visible en el campo intelectual y en el artístico. Que esa victoria cultural durara poco es parte del cierre terrible del período que considera este libro.

Las partes que lo componen intentan dar cuenta de lo dicho hasta aquí. Se abre con una pregunta "¿Qué hacer con las masas?" que se coloca en el continente de problemas suscitados por la caída del peronismo en 1955. Esta sección fue preparada por Carlos Altamirano, que ha escrito la parte correspondiente del Estudio Preliminar. Luego, "Cristianos en el siglo" recorre la etapa que va de 1943 a 1973, siguiendo el debate interno a la Iglesia y su politización por los movimientos posconciliares, cuyas líneas más radicales convergieron en los Sacerdotes para el Tercer Mundo. Bajo el título de "Los universitarios" se sigue el ciclo de una pérdida de especificidad de la cuestión universitaria y de la política científica que se extiende desde el reformismo hasta la radicalización que pone fin a la cuestión universitaria como campo de problemas que debían ser abordados con instrumentos específicos. Finalmente, "Historiadores, sociólogos, intelectuales", presenta las transformaciones de una relación entre letrados y política que se altera bajo la presión de la radicalización ideológica. Mientras estos cambios se imponen, las nuevas ciencias sociales, la semiología, la historia avanzan interpretaciones originales de la Argentina. Pero llega el momento en que la fuerza del discurso se cree insuficiente frente a la lógica del conflicto. Pocos años después, la fuerza de las armas cerrará este capítulo. De la ilusión a la derrota, del reformismo a la revolución, del peronismo de estado al peronismo guerrillero, del golpe de junio de 1943 a los prolegómenos del gran golpe de 1976: este volumen se mueve a lo largo de líneas que, ya lo sabemos, tienen esa cualidad inevitable de lo trágico.

Beatriz Sarlo

ESTUDIO PRELIMINAR

I. ¿QUÉ HACER CON LAS MASAS?

1. VERDAD Y FICCIÓN EN EL PERONISMO*

El derrocamiento del peronismo en 1955 llevó al debate todas las cuestiones y planos de la existencia nacional. Si, como había escrito José Luis Romero en 1951, las masas no renunciarían ya al progreso que habían alcanzado bajo Perón y sería "ineficaz cualquier planteo que se haga sobre la base de retrotraer su situación a la de hace diez o veinte años atrás", ¿cuál debía ser la fórmula del posperonismo, dado que quienes tenían el poder tampoco permitirían el retorno del régimen que acababan de abatir?[1] Toda la discusión intelectual en torno del significado del peronismo, que sucederá al momento de la euforia triunfante, estará regida por esta problemática política.

Un ánimo de examen histórico iba ligado a la convicción de que se asistía a un momento que era a la vez de clausura y de inauguración –como en 1852 o aun en 1810–, convicción corriente entre quienes se identificaban con la Revolución Libertadora y, en particular, con el curso que ella había tomado después del 13 de noviembre de 1955. Libros, folletos, revistas, audiciones de radio y mesas redondas fueron los medios de un discurso proliferante.

En ese discurso se entrecruzaron políticos-escritores y escritores a secas. Todos parecían participar de un único combate, un combate de orden simbólico librado en el dominio público. De hecho, sin embargo, lo que parecía una sola lucha cívica entremezclaba disputas que no eran las mismas para todos los contendientes. En principio, dos: la disputa por la supremacía entre fracciones de las élites políticas y la disputa por la dirección del campo intelectual entre miembros de las élites culturales. La controversia en torno del peronismo empalmaría también esos dos pleitos. Aunque estas distinciones parecieron casi borrarse en la representación de una sola arena, la consideración retrospectiva del debate obliga a consignarlas, pues lo que estaba en juego variaba según la posición del apostador y, en algunos casos, era el ascendiente, a lograr o a reforzar, sobre quienes controlaban el poder político, y, en otros, la definición del papel de los intelectuales y la cultura legítima.

Nada más representativo del primer momento de esta efervescencia que el

---

* Esta sección del Estudio Preliminar, pp. 19-42, ha sido preparada por Carlos Altamirano, así como la sección correspondiente de la Antología, pp. 117-179.

número 237 de la revista *Sur*, publicado a fines de 1955. Considerada, aun por sus enemigos, como el órgano por excelencia de la cultura distinguida (así se la juzgara burguesa u oligárquica), *Sur* reunió en las páginas de ese número a poetas y escritores de ficción con filósofos, pedagogos, juristas, historiadores y ensayistas –la *república del espíritu*, en suma–, convocados a dar su palabra bajo un lema común: "Por la reconstrucción nacional". ¿Cómo no considerar emblemática esta intervención por parte de una revista que, durante sus veinticinco años, había evitado casi siempre los asuntos del debate público inmediato? El conjunto de los artículos, en general breves y de temática variada, iba presidido por una nota de la directora, Victoria Ocampo, escrita en el género testimonial que acostumbraba a cultivar: "La hora de la verdad". Victoria Ocampo, que había estado presa bajo el gobierno de Perón durante cuatro semanas, ligaba esa experiencia a la verdad del régimen peronista. "En la cárcel, uno tenía por lo menos la satisfacción de sentir que al fin tocaba fondo, *vivía en la realidad*. La cosa se había materializado. Ésa fue mi primera reacción: 'Ya estoy fuera de la zona de la falsa libertad; ya estoy al menos en *una verdad...*'.". La escritora se consideraba en deuda con Dios, a quien se había dirigido, en actitud agradecida, en sus días de prisión: "Te agradezco este poder vivir en la verdad".[2]

La afirmación de que bajo el peronismo sólo en la cárcel se vivía en la realidad no estaba únicamente destinada a identificar la parte con el todo (el peronismo era un orden policial), sino también a indicar que el régimen era indisociable del engaño y la ficción. Ésa es la idea que desarrolla el artículo de Jorge Luis Borges, "L'illusion comique". Como en el caso de las invenciones literarias, las mentiras oficiales bajo el peronismo no eran creídas o descreídas: "pertenecían a un plano intermedio y su propósito era encubrir o justificar sórdidas o atroces realidades".[3] Las referencias al engaño, a las escenificaciones y aun a la inverosimilitud de la experiencia se ligaban al juicio de que el peronismo había sido una historia o, más bien, un drama insensato. Este juicio no se desprende únicamente del texto de Borges. "Ha sido –¿qué duda cabe?– un estado de locura colectiva", escribe por ejemplo Norberto Rodríguez Bustamante en un artículo que bajo el título "Crónica del desastre" enumera la "serie interminable de ignominias" de un régimen que "nos fue asfixiando con sus ingredientes de vergüenza".[4]

Ciertamente, sólo algunos de los artículos de la revista tomaban como objeto al peronismo y ninguno de sus autores se creyó obligado a ofrecer de él un análisis o una interpretación. Para tomarse esa tarea hubiera sido necesario que se considerara que los hechos eran problemáticos, que sus signos no eran unívocos, o bien que era imperioso refutar una opinión contraria. Pero no había nada de esto en el horizonte de la directora y de los colaboradores de *Sur*: a sus ojos, la década peronista había sido una década oprobiosa e irracional, y escribían seguros de contar con el consenso de sus lectores en ese punto. Contaban, además, con la idea del peronismo como fenómeno totalitario, mezcla de fascismo y de rosismo, elaborada diez años atrás.

Las preguntas, entonces, cuando las había, no se referirían al peronismo, acerca de cuyo carácter no había dudas, sino a los antecedentes que lo habían hecho posible. Bernardo Canal Feijóo ("¿Qué hacer?") sostendrá que, como cien años atrás, el principal enemigo estaba adentro, pero ahora no se trataba del "desierto" ni del "caudillismo feudal", sino de un enemigo más difícil. Hablará, entonces, de "las potestades centralizadoras, de superconcentraciones urbanas a costa de campañas empobrecidas, de las inseguridades de una naciente industrialización, de una obnubilación de la verdadera conciencia constitucional argentina en la mayoría de los dirigentes políticos". Para Aldo Prior ("Apelación a la conciencia") los problemas eran viejos y remitían a la "Argentina profunda", que en este caso no daba nombre, como en otros usos de la misma expresión, a una Argentina más espiritual, sino a la barbarie. Este núcleo profundo permanecía, casi inerte, mientras aquello que se había movido, dando apariencia de cambio, venía de afuera. Los argentinos habían sido espectadores, no actores, del escenario de las transformaciones históricas. Los problemas venían de lejos también para Jorge A. Paita ("Aproximación a ciertos problemas"), pero eran menos ontológicos. Había que aceptar algo, sostenía: "la dictadura fue engendrada por cierto estado de cosas". Perón no había sido todo el mal, había sido, más bien, una consecuencia del mal que lo procedió. "Ese mal no es nuevo en esta tierra y viene siendo proclamado, desde mediados del pasado siglo, en toda Europa. Así lo denunciaba Echeverría en 1837: '¿Pero cuándo nuestros gobiernos, nuestros legisladores se han acordado del pueblo, de los pobres?'."

Como una instantánea, el número 237 de *Sur* registra un momento del antiperonismo intelectual. Vocablos como *mentira, ignominia, vergüenza, mal, atropello, vulgaridad, chabacanería*, o algunos de sus sinónimos, que se pueden espigar a lo largo de muchos de sus artículos, dan tono a una condena del régimen peronista que no es sólo política, sino moral y aun estética. Era la reacción de una categoría social que había vivido la experiencia de los diez últimos años también como una afrenta a su sentido del decoro y a sus gustos. Esa condena no tenía como foco únicamente la revista de Victoria Ocampo: a manera de eje, el mismo rechazo al peronismo conectaba a *Sur* con *Liberalis* e *Imago Mundi*, a ASCUA con la Sociedad Argentina de Escritores. Pero otras ideas relativas a la verdad de la década peronista aparecerán en la polémica, tácita o explícita, con las que cristalizaron en el espacio intelectual que articulaban esas revistas y sus agrupaciones.

2. ASIMILAR EL HECHO PERONISTA

La primera versión disidente de resonancia fue la de Mario Amadeo en *Ayer, hoy, mañana*.[5] Publicado en abril de 1956, el ensayo conocerá a lo largo de ese año varias ediciones. Amadeo había sido canciller durante la breve presidencia del general Lonardi e integraba la fracción nacionalista desalojada del poder junto con el primer presidente del Gobierno Provisional.

Lo que sobre todo le interesaba al político nacionalista, que no creía aún perdida la batalla para sus posiciones, era exponer su diagnóstico de la situación en que se encontraba el país ("una encrucijada"), definir el problema de tramitación más imperiosa y proponer una línea de solución en la que reclamaba un papel para la tendencia en cuyo nombre hablaba.

La primera parte (*Ayer*) evocaba, muy estilizadamente, la trayectoria política del autor desde el 4 de junio de 1943: el encuentro con Perón y la decepción que lo apartaría rápidamente del caudillo en ciernes, la reclusión en la labor académica bajo el gobierno peronista, el paso a la conspiración, el 16 de septiembre de 1955, el breve gobierno de Lonardi y su participación en el gabinete. El relato concluía destacando que, desde el momento mismo de la constitución del Gobierno Provisional, se habían integrado dos corrientes netamente diferenciadas: la que triunfó el 13 de noviembre de 1955 y la que entonces fue desalojada del poder. Tras esta evocación, destinada a consignar que sus relaciones con Perón habían sido pasajeras y que, en cambio, contaba con credenciales inequívocas de que había sido parte del movimiento que lo derrocó, Amadeo pasaba, en la segunda parte (*Hoy*), a enfocar lo que a su juicio era el más grave y urgente de los problemas que planteaba la reconstrucción del país: "la liquidación de la etapa peronista". Llamaba así, aclaraba, a "la asimilación de ese gran sector de la población argentina que puso sus esperanzas en la figura que dio su nombre al régimen caído y que, a pesar de sus errores y de sus culpas, le sigue siendo fiel". Esa masa, añadía, "está crispada y resentida".[6]

Ahora bien, el "éxito o el fracaso del intento de unir al país depende, en buena medida, de cómo se interprete el hecho peronista".[7] Sobre esta premisa Amadeo tipificaba en cuatro las posiciones relativas a ese "hecho". En la *primera* ubicaba a los sectores socialmente conservadores, para los cuales "el peronismo no ha sido otra cosa que una pesadilla": flaqueza o enfermedad del pueblo argentino, se consideraba que un tratamiento enérgico lo llevaría a ser lo que era antes "y del episodio no quedarán más rastros del que pueda dejar a una persona robusta una gripe o un sarampión".[8] La *segunda* era una variante dentro de ese mismo sector conservador. Para aquellos a quienes incluía en esta variante, el peronismo había sido un hecho más serio y de huellas más perdurables de las que reconocía la posición anterior, pero lo reducían todo a un efecto de la venalidad y de la explotación de los instintos más bajos de la plebe. La represión era el complemento político de esas dos primeras posiciones. Después estaba el antiperonismo de la izquierda liberal, donde Amadeo insertaba al conjunto que formaban el Partido Socialista, el Partido Demócrata Progresista y la fracción unionista del radicalismo. Para este sector, el peronismo es el nazi-fascismo y "'desperonizar' es 'desnazificar'". En la izquierda liberal, a la que acusaba de pretender definir la "ortodoxia revolucionaria", tenía Amadeo su principal enemigo ideológico. La *cuarta* de las posiciones era la representada por la izquierda antiliberal: "sólo desaprueba la persona del jefe y (...) ve en ese movimiento una forma –forma cruda y primitiva pero eficaz– de la lucha contra el imperialismo".[9] De signo trotskista, "pretende apoderarse del proletariado vacante por la ausencia del 'leader'".[10]

Dejando de lado la última de las posiciones (sin gravitación política, en realidad, pero útil de mencionar como amenaza potencial si no se daba respuesta adecuada a la cuestión peronista), lo que tenían en común las otras tres era que agravaban el problema, proponiendo métodos de desperonización fundados en el juicio de que el ciclo peronista fue sólo una experiencia nefasta y perniciosa. El peronismo, sin embargo, había sido un hecho complejo y hubo en él, sostenía Amadeo, elementos positivos y negativos. En su génesis habían confluido "dos transformaciones (algunos dirían dos revoluciones) de origen y signo diverso: una transformación ideológica y política y una renovación social".[11] Si Perón tuvo alguna genialidad, había sido la de "advertir la existencia latente de esas transformaciones y ponerse a su cabeza utilizando los resortes estatales que le había conferido la revolución de junio y los que, luego, logró arrebatar a sus camaradas de armas".[12] La transformación ideológica que Perón encontró ya disponible había sido obra de la "generación nacionalista", como la llamaba Amadeo, de su crítica de las instituciones y las creencias de la Argentina liberal, desconectadas ya del país real según lo probaba el golpe de 1930. Gran "succionador de temas", el peronismo se apropió, aunque abaratándolo, de lo que había de vigente en la temática nacionalista. "No se olvide, por ejemplo, que los tres lemas del peronismo: soberanía política, independencia económica y justicia social fueron tomados 'ad litteram' de una agrupación nacionalista. Pero aun fuera del peronismo, y sin reconocer la embarazosa paternidad, nadie se atreve ya en el país a negar explícitamente esas banderas."[13]

Con el peronismo había nacido una nueva conciencia social en el pueblo: era su legado más perdurable, si bien se había contaminado de demagogia. Si el pueblo "oye decir que los últimos diez años sólo han traído miseria, deshonor y vergüenza, no lo creerá...". Y "no lo creerá porque tiene la certeza vivida de que ello no es verdad". Sabe los frutos positivos que esos años le han dejado, "que hoy es distinto el trato –inclusive el trato social– entre gentes de diferente origen, sabe que hoy no se puede desconocer el derecho de un hombre humilde, sabe que si el equilibrio social se ha roto no ha sido en su detrimento". Si verdades como éstas se reconocieran sin tapujos al régimen caído, se habría dado un primer paso para ganar la confianza de esa masa que todavía le era fiel a Perón.[14]

Admitir los aspectos positivos del peronismo, aunque rechazando los métodos políticos que empleó, era un requisito de la asimilación de ese sector de la vida pública argentina. La asimilación, a su vez, no tenía únicamente relevancia política. También era un paso obligado para encarar las dificultades de la situación económica. ¿No convenían todos en que el aumento de la producción era la clave del problema económico argentino? Pues bien, "para reclamar a los trabajadores el sacrificio de un aumento de trabajo (ya que desde Adán el trabajo *es* sacrificio) resulta necesario hacerles sentir como propias las causas de ese aumento...". Y para hacer sentir eso "hay que incorporarlos efectivamente a la vida nacional, hay que sacarlos de su hosco aislamiento".[15] En otras palabras, era necesaria la reconciliación de clases y la coerción no lograría ese cometido.

Desalojada del poder, la fracción nacionalista que había tomado parte en el derrocamiento de Perón entablaba su batalla en el dominio público.[16] Lo que *Ayer, hoy, mañana* ofrecía como fórmula de recomposición nacional, aconsejando incorporar los aspectos que juzgaba positivos de la experiencia peronista, era

lo que sus adversarios llamaban peronismo sin Perón, un fantasma que no tarda-
ría en agitarse, aun dentro del radicalismo, contra la candidatura de Arturo Frondizi, presidente de la UCR y, por entonces, el dirigente civil más renombrado.
Los oponentes que Amadeo, a su vez, tenía en la mira eran los partidos de la "izquierda liberal". Bajo el peronismo, decía, estos partidos habían constituido su
baluarte en las "sociedades de pensamiento", designando así a la red de revistas
y agrupaciones de la constelación liberal progresista.[17] Ahora los dirigentes de
esos partidos "ocupan altas *posiciones* públicas o –lo que es más importante– in-
fluyen sobre la mente de quienes las desempeñan".[18] Al trasladar la pugna al dominio público, Amadeo no pretendía sólo transmitir una respuesta a la pregunta
que alimentaba la discusión relativa al peronismo –¿qué hacer con las masas?–,
sino cambiar las relaciones instituidas entre ciertas ideologías y el poder político. En otras palabras: cambiar las ideas con ascendiente entre los que mandaban.

3. El divorcio entre doctores y pueblo

La respuesta más elaborada a *Ayer, hoy, mañana* fue la del escritor Ernesto
Sabato, *El otro rostro del peronismo*, breve ensayo polémico que apareció a mediados de 1956 (el subtítulo rezaba: *Carta abierta a Mario Amadeo*). El escrito
de Sabato, como el de Amadeo y, más ampliamente, como la mayoría de los escritos que a lo largo de 1956 girarían alrededor del "hecho peronista", dejaría
ver que las divergencias se entretejían con una serie casi obligada de tópicos
compartidos. Por su asiduidad, destaquemos tres de ellos: 1) la relación entre peronismo y resentimiento, el más socorrido de todos los tópicos al comienzo y el
que antes que ningún otro se desgastaría; 2) el peronismo como nuevo capítulo
del divorcio histórico entre élites y pueblo, tópico proveniente del temario nacionalista e introducido por Amadeo en el debate; 3) el peronismo como hecho culpable cuyo acaecimiento tenía causantes: actores individuales o colectivos que
habían sido responsables de que el peronismo sucediera ("Cada uno tiene que
hacerse cargo de su culpabilidad, pues nadie queda indemne", había escrito Rodríguez Bustamante en el número de *Sur* ya citado).

Así sea como gesto retórico, Sabato creyó necesario declarar qué lo autori-
zaba a tomar la palabra. No era un político, dirá, como su destinatario, aunque sí
lo era "en el sentido amplio y primigenio de la palabra". Pero más que esta condición general de ciudadano, era sobre todo su condición de intelectual la que lo
obligaba a intervenir. Los "hombres de pensamiento" no debían recluirse en la
torre de marfil, sino bajar al foro.

Colaborador de la revista *Sur*, Sabato era asimismo miembro de ASCUA, el
agrupamiento cívico creado y dirigido desde 1952 por Carlos Alberto Erro. Tres
libros de ensayos, *Uno y el universo*, *Hombres y engranajes*, *Heterodoxias*, y
una novela breve, *El túnel*, le habían dado notoriedad como escritor grave, preocupado por la crisis de la civilización moderna, cuyo culto de la razón abstracta
y de la máquina la hacía incapaz de comprender y sublimar las potencias oscuras

que brotaban de la condición animal del hombre. La reivindicación de un socialismo comunitario, que lo ponía a igual distancia del capitalismo y del comunismo (por el que había pasado en su juventud), completaba su perfil de escritor inconformista. El Gobierno Provisional, ya bajo la presidencia del general Aramburu, lo había designado director del semanario *Mundo Argentino*, propiedad de una empresa intervenida por el Estado por sus vínculos con el régimen peronista.

¿A quién dirigía Sabato su carta abierta? Pese a lo que anunciaba el subtítulo y aun las primeras páginas de *El otro rostro del peronismo*, donde se habla de coincidencias y "discrepancias capitales", el centro polémico del ensayo lo enfrentaba menos con Amadeo que con el alineamiento antiperonista liberal. Es cierto que le reprocha al autor de *Ayer, hoy, mañana* que pasara muy rápidamente sobre la simpatía que los nacionalistas habían alimentado por Mussolini y Hitler, que censurara en Perón más la persona que la ideología, y que no mencionara ni extrajera las consecuencias del hecho de que las fuerzas de choque del ex presidente provenían de las filas del nacionalismo. Pero su interpretación de las condiciones de emergencia del peronismo y de la verdad alojada en él tenía más afinidades que discrepancias con la interpretación de Amadeo, aunque se colocaba a la izquierda de su interlocutor.

La tesis de Sabato tomaba a su cargo, por decir así, los tres tópicos mencionados más arriba: el del resentimiento, el del hiato entre élites y pueblo y el de la culpa. Entre las condiciones que hicieron posible el peronismo estaba el resentimiento del pueblo, producto de la historia argentina, que acumuló y superpuso varias capas de ofensas y rencores, básicamente el resentimiento del gaucho contra la oligarquía ilustrada y el resentimiento del inmigrante contra la élite criolla que lo despreciaba. El orden conservador reimplantado en los años treinta, hecho de fraude y de negociados, había completado esa historia de agravios sociales. Perón, un individuo sin escrúpulos, resentido él también por su condición de hijo natural, que supo ver "que había llegado para el país la era de las masas", movilizó y canalizó en su favor muchos de esos rencores.

Para desarrollar el otro tópico, Sabato evocará ante el lector una suerte de epifanía: la visión de dos criadas llorando la caída de Perón la noche de septiembre de 1955 en que él con sus amigos la celebraba. La imagen le dio apariencia sensible a la idea de un divorcio sobre el que, hasta entonces, nos dice el escritor, únicamente había meditado: el divorcio entre élites ilustradas y pueblo, que caracterizaba el drama histórico de la Argentina. La comprensión de ese divorcio profundo, que ya en el siglo XIX había estado en la raíz del antagonismo entre doctores y caudillos populares y ahora se exponía ante sus ojos, llevaba también a la comprensión del otro rostro de la experiencia peronista. Ahora bien, esta clave, que no se asociaba obligadamente a la clave del resentimiento, se ligaba en cambio a la crítica hecha por el revisionismo nacionalista a la tradición progresista, a sus héroes culturales –Echeverría, Sarmiento, Alberdi– y a ese fragmento de la misma tradición que eran los partidos de izquierda. Y, siguiendo el sentido del argumento que había hecho suyo, Sabato disparará contra los dirigentes de estos partidos: ellos también estaban resentidos. Dirá: "Estos líderes han cobrado un resentimiento casi cómico –si no fuera trágico para el porvenir del país– hacia las masas que no han progresado después de tantas décadas de tratamiento marxista. Y entonces las han insultado, las han calificado de chusma, de cabecitas negras, de descamisados; ya que todos estos calificativos fueron inventados por la izquierda antes de que maquiavélicamente el demagogo los empleara con simulado cariño." Para esos teóricos de la lucha de clases había "un proletariado platónico, que se encuentra en los libros de Marx, y un proletariado grosero, impuro y mal educado que desfilaba en alpargatas tocando el bombo".[19]

Así como en los caudillos de ayer (Artigas, López, Quiroga), había una parte de verdad que los ideólogos se habían negado a reconocer, la había también en el peronismo. Era lo que los antiperonistas recalcitrantes, que sólo veían en los doce años recién concluidos tiranía, demagogia y manipulación de gratificaciones materiales, se negaban a comprender. Pero en ese movimiento complejo había "algo mucho más potente y profundo que un mero deseo de bienes materiales: había una justificada ansia de justicia y de reconocimiento, frente a una sociedad egoísta y fría, que siempre los había tenido olvidados".[20] Eso fue lo que supo ver y movilizar Perón, un hombre de talento, aunque moralmente bajo.

El país sólo podría salir de su crisis si en la vida pública nacional cobraba forma una nueva síntesis que recompusiera las partes en que se había dividido la verdad. La conciliación nacional requería que el pueblo fuera comprendido, lo que equivalía a comprender el peronismo: entre 1943 y 1955 no se había verificado únicamente un proceso de demagogia y tiranía, sino también "el advenimiento del pueblo desposeído a la vida política de la Nación".[21] ¿Quiénes eran los culpables de que ese advenimiento se produjera en la forma tan funesta en que se produjo? "Todos hemos sido culpables", responderá Sabato al desarrollar este tópico. Y, tras hacer una larga enumeración de los sectores responsables de "la funesta historia", remataba: "Dejémonos, pues, de dividir a la patria en réprobos y elegidos, con la piedra de toque de una pureza que ninguno de nosotros tiene".[22] Los que en el presente reclamaban que la "masa peronista" fuera reeducada tenían que admitir la reeducación también para los antiperonistas.

Sabato se encontraba entre quienes habían colaborado en el número 237 de *Sur* mencionado más arriba. Sin embargo, en el texto que escribió para la ocasión –casi una oración cívica que concluía en el recuerdo emocionado de la revolución que le había devuelto la patria de la infancia en septiembre de 1955–, nada hacía entrever el planteo que animaría menos de un año después a *El otro rostro del peronismo*. Entre un escrito y otro se había abierto una distancia que era también una clara divergencia respecto del antiperonismo recalcitrante de las autoridades de la Revolución Libertadora. La ruptura con el gobierno del que era funcionario no tardó en llegar, y sobrevino en agosto de 1956 a raíz de un artículo sobre torturas a presos políticos publicado por *Mundo Argentino*. El conflicto repercutió en las filas de ASCUA, que terminó por expulsar al escritor.[23]

4. CONTRA LAS "CLASES MORALES"

La nueva posición de Sabato –quien muy poco después entablaría una polémica con Borges acerca del peronismo– era, entre otras cosas, una manifestación de las divisiones que agrietaban aceleradamente el frente político e intelectual antiperonista que sucedió al desplazamiento de Lonardi. Las divergencias tenían, obviamente, manifestaciones de mayor repercusión en el dominio público. Entre ellas, las que procedían de los movimientos estratégicos de Arturo Frondizi, quien tomaba cada vez más distancia pública del Gobierno Provisional sin romper con él, dando señales de que su programa no era el de la desperonización de las masas, sino su integración bajo una nueva jefatura política e ideológica. Pero no sería únicamente el frondizismo el que buscaría a esa masa a la que se creía en disponibilidad, sin caudillo. Un movimiento en la misma dirección surgiría de las filas del Partido Conservador, bajo el impulso de uno de sus dirigentes, Vicente Solano Lima.

En este marco de revisiones intelectuales y apuestas políticas que alteraban aceleradamente el paisaje de 1955, hay que colocar el número 7/8 de la revista *Contorno*, publicado en julio de 1956 y destinado al examen del peronismo. *Contorno* había aparecido a fines de 1953 y hasta el número dedicado a la cuestión peronista tenía el carácter de una revista literaria. El núcleo de sus redactores había hecho de ella el órgano de una generación –la "joven generación", que se declaraba sin maestros y se volvía hacia los mayores del campo intelectual para ajustar cuentas en los terrenos tanto moral como literario–.[24] Algunos antes, otros después, todos los miembros de ese grupo (Ismael y David Viñas, Ramón Alcalde, Susana Fiorito, Adelaida Gigli, Noé Jitrik, León Rozitchner) se sumarán, entre 1954 y 1956, a la empresa política que tenía a Frondizi como líder y a la Intransigencia radical como fuerza de referencia.

En el número 7/8 por primera vez se hizo explícita la preocupación política de la revista. Aunque sería imposible reducir a un solo punto de vista el conjunto de artículos reunidos en sus páginas, el espíritu polémico es común a todos ellos. El editorial llevaba como epígrafe un pasaje de Alberdi relativo a la posición de su generación frente a las dos fracciones en que se había dividido el país, la "colorada" y la "celeste", lo que nos indica el valor simbólico que aún conservaban las referencias al rosismo, los unitarios y el grupo intelectual de 1837 al hablar del peronismo. En consonancia con el uso alegórico de Alberdi, el editorial, que tenía por título "El peronismo... ¿y lo otro?", declaraba que el grupo de *Contorno* se había negado a hacer suyas las simplificaciones que introducía la división entre peronismo y antiperonismo. Querían comprender lo que había ocurrido en los doce años recién transcurridos, pero querían comprenderlo desde el interior de esa experiencia, "como individuos que escriben mojados después de la lluvia, no como aquellos que se pretenden secos, intactos, y señores de todo el universo". El peronismo había sido un proceso contradictorio y ellos se habían "propuesto enfrentar el riesgo de decir: esto del peronismo, sí; esto del peronismo, no". El peronismo había tenido aspectos que ellos también abominaban (sus rasgos policiales, su prepotencia), pero bajo él se había despertado igualmente la "conciencia de los oprimidos".

El blanco polémico de la revista eran las clases "morales". El término pertenece al editorial y alude, amalgamadas en un solo conjunto, a las clases medias y las élites intelectuales y políticas del liberalismo. Eran las "clases" de la buena conciencia, las de quienes, tras el derrocamiento de Perón, se consideraban íntegros y se abandonaban a la condena del orden caído sin interrogarse sobre la ambigüedad de la experiencia recién concluida. Ellas estaban confiadas en sus certidumbres. Ahora bien, para comprender el sentido de la experiencia proletaria en el peronismo, dirá León Rozitchner, "hace falta algo más que la imperturbable buena conciencia" de "nuestra élite intelectual".[25] En otras palabras: hacía falta otra élite que esa élite establecida –la de *Sur* (*Contorno* incluía un duro artículo de Oscar Masotta con el número 237 de la revista de Victoria Ocampo), la del diario *La Nación*–. A través de la cuestión peronista, los jóvenes de *Contorno* proseguían, pues, su combate contra las élites culturales reinantes.

La condena moral y política del liberalismo recorre el artículo de Osiris Troiani, "Examen de conciencia". Mientras el peronismo había tenido el mérito, así sea ideológico, de asentar la política sobre nuevas bases –"defensa de los intereses populares y de la comunidad nacional"–, los "otros no defendían sino cierta idea abstracta del hombre, abstracta y trasnochada". El deber de una oposición eficaz hubiera sido aventajar al peronismo "en vocación nacional y en empuje revolucionario".[26] La oposición había sido inepta y de la inepcia no escapaban las izquierdas, "esas solteronas", como las llama Ismael Viñas, para figurar con esa metáfora su falta de contacto con las masas y la neurosis que provocaba en ellas la castidad obligada: "Esas vírgenes conservadas durante tantos años parecen haberse transformado en vírgenes locas". La metáfora tenía un destinatario privilegiado, el Partido Socialista, sinónimo por excelencia de la izquierda liberal. Los socialistas, apuntaba Viñas, han encontrado una solución a su neurosis: "se han convertido simplemente en derechistas".[27]

Los artículos de *Contorno* hacen pensar en la noción de "izquierda antiliberal" definida por Mario Amadeo –una izquierda que desaprobaba determinados aspectos del peronismo, en primer término la figura de su jefe, pero veía en ese movimiento una "forma cruda y primitiva pero eficaz de la lucha contra el imperialismo"–. Es decir, una izquierda nacionalista. La apuesta política del grupo de *Contorno* al "frondizismo" iba ligada a la esperanza de encontrarse con esas masas, ahora sin líder, por mediación de la Intransigencia radical. "No es extraño que el radicalismo intransigente haya comprendido el sentido del movimiento peronista", escribirá León Rozitchner en un suplemento de *Contorno*. El hecho de haber surgido desde la misma profunda realidad nacional le había permitido comprender al menos "que una parte de la verdad estaba en el peronismo".[28] Hay que suponer que la otra parte de la verdad estaba en los jóvenes intelectuales de izquierda incorporados al frondizismo, los "frondizistas por razonamiento", como los llamará Alain Rouquié.

Por otro lado, esos artículos cargados de requerimientos morales en la condena recurrente al moralismo, donde el análisis toma frecuentemente el camino de la invectiva, dejan ver el ascendiente de un doble magisterio ideológico sobre la mayoría de los redactores de la revista: el de Jean-Paul Sartre, por un lado, y el de Ezequiel Martínez Estrada, por el otro. Esta conjunción existencial-marxista va a singularizar al núcleo de *Contorno* y sus derivaciones en la política y en la literatura dentro del universo de la izquierda nacionalista, que poco a poco entrará en expansión.

Todos los tópicos que hemos señalado a propósito de Amadeo y de Sabato los reencontramos en las páginas de *Contorno*: el malentendido entre élites progresistas y pueblo,[29] la responsabilidad por el hecho peronista ("todos de alguna manera fuimos el peronismo"),[30] el resentimiento. En su artículo "Aventura y revolución peronista", Juan José Sebreli hará una inversión axiológica de este tópico. En la crítica antiperonista, la psicología del resentimiento daba inteligibilidad a la personalidad de Perón, a la de Eva Perón, y se consideraba que uno de los resortes de la acción política de ambos había sido la movilización de resentimientos colectivos. Sebreli no rechaza la tesis, es decir, les concede a quienes se valen de ella que los mecanismos del resentimiento puedan aclarar algo del fenómeno peronista. Lo que esa explicación por los móviles de Perón y Eva no podía aclarar, sin embargo, era el acontecimiento de la revolución peronista y lo que ambos hicieron para escapar al aislamiento y al destino de aventureros sin trascendencia. "Toda la pasión, toda la rebeldía, todo el heroísmo de estos destructores era absurdo y vano, pero se apoyaba en la esperanza totalmente sincera del proletariado y coincidía, aunque sólo fuera tangencialmente, con una lucha que tenía auténtica razón de ser".[31] Así, esa significación considerada baja, innoble, es decir, negativa –el resentimiento–, al encontrarse con la esperanza y la lucha del proletariado, cobraba un sentido social y político subversivo. A través de estas claves, primacía de la negatividad e inversión axiológica de lo negativo, el artículo de Sebreli adelantaba una perspectiva acerca del peronismo que se reencontrará después extendida en las filas de los intelectuales de izquierda.

5. UNOS MALES DIFUSOS Y PROTEICOS

El largo panfleto *¿Qué es esto?*, de Ezequiel Martínez Estrada, es el más idiosincrático de todos los textos que produjo la interpretación del hecho peronista.[32] Su singularidad no radica en las ideas que expone –desde este punto de vista, puede decirse que el libro recoge y mezcla tópicos conocidos–, sino en su especie discursiva, para la cual el propio Martínez Estrada encontró la denominación más elocuente: "literatura de acusación y de escándalo". Le atribuía a esa literatura, además de ancestros prestigiosos en la cultura europea (desde *El XVIII Brumario* de Marx al *J'acuse* de Zola) una tradición en la Argentina, donde incluía *El Matadero, Facundo, Amalia, Martín Fierro*.[33] Pero el autor insertaba también *¿Qué es esto?* en otra familia, la de los ensayos que le habían dado su fama de intérprete del ser nacional. "Este panfleto puede ser apéndice de la serie de obras que tratan de interpretar nuestra realidad", dirá en el prólogo, recordando, sin nombrarlos, esos ensayos –*Radiografía de la pampa*, *La cabeza de Goliat*, *Sarmiento*, *Muerte y transfiguración del Martín Fierro*–.

Para Martínez Estrada la sociedad argentina había confesado, a través del peronismo, fallas que venían de lejos. "En la figura de Perón y en lo que él representó y sigue representando, he creído ver personalizados si no todos, la mayoría de los males difusos y proteicos que aquejan a mi país desde antes de su nacimiento", escribirá al comienzo de *¿Qué es esto?*[34] Pero no le dará desarrollo a esta tesis, ni en la forma de una argumentación, ni en la forma de un relato histórico. Como en sus grandes ensayos, el texto no se expandirá siguiendo un encadenamiento demostrativo, sino en forma de variaciones en torno a una serie de temas fijos. Pero, a diferencia de lo que ocurría con sus libros anteriores, la mayoría de las ideas relativas al peronismo que expondrá como revelaciones de un pensador inspirado eran ya moneda corriente en el discurso antiperonista. Por ejemplo, el tópico del resentimiento, que es uno de los más repetidos en *¿Qué es esto?*, o el del peronismo como hecho culpable, fruto de una falta colectiva –"Inmensas falanges de antiperonistas no toleran que se les eche a ellos, ni al país ni al pueblo, la responsabilidad del desastre peronista"–.[35]

Como a sus ojos Perón no era sino la representación intensificada de la mayoría de los males que la Argentina arrastraba desde lejos, Martínez Estrada invocará los motivos más diversos para dar cuenta del triunfo peronista: desde el tema de Buenos Aires como metrópolis corruptora, fenicia –"Solamente las ciudades inficionadas por los mismos virus de intereses que Buenos Aires han sido peronistas como ella"–,[36] a la asociación del peronismo con el rosismo y el fascismo. Pero en el establecimiento de semejanzas y paralelos *¿Qué es esto?* sobrepasó a cualquier precedente. En efecto, no entrelazaba sólo y como ya era común a Hitler y Perón, Perón y Rosas, siglo XIX y siglo XX, sino igualmente la plebe arrabalera de Buenos Aires y la plebe del Palatino de la república romana, Perón y Catilina, Vicente Fidel López y Cicerón, como si fueran todos actores intercambiables de un mismo y eterno combate entre categorías morales.

"¿Por qué creen muchos –se preguntará Martínez Estrada– que el lenguaje que debe usarse al hablar a nuestro pueblo es el de los seductores y cuenteros del tío, y no el de los profetas y los médicos?"[37] Pues bien, él no estaba dispuesto a emplear el lenguaje de los hechiceros y los encantadores. Como quería la regeneración de su pueblo, lo increparía, hablando "el lenguaje de los hombres decentes". Denunciaría la impostura, la de los políticos, la de los intelectuales, y, por supuesto, no les ahorraría la verdad a los peronistas. Perón había, por cierto, mejorado la situación de los trabajadores, pero también los había envilecido, "convirtiéndolos en tiranos de los que los tiranizaban, en expoliadores de los expoliadores".

Digamos, por último, que este escrito, recorrido por anatemas e invectivas y que parece girar en torno a un eje moral, deja ver también en varios pasajes las heridas de clase que dejó en las capas medias el igualitarismo peronista. "Un changador, un taximetrista, un mecánico de radios o de básculas que no entiende su oficio, un plomero, un lustrador de pisos, que hasta ayer fueron repartidores de almacén, cobran su trabajo a razón de treinta pesos la hora". El comentario que sigue transmite el sentimiento de agravio que había causado y aún causaba la alteración plebeya del sentido de las jerarquías: "están tan infatuados que nos humillan con su arrogancia de analfabetos cuando les preguntamos por sus honorarios".[38]

6. EL CONTENIDO Y LA FORMA

Independientemente de los juicios que cada uno de ellos vierta sobre el peronismo, hay algo común en todos los textos considerados hasta aquí, más allá del repertorio de tópicos compartidos. Todos son escritos en primera persona, donde quien toma la palabra declara tener parte en el asunto que se ventila, sea porque comprometa su experiencia, sea porque reclame su derecho a pronunciarse (alegando para ello antecedentes políticos, las obligaciones del intelectual ó los títulos del moralista), sea, en fin, porque insista, como se lee una y otra vez en los artículos de *Contorno*, que del peronismo no podía hablarse como observador no implicado. Pues bien, a distancia de esos discursos en que se marcaba el acto de enunciarlos y la situación de quien los enunciaba, se establecería otro discurso respecto del hecho peronista. Palabra docta, también, la relación que pretendía instaurar con el peronismo no era la del publicista político, ni tampoco la del escritor que se involucraba en los debates del foro, sino la del sociólogo. Éste fue el punto de vista que introdujo en el debate Gino Germani con su artículo "La integración de las masas a la vida política y el totalitarismo", que apareció a mediados de 1956.[39]

Este ensayo publicado en las páginas de *Cursos y Conferencias* inauguró no sólo en la Argentina, sino en todo el ámbito latinoamericano, los estudios sociológicos sobre los movimientos que el propio Germani tipificaría poco después como *nacional-populares*. Pero "la integración de las masas a la vida política y el totalitarismo" tampoco era ajeno al debate político acerca de qué hacer con las masas peronistas. De hecho, el autor había sido consultado en 1955 por el presidente Aramburu y los jefes de las tres armas sobre la "posibilidad y la forma" de una campaña de "desperonización", y la respuesta que dio en la ocasión formaba parte de su ensayo.[40] Un doble cometido, pues, el de la descripción y el de la prescripción, regirá el planteo del trabajo.

A su análisis del peronismo, Germani le asignará un contexto, el de la sociedad de masas. "Hoy vivimos, dirá, en una sociedad de masas. El mero hecho demográfico del extraordinario crecimiento de la población nos coloca en una situación radicalmente distinta. Además, estas masas ya no están excluidas del ejercicio del poder político. O por lo menos ya no quieren estarlo".[41] No se trataba de un contexto local, de alcance puramente nacional o latinoamericano: era una situación general de todas las sociedades contemporáneas. A partir de esta realidad, que había trastornado el cuadro en que funcionó la democracia de tipo liberal, debía encararse el problema de la integración política de las masas. De algún modo, advertía Germani, "hay que contar con ellas para gobernar".[42] (Acaso sin saberlo, el mensaje que enviaba a quienes ignoraban o pretendían reprimir el problema reproducía casi literalmente una frase de Perón de 1947: "Quien no cuente hoy con las masas populares no gobierna".)

Sobre el fondo de este diagnóstico general, se recortaría la figura contradictoria del peronismo, cuya originalidad consistía en ser una especie de fascismo basado en la clase obrera enfrentado a la oposición democrática de las clases medias, "circunstancia ésta que hubiese sido considerada absurda por los observadores europeos hace un cuarto de siglo".[43] Era esta incoherencia entre el clivaje social y el clivaje político lo que a Germani le interesaba poner de relieve. El proceso que a sus ojos estaba en la raíz del peronismo era, como él mismo lo señala, un dato admitido (lo era, al menos, por quienes adoptaban como él el punto de vista progresista liberal o de izquierda): un proceso acelerado de industrialización y urbanización masiva; como consecuencia de la rapidez de la transformación, la clase obrera era de formación reciente, carecía de experiencia sindical y no había sido todavía "socializada" por los partidos obreros tradicionales. El cuadro que emergía de esos dislocamientos no era el que había obrado como matriz de los movimientos totalitarios en Europa. En contraste con la experiencia europea, donde la industrialización y la urbanización habían puesto en disponibilidad política a unas clases medias proletarizadas, en la Argentina esos cambios económicos y demográficos habían generado otra situación, la puesta en disponibilidad de esas masas populares incorporadas a los marcos de una sociedad en curso de modernización. El peronismo había sido una respuesta a esa situación, integrando a las clases populares emergentes a la vida política.

Pero la diferencia con los fascismos europeos no terminaba allí. También en contraste con éstos, el peronismo había logrado el apoyo sincero de los sectores populares y esa adhesión no se explicaba invocando la demagogia –el "plato de lentejas" a cambio de la libertad–. La cuestión radicaba más bien en que "la parte efectiva de esa demagogia no fueron las ventajas materiales, sino el haber dado al pueblo la experiencia (ficticia o real) de que había logrado ciertos derechos y que los estaba ejerciendo".[44] Bajo el peronismo, los trabajadores habían cobrado conciencia de su dignidad. La libertad que habían perdido, la libertad política, nunca realmente habían podido ejercerla. Así, en un país donde la democracia formal se hallaba distorsionada desde tiempo atrás, ellos conocerían una forma sustantiva de libertad, afirmada contra los patrones y los capataces o en los tribunales laborales. En suma, aquello que era necesario ver en la actitud de los trabajadores no era, como pretendían muchos, agradecimiento a Perón por las "dádivas", sino "orgullo por haber logrado (impuesto sería la palabra psicológicamente más exacta) sus derechos frente a la clase patronal, y de haber 'conquistado el poder', según los *slogans* de la propaganda oficial".[45]

Germani compartía, por supuesto, la tesis de que existían afinidades entre los regímenes fascistas europeos y el peronismo: a su juicio éste había sido un fenómeno totalitario. Pero el foco de su análisis estaba puesto en determinar lo que había habido de racional, desde el punto de vista del interés de clase, en el apoyo de los trabajadores a Perón. ¿No hubiera sido posible que las clases populares obtuvieran por parte de la sociedad argentina ese reconocimiento que les otorgó el peronismo, pero bajo un orden político democrático? La respuesta de Germani a esta cuestión será ambigua. Admitirá, por un lado, esa posibilidad, aunque como posibilidad casi abstracta, pues enseguida observará que en las condiciones que reinaban en la Argentina desde 1930, se trataba de una alternativa improbable. En cuanto a la empresa de la "desperonización", creía necesario pero insuficiente lo que pudiera hacerse en términos de reeducación en los valores liberal-democráticos. "La tragedia política argentina, dirá, residió en el hecho de que la integración política de las masas populares se inició bajo el signo del totalitarismo." El peronismo les había suministrado "cierta experiencia de participación política y social en los aspectos inmediatos y personales de la vida del trabajador, anulando al mismo tiempo la organización política y los derechos básicos que constituyen los pilares inquebrantables de toda democracia genuina". El desafío (la "inmensa tarea a realizar") radicaba ahora "en lograr esa misma experiencia, pero vinculándola de manera indisoluble a la teoría y a la práctica de la democracia y la libertad".[46]

En otras palabras, disociar el contenido –la experiencia de participación– de su forma política –peronista– y reunir ese contenido con otra forma. Aunque en el ensayo de Germani no se encuentra ninguno de los tópicos que parecían de rigor en el debate sobre el peronismo, su fórmula respecto de la desperonización encerraba esta operación diferenciadora que, en su esquema esencial (separar forma y contenido), podía detectarse en todas las posiciones para las cuales la experiencia de los diez años peronistas no había sido un hecho compactamente negativo. Es lo que puede leerse en la interpretación de Amadeo o en el editorial de *Contorno* ("esto del peronismo, sí; esto del peronismo, no"). El contenido que debía ser objeto de rescate variaba: cierta experiencia de participación, la nueva conciencia obrera o el sentimiento antiimperialista. ¿En qué forma política hallaría cumplimiento efectivo esa sustancia recuperada? ¿Cómo propiciar una nueva síntesis entre verdades parciales? Las respuestas también variaban e iban de la asimilación (o "integración") de las masas peronistas a su radicalización.

7. CONTRA EL "DURO CORAZÓN DE LOS CULTOS"

En 1957 tomó la palabra Arturo Jauretche, quebrando el monopolio antiperonista del debate sobre el peronismo. En Montevideo, donde estaba exilado, escribió uno de sus más célebres panfletos, *Los profetas del odio*, en cuyo prólogo insertaba una carta a Ernesto Sabato, reconviniéndolo, aunque amistosamente, por las tesis de *El otro rostro del peronismo*. Un año antes, otro escrito de combate, *El plan Prebisch. Retorno al coloniaje*, lo había devuelto a la notoriedad, tras los años de silencio en que se sumió después de su paso por la administración del gobierno de Domingo Mercante en la provincia de Buenos Aires. Ani-

mador del grupo FORJA y, sin duda, su mejor pluma polémica, Jauretche reverde-
ció después de 1956 la fama y el mito de aquel grupo, surgido de las filas del radicalismo a mediados de los años treinta y enrolado con Perón en 1945.

¿Qué es esto?, de Ezequiel Martínez Estrada, *Perón y la crisis argentina*,
de Julio Irazusta y la respuesta de Jorge Luis Borges a una encuesta periodística,
le dieron a Jauretche la materia y el pretexto para dar amplio desarrollo a un tópico que ya hemos visto: los intelectuales argentinos y su extrañamiento respecto de la realidad nacional y las experiencias políticas del pueblo. "Al hombre
que no es un intelectual, y por eso razona según el orden de la naturaleza, se le
ocurre que en el orden de las demandas humanas, que es el mismo, están primero las alpargatas que los libros", escribirá, aludiendo irónicamente a la reacción
que había provocado en las filas antiperonistas la consigna "Alpargatas sí, libros
no". Es decir, de acuerdo con el razonamiento natural, la cultura debía estar pre-
cedida por los zapatos, la ropa, las frazadas y el pan. Pero no ocurría así en el
pensamiento de la *intelligentsia* argentina, sino al revés. Esa inversión en la representación del orden de las cosas no era accidental ni producto de la extrava-
gancia: reflejaba el hecho de que las élites ilustradas locales piensan a través de
las ideas de otro, "su amo imperial", que "es vendedor de ideas, y lo que quiere
comprar barato es lo que los 'cabecitas negras' pretenden consumir".[47] Esta
mentalidad alienada y funcional a la dominación imperialista estaba en la base
de la oposición de los intelectuales argentinos al peronismo.

Para Jauretche lo esencial del peronismo radicaba en la industrialización,
la independencia económica y la prosperidad de los trabajadores. ¿Esta prosperidad había irritado a algún sector? "No a los de muy arriba, porque el empresario sabe que esa prosperidad general es condición necesaria de las buenas ventas, es mercado comprador para sus productos."[48] Había irritado en cambio a
ese mundo intermedio de la "sociedad pastoril" trastornada por el peronismo, el
de "los pequeños propietarios y rentistas, los funcionarios, los profesionales,
los educadores, los intelectuales, los políticos de segundo y tercer orden, elementos activos o parasitarios de esa sociedad".[49] En este sector, los prejuicios
de clase se habían impuesto a los propios intereses de clase, "pues si hay un
sector destinado a beneficiarse de la grandeza nacional lograda por la liberación
económica, es este intermedio, para quien fue escrita la palabra oportunidad en
la transición entre el feudalismo y el capitalismo".[50] A diferencia de la clase
obrera, que, desoyendo el llamado de los socialistas y los comunistas, había tomado en 1945 conciencia del momento histórico, comprendiendo que su ascenso iba a la par con el ascenso de la burguesía y los sectores medios –el enemigo
era la condición semicolonial del país–, esos sectores fueron ciegos para "la
oportunidad que el destino le brindaba".[51]

Aunque dedica varias páginas al descarrío de las clases medias, éstas no
eran su adversario. Por el contrario, las quería en el "movimiento nacional" que
auspiciaba. El antagonista a batir era la *intelligentsia,* término bajo el cual Jauretche reunía la misma conjunción de intelectuales y políticos que Mario Amadeo llamaba "izquierda liberal". Sobre la *intelligentsia* vuelve una y otra vez,

prosiguiendo la cruzada contra el cosmopolitismo de los intelectuales argentinos que había iniciado Ramón Doll más de veinte años atrás. "Nuestros cultos se adscriben a todos los problemas extraños, y cuando intervienen en los nuestros lo hacen como extranjeros. De afuera traen los rótulos para enmascarar los hechos con falsas nominaciones."[52] Al hábito de pensar con categorías ajenas a la experiencia nacional iba asociado el otro rasgo de la *intelligentsia,* su elitismo. Ese espíritu elitista y extranjerizante había hecho estragos también en el movimiento de la Reforma Universitaria, distorsionando su sentido originario. Producto del acceso del pueblo al poder, con Yrigoyen, el movimiento reformista había nacido reclamando el ajuste de la universidad a la nueva realidad histórica, pero terminó enfrentado al caudillo popular que lo había hecho posible. Apenas alcanzaron las cátedras, los estudiantes adquirieron las costumbres intelectuales de los viejos maestros. "Es así como siendo creaciones del Yrigoyenismo como expresión de lo popular, se ubicaron en el Partido Socialista o entre los Demó-cratas Progresistas, para hostilizarlo, conforme al papel asignado a estas izquierdas en los planes de la dominación extranjera."[53]

Dando por derrotado a su adversario (no marchaba en el sentido de la historia), Jauretche exhortaba al lector a no extraer conclusiones pesimistas. El "país profundo" tenía su propia inteligencia y había que tomar a los representantes de la otra por lo que ellos habían querido ser: "exóticos desterrados a un mundo que no les pertenece".[54]

En cuanto a las masas, ni el punto de vista ni las inquietudes del autor de *Los profetas del odio* podían ser los del campo antiperonista. Invocando el interés de lo nacional –la "causa" en que siempre había militado, sin adherir a hombres ni a partidos sino en la medida en que eran instrumentos de esa causa, según afirmará con intención–, el hecho que lo preocupaba era que desde las filas del peronismo se promoviera una política exclusivamente centrada en los trabajadores, separándolos de sus aliados. Creía advertir en el horizonte los signos de un movimiento nacional mucho más amplio que las nomenclaturas partidarias. "Este movimiento, predominando en unos sectores los elementos de clase media y burguesía y en otros la base proletaria, constituye en su conjunto la reserva defensiva del país y la parte infinitamente más numerosa de la ciudadanía."[55] Ante ese proceso en ciernes, una política que aislara al proletariado de las clases medias y de la burguesía sería "fatal al movimiento de liberación".

No se trataba de un tema teórico. En realidad, la política que Jauretche cuestionaba como estratégicamente negativa era una política en curso, la de la "resistencia peronista". Aunque sin dar nombres, el autor encontrará la manera para hablar menos alusivamente de la orientación que objetaba. A la división clasista del movimiento, dirá, "tienden consignas e instrucciones incompatibles con las exigencias de una lucha seria, que llevan al sacrificio de los mejores hombres del campo obrero y retardan el proceso de esclarecimiento en los sectores de las otras clases que fatalmente deben concurrir al cumplimiento del destino nacional".[56] Jauretche no menciona a Perón, pero difícilmente ignorara que el líder exilado estaba detrás de las instrucciones cuestionadas. Tampoco lo menciona en lo que será prácticamente la única crítica al régimen justicialista a lo largo de todo el ensayo y cuyo destinatario principal no era otro que el jefe del peronismo: "Se hizo de la doctrina nacional una doctrina de partido, y de la doctrina de partido una versión exclusivamente personalista, que en lugar de agrandar las figuras y suscitar la emulación, provocaba en el propio partidario una situación deprimente". En contraste, lo que fue un movimiento inerte en las "jornadas decisivas", es decir, en los meses que precedieron al derrocamiento del peronismo, "se convirtió en fuerza combativa en cuanto se vio librada a su propio esfuerzo, liberada de jerarquías artificiales".[57]

En 1957, el año de la publicación de *Los profetas del odio*, comenzó la colaboración de Jauretche en *Qué*, el semanario que dirigía Rogelio Frigerio. Es difícil desconectar los dos hechos, sobre todo en lo relativo a la idea del "movimiento nacional" en gestación, cuyo contorno era similar al del frente "nacional y popular" que impulsaba el director del semanario, por entonces ya abiertamente lanzado a la campaña por la candidatura de Frondizi. "Diría que el movimiento de conjunto totaliza hoy mucha más opinión que en 1945 de un extremo a otro de la línea nacional", escribió Jauretche en *Los profetas del odio*. Y agregaba poco más adelante: "¿Qué importancia tiene saber por qué cauce bajará el aluvión y qué importancia tiene el cauce mismo?".[58] Lo cierto es que para el autor el cauce no tenía por entonces el nombre de Perón.

8. LAS ESPADAS DEL NACIONALISMO MARXISTA

Bajo la Revolución Libertadora, la reivindicación más resuelta del peronismo y aun de Perón estuvo en manos de lo que Amadeo llamaba "izquierda antiliberal". Se trataba del mismo conjunto de ideólogos y publicistas que el sacerdote ultraderechista Julio Meinvielle había bautizado unos años antes como "nacionalismo marxista" y que tenía en Rodolfo Puiggrós y Jorge Abelardo Ramos a sus primeras espadas.

Sus orígenes no eran los mismos y, en verdad, tampoco se reconocían como miembros de una misma corriente, sea política o ideológica. Puiggrós provenía de las filas del Partido Comunista, donde había tenido un papel acreditado como historiador y teórico marxista y del que fue expulsado en 1946, por sostener frente al peronismo posiciones contrarias a las del partido. Con otros disidentes fundó el grupo Movimiento Obrero Comunista, en cuyo periódico, *Clase Obrera*, dio apoyo al peronismo y difundió sus primeras tesis respecto de la revolución y el Estado justicialistas. La trayectoria de Jorge Abelardo Ramos, bastante más joven que Puiggrós, remite al mundo de los reducidos círculos trotskistas por donde hizo su pasaje juvenil antes de instalarse, con la revista *Octubre* y la publicación de su primer libro, *América latina: un país* (1949), en el papel de principal expositor de la hibridación de trotskismo y nacionalismo que más tarde se denominaría a sí misma "izquierda nacional".[59] Entre 1953 y 1955, fue parte del núcleo de doctrinarios y militantes trotskistas que se sumaron al efímero Partido Socialista de la Revolución Nacional, concebido, con el respaldo del propio Perón, para dotar a su gobierno de un aliado ideológico de izquierda.

Esta diversidad de orígenes se prolongaba en la disparidad de juicios respecto de una serie de cuestiones como la Unión Soviética, Stalin, Trotsky, el comunismo (con la excepción del Partido Comunista local, que tanto Puiggrós como Ramos condenaban) que eran consideradas cruciales en los combates por imponer la definición legítima de la posición marxista. Pero había también entre ellos elementos ideológicos comunes, que formaban cuerpo con el apoyo que habían dado al régimen justicialista y la reivindicación que harían de él después del 16 de septiembre de 1955.

Ambos juzgaban el derrocamiento de Perón como una contrarrevolución que detuvo, si bien sólo momentáneamente, el movimiento de liberación nacional que conducía el peronismo, variante argentina de las revoluciones antiimperialistas que estaban quebrantando la dominación colonial en los países dependientes. Para Ramos el ascenso de Perón al poder se había verificado sobre el fondo de una doble vacante, la de un partido de la burguesía industrial y la de un partido del proletariado –ni el Partido Socialista ni el Partido Comunista lo eran verdaderamente–. Y su gobierno había dado expresión, en la forma de un régimen bonapartista, a "un frente único antiimperialista, en cuyo seno coexistían intereses de clases diferentes interesados en el desarrollo económico nacional".[60] Lo que Puiggrós, a su vez, definía como rasgos del Estado peronista no difería demasiado de lo que Ramos describía con el concepto de bonapartismo. Era un Estado, al decir de Puiggrós, fundado en el equilibrio entre la burguesía y el proletariado, aunque se trataba de un "equilibrio inestable y provisorio", propio de una etapa de transición.[61]

¿Qué significaba el nuevo orden implantado bajo el nombre de Revolución Libertadora? El regreso a la "década infame".[62] Pues bien, los escritos de Puiggrós y de Ramos encontrarían bajo el antiperonismo gobernante, justamente, un eco que no habían conocido bajo el gobierno de Perón. Saldrían de la audiencia de los pequeños grupos para hallar una que los años harían cada vez más amplia, a medida que se incrementaba la matrícula universitaria. Porque, en efecto, lograrían esa recepción en un público que no era el de los trabajadores en nombre de cuyos intereses hablaban, sino el de las clases medias universitarias movilizadas contra Perón hasta septiembre de 1955, asistidas por la creencia de que el fin del régimen peronista pondría fin también a su desencuentro con los obreros. En poco tiempo ellas empezarían a sentirse no sólo contrariadas por la política del Gobierno Provisional presidido por el general Aramburu, sino cada vez más inquietas por el temor y la culpa de haber tomado el camino equivocado, reproduciendo el hiato que habían pretendido superar. Fue en ese medio social e ideológico donde *Historia crítica de los partidos argentinos* (1956), de Puiggrós, y *Revolución y contrarrevolución en la Argentina* (1957), de Ramos, encontraron la masa de sus lectores.

Sobre los ideólogos del nacionalismo marxista no pesaba ninguno de los motivos que, en otros círculos, cohibían la reivindicación del peronismo o restringían el alegato en su defensa. Por razones obvias, no los turbaba el enfrentamiento entre el régimen peronista y la Iglesia, muy fresco aún en la memoria y que había hecho estragos en las filas de los nacionalistas que hasta 1954 preferían, aun con reservas, el gobierno de Perón al retorno al poder del viejo enemigo, el liberalismo, y con él el laicismo y su complemento inevitable, el comunismo, abierto o disfrazado. Para la izquierda nacionalista, en cambio, el conflicto "con la jerarquía eclesiástica" sólo contaba porque había arrojado a "sectores pequeño-burgueses al campo del antiperonismo", y su sentido remitía a las maniobras del imperialismo y la oligarquía, que habían sabido utilizarlo hábilmente para "presentar a los peronistas como enemigos de la religión y no en lucha con el clericalismo".[63] Tampoco inhibía al discurso del nacionalismo marxista el principal cuestionamiento político al orden peronista: su carácter dictatorial, el ahogo que impuso a las libertades públicas, la intolerancia al pluralismo político. Leninistas de rigor catequístico en esta materia, no encontraban allí un problema, como no fuera el de la propaganda antiperonista. "La palabra más execrada de la actualidad es la palabra 'dictadura'", observaba Jorge Abelardo Ramos, quien acotaba seguidamente que la dictadura era la naturaleza más o menos velada de toda forma de gobierno. No había, pues, sino diferencia de velos entre una y otra forma de poder político. Tras lo cual enseñaba –no a la clase obrera, cuyo "realismo orgánico" no se prestaba a las discusiones bizantinas, sino a los "jóvenes arrullados por la sirena 'democrática'"– que lo importante era establecer "en nombre de qué clase social se ejerce esa dictadura y con qué fines históricos actúa".[64]

En fin, sobre los nacionalistas marxistas no obraban, como en Jauretche, las expectativas en torno al juego político que se había abierto bajo la Revolución Libertadora y en oposición a ésta. Es decir, no creían que el movimiento interrumpido en septiembre de 1955 pudiera hallar nuevo cauce en la fórmula política del frondizismo. "La salida de la actual crisis política argentina –escribe Puiggrós en 1958 y antes del triunfo electoral de Frondizi– no está en el campo de los vencedores de septiembre de 1955", ni llegaría "por lo que prometen los caudillos de la pequeña burguesía y de la burguesía". La salida estaba en el campo opuesto y arribaría por la acción de un partido propio de la clase obrera. Ésta era la clave del destino para las masas. Para algunos ideólogos del nacionalismo marxista, como Puiggrós, la fuerza política independiente del proletariado se desarrollaría "dentro del gran movimiento de liberación nacional", esto es, dentro del peronismo; para otros, el partido de clase debía formarse junto al del peronismo, pero fuera de él.

El discurso del nacionalismo marxista adelantó y, simultáneamente, contribuyó a la orientación que tomaría el conjunto de la cultura política de izquierda en la Argentina: ruptura con el legado ideológico del liberalismo, componente de lo que se consideraba la "tradición progresista" hasta los años cincuenta, y búsqueda de una fusión entre socialismo y nacionalismo. Esta evolución se entrelazaría con la declinación de los dos guardianes rivales de aquella tradición, el Partido Socialista y el Partido Comunista. Una ola de divisiones sucesivas, que comenzó en 1958, fue atomizando al socialismo en agrupamientos cada vez más reducidos. Los sobresaltos llegarían para el PC en los años sesenta, cuando perdió a la mayoría de sus contingentes juveniles a lo largo de una serie de disidencias.

Como es obvio, el giro que tomó la cultura política de la izquierda no fue el fruto de la sola prédica de los *maîtres-à-penser* del nacionalismo marxista. El viento que impulsaba la síntesis entre socialismo y nacionalismo soplaba de muchos lados, sobre todo desde la Conferencia de Bandung (Indonesia), en abril de 1955, y la Argentina no permaneció al margen de esa ráfaga que agitó durante veinte años la vida de los países periféricos. Lo mismo ocurría con la representación que dividía al mundo en naciones opresoras y naciones oprimidas, proyectando en el escenario internacional la imagen de "naciones proletarias". Insertar el marxismo nacional en este contexto no significa disolver su papel. Pero aun reconociéndole eficacia al discurso que lo tuvo como emisor, hay que conectar esa eficacia con una dinámica social y política que reproducía, como nudo por excelencia de la hostilidad política, la cuestión del peronismo.

En 1960 Fermín Mignone registraba ya los signos de un nuevo paisaje en la izquierda: "Al observador de la vida argentina le es fácil advertir en los últimos años la presencia y el desarrollo de corrientes intelectuales y políticas que procuran unir la ideología marxista con los valores nacionales. Es lo que ha dado en llamarse *izquierda nacional o marxismo nacional*". En el primer plano de estas corrientes que circulan en "libros, revistas, declaraciones, centros de estudios y núcleos de actividad política y sindical", Mignone colocaba los nombres de Rodolfo Puiggrós y Jorge Abelardo Ramos. Aunque no bajo el magisterio de estos últimos, pero siguiendo la misma huella del nacionalismo de izquierda, ubicaba el núcleo de la revista *Contorno*, el periódico *Soluciones* y también la revista de los jóvenes socialistas, *Situación*.[65]

"No: la ideología liberal no estará mucho tiempo en auge", había afirmado Mario Amadeo en la polémica con su principal adversario, la izquierda liberal. Al considerar en perspectiva los años que siguieron a la caída de Perón, sus palabras resultan casi proféticas: en las tres décadas que siguieron a la publicación de *Ayer, hoy, mañana*, el liberalismo pareció una ideología a destiempo, en minoría no sólo en la izquierda, sino en el conjunto de la opinión pública. Ello no impidió que los representantes del liberalismo económico contaran con el poder social y político para conducir el Ministerio de Economía o gravitar sobre él. A veces de la mano de los jefes militares, demostrando que quienes aman la libertad del mercado no aman necesariamente las libertades públicas.

NOTAS

[1] José Luis Romero, "Indicaciones sobre la situación de las masas en Argentina", en *Argentina: imágenes y perspectivas*, Buenos Aires, Raigal, 1956, p. 37.

[2] Victoria Ocampo, "La hora de la verdad", *Sur*, N° 237, noviembre-diciembre de 1955, p. 5.

[3] Jorge Luis Borges, "L'illusion comique", *ibid.*, p. 10.

[4] Norberto Rodríguez Bustamante, "Crónica del desastre", *ibid.*, pp. 109-113.

[5] Mario Amadeo, *Ayer, hoy, mañana*, Buenos Aires, Gure, 1956.

[6] *Ibid.*, p. 89.

[7] *Ibid.*, p. 91.

[8] *Ibid.*

[9] *Ibid.*, p. 92.

[10] *Ibid.*, p. 93.

[11] *Ibid.*, p. 93.

[12] *Ibid.*, p. 96.

[13] *Ibid.*, p. 114.

[14] *Ibid.*, pp. 99-100.

[15] *Ibid.*, p. 106.

[16] No sólo a través de la pluma de Amadeo, hay que decirlo: a partir de mediados de 1956 se sumará al combate el semanario *Azul y Blanco*, dirigido por Marcelo Sánchez Sorondo, y más adelante otro semanario nacionalista, *Mayoría*. Las dos revistas serían, junto con *Qué*, los semanarios de opinión con mayor repercusión pública entre los años 1956 y 1958.

[17] El término era una traducción literal de *sociétés de pensée*, el concepto con que la historiografía conservadora de la Revolución Francesa pensaba la matriz sociológica de la ideología jacobina. La analogía no era sólo terminológica. Al emplearla, Amadeo le atribuía a las "sociedades de pensamiento" de la izquierda liberal argentina el mismo papel de focos de ideología abstracta que Agustín Cochin atribuía a los clubes jacobinos. Véase el ensayo de François Furet, "Agustín Cochin: la teoría del jacobinismo", en *Pensar la Revolución Francesa*, Barcelona, Ediciones Petrel, 1978.

[18] Amadeo, *op. cit.*, p. 119.

[19] *Ibid.*, pp. 41-42.

[20] *Ibid.*, p. 43.

[21] *Ibid.*, p. 48.

[22] *Ibid.*, p. 54.

[23] Parte de los documentos referidos a la ruptura de Sabato con el Gobierno Provisional fueron reunidos por amigos del escritor en el folleto *El caso Sabato. Torturas y libertad de prensa*, sin pie de imprenta ni fecha de edición (el año probable es 1956).

[24] "Tenemos nuestra propia retórica juvenil. No estamos seguros de nuestra verdad. Ni sabemos la solución, ni gozamos de una clave. No encontramos ejemplos: los que tenían inteligencia se han burlado, han fracasado, se han entregado o han huido. Los que tenían buena fe y coraje han carecido de inteligencia" (Ismael Viñas, "La traición de los hombres honestos", *Contorno*, N° 1, noviembre de 1953). Sobre *Contorno*, véase Silvia Sigal, *Intelectuales y poder en la década del sesenta*, Buenos Aires, Puntosur, 1991, y Oscar Terán, *Nuestros años sesentas*, Buenos Aires, Puntosur, 1991. En lo que concierne a la revisión hecha por *Contorno* de la literatura argentina, véase, en este prólogo, la sección "Intelectuales" y su correspondiente bibliografía.

[25] León Rozitchner, "Experiencia proletaria y experiencia burguesa", en *Contorno*, N° 7/8, julio de 1956, p. 2.

[26] Osiris Troiani, "Examen de conciencia", *ibid.*, pp. 9-11.

[27] Ismael Viñas, "Miedos, complejos y malosentendidos", *ibid.*, p. 12.

[28] León Rozitchner, "Lucha de clases, verificación del laicismo", *Contorno*, Cuadernos, N° 1, julio de 1957, p. 19.

[29] "[...] el hecho de que existieran caudillos populares en que se encarnaban de algún modo los anhelos de los desposeídos y de que esos caudillos tengan un peso en nuestra historia, siendo al mismo tiempo enemigos de la cultura y el progreso –o de la civilización– parece haber despistado para siempre a nuestros intelectuales y a los partidos políticos progresistas [...]. Confunden aún al déspota con el hecho social que le da base" (I. Viñas, art. cit., p. 10).

[30] Adolfo Prieto, "Peronismo y neutralidad", *ibid*, p. 30.

[31] Juan José Sebreli, "Aventura y revolución peronista", *ibid.*, p. 47.

[32] Ezequiel Martínez Estrada, *¿Qué es esto?*, Buenos Aires, Lautaro, 1956.

[33] *Ibid.*, p. 265.

[34] *Ibid.*, p. 12.

[35] *Ibid.*, p. 274.

[36] *Ibid.*, p. 20.

[37] *Ibid.*, p. 50.

[38] *Ibid.*, pp. 61-62.

[39] Gino Germani, "La integración de las masas a la vida política y el totalitarismo", en *Cursos y Conferencias*, año XXV, vol. XLVIII, N° 273, junio de 1956.

[40] Véase Gino Germani, *Autoritarismo, fascismo e classi sociali*, Bolonia, Il Mulino, 1975, p. 253, n. 9.

[41] Germani incorporó el ensayo "La integración de las masas a la vida política y el totalitarismo" a su libro *Política y sociedad en una época en transición*, Buenos Aires, Paidós, 1962, de donde tomamos esta cita (p. 235) y todas las que corresponden a este ensayo.

[42] *Ibid.*

[43] *Ibid.*, p. 240, n. 5.

[44] *Ibid.*, p. 244.

[45] *Ibid.*, p. 249.

[46] *Ibid.*, p. 252.

[47] Arturo Jauretche, *Los profetas del odio*, Buenos Aires, Trafac, 1957, p. 50.

[48] *Ibid.*, p. 60.

[49] *Ibid.*

[50] *Ibid.*, p. 65.

[51] *Ibid.*, p. 68.

[52] *Ibid.*, p. 106.

[53] *Ibid.*, p. 117.

[54] *Ibid.*, p. 120.

[55] *Ibid.*, p. 124.

[56] *Ibid.*, p. 130.

[57] *Ibid.*, p. 129.

[58] *Ibid.*, p. 133.

[59] Para una historia documentada y laudatoria de esta tendencia, véase Norberto Galasso, *La Izquierda Nacional y el FIP*, Buenos Aires, Centro Editor de América Latina, 1983.

[60] Jorge Abelardo Ramos, *Revolución y contrarrevolución en la Argentina. Las masas en nuestra historia*, Buenos Aires, Amerindia, 1957, p. 445.

[61] Rodolfo Puiggrós, *El proletariado en la revolución nacional*, Buenos Aires, Editorial Trafac, 1958, p. 62.

[62] Jorge Abelardo Ramos, "Balance histórico del peronismo", en *Lucha Obrera*, N° 1, 10/11/55, incluido en *30 años de marxismo 30 años de peronismo: 1945-1974*, edición especial de *Izquierda Nacional*, N° 30, 1974.

[63] Rodolfo Puiggrós, *El proletariado en la revolución nacional*, cit., p. 115.

[64] Jorge Abelardo Ramos, "Balance histórico...", art. cit.

[65] Emilio F. Mignone, "Informe sobre el marxismo nacional", en *Encuentro*, año 1, N° 7, junio de 1960.

II. CRISTIANOS EN EL SIGLO

El gran tema que movilizó energías en busca de fórmulas que integraran, normalizaran o desactivaran el conflicto abierto con la caída del gobierno peronista en 1955, tema ya expuesto bajo el rótulo de la pregunta cuya respuesta se consideró la llave del futuro y también de la intelección del presente: ¿qué hacer con las masas?, no dejó fuera de su poderosa atracción a una línea del pensamiento católico, probablemente la más coherente, desde un punto de vista intelectual, y la más poderosa por su rigor argumentativo: la revista *Criterio*.

A decir verdad, el tema de las masas no cayó como una novedad en sus páginas. Por el contrario, *Criterio*, bajo la dirección de monseñor Franceschi había sido, desde los años treinta, una usina de pensamiento que proporcionó actualización ideológica y guías de acción a los católicos enrolados en posiciones próximas a las de la dinastía de la Iglesia, aunque la revista no se presentara como la palabra oficial de la institución. En efecto, *Criterio* siguió la actualidad mundial y, durante todo el peronismo, reflexionó sobre ella teniendo como punto de vista, aunque no fuera explícito, la situación argentina. La crítica al liberalismo, a los excesos individualistas del capitalismo, al comunismo colectivista, vino acompañada, en *Criterio*, por la reflexión acerca de cómo establecer una dirección adecuada sobre las fuerzas sociales que ocuparon tumultuosamente la escena durante el peronismo y permanecieron en ella después de 1955, en condiciones de proscripción. *Criterio* busca atenerse a la palabra de la Iglesia, realizando una exégesis del pensamiento papal, en sus encíclicas y documentos, y de los principales ideólogos reconocidos como "oficiales" por la Iglesia. De su virulento antiliberalismo de la década del treinta pasa, después de la guerra, a posiciones más modernizantes. El impacto de las transformaciones peronistas y del debate de ideas que, como se vio, ellas originaron, aunque no fueran tema explícito, estuvo en el trasfondo de este cambio.

Por eso, del seguimiento de las posiciones de esta revista pueden extraerse casi todos los argumentos que, desde la perspectiva católica, se usaron como respuesta a los problemas que se abordaron desde otros linajes ideológicos. Revisar las posiciones de *Criterio* a partir de 1943 permitirá seguir el desarrollo de ideas que no fueron hegemónicas pero gozaron de un prestigio significativo. Los caminos cerrados que la revista encuentra –no en la realidad de la Iglesia que se renueva en los años sesenta, sino en la más próxima del catolicismo que se radicaliza en la Argentina– describen un arco temporal que es el de la sensibilización del catolicismo frente a los problemas del siglo hasta la disolución de la especificidad religiosa en los debates sobre cristianismo y marxismo.

1. La gran revista católica

La revista *Criterio*[1] publica, en junio de 1943, un editorial –firmado, como lo hizo semanalmente hasta su muerte, por monseñor Gustavo Franceschi– en el que, con extrema prudencia, toma nota del golpe y de los cambios que éste se propone. A partir de ese momento, la revista trata, casi exclusivamente, temas centrales al mundo contemporáneo sin referirse en detalle a la situación argentina.[2] "Por tendencia, escribe monseñor Franceschi, examino más las doctrinas que los hechos concretos." [3]

Sin embargo, no sólo se trataba de la inclinación de un temperamento como el de Franceschi, sino de la alianza de la Iglesia con los militares golpistas: el ejército como "partido católico" es la tesis con la que Loris Zanatta ha caracterizado estas relaciones que ponían en la escena militar las diferentes tendencias que se entrecruzaban en la jerarquía eclesiástica y sus grupos intelectuales.

La preocupación central de Franceschi, en estos años cuarenta, es la del desmembramiento de las sociedades como consecuencia de los procesos de la modernidad y la modernización. El caos es la nota predominante de la situación contemporánea y no puede ser considerado una circunstancia especial propia del escenario de la guerra, sino una cuestión inscripta en una duración más larga, que la guerra ha desalojado del primer plano, pero que volverá a él no bien ésta termine. Lo que se ha perdido, tanto en la construcción del socialismo soviético y en el nazismo (ambos surgidos, por otra parte, de la misma matriz hegeliana), como en el pensamiento democrático moderno, es un punto de vista que vincule de manera sustantiva los avatares de la sociedad con los valores eternos: "vivimos en un mundo despedazado". Es indispensable, entonces, prepararse para una tarea de reconstrucción intelectual y moral que enfrente, por una parte, la crisis de valores y proponga, por la otra, grandes lineamientos dentro de los cuales los católicos puedan establecer su compromiso con el siglo.

Es preciso prepararse para la paz en los años de la guerra. Una y otra vez *Criterio* pronuncia esta exhortación que parece tener como destinatario una audiencia mundial pero que se dirige a los católicos argentinos. En efecto, ¿cómo no leer esta advertencia en la clave de una Nación donde se sentía la necesidad de completar algunas reformas profundas antes que el fracaso o el abandono de esta tarea la pusiera en las manos de cualquier tendencia colectivista?

Criterio reitera un leitmotif: es imposible luchar contra el comunismo, sin abrazar al mismo tiempo la causa de la justicia social. El comunismo no es sólo un régimen que conculca principios fundamentales que la Iglesia defiende. Esa visión, tradicional y filosófica en la medida en que se reconoce en ella una perspectiva teologal, es de principios. Pero los católicos viven en el siglo y en el siglo viven también las masas que el comunismo les disputa. Son las condiciones de esa disputa las que preocupan a la revista tan tempranamente como los albores del peronismo en la Argentina: "No podremos ejercer una acción sobre las masas populares contagiadas por el comunismo, mientras no nos hayamos convertido en defensores intransigentes de la justicia social [...] ¿Quién establecerá la justicia si no ama a las víctimas de la injusticia? ¿Quién reformará la sociedad si procura ante todo disfrutar los goces que la sociedad le proporciona?"[4] Se anuncia un cambio de época porque el fin de la guerra no dejará intacto el mapa sociopolítico mundial y el capitalismo deberá reconocer no sólo sus excesos –condenados por la doctrina de las encíclicas– sino también su inevitable conclusión. El fin de la guerra marca el comienzo de una nueva etapa y en ella la Iglesia deberá desempeñar un papel, ya que el momento es de crisis de valores y de crisis de dirección. *Criterio* prepara fuerzas para una tarea que sintetiza como moral pero que desborda claramente sobre la esfera política: la Iglesia no debe ser compañera de ruta del capitalismo. Esta certeza ya había sido preparada por las posiciones antiliberales y autoritarias de la revista y su director en la década de 1930,[5] que se contraponían a las de católicos liberales –como el futuro fundador de la democracia cristiana, Manuel Ordóñez–, lectores de Maritain y promotores de otra revista, *Orden Cristiano*.[6]

Apoyada en las encíclicas, *Criterio* avanza dentro del espacio abierto por los cambios que comenzaron en 1943. Un año después, define el campo dentro del que deben inscribirse las convicciones de un católico: éste deberá separar el capital (como conjunto de bienes indispensables a la producción) del capitalismo (como régimen básicamente materialista e injusto); deberá oponerse al latifundio, por sus consecuencias penosas para las familias campesinas;[7] deberá reclamar la intervención del Estado como organizador y vigilante de relaciones laborales; defenderá a los sindicatos[8] y las paritarias como modalidad de arbitraje de conflictos; afirmará el derecho de los trabajadores a que los salarios no sean fijados por la dinámica del mercado. Las líneas de este programa pueden cruzarse con las del discurso peronista emitido por su líder. Por otra parte, y esto monseñor Franceschi lo repite con la seguridad de alguien que conoce el carácter polémico de la propuesta, este programa debe ser levantado por los católicos no independientemente de su carácter de hombres de fe, sino como su realización en el siglo. Quedan selladas de este modo la dimensión filosófica y la dimensión social de la identidad católica. La batalla recién ha comenzado.

Por supuesto, la revista tiene menos problemas con el carácter antiliberal del régimen establecido en junio de 1943. Sin embargo, a propósito de la alocución de Navidad pronunciada en 1944 por Pío XII, Franceschi considera necesario establecer posición no tanto frente al liberalismo como filosofía –de la que la revista se aparta por una cuestión de principios– sino frente a la democracia como sistema político, cuestión que puede ser debatible, ya que no pertenece a las bases doctrinarias (como la justicia social).[9]

Por un lado, el liberalismo se presenta como una filosofía peligrosa en lo religioso, científico y metafísico. El liberalismo es una visión global que compite con la otra única visión global que es la de la Iglesia. Por otra parte, el liberalismo puro pasa por alto algunos principios y valores que, desde la perspectiva social de la Iglesia, son fundamentales en la tarea de regeneración de sociedades deshechas por la guerra y la libre competencia del capitalismo. Finalmente, frente a algunos puntos del liberalismo, y también del liberalismo democrático, *Criterio* establece posiciones tácticas (o, si se quiere, casuísticas). Se trata de las formas de gobierno y de las instituciones políticas: la Iglesia no las juzga sino en la perspectiva de los valores que permitan realizar en la sociedad. No tocan la moral ni el dogma y, por lo tanto, no ponen en juego los principios.

Esto le permitirá a *Criterio* navegar las aguas procelosas del gobierno peronista, con un apoyo silencioso a lo que considera progresos sociales del régimen o avances de la Iglesia en la sociedad que éste hace posible. Lo que queda claro, para *Criterio*, es que no es necesaria una oposición permanente a las formas políticas –sea cual sea su estilo– en tanto no deriven en estructuras totales que pretendan implantar su dominio sobre la conciencia de los individuos que es un terreno reservado a la religión y la moral. Y que tampoco es necesario, examinadas las condiciones argentinas a la luz del pensamiento de la Iglesia, exagerar una campaña contra el liberalismo como doctrina política (ya muy afectado por el régimen peronista), aunque se lo condene como filosofía.

Al mismo tiempo, resuena siempre en *Criterio* un tema claramente antiliberal. Se trata del argumento de que la democracia política es insuficiente si lo que se busca es la justicia para todos los miembros del cuerpo social. Se le pide al liberalismo político respuestas a la cuestión social, que no están incluidas en su doctrina y se afirma, en consecuencia, que esa doctrina, equivocada desde el punto de vista filosófico, es incompleta e insuficiente desde el punto de vista social. En cuanto al sistema político, éste no es de "incumbencia eclesiástica".[10]

Sin embargo, si las formas organizativas de la democracia no son punto de doctrina, sí lo es claramente la definición de un régimen político: sin algún tipo de institución representativa, elegida por elecciones, no se puede denominar a un régimen democrático, aun cuando no se discute que un régimen carente de esas instituciones pueda ser, al mismo tiempo, benéfico para las llamadas "clases modestas". Del mismo modo en que Dios creó a los hombres con la posibilidad de expresar opiniones diversas, ese designio divino se reflejará en la mejor forma de organizar a la sociedad política: la diversidad de opiniones produce la diversidad de partidos (de allí que los regímenes de partido único sean condenables por principio) cuyos enfrentamientos y divergencias deben tramitarse de modo que no sea sólo la opinión de una mayoría cuantitativa la que se imponga siempre, sino que los esfuerzos estén encaminados a la consideración de todas las posiciones en la síntesis del bien común y del buen gobierno. En el equilibrio que debe establecerse entre el desconcierto de un coro de opiniones divergentes y la imposición forzada de un solo punto de vista está la clave de lo que la revista llama una "estructura democrática".

Ahora bien, ¿cómo se construye la representación en los órganos de gobierno de una república democrática? De nuevo, en la respuesta a esta pregunta aparece la discriminación entre "verdadera" democracia y democracia insuficiente e imperfecta. La segunda se expresa en un régimen donde los organismos del gobierno representativo surgen de la elección de individuos cuya suma es la "masa distribuida en partidos políticos en los que cada ciudadano ingresa como individuo aislado y no como miembro de múltiples cuadros sociales y delegado por ellos".[11] El pueblo, como categoría política y realidad sustancial está construido y organizado de modo diferente porque el sentimiento de pertenencia a una comunidad morigera el individualismo. Se trata, entonces, de combinar democracia liberal con espíritu de comunidad, espíritu que supera la abstracta noción de "hombre", instalada desde la revolución francesa, y pone límites al ejercicio de una libertad cuyos efectos son deletéreos para la comunidad considerada como cuerpo.

Sobre el final de la segunda guerra, *Criterio* presenta una especie de juicio global sobre el fascismo italiano que le permite diferenciar el corporativismo fascista de la versión socialcristiana que la revista propagandiza. La cuestión gira en torno de la naturaleza del Estado en relación con las corporaciones. En el fascismo, éstas son organismos del Estado, dependencias de un todo expresadas en los miembros de la producción y del trabajo. Monseñor Franceschi, por el contrario, expone reflexiones cautelosas frente a una expansión "excesiva" del Estado en las organizaciones sociales. Éste es un error que, si bien pudo tolerarse en función de beneficios materiales –Mussolini habría realizado una obra inmensa pero llena de errores–, fue condenado por Pío XI. *Criterio* se opone a la interpretación "totalitarista" del corporatismo.[12] De este modo, el pensamiento de la revista se ubica en una encrucijada interesante: ¿cuáles son las grandes líneas de organización de una democracia que evite los límites que a la justicia social pone el liberalismo, con su despliegue conflictivo de los intereses individuales, y el totalitarismo, con su intervención incontrolable tanto en la esfera privada como su absorción por el Estado de los órganos de la comunidad?

En torno a este problema, *Criterio* dará vueltas por más de diez años, hasta el comienzo de los trabajos preparatorios del Concilio Vaticano II. Éste es el problema filosófico-político de los católicos sociales, pero, al mismo tiempo, sus términos coinciden con una forma de leer la encrucijada que abre el peronismo.

Ya en 1945, los títulos de los editoriales de *Criterio* debaten una línea del pensamiento social que va a desplegarse, de modo conflictivo, en las décadas siguientes: "Catolicismo e izquierdismo", "La responsabilidad del católico", "El cristiano en la crisis".[13] Una cita de Daniel Rops que Franceschi califica de "verdad abrumadora", coloca el problema en los marcos del catolicismo preocupado por la cuestión social: "Marx tiene razón (cita Franceschi) al escribir que la sociedad capitalista es una sociedad anárquica donde la vida se define exclusivamente como un juego de intereses particulares; este sistema no tiene punto de contacto con el cristianismo, que puede verse constreñido a habitar en él, pero a quien no es lícito aceptarlo. Los cristianos que voluntariamente han establecido una alianza entre ellos mismos y este régimen no pudieron hacerlo más que fuera de lo prescripto por su fe".[14] El compromiso en el siglo se expresa en términos que llaman a la política y, por eso, *Criterio* se entrega, intensiva y extensivamente, a una discusión sobre las nociones de izquierda y derecha tanto en sus contenidos sociales como ideológicos.

A mediados de la década del cuarenta –y también porque el peronismo pone en esta agenda su orden del día– se trazan las líneas de una reforma de inspiración socialcristiana que critica una concepción individualista de la propiedad, defiende su carácter social que limita los derechos de los poseedores, promueve la intervención en el mercado de trabajo en defensa del salario porque el contrato de trabajo, si bien no es por naturaleza injusto, se establece entre sujetos que proporcionan por un lado el instrumento (el capital) y, por el otro, la parte más importante y filosóficamente significativa, el trabajo considerado como agente principal del proceso de producción.

En el marco de este programa, el cristianismo se presenta como instancia superadora de la dicotomía derecha/izquierda que, ni en lo político ni en lo social, da cuenta de las necesidades humanas consideradas desde una perspectiva religiosa. No se trata de que los católicos estén en libertad para definirse sobre estas cuestiones, sino que, bien leída, la doctrina de la Iglesia les impondría decidirse en el sentido que se ha establecido más arriba. El cristiano que sólo cuida su salvación personal y que piensa su identidad religiosa sólo en términos espirituales no sólo se equivoca sino que trabaja para el enemigo, al concebir la sociedad –como si fuera un liberal– en el marco de un individualismo atomístico y antisolidario pasando por alto la noción de que, incluso en sus momentos de mayor conflicto, las sociedades son empresas de cooperación entre sus miembros. La situación del pueblo impone reconocer (como escribe Franceschi años después) que "dentro de la crítica marxista ha habido un condenable tono de odio, puntos de vista equivocados, pero que los *hechos* comprobados en estadísticas y en encuestas muestran hasta qué punto el *proletariado* fue víctima de la situación creada por el régimen capitalístico".[15]

Este mensaje resuena con una fuerza premonitoria en octubre de 1945. Poco después, en 1948, *Criterio* –que no ha abandonado el tema en ninguna de las vueltas y revueltas de esos años de gran cambio– estampa una fórmula que tendrá descendencia: "reintegrar lo teológico en lo social".[16] Los años siguientes resonarán con esta consigna a la que monseñor Franceschi ubica en la tradición de los "maestros del catolicismo social que ya a comienzos del siglo XX defendían una tercera posición que se aparta tanto del capitalismo como del colectivismo comunista".[17] Se trata de operar en dos frentes: el interno, que la revista no menciona, pero donde hierven las opiniones respecto del peronismo, y el mundial, de donde Franceschi extrae su inspiración.

2. LA INTERVENCIÓN POLÍTICA EN LA "DEMOCRACIA DE MASAS"

Sobre el filo de las años cincuenta, comienza a difundirse una fórmula que recorrerá de allí en más un largo camino: los "cristianos progresistas".[18] Surge de la cooperación entre comunistas y católicos europeos, que había conocido un primer capítulo durante la guerra mundial. La cuestión no existe para el catolicismo en los países comunistas ni tampoco para las corrientes de "derecha" del pensamiento cristiano en Occidente. Sin embargo, es importante en muchos países europeos y *Criterio* lo toma de allí para hacer su presentación en Argentina. Franceschi encara polémicamente el "Manifiesto" de los cristianos progresistas que reivindican independencia respecto del magisterio de la Iglesia en todas aquellas cuestiones que no pertenezcan al orden estrictamente religioso. Así, los cristianos serían libres para elegir posiciones políticas y, en especial, para establecer alianzas con los comunistas en función del mejoramiento de las condiciones de vida de los sectores populares.

Franceschi refuta esta posición –retomada años más tarde por los lectores argentinos de Maritain y de Emmanuel Mounier que radicalizaron las perspectivas de sus maestros– argumentando, por una parte, que es inadmisible separar el magisterio de la Iglesia de su inclusión en el siglo; por la otra, que la colaboración de cristianos en la implantación de regímenes comunistas desborda la separación que estos mismos cristianos hacen entre la esfera religiosa y la esfera secular, precisamente porque en los regímenes comunistas esta separación es imposible: son regímenes, como lo expresara Pío XII, comunistas y ateos, ateos *porque* comunistas, surgidos de la inversión materialista de la dialéctica hegeliana. Hasta aquí la posición ortodoxa. Pero ¿cuáles son sus nuevas modulaciones?

Se ha refinado y expandido el discurso que se pregunta sobre las bases de cooperación política de cristianos y no cristianos y –al mismo tiempo que se condena duramente el comunismo de los países del este y, más tarde, se mira muy críticamente el caso cubano– se presentan los temas que, en los años sesenta, pasarán al diálogo entre católicos y marxistas, del que *Criterio* no es protagonista pero al que, en una perspectiva de dos décadas, no puede decirse que no haya de algún modo contribuido por su insistencia en abrir la cuestión social y por su reconocimiento de que hay verdades seculares en el marxismo que el comunismo ateo no realiza y que el cristianismo debe incluir y superar: "El comunismo responde a su manera al profundo sentido de solidaridad humana que hay en el hombre... Para esa esperanza de solidaridad, para la necesidad de redención que el hombre tiene, el comunismo ha elaborado una respuesta. Esas respuestas no ignoran, entonces, los afanes de la persona humana, sino que atienden a ellos para derivarlos luego hacia donde el comunismo quiere. Hay una táctica de 'explotación de la esperanza', que el comunismo usa con peligrosa constancia. Pero al mismo tiempo, la posibilidad de ejercicio de aquella táctica, supone la existencia de esperanzas no satisfechas, y éste es un punto de atención responsable para el hombre católico [...] La derrota del comunismo no significará el aniquilamiento del hombre marxista, sino su transformación y su renacimiento como persona humana".[19]

Después de la caída de Perón, *Criterio* está alerta frente al "avance del comunismo" en los sindicatos y en las organizaciones estudiantiles, allí donde la persecución o la defección de las dirigencias provocan que el comunismo, muy minoritario políticamente, tome las reivindicaciones que deberían ser enarboladas por quienes dicen oponerse a él si desearan verdaderamente hacerlo de manera a la vez eficaz y justa: "La Argentina está con la 'guardia baja' porque está en crisis moral, económica y política. La acción comunista, entonces, no necesita inventar la crisis para explotarla: la crisis está. Por eso es responsabilidad de los gobernantes superarla, para despojar al comunismo del medio propicio [...] El comunismo es, en efecto, un 'explotador de la desesperación', de la desconfianza, del desprestigio. Pero así como la moneda falsa circula porque previamente existe la moneda sana, el éxito inmediato del comunismo se debe a que el medio lo favorece, y quienes dicen combatirlo, proceden de tal manera que sus intenciones manifiestas parecen no coincidir con las íntimas convicciones".[20] La insistencia, en 1959, sobre la necesidad de cambios en las políticas económicas y sociales marca el campo dentro del cual *Criterio* entiende que debe lucharse contra el comunismo: se critica, por una parte, el contenido neo-liberal de las políticas económicas implementadas en el ministerio de Álvaro Alsogaray bajo la presidencia de Frondizi; se retoma la necesidad de una reforma agraria como salida a la crisis que se diagnostica en el campo.[21]

El movimiento de los cristianos en el siglo tenía pocas probabilidades de ser detenido y, por lo tanto, era necesario encauzarlo. Franceschi y la revista *Criterio* formaban parte de él aun cuando polemizaran con sus alas más radicalizadas. Podía argumentarse que la perspectiva sobre las cuestiones seculares era moral y no técnica. Sin embargo, entre lo moral y lo técnico se expande el espacio de la acción social y de la opinión política.

La fundación de la democracia cristiana, en 1955, quiere dar existencia precisamente a un instrumento político, que no recibirá la sanción de partido único para los cristianos por parte del Episcopado,[22] pero en cuyo ámbito se tramitarán innumerables conflictos sobre la perspectiva cristiana respecto de la democracia y la justicia, conflictos en los que resuenan tanto las posiciones del Episcopado como las intervenciones de las distintas líneas del socialcristianismo enfrentadas, a su vez, con tradiciones liberales y antiestatistas, como la representada por uno de sus fundadores, Manuel Ordóñez.

El Episcopado, por su parte, se pronuncia, en 1956, en una pastoral colectiva cuyo título bien significativo en el momento es "La promoción y la responsabilidad de los trabajadores". Allí, la "verdadera solución" se desenvuelve en torno de algunas palabras clave –cristianismo socialmente aplicado, libertad en la solidaridad, personalismo solidario– que constituyen el armazón conceptual que ofrece la Iglesia para alcanzar los objetivos que dan su título a la pastoral. Y estos objetivos son: "1. Salario justo; 2. Propiedad privada; 3. Dar al trabajo su verdadero sentido; 4. Sindicalismo auténtico; 5. Democratización de la economía; 6. Mejoramiento de la vida rural; 7. Verdadero sentido del tiempo libre y recto uso de los bienes; 8. Elevación cultural".[23] Al año siguiente, 1957, el Episcopado retoma y profundiza estos puntos, impulsado por "la situación actual que aflige a la clase trabajadora en nuestro país".

Estas intervenciones repercuten en los espacios "sociales" donde actúa la Iglesia: las Juventudes Obreras Católicas (atravesadas por una crisis tanto de representatividad como de ideología), la Acción Católica (de donde pasan cuadros a la democracia cristiana, incluso a sus alas más progresistas), los núcleos universitarios católicos. Se articulan espacios nuevos de acción pública, mientras que la palabra del Episcopado, sin buscarlo, produce condiciones para que los católicos que se identifican como progresistas tomen los temas de la justicia social avanzando sobre la doctrina de la Iglesia, a la que el acento que aportará pocos años después, en 1961, la encíclica *Mater et Magistra* volverá francamente espectacular y, luego, espectacularmente conflictiva. Por esos años, los católicos comienzan a prepararse para el acontecimiento que marcará definitivamente las décadas siguientes, el Concilio Vaticano II.

Paralelamente, *Criterio*, desde comienzos de la década del sesenta, encara dos temas: el de las relaciones entre democracia política y democracia social, y el de los rasgos peculiares de lo que diagnostica como la "crisis argentina". La revista incorpora nuevos y jóvenes intelectuales y, con ellos, perspectivas teóricas sensibles a la filosofía política no exclusivamente cristiana, y a la sociología. Una y otra vez examina los conflictos de la *democracia de masas*: "La forma de acción típica de una sociedad de masas es, en política, la acción directa. Exactamente lo contrario de lo que ocurre en la democracia clásica, que supone el ejercicio de la acción indirecta, a través de los vericuetos del debate académico, de la discusión parlamentaria. Los derechos no se exigen, se reclaman, y se espera la decisión de un poder que declarará su viabilidad. En la sociedad de masas, los derechos se multiplican, y antes que se declaren, se pretende su perentorio cumplimiento".

Una sociedad de masas abre problemas que *Criterio* inscribe en dos órdenes de cuestiones: por un lado, las insuficiencias de los partidos políticos, que arrastran una tradición de enfrentamiento faccioso bajo la apariencia de luchas ideológicas. Los partidos no están ni preparados ni dispuestos para gobernar ni para imprimir un control responsable de los actos de gobierno, y exageran las diferencias en nombre de principios que de todos modos no son los que definen su propia práctica. Los partidos políticos funcionan como máquinas electorales que, en el ejercicio del gobierno, son reemplazados por grupos de presión y nucleamientos de intereses.[24] Actores no clásicamente políticos, como las Fuerzas Armadas, ingresan en el teatro de las decisiones como uno más de los grupos de presión que actúan desde fuera del gobierno "para obtener ventajas o presionar para que la decisión política se adopte en un determinado sentido, que les favorece".[25]

Se abre también la cuestión de los sindicatos como grupos de presión. No lo habrían sido durante el gobierno de Perón, cuyo poder se apoyó en organizaciones gremiales que mantuvieron con el estado una relación interna y verticalizada. Pero, después de la revolución de 1955, los sindicatos pierden esta relación interna con el poder y enfrentan gobiernos que "sólo parecen conmoverse frente a las demostraciones de fuerza".[26] Imposibilitados de encontrar una representación política que sea considerada legítima por todos (proscripto como estaba el Partido Peronista), los sindicatos rechazan, por un lado, toda sugerencia de organización pluralista y ejercen, por el otro, todo el poder que pueden organizar para presentar ante los gobiernos reivindicaciones de las que los partidos políticos no se hacen cargo.

Así las cosas, la legalidad que impera en la Argentina es precaria. Las crisis de los años sesenta son analizadas en las transformaciones del sistema político acontecidas desde el gobierno de Perón y la emergencia de los grupos de presión que son un fenómeno compartido con otras democracias occidentales, pero que se acentúan aquí por el carácter imperfecto de la institucionalidad argentina, afectada no sólo por una legalidad débil y una legitimidad cuestionada sino –y esto es decisivo en el razonamiento– por una legalidad *meramente* formal: "muchas instituciones carecen hoy de contenido".[27] Dar contenido transformador a las instituciones parece el único camino a fin de evitar violencias mayores.

La cuestión del cambio violento –ya sea por el camino comunista abierto por Fidel Castro, o por el camino de las intervenciones militares– queda unida, para la revista como para muchos actores de ese momento, con modificaciones profundas al sistema político que incorpore la verdad "sustancial" de la sociedad: "Es obvio que nunca los varios miles de metros cuadrados de la casa rosada contuvieron de hecho a los sectores obreros, a la clases medias o a las 'oligarquías'. Por eso, el desenlace cabal de la crisis argentina debe ser una síntesis. Desde ahora no se podrá ejercer el mando político efectivo sin que la sensación de participar en las decisiones fundamentales exista en todos los sectores de la sociedad argentina. Y para eso es preciso un cuadro dirigente que "preceda a las corrientes populares con sensibilidad y lucidez, para conducir sin la esterilidad de nuestros personalismos políticos pasados, ni la ilustración deshumanizada de los 'notables' de nuestro tiempo".[28]

En este marco, se jerarquiza el rol del Estado como mediador activo en las relaciones entre producción y distribución de bienes y servicios, según méritos y necesidades, juez en la determinación de los salarios y de su poder adquisitivo, articulador y emisor de planes económicos que posibiliten la explotación racional de los recursos, aseguren la plena ocupación y la estabilidad en el trabajo, responsable de la educación profesional y técnica.[29] Estas tareas asignadas al Estado, que lo responsabilizan así de regular las relaciones entre los grupos económicos, restablecer los equilibrios indispensables y garantizar la distribución de la riqueza, son las que permitirán enfrentar la crisis argentina en su aspecto político. Y también enfrentar los peligros de la expansión continental del comunismo que amenaza desde Cuba.

Así, la cuestión social ligada a la cuestión política en el marco de las sociedades de masas, son los temas del pensamiento católico expresado tanto en los pronunciamientos del Episcopado como en los grupos intelectuales. Una y otra vez se reitera que la miseria favorece al comunismo; que el catolicismo latinoamericano es un catolicismo de masas que debe tomar a su cargo las necesidades sociales de quienes son mayoría demográfica y religiosa; que Fidel Castro ha tenido el mérito de un despertar de la esperanza a la que él mismo no está en condiciones de responder; que sólo un catolicismo orientado hacia la acción podrá hacerse cargo de las tareas de la hora y, al mismo tiempo, sortear los peligros que acechan a esa espiritualidad en contacto con la política. Sin embargo, esos peligros deben enfrentarse porque los católicos no pueden sustraerse a los dos grandes desafíos del momento: el problema del "subdesarrollo" argentino y las falencias de su sistema político, débil ante los factores de poder.[30]

Estos temas vienen, además, potenciados por la discusión social que está atravesando a la Iglesia en el mundo desde la preparación del Concilio y la difusión de la encíclica *Mater et Magistra;* en 1967, la *Populorum Progressio* no hará sino acentuarlos. Las consecuencias serán incalculables, aunque el muy influyente grupo de la revista *Criterio* no vaya a ser el protagonista de los cambios verdaderamente revolucionarios que, desde mediados de la década del sesenta, realizarán intelectuales de origen cristiano a los que el Episcopado mirará con desconfianza y tratará, inútilmente, de moderar.

3. CRISTIANISMO Y MARXISMO

En 1962, el Centro de Estudiantes de la Facultad de Filosofía y Letras de la Universidad de Buenos Aires, publica el número 2 de su revista *Correo de CEFYL.*[31] En tapa, la nota principal, "Cristianismo y marxismo", es un reportaje a Conrado Eggers Lan, profesor de filosofía antigua en esa facultad. Las preguntas de la revista indican que la relación entre cristianismo y marxismo era un tema instalado pero, al mismo tiempo, nuevo. Se interroga a Eggers Lan sobre la "compatibilidad teórico-práctica del marxismo y el cristianismo". La respuesta afirmativa de Eggers Lan anticipa mucho de lo que va a leerse en los años siguientes. Se trata de una operación teórica realizada a la vez sobre el cristianismo y sobre el marxismo, en la que ninguno de los dos quedan indemnes. Eggers realiza una "traducción" de los principios marxistas a lenguaje cristiano –bíblico y evangélico– y de los principios cristianos al marxismo. En este proceso de versiones, unos y otros se presentan como perfectamente compatibles, atribuyéndose a un malentendido o a intereses materiales exteriores a las respectivas doctrinas el hecho de que hasta entonces no hubiera parecido evidente a todo el mundo esa "compatibilidad teórico-práctica".

No se trata ahora de examinar las circunstancias concretas en las que sería aceptable que los cristianos unieran sus esfuerzos a los de los "comunistas", teniendo siempre en cuenta que ambas filosofías se repelen. Precisamente esa etapa del diálogo es la que se discute en *Criterio* y, como se vio, la respuesta a la cuestión siempre está llena de advertencias sobre las incompatibilidades radicales entre visiones del mundo mutuamente excluyentes.

Por el contrario, las respuestas de Conrado Eggers Lan –uno de los protagonistas, publicistas y promotores del diálogo entre católicos y marxistas– abandonan el tono cauteloso para iniciar la política de traducción de ideologías que marcaría a fuego el proceso de radicalización de amplios sectores católicos en los años sesenta. En efecto, Eggers analiza con esmero el concepto de "lucha de clases", para demostrar que, si bien muchos marxistas lo han utilizado para alimentar el conflicto, la lucha de clases, correctamente considerada, se refiere a una lucha del hombre por el hombre y en contra de las cosas que lo enajenan, y que no necesariamente entraña el odio ni el resentimiento, sino ocasionales enfrentamientos que, finalmente, redundarán en beneficios colectivos. Hasta aquí se trata de la atenuación del uso político de una noción mediante el recurso al concepto de alienación que podía no parecer del todo ajeno al pensamiento cristiano. Pero enseguida se encara una traducción en términos evangélicos.[32] El mismo Cristo habría predicado el enfrentamiento cuando afirmó que su llegada a este mundo no traía la paz sino la discordia. De modo que, incluso la lucha de clases que, temporariamente, incluya a los individuos de una sociedad y sea una lucha entre hombres y no de los hombres con las cosas que los objetivan, quedaría amparada por la palabra evangélica. Cristo, y no Marx, fue el primero en señalar la inevitabilidad del conflicto.

Ambos razonamientos no se combinan del todo; sin embargo, la argumentación avanza para señalar que el marxismo y el cristianismo se diferencian en el énfasis que ponen respectivamente en la dimensión interior o en la dimensión social de la lucha. Como se ve, la incompatibilidad filosófica –que parecía evidente al pensamiento cristiano hasta esos años– se disuelve no en una nueva síntesis, sino en una necesidad de complementación: el marxismo como aspecto social de la conflictividad de la que el cristianismo sería expresión en la conciencia individual. La cita de frases de los evangelios y frases de Marx es una empresa más retórica que teórica, pero es también una empresa claramente política que tendrá consecuencias incalculables. Para Eggers, el marxismo ha dejado de ser un adversario filosófico para convertirse en la "secularización del pensamiento cristiano".

No puede sorprender, entonces, que el sindicalismo cristiano, agrupado en la Acción Sindical Argentina, ya en 1963 postule un sindicalismo que –si quiere ser "auténtico"– debe ser "revolucionario"; que no se limite a la petición de unas cuantas reformas intrascendentes (un poco más de salario, una pocas horas de trabajo menos, que incluso el capitalismo puede otorgar para seguir afirmando sus privilegios), sino que tenga como objetivo "el cambio de las estructuras capitalistas".[33] En una palabra, frente a un sindicalismo para la conciliación social y la reforma, un sindicalismo "motor de la revolución social y humana".

En el Partido Demócrata Cristiano, algunos años más tarde, el espíritu de Medellín, de la teología de la liberación inaugurada por el peruano Ramón Gutiérrez, el peso de discursos como el de Enrique Dussel, subrayan también la incompatibilidad con el cristianismo de las soluciones desarrollistas-integracionistas a los problemas de los pueblos latinoamericanos. Se busca la tercera vía o camino propio[34] que es no capitalista. Los sectores radicalizados de la juventud demócrata cristiana, ya en 1964, no se sienten obligados a comprometerse con las instituciones en la medida en que éstas no están comprometidas con las necesidades del pueblo: "...no nos sentimos comprometidos a usar interminablemente la vía legal y pacífica en elecciones amañadas, del partidismo odioso y del parlamentarismo estéril. Nosotros mismos vamos a decidir [...] cuándo vamos a dejar las parcelas de un poder mutilado y sometido, para reclamar y arrebatar, por medios más contundentes, el poder total que ha de entregarse al pueblo para rescatar y realizar definitivamente la comunidad nacional".[35]

La introducción de la palabra "revolución", que corona un giro abiertamente anticapitalista, dependentista, antiimperialista y antidesarrollista, junto a la legitimación/traducción de la "lucha de clases", son los grandes virajes ideológicos de los cristianos radicalizados (que comparten con otras feligresías latinoamericanas y frente a los que la jerarquía de la Iglesia está dividida).[36] Para los cristianos ha sonado la hora de los laicos comprometidos políticamente y acompañados por los obispos que estén dispuestos a seguir el mismo camino de radicalización: este frente de laicos y sacerdotes, durante los años sesenta, pone a la defensiva a los sectores menos radicalizados o a los sectores reaccionarios de la jerarquía eclesial que, como sea, tienen que responder al mensaje socioevangélico avanzado que se expresa en la conferencia de Medellín y en las innumerables exégesis en clave completamente secular de las encíclicas, que realizan intelectuales del perfil de Enrique Dussel y Lucio Gera. Se habla por todos lados de la construcción de un mundo nuevo, de la laicización del mundo de Dios, de la redención terrenal de los miserables, de la liberación no ya del pecado sino de la injusticia, la desigualdad y la miseria.

En este curso de traducciones, adaptaciones y transmutaciones de elementos del discurso político de izquierda convertidos en mandatos religiosos, cambia la noción que tienen estos cristianos en lo que se refiere a la idea de servicio a Dios en el siglo: "¿Qué es glorificar a Dios? No ponerle veinticinco velas a los santos. No. Sí ayudar a que un hombre sea más hombre. Si yo a este hombre lo ayudo a leer y escribir, glorifico a Dios, porque lo ayudo a crecer como hombre. Y aquí está definido el rol del sacerdote: ayudar al hombre a ponerse de pie... Hay que hacerle saber que el ponerse totalmente de pie es tener conciencia de la divinidad. Es la culminación de su liberación".[37] La relación con Dios es la que aparece ahora como relación secular pero, al mismo tiempo, una relación secular que está imaginariamente sostenida en una relación con la divinidad y, en consecuencia, una relación que no puede ser discutida plenamente en la sede política donde esta misma relación se instala: los católicos entran como revolucionarios en un mundo que no puede juzgarlos del todo según sus reglas ya que una parte de sus argumentos están sustentados en los mandatos entregados por Dios a su pueblo.

El Movimiento de Sacerdotes para el Tercer Mundo es impulsado por esta trama integrista de perspectivas religiosas secularizadas y perspectivas seculares sujetas a mandatos divinos: la misión en el mundo es la misión política de liberación. Para cumplirla es casi inevitable que el sacerdote, al acercarse a los pobres, compartir su vida y trabajar con ellos, se "desolidarice de la actitud de otro grupo, el dominante y excluyente".[38] La lucha de clases –en versión cristiana-nacional-popular-tercermundista– se reintroduce como dato inevitable de una visión de lo social donde Dios queda del lado de una Iglesia de los pobres, para cuya militancia no basta, sin embargo, la opción teologal por los pobres sino la correlativa separación de los dominantes en un enfrentamiento inevitable. El culto divino es una mera forma (como la democracia burguesa es una mera forma): "Hoy los cristianos no podemos rezar el padrenuestro si no hacemos algo eficaz para que disminuya el índice de mortalidad que, en nuestra patria, aumenta día a día".[39]

Cuando, en 1962, Conrado Eggers Lan presentaba al marxismo como un cristianismo secularizado se ponía en marcha una máquina de traducción ideológica, cuya contraparte sería pensar al cristianismo como una teoría de la revolución social avalada por Dios mismo. La opción por los pobres es, en estos años, la opción por la liberación. Un deslizamiento semántico produce la cadena liberación del Mal, liberación de la persona, liberación de los pueblos como rasgos de una misma familia de ideas. No hay Dios y César como reinos separados: el integrismo revolucionario va a indicar que el reino de Dios es reino de este mundo y, por tanto, que hay que desalojar de allí al César. La opción por los pobres es integral en la política de la teología de la liberación y del Movimiento de Sacerdotes por el Tercer Mundo, fundado en 1967.

Un año antes, el equipo de *Cristianismo y revolución*, se dirige al episcopado argentino, marcando la dirección que esa revista asumirá decididamente, en la que juzga insuficiente el compromiso de los obispos: "Nuestra Iglesia nos duele. Nos duele saberla identificada económicamente con los ricos, socialmente con los poderosos y políticamente con los opresores. Nos duele porque la sentimos en la carne y en la sangre de todos los pobres, de los indefensos, de los sumergidos que –a pesar del dolor y el escándalo que les causa la jerarquía– se aferran todavía con esperanza a la liberación anunciada por el Evangelio y se incorporan decididamente a la lucha revolucionaria –en la que quisieran ver comprometida también a su Iglesia– para realizar en este mundo la felicidad de los que tienen hambre y de los que tienen sed de justicia".[40]

Incluso antes de la decisiva conferencia de Medellín que tiene lugar en 1968, una franja de los católicos encabezaba una crítica política de la organización eclesial argentina, cuyo compromiso con los pobres no alcanzaría la intensidad que las encíclicas y la renovación teologal exigen. Y también cambiaba una definición "personalista" de la redención de las necesidades humanas, por una definición revolucionaria de los cambios que están por venir a redimirlas y de los que los católicos serán protagonistas.

El momento metodológico del diálogo catolicismo-marxismo ha terminado en 1966, por dos motivos. El primero es la "superación" de uno de los dos interlocutores: en efecto, a comienzos de los sesenta, el diálogo incluía a la izquierda marxista y a los comunistas; en 1966, pero también mucho antes en los documentos políticos de la democracia cristiana, ya no se trata de los "grupitos de la izquierda" sino de los sectores populares expresados en una identidad política un poco menos doctrinaria, es decir por el peronismo. El segundo motivo es que los comienzos de los años sesenta plantean el problema en una sede filosófica de la cual se pasaría a la ideológica.

A mediados de la década, en cambio, la cuestión es teologal y política al mismo tiempo: el diálogo con el marxismo demostró, entre otras cosas, que los cristianos estaban en condiciones de traducir en términos políticos sus propios textos sagrados y las indicaciones sociales de los pronunciamientos papales. Los teólogos de la liberación traducen los evangelios en términos histórico-sociales proporcionando un corpus doctrinal adecuado a la militancia política de los sacerdotes radicalizados. Ellos a su vez, en lugar de buscar en el marxismo algo de lo que carecerían, van a buscar al peronismo las masas populares que la Iglesia de los pobres debe redimir. Es el momento también en que la lucha armada aparece como una metodología política legítima.

4. ¿OTROS CAMINOS?

Aunque ya difícilmente audibles en el fragor de la primera mitad de la década de 1970, sectores social cristianos, encuadrados en la multitud de líneas que se cruzaban en la propia democracia cristiana, buscaron establecer bases políticas para un proyecto de liberación nacional que se sustentara en un programa viable. Estos sectores compartían con quienes habían radicalizado su militancia en las organizaciones de base y en la lucha armada, la inclinación populista, la posición antiimperialista y el diagnóstico del sistema de conflictos sociales en Argentina, donde los enfrentamientos locales se veían duplicados y determinados por las potencias coloniales. Este conglomerado de ideas –que en la época se presenta como una verdadera *episteme*– estuvo también activo en sectores minoritarios cristianos con perspectivas más reformistas sobre lo que el socialismo debe ser y las vías para alcanzarlo.

La revista *Proyecto de liberación* es representativa de esta tendencia condenada a ser minoritaria. Su lenguaje está atravesado por temas desarrollistas en versión antiimperialista –temas cepalinos–, por la búsqueda de respuestas que definan aspectos técnicos del programa y por el intento de articular un pensamiento político que permita definir las claves de esa "socialización" de la que se creían portadoras todas las tendencias. Carlos Auyero se ocupa, en 1973, precisamente de la "socialización del poder", anticipando en algunos años, tenuemente, los temas de participación y representación democráticas que van a ser los de la transición de los ochenta. Es curioso y significativo, pero no casual, que en un breve artículo de Auyero confluyan citas de casi todas las etapas del pensamiento cristiano que se han venido recorriendo: Enrique Dussel, Conrado Eggers Lan, Carlos Floria (y, por supuesto, Perón). Pero ni la propuesta de Auyero –de inflexión politológica excepcional en esos años–, ni los discursos político-técnicos de la revista podían ser escuchados. La cuestión ya no pasaba por encontrar un régimen político que permitiera la más amplia participación de minorías que habían estado proscriptas, sino por invertir relaciones de fuerza y realizar una completa transferencia del poder. Cuando la revolución se puso al orden del día, la pregunta sobre el régimen político se volvió, para casi todo el mundo, un interrogante formalista y retórico, propio del continente burgués liberal que había sido estigmatizado.

La jerarquía eclesiástica vivió bajo fuego cruzado en esos mismos años. Los sectores moderados del pensamiento cristiano, como los representados en *Criterio*, tampoco fueron parte activa de esta gran ola de radicalización e integrismo religioso izquierdizado. Sin embargo, la fuerza de las palabras y la fuerza de los hechos es tan poderosa que, incluso el Episcopado, encaró entonces la tarea de pronunciarse equilibradamente sobre aquello que en el socialismo no sería ajeno a las enseñanzas de la Iglesia: hay elementos anticristianos en el socialismo, como el enfrentamiento y la violencia que otros cristianos consideran legítima, pero también pueden encontrarse "valores aceptables (que no) sean incompatibles con la fe".[41] Pero la cuestión de la violencia revolucionaria –que los teólogos tercermundistas encontraban perfectamente fundada– fue siempre un problema para la jerarquía eclesiástica.

Reiteradamente en el primer tercio de los años setenta, el Episcopado condena la violencia sobre bases doctrinales que, a menudo, tienen la misma procedencia que las de los cristianos radicalizados. El Episcopado juzga que hay cambios económicos y políticos que son indispensables y urgentes. Al mismo tiempo se aleja de la estrategia revolucionaria y exige una disposición de reconciliación, discutiendo la exégesis de los textos evangélicos en la que se apoyan los laicos y sacerdotes radicalizados: "Cristo Jesús, dador de la paz y de la justicia, nada destruye, a nadie mata, a nadie enfrenta contra otros, no permite el uso de la espada para su defensa, ni se vale de su poder; tampoco impone coercitivamente su doctrina; simplemente la ofrece. Estos valores evangélicos son perennemente actuales. Los pocos textos recriminatorios del evangelio no fundamentan ni avalan la violencia de que hablamos. Cristo pide la violencia interior de la conversión, del amor y del perdón".[42]

Pero a los teólogos de la liberación y a los Sacerdotes para el Tercer Mundo, les fascinaba la imagen evangélica de un Cristo armado contra los mercaderes. Y, en esos años, ese relato de los hechos de Cristo parecía mucho más adecuado al presente. Un Cristo armado duplicaba la imagen de un Cristo de los pobres. Las jerarquías eclesiásticas se encontraron muchas veces con estas imágenes en las respuestas y reclamos que recibían de los sacerdotes que habían hecho, definitivamente, una opción por el siglo.

En un arco tendido sobre la tragedia de los años setenta, la crítica a la violencia de las organizaciones armadas empalma con las advertencias sobre la violencia instalada por el terrorismo de estado. Todavía queda por revelarse cuáles fueron las conductas de muchos sacerdotes y obispos durante la dictadura inaugurada en 1976, tal como lo indicara reiteradamente monseñor de Nevares y monseñor Lagunas. El discurso del Episcopado no tuvo ni la resolución ni la fuerza necesarias para ponerse a la altura de las circunstancias siniestras que resultaron en miles de desaparecidos, asesinados, secuestrados y torturados. La Iglesia argentina emitió en esos años, de 1976 a 1983, documentos públicos y también "cartas privadas" dirigidas a los jefes militares. En noviembre de 1977, el Episcopado puso de manifiesto tanto su preocupación como una actitud comprensiva frente a lo que considera situación extraordinaria dentro de la que se desarrollan los actos represivos: "Existe una especie de convicción, subyacente en amplios estratos de la población, de que el ejercicio del poder es arbitrario, de que se carece de adecuada posibilidad de defensa, de que el ciudadano se encuentra sin recursos frente a una autoridad de tipo policial, omnipotente. No es nuestra intención indicar que tal modo de ejercicio de la autoridad sea imputable a todos y cada uno de los funcionarios del poder policial o represivo del Estado; por otra parte, comprendemos también muy claramente que las excepcionales circunstancias por las que ha atravesado el país exigían una autoridad firme y un ejercicio severo. Pero todo ello, para ser cristiano, tiene que ir indisolublemente ligado con la virtud de la justicia, sin la cual no se podría invocar la protección de Dios, ni pretender, con fundamento, establecer nuevas bases para una auténtica convivencia nacional".[43]

Algunos años después, cuando ya podía adivinarse el ocaso de la dictadura, la Iglesia, en un documento importante que describe las líneas dentro de las que deberá reorganizarse la sociedad nacional, plantea la necesidad de la reconciliación, sobre la base de la verdad en el conocimiento de los hechos represivos y de la justicia, sin las que toda reconciliación sería frágil.[44] En un dibujo cuyos rasgos son a veces tenues, la Iglesia se ha pronunciado en los años de la dictadura aunque nunca condenó a los sacerdotes que participaron en la represión ni defendió a los que fueron perseguidos hasta la muerte. Ella misma vivió esos años como los de una etapa donde debieron cerrarse los conflictos y las heridas que se habían abierto en los sesenta y setenta, al calor del debate ideológico que, justo es reconocerlo, desencadenó el Vaticano y se potenció con las tendencias radicalizadas de toda América latina.

NOTAS

[1] *Criterio* "era la revista católica más importante e influyente de la época", y siguió siéndolo para los católicos interesados en la cuestión social, por lo menos hasta el advenimiento de la teología de la liberación en los años sesenta. Durante el primer gobierno peronista, *Criterio* difundió oficiosamente la palabra del Episcopado en cuestiones políticas y sociales y el Episcopado contribuyó a su difusión a través del circuito de parroquias y centros de formación. En la revista, por otra parte, se publica siempre el texto completo de las pastorales y cartas del Episcopado. Sobre *Criterio* y su director, monseñor Franceschi: Lila M. Calamari, *Perón y la Iglesia Católica; Religión, Estado y sociedad en la Argentina (1943-1955)*, Buenos Aires, Ariel, 1994; Carlos Floria y Marcelo Monserrat, "La vida política desde *Criterio* (1928-1977)", *Criterio*, 24 de diciembre de 1977.

[2] En *Criterio*, año XVII, número 830, del 27 de enero de 1944, Franceschi afirma que no descubre razones de orden religioso que impidan que los católicos colaboren con el régimen surgido de la revolución de junio (del que se subraya, por lo demás, que estableció la enseñanza de la religión en las escuelas).

[3] "La obra constructiva de Benito Mussolini", *Criterio*, año XVIII, número 897, 24 de mayo 1945, p. 449.

[4] "Mi visión de Rusia", *Criterio,* año XVI, número 816, 21 de octubre 1943, pp. 173-6.

[5] Sobre la ideología de Franceschi escribe un destacado experto: "Es cierto que, ya al final de la guerra, Franceschi volvió a acercarse al pensamiento de Maritain y que la reflexión sobre el mundo posbélico cambió sustancialmente su pensamiento. Pero esto no quita que, aún en la época de la revolución militar de junio de 1943, él fuera un acérrimo enemigo de la democracia política, un ferviente partidario de la calificación del voto y de un sistema corporativo destinado a limitar el acceso de las masas al gobierno del país. Su 'tercer vía' católica, ya en aquel tiempo, se diferenciaba del fascismo en aspectos que tenían muy poco que ver con la 'democracia'. En la 'tercer vía' planteada por Franceschi, finalmente, el rol que en el fascismo estaba asignado al Estado era reservado a la Iglesia" (Loris Zanatta, *Del estado liberal a la nación católica; Iglesia y Ejército en los orígenes del peronismo. 1930-1943,* Bernal, Universidad Nacional de Quilmes, 1996, p. 286).

[6] Lila M. Calamari, op. cit., pp. 80 y ss.

[7] En 1949, otra voz diferente a la de Franceschi, que es quien siempre aborda estos temas, se refiere a la necesidad de salvar el campo argentino a través de una reforma: "Rescatando nuestro agro de la agonía en que está sumido, habremos salvado al país entero. [...] Tierra en propiedad, ayuda económica y conocimiento, tres direcciones de un solo y mismo esfuerzo a realizar" (E. Veniard Zubiaga, "Nuestro agro y sus problemas", *Criterio,* año XXII, número 1087, p. 106).

[8] *Criterio* aborda repetidas veces el tema sindical y, en el editorial del número 856, 27 de julio de 1944, se establece la "obligatoriedad, para los asalariados, de ingresar en algún sindicato profesional". Franceschi afirma que éste es un problema a debatir sólo si nos colocamos en la perspectiva, perimida del liberalismo, pero que tiene una obvia respuesta afirmativa de colocarlo en una visión rectamente cristiana.

[9] El razonamiento de *Criterio* adopta el procedimiento retórico de la atenuación por negación: la Iglesia no se ha opuesto al principio de las elecciones, sino que por el contrario, las elecciones en los conventos y las órdenes eran procedimientos más habituales de lo que se cree, combinándose con la dimensión inevitablemente jerárquica de la organización religiosa. Pero, además, allí están las intervenciones de Pío IX, en 1862, y León XIII, en 1881, referidas a que "en algunos casos" los gobernantes pueden ser elegidos sin que ello repugne a la doctrina de la Iglesia.

[10] "La alocución de Navidad y la doctrina democrática", parte III, *Criterio,* año XVII, número 880, 11 de enero 1945, p. 30.

[11] *Ibid.,* p. 33.

[12] "La obra constructiva de Benito Mussolini", año XVIII, número 897, 24 de mayo 1945.

[13] Respectivamente en los números 912, 917 y 918, de 1945.

[14] "La responsabilidad del católico", año XVIII, número 917, 11 de octubre 1945, p. 342.

[15] "Ante el dilema", año XXI, número 1060, 22 de julio 1948, p. 76.

[16] "Aníbal en puertas", año XXI, número 1042, 18 de marzo 1948, p. 245.

[17] "El significado de una huelga", año XXI, número 1074, 28 de octubre 1948, p. 114. El título se refiere a una huelga de los mineros franceses. En un artículo sobre F. Ozanam, dirigente francés de la democracia cristiana decimonónica, Franceschi resume una vez esta tercera posición a la que busca raíces anteriores a este siglo no sólo en el pensamiento pontificio: "Ni individualismo egoísta y explotador, ni colectivismo que denigra y embrutece, sino un ordenamiento

justo y equitativo de las relaciones entre el trabajo y el capital, y una moderada intervención del Estado que favorezca la justicia legal y el bien común sin perjudicar el derecho a la libre iniciativa y a la propiedad privada –tal era el régimen social que Ozanam auspiciaba diez años antes de que monseñor Kettler comenzara su famosa prédica, y cuando aún faltaba medio siglo para que León XIII publicara la 'Rerum novarum'–" (*Criterio*, año XXI, número 1076, p. 461).

[18] Título de un artículo de *Criterio*, año XXII, número 1089, abril de 1949.

[19] "El problema comunista y la misión del hombre cristiano" (editorial), *Criterio*, año XXXII, número 1328, 19 de marzo 1959, p. 205.

[20] "La penetración comunista en la Argentina" (editorial), *Criterio*, año XXXII, número 1330, 23 abril 1959, p. 286.

[21] "La reforma agraria" (editorial), año XXXII, número 1347, 14 de enero 1960; "En torno del neoliberalismo", año XXXII, número 1344, 26 de noviembre 1959.

[22] Véase: Abelardo Jorge Soneira, *Iglesia y Nación. Aportes para un estudio de la historia contemporánea de la Iglesia en la comunidad nacional*, Buenos Aires, Guadalupe, 1986, p. 65, Ricardo G. Parera, *Los demócrata cristianos argentinos; testimonio de una experiencia política*, dos volúmenes, Buenos Aires, Editorial Leonardo Buschi, 1986.

[23] Episcopado Argentino, Pastoral colectiva sobre "La promoción y la responsabilidad de los trabajadores", 1° de mayo de 1956.

[24] "El ejercicio de la oposición" (editorial), *Criterio*, año XXXIII, número 1361, 11 de agosto 1960.

[25] "Argentina: ¿una vocación para el suicidio?" (editorial), *Criterio*, año XXXIII, número 1366, octubre 1960.

[26] "El movimiento obrero: política y sindicalismo" (editorial), *Criterio*, año XXXIII, número 1368, noviembre 1960.

[27] "¿Reacción, transformación o revolución?" (editorial), *Criterio*, año XXXV, número 1402, abril 1962.

[28] "Perspectivas" (editorial), *Criterio*, año XXXV, número 1404, mayo 1962.

[29] "La cuestión gremial" (editorial), *Criterio*, año XXXV, número 1408, julio 1962.

[30] Sobre la discusión de las tesis de la CEPAL, véase: "La CEPAL y el desarrollo latinoamericano", *Criterio*, año XXXVI, número 1428, mayo 1963; y Fernando Storni, "La CEPAL y las ideologías", *Criterio*, año XXXVI, número 1432, julio 1963.

[31] *Correo de CEFYL*, año 1, número 2, octubre de 1962.

[32] Otro ejemplo de este sistema de traducción secularizante de los textos sagrados, también de la invención de Conrado Eggers Lan: "El 'pueblo' que en el Éxodo apiada a Moisés primero y a Dios después [...] habría de estar constituido por gente marginada, muy posiblemente proveniente en buena parte de zonas limítrofes o vecinas, como la Palestina y el Sinaí, algo así como la formada por los braceros bolivianos en el norte argentino" (*Peronismo y liberación nacional*, Buenos Aires, 1973, p. 194).

[33] Editorial del periódico *Acción Sindical*, año 1, número 1, abril de 1963 (órgano de la ASA). Citado en: Alejandro Mayol, Norberto Habegger y Arturo G. Armada, *Los católicos posconciliares en la Argentina (1963-1969)*, Buenos Aires, Galerna, 1970, p. 218.

[34] Véase Ricardo G. Parera, op. cit., tomo 1, "Cristianos por el socialismo o la pérdida de la identidad" y "Sueldo asume la conducción de la DCA", pp. 269-290.

[35] Juventud Demócrata Cristiana, Carta al ministro del Interior, 5 de marzo de 1965.

[36] Véase Abelardo Jorge Soneira, op. cit., p. 59 y ss.

[37] Carlos Mugica, *Peronismo y cristianismo*, Buenos Aires, Merlín, 1973, p. 24. El texto citado pertenece a una conferencia pronunciada en 1971.

[38] Intervención del teólogo Lucio Gera en Sacerdotes para el Tercer Mundo. *Documentos. Reflexión*, Buenos Aires, Publicaciones del Movimiento, 1972, pp. 205-206.

[39] Carlos Mugica, op. cit., p. 47.

[40] Carta al Episcopado del equipo y colaboradores de la revista *Cristianismo y revolución*, noviembre de 1966. Incluida en Habegger, Mayo y Armada, cit., p. 286.

[41] "Declaración del Episcopado Argentino en la presente situación nacional", San Miguel, 21 de octubre de 1972.

[42] "Reflexión del Episcopado Argentino sobre la violencia", Buenos Aires, 24 de mayo de 1974. Un panorama amplio de las relaciones entre la Iglesia y las Fuerzas Armadas puede consultarse en: Fortunato Mallimaci, "Catolicismo y militarismo en Argentina (1930-1983)", *Revista de Ciencias Sociales*, número 4, Universidad Nacional de Quilmes, agosto 1996.

[43] "Pro-memoria" (Documento entregado por la comisión ejecutiva de la Conferencia Episcopal Argentina a la honorable Junta Militar), San Miguel, 26 de noviembre de 1977.

[44] "Documento de la Conferencia Episcopal Argentina: Iglesia y comunidad", 8 de mayo de 1981.

III. LOS UNIVERSITARIOS

1. VARIAS REFUNDACIONES

Por lo menos cinco veces en el curso de treinta años, la universidad argentina fue animada por una idea de refundación. Del primer giro fue responsable el peronismo que promulgó en 1947 una ley universitaria donde no figuraban los principios de la reforma y se creaban los instrumentos para un cambio en el cuerpo de profesores y en el sistema de su nombramiento que liquidaba por completo la hasta entonces muy relativa autonomía de la institución respecto del Poder Ejecutivo.[1] Perón sentía antipatía por la tradición reformista universitaria y no se entendía bien con las capas medias ilustradas donde se reclutaba la masa del estudiantado y buena parte de los profesores. Durante su gobierno, la universidad creció en términos de matrícula, pero este crecimiento cuantitativo no fue acompañando otras políticas institucionales que las encaminadas a asegurar la neutralización de los opositores al régimen o garantizar algunas plazas fuertes de la derecha católica.

La revolución de 1955 interviene las universidades abriendo una nueva época. No se trata de una restauración del pasado preperonista sino de un proyecto novedoso que une las consignas de la reforma sobre el gobierno universitario al impulso modernizador que tendrá su centro en las facultades de Ciencias Exactas y de Humanidades –en especial de la Universidad de Buenos Aires, y en las estructuras, originales en la Argentina, de las recién creadas universidades del Noreste y del Sur–. El ministro de la revolución libertadora, Atilio Dell'Oro Maini, ejemplifica claramente esta conciencia de que las autoridades no llegan para recuperar ningún pasado sino para aprovechar lúcidamente la oportunidad y sentar las bases de una nueva universidad: "No podemos volver a los moldes caducos, afirma, ni conformarnos con restablecer una normalidad aparente de su funcionamiento docente. Jamás se ha presentado ocasión más propicia para afrontar la tarea de echar las bases de una total restauración de la estructura, de las funciones y de los métodos de la universidad". Pero en la refundación del posperonismo aparece un tema conflictivo que, abierto también por el ministro Dell'Oro Maini, estalla en el primer año del gobierno de Frondizi: se trata, en ambos casos, del célebre artículo 28 que permitía la creación de universidades privadas.

El tercer gran cambio en la institución universitaria se produce con el golpe de estado del general Onganía, que interviene todas las universidades nacionales y reprime las reacciones de estudiantes y profesores que, en varias facultades, renuncian masivamente. Vale la pena recordar que el rector de la UBA, desalojado por la intervención, pertenece a las filas del humanismo. La intervención debía desterrar para siempre a la política de los claustros –los fundamentos de la ley 16.912, afirman que es preciso revisar "Las normas que actualmente rigen a la universidad y elaborarlas nuevamente con el propósito de eliminar las causas de acción subversiva"–. Enfrenta una resistencia estudiantil y las consecuencias a largo plazo de la emigración de equipos científicos y grandes personalidades. Dentro del marco represivo, y con la idea de desterrar la acción estudiantil y la participación de representantes electos por su claustro, las nuevas autoridades siguen líneas diferentes según las universidades que dirijan. Hay planteos eminentemente tecnocráticos que unen, a la expulsión de la política, diseños de modernización de la estructura universitaria. Para la Universidad de Buenos Aires se piensan diversas alternativas de descentralización –el tamaño de la universidad ya empezaba a ser considerado como un problema–, de fraccionamiento en unidades más pequeñas y, sobre todo, de desmantelamiento de las facultades para reorganizar la universidad en departamentos no en función de las carreras sino de áreas disciplinarias. (La organización departamental había sido, por otra parte, uno de los proyectos, no concretados en profundidad, de la universidad posterior a 1955.)[2]

A pesar de las medidas francamente represivas impuestas por la intervención de 1966, se produce, pocos años después, una gigantesca politización del estudiantado –en el marco de procesos más amplios que atraviesan a toda la sociedad–. Suceden cambios no previstos en muchas de las universidades públicas a principios de la década del setenta: el movimiento estudiantil logra, en las carreras humanísticas y algunas otras, como arquitectura, imponer profesores progresistas o peronistas antiimperialistas surgidos de los procesos de radicalización. Se fundan, en Filosofía y Letras de la UBA, las llamadas cátedras nacionales –cuyo personal se inscribía en lo que ellos mismos llamaban la "epistemología tercermundista"– y varias facultades ensayan experiencias de trabajo en villas miserias y barrios obreros.

Quienes participan en estos cambios serán en parte los protagonistas y responsables de la cuarta fundación: la de la "universidad nacional y popular" que trajo tan decidida como fugazmente el gobierno del doctor Cámpora en 1973. La intervención que le sigue casi de inmediato, del doctor Ottalagano, impulsa una restauración pre-1955, oscurecida aún más por desapariciones y atentados que preludian el carácter francamente represivo, sin resquicios, que tendrá la universidad después del golpe de estado de 1976 y hasta la transición democrática de 1983.

La institución universitaria atravesó estas cinco transformaciones institucionales en tres décadas. Y no son menores ni menos acelerados los virajes en las ideologías de los actores implicados. Algunos temas parecen importantes por las modificaciones que impulsaron. En su discusión, por lo menos hasta fines de los años sesenta, participó el movimiento estudiantil, cuya radicalización posterior hizo que los considerara secundarios porque habrían formado parte de una experiencia insular, aislada de los intereses populares que estaban recorriendo otros caminos. El movimiento estudiantil crecientemente radicalizado llamó, con desprecio, "isla democrática" a la universidad. La fórmula quería decir que las verdaderas luchas pasaban en otros escenarios que los estudiantes debían ocupar tanto o más que el espacio institucional en cuyo gobierno participaban, despejando el engaño de que podía existir algo democrático en un país dirigido ya por la burguesía, ya por sus agentes militares, ya por el imperialismo y los suyos.

2. Universidad pública versus universidad privada

"La iniciativa privada puede crear universidades libres que estarán capacitadas para expedir diplomas y títulos habilitantes siempre que se sometan a las condiciones expuestas por una reglamentación que se dictará oportunamente."[3] Este artículo del decreto-ley universitario de la revolución de 1955 fue el comienzo de una ola de movilizaciones estudiantiles que provocaron la caída de su primer ministro de educación, Atilio Dell'Oro Maini y la renuncia del primer interventor de la Universidad de Buenos Aires, José Luis Romero –el ministro promovía el artículo 28, al que el rector Romero se oponía–. El artículo no fue reglamentado hasta que, bajo la presidencia de Frondizi, en medio de enfrentamientos profundos, se establece el marco legal de las universidades privadas, llamada "libres".[4] Las presiones de la Iglesia finalmente habían logrado una normativa que, si no manifestó sus consecuencias de modo inmediato, va a tener efectos a mediano y largo plazo.

Interesa ver cuáles eran las ideas que aparecían en el debate encarnizado de los años inmediatamente posteriores a la revolución de 1955. Por un lado, en el frente político que confluyó en la caída del primer peronismo había sectores preocupados por una reconstrucción universitaria que asegurara principios de autonomía respecto del gobierno, independencia en la administración de los recursos y en el nombramiento de los profesores. Los discursos inaugurales de la intervenciones a las universidades pronunciados por el ministro de educación mencionan estos principios, y el decreto-ley universitario los convierte en normas. Todos coinciden en que la universidad ha pasado por un período de decadencia, causada por la ausencia de libertades –entre ellas la de la libertad de cátedra– y por un relegamiento de la investigación.

Sin embargo, entre los sectores que apoyaron el golpe de estado de 1955, también estaban aquellos que, como la Iglesia, solicitarían se contemplara sus intereses en un área decisiva para la formación de dirigentes y para la expansión de una influencia social que, con razón, se consideraba no representada en el cuerpo de las universidades públicas. El artículo 28, que habilita las universidades privadas en condiciones de competir con las públicas, es una respuesta a estas reivindicaciones.

El gobierno de la revolución intenta satisfacer al mismo tiempo a diferentes sectores enfrentados por sus ideas sobre la organización universitaria. Por un lado, se refuerza el sistema público, se garantiza la autonomía –que no estaba en absoluto garantizada en la vetusta ley Avellaneda–, se establece el concurso como forma de selección de los profesores, se privilegia el vínculo entre enseñanza e investigación. Por el otro, se sostienen los reclamos de abrir el campo universitario a las iniciativas privadas que, en ese momento, son básicamente las de la Iglesia.[5] En efecto, en 1956 y en 1958, es la Iglesia la que se interesa en la creación de universidades libres, que representarán una base simbólica y material de su influencia. Treinta años después, el artículo 28 se revelará como el instrumento por el cual ha quedado modificado profundamente el panorama de la enseñanza superior en Argentina. Las sucesivas leyes universitarias –de dictaduras militares y de gobierno civiles– no retrocedieron en el derecho de organización de universidades públicas no estatales.

El ministro Dell'Oro Maini, en su presentación ante la Junta Consultiva Nacional[6] recuerda que en muchos países de occidente el sistema universitario incluye instituciones públicas estatales y no estatales, subrayando que la cuestión de las universidades no estatales no debe circunscribirse al de las universidades "confesionales", distinguiendo que las funciones científicas y docentes de la universidad no se agotan en el área de las opciones filosóficas y religiosas, y reafirmando la supervisión estatal en el otorgamiento de títulos habilitantes como un deber indelegable. Dell'Oro Maini –más allá de sus compromisos con sectores del clero– plantea un debate que no fue recogido por todos los sectores en todas sus consecuencias.

En efecto, como le responde Américo Ghioldi en esa misma sesión de la Junta Consultiva, "la calle" –que estaba ocupada por las movilizaciones estudiantiles– realizaba una traducción de esos temas en términos de enseñanza confesional o enseñanza laica, y también en términos de derechos universales a la educación que parecían amenazados no porque se cortara la gratuidad de la universidad pública sino porque no se garantizara universalmente esa gratuidad, en la medida en que se crearían universidades pagadas por sus estudiantes. Como puede leerse en documentos de la FUA, la libertad de enseñar y aprender es inescindible de la gratuidad de la educación y la gratuidad de la educación es una función que el estado debe tomar completamente a su cargo. Las universidades "confesionales" no garantizan ambas libertades constitucionales, por motivos económicos –que dividen al estudiantado en ricos y pobres atentando contra la igualdad de oportunidades– y por motivos filosóficos –en la medida en que la ciencia no podría desarrollarse en un marco confesional–.[7] Esta traducción del problema era ideológica y políticamente inevitable.

Como sea, la intervención del 55 en la cuestión universitaria no fue sólo la de refundar, sobre principios de autarquía y autonomía, las universidades nacionales, sino la de poner las condiciones legales del sistema universitario argentino. De esas condiciones, que no se manifestaron espectacularmente de inmediato, surge el sistema mixto que hoy conocemos. Muy pocos años después de la gran batalla de 1958 contra las universidades privadas, un miembro de la universidad pública, consejero y joven profesor, hacía su balance: "No hay sin duda motivo para lamentar que la Universidad haya emprendido una lucha a través de la cual reiteraba el testimonio de su fidelidad a las convicciones que dan sentido a su existencia misma".[8]

En efecto, la tradición educativa argentina –completamente gratuita en la enseñanza elemental y muy bajamente arancelada, en los niveles en que existieran aranceles– se había caracterizado por vincular, sensatamente según indicaba la experiencia histórica, la enseñanza gratuita con principios de democracia, extensión de derechos e igualdad de oportunidades. Pero también con principios de neutralidad filosófica y, sobre todo, de neutralidad religiosa. Ambos argumentos se unen para oponerse a la existencia de universidades privadas: "...la escuela verdaderamente abierta a todos, afirma Risieri Frondizi, no puede ser sino la escuela del Estado; si no existieran escuelas oficiales, la cultura sería un privilegio de algunos pocos, sea a su razón de su fortuna o como consecuencia de pertenecer a una religión determinada. La escuela del Estado es accesible a todos: materialmente, porque es gratuita, y espiritualmente, porque no está orientada por ninguna creencia filosófica o religión particular".[9] El debate sintetizado en la fórmula "laica o libre", cuyas divisas eran los colores morado y verde con los que se identificaron decenas de miles de estudiantes no sólo universitarios, permite a todos los sectores del "reformismo" difundir un programa para la universidad pública y darle a ese programa un significado social más extenso que desbordó a quienes se incluían en la comunidad académica. La universidad examina su pasado más reciente, del que quiere separarse de manera tajante y al que juzga como una etapa oscurantista.

En este examen y en los conflictos de los años cincuenta, ordenados según "esa gran divisoria de aguas que fue el laicismo",[10] lo que Silvia Sigal ha llamado la "identidad reformista" toma nuevos contenidos: por un lado políticos, que se presentan como actualización del espíritu de la reforma pero que en muchos sentidos son completamente nuevos; por otro lado, específicamente académicos, que se expondrán en los debates de los años sesenta sobre el perfil de universidad, su relación con la sociedad, la ciencia y la cultura. Justamente porque éstos son los grandes temas en discusión, la cuestión universitaria tiene un lado académico que permanece ineluctablemente unido a posiciones políticas. Sólo más tarde el debate político capturó casi todos los espacios, y la cuestión universitaria se convirtió lisa y llanamente en cuestión política. Pero hasta entonces, hay mucha experimentación institucional de ideas. Como sea, todavía en 1976, se oyen voces más o menos solitarias que, habiendo formado parte de esa identidad reformista construida quince años antes, siguen pensando la problemática específicamente universitaria.[11] Pero esas voces ya no tienen casi ninguna escucha y el golpe de estado de 1976 termina finalmente con la universidad refundada en 1955 a la cual Onganía creyó que había venido a transformar.

3. HERENCIA DE LA REFORMA Y REFORMA ACADÉMICA

"Todo retorno –sea a la Universidad de 1943, sea a la de 1930 o a la de 1923– es inútil y absurdo, y a la larga el esfuerzo que hiciéramos para lograrlo resultaría estéril. Es necesario, pues, hacerse cargo de todo lo que en el país se ha transformado desde 1930 y tenerlo presente para que la Universidad no defraude sus necesidades y sus exigencias. Para un país que ha crecido, que ha modificado su estructura social, que ha removido ciertos valores tradicionales y que ha sufrido, no lo olvidemos, la extraña seducción del fascismo, es necesario hacer una Universidad profundamente renovada y socialmente eficaz. Si uno de sus objetivos fundamentales debe ser alcanzar el más alto nivel científico, otro no menos importante debe ser dotarla de la sensibilidad suficiente como para que sirva al desarrollo social del país formando minorías que no persigan privilegios y que estén animadas por la convicción de sus deberes frente a la sociedad."[12] Las palabras de José Luis Romero resumen el proyecto de reforma académica que se impuso –y también se acordó, ya que los rectores humanistas lo continuaron– entre 1956 y 1966.[13]

Por supuesto, ese proyecto estuvo dirigido por el gobierno tripartito, de profesores, graduados y alumnos, que por primera vez funcionó con intensidad y extensión. El gobierno tripartito fue una experiencia institucional para el movimiento estudiantil; permitió hacer un balance del modo en que la representación de los graduados respondía u olvidaba su objetivo de vincular la vida universitaria con la profesional; e impuso un sistema de controles de poder y de balances. Durante varios años fue la escena de alineamientos según ideas que no respondían por completo a los partidos políticos nacionales y que cruzaban, en su sistema de alianzas y en las listas de representantes, las líneas de esos partidos. Silvia Sigal señala que sólo a comienzos de los años sesenta la lógica de la política nacional empezó a disputar con la de la política universitaria y que fue el peronismo el primero que estableció una tendencia estudiantil con explícita referencia a la política nacional.

Aunque cada uno de los grupos de la izquierda tenía su expresión universitaria, ella no se definía abiertamente como brazo político de un partido. Y los comunistas –que protagonizaron en competencia con los radicales los primeros años de este período– defendieron un "movimiento reformista" que se expresaba con diferentes nombres y diferentes siglas en cada una de las facultades. Esta "identidad reformista" compitió, desde fines de los cincuenta, con las diferentes líneas del humanismo cristiano que prevalecieron primero en la derecha para pasar luego muy rápidamente a la franja "progresista": el enfrentamiento humanismo/reformismo, en sus episodios fundamentales, se ubicó del centro a la izquierda del espectro ideológico –y los integrismos y humanismos de derecha, victoriosos en muchas universidades del interior, se corrieron, en el curso de muy pocos años, hacia la zona radicalizada del pensamiento cristiano–. Cuando el humanismo llegó al rectorado de la Universidad de Buenos Aires, primero con Olivera y luego con Hilario Fernández Long, cambió el personal de la estructura administrativa de la universidad pero se mantuvieron las grandes líneas políticas que caracterizan a la década que va entre 1956 y 1966.

La "función social" de la universidad es una de esas líneas. Remitiéndose a ella podían proponerse políticas específicas muy diferenciadas pero la fórmula "función social" fue lo que José Luis Romero llamó una "idea básica",[14] que implicaba, en primer lugar, la relación entre proyecto universitario y proyecto de sociedad, animada por la convicción de que la universidad debía comprometerse con el desarrollo social y cultural de la Argentina en su conjunto y no sólo de los actores concretos de la comunidad académica. Responder a la pregunta qué hacer *con* la universidad y qué hacer *en* la universidad exigía también responder a qué hacer en el país. La "función social" tenía también un significado más restringido: la universidad debía ser un instrumento para la promoción de los sectores menos favorecidos económica y culturalmente a los que había que apoyar con un sistema de becas y otras políticas específicas.[15] El movimiento estudiantil consideraba que ésta era la única forma concreta de materializar la tensión reformista hacia la sociedad. Se crean, además, las secretarías de extensión universitaria, con el propósito de llevar fuera de la universidad las ideas que se producen en ella mediante actividades que no siempre se limitaron a intervenciones científicas o culturales convencionales sino que se expandieron hacia la acción social, como el legendario proyecto de la Isla Maciel propulsado por la Facultad de Filosofía y Letras de la UBA –y considerado una cabecera de puente para la izquierda–; las campañas de alfabetización realizadas junto el movimiento estudiantil; las intervenciones de los estudiantes en villas de emergencia o zonas rurales, etcétera.

En el caso de la Universidad de Buenos Aires, la política de extensión social de los bienes y servicios encontró formas ciertamente espectaculares. Sin duda, la más espectacular fue la Editorial Universitaria de Buenos Aires, creada en 1958, dirigida por Boris Spivacow, que publicó, hasta la intervención de 1966, 802 títulos y casi doce millones de ejemplares.[16] Claramente volcada hacia un público que desbordaba la comunidad académica –como lo prueban algunas de sus líneas editoriales más exitosas: la colección del Siglo y Medio de autores argentinos, el *Martín Fierro* ilustrado por Castagnino, y también sus novedosas modalidades de comercialización a través de kioscos en los barrios de Buenos Aires y otras ciudades–, EUDEBA modificó el mercado del libro, produciendo una ampliación de público en cuyo marco se instalaron las empresas editoriales más pequeñas de la década del sesenta y comienzos de los setenta.

La "idea básica" de la función social de la universidad se expresa, para muchos defensores del ideal reformista, como "servicio público".[17] Pero, a medida en que se avanza en el período, va sufriendo transformaciones: la "función social" comienza a ser frecuentemente explicada como "universidad abierta al pueblo y al servicio del pueblo". La extensión hacia la comunidad deja de responder únicamente a una lógica que piensa a la universidad en relación con necesidades sociales, para subordinarla a los conflictos y tensiones de la sociedad. No estaba inscripto en el principio de función social de la universidad que esto sucediera. Pero estaba inscripto en la dinámica de la lucha política, la radicalización de la izquierda y la izquierdización de los cristianos.

La otra gran idea con que se aborda la refundación universitaria de la década del cincuenta y sesenta es la de una modernización de la enseñanza que tiene como pivote la reforma de los planes de estudio, el vínculo de la investigación con la docencia y el modelo de universidad departamentalizada. Estos fueron ejes de una reforma pedagógica, muchos de cuyos puntos merecieron la oposición del movimiento estudiantil para el que departamentalización de los estudios y cientificismo eran dos caras de una misma maniobra destinada a atomizar la universidad. La departamentalización se experimentó más ampliamente en las dos nuevas universidades del Sur y del Noreste y en las plazas fuertes del nuevo reformismo de la Universidad de Buenos Aires: Ciencias Exactas y Filosofía y Letras, probablemente junto con Arquitectura, las facultades que más cambiaron en la década de 1956 a 1966, por la introducción de perspectivas teóricas, disciplinas y nuevas carreras.

Si el movimiento estudiantil reformista fue hostil a estas innovaciones se debió tanto a que las desaprobaba como iniciativas pedagógicas cuanto a que sostenía que ellas pasaban por alto los "verdaderos problemas".[18] Entre ellos, por su repercusión pública, el tema del ingreso a la universidad que comienza a plantearse ya en 1956 cuando los estándares puestos para algunas carreras, como Medicina o Ciencias Exactas, son considerados excesivos y limitacionistas. Los humanistas no esbozan posiciones diferentes en este aspecto. De modo que, frente al consenso de los profesores, se alza el consenso de los estudiantes, trazando las líneas de una perspectiva corporativa que, en nombre del pueblo y creyéndolo honestamente así, plantea la defensa de los intereses más inmediatos de una parte de la comunidad universitaria. Las luchas por el ingreso aunque no tuvieron el mismo desenlace, fueron sólo segundas frente a las grandes movilizaciones por el presupuesto universitario que atraviesan el gobierno de Arturo Illia y rodean el escenario militar de su derrocamiento. Pero en ambos casos, el tema del "limitacionismo" figuraba como palabra de orden y establecía las prioridades del movimiento estudiantil. Como sea, la modernización universitaria probablemente no hubiera sido tan inclusiva, dinámica e interesante sin la presencia de ese movimiento estudiantil reformista primero y luego humanista-reformista que traducía en términos cada vez más radicales los principios de la función social de la universidad.

La extensión y ampliación de estas ideas básicas no siempre fueron valoradas positivamente desde fuera de la vida académica. Los católicos que permanecían —a diferencia de los humanistas universitarios— relativamente al margen de las luchas políticas internas, consideraron a la universidad y, especialmente a la de Buenos Aires, desde el ángulo de la teoría de los "factores de poder" y los "grupos de presión" que avanzaban con reclamos privativos de sus intereses y escindidos del interés general.[19] Fuera del ámbito específico se observan los reclamos estudiantiles con una óptica exactamente invertida a la que caracterizaba la mirada del movimiento reformista; hay reservas también respecto de las ideas de quienes dirigían, como profesores, la universidad. Desde adentro de la institución, la polémica del reformismo con los cambios organizativos y pedagógicos estaba llena de contradicciones y aristas diferenciadoras. Desde afuera, la extensión universitaria, la modernización pedagógica, las inversiones en investigación y docencia, que los estudiantes criticaban por cientificismo o limitacionismo, son vistas como la operación de un grupo de presión que, pese a fisuras ocasionales, aparece compacto y en expansión.

4. QUÉ CIENCIA EN LA UNIVERSIDAD

Bernardo Houssay fue quien más tempranamente planteó la relación entre investigación y recursos públicos por una parte, e investigación y docencia, por la otra. Sus intervenciones de la década del cuarenta y cincuenta –completamente ajenas al clima de la universidad bajo el peronismo– adelantan lo que van a ser las bases fundacionales del Consejo Nacional de Investigaciones Científicas y Técnicas creado en 1958,[20] que sistematizará la organización de la investigación, trazará líneas de política científica en lo que tiene que ver con los estándares de calidad y con el establecimiento del juicio de pares sobre la producción académica, y asignará recursos. La creación del CONICET significa la implantación de normas de legitimidad interiores al campo científico, lo cual equivale a su consolidación relativamente independiente de los gobiernos –por lo menos, tal es su funcionamiento ideal, aunque los golpes de estado sucesivos operaron en el CONICET sin ningún tipo de límites–.

En diversas intervenciones de la década del cuarenta, Houssay subraya la idea de que "el poder y la riqueza de un país moderno se basan en grado fundamental en la investigación científica [...] la originalidad e inventiva de sus hombres de ciencia y [...] la capacidad y número de las personas dedicadas a tareas científicas".[21] Para Houssay la conexión entre desarrollo material y progreso científico era una tesis de verdad autoevidente que desalojaba de la organización científica las cuestiones "políticas" o "ideológicas". En sus planteos generales, Houssay fue el primer "cientificista", tal como se denominarían, años después, las posiciones que cortaban los nexos entre políticas científicas y política reivindicando la autonomía de la investigación. Su preocupación en este aspecto era desvincular a la investigación de la intrusión de los gobiernos que, de todos modos, debían financiarla.[22] También estaba convencido de que la investigación científica debía articularse con la docencia universitaria y esa fue la práctica que ya había establecido en su cátedra de la Facultad de Medicina de la UBA, antes de ser expulsado durante el primer gobierno de Perón.

Las ideas de Houssay expuestas en las décadas anteriores a la fundación del CONICET, eran extrañas al clima de la universidad y la enseñanza pública durante el primer gobierno peronista. Perón, desde el Primer Plan Quinquenal, había explicitado su apoyo a la educación técnica y, en 1948, había fundado la Universidad Obrera Nacional. Pero estas iniciativas no estaban encaminadas al desarrollo de la investigación aplicada a la tecnología –como podría haber sido el caso– sino a la formación de expertos para la supervisión de procesos de producción, técnicos que modernizaran la fábrica y permitieran un aumento de la productividad –según los objetivos explicitados oficialmente–. La investigación aplicada y la ciencia pura no figuraban dentro de los objetivos primordiales de la ley universitaria ni de las políticas para la universidad, espacios en los que tendía a privilegiarse el disciplinamiento moral, en un sentido nacional y justicialista, que debían acatar todos los niveles de la enseñanza.[23]

En consecuencia, es en la universidad posterior a 1955 donde se discuten las políticas para la investigación científica y las posibilidades materiales e institucionales de implementarlas. Nos encontramos ante la paradoja de que en el curso de unos pocos años se definen criterios, se adjudican recursos y se forma una administración de la ciencia con investigadores a tiempo completo,[24] y, *al mismo tiempo*, comienza el proceso de impugnación de los criterios con que se está construyendo ese espacio: cuestionamiento de las políticas de investigación básica, cuestionamiento de los recursos que provienen del extranjero, cuestionamiento de las relaciones entre la universidad y el país sobre la base de una discusión del gran concepto político de la época, el desarrollo,[25] al que el movimiento estudiantil agrega poco más tarde el de penetración imperialista.

Risieri Frondizi, en un discurso rectoral a fines de la década de 1950, señalaba: "La Universidad debe ser instrumento de transformación de la realidad social, económica e intelectual, un encabezamiento ideológico para lograr la emancipación del país, lo mismo en el orden económico que en el cultural".[26] La afirmación de Risieri Frondizi saca la cuestión de los términos en que la había planteado Houssay durante la década peronista: la necesidad de realizar investigación científica básica, lograr que se financien investigadores-docentes con dedicación de tiempo completo, y combinar la docencia con la investigación en el marco de las cátedras y los institutos. La de Houssay era una propuesta de política científica que luego merecería el adjetivo de "cientificista", en la medida en que confiaba en la dinámica de la investigación básica como impulso y dirección del perfil de ciencia para la Argentina, independiente de los avatares que atravesara la sociedad. José Luis Romero, en una tradición progresista, establecía, en cambio, un vínculo "básico" entre la producción de conocimientos y su función social.

Estos temas tuvieron, de parte del movimiento estudiantil crecientemente radicalizado tanto en sus alas reformistas como humanistas, una respuesta cuya fórmula se creía sencilla: una ciencia al servicio del pueblo en una universidad al servicio del pueblo. En verdad, esta fórmula, en lugar de abrirlo, cerraba el debate: ¿qué era "ciencia al servicio del pueblo" sino las formas más inmediatas de servicio a sus necesidades? ¿qué era "universidad al servicio del pueblo" sino una institución que debía reconocer que la tan reclamada autonomía respecto del gobierno debía entregar sus banderas a la dirección obrera y popular que, en cambio, mostraba poco interés por hacerse cargo de esa tarea?

Los años de la década del sesenta asisten a la impugnación de una ciencia que responda a lógicas internas de su propio campo. La investigación básica y la promoción de investigadores full-time no garantizarían un desarrollo científico que propiciara el desarrollo nacional de un país subordinado económica y culturalmente. Muy tempranamente, la idea de que la Argentina debe encontrar su propio rumbo en la investigación y de que existen temas que son más adecuados para construir una ciencia al servicio del pueblo, ocupa un lugar en el discurso universitario y en el del movimiento estudiantil. Incluso los proyectos impulsados por profesores de cuño irreprochablemente reformista –como los de Ciencias Exactas, presidida por Rolando García, o los de algunas cátedras de la Facultad de Medicina– son examinados desde esta óptica para comprobar si la investigación básica que se propicia en la universidad se acerca a las necesidades nacionales y, sobre todo, a los requerimientos del pueblo en materia de tecnología y de ciencias aplicadas. El movimiento estudiantil agita la consigna de que en lugar del mal de Chagas se investiga –con dinero norteamericano– la caída de la retina padecida por pilotos que vuelen a más de 20.000 metros de altura, subordinando de manera absurda nuestras necesidades a las de Fuerzas Armadas que, como la norteamericana, tenían aviones que hicieran posible ese peligro.

Pero no sólo el movimiento estudiantil adopta este juicio sobre la ciencia que se hace en la universidad. La consigna es recogida por intelectuales radicalizados del ala marxista y católico-humanista. Ciertamente estas ideas no aparecían sólo en las manifestaciones de académicos o estudiantes argentinos. Precisamente uno de ellos sostiene sus denuncias del cientificismo proimperialista en conclusiones extraídas de fuentes norteamericanas de izquierda. La cita, introducida por Conrado Eggers Lan, merece transcribirse porque, independientemente de su enunciador, expresa el clima de esos años: "La Ford y la Rockefeller no pueden contar solamente con sus propios recursos internos con el fin de ejecutar las miles de tareas necesarias para lubricar la maquinaria del Imperio. Ciertamente, trabajan mano a mano con la Central Intelligence Agency (CIA) cuando realizan operaciones de gran importancia en un área delicada. Su red mundial (la Ford tiene seis oficinas en América latina), de apariencia filantrópica o vinculada con la investigación y basada en la clase superior, hace de ellas compañeras naturales de la CIA".[27]

En las ciencias sociales, existe la idea generalizada entre los militantes de que los resultados de los proyectos realizados con subsidios extranjeros podían ser utilizados –o seguramente eran utilizados– por los organismos de espionaje norteamericanos que influirían sobre las fundaciones otorgantes de los presupuestos de investigación. El debate sobre el proyecto de investigar la marginalidad en las provincias del nordeste fue un ejemplo de esta politización irrefrenable del campo científico; se lo vinculó con las denuncias sobre penetración imperialista en la academia realizadas por Gregorio Selser y desembocó en un escándalo que tocó a la CGT de los Argentinos en 1967, cuando los resultados de esa investigación, obtenidos con financiación norteamericana, fueron denunciados tanto en la CGT como en la Universidad abriendo las puertas de un verdadero juicio público en el que incluso se acusó a destacados militantes y profesionales de la izquierda.

Silvia Sigal cita el caso del matemático Oscar Varsavsky, quien busca una salida, casi imposible, a este dilema: el subsidio extranjero podría ser aceptable en la medida en que se lo usara como arma para combatir una situación de inferioridad frente a un enemigo,[28] que en realidad estaba en el mismo lugar de donde provenía el subsidio. El debate científico se había politizado completamente y todos los caminos, que no pasaran por el rechazo de cualquier forma de cooperación extranjera, se iban cerrando por lo menos en el espacio de la universidad pública.

Podían esbozarse otras alternativas, pero ellas no encontraron en la Universidad su escenario. Desde 1957, la Comisión Nacional de Energía Atómica (CNEA) había empezado a recorrer un camino de relativa autonomía tecnológica. Ese año, por la actividad y la influencia de Jorge Sábato, se da comienzo a la construcción del primer reactor experimental de América latina.[29] Sábato, ideólogo de un desarrollo tecnológico de punta, extiende su actividad desde ese momento y marca profundamente las opciones, caracterizadas por un ideal de independencia tecnológica que la CNEA asume y promueve.

Allí trabajan los más brillantes científicos producidos en la universidad nacional. Con un impulso fuertemente desarrollista e industrialista, Sábato es tanto el teórico como el organizador material de la política nuclear argentina y de las relaciones entre la investigación aplicada y las empresas locales. Sostiene la necesidad de comunicar productivamente lo que él denomina "infraestructura científico-tecnológica" con los diferentes sectores de la economía –públicos y privados– que, en ausencia de una política tecnológica independiente estarían limitados a utilizar tecnología y patentes compradas en el extranjero. La interacción entre la infraestructura tecnológica y los sectores de punta de la economía produciría un desarrollo adecuado a las necesidades y características nacionales y permitiría una mayor inversión en investigación. Naturalmente, el estado tiene una participación esencial en esta red científico-productiva.[30] Sin embargo, las tesis de Sábato –que tuvieron éxito si entra en el balance la construcción de los reactores atómicos durante la década del sesenta: en verdad, la de Sábato es una de las pocas *success–story* de estos años–, no podían ser escuchadas en la Universidad con la atención, y la eficacia de resultados, que obtuvieron en el aparato científico-tecnológico del estado donde el impulso desarrollista subsistía como ideología de sectores modernizantes o, simplemente, de sectores nacionalistas-independentistas, tanto civiles como militares.

En la Universidad, en cambio, las cosas se veían con otras luces y sombras que provocaron el aplanamiento de los problemas específicos.

5. FIN DE LA CUESTIÓN UNIVERSITARIA

La impugnación de la política científica y de la idea de un desarrollo científico relativamente autónomo de los avatares de una Nación dependiente continúan aun después de que la intervención de Onganía a las universidades nacionales, la masiva renuncia de científicos en Ciencias Exactas, Sociología y Psicología, el éxodo de equipos completos al exterior, pusiera a la cuestión bajo luces más impiadosas para cualquier investigación del carácter que fuera. Durante la revolución argentina, las cuestiones de organización de la ciencia en la universidad o fueron pasadas por alto por los sectores reaccionarios y tradicionalistas que se afincaron en muchas facultades de todo el país, o fueron tomadas en consideración desde perspectivas estrechamente tecnocráticas. Después del golpe de 1976, la cuestión ni siquiera tuvo oportunidad de formularse por los actores cuya respuesta interesaba.

Pero, entre la gestión modernizante posterior a 1955 y las reorganizaciones de la universidad propiciadas por la revolución argentina, se debatió la "idea básica" de la función social de la universidad, que obtuvo respuestas diferentes sobre cómo esa universidad se convertiría en una expresión más adecuada a las necesidades del país, de la Nación o del pueblo. En esos diez años, progresivamente irá consolidándose la tendencia a pensar que "no hay reforma universitaria sin reforma social". La frase, que pertenece a un documento fundacional del humanismo,[31] tiene una función polémica contra el movimiento reformista que, desde la perspectiva del humanismo radicalizado, estaría incurriendo en el error de pensar a la universidad y sus problemas como "isla" dentro de la realidad argentina. El movimiento estudiantil, desde la segunda mitad de los años sesenta, recogerá ese desafío, afirmando, en los hechos y en sus declaraciones, el carácter *no específico* de la cuestión universitaria, lo que equivale a declarar su inexistencia como problema en una Nación donde los verdaderos problemas son los del atraso, la penetración imperialista, las oligarquías asociadas con el capital extranjero, los sectores medios indecisos en su alianza con las clases trabajadoras.

Cuando, en 1968, la FUA conmemoró los cincuenta años de la reforma universitaria, se enfatizó la lectura hiperpolítica del legado reformista, planteando la necesidad de un frente antioligárquico y antiimperialista, la unidad de obreros y estudiantes en la lucha contra la dictadura que, un año después, se desplegaría en el Cordobazo, tal como la izquierda y el movimiento estudiantil leyó y narró los sucesos de mayo de 1969. En esos mismos años, incluso la agrupación reformista dirigida por la UCR, Franja Morada, se inclina por un tono igualmente radicalizado adhiriéndose a un ideario de cambio de estructuras económicas en vistas del agotamiento y la crisis de los principios del capitalismo, donde los hombres son tratados como cosas y el trabajo es considerado una mercancía.[32] En esta adopción, por parte del brazo estudiantil de la UCR, de la jerga marxista podría verse un punto alto de la convergencia discursiva en el camino de la radicalización política: convergían quienes todavía, sin embargo, disputaban por la dirección del movimiento universitario y, aunque las diferencias sectoriales parecían muy fuertes, esta tendencia a la uniformización del discurso prevalece incluso en las alas ligadas a partidos no marxistas de fuerte tradición vernácula como es el caso del radicalismo. Cincuenta años después, el espíritu juvenilista y antimaterialista de la Reforma se ha trasmutado en un temple anticapitalista.

Las dictaduras militares provocan tomas de posiciones cada vez más políticas en términos generales y cada vez menos específicas en lo que se refiere a la universidad. No puede sorprender que, en el marco de la radicalización política de comienzos de los setenta y de la incorporación de capas medias al horizonte del peronismo revolucionario, se coincidiera en la pérdida de especificidad de la cuestión universitaria. Todos los partidos de la nueva izquierda aportan a este diagnóstico, como puede leerse en un documentos titulado "Estrategia en la universidad" –preparado por Ramón Alcalde– donde paradojalmente se concluye en que no hay, para la universidad, ni un programa ni una estrategia específica.[33]

En 1973, el cambio radicalizado llega, por breves meses, al rectorado de casi todas las universidades nacionales. Rodolfo Puiggrós, rector de la UBA, en diálogo con Enrique Martínez, interventor en la Facultad de Ingeniería, dan por sentada la necesidad de que tanto los estudiantes como los profesores deben cambiar su mentalidad y que la universidad debe guiar a sus docentes hacia "nuestros objetivos de emancipación nacional y conquista de una sociedad más justa" para lo cual se elaborarán nuevos programas de estudio que reflejen "la doctrina nacional e impidan la infiltración del liberalismo, del positivismo, del historicismo, del utilitarismo, y yo diría hasta del desarrollismo, todas formas con las que se disfraza la penetración ideológica".[34] Puiggrós habla, en 1973, como rector de una universidad a la que se le ha cambiado su nombre por el de Universidad Nacional y Popular de Buenos Aires.

Allí, como en casi todas las universidades públicas del país, durante unos meses brevísimos que terminan a fines de 1973 o mediados de 1974, se realizan experimentos pedagógicos y políticos de todas especie: funcionamiento asambleístico y plebiscitario para la toma de decisiones académicas, fundación de cátedras dedicadas a la problemática latinoamericana y tercermundista, experimentación con metodologías "liberacionistas" más adecuadas a los sectores populares que a las capas medias universitarias, suspensión de las formas tradicionales de la evaluación. La lista es larga e incluye todo lo que un momento radicalizado podía transferir de sus temas ideológicos al ámbito específico de la Universidad que, por eso mismo, estaba distanciándose de su propia lógica institucional.

Pero, muy pronto, esta épica tocará a su fin, con la restauración peronista *prima maniera* capitaneada por un ministro peronista que responde también al primer estilo del movimiento, Ivanessevich. La comunidad universitaria no volverá a discutir sus objetivos ni sus medios hasta el fin, en 1983, de la siguiente (e incomparablemente terrible) dictadura militar.

NOTAS

[1] Sobre las leyes universitarias del primer gobierno peronista, véase: Carlos Mangone y Jorge A.Warley, *Universidad y peronismo (1946-1955)*, Buenos Aires, Centro Editor de América Latina, Biblioteca Política Argentina, número 83, 1984.

[2] Véanse los discursos, conferencias y proyectos de Raúl Devoto, rector de la UBA en

1968 y 1969, recopilados en *Sobre una nueva universidad*, Buenos Aires, Imprenta de la Universidad de Buenos Aires, s/f.

[3] Poder Ejecutivo Nacional, art. 28 del Decreto-Ley 6.403, 23 de diciembre de 1955.

[4] En setiembre de 1958, un parlamento rodeado por manifestaciones gigantescas, deroga el art. 28 del decreto-ley de 1955 y establece por la ley 14.557 que "La iniciativa privada podrá crear universidades con capacidad para expedir títulos y/o diplomas académicos. La habilitación para el ejercicio profesional será otorgada por el Estado nacional. Los exámenes que habilitan para el ejercicio de las distintas profesiones serán públicos y estarán a cargo de los organismos que designe el Estado nacional. Dichas universidades no podrán recibir recursos estatales y deberán someter sus estatutos, programas y planes de estudio a la aprobación previa de la autoridad administrativa, la que reglamentará las demás condiciones de su funcionamiento. El Poder Ejecutivo no otorgará autorización o la retirará si la hubiese concedido, a las universidades privadas cuya orientación y planes de estudio no aseguren una capacitación técnica, científica y cultural en los graduados, por lo menos equivalente a la que impartan las universidades estatales y/o que no propicien la formación democrática de los estudiantes dentro de los principios que informan la Constitución Nacional".

[5] Una recopilación de los documentos oficiales de la revolución del 11 sobre la cuestión universitaria se encuentra en: Poder Ejecutivo Nacional, Ministerio de Educación y Justicia, *La revolución libertadora y la universidad, 1955-1957*, Buenos Aires, 1957.

[6] Junta Consultiva Nacional, 8ª Reunión Extraordinaria, 29 de febrero de 1956.

[7] Véase el reportaje a O. Patti, presidente de la FUA que acompaña el anteproyecto de ley univesitaria, Suplemento número 4 de la *Revista del Mar Dulce,* septiembre de 1958.

[8] Tulio Halperín Donghi, *Historia de la Universidad de Buenos Aires*, EUDEBA, Buenos Aires, 1962, p. 205.

[9] Risieri Frondizi, "La enseñanza libre y la libertad de la cultura" (discurso pronunciado como rector de la UBA, en la Facultad de Ingeniería el 9 de septiembre de 1958).

[10] La frase y algunas ideas presentadas acá siguen la precisa exposición de Silvia Sigal, *Intelectuales y poder en la década del sesenta*, Buenos Aires, Puntosur, 1991, p. 70.

[11] Véase, por ejemplo, dos intervenciones de 1976, de José Luis Romero, recopiladas en *La experiencia argentina y otros ensayos*, Buenos Aires, Universidad de Belgrano, 1980.

[12] José Luis Romero, "Defensa de la Universidad", publicado originalmente en *La Nación*, 12 de febrero de 1956, republicado en J. L. R., cit., p. 358.

[13] Sobre este período en la Universidad de Buenos Aires, véase: "La Universidad de Buenos Aires, 1955-1966: lecturas de un recuerdo", en AAVV, *Cultura y política en los años 60*, Buenos Aires, Inst. de Investigaciones Gino Germani, Fac. de Ciencias Sociales, Oficina de Publicaciones del CBC, Universidad de Buenos Aires, 1997.

[14] Entrevista de la *Revista del Mar Dulce*, número 2, incluida en esta antología.

[15] El centro de estudiantes de la Facultad de Filosofía y Letras (UBA) propone, en 1956, un "sistema automático de becas o de pre-salarios para los hijos de los obreros" (*Boletín* del CEFYL).

[16] Véase: Víctor Pesce "José Boris Spivacow: aproximación a su trayectoria", en Delia Maunás, *Boris Spivacow; memoria de un sueño argentino*, Buenos Aires, Colihue, 1995 (que incluye un excelente reportaje de Maunás a Spivacow); Jorge B.Rivera, "Apogeo y crisis de la industria del libro: 1955-1970", en *Capítulo*, Buenos Aires, Centro Editor de América Latina, tomo 4, 1981.

[17] Véase: Florentino Sanguinetti, "La extensión universitaria", en esta antología.

[18] Véase el relato y la interpretación que hace un actor principal del movimiento estudiantil, el dirigente reformista y miembro del Partido Comunista Bernardo Kleiner en *Veinte años de movimiento estudiantil reformista, 1943-1963*, Buenos Aires, Platina, 1964, pp. 179-184.

[19] La revista *Criterio* se refiere a la "hipertrofia" de la universidad que se manifiesta "en

primer lugar por el crecimiento constante, excepto en algunas escuelas, del número de alumnos, a expensas de la calidad de la enseñanza. Esta verdadera inundación no es convenientemente regulada desde la Universidad; por el contrario se encara el problema con argumentos demagógicos y cada Facultad debe defender sin mayor apoyo las pruebas de ingreso [...] Otro aspecto de la cuestión es el aumento –incesante, pero siempre insuficiente– del presupuesto universitario, lo que permite un despliegue no despreciable de poder a través de becas, cargos rentados, y publicaciones, algunas científicas y otras que lo son bastante menos" ("La universidad como grupo de presión", *Criterio*, año XXXIII, número 1359, julio de 1960).

[20] El CONICET fue creado el 5 de febrero de 1958, por decreto número 1291, del poder ejecutivo a cargo del general P. E. Aramburu. Su primer directorio fue intergado por Houssay (que fue elegido presidente), Fidel Alsina Fuentes, Eduardo Braun Menéndez, Humberto Ciancaglini, Eduardo De Robertis, Venancio Deulofeu, Rolando García, Félix González Bonorino, Luis F. Leloir, Lorenzo Parodi, Ignacio Pirosky, Alberto Sagastume Berra y Alberto Zanetta. Sus atribuciones e incumbencias consistían en el apoyo a la investigación por el otorgamiento de subsidios, becas para la formación en el país y en el extranjero, la carrera del investigador científico con dedicación exclusiva. Véase Informes del CONICET, Buenos Aires, y *Bernardo Houssay; su vida y su obra; 1887-1971* (editores: Virgilio Foglia y Venancio Deulofeu), Buenos Aires, 1981, pp. 119-120.

[21] Bernardo Houssay, "La investigación científica" (conferencia de 1947), *Cursos y Conferencias*, Revista del Colegio Libre de Estudios Superiores, a. XVI, vol. XXXI, n. 181-182-183.

[22] "La libertad académica y la investigación científica en la América latina" (ponencia de 1954), en *Bernardo A. Houssay; su vida y su obra; 1887-1971*, cit.

[23] Véase: Mariano Plotkin, *Mañana es San Perón*, Buenos Aires, Ariel, p. 152 y sig. El discurso nacionalista de la educación peronista convoca a centenares de ejemplos. Véase también: Presidencia de la Nación, Subsecretaría de Informaciones, "La educación en el Segundo Plan Quinquenal", 1952, pp. 12-14: "Terminará en las escuelas la importación de teorías y prácticas extranjeras. Podrán y deberán, sin embargo, introducirse los necesarios conceptos básicos, de la misma manera que la industria nacional importa materia prima, pero sobre esos conceptos se deberá elaborar una didáctica argentina, de una escuela argentina, para un pueblo argentino". En este mismo documento, cuya afirmación transcripta vale para todo el sistema educativo, se fija como objetivo para la universidad elevar el número de alumnos a 200.000.

[24] Véase Silvia Sigal, "La universidad reformista", en *Intelectuales y poder en la década del sesenta*, cit., donde se recogen los Informes del CONICET que marcan la existencia de 297 investigadores de carrera en 1966.

[25] Véase por ejemplo: Analía Payró, "La reforma", *Correo de CEFYL*, año I, número 2, octubre de 1962.

[26] Risieri Frondizi fue rector de la UBA entre 1958 y 1962. La cita es tomada de: J. O. Inglese, C. L. Yegrós Doria y L. Berdichevsky, *Universidad y estudiantes; Universidad y peronismo*, Buenos Aires, Libera, 1965, p. 66.

[27] NACLA (North American Congress on Latin America), *Ciencia y neocolonialismo*, Buenos Aires, Periferia, 1971 (citado en Conrado Eggers Lan, *Peronismo y liberación nacional*, Buenos Aires, Búsqueda, 1973).

[28] Silvia Sigal, cit., p. 95.

[29] Datos completos de la biografía de Jorge Sábato y de su incidencia en el desarrollo tecnológico aplicado pueden consultarse en: Carlos A. Martínez Vidal, "Esbozo biográfico y bibliografía de Jorge Alberto Sábato (1924-1983)", Buenos Aires, ADEST, 1993 (mimeo).

[30] Véase: Jorge Sábato, *Ciencia, tecnología, desarrollo y dependencia*, Tucumán, Universidad de Tucumán, 1971, p. 49; A. O. Herrera, Víctor Urquidi, J. Leite Lopes, J. A. Sábato, Natalio Botana, Jacobo Schatan, M. Sadosky, Luis Ratinoff, Darcy Ribeiro, Marcos Kaplan,

Amércia Latina; ciencia y tecnología en el desarrollo de la sociedad, Santiago de Chile, Editorial Universitaria, 1970.

[31] "Base y principios del humanismo", en Luisa Brignardello, *El movimiento estudiantil; corrientes ideológicas y opiniones de sus dirigentes*, Buenos Aires, 1972, p. 182.

[32] "Manifiesto político de la Liga Nacional Reformista Franja Morada", ibíd. Incluido en esta antología.

[33] Ramón Alcalde (con comentarios de L. Rozitchner, Ernesto Popper, Haydée Gurass, Ricardo Scaricabarozzi e Ismael Viñas), *Estrategia en la universidad*, Buenos Aires, Movimiento de Liberación Nacional, 1964.

[34] "Universidad, peronismo y revolución", *Ciencia Nueva*, número 25, 1973 (incluido en esta antología).

IV. HISTORIADORES, SOCIÓLOGOS, INTELECTUALES

1. CUESTIONES DE MÉTODO

La caída del gobierno peronista no sólo abrió el escenario donde intelectuales y políticos se alinearon en los debates que acabamos de sintetizar. Como se vio, estaban en el orden del día las discusiones sobre el futuro de unas relaciones que habían sido tanto más conflictivas durante el primer peronismo que nunca antes en la historia argentina: élites y masas, letrados y pueblo, enfrentados, según la hipótesis revisionista, desde los albores de la Nación. Consecuentemente, intelectuales, académicos, escritores y artistas consideraron parte esencial de su tarea establecer programas diversos de reconciliación de esos dos universos sociales mutuamente hostiles, o incomprendidos o inconmensurables. Más adelante veremos algunos de los discursos más característicos de esta empresa.

Pero los años últimos de la década del cincuenta y la mitad de la siguiente presenciaron también, en algunas sedes institucionales, especialmente en la renovada Universidad de Buenos Aires, la emergencia de las disciplinas sociales modernas, caracterizadas por una metodología considerada científica, una base de investigación empírica y una (contenciosa) independencia de la política práctica que, sin embargo, las puso constantemente en tensión. El jefe de esta empresa de conocimiento fue Gino Germani, estudioso de origen italiano radicado en la Argentina desde muy joven. Su primer libro, de 1955, *Estructura social de la Argentina* es un análisis estadístico de la configuración demográfica y económico-social del país. La obra traía el espíritu de la nueva sociología, entendida como disciplina empírico-analítica, de acuerdo con el modelo que tenía su foco en la academia norteamericana y que se expandiría a la mayor parte de las universidades de Occidente. Germani batallaba por lo que llamará la "sociología científica", un saber alejado por igual de las generalizaciones especulativas de la filosofía social y de la desenvoltura impresionista del ensayismo. En una larga nota que iba al pie de la introducción de su primer libro, había escrito que para ser conocidos científicamente "los fenómenos sociales [...] deben ser tratados como independientes y exteriores al sujeto cognoscente" y subrayaba el requisito de la verificabilidad empírica para todas la proposiciones relativas a "hechos".[1]

En 1961 se graduaron los primeros sociólogos de la carrera creada, en 1957, en la Facultad de Filosofía y Letras de la Universidad de Buenos Aires.[2] Gino Germani es también el protagonista de esta fundación institucional. Pero la difusión de los nuevos discursos sobre la sociedad y la cultura no comienza en ese momento sino algunos años antes y no tiene como personajes sólo a los sociólogos sino también a algunos historiadores y a un grupo de muy jóvenes críticos literarios. Cambian los conceptos para pensar la sociedad y la cultura, cambian los métodos y la definición de "cientificidad". La importación de teorías es verdaderamente impresionante, si se la compara con la universidad peronista –una lectura de los índices de la *Revista de la Universidad de Buenos Aires* es ciertamente ilustrativa del carácter francamente arcaico que las disciplinas sociales tuvieron durante el peronismo.

Como se vio, 1956 no significa la restauración de una universidad anterior a 1945 sino todo lo contrario: la intervención primero y la universidad normalizada poco después se colocan bajo el signo de la modernización teórica. Son bien ilustrativas, en este sentido, las legendarias "fichas" publicadas por el Instituto de Sociología de la Universidad de Buenos Aires[3] y los tomos de sus publicaciones internas donde figuran los proyectos de investigación en marcha y varios estados de la cuestión sobre sociología y ciencias humanas, elaborados por Gino Germani y sus colaboradores, entre quienes están Torcuato Di Tella, Jorge Graciarena, Norberto Rodríguez Bustamante, y estudiantes como Ernesto Laclau, Miguel Murmis, Celia Durruti. Desde la carrera de historia de la Facultad de Filosofía y Letras (UBA) tanto José Luis Romero como Tulio Halperín Donghi están atentos a las investigaciones que se desarrollan en el Instituto de Sociología o participan en ellas.[4] La fundación científica de las ciencias sociales se consolida en el marco de la fundación académica de la universidad posperonista. Como ningún otro desarrollo del saber humanístico, las nuevas disciplinas tejen los primeros años de su historia en relación con una institución que también se renueva.

En 1958, Jorge Graciarena y Gino Germani prepararon un informe sobre "Enseñanza e investigación de la sociología, ciencia política y economía",[5] donde –entre múltiples consideraciones sobre el plan de estudio de la nueva carrera, el perfil de los ingresantes que, significativamente, tienen como requisito el idioma inglés, etc.– se diagnostica como principal problema el del reclutamiento de profesores ("el grado de preparación específica, en sociología, del actual profesorado argentino es sin duda deficiente"), ya que no existe un cuerpo docente formado en las metodologías de investigación; las bases teóricas, en general, están inscriptas en la "filosofía social", y sus propuestas bibliográficas "no incluyen referencias a la literatura experimental y empírica de las últimas dos décadas". Se trata más que de una sociología de un "pensamiento social", de inclinación positivista, deficiente en su método, tan lejos de la investigación empírica como proclive a los recursos ensayísticos. La oposición a estas corrientes se había limitado a la reacción antipositivista que contribuyó a ajustar aún más la dependencia del pensamiento social respecto del ensayo de interpretación.[6]

Los docentes de sociología en carreras como derecho y filosofía, sin duda, no formaron parte del contingente modernizador reclutado por Germani, quien juzgaba que el Instituto de Sociología que funcionaba en la Facultad de Ciencias

Económicas de la UBA, el Instituto de Estudios Políticos y Sociales de la Universidad de Cuyo, el de Sociología de la del Litoral en Rosario, el de Sociología e Historia de la Cultura de la Universidad de Córdoba, no respondían a los requerimientos mínimos de biblioteca, personal de investigación y nivel de conocimientos, sobre todo si se tiene en cuenta que la necesidad de contar con sociólogos profesionales no provenía sólo de una lógica académica sino también de una demanda generada por el desarrollo moderno de la Argentina. Por otra parte, la bibliografía internacional "publicada en los últimos veinte o treinta años es casi inexistente en el país" –lo cual, de alguna manera, es un diagnóstico de las cátedras de sociología anteriores a la fundación de la carrera en Filosofía y Letras–.[7] Todo estaba por hacerse.

Germani y Graciarena exponen, con detalle, tanto cuestiones pedagógicas como de contenidos de la enseñanza. En particular interesa la elección del tema para el curso de introducción a la sociología: "la transformación de la cultura tradicional en la moderna cultura industrial urbana y el surgimiento de las sociedades de masa, con su impacto sobre la familia y la personalidad". Sin duda, el tema que Germani va a colocar como motivo de sus propias investigaciones sobre los procesos de modernización.

También en 1958, Germani hace circular como ficha del Instituto de Sociología un informe, redactado en inglés, "Development and Present State of Sociology in Latin America". Allí señala que la etapa actual en América latina es la primera que puede considerarse como "científica", aunque todavía subsisten en casi todas las universidades las tendencias a la filosofía social y a un pensamiento especulativo desviado de toda investigación empírica, ecléctico y con límites epistemológicos mal definidos o completamente ausentes. Germani recurre a dos adjetivos para caracterizar la producción que ha ocupado hasta el momento el lugar vacante de las ciencias sociales: "literaria" e "impresionista". Se trata de la ensayística, cuyos grandes en América latina son Martínez Estrada o Leopoldo Zea. La tarea no consiste en "modernizar" la ensayística sino en provocar un cambio metodológico y epistemológico mayor: "una reorientación en la esfera de valores, la adopción de una posición científica, y cambios sustanciales en la organización material de la enseñanza y de la investigación".

Los sociólogos que no responden a esta definición son considerados "tradicionales",[8] adjetivo que, no por casualidad, Germani también usa como concepto clave cuando define el tipo de sociedad que precedió a las sociedades modernizadas. Por tanto, no es exagerado descubrir en este adjetivo la indicación de un estadio social y de un estadio epistemológico a superar, que tienen su origen, entre otras causas, en la tradicional desconfianza latinoamericana hacia el empirismo y el materialismo atribuidos a los Estados Unidos desde comienzos del siglo XX por el arielismo y la reacción espiritualista.

Al mismo tiempo, y como contracara de estas resistencias tradicionalistas, las sociedades latinoamericanas están atravesando un proceso de cambios acelerados –en un sentido que las aleja de las sociedades tradicionales para colocarlas en una transición hacia sociedades modernas, tal como lo describe Germani en sus propios trabajos sociológicos–, que reclaman la mirada de una sociología científica: "La urbanización, la industrialización, la incorporación de masas a este tipo de vida en las sociedades industriales, la integración política de amplios sectores de la población, todo ello no sólo ha creado una multiplicidad de problemas, sino que ha cambiado la estructura de clase y, en particular, el origen social tanto del estudiante universitario como de su profesor, así como de las élites intelectuales. De este modo, la actitud 'contemplativa' vinculada a las élites de tipo aristocrático, está dando lugar a una mayor inclinación hacia los estudios empíricos y el entrenamiento científico".[9] De este modo se intersectan el cambio social y el cambio disciplinario: a las sociedades tradicionales corresponde un pensamiento social ensayístico, impresionista, literario; a las sociedades modernas o en transición les convienen sociologías científicas, que atenderán, de paso, a las exigencias de un mercado en expansión.

Germani está convencido de que la falta de profesionalización de la sociología argentina tiene que ver muy directamente con el alto grado de politización, o de ideologización, del espacio que la disciplina debe ocupar "científicamente". La fundación de la sociología científica y de su metodología empírica se hará en la medida en que resulten victoriosos los esfuerzos para asegurar que los temas de investigación sean tratados según las normas del método científico, definido por las reglas de la imparcialidad.[10] La politización tradicional del campo del pensamiento social es un obstáculo para que se implanten las reglas de una comunidad científica, basada en la disposición a la crítica de las propias hipótesis y su contrastación con los datos empíricos construidos según metodologías comunes, comunicables y universalizables. En síntesis, la politización y el ensayismo social (dos perspectivas de una misma mirada) obstaculizan la "neutralidad" que es una de las condiciones indispensables para la investigación.[11]

A esto se agregan otras cuestiones que se originan en fenómenos de opinión pública. En 1960, Germani cree descubrir reacciones adversas a la encuesta sociológica que atribuye a "desconfianza" política: los cuestionarios de las encuestas son considerados demasiado intrusivos o, directamente, policiales, no tanto por los sectores directamente investigados como por grupos ideológicos o religiosos, que verían en las encuestas una forma secular de abordaje de cuestiones cuya secularización aún es una discusión abierta. Se trata de grupos para quienes las categorías con las que opera la investigación social podrían convertirse en una amenaza a valores aceptados y a las instituciones que los representan. Germani se refiere explícitamente a los estudios sobre comportamiento –temas de familia, educación, etc.– que suscitan la hostilidad de sectores vinculados con la iglesia. También en 1960, Germani señala las reticencias a aceptar financiación y cooperación técnica internacional para la realización de proyectos –que, como se vio, desde 1966 serán objeto de resonantes denuncias–.[12]

Así, en su camino de constitución como disciplina científica, la sociología argentina encontraría el obstáculo que le interpone la sociedad tradicional que ella misma se asigna como uno de sus objetos de estudio. Para desplegarse, la sociología de la modernización necesita de una sociedad moderna cuyos actores fundamentales se ajusten a la metodología de la ciencia social que los investiga. Por algunos años, los primeros de la década del sesenta, se creyó que este encuentro entre ciencia y sociedad era completamente posible porque los obstáculos estaban tan debilitados como los actores "arcaicos". Que las cosas no fueran de este modo, pertenece a otra dimensión de la historia.

Como sea, la objetividad de las ciencias sociales era algo que debía ser puesto en discurso no sólo en 1958 sino seis años más tarde cuando un libro de sociología, por primera vez, cruza triunfalmente la línea entre público académico y gran público. En efecto, en su prólogo a un best-seller de ese momento, *Los que mandan*, su autor José Luis de Imaz –con menos preocupación teórica que Germani– se ve en la necesidad de adoctrinar así a sus lectores: "El lector no especializado, el que no frecuenta regularmente esta ciencia un poco esotérica que es la sociología, debe saber que trabajos como el que tiene entre manos son siempre a-valorativos. Es decir, análisis de hechos, explicación de las cosas, sobre las que se emiten juicios del ser, en los que sólo se busca una concatenación lógica, ubicados dentro de un encuadre funcional y en el marco de la estructura social global. Pero son hechos, hechos sociales, respecto de los cuales no se abren juicios de bueno o malo, conveniente o inconveniente, mejor o peor".[13] Las fórmulas que usa Imaz son notablemente más sencillas que las que repite tesoneramente Germani desde los años cincuenta; justamente en la mayor sencillez intelectual del planteo de Imaz –que se aproxima a la confianza positivista en la transparencia de lo social–, hay algo de sentido común compartido: precisamente se ha creado el consenso discursivo que Germani consideraba indispensable para la fundación de la sociología científica en Argentina.

Poco después, en 1965, Torcuato Di Tella, Gino Germani y Jorge Graciarena editan un volumen cuyo título, bien significativo, es *Argentina, sociedad de masas*.[14] A él confluyen colaboraciones de historiadores y cientistas sociales, sellando un pacto de trabajo sobre objetos comunes desde perspectivas diferentes. Se trata de nuevos objetos de estudio –o, por lo menos, de objetos definidos teórica y metodológicamente de acuerdo con perspectivas al día–: las élites, el mercado de trabajo, las etapas del desarrollo económico, los partidos políticos, por un lado; por el otro, la democracia de masas, las ideologías en los sistemas políticos, los obstáculos culturales a la modernización.

La paradoja argentina, enunciada en el artículo de Germani, es la combinación de una modernización relativamente temprana con una "profunda crisis política". Guido Di Tella y Manuel Zymelman también se preguntan por las razones del "fracaso" argentino. Silvia Sigal y Ezequiel Gallo estudian la formación de la Unión Cívica Radical en el marco de un contradictorio proceso de modernización dependiente que no puede ser explicado únicamente por el par tradicional/moderno, propuesto por Germani, porque las élites del ochenta habrían encarado una parte del programa modernizador ("racionalización de la actividad económica sin superar las bases tradicionales de producción y secularización de un gran número de instituciones sin tocar el área del poder político").[15] La UCR aparecería como "moderna" en el plano político y como "tradicional" en el económico. Esta modalidad categorialmente fuerte para analizar a un actor político es la opuesta a la de la historia política tradicional y marca el tono del volumen. En su introducción a la "Primera parte. Formación de la Argentina moderna", Tulio Halperín Donghi define esta perspectiva como "desinteresada de cualquier reconstrucción propiamente histórica", pero afirma, al mismo tiempo, que una problemática histórica recorre los trabajos reunidos. Se trata, en este caso como en el del otro libro importante que mencionaremos enseguida, de los primeros entrecruzamientos de perspectivas históricas y categorías sociológicas.

En 1969, Torcuato Di Tella y Tulio Halperín Donghi publican *Los fragmentos del poder*.[16] Los autores incluidos en este volumen son, de nuevo, la plana mayor de la sociología y la historia social renovadas en el espacio de varias instituciones donde se desarrollaron los nuevos discursos: el Instituto de Sociología, el Centro de Estudios de Historia Social –fundado y dirigido por José Luis Romero–, los Centros de Investigaciones Económicas y de Sociología Comparada del Instituto Di Tella, el Instituto de Desarrollo Económico y Social –fundado en 1960– y el Instituto de Investigaciones Históricas de la Universidad del Litoral. En 1969, los institutos y centros universitarios ya habían sufrido las consecuencias de la intervención de Onganía a las universidades, pero lo que allí se había iniciado continuaba en el IDES y el Instituto Di Tella,[17] aunque varios de los académicos más distinguidos hubieran emigrado.

Pero estos datos institucionales, de todas formas, deberían ser acompañados por los indicadores de otras transformaciones. Casi contemporáncamente a su desalojo de la universidad, la sociología inspirada por Germani, que ya había formado un contingente de investigadores, comienza a ser cuestionada. Se la llama, lisa y llanamente, "sociología oficial norteamericana" y se critica en ella no sólo la perspectiva funcionalista y adaptativa que se le atribuye, sino también su hostilidad al conflicto social, marcado como cualidad positiva en el discurso de sus impugnadores. Se trataría de una sociología de la integración, dócil, en Estados Unidos, a los designios del capital monopolista y, en América latina, a los intereses del imperialismo norteamericano.[18] Prisionero en esa matriz teórica, Germani, cuando se propone el estudio de los procesos de modernización, realizaría dos operaciones signadas por la ideología burguesa. Por una parte, impondría a las realidades latinoamericanas un modelo de modernización que es el norteamericano, constituyéndolo como polo único hacia el cual deben encaminarse todos los procesos sociales. En segundo lugar, pasaría por alto el conflicto social "real" que no se definiría en los términos de sociedades tradicionales y sociedades modernas sino en el de una lucha de clases que desembocaría en revoluciones bien diferentes de los cambios posibles en sociedades capitalistas altamente integradas. Finalmente, Germani no lograría captar una dimensión constitutiva e interna de las sociedades que su sociología pretende estudiar. Esa dimensión es la de la dependencia que permanece fuera de sus análisis precisamente porque Germani ignora la noción que le permitiría leerla: el imperialismo.

Diversas variantes, más doctas o menos doctas, de esta perspectiva se escucharán como parte del sentido común de la década del setenta, donde la teoría de la dependencia se convierte en un eje a partir del cual se explica toda la configuración social e histórica de América latina. La versión docta de esta teoría, en el libro clásico de Cardoso y Faletto, se ve reduplicada por sus versiones inmediatamente políticas, en las que abundan las contribuciones de los intelectuales peronistas o filoperonistas.[19]

Los cambios expuestos tuvieron lugar en el curso de muy pocos años. En la década del cuarenta, y hasta mediados de la siguiente, Germani –desde fuera de la institución universitaria–, tanto en sus artículos como en su actividad de editor y publicista, prepara el terreno de una fundación de la sociología argentina sobre bases que se presentan y se defienden como científicas. Pero la implantación institucional de esta perspectiva se realizó en los cortos e intensos años que transcurrieron entre la caída de Perón y el golpe de Onganía.

En ese momento, 1966, se produjo no sólo la intervención militar a la universidad sino también –y esto quizás haya sido de una importancia casi equivalente– el giro político de muchos de los jóvenes a cuyo entrenamiento Germani había contribuido. La teoría de la dependencia, que éstos abrazaron con entusiasmo más político que intelectual, proporcionaba hipótesis mucho más a tono con el clima radicalizado de los años sesenta que el modelo germaniano –reformista, progresista, confiado en un curso de los hechos– para pensar el tránsito entre las sociedades tradicionales y las modernas. El modelo germaniano no sólo podía ser acusado de ajenidad respecto del marxismo, en un momento en que ningún pensamiento parecía suficientemente marxista. También llevaba la marca de una idea evolutiva de la historia que disimularía el conflicto de clases. La teoría de la dependencia insertaba las sociedades latinoamericanas en un paradigma que las colocaba en línea, por un lado, con las revoluciones tercermundistas y, por el otro, con una hipótesis de enfrentamiento a nivel internacional. En ese sentido, proporcionaba instrumentos mucho más aptos para la radicalización política de los años sesenta.

2. HISTORIAS CULTURALES DE LA HISTORIA SOCIAL Y CULTURAL

La unión de Halperín Donghi y Torcuato Di Tella como compiladores de *Los fragmentos del poder* es emblemática de la relación intensa entre ciencias sociales e historia en el marco de la universidad y de los institutos de investigación, que comienza en el posperonismo. La cátedra y el Centro de Historia Social de la UBA fue un núcleo irradiador de investigaciones históricas renovadas metodológicamente, cuyo prestigio era reconocido por los estudiantes y jóvenes graduados de todas las disciplinas. Los programas de historia social dictados por José Luis Romero proporcionaron verdaderos repertorios bibliográficos actualizados cuyo efecto desbordó mucho más allá del grupo de sus estudiantes. La repercusión de Romero como profesor e investigador se potenciaba, por otra parte, con su alta visibilidad en los proyectos de reforma académica y política de la universidad: era, al mismo tiempo, un reformista *aggiornado* y el portavoz de una nueva forma de pensar la historia.

Tulio Halperín Donghi ubica a José Luis Romero no precisamente como vanguardia metodológica o teórica –ubicación en la que sería más sencillo reconocer a Gino Germani–. Hace, en cambio, el retrato de un espíritu ecléctico y hospitalario que contempla sin gestos teóricos ampulosos los cambios de la disciplina que estaban sucediendo en la Argentina y en el mundo. Desde la década del cuarenta, Romero persigue una hermenéutica histórica, que se va definiendo en sus libros del período y también en algunos artículos de la revista que funda en 1953, *Imago Mundi*. Halperín ubica la influyente docencia histórica de Romero por encima de las querellas metodológicas que, en nombre de una coherencia teórica, más que resolver el problema que se planteaban, colocaban a la historia frente a un dilema. Romero, en cambio, "si no les ofrecía una alternativa teórica capaz de superar ese dilema, les daba algo quizás más directamente relevante: un ejemplo de cómo era posible ignorarlo y llevar adelante una obra de reconstrucción de la realidad social más capaz de dar cuenta de su desconcertante y contradictoria riqueza, y sin embargo no menos coherente que las que pagaban esa coherencia imponiendo al objeto de su examen las más crueles mutilaciones".[20]

Todo había comenzado unos años antes. Citamos poco más arriba la revista *Imago mundi*. En su primer editorial,[21] la revista se declara comprometida con una historia cultural que estuviera en condiciones de integrar los hechos particulares en un "complejo estructural" a través del ejercicio de la interpretación que privilegia la dimensión simbólica y la agencia espiritual. Pegado a este editorial, un artículo de José Luis Romero continúa sus líneas generales: frente a una historia política, económica, diplomática, dinástica o militar –que atomiza el sentido en esas perspectivas particulares–, la historia de la cultura debe buscar una síntesis relacional entre hechos inscriptos en un horizonte que es necesario *comprender*: Romero cita a Dilthey y, naturalmente, se refiere a su proyecto de constituir a las humanidades como ciencias interpretativas. En la estela de Dilthey, la historia de la cultura es el modelo de la historia, que no será la de unos cuantos elementos simples y escindidos de la vida social de la cual formaron parte significativa. Por el contrario, la vida histórica es "irreductible a sus elementos simples", y no puede captarse sino en el juego más complejo de las relaciones entre hechos de diferente naturaleza, nivel de manifestación y definición social.

En realidad, Romero discute la noción misma de "hecho" restringido, tal como lo presentaba la Nueva Escuela Histórica y las corrientes de inspiración positivista. Así, la historia cultural investiga también elementos "que no tienen carácter fáctico sino simplemente potencial, y que constituyen otro orden distinto del fáctico aunque no menos operante que éste".[22] La historia de la cultura se ocupa del nivel simbólico –hoy diríamos: del imaginario social– tanto como del nivel fáctico donde se ponen de manifiesto temporalidades diferentes: acontecimientos, que son puntuales y limitados en el tiempo, y hechos que pertenecen a una duración más larga o más imprecisa. Los ejemplos –la concentración de la propiedad de la tierra, el alza de los precios, la fusión de grupos sociales– evocan a la escuela francesa de *les Annales*. Como sea, no es el programa de esta escuela, sino el de la historia cultural el que presenta Romero, como proyecto comprensivo, interpretativo y sintético. Sus citas, más que remitirse a la historiografía contemporánea (en cuyo campo menciona a Huizinga, Jaeger y Bataillon), traen algunos nombres clásicos: Voltaire, Montesquieu, Vico, Herder.

La posición "culturalista" de Romero, que encontraba sus interlocutores no sólo entre historiadores sino entre críticos literarios, como Jaime Rest, contribuyó a un clima que no era incompatible con perspectivas metodológicas más "duras". Si, para dar un ejemplo, se examinan los trabajos que forman el volumen citado más arriba de Di Tella y Halperín, o los que confluyen a los tomos de la *Historia argentina* publicada por la editorial Paidós en 1972, se ve sin esfuerzo que la historia económica también había iniciado una etapa de renovación (con nuevas tesis en disidencia tanto con el revisionismo histórico como con los historiadores académicos de la Nueva Escuela).

En el libro *Los fragmentos del poder*, editado, como se dijo, por Torcuato Di Tella y Tulio Halperín, estos rasgos se manifiestan con claridad. Por un lado, la mezcla de cientistas sociales e historiadores no resulta solamente en una yuxtaposición de textos sino que los objetos de investigación se comparten entre historiadores que consideran el siglo XIX con sugerencias metodológicas que muestran el contacto con las ciencias sociales[23] y cientistas sociales que observan la primera mitad del siglo XX con perspectivas históricas que se remontan al siglo XIX: sociología histórica e historia social y económica arman las coordenadas del nuevo mapa de investigación. De hecho, la contribución de Halperín a ese tomo había aparecido en la revista de ciencias sociales *Desarrollo económico*, al igual que el trabajo de Oscar Cornblit; los de Manuel Bejarano y de Haydée Gorostegui de Torres formaban parte de un proyecto más amplio sobre "Impacto de la inmigración masiva en el Río de la Plata", preparado por José Luis Romero, Tulio Halperín Donghi y Gino Germani y en el que cooperaban el Instituto de Sociología y la cátedra de historia social.

El mismo subtítulo del libro, "De la oligarquía a la poliarquía argentina", manifiesta una preocupación epocal: el estudio de las sectores dominantes no como estudio de personalidades sobresalientes a la manera de la vieja historia política, sino a partir de la nueva noción sociológica de élites donde se entrecruzan perspectivas económicas, culturales y políticas. Sergio Bagú, en *Evolución histórica de la estratificación social en la Argentina*, editado en 1961 también por el Departamento de Sociología de la Universidad de Buenos Aires, había indicado las condiciones en las que el poder económico y el poder político no están necesariamente unidos y cuáles son las consecuencias conflictivas de este fenómeno. Los artículos recopilados en *Los fragmentos del poder* por T. Di tella y Halperín Donghi traen el debate de este problema a primer plano. Comenzando por la presentación de Halperín donde se expone la tesis de que sectores de la élite oligárquica no sólo fueron económicamente dominantes sino también dirigentes en un sentido político por lo menos en el período que se extiende entre 1810 y 1852, en el cual los terratenientes de Buenos Aires lograron un sistema de explotación que utilizó "de manera óptima los distintos factores de producción".[24] Esta claridad estratégica de la oligarquía declinaba ya en 1880 –Halperín se remite al trabajo de Roberto Cortés Conde, "El boom argentino, ¿una oportunidad desperdiciada?"– cuando se insiste en el modelo agroexportador hasta agotar sus posibilidades.[25]

La sección del volumen coordinada por T. Di Tella tiene por título "Los contendientes y sus batallas". Las élites son protagonistas –educadores e ideólogos, empresarios, militares, sindicalistas, profesionales y técnicos–, considerados en el marco de lo que Germani subrayó en los procesos de modernización: la asimilación de la inmigración extranjera. Di Tella, en su introducción, desarrolla argumentos de resonancia política: la Argentina no está gobernada por una oligarquía precisamente porque el proyecto "civilizador y progresista de los grandes políticos de fines del siglo pasado no podía menos que erosionar las bases sobre las cuales se asentaba su dominio de clase";[26] si, como había consenso entre los historiadores, incluso entre quienes no participaban de las tendencias revisionistas o de izquierda, era 1945 el momento del gran giro, la Argentina posperonista necesitaba constituir sectores dirigentes de reemplazo que armen un mapa de poder donde diversos grupos de élite puedan neutralizar sus intereses en beneficio del interés común. Optimista, Di Tella apuesta al cierre del desencuentro entre factores de poder y poder político.

Los artículos de este volumen son parte de una historia económica y social renovada, que, además, tiene como preocupación central la definición de los agentes principales de la configuración de la Argentina moderna. El estudio de las élites y los factores de poder se realiza al tiempo que se está experimentando en la investigación de series económicas. Una historia económica sensibilizada por lo político y lo institucional, una historia política no tradicional, abierta a temas sociológicos, ésas serían las líneas principales de los nuevos estudios históricos que, como sucedió en la escuela francesa de *les Annales*, dialogan intensamente con las ciencias sociales. El diálogo con la política no fue menos intenso, aunque al principio pareció menos evidente. Las nuevas ciencias sociales tienen sus hipótesis de lo que la Argentina fue, debió ser y podría llegar a ser: un diagnóstico y un curso deseable.

De modo que, en estos años sesenta y hasta culminar a comienzos de los setenta (cuando la sociología y la historia se politizan hasta límites increíbles, aunque muchos de los autores mencionados, como Halperín Donghi, escriben obras importantes), dos líneas son igualmente evidentes: la de un programa para la historia cultural, propiciado por José Luis Romero, y la de la construcción de objetos comunes por parte de la historia y las ciencias sociales. Aunque la mayoría de los historiadores se incluya en la segunda, la primera conserva una especie de aura que recorre todos los campos disciplinarios impulsada, sin duda, por la figura carismática de Romero, cuyas obras son, en realidad, las que mejor ejemplifican las tendencias que él presenta en esa *Imago Mundi* de 1953.[27]

Fuera de los espacios donde circulaban estas ideas –aunque superponiéndose e intersectándose– sobrevivía el marxismo de viejo cuño que, rápidamente, va a ser destinado al desván por los "nuevos marxismos" que aceptarán como hermanos políticos a los nacionalismos radicalizados. En historia, la

interpretación de Jorge Abelardo Ramos y las tesis marxistas-nacionalistas sobre la evolución cultural argentina de Juan José Hernández Arregui harán fu-
ror,[28] siguiendo líneas abiertas, décadas atrás, por el revisionismo. A mediados
de los años sesenta, se podía pasar, sin demasiadas aduanas ideológicas, de José
María Rosa a Rodolfo Puiggrós que se consideraban mutuamente miembros de
un pensamiento nacional enemigo del liberalismo y del cientificismo norteamericano de la sociología académica. Pero también estaban los marxismos "doc-
tos", que se mencionan un poco más adelante.

3. DEL ENSAYO A LA CRÍTICA

El malestar en la cultura y la sociedad argentina son temas que obsesiona-
ron, como bien se sabe, a Ezequiel Martínez Estrada. El país se habría configurado de manera equivocada y los errores serían irreversibles. Este argumento se
expone y amplía en su gran ensayo de la década del treinta, *Radiografía de la
pampa*, y atraviesa *Muerte y transfiguración de Martín Fierro*, de 1948. También en 1948, inscripto en este esquema de pensamiento, Murena publicó en la
revista *Verbum* "Reflexiones sobre el pecado original de América", que seis años
después, junto con otros artículos, apareció como libro y tuvo una resonancia
singular.

Hoy parece borrosa la figura de Murena pero no lo era en los años cincuenta: ángel perverso de la revista *Sur*, cortejado y rebelde, interlocutor y opo-
nente de los jóvenes que se iban a agrupar en *Contorno*. El ensayismo (que se
denominó del "ser nacional") se construye alrededor de preguntas que ahora llamaríamos culturales, aunque Murena (como Martínez Estrada) remite con ahín-
co a una causalidad espacial y demográfica. En 1948, Murena diagnosticó un
"mal de formación" americano originado en la falsificación de imágenes europeas sobre este nuevo territorio, configurado por europeos que llegaron a América únicamente animados por la codicia, e incapaces de fundar aquí "un mundo
de normas espirituales". En estas extensiones doblemente anticulturales, los intelectuales desconcertados "se resisten a aceptar la realidad de la cual son hijos y
se destierran espiritualmente". Para Murena, el recorrido de Echeverría es sintomático de recorridos futuros: en lugar de conducirse como un romántico y comprender la peculiaridad de la Nación, quiso reformarla como iluminista: "la fá-
bula iluminista de que la razón puede crear la historia", malentendido básico de
la cultura argentina. Pero Europa ha muerto, continúa Murena, y se abre el espacio donde los intelectuales podrán producir una conciencia americana.[29]

Otros serán, en los años inmediatamente posteriores, los que revisen este
diagnóstico y las direcciones a seguir. Pero, una vez más, son necesarias nuevas
perspectivas europeas.

Todavía a mediados de los años cincuenta, incluso aquellos que creían estar rompiendo de raíz con el ensayo pesimista y esencialista de Murena y Martínez Estrada, repiten, con fraseos no tan ajenos a los de estos dos autores como

hubieran deseado, la pregunta sobre la ontológica incompletitud americana. Así Juan José Sebreli: "Tenemos conciencia de nosotros mismos como de seres incompletos. Nos aprendemos como siendo todo lo que no somos en presencia de la totalidad, del ser pleno de la Civilización Europea".[30] También en los primeros números de *Contorno*, persiste un vocabulario y una forma de abordar las cuestiones que pueden ser reconducidos al ensayismo: rastros que no sólo tienen significación formal.

La preocupación explícita de *Contorno,* sin embargo, fue superar el dualismo idealista de Martínez Estrada y Murena, dualismo que tanto Sebreli como los hermanos Viñas encuentran, desde unitarios y federales, recorriendo como fantasmas repetidos la historia argentina.[31] "Se prolongaba ese dualismo originado entre unitarios y federales, cristalizado definitivamente en el *Facundo* y ejercitado trágicamente por Rosas: un mundo de Santos y otro de Réprobos; uno presente y el otro necesaria y correlativamente excluido."[32] *Contorno* buscaba una totalidad que abriera una alternativa teórica de representación y proporcionara una metodología nueva para interpretar la cultura.

La lectura que David e Ismael Viñas, Ramón Alcalde, León Rozitchner, Noé Jitrik, Juan José Sebreli hacen, en *Contorno,* de la cultura argentina es casi siempre novedosa por su programa y por su tono, aunque no siempre se apartó radicalmente de versiones anteriores. Su tipo de intervención en el debate público, ideológico y político, marcó las décadas siguientes. Se ha dicho muchas veces que *Contorno* propuso un nuevo sistema de la literatura argentina, donde la centralidad de Arlt quedaba establecida de allí en adelante. Pero también para Murena, Arlt, junto a Horacio Quiroga, era un escritor clave.

Sin duda, hubo en *Contorno* algo más. La desacralización de la literatura por el modo en que se habla de ella: un modo politizado, con una novedosa mezcla semántica y léxica, donde las metáforas sobre el cuerpo y la sexualidad indican un corrimiento respecto del tono de la crítica académica "respetable"; un estilo que combina –aunque no siempre logra sintetizar– la dimensión política y la dimensión literaria, la dimensión ética y la material. Fue una escritura escandalosa comparada con la que circulaba en los medios tradicionales. Estigmatiza el ideal conformista de "literatura prolija", para encontrar, por ejemplo en Arlt, la refutación de las "bellas letras" como espacio aislado de la realidad sociopolítica. Aunque los contornistas reconocen que no es Arlt quien realiza finalmente la relación que ellos reclaman, de todos modos, su "realismo excesivo y patibulario" les ofreció una referencia para armar recorridos diferentes en la literatura argentina.[33] Como Sartre en "La nacionalización de la literatura", los contornistas, previendo en los años posperonistas una situación tan fluida como la de la posguerra europea, preparan los desplazamientos y las recolocaciones. Y con la mención de Sartre, permítase una breve digresión.

En 1952, Reina Gibaja publicó en la revista *Centro,* de la Facultad de Filosofía y Letras de la UBA, un comentario sobre *El segundo sexo* de Simone de Beauvoir. En los párrafos introductorios menciona el "existencialismo sartreano" como una corriente filosófica que sus lectores conocen perfectamente y resume las tesis de *Pour une morale de l'ambiguïté* de Simone de Beauvoir de manera rápida, como si se estuviera recorriendo un terreno conocido –aunque sea conocido de oídas, por difusión imprecisa, como suele suceder muchas veces con ideas que se implantan sin aprenderlas del todo y resultan fuertes y provocativas.[34] Siete años más tarde, esa misma revista publicó la traducción de Oscar Masotta de *La trascendencia del Ego*, acompañada de un comentario extenso. (Masotta, por otra parte, en su crítica a *Un dios cotidiano* de David Viñas, citaba a Mauriac, citando así indirectamente las opiniones de Sartre sobre Mauriac, convencido de que este juego de citas era inmediatamente legible.) Ese mismo 1959, la Universidad de Córdoba, Facultad de Filosofía y Humanidades, publicó, con traducción de Irma Bocchino, el *Esbozo de una teoría de las emociones*. En 1957, la editorial de la revista *Sur* había puesto su sello en *El existencialismo es un humanismo*.[35] *Qué es la literatura* había sido traducido por Losada en 1950 –David Viñas fue lector de sus pruebas de página–. Las fechas marcan una entrada de Sartre parcial, atrasada en unos pocos años, pero que en dos casos por lo menos no debió esperar la caída del peronismo.

La familiaridad con que Regina Gibaja abordaba el libro de Simone de Beauvoir indica una repercusión –que no implica necesariamente una lectura– en círculos estudiantiles. El tono perfectamente sartreano de la crítica literaria de Oscar Masotta a *Un dios cotidiano* de David Viñas confirma un uso cultural del sartrismo que desborda los pormenores de su difusión filosófica. En 1963, Masotta (que enseñaba en cursos privados bastante populares *Lo imaginario*) no tiene dudas sobre la significación de Sartre en el campo de la crítica literaria: "A mi entender la obra de crítica más importante de nuestro tiempo es el *Saint Genet* de Sartre".[36] Quizás otros miembros del grupo *Contorno* hubieran mencionado *Qué es la literatura*, y agregado, como Noé Jitrik, el nombre de Blanchot –que también Masotta invoca–; pero Sartre es, para todos ellos, un lugar de encuentro generacional y de renovación crítica.

Bajo el nombre de Sartre –a menudo se trataba de eso: un nombre– se difunde, en primer lugar, una teoría del compromiso que señala la posición del escritor de izquierda en la sociedad capitalista y de la literatura en prosa que debe escribirse (cuestiones que llevan al tema de intelectuales y vida pública que se considerará más adelante). En *Las ciento y una*, Carlos Correas se identifica con ese proyecto pero su tono de *homme revolté* evoca más la marginalidad que el compromiso: "Nuestra tarea de escritores debe abarcar la totalidad sintéticamente. Nuestras obras deben asustar, crear dolores de cabeza, ocupar, ponerlo todo en cuestión. Es, por supuesto, una literatura del escándalo. Una literatura de suicidas para suicidas". A esta posición "rebelde" Sartre le da sustento filosófico y permite que una perspectiva antiburguesa no se limite a la refutación anárquica y marginal, de tradición artliana, o al discurso moralizante del filisteo espiritualista –figura que los contornistas aproximaban a la de Murena–. De todas formas, la provocación es una retórica buscada por alguien como David Viñas, que es la figura pública más descollante de este grupo.[37]

Sartre también mostraba una forma de leer la literatura en la que es relevante la categoría de totalidad, como perspectiva descriptiva y principio valorativo. Jitrik y Masotta, cada uno a su modo, lo ponen de manifiesto en la encuesta a la crítica argentina organizada por Adolfo Prieto en 1963: "La función de la crítica consistiría, pues, en restituir explícitamente la unidad que existe entre la literatura y la realidad" (Jitrik); "El problema más arduo con el que debe enfrentarse quien intenta hacer crítica es el de la conexión entre 'análisis inmanente', es decir, el análisis del estilo, y el nivel de significaciones que reside en lo histórico y en lo político" (Masotta).[38] Tanto del costado "marxista" como del "existencialista" la hipótesis de una totalidad significativa, que la obra encierra en su núcleo pero no siempre pone en evidencia, anima una empresa reconstructiva y de síntesis.

Ambas perspectivas, en 1963, aparecen a su vez sintetizadas en las famosas "Cuestiones de método" de la *Crítica de la razón dialéctica*.[39] Junto con el *Saint Genet*, ése sería el programa de Masotta en sus textos sobre Arlt.

La solidez teórica de estos críticos es dispar; en ninguno de los ensayos de *Literatura argentina y realidad política* de David Viñas (que recopila algunos de los artículos publicados en *Contorno*) se citan fuentes teóricas, si se excluye el programático epígrafe de Escarpit que esconde más de lo que muestra. Sin embargo, detrás de estos textos se siente el ethos de *Qué es la literatura* y de otras intervenciones de Sartre en *Les Temps Modernes*. Por supuesto, en su artículo "El proceso de nacionalización de la literatura argentina" Noé Jitrik quiere citar expresamente el título de un célebre artículo de Sartre, aunque la cuestión abordada en aquel artículo de la inmediata posguerra francesa fuera diferente. Pero, aquí como en otros casos, Sartre funcionaba como una contraseña ideológica. También Adolfo Prieto cita a Sartre varias veces en su diatriba contra Borges. Pero, tanto como en las citas, en estas críticas pueden leerse interrogantes sobre a quién representa la literatura, cuáles son las exigencias que puede hacerse a esa representación, de qué modo los textos literarios invisten temas sociales e ideologías. En una palabra: ¿cómo se hace una lectura sociohistórica de la literatura, que tendrá, por el hecho de ser sociohistórica, valor político? ¿Qué debe ser la literatura en relación con la ideología burguesa? ¿Cómo actuar *con* la literatura? ¿Cómo leer y escribir políticamente?

Noé Jitrik lo dice de modo inmejorablemente adaptado a sus fuentes de inspiración conceptual: "...el análisis que haremos será en función de un esquema de la evolución de nuestras clases sociales. Nacionalización de la literatura será, en consecuencia, un concepto paralelo al de desarrollo de clases. Y el punto de confluencia será la consideración de la existencia y legitimidad de la literatura argentina como resultado de una representación más auténtica de la realidad".[40] Una clase que haya alcanzado la conciencia para sí, puede representar a la totalidad. El proletariado, afirma Jitirik, no lo ha logrado todavía, pero es evidente una mayor responsabilidad de los escritores que se ubican en relación con el todo nacional y con la clase que puede expresarlo políticamente. Esta perspectiva, que trae el eco de un marxismo lukacsiano, acompaña en el caso de Jitrik otras intervenciones más específicas.

Por su parte, David Viñas arma series significativas, que son estructuras de sentido, con los textos literarios: criados, viajes, espacios, costumbres, tipologías de escritor que permiten instalar una perspectiva "sociológica", de clases sociales, de grupos identificados con el poder material o simbólico, de subordinación en el interior del estado y de asimetría en la relación entre la Argentina y Europa. La imagen echeverriana de los "dos ojos", uno clavado sobre la realidad local, otro sobre el escenario del mundo, que describe la cuestión de la nacionalidad cultural en un país periférico,[41] le permite pensar una representación fracturada pero global.[42]

El programa tendrá otras realizaciones. Aunque los críticos salidos de *Contorno*[43] no exponen sistemáticamente una teoría, sus ensayos *dejan leer* a otros críticos y a otros teóricos. Desde fines de 1950 cada uno toma por su lado y siguen recorridos diferentes, pero en los años de *Contorno* y los inmediatamente posteriores algo así como una lectura social e histórica de la literatura se impone como perspectiva renovadora (se impone incluso en los claustros de algunas universidades, como la del Litoral en Rosario, donde enseñaba Adolfo Prieto, y la de Córdoba, donde enseñaba Noé Jitrik). Después, los caminos de la crítica se bifurcan: del lado de *Contorno* –que en un aspecto es heredero del ensayismo de las décadas del cuarenta y el cincuenta– se había enfatizado el destino político de la literatura como discurso que toma los grandes temas nacionales y libra batallas ideológicas.

Pero algunos de los críticos que se inician en *Contorno* también formarán parte de otra línea: la de modernización teórica de los instrumentos de análisis, en el caso de Adolfo Prieto a través de las perspectivas sociohistóricas[44] y en el caso de Noé Jitrik por la importación de diferentes olas de la crítica francesa desde Bachelard al estructuralismo y *Tel Quel*.

Todos, sin embargo, seguirán los avatares de la época. La impronta de la revolución cubana –que no había sucedido aún cuando aparece *Contorno*– marcó a este grupo de intelectuales del posperonismo. Así, en menos de cinco años –los que van de 1955 a 1959–, dos sucesos, uno local y el otro internacional, cambiaron todas las líneas del mapa.[45]

4. Marxismo, estructuralismo, comunicación

Hay en este contingente una personalidad que siguió todas estas vías casi al mismo tiempo, partiendo de la literatura para pasar por la filosofía, el análisis del pop art, las hoy llamadas culturas mediáticas, la estética y finalmente el psicoanálisis. Se trata de Oscar Masotta,[46] sensibilidad prototípica de la década del sesenta: de la facultad de Filosofía y Letras al Instituto Di Tella, del sartrismo al estructuralismo, de la historia y el sujeto a la estructura, de Merleau-Ponty a Jacques Lacan. La movilidad de Masotta no tiene equivalente en el campo cultural. Eliseo Verón sería la figura afín en el de las ciencias sociales. Seguir mínimamente sus recorridos implica hacer revista de las ideas que fueron verdaderamente influyentes en los años sesenta.

Ambos tienen en común haber operado el pasaje hacia el estructuralismo y haber sido en esto una avanzada teórica. Verón tradujo y prologó, en 1961, la *Antropología estructural* de Claude Lévi-Strauss para la edición de EUDEBA, y publicó en 1962 el primer reportaje argentino al antropólogo francés,[47] en cuya introducción subrayaba la importancia de la noción de estructura en ciencias sociales y presentaba a Lévi-Strauss como el maestro que había logrado una "teoría y una metodología estructurales" aplicables no sólo a las investigaciones antropológicas sino con alcances que interesaban a todas las "ciencias humanas" y desbordaban los límites de las culturas estudiadas para convertirse en instrumento de análisis de las sociedades contemporáneas.

Por su parte, Masotta fue el primer teórico del arte pop, en clave estructural-semiológica, y también el primer comentarista de Lacan en Argentina. Poco antes, en 1959, Masotta exponía las necesidades de una filosofía de la conciencia siguiendo a un Sartre corregido por Merleau-Ponty.[48] En esta empresa no estaba solo: León Rozitchner persistía en ella, preocupado por el lugar del sujeto en la praxis social y empeñado también en una lectura del primer Marx que le permitiera una teoría marxista de la subjetividad que, a comienzos de los setenta, confluyó en su interpretación de Freud.

Masotta, en cambio, eligió rápidamente otros paradigmas. En 1965, publicó en la revista marxista *Pasado y presente* "Jacques Lacan y el inconsciente en los fundamentos de la filosofía". Dos frases dan la dimensión de un cambio de época, en la que el sartrismo entraba en baja: Lacan, escribe Masotta, sostiene "la opacidad radical del sujeto para el psicoanálisis" y refunda una ortodoxia freudiana definiendo –en términos de un verdadero giro lingüístico– el descubrimiento fundamental del vienés: "el inconsciente entendido en términos de lenguaje".[49] En Lacan, Masotta encuentra la vía de cuyo recorrido no excluye a Sartre mismo, por dos razones que tendrán peso en los años que siguen y que Masotta detecta muy tempranamente: la primera, es la crítica radical que Sartre ha hecho de las pretensiones filosóficas del materialismo dialéctico (una pseudofilosofía perezosa); la segunda es la crítica a la teoría del conocimiento como reflejo expuesta por Lenin en *Materialismo y empiriocriticismo*.[50] Ambas críticas, subrayadas por Masotta en Sartre, van a coincidir con las que realiza el marxismo estructuralista de Althusser que tiene innegables repercusiones en el debate ideológico de la izquierda revolucionaria al cual Masotta se anticipa.

En la discusión filosófica que atraviesa la década del sesenta, cuyo título mayor fue "conciencia o estructura", Rozitchner elige el primer término de la disyunción, Masotta y Verón eligen el segundo. En la contratapa de su libro de 1969, significativamente titulado *Conciencia y estructura* (conservando la conjunción que une los términos por última vez), Masotta afirma: "A la alternativa ¿o conciencia o estructura?, hay que contestar, pienso, optando por la estructura. Pero no es tan fácil, y es preciso al mismo tiempo no rescindir la conciencia, esto es, el fundamento del acto moral y del compromiso político". El dilema –que intenta vanamente mantener en sus dos polos– se resuelve, en esos años, por el lado estructuralista. Al hacerlo, por otra parte, varían los objetos de análisis: Verón estudia la semantización de la violencia política en los medios y la narración de la fotonovela; Masotta, la historieta. Ambos temas tienen su lado académico, pero también forman parte de un debate cultural que rápidamente podía traducirse en términos ideológicos e, incluso, políticos.

Objetos construidos por y para el análisis estructuralista, son, al mismo tiempo, objetos de la cultura de masas, ese fantasma plebeyo que había obsesionado a los intelectuales y que, ahora, se mostraba como una dimensión que ya no podía juzgarse con la serena distancia mantenida con lo que sucedía en "otra parte". Por el contrario, exigía instrumentos teóricos que permitieran construir posiciones traducibles políticamente. El mismo Masotta, introduce sus "Reflexiones presemiológicas sobre la historieta", con la siguiente observación: "Es la teoría marxista la que provee tanto del cuerpo de hipótesis más generales como de los criterios para medir el valor y el alcance de la investigación. En esta perspectiva el optimismo o el pesimismo frente a las cuestiones planteadas por la cultura de masas y el ensanchamiento de la comunicación masiva se revelan como lo que son: manifestaciones de ideologías deficientes, para el mejor de los casos de un blando reformismo".[51] La cuestión abierta es de trascendencia social y por eso convoca a los marxistas a la reflexión sobre ella. Se trata de la escisión entre culturas de las élites y culturas de masas, de los efectos de los medios masivos –que no pueden ser medidos con las técnicas cuantitativas de la sociología americana–, y de la necesidad de considerar la producción estructural de sentido en esos mensajes que convocan a la unión de perspectivas metodológicas provenientes de la lingüística de Saussure y Jakobson, la semiología que sintetiza Umberto Eco, la antropología de –y casi únicamente de– Lévi-Strauss, la crítica "desmitificadora" de Barthes. Se pensaba que el marxismo, en lugar de condenarlas como desviaciones burguesas, podía sintetizar estas perspectivas dispares. Despreciada la síntesis filosófica del materialismo dialéctico, el marxismo estructuralista podría demostrar su capacidad de incorporar discursos que, hasta poco antes, eran descartados. Nacía una nueva modalidad de la práctica teórica, perfectamente adaptada a las condiciones de un campo intelectual moderno y radicalizado.

En 1967, Masotta publica un librito –en una colección de divulgación fundada en los años cincuenta: los "Esquemas" de la Editorial Columba– cuyo título es El "pop-art". Con la destreza expositiva que lo distingue, no se limita a presentar el pop americano; también traza las líneas de una estética. Masotta advierte que el pop no sólo es, después del surrealismo, el segundo gran movimiento estético del siglo, sino que "ha puesto el acento en la subjetividad descentrada". Y se podría hacer aquí una correlación entre movimientos estéticos y áreas del Saber, puesto que así como el surrealismo se asociaba al psicoanálisis, el arte pop se asociaría hoy con la semántica, la semiología y el estudio de los lenguajes. El arte pop junto a los modernos estudios lingüísticos y semiológicos dibujaría así un movimiento de convergencia hacia el hecho de que, "como dice Lacan invirtiendo dos veces a Descartes, *yo pienso ahí donde no soy y yo soy ahí donde no pienso*". Y concluye: "En fin, ¿cómo hay que entender esa correlación de la que hablábamos, entre el arte pop (vuelto hacia los contenidos sociales sólo a condición de dejar a la vista las características de la transmisión de esos contenidos) y el desarrollo de hecho del pensamiento contemporáneo: esa preocupación que, como se ha dicho, logra a veces arrancar a los intelectuales de la política para volverlos hacia la investigación de los lenguajes?[52]

La cita de Lacan que Masotta introduce, va por línea directa a una teoría althusseriano-marxista de la ideología. Finalmente estos intelectuales que se ocupaban de los lenguajes abandonando, en opinión de muchos, la política, estarían, por otros medios, desafiando a la esfinge al descifrar los discursos de la ideología.

También en 1967, Eliseo Verón presenta, más detalladamente y más fundado en las ciencias sociales, argumentos afines.[53] "Hoy podemos hablar de una ciencia general de los signos, de la cual la lingüística ha sido vanguardia privilegiada. A cincuenta años de Saussure, esta ciencia está constituida sólo a medias. Podemos referirnos a ella como semiología o ciencia de la comunicación según se prefiera",[54] escribe repitiendo una consigna que es la de esos tiempos. Verón realiza un movimiento genealógico y tanto en su ponencia sobre la semantización de la violencia política, como en la introducción a un volumen colectivo sobre comunicación social, es de rigor el pasaje por las tradiciones marxista y sociológica clásica. Expone linajes y rupturas: el "giro copernicano" de *El Capital* y los estudios de Freud sobre la histeria, el *Curso* de Saussure, Troubetzkoy, Hjemslev, Jakobson, Chomsky; finalmente la mediación operada por Lévi-Strauss que vincula a la lingüística con la antropología. La ojeada retrospectiva de Verón incluye a Bateson y a la herencia que Lévi-Strauss recibe de la sociología francesa clásica, revisándola especialmente en su conciencialismo.

De la semiología al marxismo, Verón encuentra, en su trabajo sobre la violencia política en los medios escritos, que la lectura semiológica es la condición para el estudio de la ideología en las sociedades contemporáneas tal como ella –la sociedad contemporánea– es producida por los aparatos de difusión masiva. En el desenlace de este artículo se percibe la convicción de que el análisis semiológico es el paso previo para la restitución de los mensajes sociales a la estructura de clases: concluido el análisis semiológico, se estaría en condiciones de desarrollar las hipótesis explicativas de una teoría de las ideologías que, aunque Verón no lo diga explícitamente, ocuparía hoy el lugar abierto por la crítica marxista de la ideología tal como quedó escrita en *La ideología alemana*. Lejos de oponerse, o de constituirse en polo burgués de un pensamiento revolucionario –como lo formuló Sartre en su impugnación al estructuralismo–, la semiología estructuralista es el momento descriptivo de una crítica de la dominación simbólica.

Pocos años después, el mismo Verón contempla con cierta consternación el modo en que el estructuralismo se había vuelto una ideología de moda en el campo intelectual (a la que sin duda él había contribuido introduciendo la buena nueva), que podía mezclarse, vía Althusser, con el marxismo, y vía Lacan, con el psicoanálisis. En una crítica de la dependencia cultural, Verón descubre que Lévi-Strauss había sido importado desordenadamente y comenzaba a formar parte de un consumo intelectual "ostentoso": "Además del desfasaje temporal [que afecta la llegada de teorías nuevas que deben recorrer el espacio entre intelectuales y gran público], debemos tomar en cuenta otro, por decirlo así, 'espacial', en la medida en que nos interese examinar la situación de un país económica y culturalmente dependiente, donde los discursos intelectuales suelen ser 'importados' a un medio en que la práctica autónoma de las ciencias sociales existe en un grado mínimo".[55]

Esta breve genealogía establecida por Verón incluye todas las tendencias teóricas y metodológicas que, desde mediados de los años sesenta, se convirtieron en patrimonio común de una zona moderna y radical de la izquierda. La revista *Los Libros*, fundada por Héctor Schmucler en 1969, tuvo a la lingüística, al psicoanálisis y al marxismo como las tres fuentes del saber sobre la sociedad y la política. Althusser proporcionaba una matriz para esta fusión.

Por otra parte, los nuevos objetos de análisis que se encuentran en la llamada cultura de masas, desde fines de los sesenta y, notablemente, en la primera mitad de los setenta, definen un campo cultural en el que han quebrado todas las distinciones tradicionales de la crítica y la estética. Cuando en 1970, la revista *Los Libros* inicia una etapa que llama de latinoamericanización –que, en verdad, significa su abierta inclusión en el debate político–, el editorial se encarga de distanciar a la revista de su propio nombre, precisamente porque se ha aprendido la lección respecto de cuáles son las formas en que circulan los mensajes socialmente significativos: "Ya se sabe que el formato libro no privilegia ninguna escritura. Es posible que las obras más importantes se estén escribiendo en las noticias periodísticas o en los flashes televisivos. O en los muros de cualquier parte del mundo".[56]

Ya estaba claramente en el aire de los tiempos la ruptura vanguardista con una definición "literaria" de escritura: de ahora en más, escritura era un volante de fábrica o una crónica periodística o un poema. Como la vanguardia soviética de los años veinte, como Brecht, se quiso comunicar la textualidad y la imagen vanguardista con la propaganda política –alguien, que había formado en las vanguardias del Instituto Di Tella y compartido su politización,[57] Roberto Jacoby, lo hizo, en 1972, en la propaganda para la huelga de la empresa Fabril–. No es para nada sorprendente, entonces, que, durante los años de Onganía, la revista de la *CGT de los Argentinos,* dirigida por Rodolfo Walsh, publicara una historieta, con temas de política argentina, en la cual el ministro Adalbert Krieger Vasena representaba el personaje estelar del malvado con el disfraz de un superman que había comenzado a ser leído en la clave de la dominación simbólica que los Estados Unidos ejercían sobre América latina con sus productos de masas. Esa misma revista publicó en folletín *Quién mató a Rosendo*. La figura de Walsh sintetiza un modo de intervención política para la que la cultura de masas, comenzando por el periodismo pero incluyendo a los géneros menores como el policial, es un instrumento y un campo de acción ideológico-discursivo.

No casualmente Aníbal Ford, que produce el primer texto comprensivo sobre Walsh en 1969,[58] forma parte de un contingente de intelectuales "populistas" que analiza la cultura popular y la industria cultural desde perspectivas no semiológicas; las presenta en su emergencia histórica, y las teoriza como portadoras de una cultura popular-nacional que las élites, tanto como la izquierda, habrían pasado por alto. Aníbal Ford, Jorge B. Rivera y Eduardo Romano se ocupan del folletín y la gauchesca, del periodismo, las letras de tango, el cine nacional, el melodrama, la radio y la televisión, de los saberes populares y sus intérpretes como Homero Manzi o Arturo Jauretche.[59] Reivindican objetos que parecían monopolizados por el análisis semiológico o la estética pop, para descubrir en ellos prácticas que, incluso cuando simulan responder a las leyes de la industria cultural, hablarían en verdad del pueblo; y ese pueblo, a su vez, hablaría –para quien sepa escucharlo– de la Nación, de la relación entre sectores populares y élites, en fin: del peronismo.

La cultura popular recibe así una lectura peronista –en ocasiones, una adaptación populista de Gramsci– que la libera políticamente de una lectura pop y semiológica, nacionalizándola. Héctor Schmucler, que había dirigido la revista *Los Libros*, edita en Buenos Aires *Comunicación y Cultura,* fundada en Chile, a partir de 1973: en ella, los estudios comunicacionales se encaran como un capítulo que debe ser juzgado en paralelo con la práctica de los sectores populares. La revista se presenta como empresa teórica y política que "si bien escoge la *comunicación masiva* como punto de partida específico, presupone que esta noción debe superar los límites del sentido que le confirieron, de modo unilateral, la ciencia empirista y el aparato ideológico masivo del capitalismo".[60] La revista *Crisis*, hasta su cierre a raíz del golpe de estado de 1976, es también tribuna de estas perspectivas que se sostienen durante la dictadura militar con un carácter nítidamente impugnador.[61]

5. ¿QUÉ LUGAR PARA LOS INTELECTUALES?

Algunos años antes, en 1962, quienes dirigían *Cuestiones de filosofía*,[62] presentaban el primer número de la revista con una aseveración que tendrá consecuencias no sólo teóricas: "Para la línea de pensamiento en que se sitúa esta publicación la filosofía está ligada a la realidad social en que surge". En efecto, las resonancias de esta frase se potencian en el curso de la década y, en el caso de *Cuestiones de filosofía*, resumen el desafío de hacer filosofía fuera de la universidad, en relación con el "contenido efectivo de la experiencia histórica". En el mismo momento en que los reformistas se empeñaban en reforzar los vínculos entre vida universitaria y vida pública, *Cuestiones de filosofía*, a la que confluían los más jóvenes integrantes de esta promoción de nuevos universitarios, ponía de manifiesto la insuficiencia de la escena académica. Esta contradicción es significativa del doble posicionamiento –doble posicionamiento típico de la figura intelectual– respecto de las instituciones propias y de la sociedad en su conjunto.

Las oscilaciones y el conflicto final de estas posiciones son un tema de la década hasta el momento en que la política termina imponiendo su lógica. En tanto esto sucede, se ensayan salidas en varias direcciones. Una, sin duda, es la que ya se ha presentado como construcción de un espacio académico y un sistema científico. Pero esta vía queda obturada, por razones políticas, después de la intervención de 1966 a la universidad, que se cierra para las corrientes reformistas, modernizantes, desarrollistas y progresistas.

En un simposio organizado por Norberto Rodríguez Bastamante a fines de 1966, en el que participaron miembros de la plana mayor de quienes habían renunciado a la universidad después del golpe de estado, Gregorio Klimovsky subrayó la importancia de mantener la producción de conocimientos, no refugiarse en grupos "privados o de tipo clandestino" y empeñarse en "difundir información acerca del estado de nuestros problemas nacionales" entre los actores políticos, sindicales o militares que estuvieran en condiciones de definir acciones concretas.[63] En este simposio, se juzga que las tareas de modernización social y económica –que habían formado parte del programa tanto del desarrollismo como del progresismo moderado– todavía están a la orden del día y que los intelectuales pueden aportar sus saberes específicos para que el curso de los hechos no favorezca, como está sucediendo según piensan todos los participantes en la reunión, a los sectores dominantes más tradicionales. Se diagnostica, al mismo tiempo, una crisis política y una crisis del modelo de crecimiento, en un país que no ha concluido ninguna de las etapas de la modernización capitalista, cuya industrialización está obstaculizada por trabas ideológicas y económicas, y que no ha logrado implantar del todo un sistema educativo moderno. Hay coincidencias en que los obstáculos al desarrollo son más fuertes de lo que se había pensado en los años anteriores. En una tónica moderada y francamente reformista se subrayaba la importancia de la función intelectual y, al mismo tiempo, se planteaba que esa función carecía de interlocutores con poder efectivo en la sociedad argentina.

Este tono es el que se quiebra en los años siguientes, cuando el marxismo denuncie a viva voz el carácter ideológico de las ciencias sociales y, en el límite, de toda ciencia que no reconociera la guía del marxismo. Ya no se buscarían los interlocutores que había definido Klimorsky, sino que se encontraría, un poco por todas partes, la intención de mistificar el análisis marxista que debería ser salvado incluso de aquellos que decían tomarlo en cuenta.

En efecto, a mediados de la década del sesenta, la disputa por el instrumento de análisis, por el "marxismo verdadero", va a ser un tema principal. Éste es el sentido de la crítica de Eliseo Verón a los dos best-sellers de Juan José Sebreli, *Buenos Aires, vida cotidiana y alienación* (1964) y *Eva Perón, ¿aventurera o militante?* (1966).[64] Para Verón, el éxito de mercado de los libros de Sebreli obliga a advertir a sus lectores que "el modo en que estos libros se autodefinen y lo que *efectivamente son*, contiene el pasaje del análisis marxista al mito del análisis marxista". El aire barthesiano de los argumentos presentados por Verón, inspirados en el gran artículo final de *Mitologías*, no diluye el objetivo de su crítica que es salvar al análisis "verdaderamente marxista" de las operaciones mistificadoras que adoptan su lenguaje para reduplicar el discurso del sentido común y alimentar a los medios de comunicación de masas.

El debate que suscita este artículo de Verón –la respuesta de Sebreli, y una intervención de Oscar Masotta– revela la significación cultural y política de los argumentos presentados: el marxismo debe defenderse no sólo de aficionados que lo conocen mal –ése sería el centro del argumento de Masotta– sino *en todos los casos* porque proporciona la única matriz que hace posible plantear adecuadamente la cuestión del método y de la objetividad en las ciencias sociales y sus repercusiones políticas. Lo que Verón llama "pragmática de las ciencias sociales" incluye las leyes de legitimidad de su discurso y, sobre todo, su ubicación como proceso productivo que debe desnudar las relaciones de los cientistas con las instituciones y la distribución del poder. Si la sociología es "una función del sistema social en que tiene lugar",[65] el problema de la objetividad científica es *intrínsecamente social* y la ciencia debe considerarse a sí misma, siempre, como institución social. Sólo el marxismo proporcionaria los instrumentos para captar la dominación en el interior de las instituciones intelectuales y académicas. Ese materialismo histórico –Verón cita a Althusser, ya se ve qué se entiende en la fórmula– debe ser defendido de los advenedizos que lo convierten en una receta de uso cotidiano y mediático, diluyendo su potencial de práctica teórica revolucionaria.

6. EL COMPROMISO Y SUS TRANSFORMACIONES

En 1957, Juan Carlos Portantiero –que se ocupaba entonces de literatura y cultura– publicó un artículo sobre "La joven generación literaria".[66] Allí citaba un testimonio de Ramiro de Casasbellas, poeta, y otro de Adolfo Prieto, crítico: ambos, el primero en 1956, y el segundo en 1954, coincidían en la inevitabilidad del compromiso.

Para Portantiero las dos citas son la prueba de que la necesidad del compromiso une a toda la "joven generación" y que el problema a resolver es, más bien, su contenido práctico, ideológico y estético. *Contorno* hablaba el idioma del compromiso y, en el caso de Prieto, las lecciones de *Qué es la literatura* de Sartre le habían servido para leer a Borges como escritor distante y poco significativo, precisamente porque ponía entre la literatura y la realidad una pantalla de juegos verbales y desviaciones fantásticas.[67] Portantiero cita un artículo de Rozitchner, publicado en *Contorno* en 1956, donde se emiten dos juicios que recorrerán la década siguiente: por un lado, el peronismo desnudó con su caída la crisis argentina; por el otro, en ese gigantesco sinceramiento, los intelectuales de origen burgués o pequeñoburgués pusieron de manifiesto su inoperancia y su desconcierto. Para Rozitchner era imprescindible trazar puentes entre la pequeñoburguesía y una clase obrera que estaría en condiciones de señalar a los intelectuales el camino a seguir en tanto ella presenta la negación dialéctica del régimen burgués.

La izquierda no dudaba, entonces, sobre la necesidad social o el imperativo moral del compromiso[68] sino sobre los caminos para que éste fuera eficaz y pudiera aprender ese gran texto no escrito de la dirección y el programa. Todo lo que la izquierda discute en esos años rodea estas preguntas. La revolución cubana le dio a la discusión una suerte de inevitabilidad histórica. El compromiso –que, en los años cincuenta se aprendía en los libros europeos–, después de Cuba, será un camino especialmente escrito en América latina. Asiduos visitantes de la isla, los intelectuales –y especialmente los escritores– reforzaron, por la vía cubana, el vínculo de su práctica con la política. Intelectual e intelectual comprometido comienzan a acercarse hasta llegar a ser sinónimos. De esta superposición semántica se alimenta también la idea de que 'intelectual' quiere decir siempre 'intelectual de izquierda', difundida con la espontaneidad que tiene el sentido común.

En 1960, cuando la dirección de *El Grillo de Papel* festeja su primer aniversario, la relación entre arte e historia no parece una articulación que es preciso descubrir o construir sino un dato autoevidente que, además, se transforma en imperativo: "Si en todas las épocas que atravesó la humanidad, el arte ha tenido una honda correspondencia con su tiempo, hoy esa ligazón es imperiosa, excluyente, definitiva".[69] Hay un consenso –superficial, si se quiere, pero muy firme– en torno a este punto. El compromiso no justifica las obras mediocres, escriben una y otra vez los directores de *El Grillo de Papel,* luego transformado en *El escarabajo de oro,* sino que se trata –para usar la fórmula de Cortázar en sus conferencias de la Habana– de "combates con el lenguaje y las estructuras narrativas".

La idea de que "toda obra de arte es siempre política"[70] define el tono de la década. La frase tendrá significados diversos: desde un humanismo socialista –defendido por las sucesivas revistas publicadas por el grupo liderado por Abelardo Castillo–, hasta la indicación de que su carácter político proviene de la relación de los escritores con un partido, a todo efecto, una organización marxista leninista, y con una revolución que, en Cuba, ya ha tenido lugar.

El carácter revolucionario de una obra de arte, naturalmente, no está garantizado por una ideología revolucionaria. A partir de esta aseveración –que casi todos dicen compartir– se desenvuelve un debate implícito en muchas intervenciones y explícito en polémicas, sobre quienes están mejor colocados, en una perspectiva filosófica y política, para producir un arte que acompañe o anticipe los desarrollos revolucionarios que se consideran inevitables.[71] La acentuación de la cualidad concreta de un arte revolucionario aparece tanto en los partidarios de nuevas lecturas del "realismo", tal el caso de Carlos Brocato, como en quienes, es el caso de Rozitchner,[72] sostienen que el sujeto revolucionario que puede producir textos o políticas debe todavía configurarse en una trama de relaciones materiales, corporales, y de conciencia: el sujeto que le falta a la izquierda es el producido por esa intersección de la experiencia vivida materialmente con la situación sociopolítica.

Desde una perspectiva más tradicional, Ernesto Sabato, en 1961, formaba parte de este consenso, aunque la izquierda no lo reconociera siempre como uno de los suyos. Sabato encuentra en Sartre la figura clásica del intelectual –con la que se identifica– y subraya, sobre todo, el hecho de que Sartre fuera criticado por la derecha pero *también* por la izquierda, como le sucede a él mismo.[73] Pero, en su propia definición de intelectual, Sabato está impulsado por el aire de los tiempos, al reclamar que no sea sólo un hombre de libros, sino alguien capaz, si la ocasión llega, de tomar las armas (cuestión que no figuraba en el maestro al que se remitía). Sus ejemplos incluyen a Marx, Lenin, Martí, Sarmiento, Miguel Hernández, Saint-Exupéry, Malraux, Schweitzer y Camus. Esta lista, en la que no todos tomaron efectivamente las armas, sonaba demasiado inclusiva para la izquierda, que la juzgaba una suma liberal. Como sea, tanto la mención de las armas como la de la revolución están indicando un tono del que no era ajeno incluso un escritor a quien se le cuestionaba publicar en la revista *Sur* de Victoria Ocampo. Se trata, para Sabato tanto como para sus colegas más jóvenes y más radicalizados, de un repertorio prefijado, que arma sentido común. El tono de Sabato flexiona, como es previsible, este repertorio de ideas hacia el eje de la responsabilidad moral.

Este consenso de la primera parte de los años sesenta muestra, poco más tarde, los primeros signos de agotamiento. En 1965, a raíz de la invasión norteamericana a Santo Domingo, que produjo considerables movilizaciones de capas medias y universitarios, Abelardo Castillo se preguntaba si la función que la literatura parecía cumplir no estaba a punto de clausurarse y si, frente a la fuerza militar desplegada por el gran enemigo y la agudización de las luchas continentales, escribir un nombre al pie de una solicitada no era un gesto verdaderamente inútil.[74] Este texto de Castillo señala un punto de inflexión en la problemática sobre el escritor comprometido, porque no se trata de qué literatura es la que asegura, a través de opciones formales y poéticas, una relación con la historia, sino de la insuficiencia de toda relación literaria con la política de la revolución.

Ya comienza a decirse que es muy poco lo que la literatura puede hacer y que las rebeliones simbólicas tienen límites precisos, pese a que Carlos Brocato, en su respuesta a Castillo, todavía defiende el valor específico de la literatura siempre que el escritor supere la perspectiva de una elección moral y extienda su obra hacia la dimensión colectiva que está implícita en el compromiso político marxista.[75] De todos modos, la salida por el camino de una revolución, ni verbal ni sólo simbólica, parece más adecuada a la situación de crisis que las intervenciones estéticas.

En 1971, Ricardo Piglia sintetiza este clima. "En la izquierda argentina la discusión sobre las relaciones entre intelectuales y revolución ha estado tradicionalmente ligada a una situación de hecho: la ausencia de la problemática de la lucha de clases en el análisis de la cultura y la literatura y de la producción intelectual en general. En este sentido podríamos decir que el espacio de esta discusión ha sido definido por el reformismo, y que algunos de los ejes en torno a los cuales giró la problemática de los intelectuales en la Argentina en los últimos años (el compromiso, el realismo y la vanguardia, cultura para el pueblo, etc.) estaban definidos, precisamente, por la ausencia de una perspectiva política verdaderamente revolucionaria que permitiera articular la práctica de los intelectuales con las luchas del pueblo."[76] Se trataría de superar el "reformismo" –encarnado básicamente por el Partido Comunista y sus colaterales– y percibir en la nueva situación de lucha revolucionaria la oportunidad para cambiar las relaciones entre intelectual y política revolucionaria.

En los años inmediatamente posteriores a la caída del peronismo, la cuestión pasaba por dos nudos: construir un intelectual que se convirtiera en sujeto material, corporal, de lo político, por una parte; evitar la oscilación de clase de los intelectuales para que, como bloque, se ubicaran definitivamente junto al proletariado. En los años que siguen, años que abren el escenario donde la cita de Piglia comienza a ser un lugar común, la cuestión es liberar a la práctica intelectual de las trampas del reformismo. Sólo así se garantizará la relación con el sujeto colectivo revolucionario y el intelectual podrá entender –más bien: aprender– el lugar de la cultura en la revolución. La lucha de clases –de la que antes se hablaba pero no constituía la piedra de toque de la cuestión de los intelectuales– es el punto que divide las aguas entre reformistas y revolucionarios. La lucha de clases define todo en todos los campos, y las lógicas de las prácticas específicas –que aceleradamente dejan de serlo– se ordenan según el conflicto principal, que está determinado siempre por el lugar y la perspectiva del proletariado o del Pueblo.

Populismo, acercamiento radicalizado al peronismo, revolución cubana y revolución cultural china proporcionan las líneas de este nuevo pliegue de la discusión. No se trata ni del compromiso ni de la rebeldía, ya que el compromiso deja a los intelectuales en su lugar de clase originario y la rebeldía denuncia su origen pequeñoburgués. Se trata más bien del reconocimiento de una dirección general de lo social a cargo del proletariado –o, eventualmente, del Pueblo, en el caso de los nacionalismos radicalizados– que, en sus luchas políticas, produce nuevas formas de cultura.

Al final de la década del sesenta y durante la primera parte de los años setenta, la izquierda ya casi no se plantea la "cuestión intelectual" como cuestión específica: se ha resuelto –disuelto– en la política. Por lo demás, entre los peronistas, neoperonistas radicalizados y nacionalistas revolucionarios, se trató siempre de un tema subordinado, en la medida en que sus teóricos (de Jauretche a Jorge Abelardo Ramos) habían decidido que los intelectuales de izquierda siempre sostuvieron posiciones antipopulares, caracterizadas por una baja comprensión de las cuestiones nacionales y una alta enajenación teórica, ideológica y cultural.

El camino recorrido por Rodolfo Walsh es singularmente demostrativo del temple que se buscaba. Sus investigaciones políticas narrativizadas se transformaron en una de las pocas soluciones de escritura revolucionaria. Pero ya en los años setenta, Walsh había puesto su escritura literalmente al servicio de la lucha revolucionaria y su última carta, de 1976, a la junta militar que acababa de tomar el poder es algo así como el cierre de un ciclo histórico.

También es un cierre del ciclo de las vanguardias el camino seguido por muchos artistas: la unión de práctica estética y práctica política no sólo politizó todos los recursos del pop, el conceptualismo, los happenings, las instalaciones, sino que también llevó lejos de la pintura a quienes protagonizaron las jornadas más resonantes de la vanguardia sesentista puesta al servicio de la revolución. *La hora de los hornos*, de Fernando Solanas y Vicente Getino, es la realización exitosa de este programa político que, al mismo tiempo no renunciaba a la experimentación formal. Exhibida en sindicatos y locales de militancia, cerraba el círculo virtuoso de inspirarse en las luchas populares para devolverlas a sus mismos protagonistas como acontecimiento estético-político. "Tucumán arde", la instalación montada, en 1968, en la CGT de Rosario y en la CGT de los Argentinos en Buenos Aires, donde el discurso político y social fue trabajado como la materia visual misma de la instalación, provocó una serie de manifiestos e intervenciones donde el arte, la institución estética, el mercado y el público quedaban tan impugnados como los artistas que se resistieran a aceptar lo político como polo de organización total de su práctica.[77] Marxismo, vanguardia estética americana, herencias de las vanguardias revolucionarias de este siglo y teoría francesa confluían en distintas vertientes de estos experimentos.

El cierre de la "cuestión intelectual", fue acompañado por conmociones incluso en aquellas zonas del campo cultural que habían quedado relativamente menos abiertas a los vientos –y las servidumbres– de la política. En 1972, la Asociación Psicoanalítica Argentina es escenario de una escisión cuyo origen está en la política: "El cordobazo, en particular, habría puesto al desnudo el uso complaciente de la neutralidad valorativa, gracias al cual se enmascaraba una práctica integradora. La revelación de un conflicto social en acto los llevó al descubrimiento de la contradicción entre la ideología freudiana original y la ideología dominante, entre la promesa liberadora levantada por el psicoanálisis y su servidumbre actual a la 'disciplina del espíritu' sobre la que se sostiene un sistema opresivo".[78] ¿Qué menos que romper, entonces, con el marco institucional que subyugaba una teoría, "el psicoanálisis que produjo una revolución en las ciencias sociales",[79] a una institución de clase que, por su ideología, impedía la incorporación del psicoanálisis a las prácticas de la transformación? El impacto de esta ruptura, y la del grupo Documento, que fue rubricada por muchas firmas que habían formado parte de la plana mayor institucional del psicoanálisis argentino, hizo que otros intelectuales reflexionaran sobre las condiciones en que debería definirse el contacto entre psicoanálisis y marxismo, por una parte, y el carácter específicamente político que adoptaría la práctica psicoanalítica.

Se había producido una crisis de legitimidad de los discursos específicos y lo sucedido en el campo del psicoanálisis fue quizás el episodio más espectacular, por su repercusión pública, de lo que también sucedía con arquitectos, trabajadores de la salud y científicos sociales. Muchos de los que participaron en este debate fueron exiliados, muertos o desaparecidos a partir de 1975.

NOTAS

[1] Gino Germani, *Estructura social de la Argentina*, Buenos Aires, Solar, 1987, p. 7, n. 11.

[2] En 1957 la carrera tuvo 67 inscriptos; en 1958, 86; en 1959, 143; en 1960, 170. En 1966, año de la intervención a la universidad, tenía 1500 estudiantes. Las cifras las proporciona Eliseo Verón, *Conducta, estructura, comunicación*, Buenos Aires, Jorge Álvarez, 1968, p. 279. Sobre la fundación de la sociología en estos años, véase: Ana Filippa, "La sociología como profesión y la política en la constitución de la disciplina", en AAVV, *Cultura y política en los años 60*, Buenos Aires, Instituto de Investigaciones "Gino Germani", Oficina de Publicaciones del CBC, Universidad de Buenos Aires, 1997. También dos textos de quienes formaron parte de los primeros contingentes profesionales: Francisco Delich, *Crítica y autocrítica de la razón extraviada*, Caracas, Cid, 1977, y Eliseo Verón, *Imperialismo, lucha de clases y conocimiento. 25 años de sociología en la Argentina*, Buenos Aires, Tiempo Contemporáneo, 1974.

[3] Un listado de estas fichas, que representan una parte importante de la bibliografía que se introduce en la Universidad, puede verse en los ficheros correspondientes al Instituto de Sociología en la Biblioteca Central de la Facultad de Filosofía y Letras (UBA), donde también están los programas de los cursos dictados en esos años.

[4] Los títulos de estas investigaciones son, en sí mismos, demostrativos: "Etnocentrismo y actitudes autoritarias" (1957); "El proceso de urbanización en Argentina" (1958); "Investigación sobre los efectos sociales de la urbanización en un área obrera del gran Buenos Aires" (1958); "Bases para la investigación comparativa de la estratificación social y movilidad en cuatro capitales latinoamericanas; Buenos Aires, Montevideo, Río de Janeiro y Santiago de Chile" (1959); "Algunos aspectos de la familia en transición en Argentina" (1959-60); "Investigación sobre clase social y actitudes hacia la educación temprana" (1960); "Formas de lucha e ideología del sindicalismo y el medio social industrial" (1959-60); "La asimilación de los inmigrantes en la Argentina y el fenómeno del regreso en la inmigración reciente" (1959); "Secularización y desarrollo económico" (1960); "El impacto de la inmigración masiva sobre la sociedad y la cultura argentina"; "Actitudes autoritarias y etnocéntricas" (1960); "Diseño de un modelo de investigación sobre la deserción estudiantil universitaria"; "Planteo de una investigación sobre estructura sindical". El Instituto de Sociología publicó además un *Manual del encuestador*, que presentaba muy pedagógicamente los métodos de investigación cuantitativa, y en cuyo prólogo Gino Germani escribe: "La encuesta constituye uno de los procedimientos más usados en la investigación social. No debe, por supuesto, confundirse con *toda* la investigación social. Sin embargo su gran flexibilidad y adaptabilidad a toda clase de situaciones y de requerimientos científicos ha ido ampliando cada vez más su empleo en diferentes disciplinas sociales, puras y aplicadas". En esos proyectos del Instituto de Sociología participaron todos los que van a ser la primera línea de las sociología argentina.

[5] Instituto de Sociología, Facultad de Filosofía y Letras, Publicación número 3, 1958. Colaboraron como auxiliares Ernesto Laclau y Margarita Sarfatti.

[6] Germani repite esta descripción en varios trabajos de este período. Entre ellos: "La comunicación entre especialistas en sociología en América latina. Situación actual y sugestiones para su mejoramiento", Trabajos e Investigaciones del Instituto de Sociología, Publicación Interna número 20, Buenos Aires, Facultad de Filosofía y Letras, 1959.

[7] Sin embargo, este déficit bibliográfico había sido atacado eficazmente por el mismo Germani desde los años cuarenta, cuando comenzó una actividad como editor y prologuista de obras fundamentales del pensamiento sociológico y la psicología social. En la década del cin-

cuenta, la editorial Paidós, fundada por Enrique Butelman, fue la responsable de decenas de ediciones promovidas por su fundador y por Germani. Véase: Alejandro Blanco, "Gino Germani: las ciencias del hombre y el proyecto de una voluntad política ilustrada", *Punto de Vista*, número 62, diciembre de 1998. También las observaciones de Federico Neiburg sobre el Instituto de Sociología y la actividad de Germani y los lazos académicos e institucionales con José Luis Romero: *Los intelectuales y la invención del peronismo*, Buenos Aires, Alianza, 1998, especialmente el apartado "La sociología científica: una nueva ortodoxia en el mundo cultural de los sesenta", pp. 237-251.

[8] De estos sociólogos, Germani afirma: "Hence it is not infrequent in Latin-America to meet with sociologists who are unaware of the problems, concepts and methods that are currently being discussed at scientific centers in Europe and the United States [...] This deterioration may be due to the growing specialization in Sociology, to the enormous increase in literature, to its more technical language, to the new type of problems: all elements that mean an obstacle to persons trained in the humanities or the juridical sciences" ("Development and Present State of Sociology in Latin America", Instituto de Sociología de la Facultad de Filosofía y Letras de la Universidad de Buenos Aires, 1958, p. 19).

[9] *Ibid.*, p. 20.

[10] Alejandro Blanco sigue los avatares del pensamiento de Germani en relación con la posición que los investigadores sociales deberán tener respecto de la sociedad que estudian. En 1949, Germani, en el prólogo a una obra de Harold Laski, *El peligro de ser gentleman y otros ensayos*, afirmaba la necesidad de vincular –como lo habría hecho Laski– "la actitud científica" a "una perspectiva política" que permitiera definir líneas para la acción. Como sea, prosigue Blanco, Germani "reconocía que eso último contradecía el ideal de neutralidad valorativa" (art. cit., p. 44).

[11] Véase especialmente "Problems and Strategy of Social Research in Less Developed Countries", Trabajos e Investigaciones del Instituto de Sociología, Publicación interna número 26, Facultad de Filosofía y Letras, UBA, 1960.

[12] Véase Gregorio Selser, *Espionaje en América latina. El Pentágono y las técnicas sociológicas*, Buenos Aires, Iguazú, 1966 (sobre el proyecto Camelot, que también fue denunciado por sociólogos norteamericanos).

[13] José Luis de Imaz, *Los que mandan*, Buenos Aires, EUDEBA, 1964 (investigación realizada en 1961 en el Instituto de Sociología, UBA).

[14] Colaboran en el volumen, además de sus editores, Tulio Halperín Donghi, Oscar Cornblit, Ezequiel Gallo, Alfredo O'Connell, Roberto Cortés Conde, Gustavo Beyhaut, Haydée Gorostegui, Susana Torrado, Silvia Sigal, Guido Di Tella, Manuel Zymelman y Kalman Silvert (Buenos Aires, EUDEBA, 1965).

[15] *Ibid.*, p. 127.

[16] Torcuato S. Di Tella y Tulio Halperín Donghi (comps.), *Los fragmentos del poder; de la oligarquía a la poliarquía argentina*, Buenos Aires, Jorge Álvarez Editor, 1969. Éste también fue un libro exitoso y ciertamente una muestra del estado del conocimiento histórico y social, cuyos autores, además de los dos compiladores, son: Ezequiel Gallo, Roberto Cortés Conde, José Carlos Chiaramonte, Haydée Gorostegui de Torres, Manuel Bejarano, Javier Villanueva, Darío Cantón, Oscar Cornblit, Francis Korn, Gino Germani, Félix Pérez, Juan Taccone, Enrique Oteiza y Aldo Ferrer.

[17] Sobre el IDES, véase Silvia Sigal, *Intelectuales y poder en la década del sesenta*, Puntosur, Buenos Aires, 1991, p. 113 y ss. Sobre el Instituto Di Tella, John King, *El Di Tella y el desarrollo cultural argentino en la década del sesenta*, Buenos Aires, Gaglianone, 1981.

[18] Véase, por ejemplo, la reseña de José Nun a *Sociología de la modernización* de Gino Germani (Buenos Aires, Paidós), publicada en *Los Libros*, número 8, mayo de 1970.

[19] Véase, en el mismo número 8 de *Los Libros*, la nota de Ernesto Laclau, "El nacionalismo popular", sobre *Bases para la reconstrucción nacional*, de Raúl Scalabrini Ortiz (Buenos Aires, Plus Ultra).

[20] Tulio Halperín Donghi, "José Luis Romero y su lugar en la historiografía argentina", *Desarrollo económico*, número 78, volumen 20, julio-setiembre de 1980, p. 255.

[21] *Imago mundi*, número 1, septiembre de 1953, editorial, p. 1. Dirigida por José Luis Romero, con un consejo de redacción integrado por Luis Aznar, José Babini, Ernesto Epstein, Vicente Fatone, Roberto F. Giusti, Alfredo Orgaz, Francisco Romero, Jorge Romero Brest, José Rovira Armengol, Alberto Salas, su primer número es de septiembre de 1953; el secretario de redacción fue Ramón Alcalde y, en el último número, Tulio Halperín Donghi. Sobre *Imago mundi*, véase: Oscar Terán, "Imago Mundi: de la universidad de las sombras a la universidad del relevo", *Punto de Vista*, número 33, septiembre-diciembre de 1988.

[22] "Reflexiones sobre la historia de la cultura", *Imago mundi*, cit., p. 5.

[23] Sobre el contacto de historia y ciencias sociales en el período, véase: Juan Carlos Korol, "Los *Annales* en la historiografía argentina de la década del 60", *Punto de Vista*, número 39, diciembre de 1990. Y un panorama de conjunto en: Tulio Halperín Donghi, "Un cuarto de siglo de historiografía argentina (1960-1985)", *Desarrollo económico*, número 100, enero-marzo de 1986.

[24] T. Halperín Donghi, *Los fragmentos del poder*, cit., p. 17.

[25] *Ibid.*, p. 18.

[26] *Ibid.*, p. 277.

[27] Sobre la relación entre la sociología y la historia social, en un nivel político-institucional, véase Federico Neiburg, op. cit., pp. 239-240.

[28] Jorge Abelardo Ramos, *Revolución y contrarrevolución en la Argentina. Las masas en nuestra historia*, Buenos Aires, Amerindia, 1956 (y múltiples ediciones posteriores ampliadas); Juan José Hernández Arregui, *Imperialismo y cultura*, Buenos Aires, Alpe, 1956; *La formación de la conciencia nacional*, Buenos Aires, Plus Ultra, 1960. Véase también Federico Neiburg, op. cit.

[29] Todas las citas corresponden a "Reflexiones sobre el pecado original de América", *Verbum*, año XL, número 90, 1948 (revista del Centro de Estudiantes de Filosofía y Letras). En *Las ciento y una*, número 1, 1953, Murena y Carlos Solero reproducen este mismo discurso.

[30] "Inocencia y culpabilidad de Roberto Arlt", *Sur*, número 223, julio-agosto 1953.

[31] Juan José Sebreli, "Celestes y colorados", *Sur*, número 217-218, noviembre 1952: "Para encontrar una solución a la crisis nacional hay que captar la dosis de verdad –con minúscula– que se encuentra en las dos fracciones antagónicas en que tradicionalmente se ha dividido el país".

[32] David Viñas, "La historia excluida: ubicación de Martínez Estrada", *Contorno*, número 4. Y agrega Viñas: "En el otro extremo (el peronismo) también –lógicamente– se alzó el estandarte del con nosotros o la nada, el sí definitivo o la aniquilación, el acatamiento íntegro o la eliminación. En política también se practicaba un arquetipismo terminante: lo que no coincidía con los propios enunciados, quedaba eliminado. Hasta los propios términos propagandísticos planteaban un dualismo excluyente: Hitler o Braden eran la culpa que marcaba condenando y aniquilando".

[33] El ejemplo mejor es el número 2 de *Contorno*, dedicado a Roberto Arlt.

[34] "Le deuxième sexe de Simone de Beauvoir", *Centro*, número 3, septiembre de 1952, p. 25.

[35] En un ensayo sobre la década del cincuenta, Oscar Terán señala: "El existencialismo penetraba desde vías diversas en la cultura argentina, tanto que en el Primer Congreso Nacional de Filosofía, celebrado en 1949, le fue dedicado una sesión plenaria con exposiciones de Abbagnano, Hernán Benítez, K. Löwith, Gabriel Marcel y Carlos Astrada. Este último, que ejercía un cargo destacado dentro de la sección de Filosofía de la facultad porteña, había introducido aquella corriente muy tempranamente en nuestro medio, pero a través de la línea heideggeriana, en tanto que toda la primera etapa de la constitución de un pensamiento contestario en la Argentina de los cincuentas estará indisolublemente ligada al nombre de Sartre". (Oscar Terán, "Rasgos de la cultura argentina en la década del cincuenta", *En busca de la ideología argentina*, Buenos Aires, Catálogos, 1986, p. 200.)

[36] Adolfo Prieto (comp.), *Encuesta: la crítica literaria en la Argentina*, Rosario, Universidad del Litoral, 1963, p. 69.

[37] "Tiro a la mandíbula" (reportaje a David Viñas por Franco Mogni), *Che*, año 1, número 7, 2 de febrero de 1961. Junto con la reivindicación del "matrerismo" rebelde, Viñas (en obvia crítica a Sabato) se refiere despectivamente a los intelectuales "francotiradores" que reivindicarían su independencia de la política y de los partidos.

[38] *Encuesta*, cit., pp. 59 y 70. Masotta cita como críticos o teóricos indispensables en esta tarea a Goldman, Bachelard, Merleau-Ponty, Sartre y "por supuesto" Marx.

[39] "No hay duda, en efecto, de que el marxismo aparece hoy como la única antropología posible que deba ser a la vez histórica y estructural. Al mismo tiempo es la única que toma al hombre en su totalidad, es decir a partir de la materialidad de su condición" (París, Gallimard, 1960, p 151).

[40] "El proceso de nacionalización de la literatura argentina", publicado originariamente en *Revista de Humanidades*, número 5, 1962 (Facultad de Filosofía y Humanidades de la Universidad de Córdoba) y republicado en *Ensayos y estudios de literatura argentina*, Buenos Aires, Galerna, 1970.

[41] "Dentro de este programa de equilibrio entre dos actitudes, que de postulado se tornó invariante y que supone un sentimiento de inferioridad y carencia y un esfuerzo correlativo por obtener una síntesis trascendente, está encuadrado Mármol. Es decir, se inscribe entre los dos términos, pero lo que en las formulaciones de Echeverría era pretensión de síntesis, en él se convertirá en antinomia" ("Los dos ojos del romanticismo", *Contorno*, número 5-6, 1955. Reproducido en *Literatura argentina y realidad política*, Buenos Aires, Jorge Álvarez Editor, 1964).

[42] Sobre *Contorno*: María Luisa Bastos, "*Contorno, Ciudad, Gaceta Literaria*: tres enfoques de una realidad", *Hispamérica*, número 4-5, 1973; Beatriz Sarlo, "Los dos ojos de *Contorno*", *Punto de Vista*, número 16, agosto de 1981; Emir Rodríguez Monegal, "El juicio de los parricidas", *Marcha*, dic. 1955-feb. 1956; William Katra, *Contorno; Literary Engagement in the Post-Peronist Argentina*, Londres y Toronto, Associated University Presses, 1984.

[43] Sobre Viñas como crítico, Nicolás Rosa propone una interesante filiación histórica nacional: "Viñas retoma —como una modelización 'técnica' de sus propuestas ideológicas— una serie tópica de la crítica argentina: una de sus muchas temáticas mayores proviene directamente de tentativas anteriores: 'El viaje a Europa' (primitivamente 'La mirada de Europa') dobla críticamente una perspectiva echeverriana [...] resuelta sobre un topos de la crítica; el viaje a Europa, iniciado por Groussac cuando comenta *En viaje* de Cané, por García Mérou cuando

analiza el viaje de Alberdi y por el mismo Cané en su capítulo sobre 'Sarmiento en París'."
(*Capítulo*, Buenos Aires, Centro Editor de América Latina, 1982, tomo V, p. 376.)

[44] Por ejemplo: Adolfo Prieto, *Sociología del público argentino*, Buenos Aires, Leviatán, 1956.

[45] Sobre el influjo de la revolución cubana, véase: Carlos Mangone, "Revolución cubana y compromiso político en las revistas culturales", en AAVV, *Cultura y política en los años 60*, op. cit. Y la tesis, que detalla todo el debate intelectual latinoamericano con relación a Cuba, de Claudia Gilman, Facultad de Filosofía y Letras, Universidad de Buenos Aires, 1999, de próxima aparición en Buenos Aires, Sudamericana.

[46] Sobre Masotta, ver: Alberto Giordano, *Modos del ensayo. Jorge Luis Borges y Oscar Masotta*, Rosario, Beatriz Viterbo, 1991 (incluye: "Los ensayos literarios del joven Masotta. Primer encuentro", "La búsqueda del ensayo" y "Elogio de la polémica"); y el libro fundamental de Carlos Correas: *La operación Masotta*, Buenos Aires, Catálogos, 1991. Sobre la polémica Verón-Masotta, en particular, véase: Oscar Steimberg, "Una modernización sui genereis. Masotta/Verón", en N. Jitrik (ed.) *Historia crítica de la literatura argentina*, vol. 10, Buenos Aires, Emecé, 1999.

[47] *Cuestiones de filosofía*, año 1, número 2-3, segundo-tercer trimestre de 1962.

[48] "La fenomenología de Sartre y un trabajo de Daniel Lagache", *Revista Centro*, número 13, 1959. Republicado en *Conciencia y estructura*, Buenos Aires, Jorge Álvarez, 1969.

[49] "Jacques Lacan o el inconsciente en los fundamentos de la filosofía", comunicación leída en el Instituto Pichon-Rivière de Psiquiatría Social en marzo de 1964, publicada en *Pasado y presente*, abril de 1965, y republicada en: Oscar Masotta, *Conciencia y estructura*, op. cit.

[50] "La fenomenología de Sartre...", *Revista Centro*, cit.

[51] "Reflexiones presemiológicas sobre la historieta: el 'esquematismo'" (1966), republicado en *Conciencia y estructura*, cit., p. 245.

[52] Oscar Masotta, *El "pop-art"*, Buenos Aires, Columba, 1967, pp. 111-112.

[53] "Introducción: hacia una ciencia de la comunicación social", prólogo a un volumen donde se incluyen trabajos presentados en un simposio organizado en Buenos Aires en octubre de 1967 en el Centro de Investigaciones Sociales del Instituto Torcuato Di Tella. El título del volumen es *Lenguaje y comunicación social* y los trabajos incluidos pertenecen a Eliseo Verón, Luis Prieto, Paul Ekamn, Wallace Friesen, Carlos Sluzki y Oscar Masotta (en este caso son las mismas "Reflexiones presemiológicas sobre la historieta", ya citadas), Buenos Aires, Nueva Visión, 1969.

[54] Eliseo Verón, *Lenguaje y comunicación social*, cit., p. 17. En 1968, en el prólogo a una recopilación de artículos suyos, Verón afirma que esos trabajos "giran (tal vez obsesivamente) en torno de distintos aspectos de una misma preocupación (o de un mismo supuesto) acerca de la necesidad y posibilidad de elaborar las bases de una teoría de la combinación social" que haga posible el tratamiento "científico de los fenómenos de significación, cuestión decisiva para la madurez de las ciencias sociales" (*Conducta, estructura y comunicación*, Buenos Aires, Jorge Álvarez, 1968, pp. 11-12).

[55] Eliseo Verón, "Actualidad de un clásico; la moda del estructuralismo", *Los Libros*, número 9, julio de 1970, p. 16.

[56] Editorial (de Héctor Schmucler), *Los Libros*, número 8, mayo de 1970, p. 3. Sobre *Los libros* véase el capítulo III, "El campo literario", de la tesis de doctorado de José Luis de Diego, *Campo intelectual y campo literario en la Argentina (1970-1986)*, Facultad de Humanidades y Ciencias de la Educación, Universidad Nacional de la Plata, 2001.

[57] Sobre la politización de los artistas plásticos en los años sesenta, véase Andrea Giunta, *Vanguardia, internacionalización y política; Arte argentino en los años sesenta*, Buenos Aires, Paidós, 2001; Ana Longoni y Mariano Mestman, *Del Di Tella a Tucumán arde*, Buenos Aires, El Cielo por Asalto, 2000.

[58] "Walsh: la reconstrucción de los hechos", en: Jorge Lafforgue (comp.), *Nueva novela latinoamericana 2*, Buenos Aires, Paidós, 1972.

[59] Véase la recopilación de A. Ford, J. B. Rivera y E. Romano, *Medios de comunicación y cultura popular*, Buenos Aires, Legasa, 1985.

[60] Citado por Víctor Lenarduzzi, *Revista "Comunicación y cultura"*, Buenos Aires, EUDE-BA, 1998, p. 27. Lenarduzzi sintetiza de este modo la apuesta de la revista: "La inscripción de 'comunicación masiva' en el 'proceso político' había sido una de las primeras apuestas fuertes de la revista [...] Este lugar preponderante de lo político permitía, en cierta medida, postular la importancia del lugar de la cultura en el desarrollo de los conflictos sociales y las luchas" (p. 93).

[61] Sobre *Crisis*, véase: María Sondereguer, "Los años setenta: ideas, letras, artes en *Crisis*", en Saúl Sosnowski (ed.), *La cultura de un siglo. América Latina en sus revistas*, Buenos Aires, Alianza, 1999.

[62] Marco Aurelio Galmarini, Jorge Lafforgue, León Sigal y Eliseo Verón (más J. Arthur Gianotti, desde San Pablo).

[63] Norberto Rodríguez Bustamante (comp.), *Los intelectuales argentinos y su sociedad*, Buenos Aires, Líbera, 1967, p. 204. Las conclusiones de este simposio se publican en esta antología.

[64] Eliseo Verón, "Muerte y transfiguración del análisis marxista", en *Conducta, estructura y comunicación*, Buenos Aires, Jorge Álvarez, 1968. Sobre *Eva Perón, ¿aventurera o militante?*, se publicó también en *La rosa blindada*, año 2, número 9, septiembre de 1966, la crítica de Enrique Eusebio y Abel Ramírez, "J. J. Sebreli y la cuestión bastarda" y diversas respuestas de Sebreli en *Marcha*, abril de 1965.

[65] Eliseo Verón, "Ideología y sociología: para una pragmática de las ciencias sociales", en *Conducta, estructura y comunicación*, cit., p. 245.

[66] *Cuadernos de Cultura*, año VII, número 29, mayo de 1957.

[67] Ramiro de Casasbellas, citado por Portantiero, afirma: "La torre de marfil es un cuento del tío. Encerrarse en ella es retrogradar, faltarle el respeto a nuestro siglo". Adolfo Prieto, *Borges y la nueva generación*, Letras Universitarias, Buenos Aires, 1954.

[68] Sobre el compromiso en Argentina y el resto de América latina, véase: Claudia Gilman, "La situación del escritor latinoamericano: la voluntad de politización", en: AAVV, *Cultura y política en los años 60*, op. cit.

[69] "Aniversario" (editorial firmado por La Dirección), *El grillo de papel*, año 2, número 6, octubre de 1960.

[70] "Confusión y coincidencia" (editorial de *El grillo de papel* en polémica con Pedro Orgambide, miembro del Partido Comunista y director de *Gaceta Literaria*, quien en el número 19 de esa publicación había considerado a los escritores agrupados en el *Grillo* "irresponsables e intuitivos de la izquierda"), *El grillo de papel*, año 2, número 3, marzo 1960.

[71] Sobre la discusión y prescripción de "estéticas políticas", véase la tesis, muy documentada, de Claudia Gilman, Facultad de Filosofía y Letras, Universidad de Buenos Aires, 1999, de próxima aparición en Editorial Sudamericana.

[72] "La izquierda sin sujeto", *La rosa blindada*, año 1, número 9, septiembre de 1966. El artículo de Rozitchner puede consultarse también en la acertada recopilación de Néstor Kohan, *La Rosa Blindada; una pasión de los 60*, Buenos Aires, Ediciones La Rosa Blindada, 1999. Kohan, en su estudio preliminar, afirma que este artículo de Rozitchner no sólo contiene el programa que explorará en los años siguientes, sino que cuestiona dos modelos de subjetividad prevalecientes en la política nacional: el de la izquierda prosoviética y el de la izquierda peronista (p. 50).

[73] "Para qué sirve un intelectual" (reportaje a Ernesto Sabato por Franco Mogni), *Che*, año 1, número 8, 17 de febrero 1961.

[74] La intervención de Abelardo Castillo es respondida por Carlos Brocato (*El escarabajo de oro*, números 29 y 29 y medio, julio y noviembre de 1965; textos incluidos en esta antología).

[75] Carlos Brocato sostiene en el primer número de *La rosa blindada*, octubre de 1964, de manera esquemática y completamente clara una distinción entre "responsabilidad moral" y "toma de partido". El escritor responsable moralmente habla sólo con su propia voz. La toma de partido extiende su capacidad expresiva de otras voces sociales. Sobre *La rosa blindada*, véase; Néstor Kohan (comp. y estudio preliminar), *La rosa blindada* (con prólogo de José Luis Mangieri), Buenos Aires, Ediciones La Rosa Blindada, 1999.

[76] Noé Jitrik, Marcos Kaplan, Mauricio Meinares, Ricardo Piglia, León Rozitchner, José Vazeilles, "Intelectuales y Revolución ¿conciencia crítica o conciencia culpable?", *Nuevos Aires*, número 6, diciembre de 1971. Sobre el debate en *Nuevos Aires*, véase José Luis Diego, op. cit., capítulo II "El campo intelectual".

[77] Sobre "Tucumán arde", véase: Ana Longoni: "Tucumán arde: encuentros y desencuentros entre vanguardia artística y política", en AAVV, *Cultura y política en los años 60*, op. cit. Un análisis perspicaz y bien fundado de los conflictos entre arte y política, en el marco de las nuevas estéticas internacionales de los años sesenta puede leerse en Andrea Giunta, op. cit.

[78] Miriam Chorne y Juan Carlos Torre, "El porvenir de una ilusión", *Los Libros*, número 25, marzo de 1972.

[79] "Declaración del Grupo Plataforma", *Los Libros*, número 25, marzo de 1972.

ANTOLOGÍA

I

¿QUÉ HACER CON LAS MASAS?

1

VERDAD Y FICCIÓN EN EL PERONISMO

VICTORIA OCAMPO

La hora de la verdad

A la invitación a pacificar el país que hizo el gobierno en el mes de junio próximo pasado, *Sur* contestó con estas dos páginas que debieron aparecer en el N° 236 (septiembre-octubre). Pero como la revista es bimensual, la comedia de la pacificación, al ejemplo de tantas otras, terminó, y el siniestramente famoso discurso del 31 de agosto fue pronunciado cuando *Sur* estaba todavía en la imprenta. Las páginas se suprimieron, pues mal podía hablarse de pacificación en la atmósfera creada por las nuevas declaraciones del presidente depuesto. Los discursos verídicos y moderados de los dirigentes políticos fueron calificados por él de superficiales e insolentes. En adelante estaba agotada la reserva de inmensa paciencia y extraordinaria tolerancia con que nos había colmado generosamente... Conocíamos bastante bien la extensión de esa paciencia, de esa tolerancia. En lo que me concierne personalmente –y hubiera podido pasarlo peor– en 1953 estuve presa 27 días sin que me explicaran claramente a qué respondía ese castigo. En dos ocasioncs habían allanado mi casa (y una vez la revista); registraron mis armarios, mis cajones; leyeron mis papeles, mis cartas (ninguno concernía al gobierno, ni tenía relación directa con la política).

Desde mi encuentro con Gandhi, es decir, desde mi lectura del libro que le dedicó Romain Rolland (1924), sentí un inmenso fervor por ese hombre que considero el más grande de nuestro siglo. Había influido en mi vida y gracias a sus enseñanzas pude sobrellevar mejor ciertas pruebas de lo que las hubiera soportado dando rienda suelta a mis impulsos indisciplinados. Sabía pues que lo único que perseguían, que castigaban, que querían destruir en mí era la libertad de pensamiento. Y esta comprobación me parecía tanto más grave para el país. En efecto, durante mi estadía en el Buen Pastor había descubierto, entre otras cosas, que la cárcel material es menos penosa, hasta menos peligrosa moralmen-te para los inocentes que la otra cárcel: la que había conocido en las casas, en las calles de Buenos Aires, en el aire mismo que respiraba. Esa otra cárcel invisible nace del miedo a la cárcel, y bien lo saben los dictadores.

¿Qué es un preso? Un preso es un hombre que no tiene derecho de vivir sin que cada uno de sus gestos, de sus actos, sea controlado, interpretado. No puede pronunciar una palabra sin exponerse a ser oído por un tercero que hará de esa palabra el uso que le dé la gana. Cada línea que escribe es leída, no sólo por la persona a quien va dirigida, sino por indiferentes, quizás hostiles; de ellos dependerá que esa línea llegue o no a su destinatario. El preso es espiado, aun cuando duerme. Recuerdo una de las interminables noches del Buen Pastor. Estábamos once mujeres en la misma sala. Como no podía dormir –sufría de un insomnio exacerbado por el concierto de ronquidos– me preguntaba qué hora sería (nos habían quitado los relojes al entrar). Una de mis compañeras, al ver-me sentada en la cama y tapándome los oídos, tuvo la bondad de venir a pre-guntarme si me sentía mal. ¿Te acuerdas, querida Nélida Pardo? Tu camisón blanco, de tela burda, lencería del Buen Pastor, concentró por un momento los débiles rayos de luz que entraban desde fuera. No bien te aproximaste a mi ca-ma, la cabeza de una celadora que montaba guardia en el patio surgió contra el vidrio de la puerta enrejada. Sólo me quedó tiempo para decirte entre dientes: "No es nada. Son ronquidos. Andáte". Fingiste entonces ir a beber una taza de agua –desde luego, no había vasos– para justificar ese inusitado paseo nocturno. Luego volviste a acostarte como una niña desobediente que se siente culpa-ble. ¡Y qué culpa! Un gesto de humanidad cuya dulzura no olvidaré nunca y que todavía me llena los ojos de lágrimas.

El hecho de ser un animal enjaulado, casi constantemente mirado por uno o varios pares de ojos, es por sí solo un suplicio.

Pero durante estos últimos años de dictadura, no era necesario alojarse en el Buen Pastor o en la Penitenciaría para tener esa sensación de vigilancia conti-nua. Se la sentía, lo repito, en las casas de familia, en la calle, en cualquier lugar y con caracteres quizá más siniestros por ser solapados. Desde luego, la celadora no vigilaba nuestro sueño; no estaba allí para impedir que un alma caritativa tu-viera, imaginando nuestra congoja, el gesto espontáneo de las madres que se in-clinan sobre la cama de un niño; de un niño que no duerme y que en la oscuridad tiene miedo, como decía el poeta, "du vent, des loups, de la tempête". No. Fuera de las cárceles no había celadora, pero nuestro sueño estaba infestado de pesadi-llas premonitorias, porque nuestra vida misma era un mal sueño. Un mal sueño en que no podíamos echar una carta al correo, por inocente que fuese, sin temer que fuera leída. Ni decir una palabra por teléfono sin sospechar que la escucha-ran y que quizá la registraran. En que nosotros, los escritores, no teníamos el de-recho de decir nuestro pensamiento íntimo, ni en los diarios, ni en las revistas, ni en los libros, ni en las conferencias –que por otra parte se nos impedía pronun-ciar– pues todo era censura y zonas prohibidas. Y en que la policía –ella sí tenía todos los derechos– podía disponer de nuestros papeles y leer, si le daba la gana, cartas escritas veinte años antes del complot de que nos sospechaban partícipes por el solo hecho de ser "contreras". Puede decirse sin exagerar que vivíamos en un estado de perpetua violación. Todo era violado, la correspondencia, la ley, la libertad de pensamiento, la persona humana. La violación de la persona humana era la tortura, como me decía en términos muy exactos Carmen Gándara.

En la cárcel, uno tenía por lo menos la satisfacción de sentir que al fin tocaba fondo, vivía *en la realidad*. La cosa se había materializado. Ésa fue mi primera reacción: "Ya estoy fuera de la zona de falsa libertad; ya estoy al menos en *una verdad*. Te agradezco, Señor, que me hayas concedido esta gracia. Estos temidos cerrojos, estas paredes elocuentes, esta vigilancia desenmascarada, esta privación de todo lo que quiero –y que ya padecía moralmente cuando aparentaba estar en libertad–, la padezco por fin materialmente. Te agradezco este poder vivir en la verdad, Dios desconocido, el único capaz de colmarme concediéndome inexorablemente mis votos más ardientes. Siempre he querido la verdad por encima de todo, como si ella fuera la forma palpable de la libertad: pues bien, aquí la toco".

Sí. Moralmente, bajo la dictadura uno se sentía más libre en la cárcel que en la calle. Y se sentía uno más libre porque allí se vivía más cerca de la verdad. Una verdad que para mí tenía la forma sólida del manojo de llaves colgado de la cintura de la hermana Mercedes, que abría nuestra jaula para traernos a las siete de la mañana, como desayuno, una gran pava de mate cocido; también le ponía alpiste a la otra jaula: la del canario que colgaba de una cadena en el patio.

La verdad. Ésta es la palabra en que me detengo, ésta es la palabra a la que quería llegar, ésta es la palabra con que quiero terminar mi llamado a mis amigos escritores.

La autobiografía de Gandhi lleva como título *La historia de mis experiencias con la verdad*. Sus experiencias llegaban al dominio político partiendo del dominio espiritual. Y a este punto de partida atribuyó Gandhi la influencia de que dispuso en los destinos de su patria. No me hubiera costado trabajo encontrar en los escritos de Gandhi, que no diferían de sus actos, pues vivía como pensaba y pensaba como vivía, el apoyo siempre buscado por mí en los espíritus esclarecidos para demostrar al lector que al afirmar algo estoy en buena compañía. Pero aunque para mí el solo nombre del Mahatma es la suprema garantía y no encuentro otro más valedero, estimo que es quizá más convincente, en esta hora, recurrir a una figura menos insigne y a la vez de parentesco más cercano con nosotros (si es cierto que la vecindad geográfica y racial guarda relación con lo espiritual, cosa que por mi parte niego rotundamente). Deseo simplemente evitar que se me repita como en otras ocasiones: "Eso puede pasar, pero en la India".

Tengo ante mis ojos una carta publicada en 1933 para una correspondencia suscitada por la Sociedad de las Naciones entre los representantes calificados de la alta actividad intelectual; la escribió Miguel Ozorio de Almeida. Nuestro casi compatriota brasileño insistía en la necesidad imperiosa, para manejar con acierto los asuntos del mundo, de una gran buena voluntad y "sobre todo de un respeto absoluto de la verdad. En el estado actual de las cosas, no es seguramente el amor y el respeto de la verdad lo que podríamos presentar como características esenciales de los asuntos sociales, o políticos, o internacionales. El hecho de que casi siempre ignoramos dónde está la verdad podría justificar este estado de espíritu. Pero he aquí justamente lo que debería distinguir el orden intelectual de los otros órdenes". En efecto, el intelectual que vive la verdadera vida del espíritu no puede, bajo ningún pretexto, aunque sea aparentemente útil o piadoso, permitirse el menor desvío del camino trazado por lo que él considera la verdad. A un sabio en su laboratorio no se le ocurre, mientras hace investigaciones, falsear datos. El intelectual debe o debería saber que su responsabilidad es exactamente la misma, aunque en otro plano.

Ozorio de Almeida piensa que "el amor a la verdad y el esfuerzo persistente por hacerla conocer" es el gran elemento *nuevo* –subraya–, "la gran contribución que el orden intelectual podría aportar a la reorganización de los grandes asuntos generales". Ese respeto por la verdad es una cuestión de educación. Se forma con lentitud en los pueblos. "Y es demasiado a menudo olvidado por los dirigentes. Éste es el respeto que los intelectuales defienden celosamente, y en el fondo la libertad de pensamiento no es más que el derecho de respetar y amar la verdad".

Últimamente Martínez Estrada me decía que habíamos sido *casi* todos cobardes (se refería, creo, a nosotros, los escritores), pues hubiéramos debido hacernos matar gritando la verdad. Es cierto; desde el punto de vista de héroes o de santos de la grandeza de un Gandhi, pocos de entre nosotros han llegado al límite de extremo coraje que se necesita, en tiempos de dictadura ("Tiempos difíciles", como se titula el admirable film de Luigi Zampa), para ponerse sin restricciones al servicio de la verdad. Benditos sean los que más se han acercado a esa meta salvadora. En lo que a mí concierne, cuántas veces he sentido con vergüenza que pecaba, no por acción sino por omisión, pues ya no se trataba de hablar, sino de gritar. Cada vez que cantaba el gallo yo tenía la sensación de haber renegado de algo por pura omisión. Y pensaba: "Con tal de que la verdad que no estoy sirviendo sacrificándole mi vida misma me perdone como Cristo perdonó a su discípulo, el que fue jefe de su Iglesia". Pues ésa me parecía, ésa me parece la misión de los que trabajan, en el orden espiritual, para el entendimiento de una nación y del mundo en general.

Nada sólido y nada grande puede construirse sin hacer voto de verdad. A tal punto que un filósofo de Ginebra, según Ozorio de Almeida, había invitado a los filósofos a una acción conjunta contra la mentira. Nuestro amigo brasileño se adhería enteramente a ese proyecto. No sé si llegó a cumplirse. Pero lo que propongo hoy a los intelectuales argentinos es hacer un frente común contra las mentiras, cualquiera sea su procedencia.

El mal que ha hecho la mentira sistematizada de la dictadura –sin la cual ninguna dictadura puede marchar– y el mal de las mentiras que la precedieron, la prepararon y la hicieron viable, es de sobra patente. Cuánto tacto, cuánta paciencia y cuánto tiempo se necesitará para deshacerlas, para desmadejarlas; para extirparlas de los corazones ingenuos donde han anclado, convirtiéndose en creencias. Pues no debemos confundir a los que creen en las mentiras por candor con los que las adoptan como medio para satisfacer apetitos o hacer fortuna rápidamente.

La tarea de conducir al mayor número posible de hombres "al reconocimiento, no sólo en palabras, sino también en actos, de la importancia fundamental de eso que prima sobre todo y que sin embargo es constantemente olvidado: la verdad" es una tarea que nos incumbe. Es la tarea de los intelectuales, de los educadores. Los intereses de clase, de partido, de naciones no deben jamás obstaculizar el cumplimiento de tan sagrada misión.

Pero tengamos presente que ese afán de *la verdad ante todo* debe ir siempre acompañado de una inmensa buena voluntad hacia el prójimo, custodiado, diría, por las tres virtudes teologales. Fe en la eficacia de la energía espiritual; esperanza en lo que esa actitud espiritual puede tener de contagioso; caridad que fluye de estas palabras tan repetidas y tan poco practicadas por nosotros, los cristianos: "Perdónanos nuestras deudas, así como nosotros perdonamos a nuestros deudores". El perdón de las deudas no es la blanda aceptación del mal cometido por el prójimo. Es sencillamente condenar ese mal, pero conceder al pecador, al que está sinceramente arrepentido, aquello que pedimos para nosotros mismos cuando caemos en la tentación: la oportunidad de enmendarnos.

En esas mismas cartas cambiadas por indicación de la Sociedad de las Naciones, Valéry advertía: "*Considero la necesidad política de explotar todo lo que hay en el hombre de más bajo en el orden psíquico como el mayor peligro de la hora actual*".

Lo que acabamos de vivir ha demostrado la magnitud del peligro. Hagamos votos para no olvidarlo: aprovechemos una lección tan cruel y que hubiera podido serlo aún más si el impulso de algunos hombres que se jugaron la vida no hubiera intervenido de manera milagrosa. No imaginemos que esos hombres puedan, por medio de nuevos milagros, resolver nuestros problemas, infinitamente complejos, en un lapso de tiempo tan corto como el de la interminable semana de la revolución. Pero ayudémoslos con toda nuestra buena voluntad, con toda nuestra preocupación de verdad y de probidad intelectual. Ésta debe ser la forma y la prueba de nuestro inmenso agradecimiento.

Fuente: *Sur,* N° 237, noviembre-diciembre de 1955, pp. 3-8.

JORGE LUIS BORGES
L'illusion comique

Durante años de oprobio y bobería, los métodos de la propaganda comercial y de la *litérature pour concierges* fueron aplicados al gobierno de la república. Hubo así dos historias: una, de índole criminal, hecha de cárceles, torturas, prostituciones, robos, muertes e incendios; otra, de carácter escénico, hecha de necedades y fábulas para consumo de patanes. Abordar el examen de la segunda, quizá no menos detestable que la primera, es el fin de esta página.

La dictadura abominó (simuló abominar) del capitalismo, pero copió sus métodos, como en Rusia, y dictó nombres y consignas al pueblo, con la tenacidad que usan las empresas para imponer navajas, cigarrillos o máquinas de lavar. Esta tenacidad, nadie lo ignora, fue contraproducente; el exceso de efigies del dictador hizo que muchos detestaran al dictador. De un mundo de individuos hemos pasado a un mundo de símbolos aún más apasionado que aquél; ya la discordia no es entre partidarios y opositores del dictador, sino entre partidarios y opositores de una efigie o un nombre... Más curioso fue el manejo político de los procedimientos del drama o del melodrama. El día 17 de octubre de 1945 se simuló que un coronel había sido arrestado y secuestrado y que el pueblo de Buenos Aires lo rescataba; nadie se detuvo a explicar quiénes lo habían secuestrado ni cómo se sabía su paradero. Tampoco hubo sanciones legales para los supuestos culpables ni se revelaron o conjeturaron sus nombres. En un decurso de diez años las representaciones arreciaron abundantemente; con el tiempo fue creciendo el desdén por los prosaicos escrúpulos del realismo. En la mañana del 31 de agosto, el coronel, ya dictador, simuló renunciar a la presidencia, pero no elevó la renuncia al Congreso sino a funcionarios sindicales, para que todo fuera satisfactoriamente vulgar. Nadie, ni siquiera el personal de las unidades básicas, ignoraba que el objeto de esa maniobra era obligar al pueblo a rogarle que retirara su renuncia. Para que no cupiera la menor duda, bandas de partidarios apoyados por la policía empapelaron la ciudad con retratos del dictador y de su mujer. Hoscamente se fueron amontonando en la Plaza de Mayo donde las radios del estado los exhortaban a no irse y tocaban piezas de música para aliviar el tedio. Antes que anocheciera, el dictador salió a un balcón de la Casa Rosada. Previsiblemente lo aclamaron; se olvidó de renunciar a su renuncia o tal vez no lo hizo porque todos sabían que lo haría y hubiera sido una pesadez insistir. Ordenó, en cambio, a los oyentes una indiscriminada matanza de opositores y nuevamente lo aclamaron. Nada, sin embargo, ocurrió esa noche; todos (salvo, tal vez, el orador) sabían o sentían que se trataba de una ficción escénica. Lo mismo, en grado menor, ocurrió con la quema de la bandera. Se dijo que era obra de los católicos; se fotografió y exhibió la bandera afrentada, pero como el asta sola hubiera resultado poco vistosa optaron por un agujero modesto en el centro del símbolo. Inútil multiplicar los ejemplos; básteme denunciar la ambigüedad de las ficciones del abolido régimen, que no podían ser creídas y eran creídas.

Se dirá que la rudeza del auditorio basta para explicar la contradicción; entiendo que su justificación es más honda. Ya Coleridge habló de la *willing suspension of disbelief* (voluntaria suspensión de la incredulidad) que constituye la fe poética; ya Samuel Johnson observó en defensa de Shakespeare que los espectadores de una tragedia no creen que están en Alejandría durante el primer acto y en Roma durante el segundo pero condescienden al agrado de una ficción. Parejamente, las mentiras de la dictadura no eran creídas o descreídas; pertenecían a un plano intermedio y su propósito era encubrir o justificar sórdidas o atroces realidades.

Pertenecían al orden de lo patético y de lo burdamente sentimental; felizmente para la lucidez y la seguridad de los argentinos, el régimen actual ha comprendido que la función de gobernar no es patética.

Fuente: *Sur*, N° 237, noviembre-diciembre de 1955, pp. 9-10.

AMÉRICO GHIOLDI
La tarea desmitificadora

Por lo mismo que me refiero a la crisis argentina, pienso en primer lugar en los jóvenes, pues nada serio ni importante podremos hacer si no pensamos en términos de futuro. Trabajar en el presente, para el presente y para el futuro: tal debe ser el punto de partida de cuantos quieran colaborar en la gran tarea de la reconstrucción argentina, en la democracia y en la libertad.

La juventud se ha salvado maravillosamente en la lucha contra la tiranía. Para ella, los años difíciles fueron de lucha más que de estudio. Los jóvenes no tuvieron comunicación con maestros; todos estuvieron entregados al combate contra la opresión que exigió la vitalidad y el espíritu de los mejores exponentes de varias generaciones.

Al salir de la tiranía enfrentamos la crisis, y lo primero que mueve la inquietud de los hombres es saber en qué consistió la crisis, cuáles son los términos que la definen, cómo fue generándose el proceso de desintegración de unas cosas y de integración de otras. Sin mucho esfuerzo comprendemos que la crisis argentina –en cuanto es posible independizarla de la gran crisis y revolución de nuestros tiempos– es anterior al tirano. Éste fue un expediente de la crisis; terminó ahondándola, exacerbando todos los gérmenes de desintegración y de decadencia.

La inteligencia de los argentinos no podía quedar libre del gran sacudimiento. Diría algo más: acaso sea la inteligencia de los argentinos lo que más ha sido dañado durante los últimos doce años de crisis, pues si se estudia a fondo la trayectoria del totalitarismo que soportamos, veremos que lo que mejor lo define es su deliberado, sistemático y empeñoso esfuerzo de trastornar la inteligencia misma de los argentinos, cambiar los contenidos de la conciencia y hasta la forma misma de la conciencia.

Al hablar de la orientación mental del pueblo debemos referirnos a la juventud para ponerla en guardia contra grandes vicios intelectuales y confiar en que ella manejará el hacha para derribar el mundo de falsedades y mentiras convencionales que obstaculizan el camino de la verdad, o el de la búsqueda de la verdad.

No sabríamos concebir los caminos que anhelamos para el mañana si no tuviéramos conciencia de las malas sendas y de los callejones sin salida por donde anduvimos, o en donde nos metieron.

LAS GRANDES CRISIS

Nos pasa lo que a todos los pueblos al día siguiente de una crisis dentro de la crisis. Para no aludir a muchas circunstancias espirituales semejantes que describe la historia de la cultura, quiero recordar entre los momentos históricos que obligan la toma de la conciencia como una tarea ineludible e impostergable, los muy cercanos de Francia, Alemania e Italia al término de la guerra, de la falencia nacional y del drama del fascismo y del nazismo. León Blum, por ejemplo, encerrado en un campo de concentración, escribió un libro de gran emoción humana y pletórico de sugestiones. En "A la escala humana", el insigne concentracionado, escapando a las amarguras de la prisión, piensa en su Francia para la hora cero del Renacimiento.

El gran demócrata y socialista francés dio una respuesta política a las interrogaciones fundamentales que suscitaba la crisis de su patria. Otra fue la posición de Karl Jaspers, el gran pensador alemán que durante el invierno de 1945-46, dictó en Heidelberg un curso sobre la situación espiritual de Alemania al término de la guerra y del nazismo, mientras cuatro fuerzas, aliadas durante la hecatombe, ocupaban el territorio de su patria.

Con gran hondura y sinceridad el filósofo Jaspers consagró sus lecciones al estudio penetrante del problema de la culpabilidad alemana, que analizó en todos sus aspectos: la culpabilidad política, la culpabilidad moral, la culpabilidad metafísica, la culpabilidad individual y la culpabilidad colectiva. El pensador que sabe bien que el comportamiento político depende del individuo y que la vida del individuo depende a su vez de la situación política, no eludió la tarea de indicar la fuente y los caminos de la purificación.

A la luz de estos ejemplos, digámonos que no saldremos del mal que hemos sufrido si antes no tenemos inteligencia y conciencia de la naturaleza de aquel mal.

Desde septiembre de 1955 muchos abordaron el tema; cada cual dijo algo, y si bien no se ha trazado en una síntesis el cuadro de nuestra situación espiritual, quedan ya no pocos elementos listos para la elaboración final, entre los cuales, la crisis de la universidad, la traición de los "clercs", la decadencia de la enseñanza pública, la culpa de la política y de no pocos militares, la influencia del miedo, el papel del terrorismo y de la "culpabilidad organizada" en el desarrollo de nuestra decadencia social y moral.

DESMITIFICACIÓN DEL ALMA ARGENTINA

Sin proponerme seguir una tabla jerárquica de indicaciones a consignar para el libre desarrollo de la mente argentina, señalo como primera tarea la de derribar mitos e ídolos, combatir supercherías, lemas, consignas, y dejar de lado la grandilocuencia vacía y el engañoso floripondio.

El país debe comprender el terrible mal que hizo la tiranía fomentando las formas místicas con el propósito de sustituir la inteligencia, la lógica y la razón. La tiranía desenvolvió de mil maneras las formas mitológicas de la mente. En reemplazo del pensamiento se dictaron "slogans". El laboratorio de la guerra psicológica contra la razón del pueblo, fabricaba frases, modismos, retruécanos ideológicos; acuñaba "slogans", difundía fórmulas verbales rutilantes y excitantes.

El pueblo fue así desviado de los cauces de la inteligencia natural. El tirano, para aparentar y razonar posiciones absurdas, construyó eso que el gran Agustín Álvarez llamó lógica de las barbaridades. Reuniendo todos los absurdos y macanazos, como gustaba decir Sarmiento, se podría construir un manual de las imbecilidades difundidas por la tiranía.

El país fue opiado con frases; las frases fueron acompañadas de desfiles, teatralidades y el culto de la escenografía que es consustancial con la dictadura. Desgraciadamente, la mentira, el culto del retruécano ideológico y la propaganda de mitos y supercherías han dejado rastros en la inteligencia popular, y no podríamos decir que en un solo sector, pues con frecuencia se comprueba que también los adversarios de la tiranía fueron dañados en su inteligencia. La psicología del error y de la superstición explica cómo persiste la tendencia a rechazar la experiencia y la prueba documental.

Maestros, intelectuales y políticos de verdad deben trabajar para la gran tarea de la desmitificación de la mente argentina, que es la gran plaga nacional. Aceptemos la buena fe de los que están con error, pero no contemporicemos con el mito como si fuera moneda sana.

Así como la tiranía moviliza las fuerzas más oscuras del irracionalismo, la democracia necesita fundarse en la inteligencia, en la comprensión y en la conciencia moral.

OTRA PLAGA: LA ESTRATEGIA

Otra plaga que se apoderó de la política es la de la estrategia. El tirano militar escamoteó el pensamiento; todo lo redujo a estrategia, para la cual nada es verdad ni mentira, nada es bien ni mal, todo debe ser usado por la política, que sólo tendría finalidad de poder.

Este modo de encarar la política ha sido una de las principales causas de destrucción de la inteligencia humana.

Contribuyeron a esa destrucción los falsos dialécticos, los que reducen el método dialéctico a un esquema del aniquilamiento continuo y nihilista de las verdades y valores. Así concebida, la dialéctica resulta falsificada, aniquila la inteligencia, convierte al pensamiento y a la política en un movimiento sin reposo, sin coherencia y sin moralidad.

No hay un recetario al que podríamos recurrir. Desde el punto de vista intelectual la juventud no encontrará mejor camino que el del estudio serio y a fondo. Acercarse a la realidad, penetrarla y estudiarla es recomendación útil. La cabeza formada, o deformada por el mito, prescinde de la realidad. Sin embargo, los hechos, la materia, las cosas y la acción, si no nos resistimos, son grandes enseñantes y formadores de la inteligencia.

La juventud debe estudiar la realidad argentina, no con fórmulas extranjeras, ni para servir extraña política internacional. Científicos, juristas, médicos, ingenieros, literatos, dramaturgos, deben ahondar nuestra realidad y lanzarse a la búsqueda de soluciones positivas o de expresiones propias dentro del gran camino de la democracia y de la libertad que en el campo mental significa que todos pueden y deben participar en la elaboración de la verdad.

El país ha sufrido más de veinte años de denigración histórica. Esto llegó a su colmo con el tirano desaprensivo que calumnió sistemáticamente a los constructores de la nacionalidad. No respetó una sola gran figura. No salvó de la execración ningún período de la historia, excepto el de la tiranía rosista. No concibió la grandeza del 25 de Mayo ni de Caseros. En esto siguió a Rosas que habló contra el 25 de Mayo y predicó la vuelta a la colonia.

La historia tiene sus exigencias. La revisión es una actitud normal en los estudios históricos; pero entre nosotros se llamó revisionismo no a la actitud y al movimiento crítico, sino a la actitud de ideólogos que se dedicaron a revisar la historia con el propósito de despojarla do todo lo que en ella hay de liberalismo humano, de democracia política y social, de cultura y cooperación internacional.

LA TRAICIÓN DE NUESTROS "CLERCS"

Hay que volver a la historia, con el derecho supremo de la crítica filosófica y con el empeño magistral de exaltar la aventura de la emancipación integral y de la libertad de los argentinos.

Es tradición de los intelectuales argentinos servir las necesidades de la construcción social y política del país. No hemos tenido intelectuales "puros", encerrados en torres de marfil. En las últimas décadas muchos intelectuales se apartaron de aquella magnífica e histórica tradición, cuyos fundamentos teóricos hace un siglo hiciera Alberdi y recimentó hace pocos años don Alejandro Korn.

Con toda justicia se habló además de la traición de nuestros "clercs", aludiendo a esos profesionales de la inteligencia que colocaron la cátedra a niveles de abyección que la Argentina no había conocido antes.

Corresponde a la juventud en la presente hora renacimental ahondar el sentido y la definición de la democracia, y sus implicancias en todas las esferas de la actividad. La búsqueda teórica de los principios democráticos salvará a los jóvenes de la incoherencia de muchos que no lo son, y por la cual son teóricos de la dictadura de éste u otro color, aunque por oportunismo gritan por la democracia, o proclaman la democracia aquí y no les parece mal la dictadura íbero y latinoamericana, o de cualquier otra parte.

La juventud tiene la responsabilidad y la tarea de la construcción democrática. Yo creo que estará a la altura del momento porque ha demostrado ser uno de los depósitos más ricos de idealidad y de empuje.

Buenos Aires, 1956

Fuente: Américo Ghioldi, *De la tiranía a la democracia social,* Gure, Buenos Aires, 1956, pp. 91-96.

2

ASIMILAR EL HECHO PERONISTA

MARIO AMADEO
La liquidación del peronismo

La reconstrucción del país, objetivo esencial de la revolución, comporta una serie de problemas de compleja entraña. Estos problemas, planteados en el momento mismo del cambio de régimen, están todavía a la espera de adecuada solución. Ellos deben preocupar, sin duda, al gobierno que tiene el deber primordial de encararlos. Pero también afectan a la ciudadanía, cuya responsabilidad es conjunta con la de las autoridades políticas.

El más grave y urgente de estos problemas es el de la liquidación de la etapa peronista. Entiéndase bien que no empleamos la palabra "liquidación" en el sentido de destrucción violenta; en el que le damos cuando, por ejemplo, decimos que los comunistas rusos han "liquidado" a la camarilla de Beria o de Malenkoff. Tal acepción implicaría tomar, de entrada, partido por una de las posibles salidas que no es –nos apresuramos a decirlo– la mejor. No; cuando hablamos de liquidación del peronismo queremos significar la asimilación de ese gran sector de la población argentina que puso sus esperanzas en la figura que dio su nombre al régimen caído y que, a pesar de sus errores y de sus culpas, le sigue siendo fiel. Esa masa está crispada y resentida. Contempla con hostil y desdeñosa indiferencia al movimiento que dio por tierra con su ídolo y se refugia en una fe irracional y ciega de que pronto volverán a ser lo que eran antes. Su lema y su grito de guerra es: "Perón volverá".

Ahora bien; esa posición de hostilidad sin compromisos debe ser superada para que esa masa se incorpore espiritualmente a una tarea que es patrimonio y débito de todos los argentinos. Nuestro país ha afrontado una experiencia que se asemeja bastante a la que deja una guerra, una guerra perdida. Esto es evidente en el terreno económico, pero lo es también en el plano moral. Rencores desatados, aspiraciones insatisfechas, ese estado indefinible de desasosiego que acompaña a la derrota, son los sentimientos que podemos percibir en muchos de nuestros compatriotas y convecinos, los argentinos de 1956.

Cuando un país se encuentra en esa situación, el primer requisito para seguir adelante es forjar la unidad compacta de toda la Nación. ¿Podríamos siquiera imaginar el milagroso resurgimiento de Alemania si todo el pueblo no hubiera depuesto sus pasiones subalternas para trabajar unido por la existencia y la salvación de la patria? No pretendo insinuar que nuestros problemas sean iguales a los de un país partido en dos, con ocho millones de sus mejores hijos muertos de muerte violenta, con sus ciudades destruidas por los bombardeos, con su territorio ocupado por un enemigo movido por el odio político más implacable que recuerda la historia de los tiempos modernos. No he dicho que nuestra situación actual sea exactamente ésa, pero he dicho –y lo sostengo– que se *asemeja* a ésa. No estamos territorialmente segmentados pero estamos divididos en bandos contrapuestos. No ha habido millones de caídos pero hemos atravesado por la revolución más cruenta desde la organización nacional. Nuestras ciudades no están destruidas, pero está gravemente comprometida nuestra prosperidad. No estamos ocupados por ejércitos enemigos, pero nuestro prestigio exterior ha sufrido grave detrimento.

Frente a este sombrío panorama, hay que esforzarse por unir al país en la faena reconstructora y superar cuanto antes la división que lo aflige. No creo, desde luego, que quienes ejercen hoy responsabilidades dirigentes dejen de advertir esa necesidad y se propongan, como meta, avivar los odios intestinos. Pero, cuidado que los caminos elegidos no conduzcan a ese fin. Porque habríamos llegado entonces al punto térmico preciso en que se incuban las guerras fratricidas. No agitemos innecesariamente el fantasma de las luchas civiles. Pero no olvidemos tampoco que es una posibilidad que de ninguna manera debe descartarse.

El éxito o el fracaso del intento de unir al país depende, en buena medida, de cómo se interprete el hecho peronista. Existen, al respecto, varias versiones a las que conviene pasar esquemática revista.

Así, es opinión generalizada en los sectores socialmente conservadores que el peronismo no ha sido otra cosa que una pesadilla, que un mal paso. Estos sectores hablan de "influencia magnética", de "sugestión colectiva", de "deformación de la conciencia" y de otras anomalías que reducen el problema a una cuestión de psicología patológica. Consideran estos sectores que el pueblo argentino ha padecido una enfermedad y que es cuestión de someterlo a una enérgica cura. Pasado el término del tratamiento, todo volverá a ser lo que era antes, y del episodio no quedarán más rastros del que pueda dejar a una persona robusta una gripe o un sarampión.

Otros, en el mismo sector, son menos simplistas, aunque tal vez no menos equivocados. Éstos convienen en que el peronismo ha sido un hecho más serio de lo que los primeros pretenden y de que realmente ha removido a fondo la opinión popular. Pero consideran que solamente ha logrado ese efecto por medio de la venalidad y la corrupción o apelando exclusivamente a los más bajos instintos de la plebe. Nada bueno o de signo positivo ven ellos en el movimiento derrotado. El peronismo es el fruto de la ignorancia, como lo es la superstición o el curanderismo. Por eso sólo hace presa en los sectores más primitivos y zafios de la comunidad. Para ellos la cuestión se arregla con una pequeña dosis de reeducación y una gran dosis de "leña". En la mente de los antiperonistas de derecha, "desperonizar" equivale a algo así como "desratizar".

Para los antiperonistas de nuestra izquierda liberal –la izquierda de los grupos intelectuales que hoy orientan la revolución– la cuestión se dilucida en esa mar donde todos los ríos confluyen: en el nazismo. Perón y los antiperonistas eran nazis totalitarios que querían imponer en la Argentina el régimen de Hitler y Mussolini. Según este planteo el ex presidente sería un ideólogo doctrinario que había estudiado febrilmente durante su estada en Italia cursos acelerados de sistema corporativo y habría venido a aplicarlo con saña en el *anima vili* de este inocente y democrático país. De ahí que estos señores no puedan comprender otro esquema sino aquel en que todo peronista sea nazi y todo nazi peronista. Si alguno de los enemigos del género humano ha luchado contra Perón, molesta mucho más que los otros, porque se sale de sus casillas y comete la falta que el Papa Pío XI reprochaba al cardenal Innitzer: "Monsieur le Cardinal, taisez vous parce que vous me dérangez les idées". Para este sector "desperonizar" equivale a "desnazificar".

Hay, finalmente, otra izquierda –la izquierda antiliberal y marxista– que del peronismo sólo desaprueba la persona del jefe y que ve en ese movimiento una forma –forma cruda y primitiva pero eficaz– de la lucha contra el imperialismo. Le resulta un poco difícil a los hombres de esta línea explicar cómo el contrato de petróleo con la Standard Oil fue una batalla contra el imperialismo, pero a un marxista las contradicciones no lo arredran. Esta tendencia está dispuesta a sobrepasar a Perón en sus reformas sociales porque entiende que su defecto no es de haber sido demasiado radical en sus procedimientos sino de haberlo sido demasiado poco. Este sector, en el que llevan la voz cantante los comunistas de signo trotskista, proclama implícitamente la fórmula "Perón más X" y pretende apoderarse del proletariado vacante por la ausencia del "leader".

Conste que soy el primero en hacerse cargo del esquematismo elemental de este rápido bosquejo. Advierto el tono un tanto caricaturesco de las posiciones que he tratado de dibujar. Pero si he procedido así no es por mala fe, puesto que yo mismo señalo la exageración, sino para volver más inteligible el cuadro. Habría, tal vez, que hacer algunos distingos, pero en lo esencial ésas son las posiciones reales.

Por mi parte, no puedo aceptar que el fenómeno peronista sea exclusivamente un signo de inferioridad o un rebrote de primitivismo o, menos todavía, la adopción postiza de una ideología extraña a nuestra idiosincrasia. Considero que el hecho es muy complejo y muy importante y que incluye elementos positivos y negativos que resulta indispensable discriminar.

Considero, en primer lugar, que en el peronismo han confluido, para malograrse, dos transformaciones (algunos dirían dos revoluciones) de origen y signo diverso: una transformación ideológica y política y una renovación social. Ambas estaban latentes en el país al 4 de junio de 1943, y la salida del Ejército puede que haya apresurado el proceso, pero no lo provocó. El país estaba viviendo dentro de estructuras político-sociales desprestigiadas y envejecidas, y pugnaba por liberarse de ellas. La revolución de junio –puramente militar como fue en su origen– resultó la ocasión propicia que le permitió operar la mudanza. Como todo estaba en crisis –ideas, instituciones, partidos y hombres– todo cayó.

¿Cuál es, pues, el sentido y alcance de esas transformaciones que Perón tomó para sí y plantó como banderas del movimiento que lo llevó al poder? De la transformación ideológica y política poco diremos ahora porque esa materia será tratada más extensamente en los dos siguientes capítulos. Baste, por ahora, advertir que el país ya no admitía como vigentes las doctrinas y las formas institucionales dentro de las cuales se venía moviendo a partir de la organización nacional. Es posible que a dar actualidad y estilo a esa voluntad en cambio, contribuyeran las corrientes políticas que a la sazón imperaban en varios países de Europa. Pero sería erróneo atribuirla exclusivamente a un proceso de contagio. Para demostrar que el mecanismo institucional ya no funcionaba normalmente baste recordar que en 1930 triunfó, por primera vez en setenta años, un movimiento revolucionario y que el sufragio libre implantado en 1912 tuviera que ser "corregido" por el fraude. Y a fin de no seguir multiplicando al infinito los ejemplos, advirtamos que una gran masa de la población, tal vez la mayoría, se había alejado definitivamente de los partidos políticos. Cuando un pueblo se aleja de la vida cívica es, o bien porque se encuentra en el último estadio de decadencia o bien por estar en vísperas de un cambio fundamental. Creo que nosotros nos hallábamos en el segundo y no en el primero de estos dos casos.

El país estaba también en apetencia de una gran renovación social. Por lo que hace a esa materia, hay que admitir que la Argentina era, al producirse el movimiento de 1943, uno de los países más atrasados de América, y conste que no lo decimos porque creamos que el proletariado era aquí más pobre o más desdichado que en otras partes o que hubiera menos leyes de amparo y protección. Por el contrario, las condiciones de vida del trabajador argentino –rural o urbano– eran relativamente humanas e infinitamente mejores a las de la mayoría de sus compañeros de América Latina. Compárese, por ejemplo, la situación de un peón de estancia nuestro con la de un minero boliviano de esa época. Si la vivienda del obrero argentino era (y sigue siendo) mala, su nivel alimenticio era bastante superior al de las clases medias de cualquier país europeo. En cuanto a las leyes sociales de protección, si bien incompletas y deficientes, no dejaban de formar un cuerpo legal en general respetado.

El problema social argentino no era tanto el de un proletariado miserable y famélico como el de un proletariado *ausente*. Bien es verdad que la tardía aplicación de nuestras clases trabajadoras en la escena pública obedece, en parte, a la carencia de gran industria y en parte a que esas clases, en un sector urbano, estaban hasta hace no muchos años compuestas por extranjeros. Pero en 1943 habían cambiado ya los datos del problema. La Segunda Guerra Mundial y el consiguiente aislamiento económico habían impulsado bastante el desarrollo de la industria como para que varios millones de obreros urbanos dependieran de ella. Y en cuanto al problema de la nacionalidad, se había resuelto por obra del tiempo. Los abuelos y los padres extranjeros habían sido reemplazados por los hijos y los nietos nativos, y éstos vivían los problemas del país con el mismo interés y, desde luego, con los mismos derechos que las familias de arraigada tradición vernácula. Alguna vez habría, entre paréntesis, que analizar el singular patriotismo que en este país caracteriza a los hijos de la inmigración.

Los partidos marxistas intentaron movilizar antes que Perón estas fuerzas, pero no lo consiguieron sino de modo muy parcial y fragmentario. No lo consiguieron porque manejaban, en primer lugar, tópicos ideológicos antes que valores afectivos o temperamentales. Y en segundo lugar porque esos tópicos, en la medida en que resultaban inteligibles, chocaban contra la incoercible resistencia de nuestros obreros a dejarse ganar por posiciones extremas. Es un lugar común decir que el socialismo no pudo nunca pasar el Riachuelo y será siempre un misterio para el europeo de un país industrial el hecho de que la mayor aglomeración obrera de la república –la de Avellaneda– fuera el único lugar donde un caudillo conservador triunfó sin fraude hasta la hora de su muerte.

Así, pues, hasta 1945 el proletariado argentino no pudo, queriéndolo, sentirse solidario con el destino nacional. Nadie se había ocupado de hablarle su lenguaje, de vivir sus íntimos anhelos, de acercarse materialmente a él. Perdido en el pasado el recuerdo de Yrigoyen (que tampoco fue estrictamente un caudillo proletario), gobernada por extraños, era inevitable que la clase obrera argentina se lanzara como un solo hombre tras el caudillo que pareciera expresarla. La transformación ideológica y la renovación social estaban, por tanto, postuladas por las condiciones históricas del país al finalizar el primer tercio del siglo. No hubiera sido imposible consumarlas de modo ordenado puesto que a ello coadyuvaba la gran riqueza del suelo y la índole pacífica de sus habitantes.

La grande y tal vez la única genialidad de Perón consistió en advertir la existencia latente de esas transformaciones y ponerse a su cabeza utilizando los resortes estatales que le había conferido la revolución de junio y los que, luego, pudo arrebatar a sus camaradas de armas. Si logró hacerlo es sin duda porque poseía algunas de las dotes que signan a un conductor. Hablaba en un lenguaje claro, preciso y contundente, hecho para el simplismo de la multitud. Y sabía decir, en ese lenguaje, exactamente lo que la masa quería que se le dijera. En ese sentido restringido podría aceptarse la interpretación que hace del peronismo un fenómeno de magnetización colectiva. Sólo que mientras la mencionada exégesis quiere que la sugestión emanada de Perón haya sido la causa eficiente de su arrastre, a nuestro juicio no fue sino el agente catalítico o elemento adunante de un movimiento que obedecía a motivos más hondos que su mero influjo personal.

Aquí es donde se atraviesa ese elemento de indeterminación que hace que la historia no sea una serie de hechos fatales concatenados por el principio de causalidad sino que –como todo lo que es humano– posea ese ingrediente de libre albedrío que vuelve imposible garantizar su curso. El factor libre era, en este caso, la personalidad del hombre que se puso al frente de esas transformaciones y les imprimió su sello. Su carencia absoluta de discernimiento entre el bien y el mal, su total indigencia de dotes de estadista, su monstruosa y creciente egolatría debían provocar –como provocaron– la tergiversación y el falseamiento de una profunda y legítima ansia de renovación. Fue así cómo la renovación ideológica se diluyó en la pueril y balbuciente "doctrina justicialista", la transformación política en una reforma constitucional que si bien no tiene los perfiles diabólicos que ahora quiere asignársele, resultó, en definitiva, tímida y carente de técnica. Y la renovación social, aunque la obra más efectiva y duradera del régimen, se derrochó en pirotecnias demagógicas. Por eso señalamos al comienzo de este trabajo que la aventura peronista fue, por sobre todo, una gran oportunidad perdida. Y en la vida de los pueblos como en la vida de los hombres, las oportunidades no suelen presentarse dos veces.

Perón que, según hemos visto, fue mucho más *medium* que conductor de masas, exacerbó un problema que nos es común con toda Hispanoamérica y que forma como el nudo de este drama: *el divorcio del pueblo con las clases dirigentes*. Nos llevaría muy lejos un análisis a fondo del tema y la adjudicación de las correspondientes responsabilidades. Como siempre ocurre, lo probable es que también en este caso se encuentren equitativamente repartidas. El hecho en toda su crudeza está ahí, presente, y nos hiere físicamente por poco que nos asomemos a la realidad.

El auténtico mando nunca se ejerce por la sola imposición de la fuerza sino porque los que obedecen *imitan* a los que gobiernan, y Toynbee ha puesto en ese don de imitación o "mimesis" el fundamento de su doctrina histórica. En una sociedad estable y ordenada los sectores naturalmente dirigentes poseen usos y estilos que son objeto de admiración e imitación por los restantes grupos de la comunidad. Cuando la sociedad entra en crisis, los sectores dirigentes pierden su estilo y dejan de ser imitados. Pero como conservan algunos de los atributos externos del poder –sobre todo el dinero– el desinterés que el pueblo experimenta hacia ellos se convierte en desvío y del desvío se pasa fácilmente al odio.

Algo de eso ha venido ocurriendo en nuestro país, con la particularidad de que ese proceso natural y espontáneo fue violentamente estimulado por el acicate de la propaganda vertida desde los altavoces del Estado para agravar las diferencias y envenenar las discordias. Hubo, a Dios gracias, poderosos elementos que obraron para atemperar los choques sociales, y no fue el menor de entre ellos la existencia de una poderosa y vastísima clase media que siempre nos preserva de las catástrofes. Pero la propaganda, ayudando a un hecho real, no dejó de hacer su efecto. Por eso hoy encontramos allí donde se da un valor cualitativo, suspicacia y rencor. Aversión entre ricos y pobres, entre ignorantes y letrados, entre "oligarcas" y "plebeyos", tal es el cuadro que presenta una sociedad dividida consigo misma por causas históricas, pero sobre todo por obra de una voluntad maligna empeñada en separarla.

En las comunidades pequeñas, en las ciudades de provincia o en los pueblos de campo es donde ese corte horizontal se advierte con más nitidez. En ellos se ve claramente cómo el médico, el abogado, el escribano, el comerciante acomodado, el "placero" forman una reducida cohorte a la que rodea la desconfianza del *popolo minuto*. Ninguna cordialidad existe entre estos dos grupos, salvo la que accidentalmente pueda surgir de vinculaciones personales. Políticamente ellos se llaman "peronistas" y "contra". Pero éstas son las designaciones políticas, y por ende superficiales, del hecho más serio y profundo que intentamos destacar: la separación de clases que ha puesto frente a frente a dos Argentinas y que amenaza malograr nuestro destino nacional.

Sí: que ha puesto frente a frente a dos Argentinas. Porque no olvidemos el hecho de que la revolución de septiembre de 1955 no fue solamente un movimiento en que un partido derrotó a su rival o en que una fracción de las Fuerzas Armadas venció a la contraria sino que fue una revolución en que una clase social impuso su criterio sobre otra. Esto acentúa la obligación de cerrar definitivamente el ciclo de la lucha e impone a los vencedores la obligación de ser especialmente templados y generosos.

Pido perdón por haberme metido en estas honduras sociológicas un tanto tangenciales porque ello me permite legitimar con fundamentos menos frívolos la afirmación de que en este momento, mucho más urgente que reparar la economía, que determinarse por la vigencia de una u otra Constitución, que castigar a los culpables de los robos públicos es *restaurar la unidad nacional mediante la reconciliación de las clases sociales*. No digo que sea más importante –eso va de suyo– sino aun que es más urgente; porque la reordenación política y la recuperación económica no serán posibles si previamente no se suelda la fisura que hoy separa a los argentinos.

Ahora bien; creo sinceramente que la política seguida en los últimos tiempos no es la más indicada para lograr esa unificación. Por de pronto, el pueblo sabe bien, o intuye, que tras los abusos del régimen anterior –abusos que muchos dentro de él mismo condenaban– se estaba plasmando una nueva realidad y que esa realidad respondía, en lo fundamental, a sus aspiraciones. Pero si oye decir que los últimos diez años sólo han traído miseria, deshonor y vergüenza, no lo creerá porque es afirmarle una cosa que, para él, está desmentida por los hechos. Bien está advertir que Perón no fue un taumaturgo que convirtió las piedras en pan. Bien está mostrar la traición y la estafa cometida contra la bandera que levantó. Pero *todo* lo que ha pasado en los últimos diez años no ha sido dañoso para él. No lo creerá porque tiene la certeza vivida de que ello no es verdad. Sabe el pueblo que, por más estafada que haya sido la causa que abrazó, algún fruto positivo le ha dejado. Sabe así que hoy es distinto el trato –inclusive el trato social– entre gentes de diferente origen, sabe que hoy no se puede desconocer el derecho de un hombre humilde, sabe que si el equilibrio social se ha roto no ha sido en su detrimento. Comiéncese a reconocer francamente y sin complejos de inferioridad estas verdades y entonces se habrá dado el primer paso para ganar su confianza.

Los partidos de la oposición –testigo de ello es el pasado mitin de la plaza del Congreso– creen que la "desperonización" del pueblo se logrará mediante la acumulación masiva de vituperios y la exhibición frondosa de los abusos cometidos. Error profundo, que prueba la pérdida de contacto de esas fuerzas con el alma popular. Una cosa es la reflexión objetiva y desapasionada del que analiza el problema *"sine ira et studio"* y otra, la diatriba lanzada como proyectil. Cuando los partidos políticos enjuiciaron públicamente al peronismo con vehemencia y con saña, no solamente hicieron el proceso a un gobierno sino que indirectamente se lo hicieron al pueblo que lo vivó y lo votó. Los fiscales del peronismo se volvieron sin quererlo los fiscales del país.

Proceso injusto a la par que impolítico. Porque si el pueblo siguió a Perón no fue, en general, por malas razones. Creyó ver en la nueva enseña un signo de su redención, y en cierta medida la encontró. Pudo haber aprovechado la carta blanca, que tuvo tantas veces, para cometer desmanes y nunca la aprovechó. Las violencias de los últimos días fueron la obra de esa escoria social que toda comunidad alberga; no pueden ser atribuidas al pueblo. Casi podría afirmarse que en los diez años de peronismo no hubo un acto de atropello que no fuera ordenado desde el poder.

Esta actitud debe hacernos meditar seriamente sobre la bondad intrínseca de nuestras clases populares. Hoy se han cerrado, como decía, en actitud hosca porque se sienten acosadas y derrotadas. Pero acordémonos que en la hora del triunfo fueron magnánimas pudiendo no haberlo sido. Si conservan sentimientos de gratitud para con una época en la que juzgan haber mejorado de vida, no se tenga la dureza de obligarlas a confesar que fue, para ellas, una etapa de oprobio. Si otros no lo creemos así, no pretendamos imponer esa convicción y, sobre todo, no la convirtamos en tema de propaganda callejera. Hagamos borrón y cuenta nueva y dejemos los anatemas sobre el pasado inmediato a las más mediata posteridad. Ese silencio piadoso acerca de lo que puede dividirnos será el primer paso y el más eficaz para lograr la definitiva reconciliación del pueblo argentino. [...]

Fuente: Mario Amadeo, *Ayer, hoy, mañana*, Gure, Buenos Aires, 1956, pp. 89-101.

3

EL DIVORCIO ENTRE DOCTORES Y PUEBLO

ERNESTO SABATO
El otro rostro del peronismo.
Carta abierta a Mario Amadeo
(fragmento)

[...]
EL HISTÓRICO DIVORCIO

Aquella noche de setiembre de 1955, mientras los doctores, hacendados y escritores festejábamos ruidosamente en la sala la caída del tirano, en un rincón de la antecocina vi cómo las dos indias que allí trabajaban tenían los ojos empapados de lágrimas. Y aunque en todos aquellos años yo había meditado en la trágica dualidad que escindía al pueblo argentino, en ese momento se me apareció en su forma más conmovedora. Pues ¿qué más nítida caracterización del drama de nuestra patria que aquella doble escena casi ejemplar? Muchos millones de desposeídos y de trabajadores derramaban lágrimas en aquellos instantes, para ellos duros y sombríos. Grandes multitudes de compatriotas humildes estaban simbolizadas en aquellas dos muchachas indígenas que lloraban en una cocina de Salta.

La mayor parte de los partidos y de la *inteligentsia*, en vez de intentar una comprensión del problema nacional y de desentrañar lo que en aquel movimiento confuso había de genuino, de inevitable y de justo, nos habíamos entregado al escarnio, a la mofa, al *bon mot* de sociedad. Subestimación que en absoluto correspondía al hecho real, ya que si en el peronismo había mucho motivo de menosprecio o de burla, había también mucho de histórico y de justiciero.

Se me dirá que no debemos ahora incurrir en el sentimentalismo de considerar la situación de las masas desposeídas, olvidando las persecuciones que el peronismo llevó contra sus adversarios: las torturas a estudiantes, los exilios, el sitio por hambre a la mayor parte de los funcionarios y profesores, el insulto cotidiano, los robos, los crímenes, las exacciones.

Nadie pretende semejante injusticia al revés. Lo que aquí se intenta demostrar es que si Perón congregó en torno de sí a criminales mercenarios croatas y polacos, a ladrones como Duarte, a aventureros como Jorge Antonio, a amorales como Méndez San Martín, junto a miles de resentidos y canallas, también es verdad que no podemos identificar todo el inmenso movimiento con crímenes, robos y aventurerismo. Y que si es cierto que Perón despertó en el pueblo el rencor que estaba latente, también es cierto que los antiperonistas hicimos todo lo posible por justificarlo y multiplicarlo, con nuestras burlas y nuestros insultos. No seamos excesivamente parciales, no lleguemos a afirmar que el resentimiento –en este país tan propenso a él– ha sido un atributo exclusivo de la multitud: también fue y sigue siendo un atributo de sus detractores. Con ciertos líderes de la izquierda ha pasado algo tan grotesco como con ciertos médicos, que se enojan cuando sus enfermos no se curan con los remedios que recetaron. Estos líderes han cobrado un resentimiento casi cómico –si no fuera trágico para el porvenir del país– hacia las masas que no han progresado después de tantas décadas de tratamiento marxista. Y entonces las han insultado, las han calificado de chusma, de cabecitas negras, de descamisados; ya que todos estos calificativos fueron inventados por la izquierda antes de que maquiavélicamente el demagogo los empleara con simulado cariño. Para esos teóricos de la lucha de clases hay por lo visto dos proletariados muy diferentes, que se diferencian entre sí como la Virtud tal como es definida por Sócrates en los diálogos, y la imperfecta y mezclada virtud del propio maestro de la juventud ateniense: un proletariado platónico, que se encuentra en los libros de Marx, y un proletariado grosero, impuro y mal educado que desfilaba en alpargatas tocando el bombo.

Por supuesto, esta doble visión de la historia no es exclusiva de los dirigentes de izquierda, pues tampoco las damas que encuentran romántica a la multitud que en 1793 cantaba la Marsellesa comprenden que esa multitud se parecía extrañamente a la que en nuestras calles vivaba a Perón; pero la diferencia estriba en que esas señoras –que conocen la Revolución Francesa a través del cuadro de Delacroix y de los hermosos affiches que la embajada distribuye para el 14 de julio– no tienen el deber de entender el problema de la multitud, y los jefes de los partidos populares sí.

Pero de ningún modo lo han entendido. Despechados y ciegos sostuvieron y siguen sosteniendo que los trabajadores siguieron a Perón por mendrugos, por un peso más, por una botella de sidra y un pan dulce. Ciertamente, el lema *panem et circenses*, que despreciativamente Juvenal adjudica al pueblo romano en la decadencia, ha sido siempre eficaz cada vez que un demagogo ha querido ganarse el afecto de las masas. Pero no olvidemos que también los grandes movimientos espirituales contaron con el pueblo y hasta con el pueblo más bajo: eran esclavos y descamisados los que en buena medida siguieron a Cristo primero y luego a sus Apóstoles, mucho antes que los doctores de la sinagoga y las damas del patriciado romano lo hicieran. Tengamos cuidado, pues, con el paralogismo de que las multitudes populares *sólo* pueden seguir a los demagogos, y *únicamente* por apetitos materiales: también con grandes principios y con nobles consignas se puede despertar el fervor del pueblo. Más aún: en el movimiento peronista no sólo hubo bajas pasiones y apetitos puramente materiales; hubo un genuino fervor espiritual, una fe pararreligiosa en un conductor que les hablaba como a seres humanos y no como a parias. Había en ese complejo movimiento –y lo sigue habiendo– algo mucho más potente y profundo que un mero deseo de bienes materiales: había una justificada ansia de justicia y de reconocimiento, frente a una sociedad egoísta y fría, que siempre los había tenido olvidados.

Esto fue lo que fundamentalmente vio y movilizó Perón. Lo demás es detalle.

Y es también lo que nuestros partidos, con la excepción del partido radical y alguno que otro grupo aislado, sigue no viendo y, lo que es peor, no queriendo ver.

DOCTORES Y PUEBLO

Es que aquí nacimos a la libertad cuando en Europa triunfaban las doctrinas racionalistas. Y nuestros doctores no solamente han intentado desde entonces interpretar la historia argentina a la luz del racionalismo sino, lo que es más grave, han intentado *hacerla*.

Así se explica que nuestra historia hasta hoy haya sido dilemática: o esto, o aquello, o civilización o barbarie. Nuestros ideólogos han estado desdichada e históricamente separados del pueblo, en la misma forma, y con las mismas consecuencias, en que el racionalismo pretendió separar el espíritu puro de las pasiones del alma. Esta postura nos ha impedido comprender no solamente el fenómeno peronista sino también el sentido de nuestros grandes caudillos del pasado.

Tal como la verdad de un hombre no es sólo su vida diurna sino también sus sueños nocturnos, sus ansiedades profundas e inconscientes; no únicamente su parte razonable sino también, y en grado sumo, sus sentimientos y pasiones, sus amores y odios; del mismo modo como sería gravísimo pretender que aquella criatura tenebrosa que despierta y vive en las inciertas regiones del sueño no tiene importancia o debe ser brutalmente repudiada, así también los pueblos no pueden ser juzgados unilateralmente desde el solo lado de sus virtudes racionales, de su parte luminosa y pura, de sus ideales platónicos, pues entonces dejaríamos fuera el lado tal vez más profundo de la realidad, el que tiene que ver con sus mitos, con su alma, su sangre y sus instintos. No desdeñemos ese costado de la realidad, no pidamos demasiado el ángel al hombre. En ese continente de las sombras, en ese enigmático mundo de los espectros de la especie, allí se gestan las fuerzas más potentes de la nación y es necesario atenderlas, escucharlas con el oído adherido a la tierra. Esos rumores telúricos son verdaderos e inalienables, porque nos vienen de los más recónditos reductos del alma colectiva.

Un pueblo no puede resolverse por el dilema civilización o barbarie. Un pueblo será siempre civilización y barbarie, por la misma causa que Dios domina en el cielo pero el Demonio en la tierra.

Nuestros ideólogos, fervorosos creyentes de la Razón y de la Justicia abstracta, no vieron y no podían ver que nuestra incipiente patria no podía ajustarse a aquellos cánones mentales creados por una cultura archirracionalista. Si aquellos cánones iban a fracasar brutalmente en países tan avanzados como Alemania e Italia, ¿cómo no iban a fracasar sangrientamente en estos bárbaros territorios de la América del Sur, donde hasta ayer el salvaje ímpetu de sus caballadas no encontraba límite ni frontera a sus correrías?

Y así se explican tantos desgraciados desencuentros en esta patria. Aun con las mejores intenciones, aquellos doctores de Buenos Aires, creyendo como creían en la supremacía absoluta de la civilización europea, intentaron sacrificar a las fuerzas oscuras, lucharon a sangre y fuego contra los Artigas, los López y los Facundos, sin advertir que aquellos poderosos caudillos tenían también parte de la verdad. Y que la visión concreta de su tierra, de sus montañas, de sus pueblos, les confería a veces la clarividencia que la razón pura raramente posee.

O las fuerzas oscuras son admitidas legítimamente o insurgen a sangre y fuego. El patético intento de nuestros ideólogos de Mayo de crear una patria a base de razón pura trajo el resultado natural: las potencias tenebrosas cobraron su precio, el precio sangriento y secreto que siempre cobran a los que pretenden ignorarlas o repudiarlas. Como en la cúspide de la civilización helénica, cuando Sócrates pretende instaurar el reinado del espíritu puro sobre el deplorable cuerpo, Eurípides lanza sobre la escena sus bacanales, pues los novelistas expresan sin saberlo lo que los hombres de una época sueñan en sus noches; como en la Alemania hipercivilizada de los Einstein y de los Heidegger, las fuerzas irracionales irrumpieron con el hitlerismo; así, aquel intento de nuestros doctores tenía que desatar por contraste la potencia dionisíaca del continente americano.

Lo grave de nuestro proceso histórico es que los dos bandos han sido hasta hoy irreductibles: o doctrinarios que creían en las teorías abstractas, o caudillos que sólo confiaban en la lanza y el degüello. Y sin embargo ambos tenían parte de la verdad, porque representaban alternativa o simultáneamente las aspiraciones de los grandes ideales platónicos o las violentas fuerzas de la subconciencia colectiva.

Nuestra crisis actual sólo ha de ser superada si se adopta una concepción de la política y de la vida nacional que abandone de una vez los fracasados cánones de la Ilustración y que, a la luz de la experiencia histórica que el mundo ha sufrido en los últimos tiempos –desde la crisis del liberalismo hasta hoy–, realice en la política lo que las corrientes existencialistas y fenomenológicas han realizado ya en el terreno de la filosofía: una vuelta al hombre concreto, al ser de carne y hueso, una síntesis de los *disjecti membra* que nos había legado la disección racionalista. Síntesis política que si en todo el mundo es ahora necesaria, en nuestro país lo es en segundo grado: tanto por la naturaleza bárbara de nuestra tradición inmediata, como por el exceso de nuestros nuevos ricos de la ilustración que, como siempre pasa con los imitadores, acentúan los defectos del maestro en vez de trasladar sus virtudes.

[...]

Fuente: Ernesto Sabato, *El otro rostro del peronismo. Carta abierta a Mario Amadeo*, s/ed., Buenos Aires, 1956, pp. 40-47.

4

CONTRA LAS "CLASES MORALES"

OSIRIS TROIANI

Examen de conciencia

"Este desastre sólo podrá ser el principio de un resurgimiento si tenemos el valor de aceptarlo como impulso hacia una regeneración total; si nos persuadimos de que un pueblo arruinado por una falsa revolución sólo puede ser salvado y rescatado por una revolución verdadera."

Giaime Pintor: "Il Sangue d'Europa" (Einaudi, 1950)

Los que teníamos veinte años al empezar la guerra conocimos la angustia como atmósfera natural de la vida. En la angustia ha transcurrido nuestra juventud, y de angustia estará empapado ya para siempre nuestro espíritu. Pero la angustia no es sino la intuición del pecado, dice Kierkegaard. Y nosotros somos culpables, nos sabemos culpables.

A la caída de Perón hemos sentido que salíamos de un túnel. Esa sensación de alivio era pecado, porque nosotros habíamos dejado atrás el túnel, pero el país no. Sabíamos que no había eliminado ese régimen de infamia y frustración por un acto de conciencia; sólo habían actuado la fuerza militar, la crisis económica. Persistirían, acaso, los mismos males, sin el chivo emisario que habíamos hallado en ese hombre insignificante, cuyo poder sin límites no era sino la manifestación visible de nuestra impotencia como nación.

Si algo nos distinguía de nuestros mayores, y aun de los camaradas que se incorporaban sin esfuerzo a la vida literaria, era la idea de que nuestra evolución intelectual debía asimilarse íntimamente a la de nuestro país. Su destino era el nuestro. La humanidad iba a alguna parte, la historia tenía un sentido, y por lo tanto, también lo tenía mi existencia. Todo lo individual, salvo ese tributo a la circunstancia, tenía algo de escandaloso, de obsceno.

Debíamos renunciar a toda conquista que no lo fuera también de nuestro pueblo. Y no por razones sentimentales. Por convicción intelectual. Todo lo que pudiéramos hacer en el mero plano literario era mentira. La literatura era vida o era una farsa. Las bellas letras no podían ser sino un ropaje pudoroso para la mentira que nos sofocaba. Sólo la realización concreta de nuestras ideas podía demostrar su veracidad.

El peronismo, y sobre todo su caída, nos puso dramáticamente frente a nosotros mismos, frente a una parte de nosotros que procurábamos ignorar. Era difícil, sí, vivir bajo la lava de abyección y estupidez que cubrió nuestro país; pero nosotros, ¿no habíamos hecho de esa verdad evidente una razón secreta de complacencia, una coartada para la inercia y el aislamiento?

El día en que ese lamentable matamoros se refugió en la cañonera, la reflexión, al menos en mi caso, paralizaba los desvaríos de mi esperanza. No; las revoluciones que no se hacen con el pueblo no son revoluciones: tarde o temprano, aun contra la voluntad de sus promotores, develan su verdadera faz contrarrevolucionaria. Pero ese turbión de angustia que nos acompaña desde niños abría una fisura, despejaba un rincón de cielo en mi prudente escepticismo.

Hoy sé que esa esperanza era pecado, no ya porque experimentamos como victoria lo que era una derrota para el pueblo argentino, sino porque puso en descubierto la mala fe con que enfrentamos a Perón. ¿Hasta qué punto lo hemos considerado nocivo porque nos era personalmente insoportable?

Me hago esta pregunta para turbar también a mis amigos más jóvenes que yo. Dejemos a los otros instalados en sus cómodas certidumbres. Pero ellos son aún demasiado sinceros para dudar de sí mismos, de su lealtad, de su coraje. ¡Cuidado, muchachos, con las emboscadas de la sinceridad!

A la salida del túnel, los hombres de mi edad nos encontramos con que ya no éramos los más jóvenes. Ya no cerrábamos la marcha. A nuestras espaldas había gente. En la escuela, en la cancha de fútbol, en las redacciones, en las escaramuzas callejeras contra el fascismo durante la guerra civil española, mis camaradas me decían "pibe"; ahora me dicen "señor", y yo no me atrevo a pedirles que me tuteen, no vayan a sospechar una condescendencia hipócrita. Y bien, es difícil sentirse cómodo ante los más jóvenes. ¿Qué han hecho ustedes, parecen decir, para evitarnos un espectáculo como éste? ¿Por qué nos estorban el paso si no han sido capaces de ahorrarnos tanta vergüenza?

No hablo en nombre de una generación. En todo caso, es una generación ausente. Somos los que: a) no pudimos aceptar la mistificación peronista; ni b) la restauración oligárquica, su única alternativa; y que, c) fuimos incapaces de organizar una oposición revolucionaria. Vivimos diez años suspendidos entre cielo y tierra. Hemos perdido nuestra juventud y somos un peso muerto sobre la de quienes vienen atrás.

Los que pretenden el nombre de generación del 40 hicieron media docena de poemas elegíacos. No han renovado nada, ni siquiera la técnica literaria. Hoy escriben sonetos los domingos en *La Nación* y ejercen el bombo mutuo en *Sur*. Nosotros no quisimos enmerdarnos con el peronismo, no quisimos enmerdarnos con la fronda intelectual, y hemos terminado por enmerdarnos de nosotros mismos.

Los que tienen veinte, veinticinco, treinta años, sufrieron primero la ceguera del peronismo y ahora la sordera de la oligarquía. Tan desvalidos están como nosotros en la época de Justo. Yo escribía: "Sobrepujar/mi esfumada medida/ensanchar con un grito/el orden de las leyes/legar/una vida más bella/que la que yo he vivido". No hemos legado nada. Ni un partido de izquierda, ni una hoja periódica audaz e inteligente, ni un libro encendido, como los que escribieron Dylan Thomas, Jean Prevost o Giaime Pintor antes de marcharse al otro mundo.

No nos queda más que volvernos hacia ellos, hacia los jóvenes, hacer nuestro examen de conciencia y pedir en sus filas un puesto de recluta. Hay que empezar de nuevo.

Nosotros nos habíamos sustraído a la marea pestilente con el recurso del desprecio. Por la simple razón de que ese hombre mentía –mentía porque denunciaba un estado de cosas que él no podía ni quería corregir, y que era, además, el acreció do su fuerza– nos negamos a escuchar razones que, en buena parte, son verdad, y conciernen a la crisis general de nuestro tiempo.

El peronismo –me refiero a su ideología, no a su acción real– implantó la política sobre nuevas bases: defensa de los intereses populares y de la comunidad nacional. Los otros no defendían sino cierta idea abstracta del hombre, abstracta y trasnochada. Esa ideología era, moral e intelectualmente, superior a la del liberalismo. (Tal, por lo menos, como la expone hoy un buen señor –ya hablaremos de su artículo más adelante– en uno de los diarios de la cadena Erro, sucesión Apold.)

Una oposición eficaz debía moverse dentro de aquellos límites: sólo así era posible "desbordar" al peronismo. Aventajarlo en vocación nacional y en empuje revolucionario. Denunciar sus yerros diplomáticos y económicos, que luego harían forzosas ciertas concesiones al imperialismo, y su tendencia a "fijar" la relación de clases en el precario equilibrio establecido en los años iniciales del régimen. Todos los sectores que hoy aclaman a la revolución restauradora han sido solidarios con esa tendencia de la segunda etapa peronista, todos han aplaudido alguna vez esos yerros económicos y diplomáticos de Perón.

Los viejos dirigentes democráticos no pecaron de imaginación; ellos también se retiraron al Aventino para rendir culto a sus ideales. Esos ideales son sagrados, intocables: son tabú. Ahora un triunfo temporario les sirve de argumento. Era el argumento de Perón.

La política de hace cincuenta años se fundaba en una serie de antinomias: nacionalismo o deserción moral, intolerancia religiosa o anticlericalismo, cesarismo o equilibrio de poderes. Todas esas antinomias son ficticias: sirven para entretener disputas baladíes y diferir la única disputa real. Los males del nacionalismo burgués no se combaten con la deserción moral, sino con un nacionalismo proletario. La intolerancia religiosa no se extingue milagrosamente el día en que se vota la separación de la Iglesia y el Estado; si creamos un Estado revolucionario, la Iglesia misma pedirá la separación. En cuanto al cesarismo, es para las clases poseedoras un arma de doble filo: debilita al Estado en vez de robustecerlo; lo pone en manos de un hombre, de una camarilla, relativamente indepen-dientes de los intereses dominantes. Esa laya de aventureros, cuando han de op-tar entre el interés de clase o el suyo propio (que es, simplemente, no ceder la baraja), echan por la borda el interés de clase, a diferencia de los virtuosos repre-sentantes del equilibrio de poderes.

Esto es lo que aprendimos, no del peronismo, pero sí durante el peronismo. Las vestales de la democracia prorrumpirán en anatemas: la peste totalitaria nos ha contagiado. La verdad es que nosotros tenemos la culpa de que aún se hable en presente de esa gente. ¡Nos había hecho a su imagen y semejanza! No nos arrepentimos, pero cierta inhibición moral nos impidió redimir a la política ar-gentina de la hipoteca de un izquierdismo ramplón. Aún le da el tono la pequeña burguesía ignorante, con su mezquindad, su resentimiento, su ideología liberal, que le impide ser realmente libre. Que es su cepo.

Pero todo esto no supimos decirlo a tiempo.

En 1955 nos esforzábamos aún por imaginar un programa nacional y popu-lar que hubiera sido bueno, quizá, para la Argentina de 1948. En política exte-rior, estatuto de neutralidad bajo la égida de las Naciones Unidas, junto a la In-dia, Egipto, Yugoslavia, e irradiación de nuestra influencia sobre América Latina. En política interna, pacto entre los partidos que aceptasen un régimen de contenido revolucionario y antiimperialista, rechazo de los demás fuera de la oposición constitucional, responsabilidad pluripartidaria en algunos sectores (Relaciones Exteriores, Economía). En política económica, completar las nacio-nalizaciones (Sofina, Standard Oil, frigoríficos), fundación de la industria pesa-da, proteccionismo, saneamiento financiero.

Ya era tarde. La batalla se había dado en 1950-51, cuando nosotros atrave-sábamos nuestra enésima crisis de conciencia. La burguesía es previsora: hizo salir a Menéndez para obligar a Perón a asumir la dictadura. Desde entonces era ilusoria toda transición pacífica, que dejara en pie las conquistas nacionales y populares de 1945. La burguesía es clarividente: empujó a Perón contra la Igle-sia y el Ejército para obligarlo a salir a Lonardi, y a Lonardi lo empleó para que cubriera lo que venía atrás. Lo que venía atrás era, sencillamente, el peronismo reaccionario de 1950, al que el pueblo estorbaba para su conversión a la derecha. A éstos ya no les estorbaba el pueblo. La burguesía se ha ganado otros diez años de tranquilidad.

Sí, ya era tarde. Después de junio, cuando se preparó la cancha para la fi-nal, me eché a la calle a pedir que se aceptase la pacificación: se me reían en la cara. Los hombres de orden no podían volver sino a bombazos. Nada debía sal-varse de lo que fue nuestra vida durante diez años. Había que hacer tabla rasa, dijeron los hombres sabios, los prudentes, los socráticos. Había que ponerles la bota encima a los cabecitas negras, dijeron los civiles.

Esta versión de la historia reciente parecerá, sin duda, demasiado perversa, o por lo menos es posible presentarla así: basta empeñarse en tomarla al pie de la letra. Pero hay que elegir entre esta versión y la sádico-ascuista. Veamos, por ejemplo, un artículo del señor Mario Luis Descotte, que hoy nos ilustra desde las columnas de *El Mundo*.

Según parece, *"el destino de los hombres, regido por circunstancias y factores que escapan muchas veces a la lógica más estricta, está signado, sin embargo, por la intransferible raíz de cada individuo"*. ¿Ustedes entendieron algo? Yo tampoco. *"Quien intente evadirse de ella, niega su propio yo, cae en el vacío, es decir en la ficción, y escamotea su propio destino"*. El destino, por supuesto, se lee en una bola de cristal. *"Esa raíz* –prosigue Nostradamus, en el estilo de Nostradamus– *alimentada por una savia cósmica, es como una célula que se va reproduciendo y termina por crear al individuo, desde el fondo del tiempo, su propio ámbito, encauza su esperanza, sus posibilidades, su destino auténtico"*.

¿Ustedes no adivinan todavía a dónde apunta este oracular preámbulo? ¡Pero sí! *"Intentar evadirse de su propia raíz, no por evolución sino por vanidad, por ambición o por imposición externa, es correr el albur del fracaso y del ridículo"*. Es, sin duda, lo que pasó con los peronistas. Porque *"este fracaso, que generalmente es fomentado por el canto de la sirena* (hay intelectuales que, como la policía, atribuyen el malestar social a los agitadores), *es el que crea al resentido social"*. ¡Finalmente!

El resentido, víctima de un complejo de inferioridad, *"vuelca la amargura de su fracaso contra quienes considera usurpadores de su felicidad"*. Odia, destruye. *"Por incultura e incomprensión no acepta que los demás hayan resuelto un problema que él tiene sin resolver aún."* Ese problema, por supuesto, no tiene nada que ver con los factores materiales de la vida. Es un problema del *"espíritu"*.

Y ahora el señor Descotte va al grano. *"Durante diez años el dictador en fuga habló de una oligarquía que sólo existía en sus planes maquiavélicos. Durante diez años se ocupó, entre otras calamidades, de dividir al pueblo, haciendo creer a una mitad que la otra mitad lo estaba estafando"*. Si la primera mitad lo hubiera comprendido, la otra no hablaría a estas horas por boca del señor Descotte, y el señor Descotte estaría en Panamá haciendo las veces del ingeniero Pascali, que no es, al fin y al cabo, un resentido social.

En realidad, *"la única aristocracia vital que existía en el país era la del espíritu"*, a la que pertenecen el señor Descotte y la cofradía sádico-ascuista, y *"el pueblo argentino no estaba dividido en clases sociales propiamente dichas, sino en individuos, pobres o ricos"* –ello es indiferente– que *"llevaban en lo profundo de sus almas la raíz del bien o del mal"*. No nos cuesta esfuerza adivinar de qué lado estaba el mal.

El artículo termina con un ardiente panegírico del grupo social al que pertenecen el señor Descotte y el ingeniero Pascali, *"intelectuales, profesores y jueces"*, que *"mantuvieron intacta su dignidad"*, y con el descubrimiento de una ley sociológica llamada a crear en el siglo venidero toda una escuela de pensamiento: no hay diferencia de *"clases"* sino de *"clase"*. Después de esto, el señor Descotte pasa por la ventanilla y retira un sobre lleno de espíritu.

Pero esto que debía ser una digresión se ha convertido en agresión. Presento mis excusas al señor Descotte. Bien es verdad que hoy el privilegio se defiende más astutamente. Américo Barrios lo hacía mejor. Pero el señor Descotte ha llegado a estas conclusiones solo, con su propia inteligencia. Y yo no me perdonaría si le hubiese suscitado la menor inquietud sobre la pureza de sus ideas, o turbado su límpida inconciencia.

A lo que iba: estos señores han sido nuestros aliados por diez años, ésta era la libertad que defendíamos. La coincidencia entre ellos y nosotros se hacía sobre sus argumentos, no sobre los nuestros. Confesemos que aun hoy, en las mismas circunstancias, volveríamos a confundirnos con ellos en aquel mismo antiperonismo genérico e indeterminado que nos permitía sentirnos decentes en medio de la canalla desatada. Sí, confesémoslo. Lo que nos une a esta gente, cuyas ideas nos repugnan, es más fuerte que lo que nos separa. Somos tan filisteos como ellos, más que ellos.

En nuestro país se han enfrentado la barbarie y la decadencia. Los argentinos que aun no tienen conciencia —conciencia de sí mismos, por y para una clase, por y para una nación— y los que ya la han perdido. Las mayorías crédulas y las minorías cínicas. ¿Cuál era nuestro bando? Ninguno de los dos. ¿Pero dónde hallaríamos aliados? En los dos, sin duda. Y nos pusimos a buscarlos. Inútil, desesperada búsqueda. La barbarie y la decadencia se excitaban mutuamente. Eran dos lesbianas; nos rechazaban. Más aún: la barbarie y la decadencia estaban dentro de nosotros mismos, unidas en un monstruoso nudo de amor.

Pero nuestro instinto nos quiere presentes doquiera transcurran acontecimientos decisivos y las experiencias humanas más interesantes. No se trata, por cierto, de enajenarnos a lo colectivo. Para nosotros, sin embargo, no hay posibilidad de salvación personal en la neutralidad y el aislamiento. Estamos hechos así. La coquetería de los intelectuales consistía antes en parecer siempre absorbidos por preocupaciones más altas que los debates de cada día. Pero cada día es la vida. El tiempo humano es el único habitable. Puesto que no somos inmortales, imitemos a Empédocles. A descomponerse lentamente, es preferible perecer en las llamas de la actualidad.

No nos preocupemos: nuestras novelas, ensayos, poemas, llevarán su fecha de envase. Lo que sí depende de nosotros es que seamos concientes de ello. Si no lo somos, quizás el hombre de mañana leerá nuestros libros, pero nuestros libros no ayudarán a construir el mundo de mañana. Y no nos basta. Es nuestra ingenuidad, nuestro idealismo: tenemos el mismo derecho a él que los demás. La literatura, cierta literatura no nos basta. Te aplauden, te hinchas, luego ponen el libro en un estante y nadie piensa más en ello. Cierto, podríamos vivir contentos en nuestro rincón, con una hermosa biblioteca y una vieja alfombra, entre libros dedicados, entre bibelots y recuerdos de viaje, y cuadros que no hemos tenido necesidad de comprar. Pero vendríamos a parar en estetas, en almas bellas, y ésas son gentes a las que no querríamos parecernos por nada del mundo.

Sin perjuicio de escupir cuando oigamos mentar la patria, necesitamos, para que el trabajo de escribir nos interese de veras, que nuestro pueblo acometa una tarea histórica. Una contrarrevolución no lo curará de los males de una revolución imaginaria. Necesita una revolución verdadera. Expansión, conquista, misión, son palabras que valen para él y para nuestra obra. Sólo una vida nacional en plenitud puede depararnos días de goce creador.

Creo que esta idea, tácita –es decir, indiscutible– favoreció hacia 1954 el encuentro de dos grupos de edades, uno que el peronismo había sepultado en vida, otro cuya germinación contribuyó a horadar la capa de hielo del peronismo. Uno que se había debatido sin cesar en el confuso límite entre moralismo y oportunismo, y otro que a través de las coacciones externas e inevitables humillaciones ha calcinado rudamente sus huesos. Dos grupos que el peronismo pareció separar con una pantalla de incomprensión mutua, y que contra el peronismo, sin embargo, nos hemos unido.

Hoy esa idea no basta: nos falta Perón. Es preciso coincidir en otra. Ésta: la libertad que hemos reivindicado contra Perón no la queríamos para disfrutarla, sencillamente. Una triste caterva de intelectuales se presta hoy a los más viles menesteres, al servicio de los nuevos amos. Nosotros la queríamos para volverla contra todo lo viejo, lo artificioso, lo mezquino. La queríamos para desintegrar la masa de mentira que ayer mistificaba a la clase obrera. Hoy el poder segrega otro lote de mentiras, que seduce a la clase media, y que se reducen a la concepción de la libertad como epifenómeno de la libre empresa.

Queremos la libertad para usarla contra quienes la conceden; y como es justo que en ese caso nos la nieguen, estamos dispuestos a tomarla de prepotencia. Libertad es la que se arranca, no la que se concede. Al fin y al cabo, si la burguesía nos deja decir lo que nos dé la gana –y está por verse– es sólo para que no pensemos todo lo malo que pensamos de ella. No podemos caer en esa trampa. Es demasiado vieja.

Fuente: *Contorno,* N° 7-8, julio de 1956, pp. 9-11.

5

UNOS MALES DIFUSOS Y PROTEICOS

EZEQUIEL MARTÍNEZ ESTRADA
¿Qué es esto?

Se comprenderá que si he concebido y dado a luz, a los sesenta años y después de cuarenta de una carrera victoriosa, un ser apocalíptico que también a mí me espanta, ha de haber sido porque a ello me impelía una fuerza superior a las propias. Esa fuerza es sencillamente un imperativo absolutamente categórico, inexorable, terrible, exterminador. Es un gran deber integrado por deberes menores de conciencia cívica y patriótica, de decencia personal y de salubridad pública, de hombre que tiene la responsabilidad de pensar y de hablar por los que reposan y enmudecen. Hace veinticinco años hube de abandonar la poesía, a la que había ofrendado mi vida en la niñez, para montar a caballo y hacer mi campaña, bien o mal, al Paraguay y al Alto Perú. Ahora, ante la torpeza de unos y la cobardía de otros tengo que decir lo que no hubiera querido, en un lenguaje que jamás creí que me animase a usar. Pero me duele lo que a otros les distrae. En cuanto a la elegancia de mi actitud, a la corrección de mis movimientos, a las interjecciones que profiero, no se olvide que estoy peleando. Con los de la izquierda y los de la derecha, como Orlando Furioso. Algo arriesgo en todo esto y a pura pérdida. Lo que, me lo anticipan mis amigos, he de perder es cuantioso sin ninguna probabilidad de ganancia ni de victoria. Pero mi pelea no es la de Cruz, cuando la policía está vencida. Y hubiera perdido algo inmensamente más valioso que el renombre, el respeto, el bienestar y la paz que merecía mi fatigada ancianidad; hubiera perdido más que la vida si me hubiera deshonrado, callándome o asintiendo.

Sé, en fin, que combato contra Holofernes o contra Goliat, contra un gigante y contra una multitud de esbirros gigantescos. No tengo más que una honda y una piedra, y estoy desnudo y solo. Pero como me anunció mi madre, cuando era aún muy muchacho, y sin pretender vaticinar la pobre, la fuerza de mi brazo me la ha dado Dios.

Alguna vez dije esta verdad: yo escribí "Radiografía de la Pampa", pero no la he leído. Ahora, después de tener concluido este panfleto, "una interpretación de la etiología y diagnóstico del peronismo, considerado como fenómeno típicamente argentino", me decidí a leerlo. Tuve razón de no modificar una letra en las ediciones sucesivas a la primera de 1933. Yo mismo creo ver en ese libro algo más que cuando, entre lágrimas y sinsabores, lo escribí. Este panfleto puede ser apéndice de la serie de obras que tratan de interpretar nuestra realidad, y Dios me consienta descansar de esta batalla. Ya hay quienes me rodean con simpatía y no me siento tan solo, de donde el coraje que he necesitado para cantar otra vez con toda la voz que tengo. Hay jóvenes que comienzan ahora a aprender el alfabeto de esta nueva lengua que exige la lectura de nuestro libro jeroglífico de la realidad. Los jóvenes que sigan a estos jóvenes lo harán todavía con mayor provecho.

Yo no hablo el esperanto para que me entiendan todos. Hablo para mis congéneres, con quienes me entiendo hasta por gestos, sin necesidad de hablar. No pretendo predicar en el desierto, porque ni soy un apóstol ni un idiota. Hablo a mis iguales, de hombre a hombre, de conciencia a conciencia, de deber a deber. Si algún día no pudiera contar a mis interlocutores sino con los dedos de una mano, por cierto que no echaría de menos la multitud a la que siempre he compadecido y nunca adulado. Todavía me sobrarían cuatro. Y en cuanto a que pueda yo tener razón o no, recuerdo las reflexiones de Thoreau, cuando fue detenido por negarse a pagar el impuesto de un dólar que se le exigía caprichosamente, a su juicio. Más o menos decía: Si yo estoy preso y solo y tengo razón y los demás están libres y no tienen razón, yo tengo mayoría de uno...

En la figura de Perón y en lo que él representó y sigue representando, he creído ver personalizados si no todos, la mayoría de los males difusos y proteicos que aquejan a mi país desde antes de su nacimiento. Como los ácidos que se usan en fotografía, reveló y fijó muchos de esos males que sería injusto atribuirle, pero que ciertamente magnificó y sublimó hasta llegar a convertirlos en bienes para el juicio de muchos incautos. Quedan aún individuos que prefieren eximirlo de culpa antes de confesar que esos males los encontró él vigentes y que como político de ley los fomentó puesto que le convenía mantenerlos en vigencia. No hacen otra cosa los demás políticos y se nota uno inclinado a pensar que eso constituye la política.

Nada de extraño, pues, que como Lutero en Wittenberg arroje yo mi tintero contra su sombra en la pared. Se comprende que por mucho daño que haya padecido yo en poción multimillonésima, el daño que sus tropelías han causado a mi país y a mi pueblo son infinitamente mayores; y no defiendo con esta catilinaria posiciones perdidas como muchos de mis compañeros, porque me duelen más los golpes de *knut* aplicados a mi pueblo en sus carnes y en su alma.

Por mi pueblo no tengo debilidades demagógicas; lo amo y lo compadezco. Creo que debemos juzgarlo severamente y también tener por él una gran piedad, porque la única vez que un gobernante se acercó a él, le puso la mano en el hombro y le dijo "compañero" fue para venderlo por treinta dineros. El papel providencial de Perón, si bien se examina, ha sido más que el del rey que pidieron a Zeus las ranas, el de Judas Iscariote. Dostoiewski profetizó que el pueblo ruso sería el nuevo Cristo para una nueva redención del género humano, y acertó en cuanto el destino de todos los pueblos es el de ser crucificado para ser redimido. Sin sacrificio no hay beneficio, y yo estoy seguro de que mi pueblo podría purificarse de aquellos viejos y específicos males si se le permitiera tener conciencia de lo que ha padecido, considerándolo como una catarsis y no lo ofuscaran y lo engañaran, otra vez como tantas, los que se ofrecen a guiarlo hacia la luz. Pues si mi pueblo ha estado ciego es porque le han puesto una venda en los ojos, y si ahora no ve es porque le han cambiado la venda. ¿Es que los dirigentes de la opinión tienen tanto miedo a la luz que temen hasta a los ojos? Ahora es la coyuntura providencial que se nos ofrece para salvarlo. No debemos mentirle sino decirle la verdad, y es seguro que nos agradecerá el dolor que le causemos para su bien. Mi pueblo había cometido muchos y muy graves pecados y Perón le ofreció la impunidad y no la absolución. Hay que ofrecerle la regeneración, la purificación. Castigo y compasión, sobre todo amor y solidaridad humana. No hago su defensa en estas páginas, porque antes es preciso determinar netamente cuál es el grado de su culpabilidad en este crimen de lesa patria al que ha prestado sus manos de cómplice ejecutor; tampoco es noble ni justo absolverlo con frases tan incoloras e inodoras como "ni vencedores ni vencidos". Pues vencido ha sido el pueblo y vencedores sus viejos iscariotes. Fariseos, filisteos e iscariotes glorificados. Hemos de tratarlo de distinto modo si resulta incurso en pecados inherentes a su origen, educación y condiciones de vida, que si resulta relapso impenitente. Qué puede hacerse por él y cómo ha de encararse la planificación psicoanalítica de su recuperación, es asunto para otras meditaciones. Otra vez debo constreñirme a la exposición de la etiología y sintomatología de nuestros males, aventurándome apenas a un diagnóstico. Creo que estoy en condiciones de aconsejar una terapéutica; pero todavía hay mucho que averiguar en la etiología, en la sintomatología. ¿Cómo puede aconsejarse un tratamiento sin un diagnóstico exacto? Y estamos bien lejos de esto, además –¿para qué ilusionarnos?– muy pocos son los que ansían de corazón la cura. Los médicos saben que las enfermedades son costumbres y que el enfermo se aviene tan cómodamente a su enfermedad que llega a convertirse en parásito de ella. Siempre saca algún provecho de sus males.

Yo también creo, con Simone Weil, en cuanto la situación de la Argentina es análoga a la de Francia después de la ocupación, que nos sería sumamente fácil, casi tarea que se cumpliría por sí misma y en poco tiempo, la regeneración moral de mi pueblo, su fortalecimiento en la salud y su "puesta en forma" para un gran destino. Todo dependerá de que encontremos la fórmula exacta, las pocas palabras del conjuro. El secreto es ése: hallar las palabras. Y hemos de confesar que Perón las encontró según sus propósitos, y que si en vez de hablar un lenguaje mendaz hubiera hablado el del verdadero patriotismo, habría podido realizar lo que ahora es también posible pero más difícil. Porque la empresa de regenerar decía ya Echeverría a De Angelis o de purificar a nuestro pueblo ha de ser, a mi juicio, obra de ensalmo, por decirlo así. Pocas palabras y acaso una, como "Sésamo" o, con más aproximación, tres: "Levántate y anda".

Se acabó para mí, afortunadamente, como una enfermedad nacional que he padecido, aquel cuarto de siglo en que fui perseguido, humillado, señalado con el dedo como antipatriota, tildado de pesimista. Todo eso pasó y yo estoy viejo, viendo hozar a mi pueblo en busca de trufas. Para muchos todavía seguiré siendo (por este libro, en el caso de que los otros se me hayan perdonado), un censor implacable, un puritano. ¿Tanto? Apenas un ciudadano honrado.

Espero que han de ser un día los peronistas quienes mejor me comprendan y quienes me den razón. Eso indicaría que el Espíritu del Señor habría descendido sobre mi pueblo. Nunca he aspirado a nada más.

Bahía Blanca, enero 12 al 31 de 1956

Fuente: Ezequiel Martínez Estrada, *¿Qué es esto?*, Prólogo, Lautaro, Buenos Aires, 1956, pp. 13-15.

6

EL CONTENIDO Y LA FORMA

GINO GERMANI
*La integración de las masas a la vida política
y el totalitarismo*
(fragmento)

[...]
3. LA SEUDOSOLUCIÓN TOTALITARIA Y EL CASO ARGENTINO

En la sociedad contemporánea, cualquier régimen necesita para ser durade-
ro del consentimiento activo o pasivo de las masas (o, por lo menos, de una porción considerable de ellas). Y éstas lo conceden cuando sienten que de algún
modo son parte de la sociedad nacional, o cuando, por lo menos, no se sientan
excluidas de ellas. Esto no significa que no se las pueda engañar o neutralizar.
La historia reciente es en gran parte la historia de este engaño y neutralización.
La diferencia entre la democracia –o lo que debería ser la democracia– y las formas totalitarias, reside justamente en el hecho de que, mientras la primera intenta fundarse sobre una participación genuina, el totalitarismo utiliza un *ersatz* de
participación, crea la ilusión en las masas de que *ahora* son ellas el elemento decisivo, el sujeto activo, en la dirección de la cosa pública. Y sobre aquella parte
que queda excluida hasta de esta seudoparticipación, logra aplicar exitosamente
sus mecanismos de neutralización.
Es verdad que esa ilusión se logra por muy diferentes medios en los distintos tipos de totalitarismos. A este respecto el régimen peronista –que en varios
aspectos importantes se diferencia de sus congéneres europeos– constituye un
ejemplo del mayor interés. Comparémoslo por un momento con las formas clási-

cas del fascismo y el nazismo.* Mientras la base humana de éstos hallábase constituida por la burguesía y fundamentalmente por la clase media inferior (pequeña burguesía, campesinos medios y pequeños, empleados, comerciantes, etc.), siendo muy reducida –por lo menos, en los comienzos y durante largo período– la participación del proletariado,** el peronismo se basó esencialmente sobre el apoyo de grandes sectores de las clases trabajadoras urbanas y rurales. Esta diferencia en la base humana de ambos tipos de totalitarismo, derivante de la particular situación histórico-social en que se desarrollaron (que se indicarán someramente), produjo a su vez otros rasgos diferenciales de gran importancia que, en parte, tocan precisamente el problema de que se está tratando.

El proceso de industrialización y urbanización que caracteriza a la sociedad moderna tiende a transformar radicalmente la composición y el volumen de las clases populares y medias. En las primeras, los trabajadores rurales y urbanos (de oficios artesanales o similares) se transforman en "obreros"; en las segundas surgen y cobran un extraordinario impulso las ocupaciones burocráticas, mientras que las categorías de la llamada "clase media" "independiente" tienden a disminuir en poderío y significado económico-social. Puede hablarse así, en cierto sentido, de dos tipos de masas: *las populares*,

* Si bien estos regímenes europeos constituyen los términos de comparación más usados con respecto al peronismo, no han faltado referencias al régimen soviético. Es innegable la existencia de elementos comunes en todos ellos; pero, por otra parte, no escapará a nadie que, por su naturaleza y significado histórico presentan también diferencias marcadas que hacen más difícil (y estéril) una confrontación directa.

** Que las posiciones respectivas de las clases medias y las populares se hallara invertida en el nazifascismo (con respecto a la experiencia argentina) es innegable. Por ello la ideología fascista ha sido asumida como sinónimo de "ideología de la clase media", aunque, por supuesto, como ya lo advertía Mannheim hace dos décadas, es esta última una inferencia sólo generalizable dentro de las circunstancias histórico-sociales típicas de ciertos países de Europa. La originalidad del peronismo consiste, por tanto, en ser un fascismo basado en el proletariado y con una oposición democrática representada por las clases medias, circunstancia ésta que hubiese sido considerada absurda por los observadores europeos hace un cuarto de siglo. Para algunos datos sobre la composición social del fascismo y el nazismo véanse: Rossi, *La naissance du fascisme*, París, N. R. F., 1938 (cf. la página 129 por ejemplo: composición del partido fascista en 1921: clases medias urbanas, 60%; trabajadores agrícolas, 25%; *lumpenproletariat*, obreros desocupados y dependientes de administraciones públicas, 15%). Lasswell y Sereno (*American Political Science Review*, octubre 1937) mostraron también el típico cambio de composición en la *élite* dirigente italiana con el advenimiento del fascismo que produjo el ascenso de hombres de la pequeña burguesía (sobre una muestra de 308 principales jerarcas, 254 pertenecían a la pequeña burguesía). Para Alemania los datos no son menos conclusivos. Véanse los clásicos estudios de Lasswell (*Political Quartely*, 1933, IV, 373-384), Fromm (*El miedo a la libertad*, cap. VI), etc. Referencias estadísticas precisas acerca de la composición del electorado nazi, pueden consultarse en Heberle (*Social movements*, New York, Appleton Century, 1951). Las correlaciones computadas por este autor muestran, por ejemplo, fuertes índices positivos entre nazismo y pequeños propietarios e índices fuertemente negativos con respecto a los obreros rurales y urbanos.

sobre todo obreros industriales y similares, y *las de clase media*, particularmente empleados, y también pequeños comerciantes, residuos artesanales, pequeñas industrias, etcétera.

La posición político-social de estos dos tipos de masas en la sociedad contemporánea no es necesariamente análoga. Por el contrario, existen generalmente ciertos elementos que tienden a escindir su acción (aunque, por supuesto, no está dicho que ello ocurra fatalmente). Tal diferencia de posición se ha verificado tanto en el caso del nazifascismo como del peronismo. En el primero las masas populares, embanderadas en los movimientos de izquierda, intentaron producir un desenlace revolucionario de tipo socialista o comunista. En este caso el totalitarismo asume un carácter francamente antiobrero. Fueron los grupos mayormente interesados en la conservación de la estructura político-social preexistente los que crearon los movimientos totalitarios sirviéndose de una *élite* de "forajidos" (H. Laski) y de una masa pequeño burguesa. Para entender esta posición debe recordarse que las clases medias de esos dos países trataban de resistir el proceso de "proletarización", que estaba destruyendo su limitada superioridad económica y su tradicional prestigio social con respecto a las clases populares.

En la Argentina se verificó un alineamiento opuesto de los dos sectores de las masas. Las populares constituyeron la base humana del totalitarismo, mientras que las de clase media (acaso con ciertas excepciones en los niveles inferiores, una fracción de los empleados y dependientes de comercio especialmente), se colocaron en la oposición o fueron neutralizadas. Las causas de este fenómeno son múltiples y deben buscarse naturalmente en la historia del país y en las circunstancias inmediatas. Pueden acaso resumirse así:

a) Proceso rápido de industrialización y urbanización masiva. Estos hechos son muy conocidos y no vale la pena puntualizarlos. Como consecuencia de la rapidez del proceso, la clase popular masificada era de formación reciente, carecía de experiencia sindical y no había sido todavía politizada por los partidos tradicionalmente obreros.

b) Por el mismo motivo, y además debido al carácter inmigratorio de la población y otros importantes factores históricos, también las clases medias eran de formación reciente, y sin las tradiciones de prestigio, etc., que marcan de manera muy neta la diferenciación social en Europa.

c) No había un problema específico de proletarización de clases medias y esto tanto desde el punto de vista económico como psicológico. Las clases medias eran producto de un ascenso social reciente. En cuanto a su integración política, estos grupos habían logrado su expresión por medio del radicalismo, que, por otra parte, también recibía el apoyo de la incipiente masa popular.

d) Existía, en cambio, el problema de integración de las masas populares, que se presentaba, además, agravado por el hecho de la creciente concentración urbana en la zona del Gran Buenos Aires. El problema de la integración de estas masas ofrecía también ciertas significativas vinculaciones con otras épocas de la historia del país.

e) Por lo tanto, mientras en Europa el proceso de "proletarización" había dejado como "masas disponibles" (R. Aron) a las clases medias, en la Argentina la industrialización y urbanización habían colocado en ese estado a las clases populares.

Como consecuencia de las contrastantes características de sus respectivas bases humanas, los dos tipos de totalitarismos emplearon distintos medios para asegurarse su apoyo.

No entendemos negar con esto la existencia de elementos psicosociales comunes en todo el totalitarismo: la identificación de la masa con el "líder", el contacto directo, personal, diríamos, a que éste apunta (y frecuentemente logra: recuérdense los típicos "diálogos" con la muchedumbre), representaban en la Argentina como en los casos europeos (aunque en distinta medida) un poderoso vehículo en la formación de esta seudoparticipación necesaria para el consentimiento. Mas aquí termina, por lo menos a este respecto, la similitud entre el fenómeno europeo y el argentino. En el primero, el vehículo *carismático* entre líder y masa y el sentimiento de participación se fundaban sobre otro poderoso complejo de actitudes: el sentimiento de prestigio social y jerárquico, y de superioridad nacional y racial. Las severas frustraciones a que se vieron sometidas las clases medias alemanas e italianas en la primera posguerra como efecto del proceso de creciente proletarización, originaron no ya una defensa realista de sus intereses, sino la proyección de sus problemas en términos de reivindicaciones nacionales y una reafirmación de su tambaleante prestigio social frente a un proletariado en ascenso, mediante la ficticia superioridad creada por las complicadas jerarquías del partido único y de sus organizaciones civiles y militares. El mito de la superioridad racial y un nacionalismo exasperado y agresivo, tenían además la función psicológica de asegurar cierto sentimiento de participación a las clases populares que estaban destinadas a ocupar la base de la pirámide social y cuyos sentimientos de valor personal debían ser de algún modo compensados. Así, la ideología de los fascismos europeos se adecuaba al tipo de grupos sociales que constituían su base humana. Una concepción jerárquica que permitía satisfacer las necesidades psicológicas de las distintas capas de la clase media, y la transposición de tal jerarquía en el orden internacional con el mito de la superioridad racial y nacional, destinada a asegurar la integración también de las clases "socialmente inferiores" (según la jerarquía a regir en el interior de cada país). Huelga advertir que esta extrema esquematización sólo puede proporcionarnos una visión deformada del fenómeno concreto, complejo y contradictorio como toda realidad social. Recordemos, sin embargo, que el fascismo italiano (hasta 1943), incluso cuando llegó a acentuar el supuesto carácter antiburgués, prefería hablar de "nación proletaria" frente a "naciones plutocráticas" o "capitalistas"; es decir, tendían a proyectar la lucha de clases en términos internacionales, evitando así, incluso como recurso demagógico, la mención de las tensiones interclases dentro de la nación. Por último, y esto es muy importante para marcar una diferencia con el caso argentino, a pesar de sus esfuerzos, el fascismo no logró realmente el apoyo activo de la mayoría de los trabajadores urbanos y aun rurales. Hubo más bien "neutralización", "conformidad automática" (Fromm), es decir, una aceptación pasiva* que no puede compararse con la adhesión brindada por las clases medias. Innegablemente fascismo y nazismo fueron "regímenes de masa", pero se trataba tan sólo de una parte, aunque considerable, de las masas que constituyen la sociedad moderna y precisamente de aquellos sectores medios y medio inferiores que un avanzado proceso de industrialización tiende a la vez a multiplicar numéricamente y a proletarizar desde el punto de vista económico y social.

Con el peronismo nos hallamos frente a un panorama distinto. Su orientación ideológica, para adecuarse a la base humana del movimiento, debía asumir otro contenido. Al lema fascista de "Orden, Disciplina, Jerarquía", sustituye el de "Justicia Social" y "Derechos de los Trabajadores". Excepto en algunos casos aislados (que quizá correspondieron a intentos de arribar a una modificación de la base humana del movimiento), el acento caía no ya, como en el fascismo, sobre la "colaboración de las clases", sino en las tensiones entre clases. Aun evitando cuidadosamente toda medida que alterara de manera efectiva la estructura social del país (recuérdese que estamos tratando únicamente acerca del aspecto ideológico y psicosocial), se presentaba como expresión de las clases trabajadoras en lucha con la "oligarquía explotadora". La realidad subyacente era otra y escapa a nuestros propósitos examinarla aquí; lo que sí interesa es examinar más detenidamente de qué manera el peronismo logró el apoyo sincero de vastos sectores populares (y ello en agudo contraste con los fascismos europeos), y cuál es el verdadero significado que debe asignársele.

En la interpretación de este fenómeno se ha incurrido en graves equívocos. Según la versión generalmente aceptada, el apoyo de las clases populares se debió a la demagogia de la dictadura. Una afirmación tan genérica podría aceptarse, mas es, por lo menos, insuficiente. Pues lo que tenemos que preguntarnos a continuación es en qué consistió tal demagogia. Aquí la interpretación corriente es la que por brevedad llamaremos del "plato de lentejas". El dictador "dio" a los trabajadores unas pocas ventajas materiales a cambio de la libertad. El pueblo "vendió" su libertad por un plato de lentejas. Creemos que semejante interpretación debe rechazarse. El dictador hizo demagogia, es verdad. Mas la parte efectiva de esa demagogia no fueron las ventajas materiales, sino el haber dado

---

* Como ha sido repetidas veces demostrado, las características de la sociedad de masa predisponen a todos los ciudadanos a una "aceptación pasiva" frente al Estado; particularmente, frente al creciente poderío de la burocracia (pública y privada). Recuérdese el mecanismo de "conformismo automático" tan bien descrito por E. Fromm, *op. cit.*, cap. V. También C. W. Mills ha descrito recientemente (con respecto a los Estados Unidos) y en términos impresionantes, la indiferencia política de la masa; ver *White Collar*, New York, Oxford University Press, 1952, p. 382 y ss.

Este "conformismo automático" es, por supuesto, distinto de la adhesión que caracteriza a los partidarios activos del movimiento totalitario: aquí funcionan los mecanismos irracionales a que se alude en el texto.

al pueblo la experiencia (ficticia o real) de que había logrado ciertos derechos y que los estaba ejerciendo. Los trabajadores que apoyaban la dictadura, lejos de sentirse despojados de la libertad, estaban convencidos de que la habían conquistado. Claro que aquí con la misma palabra libertad nos estamos refiriendo a dos cosas distintas; la libertad que habían perdido era una libertad que nunca habían realmente poseído: la libertad política a ejercer sobre el plano de la alta política, de la política lejana y abstracta. La libertad que creían haber ganado era la libertad concreta, inmediata, de afirmar sus derechos contra capataces y patrones, elegir delegados, ganar pleitos en los tribunales laborales, sentirse más dueños de sí mismos. Todo esto fue sentido por el obrero, por el trabajador general, como una afirmación de la dignidad personal. Se dijo que de ese modo se alentó la indisciplina y el resentimiento. Esta interpretación, creemos, constituye un error tan grave como la teoría del "plato de lentejas". Ha habido excesos y abusos, que en todo caso fueron la contrapartida de igual o peor conducta del otro lado. Pero el significado de esas conquistas fue otro. Para comprenderlo hay que recordar el estado de inferioridad y de inseguridad en que se encuentra el obrero. Quizá nada más elocuente que la descripción que nos da Simone Weil en ese impresionante documento que es *La condition ouvrière*. El obrero –dice Simone Weil– en el trabajo siente como si de continuo le estuvieran repitiendo al oído: "Tú no eres nadie aquí. Tú no cuentas. Estás aquí para obedecer, para soportar, para callarte".* Tal repetición es irresistible. Se llega a admitir, desde lo más hondo de uno mismo, que en verdad no se es nadie. Todos los obreros de fábrica, o casi todos –afirma esta escritora, que compartió ese tipo de vida durante muchos años– tienen algo de imperceptible en sus movimientos, en sus miradas, y sobre todo en la expresión de sus labios, que indica que se les ha obligado a no contar para nada. En tal estado psíquico, la afirmación de ciertos derechos en el ámbito inmediato de su trabajo, en el ambiente mismo que ha llegado a considerar como un lugar de humillaciones, ha significado una liberación parcial de sus sentimientos de inferioridad, una afirmación de sí mismo como un ser igual a todos los demás. Debe tenerse en cuenta, además, que esta experiencia de liberación era nueva para gran cantidad de trabajadores. Pues aquí debemos agregar dos circunstancias fundamentales. En primer lugar, recordemos que en la Argentina, desde hacía más de una década, no existía tampoco la democracia formal; con pocas excepciones, no había elecciones libres, la actividad sindical era muy perseguida, y los partidos se desempeñaban con dificultad. En segundo lugar, el proceso de rápida industrialización iniciado al comienzo de la década del treinta había producido el trasplante de grandes masas rurales, sin experiencia política ni sindical, a las ciudades, particularmente al Gran Buenos Aires. Para estas masas esta seudo-libertad de la dictadura fue la única experiencia directa de una afirmación de los propios derechos.

---

* Simone Weil, *La condition ouvrière*, Gallimard, París, 1951, pág. 244.

4. LA IRRACIONALIDAD DE LAS MASAS EN EL NAZIFASCISMO
Y EN EL PERONISMO

Para confrontar la actitud properonista de las clases populares en la Argentina con la actitud profascista de la pequeña burguesía en Europa, debemos tener en cuenta tres elementos de esencial importancia: a) los intereses *reales* de los dos grupos sociales dentro de sus respectivas situaciones históricas; b) la medida en que los dos regímenes totalitarios los satisficieron efectivamente en cada caso y el alcance de la divergencia entre la satisfacción "real" y las satisfacciones "sustitutas" e "irreales" que fascismo y peronismo pudieron hacer experimentar a sus secuaces por medio de los "mitos" propios de sus respectivas ideologías (nacionalismo y racismo por un lado, "justicia social" por el otro); c) los medios de información y de comprensión de la situación histórico-social que poseían ambos grupos, habida cuenta de su nivel de instrucción, de su grado de participación en la vida nacional y de su experiencia política previa.*

Cuando comparamos la actitud de los dos grupos en función de los elementos mencionados, llegamos a la conclusión de que la "irracionalidad" de las clases medias europeas fue sin duda mayor que la de las clases populares en la Argentina. Veamos, en efecto, cuál era el origen de las severas frustraciones a que se vieron sometidas aquéllas, según se señaló anteriormente. El problema "objetivo" que se les presentaba lo hallamos en los cambios histórico-sociales que tendían a proletarizarlas. Por un lado, su formación mental, su estilo y su plan de vida, y, de consiguiente, su expectativa estaban ajustados a una situación que efectivamente les aseguraba –en promedio y como grupo– su cumplimiento (en lo económico –nivel de ingresos–, en lo vocacional –tipo de ocupación y prestigio de la misma– y, por lo tanto, en lo psicológico). Mas, por otro lado, la posibilidad de ver realizadas tales expectativas fue destruida por una serie de profundos cambios: la transformación de la estructura técnico-económica (transición a una fase monopolista y de alta concentración capitalista), el surgimiento de un proletariado que no sólo ejercía un creciente y peligroso poderío en lo político, sino que ya amenazaba igualar o superar las tradicionales posiciones de

---

* En esta discusión debemos acudir a una serie de conceptos no muy aclarados en el texto: racionalidad o irracionalidad de la acción, intereses "reales", condiciones "objetivas", satisfacciones "sustitutas", satisfacciones "irreales", etc. Tales conceptos se integran en una teoría general acerca de la racionalidad de la acción, que sería demasiado largo exponer aquí. Se indicará solamente que todos esos términos implican una comparación entre el punto de vista subjetivo (del grupo actor, a cargo de la acción) y el punto de vista objetivo (de un observador colocado en perspectiva privilegiada con respecto a la del actor). Esta comparación se extiende desde la percepción de las condiciones exteriores hasta las condiciones subjetivas del grupo actor, a sus motivaciones "reales" (a veces inconscientes), en comparación con las motivaciones concientes experimentadas, etcétera.

pequeños privilegios (en nivel económico y prestigio) hasta entonces tranquilamente disfrutados por las capas inferiores de las clases medias (esto también en razón de los cambios tecnológicos que aumentaron la capacidad profesional y el significado social de oficios tradicionalmente "proletarios"), la catástrofe bélica y sobre todo la extrema inflación con la consiguiente destrucción de los ahorros y –lo que mayor significado tiene desde el punto de vista psicológico– de su función como "regla de vida" (de "expectativa" en un plan vital), la competencia desenfrenada en las carreras liberales o la desaparición de éstas con su reducción a "puestos" burocráticos. Tales son algunos de los aspectos de la crisis que las clases medias alemanas e italianas (y de otros países europeos) tuvieron que enfrentar en un espacio de tiempo menor que el de una generación, es decir, en un lapso demasiado reducido que no les dejó la posibilidad de lograr aquellos reajustes graduales a través del mecanismo de sucesivos reemplazos generacionales, que constituye el proceso habitual para épocas menos críticas. Frente a esta crisis la pequeña burguesía no percibió el significado "verdadero" de los cambios que se producían a su alrededor, ni mucho menos su peculiar situación dentro de ellos. Siguió aferrada a sus actitudes de "prestigio" y "vida decorosa", a sus (en gran parte ilusorios) privilegios de clase, a su "superioridad" social sobre los "trabajadores manuales"; es decir, mantuvo su tradicional identificación con la mentalidad de la alta burguesía. Para sustentar estas actitudes no sólo debía necesariamente rechazar toda posibilidad de alinearse con los obreros (o, por lo menos, con parte de ellos) para bregar por un programa de moderadas reformas dirigidas a mejorar de manera efectiva su situación, sino que debía *diferenciarse netamente* del proletariado y para ello adoptar una orientación política opuesta (incluso a las posiciones moderadas del socialismo democrático), sin tener en cuenta en absoluto las posibles coincidencias que hubieran podido existir (y que de hecho existían) entre sus intereses "reales" y los sustentados por agrupaciones que expresaban la posición política de las clases "socialmente inferiores". Es verdad que en la ideología que abrazaron, en los contradictorios e incoherentes programas de los partidos nazifascistas,* figuraban algunos "puntos" que podían interpretarse como reflejando de manera más directa alguno de los problemas de las clases medias; recordamos como típicos (de ninguna manera los únicos) los temas de la lucha contra la gran empresa y las concentraciones monopolistas (sobre todo en su forma comercial, negocios con cadenas de sucursales, etc.). Pero aun en estos ataques, los objetivos quedaban significativamente desfigurados a través de la peculiar interpretación nacionalista y racista: no se atacaba a la "gran empresa", sino a la gran empresa "extranjera o judía". Los defectos y contradicciones de la estructura económico-social se interpretaban ahora como obra de personas realmente ajenas a la comunidad nacional, hacia las cuales se proyectaba el odio y el resentimiento de la "pequeña gente" de las clases medias.

---

* La incoherencia representaba una característica reconocida de los programas nazifascistas. Mussolini hizo repetidas veces su apología.

Además, como ya se dijo, el antiburguesismo fascista se limitaba a oponer *naciones* proletarias a *naciones* burguesas.

De este modo se lograba canalizar su frustración, y a la vez diferenciarlos de las posiciones clásicamente "proletarias".

Debido a esta "ceguera", las clases medias italianas y alemanas en lugar de adoptar las posiciones que, según un análisis "racional" de la situación, tenían mayores probabilidades de salvarlas en lo económico y en lo espiritual (por supuesto, en un plano diferente del de su anterior situación en la sociedad de fines del siglo XIX), proyectaron sus problemas y reivindicaciones en términos de nacionalismo, de racismo y de imperialismo, sirviendo así como masa de maniobra de los designios de *élites* cuyo triunfo político las iba a colocar en situaciones mucho peores "objetivamente" que aquéllas de las que trataban de escapar. Además de todo esto, cabe recordar las restantes consecuencias del tránsito a una sociedad masificada, algunas de cuyas características hemos señalado anteriormente, y que actuaron de manera profunda para facilitar la eclosión de los movimientos totalitarios. Sin embargo, como tales factores no representan en realidad un rasgo diferencial entre el caso argentino y los europeos, nos limitamos a recordarlos aquí como parte del trasfondo general.

Para completar el cuadro debemos agregar que las posibilidades de información y la preparación política de las clases medias eran sin duda suficientes, de no haber intervenido factores "irracionales" que deformaron su percepción de la realidad, para lograr un ajuste adecuado frente a los angustiosos problemas que debían enfrentar.

Como se sabe, el triunfo del régimen totalitario, lejos de modificar la situación objetiva, y las causas estructurales que habían arruinado a las clases medias, tendía a reforzarlas (aumento de la concentración monopolista, de los controles, etc.); sólo les proporcionó ciertas satisfacciones "sustitutas" que, como ya vimos, podían aplacar la expresión (subjetiva) irracional de la crisis por que atravesaban: afirmación del orgullo nacional, conquistas militares, desigualdad legal, jerarquía, y, particularmente, racismo.

Recordemos ahora cuál era la situación de las masas populares argentinas. Recientemente urbanizadas e industrializadas, sin experiencia sindical y muy limitadas posibilidades de procurársela, con un movimiento gremial desorganizado por luchas internas y represión policial, con una legislación social por cierto inadecuada al grado de industrialización alcanzado (y, por lo demás, en gran parte letra muerta), debían enfrentar a una clase patronal no menos reciente, con toda la improvisación y defectos del capitalismo de especulación y aventura y ninguna conciencia de los problemas sociales del trabajo. Este mismo desconocimiento existía, por otra parte, en la mayoría de los grupos dirigentes, incluyéndose en ellos no pocos que se consideraban sinceramente democráticos. El periodismo "serio" reflejaba también una análoga actitud a este respecto. En tal situación las clases populares necesitaban, en primer lugar, adquirir conciencia de su poder, e incorporarse a la vida nacional como una categoría de fundamental significado en todos sus órdenes; en segundo lugar, estaba (y está) dentro del ámbito de sus intereses lograr cambios estructurales capaces de asegurar a la vez un desarrollo más pleno y armónico de la economía del país, y una más adecuada participación de ellas mismas en los resultados de tal desarrollo; por último, era esencial para las clases populares lograr un reconocimiento claro de sus derechos individuales en el campo laboral, derechos que no solamente debían estar sancionados en leyes y convenios, sino también en el trato diario y en la conciencia de los empresarios y de sus agentes, de los representantes del Estado, burocracia, policía, justicia, etc., así como en general por las clases medias y dirigentes, por la prensa y demás medios de expresión.

¿En qué medida realizó la dictadura estos objetivos de las clases populares? Por cierto, nada hizo en el orden de las reformas estructurales. Por el contrario, en este sector no sólo provocó un empeoramiento de la situación preexistente, sino que con sus errores, despilfarros y corrupción, puso en serio peligro la estabilidad económica del país. Desde este punto de vista, pues, la adhesión popular al dictador produjo consecuencias contrarias a los intereses populares. Mas un balance algo distinto se nos presenta con respecto a los otros dos puntos. Por un lado, no cabe duda de que las masas populares lograron con el peronismo una conciencia de su propio significado como una categoría de gran importancia dentro de la vida nacional, capaz de ejercer cierto poderío. Y esto ocurrió sobre todo porque las clases populares sentían que la conquista del poder por el régimen y su permanencia en él dependía de su adhesión y de su activa participación, que era obra suya. Toda la carrera ascendente del dictador hasta la toma del poder constitucional e incluso en los primeros años de la presidencia, fue marcada por numerosas huelgas; es decir, muchas de las conquistas obreras de orden general, y asimismo de las mejoras logradas con respecto a determinadas empresas particulares (que tienen un significado psicológico igual o mayor que los derechos sancionados en leyes o convenios de carácter general) fueron logradas por medio de luchas sindicales, aunque esta vez el poder del Estado se hallaba detrás de los obreros en lugar de estar en contra de ellos. Recordemos ahora lo que representa para el obrero una huelga, como afirmación de su autonomía y de su valor como ser social.* La experiencia de haber participado en algunas huelgas triunfantes bajo el signo del peronismo bastaría por sí sola (especialmente para una masa no acostumbrada a ejercer sus derechos sindicales) para darle la sensación de su poderío y de su significado y aporte en los cambios políticos del país. Por último, está la experiencia crucial del 17 de octubre, muy pronto transformada en mito y en la cual la participación popular, aunque debió organizarse, fue experimentada como absolutamente espontánea por los participantes. A este propósito vale la pena poner en claro un error bastante difundido. Se compara a menudo el 17 de octubre con la marcha sobre Roma (1922) o con las acciones análogas

---

* Una huelga, refiere elocuentemente Simone Weil, significa "Ponerse de pie, tomar por fin la palabra. Sentirse hombre por algunos días...". *Op. cit.*, p. 169.

en Alemania. Nada más equivocado. La marcha sobre Roma, así como (en otra forma) la asunción del poder por el nazismo fueron obra de formaciones perfectamente militarizadas, y en gran parte de carácter profesional o cuasiprofesional. Los cuadros permanentes del fascismo estaban formados, no ya por ciudadanos que ejercían normalmente sus ocupaciones y además dedicaban su tiempo libre a la actividad política, sino por personas que se habían ido profesionalizando en esos pequeños ejércitos privados que eran las bandas fascistas o nazis. Esta situación no comprendía por supuesto a todos los afiliados, pero sí a aquellos que participaban habitualmente en las acciones.

Contrasta este cuadro con el que observamos en el peronismo: sus partidarios eran trabajadores y aunque había numerosos agentes profesionales (los que, por ejemplo, pudieron organizar la marcha del 17), su característica fue la de participación espontánea o improvisada, sin entrenamiento ni disciplina, ni mucho menos organización militarizada. Estos rasgos de espontaneidad e inmediatez en la participación popular se repiten en muchos episodios que dejaron sin duda una profunda huella en el alma popular. Recordamos como un ejemplo típico la ocupación de negocios y talleres a fines del año 1945, para lograr el cumplimiento del decreto sobre aguinaldo. Todas estas experiencias contribuyeron a formar en las clases populares una conciencia bastante clara de su poder y significado: su actitud no era, como muchos pretenden, de agradecimiento al dictador por las "dádivas" (aunque, por supuesto, esta clase de sentimientos no faltó en muchos), sino de orgullo por haber logrado (impuesto sería la palabra psicológicamente más exacta) sus derechos frente a la clase patronal, y de haber "conquistado el poder", según los *slogans* de la propaganda oficial. No solamente las clases populares adquirieron conciencia de su fuerza en esta oportunidad, sino que alcanzaron esa unidad que partidos auténticamente proletarios en su tradición y programas jamás habían alcanzado. El electorado se polarizó según la línea de la división de clase, cosa que no había ocurrido nunca anteriormente en el país.* Depende de la particular filosofía política que se adopte valorar positiva o negativamente esta circunstancia; sin embargo, no puede negarse que este hecho atestigua una significativa homogeneidad de la masa popular, y se la puede considerar dentro de cierto límite como una prueba de esa recién lograda autoconciencia de su ser como parte esencial de la sociedad argentina.

También el tercero de los objetivos fue, por lo menos en parte, logrado. Creo que para tener una evidencia incontrovertible del cambio ocurrido en empresarios y patronos, en la clase dirigente, en la prensa, o, más en general, en la conciencia pública con respecto a los derechos obreros, bastaría comparar la atención concedida a estas cuestiones en los años anteriores a 1943 y después de

---

* Esto puede verse claramente comparando las correlaciones entre voto político y categoría ocupacional en las elecciones anteriores y posteriores a 1946. Véase G. Germani, *Estructura social de la Argentina*, Raigal, Buenos Aires, 1955, cap. XVI.

la revolución de setiembre de 1955.* Se dirá que se trata de un problema político emergente de la herencia dejada por el régimen depuesto y su totalitaria organización gremial. Pues bien, aunque así fuera, queda el hecho de que, en marcado contraste con el período anterior a 1943, tales derechos y en general el problema social del trabajo ocupan un lugar de esencial importancia en la dirección política del país, y su solución adecuada constituye una de las tareas principalísimas del gobernante. Contrariamente a lo que se suele pensar, los logros efectivos de los trabajadores en el decenio transcurrido no debemos buscarlos –repetimos– en el orden de las ventajas materiales –en gran parte anuladas por el proceso inflatorio–, sino en este reconocimiento de derechos, en la circunstancia capital de que ahora la masa popular *debe* ser tenida en cuenta, y se impone a la consideración incluso de la llamada "gente de orden", aquella misma que otrora consideraba "agitadores profesionales" a los dirigentes sindicales.

Si efectuamos, pues, un balance con respecto a los objetivos reales alcanzados por las clases populares durante la dictadura, forzoso es reconocer que, aun cuando el saldo sea completamente negativo en cuanto a los cambios estructurales, no puede decirse lo mismo en lo que concierne a la afirmación de esas clases frente a las demás y frente a sí mismas. En este campo no puede hablarse, como con respecto a las clases medias alemanas e italianas, de "satisfacciones sustitutas",** pues estos logros –aunque de carácter psicosocial y no estructural– correspondían a sus objetivos "verdaderos" dentro de la situación histórico-social correspondiente. Podría objetarse –y con toda razón– que esos mismos logros –adquisición de autoconciencia y reconocimiento por parte de las demás clases– podían haberse alcanzado por otro camino. *En verdad, de ningún modo habría sido necesaria la subversión institucional, moral y económica ni mucho menos el régimen totalitario, para lograr ambas cosas. La aparición de la masa popular en la escena política y su reconocimiento por la sociedad argentina pudieron haberse realizado por el camino de la educación democrática y a través de los medios de expresión que ésta pueda dar.* Desde este punto de vista no hay duda de que el camino emprendido por la clase obrera debe considerarse *irracional*; lo racional habría sido el método democrático. Mas llegados aquí es menester preguntarnos: ¿era posible dicho mecanismo democrático en las condiciones en que se hallaba el país, tras la revolución de 1930? La contestación es claramente negativa. Por ello, si tenemos en cuenta las características subjetivas que presentaban las clases populares a comienzos de la década de 1940, su reciente ingreso a la vida urbana y a las actividades industriales, su escaso o nulo entre-

---

* Sería muy interesante comparar el contenido de los diarios –por ejemplo, *La Nación*, *La Prensa* y *La Razón*– con respecto a los problemas del trabajo y asuntos gremiales, en dos períodos: 1943 y 1956, teniendo en cuenta espacio utilizado, términos y adjetivación, contenido de las noticias y comentarios, etcétera.

** Aunque por supuesto éstas no faltaron. En realidad, en la segunda mitad del período presidencial fueron numerosas: ataques puramente verbales a la "oligarquía", incendio del Jockey Club, y otros actos análogos.

namiento político, su bajo nivel educacional, sus deficientes o inexistentes posibilidades de información y, sobre todo, los infranqueables límites que las circunstancias objetivas oponían a sus posibilidades de acción política, debemos
concluir que el camino que emprendieron y que las transformó en la base humana de un movimiento totalitario destinado a servir en definitiva intereses que les
eran completamente ajenos, no puede considerarse, dentro del conjunto de condiciones históricas dadas, cierta irracionalidad.

Un juicio muy distinto cabe, en cambio, formular, como ya vimos, con respecto a las clases medias alemanas, cuyo nivel educacional, tradición política,
posibilidades de información, las capacitaban para una acción política realista,
acción que, por otra parte, se presentaba como mucho más factible también desde el punto de vista de las condiciones objetivas.

Este diferente grado de irracionalidad expresa ciertas diferencias importantes en las dos formas de seudosolución totalitaria que hemos venido comparando. En el nazifascismo la mayor irracionalidad implica una particular *impermeabilidad a la experiencia*, y en este sentido cabe recordar que se ha descrito y
estudiado una "estructura del carácter autoritario" muy frecuente en las capas inferiores de las clases medias europeas.*

En este caso la reeducación democrática plantea particulares dificultades:
no se trata solamente de proporcionar una mayor información y educación (en
cuanto al aspecto subjetivo) o incluso variar la situación dentro de los límites
permitidos por la dinámica histórico-social (en lo concerniente al aspecto objetivo); se precisa, además, un cambio de mentalidad *en el orden de los valores* ex-
perimentados como orientaciones y motivaciones de la acción (por ejemplo:
abandono del deseo de afirmación por medio del prestigio y la diferenciación
con respecto a otros trabajadores, etc.). No negamos que tal modificación sea
posible (y de hecho se está realizando), mas afirmamos que representa un problema muy peculiar. Además, como se trata de grupos minoritarios dentro de la
sociedad global, la persistencia de tales actitudes antidemocráticas, aunque inde-
seables, puede ser neutralizada.** La llamada "desperonización" de la masa de
las clases populares argentinas constituye un problema muy distinto. Por un lado, se trata innegablemente de una cuestión de educación e información; por el
otro, este solo aspecto sería completamente insuficiente. Lo que se precisa a este
respecto no reside de ningún modo en un *cambio de mentalidad, sino en ofrecer*

---

* Desde los clásicos estudios dirigidos por Horkheimer en Alemania en el período pre-
nazista, estos análisis han alcanzado gran desarrollo. Recordamos, además del citado libro de
Fromm, la importante serie sobre *The Authoritarian Personality*, publicada por Harper and
Brothers, 1950-52. (Cuatro volúmenes por varios autores.)

** Aún ahora estos grupos se caracterizan por una difusión bastante intensa de actitudes
totalitarias. Si el hecho no siempre se refleja en las elecciones, ello se debe a la circunstancia
de que sus votos van a otros partidos (en Italia a la Democracia Cristiana, los monárquicos, y a
veces los comunistas). La incapacidad de la izquierda moderada de encontrar una base electoral suficiente se debe a esta posición de las clases medias.

a la acción política de esas masas un cambio de posibilidades que les permitan alcanzar sus objetivos "reales" (objetivos que, a pesar de todo, habían percibido sin excesiva deformación, aunque sí fueron engañadas con las incumplidas promesas relativas a las reformas de estructura). Tal acción debe poder ofrecerse a partir de los aspectos más inmediatos de su vida y de sus intereses: el trabajo y los problemas conexos. No puede hablarse en el caso de las clases populares argentinas de una "impermeabilidad a la experiencia"; mas la oportunidad de una experiencia positiva debe colocarse *realmente* al alcance de sus posibilidades actuales. Y esto depende no sólo de la política social del gobierno, sino también de la orientación de los partidos políticos y, además (y muy especialmente), del comportamiento de la clase empresaria y de sus agentes.

La tragedia política argentina residió en el hecho de que la integración política de las masas populares se inició bajo el signo del totalitarismo, que logró proporcionar, a su manera, cierta experiencia de participación política y social en los aspectos inmediatos y personales de la vida del trabajador, anulando al mismo tiempo la organización política y los derechos básicos que constituyen los pilares insustituibles de toda democracia genuina. La inmensa tarea a realizar consiste en lograr esa misma experiencia, *pero vinculándola de manera indisoluble a la teoría y a la práctica de la democracia y de la libertad.*

Fuente: Gino Germani, *Política y sociedad en una época de transición. De la sociedad tradicional a la sociedad de masas,* Paidós, Buenos Aires, 1962, pp. 239-252.

7

CONTRA EL "DURO CORAZÓN DE LOS CULTOS"

ARTURO JAURETCHE
Carta a Ernesto Sabato, septiembre de 1956

Estimado amigo:

Acabo de leer en el número de hoy de *Marcha*, de Montevideo, una síntesis de la nota sobre las torturas que usted publicara como director de *Mundo Argentino*, así como la secuela radiotelefónica y periodística del episodio.

Le estaba debiendo a usted la contestación de la afectuosa carta que me dirigiera al enterarse de mi partida de Buenos Aires, pero debo confesarle que no estaba en mi ánimo el hacerlo al verlo continuar en ASCUA. Su valeroso gesto de esta oportunidad lo libera ante mí de los cargos que le hacía. Ya sé que usted pensará que puede hacérmelos a mí por muchos silencios, pero antes de ahora le he expresado la convicción en que viví durante los últimos años, de que cualesquiera fueran los errores y faltas que se cometieron entonces no importaban para el país el seguro desastre que sobrevendría de alterarse el orden vigente y querido por las mayorías populares. Preví que detrás de la protesta de muchos sinceros estaban en acecho fuerzas más poderosas que se apoderarían fatalmente del comando para intentar la restauración del orden colonial de la "década infame". Preví también, y lo dije en mi clausurado periódico *El 45*, cuál sería la reacción del pueblo profundamente politizado, para la defensa de sus conquistas y, asimismo, que ésta desencadenaría la persecución de todos los sectores adscriptos a cualquiera de los tres lemas que encarnan el sentido de esa politización: liberación económica, justicia social y soberanía popular.

Los hechos han confirmado mis previsiones y justificado la posición que entonces me criticaba y, lo que ha pasado a los peronistas pasará a los nacionalistas y a los demócratas auténticos, desde Amadeo a Frondizi y le sucederá también a los sectores marxistas, una vez que cambie la línea táctica que hace coincidir a Londres con Moscú en el Río de la Plata.

Marginalmente le diré que esa coincidencia no es muy visible dentro del país, porque el gobierno hace declaraciones enfáticas contra los comunistas y parece perseguirlos –tratando de desorientar a Washington que en materia de sutileza no ha inventado la pólvora– y porque los comunistas, tratando de lograr algún prestigio entre los obreros, ensayan conatos de resistencia. Pero esto se ve muy claro desde afuera; Ud. conoce el poderoso aparato de propaganda que el Partido Comunista posee en Latinoamérica a base de colaterales y organizaciones de intelectuales y periodistas; ese aparato tan alborotador guarda el más estricto silencio sobre lo que pasa en Argentina aun a sus mismos correligionarios. Ni Ud. ni nadie podrá ignorar que ese silencio es una consigna, que responde a una política de coincidencia, que desde luego no es con el gobierno de Buenos Aires sino con quien está detrás de un plan común para desplazar a EE. UU. en la cuenca del Plata. Aquí, como en Medio Oriente, Occidente no tiene política unitaria, que sólo existe para los zonzos que quieren jugarnos en las luchas imperiales, en la defensa de eso que llaman civilización de occidente a la que sólo pertenecemos en las listas de pelea, como decía Fierro.

Tengo un amigo uruguayo que fue condiscípulo de Mendes-France y era el alumno más destacado del Liceo. Suele decirme: "me respetaban hasta que recordaban que yo era uruguayo; desde ese momento pasaba a ser una extraña clase de *perroquet*".

Quiero ahora comentarle su último libro: "El otro rostro del peronismo" con que Ud. contesta a la última publicación de Mario Amadeo. Debo decirle que por más que supere la adversa posición que tenemos en política, lamento que Ud., que tiene formación dialéctica, haya recurrido a la interpretación, inaugurada en nuestro país por Ramos Mejía, de querer resolver las ecuaciones de la historia por el camino de las aberraciones mentales y psicológicas.

Por aquí anduvo Borges tocando el mismo instrumento, a base de complejos de culpa y necesidades masoquistas. Después vino Martínez Estrada que anduvo también por la huella de ese trillado resentimiento, aunque lo hizo enfermedad continental, desde luego excluyendo los rubios. Max Dickman fue más prudente y sólo nos ayudó diciendo que la Revolución Libertadora había ubicado en el presupuesto a la mayoría de los intelectuales. Palacios, en cambio, está muy silencioso, tal vez porque después de una larga vida administrando la lágrima en dosis para viuda, se encuentra un poco en descubierto. El más discreto de todos es un mozo Belgrano, que tiene un empleo de vicecónsul o cosa así, que nos sale al cruce cuando conseguimos publicar algo y, por lo menos, no mete la pata, dentro de sus modestas condiciones intelectuales.

En conjunto, nos ayudan bastante con las manitos que desde allí nos dan los actos de gobierno. Esto le explicará que podemos darnos el lujo de ser "inexistentes o bien educados", como dice Rojas. En conjunto, han conseguido que en la opinión popular uruguaya se produzca una variación de 180 grados y esto es la verdad, aunque Radio Carve y los periódicos argentinos quieran seguir sembrando cizaña entre nuestros pueblos. Esto hará que, siempre dentro de las normas de la buena educación, nos esmeremos en difundir lo de *Mundo Argen-*

tino. Le aclaro que aquí la gente no cree en los diarios y que en las elecciones hay una norma infalible: los votos están en relación inversa al tiraje de los mismos.

No, amigo Sabato. Lo que movilizó las masas hacia Perón no fue el resentimiento, fue la esperanza. Recuerde Ud. aquellas multitudes de octubre del 45, dueñas de la ciudad durante dos días, que no rompieron una vidriera y cuyo mayor crimen fue lavarse los pies en la Plaza de Mayo, provocando la indignación de la señora de Oyuela, rodeada de artefactos sanitarios. Recuerde esas multitudes, aún en circunstancias trágicas y las recordará siempre cantando en coro –cosa absolutamente inusitada entre nosotros– y tan cantores todavía, que les han tenido que prohibir el canto por decreto-ley. No eran resentidos. Eran criollos alegres porque podían tirar las alpargatas para comprar zapatos y hasta libros, discos fonográficos, veranear, concurrir a los restaurantes, tener seguro el pan y el techo y asomar siquiera a formas de vida "occidentales" que hasta entonces les habían sido negadas.

Tengo aquí delante el tomo sexto de las *Memorias* de Churchill, edición de Boston, y en su página 75 encuentro las instrucciones remitidas a Lord Halifax, negociador en los EE.UU., del 8 de junio de 1944. Allí el gran conductor inglés dice: "Por otra parte nosotros seguimos la línea de los EE.UU. en Sudamérica, tanto como es posible, en cuanto no sea cuestión de carne de vaca o de carnero. En esto, naturalmente, tenemos muy fuertes intereses a cuenta de lo poco que obtenemos". En una palabra, cedemos en todo menos cuando se trate de vacas y carneros, es decir, del Río de la Plata. Maravillosa continuidad que reitera un siglo y cuarto después, la fórmula de Canning: "Inglaterra será el taller del mundo y América del Sur, su granja". Es decir, el Río de la Plata.

Los ingleses no han pasado por el materialismo dialéctico pero se lo palpitan, y para la conducción política no se manejan con psicologías sino con intereses. Tampoco hemos enseñado en nuestra Escuela Naval cómo las instrucciones de Canning a Ponsomby frustraron nuestro destino marítimo al provocar la separación de la Banda Oriental, con el objeto de impedir que la posesión de las dos orillas del Plata nos transformara en país navegante suprimiéndonos el puerto de Montevideo, que es el natural de nuestros ríos, y el cabotaje, que hubiera sido la matriz de nuestras marinas mercantes y de guerra. Ahora, que algunos sueñan con la expansión marinera, convendría que estuviesen enterados de quién dispuso concretamente "que no hubiera una potencia marítima en el Atlántico Sud". También sabrían entonces que de todos modos no lo podrá ser quien se resigne a quedar como país agrícola y pastoril. Es una broma trágica que quienes se vuelven contra su país al sentirse frustrados, no se vuelvan contra quienes lo frustraron deliberadamente.

Cualquier ensayo de la realidad argentina que prescinda del hecho fundamental de nuestra historia, es sólo un arte de prestidigitación que hurta los términos del problema, que están dados por la gravitación británica en sus tres etapas: 1°) Tentativa de balcanización, parcialmente lograda; 2°) Promoción del progreso en el sentido del desarrollo unilateral agrícola-ganadero (para crear las condiciones de la granja), y 3°) Oposición a la integración industrial y comercial de nuestra economía, para mantenernos en las condiciones óptimas de la segunda etapa, con un país de grandes señores y peones de pata al suelo y una clase intermedia de educadores, profesionales y burócratas para su instrumentación.

Deje pues eso del resentimiento y haga el trabajo serio de que Ud. es capaz y que el país merece. No importa lo que diga de nosotros, pero no eluda el problema de fondo o no lo mencione sólo incidentalmente. Es Ud. mucho más que Ghioldi o un Sánchez Viamonte, para usar la técnica que esos intelectualoides ya utilizaron contra el otro movimiento de masas, también "resentidas", que acompañó a Yrigoyen, el otro dictador. (Lo remito a la literatura periodística y a los ensayistas de la época.)

Más lógico hubiera sido en Ud. señalar la coincidencia entre estas dos épocas, las dos grandes guerras y el proceso de industrialización y plena ocupación que, al permitir levantar el nivel de vida de las masas, les dio acceso a la acción política, con sus demandas nacionalistas y de justicia social, fenómeno del que los conductores fueron más efecto que causa. Percibiría también las profundas analogías entre septiembre de 1930 y septiembre de 1955, aunque sus autores momentáneos parecieran en un caso ultramontanos y en el otro jacobinos. El vencedor imperial fue siempre el mismo.

Considere estas líneas como las objeciones modestas de un hombre que ha vivido bastante el proceso político de su país, ya que me considero excluido del riesgo de pasar por intelectual, ni en la Confederación de Baldasarre ni en ésta que ha inventado este señor Erro que riega con los frutos de su riñón de pensador todos los salones de conferencias disponibles y todas las audiciones radiales, aunque tenga que aguantarse hasta la noche para cumplir su higiénica función.

Deje que los intelectuales, tipo Mayo y Caseros, le metan fierro a los caudillos y a los "negros". Pero son los negros los que nos volverán a salvar de esa economía pastoril ordenada en inglés y expresada bovinamente por el último producto de la ganadería que destapó la reciente exposición rural: el inteligente señor Blaquier.

Bromas aparte. Yo le conozco el espíritu de luzbelito que seguramente Erro no le conocía y no creo que Ud. haya escrito en serio ese libro. Hasta me sospecho que lo ha hecho para darse el gusto de contestarse, con el trabajo serio que esperamos de Ud.

El ochenta por ciento de los argentinos y Ud. entre ellos, coincidimos en lo fundamental: la liberación nacional, la justicia social y la soberanía del pueblo. Unos marcan más el acento sobre una de las consignas y otros sobre otras. Nuestras diferencias en este momento dramático son adjetivas con respecto a lo fundamental pero entretanto, una mano extranjera organiza el cipayaje y los vendepatrias.

Estamos dispersos y en campos encontrados pero debemos coincidir, aunque más no sea en el terreno de las ideas, para una defensa elemental.

Quisiera que Ud. interpretase en cuánto estimo su valeroso gesto como periodista. Pero con la misma lealtad debo decirle, en cuanto creo que lo desmerece, su mal paso como escritor. Sus nuevos enemigos cargarán en su cuenta esta adhesión al primero y no le estimarán esta disensión al segundo. Cualquiera sea la impresión que le cause esta carta, recuerde que sigo considerándome su amigo.

Arturo Jauretche
Montevideo, septiembre de 1956.

Fuente: Arturo Jauretche, *Los profetas del odio,* Trafac, Buenos Aires, 1957, pp. 14-21.

8

LAS ESPADAS DEL NACIONALISMO MARXISTA

JORGE ABELARDO RAMOS

El régimen bonapartista

Perón llegó al gobierno en 1946 con el apoyo de tres fuerzas: el Partido Laborista, los Independientes y la Unión Cívica Radical (Junta Renovadora). El laborismo, bajo la presidencia de Gay, fue rápidamente objeto de intrigas y maquinaciones de agentes imperialistas infiltrados en el movimiento obrero. Perón tuvo que destruirlo y esto era en cierto sentido inevitable, puesto que un partido obrero no puede surgir de un simple agrupamiento de dirigentes sindicales de origen amarillo o reformista, sino como producto de una áspera y laboriosa preparación y de una ideología revolucionaria. En cuanto al radicalismo de la Junta Renovadora, tampoco logró viabilidad para constituirse en el principal sostén político del nuevo gobierno peronista.

La debilidad de la corriente radical yrigoyenista incorporada al movimiento nacional de Perón, no era sino el resultado del triunfo obtenido por el imperialismo en las filas de la Unión Cívica Radical tradicional. Los radicales permanecieron, en su mayor parte, durante los acontecimientos de 1945 en adelante, en los cuadros de ese radicalismo oligárquico cuya fisonomía había sido simbolizada por Alvear. Era la clase media que se resistía a ingresar en el campo nacional. Al bloquear un vuelco hacia la izquierda nacional del radicalismo clásico, el imperialismo impidió que los forjistas, y los radicales de la tendencia de Quijano y Antille, arrastraran consigo a la gran masa radical. Este hecho determinó que el aporte radical de las corrientes de la clase media al movimiento peronista fuera ínfimo; no podía constituir en sí mismo una fuerza capaz de contrabalancear la influencia personal de Perón y de exigir el pleno funcionamiento de la democracia revolucionaria.

En la medida en que la clase obrera no contaba con su propio partido y el

Partido Laborista no era sino un agrupamiento circunstancial carente de médula, los trabajadores apoyaron directamente a Perón; éste era el resultado de la infame traición de los socialistas y comunistas en 1945. Tampoco la burguesía nacional, ni la clase media pudieron expresarse a través de la Junta Renovadora ni en el seno del gobierno, por la traición del grueso del radicalismo.

Estos dos hechos nacen de nuestra inmadurez histórica como país: ni la burguesía nacional ni el proletariado han podido darse hasta hoy sus partidos representativos. Sólo existen como tales los partidos de la oligarquía, de la burguesía comercial, de algunos sectores pequeño-burgueses influidos por el sistema oligárquico o alguna agencia de la política soviética. En los últimos años la corriente radical frondizista tiende a manifestar los intereses de la burguesía industrial, con el apoyo de los sectores más nacionales de la clase media. Limitado por su base social, el frondizismo teme mortalmente las definiciones. Condena en palabras a la oligarquía y pacta sistemáticamente con ella. Un día de 1956 asistirá en silencio a los fusilamientos. Y estrechará al día siguiente la mano de los ejecutores.

Conquistado el gobierno por el Frente único Antiimperialista de agrupaciones que si bien encarnaban intereses sociales reales, no eran formaciones consolidadas, su destrucción era previsible. Perón las aniquiló y ellas no se resistieron: estaban condenadas a disolverse en esa abstracción incolora e impotente que se llamó, primero Partido único de la Revolución y luego, Partido Peronista. Así fue como su gobierno asumió cada vez más un carácter abiertamente bonapartista.

El bonapartismo (expresión derivada del papel desempeñado por Napoleón I y su sobrino Luis Napoleón en la historia de Francia) es el poder personal que se ejerce "por encima" de las clases en pugna; hace el papel de árbitro entre ellas. Pero en un país semicolonial como la Argentina, la lucha fundamental no se plantea solamente entre las clases sociales del país, sino que asume un doble carácter: el imperialismo extranjero interviene decisivamente en la política interior y tiene a su servicio a partidos políticos nativos y a clases interesadas en la colonización nacional. De esta manera, el bonapartismo (Perón) se elevó por encima de la sociedad y gobernó con ayuda de la policía, el Ejército y la burocracia. Una centralización semejante del poder era inevitable en cierto modo, dada la tremenda fuerza del imperialismo, cuyo comando concentrado reside en el exterior y cuenta con recursos mundiales, con todo un aparato de difusión y con palancas básicas en el propio país revolucionario. De estas ventajas del bonapartismo para combatir al gran enemigo, nacen sus debilidades. Al no contar con partidos nacionales poderosos que lo apoyaran en la realización de un programa antiimperialista y que al mismo tiempo lo controlaran en el marco de una democracia revolucionaria, la persona de Perón se "independizó", por así decir, de las fuerzas que le dieron origen.

Sin duda alguna, encarnó ciertas necesidades nacionales ineludibles; en mucho menor escala y de una manera mucho más ambigua, Yrigoyen y su famoso "personalismo" no eran sino un tímido ensayo de bonapartismo. Pero al no contar con la presencia activa y el control recíproco de grandes partidos argentinos que coparticiparon del poder, la influencia de Perón creció desproporcionadamente, convirtiéndose en el regulador único de toda la situación.

EL ORIGEN HISTÓRICO DE LA DEMOCRACIA

En un país semicolonial, ninguna revolución puede sostenerse sin ejercer ciertas formas de dictadura. Históricamente, el régimen llamado a realizar tareas democráticas –industrialización, liquidación del yugo imperialista, unidad nacional, revolución agraria– es designado como una *"dictadura democrática"*.

¿Qué significa esto? Nada más simple: el viejo Estado, órgano de los intereses oligárquicos y antinacionales, se hace instrumento de la voluntad de la mayoría de la Nación. Para resistir las grandes fuerzas internacionales que se coaligan contra él, el gobierno nacional debe apelar a medidas de represión y de control nacidas precisamente de su debilidad relativa frente al imperialismo: adquisición voluntaria o forzosa de los grandes diarios y radios reaccionarios; control de las actividades contrarrevolucionarias; destrucción del aparato sindical pro-imperialista; vigilancia de los agentes del espionaje extranjero; planificación de los recursos naturales en un sentido nacional; apropiación de los resortes bancarios y financieros; expropiaciones, etc. Todo esto ya lo han hecho en su tiempo y a su modo las grandes potencias imperialistas que hoy se autotitulan "democráticas"; si no lo hubieran hecho, no serían grandes potencias. Cromwell exigió la sangre de un rey para instaurar la democracia inglesa. Pero los admiradores nativos de Inglaterra se han olvidado de la "Gran Revolución" inglesa; al elogiar únicamente sus frutos pretenden señalar que fue obra de los buenos modales. Las contradicciones que desgarran a nuestros "demócratas" en esta esfera no tienen término y no perderemos tiempo en rebatirlos. Gentecillas tales como Américo Ghioldi no ocultan su gozo por la contemplación de las instituciones parlamentarias de Gran Bretaña. Prefieren ignorar que la democracia británica no rige en Kenya o en Chipre, pero que es precisamente el terror inglés en sus colonias y su despiadada explotación los que garantizan a los ciudadanos de Londres el goce de una democracia impoluta. Un país semicolonial que no explota a pueblo alguno está impedido de darse el lujo de una democracia perfecta; un "régimen abierto" debilita a la semicolonia ante el imperialismo y la desarticula.

El Estado es, desde su origen, una fuente de corrupción y la figura jurídica de una dictadura que un grupo social ejerce sobre otro. En nuestro tiempo, y en escala mundial, ha sido definido como el *"comité administrativo de la clase burguesa"*. En la Argentina era prisionero del control oligárquico-imperialista. Las jornadas de octubre expropiaron del poder político a la oligarquía e imprimieron al Estado una orientación nacional. Pero la estructura agrícola y comercial de la vieja Argentina, que Perón no destruyó, y la crisis mortal de los partidos populares fueron los factores decisivos en la transformación de la democracia revolucionaria en dictadura burocrática.

No nos estamos refiriendo a las medidas adoptadas por el peronismo contra sus adversarios del campo imperialista. Por más recias que fueran estaban legitimadas históricamente; antes bien, queremos indicar que el fracaso del peronismo en la materia consistió en no implantar la democracia en el propio campo de la revolución, en no lanzarse a una ofensiva ideológica, en no plantear en abierto debate los grandes problemas nacionales. Sólo así, y no de otro modo, habría podido desarmar políticamente a la oposición, esclarecer su propia condición como movimiento y conquistarse el apoyo de grandes sectores juveniles de la República.

Observemos, antes de seguir adelante, que los enemigos del peronismo que juzgan amargamente sus actitudes dictatoriales (limitaciones de la libertad de prensa, etc.) no opinaban lo mismo del régimen del General Justo, ni del gobierno del Dr. Ortiz. La diferencia radica en que aquellos gobernantes manejaban el poder en nombre de la oligarquía ganadera; este solo hecho revela toda la falacia de la crítica, dirigida en realidad a engañar a la juventud que hoy nace a la vida pública ignorando nuestra historia política contemporánea.

EL DOBLE CARÁCTER DE LA BUROCRACIA
EN LA REVOLUCIÓN POPULAR

El más tenebroso período de la hegemonía burocrática en la revolución peronista se extiende desde 1949 a 1953, en que la revolución parece detenerse y los corifeos conservadores del régimen al estilo de Visca actúan libremente. Numerosas medidas administrativas procedentes de la cúspide del poder son neutralizadas por la maquinaria burocrática. Tergiversadas o invertidas, mediante una aplicación mecánica de su sentido original, estas medidas obtenían un efecto contrario al buscado. Burócratas insignificantes del tipo de Mendé o de Apold "peronizaban" sectores de la Administración Pública mediante la inscripción obligatoria al Partido Peronista, nutriendo sus padrones de afiliados nominales que eran en realidad no sólo enemigos mortales de ese partido, sino de todo el movimiento nacional revolucionario. Este cretinismo político no era sino aparente.

En realidad, la burocracia servía no sólo para controlar el conjunto del aparato estatal y servir bien o mal los fines revolucionarios, sino también para esclavizar al propio Perón, decolorar el ímpetu del movimiento y ofrecer una plataforma de apoyo a la reacción contrarrevolucionaria. Toda la Administración pública era netamente antiperonista, lo mismo que el magisterio, la justicia y la Universidad. Las auténticas medidas revolucionarias de Perón eran obstinadamente saboteadas por el Partido Peronista y por la prensa adicta. Una resistencia sorda, a veces visible, se oponía al desarrollo y amplitud de la revolución. Los sectores burgueses (comerciales, industriales o financieros) que se acercaban al peronismo, no veían sino una oportunidad para enriquecerse rápidamente, mientras murmuraban contra él en los hoteles de lujo.

Como el conjunto de las clases sociales argentinas se había beneficiado con la prosperidad posbélica, Perón no sintió la menor necesidad de infundir a su movimiento una ideología moderna que lo justificase y le imprimiese trascendencia. La década peronista, que vuelca hacia la industrialización y en provecho nacional todos los recursos del país, fue también la década del predominio ideológico de la contrarrevolución. Perón debió combatir con sus adversarios en el terreno elegido por ellos. Carente de un equipo y de un partido, Perón advirtió con alarma en sus etapas finales que a pesar de contar con la mayoría del país, nadie podía defenderlo de los ataques políticos de la oposición. La crisis ideológica del peronismo constituyó en último análisis la razón central de su caída. Las doctrinas y seudodoctrinas que individuos del género de Mendé o Apold lanzaban como fórmulas providenciales para la salvación del país y del mundo, no reflejaban sino la confusión y la perplejidad de esa burocracia sin ideas para la cual la revolución había cumplido sus fines y se imponía una filosofía del reposo. Lo que debió ser una dictadura democrática, con la más amplia participación de las masas populares en el control y aplicación de las medidas revolucionarias para remodelar el país, se fue transformando en una dictadura burocrática, en cuyo seno su propio jefe fue con frecuencia prisionero. Así pudo observarse la patética impotencia de Perón para elevar al nivel de una justificación teórica el origen y destino de su poderoso movimiento; revolución privada de ideología, no podía sino agonizar, a menos que desde su cumbre se afrontase la tarea de democratizarse a sí misma. Cuando Perón se decidió a hacerlo, después del 16 de junio, ya era demasiado tarde.

LA CGT Y EL PARTIDO PERONISTA

Perón gobernó virtualmente sin partido. El Partido Peronista fue en cierto modo la prueba de que no podía nacer de la noche a la mañana y desde arriba un partido político capaz de luchar: si el radicalismo –al que por su origen correspondía encabezar un movimiento nacional burgués– estaba comprometido con la contrarrevolución, el Partido Peronista no fue nunca más que una abstracción burocrática. Carecía de capital electoral: las masas votaban a Perón, no al Partido Peronista, en cuyas filas los obreros no actuaban y cuya existencia les era indiferente. Si el peronismo eran las masas populares, el Partido Peronista era una gigantesca y débil maquinaria con mucho personal que reunía en su seno todas las intrigas administrativas, la lucha menor por los cargos, las maquinaciones burguesas, los elementos de corrupción, etc. Baste decir que su Presidente era el Contralmirante Tessaire, quien había sido impuesto por Perón.

¿Qué significaba esta monstruosidad? Que dado que el peronismo constituía un frente único de clases diferentes –proletariado, sectores burgueses, clase media del interior, jornaleros, burocracia civil y militar, etc.– era imposible que ofreciera una concepción coherente. Al no formular claramente un programa y al rehusarse sistemáticamente a entroncar su movimiento con el pasado nacional, Perón estaba indicando que mantenía siempre abierto el camino para un compromiso con la oligarquía, a la que no atacó en sus baluartes económicos fundamentales (estancias, latifundios, estructura comercial). Dicha debilidad ideológica del peronismo era fruto de la juventud del país y Perón no intentó remontar esa insuficiencia. Su empirismo teórico lo llevaba así a ser derrotado ideológicamente en la Universidad nada menos que por la oposición, que nada podía decir de nuevo al país y que, hecho asombroso, bloqueaba a la Revolución en las aulas.

La consecuencia más evidente fue que los estudiantes, que habían iniciado en 1918 la lucha contra la oligarquía, cayeron víctimas en 1945 de la conspiración oligárquica, enfrentando a los obreros argentinos. El imperialismo supo emplear esta contradicción en su provecho, utilizando las formas ideológicas de la "democracia burguesa" tradicional y del socialismo puro, pero imbuyéndolas de un contenido reaccionario. Ningún estudiante universitario podía ser convencido por la "doctrina peronista", primitiva e improvisada. Advertía con indignación, en cambio, que su resistencia a las autoridades universitarias o al gobierno era contestada con la policía. Con esto señalamos el error fatal de Perón para la lucha ideológica contra la oligarquía, que se nutría de estas reacciones. El proceso de burocratización del peronismo había relegado y hundido en la oscuridad a los únicos elementos que estaban en condiciones de inyectarle un contenido al movimiento. Los hombres del radicalismo yrigoyenista (sobre todo los jefes de FORJA) habían sido suplantados por el equipo de arribistas y aventureros sin ideas respaldados por Tessaire. Esto fue aprovechado por el imperialismo para redoblar sus ataques contra el peronismo (que no era el Partido Peronista) al que atacaban no por sus errores, insuficiencias o arbitrariedades, sino por su histórica significación progresiva.

EL IMPERIALISMO Y LA BUROCRACIA SINDICAL

De este modo, si la burocracia peronista servía para llevar a la práctica una serie de medidas convenientes para el país, también era utilizada por los elementos reaccionarios que la integraban para ahogar toda expresión revolucionaria independiente, profundizando la parálisis política del régimen gobernante y preparando las condiciones de su crisis.

La CGT, por su parte, había llegado a ser una poderosa central obrera, que en un período de prosperidad económica inigualable organizó a varios millones de trabajadores argentinos. La experiencia de la CGT peronista demuestra palmariamente esto: nuestro proletariado creó gigantescas organizaciones sindicales, que libró batallas en defensa de sus condiciones de vida y aseguró un mínimum de bienestar a enormes sectores del país. Nada ni nadie podrá desmentir este hecho –y la clase obrera lo sabe mejor que los estadígrafos más infatuados–.

Como toda central sindical, no podía ser independiente, ya que vivía en la época del imperialismo: si la vieja CGT de la década infame, que agrupaba a un reducido sector obrero, estaba bajo la influencia política del imperialismo "democrático", la nueva CGT de la era peronista vivía bajo la gravitación del gobierno. ¿Qué clase de descubrimiento hacen los "sindicalistas libres"? Observemos desde ya una importante diferencia. Si la primera CGT estaba dirigida por socialistas, comunistas y sindicalistas (que formaban una inquebrantable y servil burocracia), la segunda estaba compuesta por peronistas, cuyo movimiento estaba en el poder y que obtenía grandes concesiones de los poderes públicos. Diputados, senadores, ministros y gobernadores cegetistas actuaban en la vida política y expresaban, aún de una manera desfigurada, los intereses de las masas de cuyas filas habían salido. Por supuesto, los dirigentes supremos de la CGT no eran elegidos por la masa de afiliados de la central, sino que en realidad estaban estrechamente asociados a las directivas de la Casa de Gobierno. Pero esto no puede significar un cargo contra el régimen peronista en sí mismo: es el destino general de los sindicatos en la época del imperialismo.

Organizaciones que agrupan a grandes sectores de trabajadores, sin distinciones de ideologías, los sindicatos deben vivir siempre bajo condiciones del Estado burgués, que no admite de ellos una independencia peligrosa. Carentes por su heterogeneidad y por sus fines esencialmente económicos de una ideología revolucionaria, los sindicatos están sometidos a cualquiera de las grandes fuerzas que se disputan el poder en la sociedad moderna: imperialismo, burguesías coloniales (Perón) o poder obrero-campesino (Mao).

Sindicatos "independientes" no han existido, ni existirán, del mismo modo que nada puede engendrar el vacío. Cuando una central sindical llega a ser "independiente" de todo interés que no sea específicamente el de los obreros, es que la dirigen intrépidos revolucionarios: en ese momento ya está en juego la suerte misma del poder. Todo lo demás es puro charlatanismo. De ahí que la CGT de la época peronista estuviera íntimamente asociada a un gobierno que era, a su modo, un gobierno de frente único antiimperialista, en cuyo seno coexistían intereses de clase diferentes interesados en el desarrollo económico nacional. Que la burocratización de la CGT, su ausencia de iniciativa propia, su dependencia servil de las demostraciones políticas del régimen, sus ofrendas, etc. constituían un mal, nadie lo duda, pero el principal perjudicado será Perón, a quien el perfume del incienso cotidiano le impidió advertir que una democratización efectiva de la central obrera hubiera defendido mejor las conquistas revolucionarias que el sistema de obediencia de los jerarcas.

INTELECTUALES, PEQUEÑA BURGUESÍA Y PROLETARIADO

Una ola de prosperidad envolvió al país durante los diez años del régimen peronista. La CGT bastaba para reajustar los salarios periódicamente y mantener el nivel de vida; los sindicatos de industria eran para los obreros su escuela de lucha; los discursos de Perón y las eventuales movilizaciones, su alimento político. Considerado desde un punto estrictamente objetivo, el proletariado argentino no necesitaba más. Los distintos intentos que el marxismo revolucionario realizó para indicar a la clase obrera la necesidad de un partido obrero independiente que apoyase a la revolución popular, resultaron infructuosos: "Frente Obrero" y "Octubre" en 1945-1947; el libro *América Latina: Un País* en 1949 y otras publicaciones en 1953-1955 lo demostraron acabadamente: el proletariado seguía su propio camino, que era el de su experiencia en una coalición con los sectores burgueses y burocráticos del peronismo. Para el partido obrero independiente no había sonado su hora.

El cretinismo intelectual observará con desprecio a las masas "primitivas"; pero una misma clase tiene ideas diferentes en épocas distintas; las suplantará a medida que las necesite. El proletariado no veía la urgencia de ser "independiente" del peronismo, por más que le desagradasen algunas figuras, algunos favoritismos o algún negociado. Los trabajadores defendían lo esencial del régimen, que era precisamente su carácter revolucionario; el pequeño burgués superficial, atragantado de libros, sólo veía lo accesorio. Después acusaría de "primitivismo" al proletariado. Jamás en la historia se ha desenvuelto ningún movimiento que desde sus comienzos fuese totalmente claro en sus formulaciones; sólo la experiencia propia, las lecciones de las derrotas, el fracaso de sus jefes, permiten a las masas, en estadios sucesivos, realizar un balance íntimo de su orientación y seleccionar las ideas y los caudillos que su lucha requiere. La pretensión de exigir a las masas que inician su vida política con el peronismo una categórica definición y completa coherencia teórica, sólo puede caber en la imaginación de estos intelectuales con la cabeza vacía en que ha sido tan pródigo nuestro país.

Bajo los símbolos elementales del peronismo, como a través de la cabra de Gandhi, enormes masas de hombres y mujeres que hace sólo diez años vivían en el atraso precapitalista hicieron su ingreso triunfal a la política argentina. La dirección que abrazaron era enteramente correcta; no había ninguna otra capaz de defenderlos mejor –y los que podían hacerlo no eran aún suficientemente fuertes para ser escuchados–. Sólo mistificadores seudo-filosóficos como Martínez Estrada o normalistas sin talento como Américo Ghioldi pueden pretender "educar" al pueblo argentino, únicamente porque les volvió las espaldas en 1945. Este mismo hecho nos está diciendo accidentalmente que no estaban mal orientados.

Pero la crisis ideológica del peronismo no era al fin de cuentas sino la expresión de la inmadurez global del país, la ausencia de una conciencia política desarrollada tanto en *la burguesía como en el proletariado*, clases sociales nuevas en la Argentina. Si la burguesía industrial en su mayor parte, y como prueba del aserto anterior, se pasó en su mayoría al bando de la contrarrevolución, el proletariado fue la columna vertebral de la revolución popular, que se llamó peronista, como podía haberse llamado de otro modo, pero que respondía a profundas necesidades nacionales. ¿Debe el proletariado disculparse ante la canalla semiilustrada de haber salvado al país del imperialismo?

De lo dicho debe inferirse que si el peronismo fue incapaz de dotar de una ideología a la revolución que rugía bajo sus pies, el divorcio entre las masas populares y la "intelectualidad" fue irremediable. Los intelectuales tienen en la sociedad moderna un papel más subordinado aún que el proletariado. Si el obrero vende su fuerza de trabajo, pero no su conciencia, la "fuerza de trabajo" que el intelectual dispone para enajenar es precisamente su sistema de ideas. De ellas debe vivir. Pero todo el sistema de ideas dominante en la Argentina desde hace medio siglo era justamente el forjado por la oligarquía proimperialista.

Cuando llegó el momento decisivo se encontró prisionero de ideas que en modo alguno correspondían a las necesidades nacionales. Esclavo de un "democratismo" vacío de todo contenido, apoyó a las fuerzas más reaccionarias contra los nietos de Martín Fierro que irrumpían en la escena argentina. De acuerdo con la expresión de Pavese, *"los que sabían escribir no tenían nada que decir y los que tenían algo que decir, no sabían escribir"*. La razón de este desencuentro fatal ha sido varias veces explicada a lo largo de nuestro relato, pero no será inútil insistir en este hecho: la completa subordinación argentina al imperialismo, sobre todo a partir del 1900, engendró una ideología y una estética, una filosofía política y una tradición cívica que correspondía perfectamente al tipo de estructura semicolonial de la Argentina. La sobreestimación de lo europeo; la formación de una intelectualidad traductora; la aparición de "medievalistas" como José Luis Romero en un país que vivió entre lanzas emplumadas hasta el siglo XX; la proliferación de la literatura fantástica del género de Borges, otro prófugo de nuestra realidad; la existencia de un socialismo burgués cosmopolita o de un comunismo eslavófilo; la doctrina reinante del librecambio erigida como religión de Estado y la idolatría académica de las mieses; la adopción del mito intocable de la Constitución del 53; la ignorancia o el menosprecio de todo lo criollo y su connotación tácita con la idea del atraso y de lo bárbaro; la glorificación de la Democracia sin contenido y el desconocimiento del problema imperialista, tales son los rasgos distintivos de una tradición cultural, que a pesar de ser muy breve, ha ejercido un peso aplastante en la deformación de nuestros intelectuales.

Si a todo esto se agrega que el dispositivo de la prensa, la radio, la Universidad, las Editoriales y los centros de conferencias ha estado primordialmente en manos de la oligarquía a lo largo de medio siglo, comprenderemos fácilmente por qué los intelectuales estuvieron en cada situación culminante al otro lado de la barricada. Su infatuación estaba en directa relación con su esterilidad y su aire protector hacia el pueblo en correspondencia inmediata con su papel de lacayos del imperialismo. Al lector que le interese conocer más a fondo el trágico destino de nuestra "intelligentsia" antinacional, lo remito al ensayo titulado "Crisis y resurrección de la literatura argentina".

Fuente: Jorge Abelardo Ramos, *Revolución y contrarrevolución en la Argentina,* Editorial Amerindia, Buenos Aires, 1957, pp. 437-448.

II

CRISTIANOS EN EL SIGLO

1

DOCTRINA SOCIAL Y DIAGNÓSTICO

GUSTAVO J. FRANCESCHI
Derechas e izquierdas

Una de las cosas, escasas en número, que me proporcionan algún regocijo en este mundo tan aburrido y en esta hora tan repleta de desconciertos, es la pregunta que muchos me formulan, como si tuviera yo especial competencia para informarlos: el gobierno que está rigiendo los destinos del país ¿es de derecha o de izquierda? Porque, siguen exponiéndome con perplejidad los que así me interrogan, las autoridades nacionales han sancionado la enseñanza religiosa con carácter obligatorio en las escuelas, y no permiten la propaganda comunista en el país; por lo tanto son de derecha; pero vea Ud. las medidas que adoptan en el terreno económico: ley de alquileres, disposiciones sobre arriendos, modificaciones en el impuesto a los réditos que castiga especialmente las grandes fortunas, impuestos a las ganancias consideradas extraordinarias, y otras más: por lo tanto son de izquierda. ¿Cómo puede unirse todo esto sin contradicción? Y yo respondo que se puede ser muy bien a un mismo tiempo de derecha e izquierda, si es que tienen algún significado estas palabrejas, con tal que sean distintos los órdenes de actividad gubernamental y administrativa que les dan pretexto.

Aun cuando hace ya algunos años traté este mismo asunto, permítaseme volver sobre él a la luz de nuevos datos y puntualizando conceptos. Por lo demás, voy más allá de lo que caracteriza al gobierno argentino actual, y planteo la cuestión en el orden de la doctrina y en términos generales.

* * *

¿Qué fue *derecha* y qué *izquierda*, y qué origen tienen estas palabras?
Ellas aparecen con motivo de la distribución de los representantes del pueblo en la Convención francesa allá por los años de 1790.

Es sabido que se rehuyó entonces constituir grupos parlamentarios propiamente dichos y organizados, que al ser calificados de coalición habrían expuesto a sus miembros a pena de muerte. Pero fuera de la Convención existieron sociedades que incluían a convencionales y no convencionales: entre ellas se destacaron las de los *girondinos*, de los *cordeliers*, de los *jacobinos*, nombre el primero que tiene un origen geográfico, mientras el segundo y tercero lo toman de los conventos expropiados en que celebraban sus sesiones. Dentro del parlamento mismo, los diversos sectores fueron calificados de *pantano* (marais), *llanura* (plaine), *montaña* (montagne). Los contadísimos representantes semimonárquicos acostumbraron sentarse a la derecha y fueron casi todos ejecutados; los montañeses, más violentos que todos, se agrupaban sobre todo en las bancadas de la izquierda. De ahí vino paulatinamente la costumbre de calificar de izquierdistas a los revolucionarios, de derechistas a los moderados. Y quizá todo ello tiene un vago resabio de la descripción que Cristo Nuestro Señor hace del Juicio Final, en que los réprobos irán a la izquierda, y los obedientes a la ley marcharán hacia la derecha. Las designaciones no terminaron con los acontecimientos revolucionarios, sino que después de caer Napoleón I en 1815 se echó mano de ellas en toda Europa. Los partidarios de mantener las instituciones y los liberales clásicos tomaron el nombre de derechistas; los elementos republicanos en los países monárquicos, y muy luego los socialistas y socializantes de variadas tintas, se enorgullecieron con el calificativo de izquierdistas.

Hay que tener muy en cuenta un hecho que caracteriza a los liberales novecentescos, y también a no escasos monárquicos del mismo período. Los primeros, aun cuando repudien la acción de la Iglesia en el campo social, la consideran útil para custodiar el orden público, y le otorgan una función de gendarme espiritual; además, a pesar de su actitud doctrinaria, son en la vida privada más o menos religiosos, y sobre todo católicos *consortes* en cuanto desean que sus esposas y también sus hijos practiquen la parte ceremonial y sacramentaria de la vida espiritual. Y para los segundos el principio de "la unión del trono y del altar" es intangible.

"¡La unión del trono y del altar!": nadie será capaz de puntualizar suficientemente los perjuicios que esta fórmula ha causado. Es natural que el altar y el trono, el poder espiritual y el temporal, colaboren amigablemente en la tarea social: en otros términos, si bien distintas, las dos potencias han de estar unidas. Pero es falso que el altar haya de apuntalar necesariamente al trono; en otras palabras la idea monárquica y la católica no son esencialmente solidarias: el catolicismo puede muy bien acomodarse con otros regímenes políticos, como lo demuestra la historia y lo afirman repetidas veces los Sumos Pontífices desde Pío IX hasta nuestros días. Y es falso también que el *trono* tome por tendencia natural la vía hacia el catolicismo ¿acaso aconteció así en Gran Bretaña, Alemania, Italia, Rusia o en Francia durante la monarquía de Luis Felipe? El trono y el altar, la potencia civil y la religiosa, han de coordinar su acción para bien espiritual y temporal del pueblo; pero ni es posible que el trono sea absorbido por el altar, lo que daría lugar a una teocracia, ni que el altar sea ingurgitado por el trono, lo que originaría un césaro-papismo. Ambos extremos son condenables.

Pero es muy de notar que durante el siglo XIX en casi todas partes y salvas excepciones, los monárquicos católicos estuvieron teñidos de liberalismo en lo que atañe a lo económico-social. Los hombres como un Donoso Cortés o un Ozanam no suelen ser escuchados dentro de este grupo. Y cuando el conde de Montalembert, que sin embargo adoptó algunos conceptos liberales, propuso el restablecimiento, para los obreros, del descanso dominical suprimido por la Revolución Francesa, fue textualmente tratado de loco en plena Cámara. Al mismo tiempo que mantenían lo que podríamos llamar *exterioridad* de la Iglesia, y deseaban que el *pueblo* fuera religioso porque de este modo se apartaría de las tentaciones revolucionarias, los liberales se opusieron a la legislación del trabajo, a la organización de los sindicatos, a las mejoras económicas y hasta higiénicas en los procesos de la producción, aceptaron el principio de la libre competencia que arruinó a infinitos pequeños comerciantes, y el del contrato individual del trabajo (que para darle un aspecto simpático se llamó libertad de trabajo), que redujo a esclavitud a innumerables obreros colocándolos, según palabras de León XIII, en una situación casi servil. Y es fenómeno digno de mención que tanto en Alemania cuanto en Francia, tanto en Italia cuanto en Suiza, al tratarse puntos de esta naturaleza, los católicos se hallaron más próximos a los socialistas que a los liberales.

Pero todo ese complejo reinó durante la mayor parte del siglo XIX, y se mantuvo hasta en los albores del actual. Y de ahí vino la malhadada identidad entre el derechismo religioso y el económico-social: toda ella se funda en una confusión y una mentira.

Tomemos un católico de verdad, un católico integral, que no se contenta con las prácticas religiosas ni con una instrucción más o menos somera en materia dogmática o moral, sino que ha ido hasta el fondo de las cosas tanto en orden a lo social cuando con referencia a lo individual, que ha leído y meditado las encíclicas pontificias y hecho suya toda su enseñanza. ¿En qué se parecerá a un liberal? Propiamente en nada. Dejo ahora de lado la doctrina religiosa propiamente, y voy a lo que es más especialmente objeto de estas páginas: lo social. Admitirá el capital pero no el capitalismo o sea la hipertrofia del capital y su predominio sobre los demás factores de la producción; no tolerará el latifundio con su inevitable consecuencia: la falta de tierras para muchos de los que quisieran labrarla; preconizará la intervención del Estado para asegurar la justicia en las condiciones, duración, formas y remuneración del trabajo; proclamará la necesidad absoluta de que el Estado, los patrones y los obreros constituyan organismos que aseguren la vida, la dignidad y la ancianidad de los trabajadores; defenderá –contra lo proclamado por la Revolución Francesa y los liberales que siguieron sus tendencias–, el derecho de los asalariados a crear libremente, como los patrones, sindicatos no para lucha sistemática de clases sino para el fomento de los intereses profesionales, y anhelará que se instituyan comisiones paritarias que resuelvan por medio de la conciliación o el arbitraje los conflictos que puedan surgir; condenará los monopolios, las dictaduras económicas y las tiranías del dinero; querrá que en este mundo todos los hombres tengan algo que trabajar, pero también algo que comer; no aceptará que quien emplea la totalidad de su esfuerzo en una labor cualquiera haya de tender todavía la mano para poder comer o dar de comer a los suyos, de donde requerirá los salarios no establecidos por la simple oferta y demanda sino con una base vital y familiar; pedirá que el Estado *deje hacer* a los que son capaces de organizarse para la producción, *ayude a hacer* a los que solos no tienen vigor para realizar la obra, y *haga por su cuenta* lo que de ninguna manera pueden llevar a cabo los particulares, y aceptará por lo tanto la cooperación económico-social entre el Estado y la iniciativa privada. Y todo esto, y mucho más que no puede entrar en estas breves páginas, lo profesará no sólo simultáneamente con su catolicismo, sino *como consecuencia de su catolicismo*, el que sería incompleto y equivocado si se contentara con buscar la santificación personal y no practicara esta forma social de la caridad que consiste en crear para los hermanos un ambiente de justicia, de amparo para los derechos de la persona, de la familia, de la profesión organizada.

Y he ahí entonces el fenómeno que desconcierta a quienes imaginan que el llamado derechismo en el terreno religioso importa un derechismo idéntico en el terreno económico-social. La verdad se encuentra en el polo opuesto. Cuando más honda y comprensivamente católico es un hombre, cuanto más vive la vida sobrenatural cristiana, cuanto más la desea para las familias, tanto más enemigo de lo que E. Mounier llamaba muy exactamente *el desorden establecido*. Por lo cual todo católico de verdad, si bien es enemigo del revolucionarismo rojo que hasta hoy no ha sabido desembarazarse del ateísmo y de la violencia anticristiana, es por igual adversario irreconciliable del liberalismo, cuyas tesis no solamente religiosas y políticas sino también económico-sociales se hallan en las antípodas de sus deducciones tomadas del Evangelio.

Y de ahí sigue una consecuencia legítima: un gobierno puede ser considerado como de derecha en todo lo que atañe a lo propiamente religioso, y ser juzgado como de izquierda en lo relativo a lo económico. Pero este parecer será tan sólo el de los superficiales que construyen sus veredictos con las palabras que oyen pronunciar en la calle o leen en el vulgo de los periódicos. Las gentes que vayan más a fondo comprenderán que un gobierno ampliamente reformista en el terreno económico-social, si lo es en la forma en que hasta ahora lo está realizando el nuestro, no es de izquierda ni de derecha, ha sobrepujado esos calificativos que están gastados por el siglo y medio de mal uso que se está haciendo de ellos, y acomoda su acción a los principios más claros de la doctrina social cristiana.

* * *

Gentes hay que no ven cómo el edificio en que hemos vivido durante estas últimas dos centurias se viene abajo; creen que con revocar esa pared, apuntalar esotra, introducir reformas pequeñas y accidentales en la distribución de las habitaciones, hay casa todavía para mucho tiempo. Trátase sobre todo de personas que, ancianas ya, en especial desde el punto de vista intelectual, se han hecho una vez por todas su ideario conforme lo aprendieron de sus maestros cincuenta o sesenta años atrás, y desde entonces han pensado quizás en lo relativo a la profesión que ejercían, pero no en lo referente al orden social en que vivían. Y trátase también de un núcleo de hombres y mujeres para quienes esa radical transformación que nosotros propiciamos y que si no es efectuada por cristianos lo será con consecuencias mucho más terribles y arrasadoras por los comunistas, ese cambio institucional y económico significa mermas en las ganancias y por ende modestia y compresión en la vida. Desde el punto de vista psicológico entiendo muy bien semejante mentalidad: nos cuesta aceptar aquello que nos desagrada. Pero los hechos son los hechos, y de nada vale ocultar la cabeza para no verlos: ellos se imponen, querámoslo o no, a nuestra atención.

Una de las cosas más divertidas... o quizá más tristes del mundo, es ver cómo esas mismas personas, y otras muchas que temen por sus bienes, o por su tranquilidad, o quizá por su vida, están empeñadas en convencerse de que "Staline ya no es el de antes, y los comunistas no son peligrosos". Se persuaden de que se las dejará en paz y no se les quitará nada de lo que aman; y hasta piensan, y a veces dicen, que son imprudentes quienes combaten el comunismo porque de esta manera irritan la fiera y la determinan a crueles venganzas. Las tales personas, lo que más reprueban en un gobierno de nuestros días es lo que llaman el derechismo excesivo ¡y así hay católicos que miran como un mal, profundamente inoportuno, el establecimiento de la enseñanza religiosa en las escuelas porque eso engendrará una reacción! Pero tampoco dejan de condenar el izquierdismo económico del gobierno porque hace mermar sus entradas y reducir un poco el nivel material de su existencia. Quisieran que todo siguiera como hasta hoy, persuadidos de que si todo el mundo se queda quieto, las cosas seguirán también iguales mañana. Desgraciadamente esto es imposible, y habrán de resignarse a la muerte definitiva de la mentalidad conservadora.

En realidad los vocablos *derecha* e *izquierda* carecen de sentido, corresponden a categorías políticas y sociales que han desaparecido ya, son palabras de un idioma muerto. Tenían un significado bastante claro cuando imperaba por un lado el liberalismo, y por otro el socialismo revolucionario tal como lo había difundido la Primera Internacional. Pero los valores han cambiado. Tomemos por ejemplo el partido laborista inglés: hace cincuenta años se lo habría calificado de izquierdista. Pero hoy, cuando todos los diputados católicos que hay en los Comunes pertenecen a esta agrupación, y ella, mientras por una parte propicia enérgicas reformas sociales, repudia por otra, toda alianza con los comunistas ¿dentro de qué tendencia debe ser catalogada? Otro tanto diría de los demócratas cristianos que han vuelto a levantar cabeza en Italia después de la caída del Sr. Mussolini. ¿Es derechista o izquierdista el general Franco?: sería bastante difícil definirlo.

Lo que importa no son las etiquetas, sino la obra. Lo que interesa es que, sin aguardar a ser arrastrado por la tormenta, se proceda a las reformas indispensables y se reconstruya la sociedad sobre bases más sólidas que las pasadas. Lo que importa es una formación moral, y por lo tanto cristiana, de las nuevas generaciones, más robusta que la moluscoide e indefinida que recibieron las anteriores. Lo que importa es conducir al amor mutuo de todas las clases, único medio de establecer el reinado de la justicia social. Lo que importa es que el Estado ocupe su lugar, que es de dirección y ejecución, en la hora actual, porque si todo se deja librado, como se lo ha hecho hasta hace poco, ya a las fuerzas revolucionarias que todo lo destruyen, ya a las potencias capitalistas que todo lo acaparan, no habrá salvación para nuestros pueblos.

¿Izquierda, derecha? Esto nada significa en la hora actual. Lo que interesa es la verdad y la justicia en el amor. Lo demás son chácharas.

Fuente: *Criterio,* Buenos Aires, año XVI, 13 de enero de 1944, N° 828, pp. 29-31.

La cuestión gremial

El problema sindical, agudizado a causa de las últimas medidas tomadas por las organizaciones gremiales, se nutre de la desorientación y desesperanza que caracterizan la hora presente del país y su peligrosa crisis institucional.

Si hasta las instituciones de la nación que por naturaleza padecen menos los efectos de las tensiones sociales, han sido presa de la confusión reinante y han desbordado los límites de sus finalidades específicas, no puede llamar la atención, ni provocar una hipócrita indignación, el que también las organizaciones sindicales reflejen esa confusión y se sumen a ella. ¿Quién no lamenta, o no teme, las consecuencias de una desorientación que ha penetrado en los poderes públicos, en las Fuerzas Armadas, en los partidos políticos y en los sectores empresariales? La situación sindical, las actitudes de los dirigentes gremiales y de sus organizaciones no pueden ser entendidas al margen del clima general del país.

La realidad sindical argentina, cuyo crecimiento y peso decisivo no puede ser desconocido, despierta en algunos sectores, no sólo temor, sino la persuasión de que se ha ido demasiado lejos. Éstos están persuadidos de que el peso de las organizaciones sindicales en la vida de la comunidad nacional es desproporcionadamente superior a su importancia real. Más aún, creen que el orden económico social y la convivencia se pueden lograr negando la gravitación natural del movimiento sindical organizado. No están lejos de intentar suprimir lo que consideran un tumor maligno en la sociedad. Los medios a utilizar van desde las maniobras políticas hasta el abierto empleo de la fuerza.

En el sector opuesto, el hecho sindical aparece como la única fuerza coherente y legítima capaz de aglutinar y defender los derechos e intereses personales y sociales del pueblo todo, en orden a la vigencia de la soberanía, la justicia y la libertad.

Frente a este doble error de perspectiva, cuyas consecuencias pueden entrañar horas luctuosas para el país, no podemos reflexionar con prescindencia del proceso de evolución social e histórica que desemboca en la equívoca situación que vivimos. Los hombres y las instituciones, sus actitudes, sus intereses, sus errores e ignorancias, y hasta su mala fe, no son ajenos a este proceso, ni es posible silenciarlo.

No intentamos convertir estas páginas en un tribunal para enjuiciar a los culpables de ayer y de hoy. Buscamos sencillamente un acercamiento objetivo a la realidad, un esclarecimiento de los hechos que posibilite una solución realista.

Los esquemas políticos o ideológicos que se nieguen a aceptar la realidad que vivimos atrasarán inexorablemente la solución que anhela el país. Ni el temor, ni los intereses egoístas pueden ser los consejeros en una acción que exige ante todo lucidez y renunciamiento. Las posiciones de ceguera, de endurecimiento, de intolerancia, nos impiden la captación sincera de la realidad, y nos cierran los caminos de posibles soluciones.

LA SITUACIÓN SINDICAL

La característica más saliente en la actitud de las organizaciones sindicales de mayor gravitación está dada por el hecho de pretender asumir la representación global de los valores e intereses nacionales que la realidad actual pone en juego. Una actitud así, implica la convicción en muchos dirigentes sindicales de que ellos son los únicos capacitados para señalar los cauces políticos y económicos en la conducción de la comunidad nacional. A nadie se le oculta lo riesgoso de esta actitud, ni de las reacciones que ella provoca en sectores no caracterizados precisamente por su serenidad.

No es el momento de analizar las divisiones internas y las luchas de sectores en el interior de la C.G.T. Pero asistimos al hecho de que más allá de esta realidad, se manifiesta una coincidencia en aspectos juzgados fundamentales por todas las tendencias en juego. Los puntos de coincidencia son: unidad en la defensa de los derechos y realizaciones sindicales y sociales de la época peronista; derecho a ser factor determinante en las decisiones políticas; sentirse los únicos capaces de salvaguardar eficazmente los derechos cívicos y sociales; rechazo de la gestión política y económica gubernamental; conciencia de que sólo una acción urgente y planificada puede impedir el fortalecimiento de una estructura política y económica que tiende a disminuir o excluir la efectividad de su presencia. Esta coincidencia se hace más notoria en los grupos dirigentes, tanto en los de más auténtica responsabilidad sindical, cuanto en los de manifiestas ambiciones políticas.

En cuanto a las bases sindicales, si bien repetidas veces han mostrado su pérdida de confianza en varios dirigentes que actúan en los primeros planos sin embargo, no rehusan plegarse a las decisiones emanadas de sus organizaciones. La aparente contradicción de esta actitud, tiene su explicación en que consideran no tener ya otra defensa que la fuerza de sus sindicatos. Razonable refugio, ante el estupor que les causa esa situación de caos político que no han provocado, y que incide directamente en sus posibilidades de sobrevivir con dignidad. A ello se agrega la pérdida de confianza que experimentan frente a los partidos políticos no proscriptos y a los intentos de nuevas formas partidarias, nacidas sin sustento popular.

No ha dejado de llamar poderosamente la atención el equilibrio y el sentido de responsabilidad mostrados por los dirigentes sindicales, actitud casi totalmente compartida por los sectores laborales. Todos los ciudadanos capaces de reflexionar con serena inteligencia han advertido esta lección, tal vez inesperada ante el descontrol de otros sectores más dotados culturalmente. Sentido de la realidad y serenidad ante los acontecimientos signaron la actitud de los medios sindicales. Parecieron faltar en otros sectores, llamados por sus funciones a ejercer la serenidad como virtud militar y el sentido de la realidad como virtud política.

No es difícil explicar las diversas causas de esta actitud asumida por la clase trabajadora y sus dirigentes. Entre esos últimos los motivos han sido distintos: en unos alentó esa actitud de serenidad, la lucidez con que captaron la gravedad de la crisis nacional, unido al claro deseo de no exponer sus organizaciones. Otros dirigentes no tenían por cierto ningún interés en sacrificar la posibilidad de ver cristalizar sus ambiciones políticas, al usar nuevamente su posición sindical como trampolín para futuras posibilidades. Unos y otros vieron también con claridad que la situación creada no podía tener una salida inmediata. El compás de espera se imponía. Cualquier medida inconsulta la agravaría, motivando represiones, largamente esperadas por no pocos.

Las clases trabajadoras facilitaron la actitud de sus dirigentes. Vieron también ellos la inutilidad de acrecentar el caos y estuvieron dispuestas a realizar el sacrificio necesario para restablecer la convivencia y el orden. Factor, tal vez, el más decisivo en esta actitud ha sido la seguridad de que sólo ellos están respaldados por una poderosa fuerza política, cuya gravitación –cualesquiera sean los cauces institucionales– configura una realidad.

En estos momentos asistimos a una pérdida de la serenidad y tranquilidad que ha caracterizado la actitud laboral. El cambio se produce paulatinamente ante la falta de respuesta convincente al "programa mínimo contra el hambre y la desocupación", presentado por la central obrera, ya en mayo pasado. Este plan, si bien puede ser discutido en algunos detalles, presenta la necesidad de tomar una serie de medidas, cuyo equilibrio y ortodoxia doctrinaria no pueden ponerse en duda. El deterioro creciente del poder adquisitivo de los salarios, la falta de pagos o sus atrasos, el cierre de establecimientos industriales, los licenciamientos y despidos, aparecen a los ojos de los dirigentes sindicales como efectos de una absoluta inoperancia por parte del gobierno y de insensibilidad empresarial. La reacción cristaliza en medidas de fuerza que van desde la ocupación de fábricas hasta la movilización y la huelga, únicas medidas que han trascendido hasta ahora, de un plan secreto al parecer más violento y completo.

Toda esta situación vuelve a provocar la unión de los sectores dirigentes, quienes ante la exigencia de los hechos, dejan en segundo plano las diferencias ideológicas y tácticas que hasta ahora los dividen, para buscar la unidad total, lograda en el plenario de secretarios generales el 13 de este mes. Esta actitud culmina con las declaraciones del secretario general de la Unión Obrera Textil, que si bien no han sido ratificadas por la C.G.T., señalan ya los peligros de una formulación en que lo ideológico y lo táctico se confunden, provocando la consiguiente inquietud en muchos sectores del país. Probablemente este dirigente realiza un último intento demagógico por consolidar un prestigio que ha venido perdiendo día a día en las bases, por las netas implicancias políticas de su actuación personal.

Este vuelco hacia medidas de violencia recibió, sin duda, la confirmación de su necesidad, ante los lineamientos ya publicados de un plan político gubernamental, que pareciera querer cerrar todo camino a la integración social y política de una tercera parte de la ciudadanía. Nuevamente tendrá que firmarse la Constitución, para que en su nombre se legitimen proscripciones e inhabilitaciones. Los dirigentes sindicales y entre ellos sobre todo los que verán impugnada su candidatura política, endurecerán sus medios de lucha, contando con el lógico temor de la clase trabajadora de verse nuevamente excluida de su representación política partidaria.

LA GÉNESIS DEL MOMENTO SINDICAL

No es posible entender ni valorar la situación sindical ni la actitud de sus dirigentes, sin considerar la génesis y evolución del movimiento organizado de los trabajadores en nuestro país, principalmente a partir de 1943. Nos limitaremos a señalar las líneas decisivas de su desarrollo.

A pesar de que el sindicalismo argentino fue, en Latinoamérica, el primero en organizarse ya a fines del siglo pasado, contando con gremios fuertes y eficaces, sin embargo, sólo a partir de 1943 comienza a estructurarse con sentido de clase y fuerza organizativa, con peso eficaz en la vida del país.

Cualquiera sea la valoración que se haga del fenómeno peronista, asistimos desde entonces a una verdadera revolución social. Sus efectos manifiestos fueron el acceso de las clases trabajadoras a la vida política, el crecimiento de las organizaciones sindicales, y la conciencia masiva de que los derechos económico-sociales deben ser defendidos eficazmente por sus propias organizaciones sindicales. La clase trabajadora experimenta simultáneamente un ascenso en sus condiciones económicas y en su gravitación social. Tiene experiencia de que tales mejoras las obtiene a través de un poder político eficaz y, al mismo tiempo de su influjo en las decisiones de dicho poder.

Desgraciadamente no advierte la instrumentación política de que es objeto, y el mal disimulado paternalismo ejercido sobre sus organizaciones. En lugar de fortalecer la pujanza interna de la vida sindical, sus dirigentes se acostumbraron a las fáciles conquistas logradas a través de un poder político demagógico y calculadamente benévolo. Ligaron las mejoras obtenidas y la fuerza de sus mismas organizaciones a la contingencia de un régimen político. Esto, sin embargo, no configuró, como frecuentemente se ha afirmado, un régimen obrerista. Prueba de ello es la actitud asumida por la mayoría del sector empresario, que no asumió sus responsabilidades. Coherentes con su mentalidad de lucro se adaptaron sin mayores resistencias a las nuevas circunstancias. También en ellos se dio la obsecuencia al poder político y la colaboración en la política demagógica. Participaron en la estructuración de una economía de fáciles ganancias, sin atender a las exigencias de una producción que requería visión de futuro, nuevos métodos y provisión de equipos técnicamente eficientes.

Con la caída de este régimen político la clase trabajadora se ve en peligro de perder sus conquistas y sus organizaciones. Surge el temor de que el poder político sea empleado en provecho exclusivo de las fuerzas reaccionarias, convirtiéndose en un instrumento de represión y persecución. Este temor convive con la débil esperanza de un "ni vencedores ni vencidos" que se derrumba el 13 de noviembre.

El temor se convierte en realidad. Las intervenciones a los sindicatos, la persecución a sus dirigentes y las arbitrariedades cometidas en los lugares de trabajo, caracterizan una línea política y siembran el resentimiento.

El intento de normalización política a través de la convocatoria electoral de 1958 se realiza bajo el signo de las proscripciones e inhabilitaciones. Con tales condiciones no podía esperarse que la clase trabajadora se sintiese integrada en la comunidad nacional y depusiera sus temores y resentimientos.

El gobierno surgido de aquella convocatoria –que contó con el apoyo, sin otra opción posible, coherente con sus postulados, de amplio sectores laborales– no fue capaz o no pudo realizar la integración prometida. Esta época se caracteriza por la clara conciencia que se tiene del problema y de las soluciones válidas, y los medios contradictorios empleados para lograrlas. Por una parte se defiende y sanciona una ley de unidad sindical y, por otra, se inicia una política de división y captación de dirigentes. El uso discriminatorio de la Ley de Asociaciones Profesionales por parte del poder administrativo pone en sus manos un arma poderosa para enfrentar sindicatos y dirigentes, favorecer determinadas listas en la elección de los mismos y facilitar directa o indirectamente los medios financieros para la actividad sindical. No son ajenos a este proceso los mismos empresarios. La "milagrosa" solución de algunos conflictos gremiales dieron la pauta de la calidad y eficacia de los medios empleados.

La política financiera y de desarrollo económico que caracterizó el período del Presidente Frondizi impone a las clases trabajadoras un sacrificio real en sus posibilidades económicas. Penetra en las clases trabajadoras la conciencia de ser ellas quienes están en gran parte pagando el proceso de desarrollo industrial a través de la política de austeridad.

Los episodios finales con que termina este período, convocatoria electoral, desenmascarada campaña de captación de votos de los diversos partidos, anulación de elecciones, golpe militar, dejan en las masas trabajadoras un profundo escepticismo acerca de lo que pueden esperar de otros sectores, un sentimiento de haber sido groseramente defraudadas y una ahondada conciencia de su propia fuerza política.

CRITERIOS PARA UNA VALORACIÓN

En el análisis hecho hasta aquí de la realidad sindical y su génesis, aparecen dos aspectos que exigen una valoración clara: la recíproca interferencia de lo político y lo sindical, y la actitud de los dirigentes sindicales, cristalizada en las medidas de fuerza anunciadas, algunas de las cuales comienzan a ser puestas en práctica. Sin criterios definidos de valoración no lograremos sino aumentar la confusión reinante en el orden de las ideas. Ni será posible discernir la licitud de los medios que las fuerzas en conflicto intentan usar.

Hay una falsa disyuntiva en la cual se coloca el problema de la política y el sindicalismo. Se sitúa al sindicalismo o bien divorciado totalmente de lo político, o identificado con él, hasta convertir a la organización sindical en un mero instrumento de un partido o de una política estatal. Será necesario tener ideas muy claras para discernir la legitimidad en el dificilísimo equilibrio a guardar entre la independencia y la vinculación necesarias de lo político y lo sindical.

Lo político abarca el orden de la convivencia total. La función política, "lo estatal", es la función de dirección y estructuración de este orden. El cual, en su dimensión dinámica debe integrar equilibradamente los intereses y actividades de los individuos y de los grupos que constituyen la comunidad política. Las organizaciones sindicales son uno de estos grupos de dicha comunidad. La función gubernamental implica por su propia naturaleza ejercer el papel de árbitro en los conflictos de derechos e intereses que surjan entre los distintos grupos sociales, y promover las condiciones necesarias para la realización del bien común.

Lo sindical constituye un sector especializado de la actividad social. La organización sindical es esencialmente representativa de una categoría profesional. Su finalidad abarca la defensa y promoción de los intereses económico-sociales de la profesión. Representa de una manera orgánica a un sector de la sociedad, especificado por su actividad profesional. Por lo tanto, el sindicato es una sociedad intermedia y especializada que se integra en la comunidad política. En el interior de ésta defiende y promueve los intereses de los sectores que representa. Ello debe hacerlo sin atentar contra el bien total de la comunidad política.

Aparece así con claridad la no identificación entre lo político y lo sindical, entre el bien común total y el bien de un sector profesional. Consecuentemente, la organización sindical, nacida de la profesión de sus miembros, para protección de sus intereses, se diferencia necesariamente de las organizaciones políticas como ser los partidos políticos, nacidos de toda la ciudadanía para la promoción del bien común. La gestión sindical, como la de todas las instituciones intermedias, es por su naturaleza, independiente de la gestión política gubernamental.

La confusión de planos entre lo político y lo sindical lleva a la pérdida de la independencia de los sindicatos, convirtiéndolos en instrumentos de un partido y, finalmente, del Estado. La independencia sindical frente al Estado no es posible, sin una previa y permanente independencia frente a los partidos políticos.

Si es menester señalar la separación entre lo político y lo sindical, también es menester señalar la imposibilidad de un divorcio absoluto entre ambos planos. No existe lo político puro, así como no existe lo económico o lo social puro. En el dinamismo de la vida de una nación las distintas actividades se interrelacionan y condicionan recíprocamente. Frecuentemente las decisiones políticas alcanzan a los intereses de los sectores sindicales. De igual modo que una medida sindical tiene repercusiones en el orden político.

La acción de los partidos tiende a la conquista del poder político. En las democracias, un partido o una coalición política gobierna la nación. El sindicalismo se encuentra, pues, frente a fuerzas partidarias que mantienen el poder y son las responsables de la conducción general del país, y en particular de su política económico-social.

La complejidad creciente de la sociedad actual provoca una intervención también creciente del poder político y pone en sus manos factores económicos y sociales esenciales:

- equilibrio entre producción y consumo;
- distribución de la renta nacional según necesidades y méritos;
- determinación práctica del monto de los salarios y de su poder adquisitivo;
- planes económicos orientados a la producción de bienes y servicios;
- explotación racional de los recursos y productos, con su incidencia en la plena ocupación y en la estabilidad de las categorías profesionales y del trabajo individual;
- la educación profesional y técnica, imprescindible para el progreso social y económico.

La organización sindical debe intervenir eficazmente frente a los hombres e instituciones, en quienes recae la responsabilidad de tales decisiones políticas. La elaboración de las leyes económico-sociales pone en juego a las diversas fuerzas políticas de la nación. Antes y después de las elecciones, los sindicatos tienen conciencia de que los intereses que representan están estrechamente ligados a su resultado. Saben que las decisiones de los políticos son vitales para ellos. Todo esto hace imposible la indiferencia o la ausencia de los sindicatos en el plano de lo político. Su acción será legítima cuando se realice en orden a salvaguardar y promover los intereses profesionales que representan.

En un orden democrático, el poder político debe representar, de una u otra forma, los intereses de las distintas fuerzas y grupos que constituyen la comunidad. La organización sindical profesional es uno de ellos. Así aparece con toda evidencia, la urgente necesidad, expresada arriba, de tener ideas muy claras para discernir lo legítimo, en el difícil equilibrio y no se debe guardar entre independencia y vinculación de lo político y lo sindical [*sic*].

Si en circunstancias normales no puede rechazarse como ilegítima la presencia sindical en el plano político, en la situación presente del país, que no es precisamente de normalidad, no deberán juzgarse con superficialidad o temor, las razones que legitiman esa misma intervención sindical en lo político. Estas razones perduran y se acentúan. Frente a un poder político parcialmente inoperante, frente a una crisis económico-social que parece dejar indiferentes a los responsables de superarla, urge que las asociaciones intermedias tengan el libre juego de los medios necesarios para cumplir eficazmente sus finalidades específicas.

Es curiosa la parcialidad con que se juzga indebida la participación de los sindicatos en lo político, sin discernir lo que en ello puede haber de legítimo o ilegítimo. Es un hecho que la intervención de las fuerzas empresarias y financieran en las decisiones políticas no provocan en muchos sectores, aún en los que hacen profesión de sensatez, la reacción y el temor que motiva la intervención política de los sindicatos. A pesar de sus efectos no se reconoce en ello un peligro para el bien común.

A falta de vigencia de un orden político normal, ha llevado a muchos dirigentes sindicales a sentirse responsable no sólo de la protección de los intereses profesionales de la clase trabajadora, sino hasta de sus derechos civiles y políticos. No podrá dejar de reconocerse que estos últimos derechos son los que fundamentan y posibilitan la vigencia de los primeros. Nos encontramos frente a un problema real de muy difícil valoración ética. Este intento de defensa por parte de los dirigentes sindicales y sus organizaciones, que en otras circunstancias rebasarían los fines específicos de la acción social, no puede sin consideración ser tenido por arbitrario. Las circunstancias exigen un análisis serio y desapasionado. Tendrán que medir, tanto las autoridades, como los dirigentes sindicales hasta dónde se extiende este derecho y cuáles son los medios éticos a los que es lícito recurrir.

Sin embargo, debe quedar desde ya muy claro que el reconocer el derecho de las organizaciones sindicales a participar e intervenir en la vida política de la comunidad, no puede interpretarse como disminución o desconocimiento del derecho que poseen otros grupos sociales a una igual participación. Tampoco puede admitirse la pretensión confesada de algunos dirigentes sindicales de adjudicarse la representación total de los intereses y aspiraciones del pueblo. Hay dirigentes sindicales que parecen haber olvidado que en la clase trabajadora, a la que representan profesionalmente, se encuentran sectores de diversas aspiraciones políticas partidarias. Y parecen también haber olvidado que la comunidad argentina no está exclusivamente constituida por obreros. La opción política claramente conocida de un sector de la clase trabajadora, sólo representa en el país una tercera parte de su población electoral.

A esta altura correspondería examinar el segundo de los problemas aquí planteados, acerca de la actitud de los dirigentes sindicales y las anunciadas medidas de fuerza, pero ello comportaría un nuevo y diferente desarrollo, demasiado extenso para éste ya para el presente editorial. El mejor momento para examinar esta segunda cuestión vendrá seguidamente después de la huelga general, fijada ahora para el 1º y 2 de agosto. Para entonces el panorama sindical habría quizá cambiado: ciertas sombras profundas 'se habrán probablemente acentuado, pero quizás algunas luces habrán comenzado a despuntar. Era preciso de cualquier modo hacer un esfuerzo por presentar desde ya un planteo general de la cuestión gremial, que amenaza convertirse –si no lo es ya– en una de las primeras cuestiones argentinas, hasta ahora, como tantas otras, no resueltas.

Fuente:*Criterio,* editorial no firmado, Buenos Aires, año XXXV, 26 de julio de 1962, Nº 1408, pp. 523-526.

Los que llegan

UNA TAREA ARDUA Y DIFÍCIL

El doce de octubre llegan al poder los radicales. Penetran en un recinto casi desconocido para un numeroso grupo de dirigentes que durante casi toda su carrera política actuaron desde la oposición. El lugar de la conducción, que guarda a los que llegan largas vigilias, desde el cual el país se mostrará con un rostro bastante diferente del conocido hasta entonces. Un recinto inusitadamente distinto, modificado por el tiempo y por la acción de otros hombres en circunstancias ciertamente inolvidables para todos, protagonistas y espectadores.

Los que llegan, pues, comienzan a percibir la rugosidad de las cosas que deberán manejar. Áspera y difícil, la tarea que les espera ocupa desde ya sus acciones cotidianas. Y cabe pensar que muchos de esos dirigentes reflexionan aquí y ahora sobre las exigencias casi inéditas de una realidad que en nada se parece a ciertas y supuestas "épocas de oro" que el partido conoció.

La opinión está atenta y expectante. No puede decirse que descansa confiada, aunque esa actitud sea la que todos anhelamos. Y hay motivos para que así ocurra. La gente ha sabido de una distensión evidente, ostensible, casi palpable. Esa distensión ha creado un clima propicio para la comprensión y cierta dosis de tolerancia positiva. Pero ese clima, una suerte de "luna de miel" precaria pero aprovechable, tiene una duración limitada. El tiempo, que en otras oportunidades opera como una terapéutica eficaz es hoy, en todo caso, una terapéutica peligrosa. Es útil, pero debe manejársela con cuidado y sin delectación. De hecho, pues, la expectativa supone anhelos urgentes. El tiempo como terapéutica agotará rápidamente su función. En pocos meses más ya no servirá como tal. Será un factor negativo que obrará a través del apremio. Los que llegan, tendrán, creemos, un lapso relativamente reducido para demostrar que saben qué hacer con el Poder. Y a partir de entonces, una zona de fechas difícilmente determinable pero no demasiado lejana, la expectativa se habrá transformado en una actitud distinta, cuyo signo dependerá de los aciertos o de los errores, o del grado de confianza que logren conquistar por sí mismos, día por día, los que llegan.

LA BÚSQUEDA DE LA REPRESENTATIVIDAD

Pero esa tarea ardua y difícil no compromete sólo a los nuevos gobernantes. Si bien es cosa averiguada que el país exige "unidad en la necesidad", las imágenes de comportamiento son elaboradas especialmente por entidades propiamente políticas, que con distinto grado de compromiso llegan también a compartir –formalmente– las posiciones de poder institucionalizadas: los partidos.

Apenas es preciso señalar que los partidos políticos participantes de esas posiciones de poder padecerán junto con el radicalismo los aspectos positivos y negativos de la nueva experiencia que se pone en marcha. Nueva, en la medida que el sistema electoral vigente en el orden nacional ha estimulado un pluripartidismo que necesitará hallar fórmulas de coexistencia suficientes que aseguren bases mínimas de cohesión para que el régimen "funcione".

Se ha operado, desde varios lustros atrás, una alteración visible en torno al problema de la representatividad de los grupos actuantes en el territorio de la política. Tradicionalmente, la idea de representación política –sobre todo a partir del siglo pasado– ha permanecido asociada a la democracia y a las elecciones. Desde esa perspectiva, volcada en las normas del derecho constitucional clásico, no habría propiamente "representación" cuando no ha mediado la operación electoral dentro de cánones democráticos. Esa óptica de las cosas distorsionó gravemente la apreciación de los derechos ocurridos desde el momento en que tanto la democracia "política" cuanto la operación electoral fueron distanciándose de las exigencias de una estructura social en proceso de cambio acelerado y permanente. Mientras la "representación" permanecía atribuida a las instituciones tradicionales, la *representatividad* se trasladó paulatinamente a otros lugares de la sociedad. Surgieron así grupos sin "representación" política institucional, pero con representatividad suficiente para determinados grupos o sectores de la sociedad. Por eso no se hallaba una correspondencia adecuada entre las normas constitucionales y la realidad social y política que cada miembro de esos grupos o sectores percibía y –literalmente– vivía. Lo que para muchos era realmente "representativo" carecía sin embargo de *representación* institucional. Y el problema de los grupos de intereses o de presión y los factores de poder se difundió en función de conflicto y sin conciliación posible con los textos y las normas constitucionales.

En el camino habían quedado los partidos políticos. Vías naturales de acceso a la representación institucional, carecieron paulatinamente de "representatividad". En otras palabras, los diversos grupos sociales no tenían la sensación de que sus aspiraciones estuvieran proyectadas en los partidos. En cambio identificaban las mismas con factores o grupos que comenzaron a operar desde dentro o en torno al Poder.

El fenómeno, suficientemente descripto y presente en los últimos tiempos, no se ha superado por cierto, con el hecho electoral reciente. Ni ha desaparecido, lo que de cierta manera es natural.

El problema se plantea, sin embargo, en términos relativamente nuevos a partir de la "nueva legalidad" surgida de los comicios de julio. Y los partidos políticos comienzan con ella la búsqueda de la representatividad que el mero hecho electoral, por sí solo, no puede atribuirles.

La cuestión puede apreciarse con luces más intensas, tal vez, desde otra perspectiva: la del Poder. Anto-Carro Martínez ha visto en el poder la ortopedia necesaria que sitúa a todos los miembros del grupo social en condiciones de igualdad. Es, en definitiva, la caja de compensación de las múltiples facultades y libertades individuales que concurren en la vida del grupo, permitiendo de esa manera la convivencia ordenada dentro del mismo. Su base esencial es la obediencia. La obediencia es, pues, el síntoma del poder. Tiene, normalmente, una extensión colosal. Se obedece a diario una multitud de ordenanzas, reglamentaciones, órdenes, mandatos políticos. Eso supone una dosis suficiente de fuerza. Cuando es fuerza pura, hay autoritarismo. Cuando hay también preeminencia o superioridad moral, la obediencia es el resultado de un consentimiento voluntario. La fuerza pura se obedece por razones físicas. El poder político, cuando "funciona", se obedece por adhesión y por razones morales o intelectuales. En ese sentido el poder es una energía moral que provoca la obediencia por consentimiento.

Si la idea de representación se aprecia no ya desde la idea previa de democracia o de operación electoral como presupuesto, sino desde el poder, puede decirse que allí donde hay poder hay representación. El poder es ejercido por un grupo relativamente reducido de hombres o aun por un solo hombre. La fuerza carece de representación, pero el poder tiene –o debe tener– cualidades representativas.

En ese orden de ideas puede hallarse, tal vez, una explicación convincente de la transformación operada en torno al problema de la representatividad de los partidos políticos, o de su falta de representatividad, que los obliga a la búsqueda y la conquista de la misma. En rigor de verdad, los partidos políticos no han sido depositarios reales de poder. Todo el poder o partes de éste se localizaron y todavía se localizan en organizaciones para-partidarias. Cuando algunos gremios, por ejemplo, han dirigido hasta no hace mucho tiempo "solicitadas" a Comandantes en Jefe del ejército, requiriendo su atención, que era decir su posibilidad de presión, sobre determinados problemas que afligían a dichos gremios, denunciaban una "localización" del poder o de una porción importante de éste. En la "nueva" realidad los partidos políticos emergen como vías institucionales para peticiones de ese tipo o similares. ¿Serán respetadas? ¿Servirán como intérpretes eficaces, como "correas de transmisión" de las aspiraciones de los grupos sociales? ¿Superarán con su acción el "particularismo" social que hace hoy una Argentina invertebrada?

HACIA UN RÉGIMEN QUE "FUNCIONE"

La realidad, áspera y compleja, es un desafío impresionante para los políticos que recobran, merced a una formalidad electoral sin embargo trascendente una vigencia institucional que deben hacer realmente "representativa".

Los radicales, titubeantes aún frente a las exigencias de adecuación a una realidad que no les pertenece con exclusividad, parecen vacilar frente a la tentación prevista de identificar el país con el partido. Esa tentación se ha traducido en las gestiones laboriosas para formar un gabinete que, hasta el momento en que escribimos estas reflexiones –1° de octubre por la noche– representaría a "todo" el país, pero a través de dirigentes radicales. Ciertamente es preferible un gabinete con dirigentes que introduzcan en los centros de decisión las perspectivas del interior. Pero no sería alentador y sí arriesgado identificar aquello con perspectivas radicales del interior o visiones de un interior radical.

El problema reside en hacer una legitimidad todavía ausente sobre una legalidad precaria.

Pero no termina allí. Uno de los objetivos más importantes reside en la *estabilidad*, por cuanto la consecución del mismo significaría por añadidura que se habría logrado reunir poder y legitimidad. La estabilidad de un sistema, máxime con los apremios de este tiempo, depende de que esa legitimidad exista a un mismo compás con la efectividad o la eficacia del sistema. Un sistema político es eficaz, siguiendo a Lipset, cuando es capaz de satisfacer las funciones básicas de gobierno, tal y como vienen definidas por las esperanzas o las aspiraciones lógicas de la mayoría de los miembros de una sociedad y aun de aquellas minorías respetables por su influencia legítima. Es casi evidente que para que haya una gran *eficacia*, es fundamental contar con una burocracia eficiente que sea receptiva de las necesidades de sus clientes y con un complejo pero seguro sistema de formación de decisiones en el que tengan parte las asociaciones voluntarias representativas.

Lo expuesto es suficiente, creemos, para una primera aproximación a la experiencia que comienza con los que llegan el 12 de octubre. No es, por cierto, una experiencia para indiferentes, por cuanto se trata de un peligroso juego de "últimas oportunidades". Si hay lucidez y una real capacidad de adecuación a esta realidad que nos ocupa y nos preocupa, el país no padecerá el riesgo de un juego arbitrario e inmoral, como una suerte de "ruleta... rusa", que no hay derecho a imponerle por falta de sensibilidad o de inteligencia de sus dirigentes.

En cada organismo fundamental se arriesga una parte importante del futuro inmediato. Partidos políticos que no tomen conciencia de la dinámica nueva de este tiempo, cámaras legislativas que no regulen su acción evitando estériles debates que afecten su necesaria "productividad", un Poder Ejecutivo vacilante y sin capacidad de legitimación en el sentido expuesto en estas páginas, favorecerán un régimen ineficaz e ilegítimo que, desde luego, se derrumbará sin atenuantes. Y entonces será inútil buscar "chivos emisarios". No habrá tiempo para eso. Los que llegan, pues, tienen la palabra.

Fuente: *Criterio*, editorial no firmado, Buenos Aires, año XXXVI, 10 de octubre de 1963, N° 1437, pp. 683-685.

2

CRISTIANISMO Y MARXISMO, ¿UN DIÁLOGO POSIBLE?

GUSTAVO J. FRANCESCHI
Los cristianos progresistas

Se ha planteado en diversos países de Europa –y según toda probabilidad se ha de extender a otros de América– un problema que, existente ya antes de la guerra de 1939-1945, se ha intensificado hoy, adquiriendo una virulencia enconada y un aspecto concreto: se trata de la cooperación entre comunistas y católicos. A primera vista la solución pudiera juzgarse muy sencilla: la única respuesta posible para un católico verdadero es la negativa.

Ha surgido sin embargo, después de la última contienda, una tendencia a otra solución que, considerada en sus términos más generales, se reduce a distinguir entre el orden religioso propiamente dicho y el político, tomada esta última palabra en toda su generalidad. En el orden religioso –afirman quienes la sustentan– no puede admitirse el comunismo porque es ateo y eminentemente materialista, porque ni tiene en cuenta el pecado ni la Redención, porque niega toda autoridad de gobierno espiritual a la Iglesia. En el orden político, siguen diciendo, no puede negarse que nadie combate las injusticias sociales con eficacia mayor que el comunismo, y por eso no sin razón las masas obreras de todos los países se inclinan hacia él; la destrucción del capitalismo no puede esperarse más que de un régimen comunistizado, porque en la lucha extrema hoy establecida entre dos bandos, el que se opone al comunismo representa y concentra todo lo que en alguna forma vive del capitalismo o lo encarna. Los hechos, continúan afirmando, demuestran que en este último siglo la Iglesia, o al menos sus hombres dirigentes, se han aliado a las potencias, estatales y privadas, del capitalismo. Por ende, terminan, nosotros cristianos, conservando íntegra nuestra fe y manteniendo nuestro acatamiento a la Iglesia en todo lo que se refiere al orden espiritual propiamente dicho, estamos obligados a cooperar con la liberación comunista en el orden político, y ante todo a salvar nuestra independencia con respecto a las orientaciones políticas de la Iglesia y a ver de cortar sus vinculaciones con el capitalismo. He aquí, en su síntesis más amplia, cuyos términos habremos de concretar luego, esa posición que ha tomado el nombre de *Cristianismo progresista*, en diversos países, posee sus órganos de publicidad si bien halla hospitalidad en periódicos estrictamente comunistas, ha creado una especie de federación internacional de sus miembros y cuenta con la adhesión, o siquiera la benevolencia de ciertas personalidades notorias.

Durante determinado período se hizo caso omiso de tales manifestaciones, considerándolas como fenómenos estrictamente individuales y sobre todo como síntomas de impaciencia ante las durezas de la posguerra, o de ira ante la perpetuación de las injusticias sociales. Pero ya no es posible llamarse a engaño: nos hallamos ante un movimiento ideológico que gana en extensión, que clama con voz día a día más fuerte, y que con sus distinciones sutiles marea y perturba a ciertos incautos. De ahí que primero algunos escritores católicos de indiscutible competencia, pero luego autoridades eclesiásticas como por ejemplo en Francia los cardenales Liénart y Suhard, y finalmente el Sumo Pontífice en persona hayan experimentado la necesidad de hablar para aclarar conceptos y fijar posiciones. De todos modos ya no es posible ignorar la existencia de lo que se llama *cristianismo progresista*: de ahí que le consagremos las páginas siguientes.

Veré de descartar ante todo lo que *no es* el cristianismo progresista, para luego determinar mejor lo que *es*. Y dejando de lado algunas consideraciones más hondas que no interesarían sino a una minoría de mis lectores, plantearé el problema en los términos más claros para la generalidad de ellos.

* * *

Refiriéndose el P. Sertillanges, algunos años antes de la guerra, a la actitud de los católicos frente a los comunistas, establecía una necesaria distinción entre el orden de la *doctrina* y el de la *caridad*. Respecto a lo primero afirmaba la absoluta incompatibilidad de los principios sustentados por unos y otros; en relación con lo segundo proclamaba que los comunistas de ninguna manera, por serlo, quedaban excluidos de nuestro amor: también ellos son hermanos nuestros. Y no somos cristianos más que a esta condición: "Se os ha dicho: amad a vuestros amigos y odiad a vuestros enemigos. Esto también lo hacen los paganos. Pero yo os digo: amad a vuestros enemigos". Tales palabras de Nuestro Señor Jesucristo deberían ser, en las horas tremendas que vivimos, objeto de nuestra frecuentísima meditación.

Con motivo de los acontecimientos que se acumulan en torno a la prisión y condena del Cardenal Mindszenty, he oído, en bocas que comulgan, fórmulas de verdadero aborrecimiento. Se desea la destrucción de los criminales, su muerte, y no sé si también su condenación eterna. Hay cristianos que piensan en la antigua ley del Talión: ojo por ojo y diente por diente. Esos impulsos, que nacen a no dudarlo de nuestra naturaleza herida por el pecado, han de haber adquirido cierta extensión, ya que en una de sus más recientes alocuciones se ha referido a ellos el Sumo Pontífice cuando proclamaba que por los perseguidores comunistas debíamos orar. Nada hay por ende en todo esto de erróneo: separados de los discípulos de Marx-Lenin-Stalin por la sustancial divergencia de la doctrina, les estamos a pesar de todo unidos por el amor.

Casos hay en que ha sido y es admisible la colaboración entre los hombres de ambas orientaciones para el logro de objetivos concretos, limitados y transitorios. Así ocurrió por ejemplo durante las luchas por la Liberación tanto en Francia cuanto en Italia, así en determinadas proposiciones de legislación llevadas a los Parlamentos, así en organizaciones ministeriales no sólo de las dos naciones mentadas sino de otras más. Evidentemente esas colaboraciones no implican un renunciamiento a los ideales propios, ni llevan consigo por parte de los católicos una minimización del dogma, la moral o la disciplina: son circunstanciales, no duran más que por un tiempo, y deben ser regidas por la virtud de prudencia. Esta última faltó a veces en tales colaboraciones políticas, y ellas implicaron, *en el orden práctico*, más concesiones de las que habrían sido oportunas: demuéstranlo los resultados conseguidos. Al menos se salvó la doctrina, de modo que no podemos afirmar que sus propugnadores pertenezcan al grupo de los cristianos progresistas. La posición de éstos, más aún que práctica, es doctrinaria, e implica el doble desconocimiento del catolicismo y del comunismo.

En síntesis repetiría aquí, porque viene al caso, lo que ya antes de la guerra afirmaba Marc Scherrer: "acontece que el itinerario católico y el comunista se crucen. Ello no implica similitud alguna de los puntos de partida ni del objetivo que se desea lograr. Tales coincidencias no son más que hechos". El hecho, por ejemplo, de que los católicos por una parte, y los comunistas por otra, soliciten simultáneamente una modificación de la ley acerca del trabajo de las mujeres no significa que unos y otros lo hagan por idénticos motivos, ni mucho menos que sustenten iguales principios doctrinarios. Lo mismo cabe decir de otras coincidencias *de hecho* entre las tesis católicas y las afirmadas por teorías económico-políticas distintas de la comunista. En lo que se refiere a los cristianos progresistas la cuestión se plantea de diferente manera.

En todo cuanto sigue voy a ocuparme del comunismo real, el que impera hoy en la U.R.S.S. y en sus naciones satélites, el que va conquistando el Extremo Oriente, y tiene sus quintas columnas en todos los países del mundo. No emplearé mi tiempo en averiguar si podría formularse un comunismo de base cristiana, que sería distinto, no en grados ni en agregados, sino en esencia, del comunismo que hoy aspira a la conquista del mundo. Y es de este último, y no de una creación de gabinete, del que hablan los cristianos progresistas, y que nos interesa aquí.

Para comprenderlo en su total realidad –cosa que no siempre acontece–, es necesario tener en cuenta, antes que su construcción económico-política, su esencia filosófica; aquélla es nada más que una consecuencia de ésta. Ahora bien, la filosofía, la esencia doctrinaria del comunismo es el hegelianismo invertido: se ha dicho que es la dialéctica de Hegel puesta cabeza abajo, y arrancando nada más que de la consideración de la materia pura: el método es en sí el mismo; basta haber hojeado alguna vez *El Capital* para darse cuenta de ello, y por lo demás nunca Marx lo ocultó, antes bien lo proclamó abiertamente. Pero la dialéctica hegeliana, en virtud de su misma constitución, excluye toda trascendencia: ésta es incompatible con aquélla. No debe sorprendernos, pues, que toda doctrina que en ella se funda sea atea, ya que Dios es lo trascendente por esencia. Marx sustenta el ateísmo, no porque personalmente y en virtud de razones por decirlo así individuales excluye de su alma a Dios, sino porque la organización filosófica de su doctrina lo exige: el materialismo dialéctico, base de todo el marxismo, es más hondamente ateo que cualquiera otra doctrina difundida en el siglo XIX. Cuando Pío XI, para hablar de la teoría de Lenin-Stalin, que es continuación estricta de la de Marx, emplea la fórmula *comunismo ateo*, no usa la segunda palabra como simple adjetivo agregado a la primera, de modo que podría en último extremo, reemplazárselo por otro, sino como vocablo que señala la esencia misma del comunismo que hoy se difunde: entre ambos términos debería escribirse un guión que los uniera, ya que por el solo hecho de quitársele su ateísmo, dicho comunismo dejaría de ser lo que es, y todas sus consecuencias y deducciones, aun en el terreno económico-político, perderían su base filosófica y se vendrían al suelo. Esto lo han proclamado todos los dirigentes del comunismo, y podría yo citar al respecto veinte páginas. Básteme recordar la frase de Lenin: "el marxismo es ateo, y desde este punto de vista es tan implacablemente hostil a la religión como el materialismo de los enciclopedistas del siglo XVIII". Le agregaré unas palabras de Thorez redactadas en 1937: "somos discípulos de Marx y Engels, de Lenin y Stalin; somos marxistas-leninistas, partidarios convencidos del materialismo dialéctico". De donde se sigue que *toda* la construcción social del comunismo, ya se refiera a la colectividad, su economía y su política, ya a la familia, ya a las relaciones internacionales, ya a otro cualquiera de sus aspectos, contiene, implícita a veces y otras explícita, pero siempre activa, la esencia del ateísmo.

No desarrollo ni documento este punto capital porque ya lo he hecho en otras oportunidades, pero debe tenérselo en cuenta para todo lo que sigue. Y recordándolo, al considerar la actitud de los cristianos progresistas surge instintivamente la pregunta ¿cómo es posible que hombres cuyo cristianismo es por ellos enérgicamente proclamado, puedan colaborar al establecimiento de un régimen económico-político que es solemne y sustancialmente ateo, un régimen cuya realización exige la eliminación del cristianismo de todos y cada uno de los aspectos de lo social?

La respuesta la proporcionan ellos mismos en varios documentos fundamentales que han dado a luz. En ella pueden distinguirse dos elementos: una doctrina general, y su aplicación a aspectos concretos de la situación actual del mundo.

La primera, a la que aludimos en el párrafo inicial de este artículo, consiste en afirmar por una parte la absoluta primacía del cristianismo, y por lo que toca a los católicos, de la Iglesia, en el orden *estrictamente espiritual*, y por otra parte a la absoluta autonomía con respecto a la autoridad religiosa *en lo que toca a lo económico-político*. Exponiendo esta posición sin adherir explícitamente a ella, E. Mounier escribía ya en 1946: "si la Iglesia existe, ella no puede tocar más que el aspecto del hombre que responde al llamado interior del Reino de Dios, que es en realidad el hombre entero llevado por el espíritu en que cree; si el partido revolucionario existe no puede tocar más que el aspecto del hombre que responde al llamado de la Historia, que es él también el hombre entero conducido por el movimiento que quieren hacer triunfar". En otros términos, puesta la Iglesia, su campo de acción propio es la interioridad del Reino de Dios, o sea el alma del hombre *individual* en cuanto es destinado a la bienaventuranza eterna; por lo que mira al partido revolucionario, es decir como se lo expresa en múltiples documentos, el partido comunista que, según se afirma, es el único capaz de destruir el capitalismo, su terreno propio es el hombre en cuanto participa en los movimientos históricos, o sea el hombre *social*, el destinado a llevar a cabo las transformaciones sociales que acabarán con la injusticia.

La Iglesia, pues, en cuanto puede contribuir a la transformación del mundo, no ha de realizarlo más que intensificando la acción de la gracia divina sobre las almas, a fin de que ellas, amando más a sus semejantes, se esmeren más en expulsar las injusticias de entre los mismos. Totalmente espiritual en sus fines, destemporalizada, lo ha de ser también en sus medios, y no habrá de emplear, en lo colectivo, más que instrumentos estrictamente espirituales: lo sacramental, la predicación del Evangelio, etc. Lo que tiene atingencia con lo temporal y regula el curso de la historia sobre la tierra está fuera de sus atribuciones. El individuo cristiano, "inspirándose en sus creencias y bajo su responsabilidad personal" (palabras del *Manifiesto de la Unión de Cristianos Progresistas*), es decir aplicando según su entender la doctrina cristiana y con desvinculación de toda dirección eclesiástica, colaborará a aquellos movimientos que juzgue conducir mejor hacia una completa eliminación de las injusticias sociales que, mientras existan, impiden a la humanidad realizar su verdadero destino.

En el *Manifiesto* que acabo de citar se halla la aplicación concreta de este principio de la distinción entre el hombre individual, vuelto hacia el Reino de Dios, y el hombre social, colaborador en los movimientos históricos fundamentales. En la hora actual nos hallamos ante la lucha entre dos grandes fuerzas antagónicas: por una parte el capitalismo, imperialista, y "cuyo tema mayor es desde 1917 el antisovietismo", y por otra el comunismo, que "ocupa junto con la Rusia soviética el primer plano en el movimiento progresista contra el cual van dirigidos los asaltos decisivos del imperialismo". De donde se deduce que, permaneciendo fiel al cristianismo en el plano individual y espiritual de la conciencia, el hombre de hoy, en el plano social de lo temporal, debe realizar una colaboración estrecha y habitual con el Partido Comunista.

Y entonces surgen dos preguntas ¿es exacto que en virtud de su misma naturaleza y finalidad queda excluida la Iglesia del orden de lo social-temporal? ¿Puede llevar a una organización social humana aceptable para un cristiano una doctrina esencialmente atea? La respuesta a una y otra cuestión nos permitirá juzgar acerca de lo que significa el movimiento del cristianismo progresista dentro del criterio católico.

Para responder aquí a la primera no hace falta discurrir acerca del poder indirecto sobre lo temporal ni averiguar por ejemplo si, como lo afirma recientemente un determinado teólogo, las intervenciones de la Iglesia medieval en la política internacional proceden nada más que de una especie de poder supletivo; basta considerar que el hombre real, aun en lo que dice con su orientación hacia la vida eterna, inmergido como lo está en lo social, no es totalmente independiente de ello. No le es indiferente, desde el estricto punto de vista espiritual, que la familia esté bien o mal ordenada, que se respeten o no las normas de la justicia en las relaciones económicas, que el Estado absorba los derechos del individuo hasta anularlos. Siendo el hombre, como lo es, ser social, se halla empeñado en la vida colectiva con toda su persona, con su alma también. Y de hecho es suficiente examinar la conducta de la Iglesia durante estos últimos decenios para comprobar que sus enseñanzas abarcan no sólo lo puramente espiritual sino igualmente lo temporal en cuanto tiene influencia sobre aquello. Por esto los Papas se han pronunciado sobre las relaciones de justicia económica, sobre el nacionalismo extremo, sobre el estatismo, sobre los derechos de la familia y de la Iglesia misma en la instrucción de la juventud, sobre el derecho de propiedad privada, sobre las condiciones de una sana democracia, sobre la guerra y la paz, sobre el desarme y las reparaciones después de las luchas armadas. Esta lucha no agota los temas examinados por los Sumos Pontífices, pero es suficiente para demostrar que ellos no han considerado excluida de su jurisdicción los asuntos que, siendo de por sí e inmediatamente temporales, tocan la vida del hombre hasta influir sobre su facilidad para alcanzar el *Reino de Dios* en la eternidad. Esta doctrina por lo demás no es nueva, y fácil me sería traer textos de San Agustín, San Ambrosio, Santo Tomás de Aquino para establecer que remonta a la más lejana y constante tradición eclesiástica.

Sin salir de la época contemporánea, los Sumos Pontífices han fijado con toda precisión el alcance y los límites de esta intervención no sólo doctrinaria sino también práctica y de imperiosa orientación. Corresponde a la Iglesia el magisterio ya en lo dogmático ya en lo moral. Ahora bien esta última posee dos aspectos: la privada y la pública. La moral pública a su vez, abarca tanto las acciones de los individuos aislados sobre la sociedad, cuanto las de la sociedad sobre los individuos y los grupos; toda afirmación contraria limitaría la jurisdicción misma de Cristo, que es base de la que posee la Iglesia. Por lo tanto, afirman con toda justicia los últimos Pontífices, cuando la Iglesia adoctrina el mundo en este orden de cosas, no sale de su jurisdicción propia, y de consiguiente la posición de los cristianos progresistas se manifiesta insostenible.

¿Hasta qué límites se extiende esa intervención? Los Papas lo han dicho con máxima claridad: les pertenece lo moral, no lo técnico. Así Pío XI, que ha condenado el nacionalismo extremo y el nazismo, no ha pronunciado sentencia acerca del *Anschluss* porque éste es fundamentalmente un problema técnico de relaciones aduaneras; S. S. Pío XII ha hablado acerca del deber de ayuda mutua económica de los pueblos pero no ha fijado reglas concretas acerca de la exportación de la carne o los cereales, porque aquí interviene una técnica que está fuera de la jurisdicción eclesiástica. Pero en orden a la moral pública la palabra de la Iglesia no es simplemente de misericordiosa compasión, ni de sabio consejo, sino de magisterio propiamente dicho.

¿Quién podría señalar concretamente sus límites? ¿Los individuos? La Iglesia estaría sometida entonces al juicio contradictorio y mudable de cada persona. ¿Los Estados? En tal caso la Iglesia, institución espiritual y sobrenatural, estaría sometida en su acción a sociedades temporales y vueltas hacia lo transitorio, con el agregado de que si la autoridad de la Iglesia depende del Estado, puede éste negarle todo derecho sin constituir semejante actitud una extralimitación. Por lo cual los Pontífices enseñan que sólo a la Iglesia cabe fijar el alcance de su actividad en este terreno y las fronteras que no ha de pasar, o sea los límites entre lo moral social que le es propio, y lo técnico que no es de su incumbencia.

Y contra toda esa intervención, por lo menos en lo que se refiere a los últimos tiempos, protestan explícitamente los cristianos progresistas, considerándola no sólo como una extralimitación *de hecho*, sino como un olvido positivo de la distinción entre las dos jurisdicciones que señalé al principio de mi editorial. Los cargos son claros y repetidos. "La razón de ser de la Unión de los Cristianos progresistas es el destruir un equívoco que tiende a persuadir tanto a la cristiandad cuanto al mundo moderno del carácter natural y sagrado de una colusión entre la cristiandad y el capitalismo en sus desarrollos imperialistas inhumanos". Que algunos cristianos hayan procedido de esta manera es verdad, que para algunos correligionarios nuestros la salvación *tanto del mundo cuanto del cristianismo* dependa del triunfo temporal –guerrero o no–, del bloque constituido en torno a los Estados Unidos sobre el bloque constituido en torno a la Unión Soviética, es indiscutible. Pero no se tiene derecho de acusar a la Iglesia en cuanto tal de semejante conducta, ni a sus jefes de haberla fomentado. Las condenaciones del capitalismo, o sea del predominio abusivo del capital sobre los demás factores de la producción, son terminantes y numerosas en las encíclicas pontificias; y por lo que toca a la solidarización del cristianismo, o de la Iglesia, con el bloque temporal norteamericano, basta leer la respuesta dada por S. S. Pío XII a la carta que le dirigió el presidente Truman hace poco más de un año para comprobar que carece de todo fundamento, siendo rechazada por la más alta autoridad eclesiástica. Se manifiesta allí con la máxima claridad que el cristianismo desborda por todos sus extremos el problema.

He formulado antes una segunda interrogación a la que es preciso responder. ¿Cómo es posible compaginar una afirmación de fe cristiana, aun cuando se la quiera reducir a lo puramente individual, con la adhesión a un régimen económico-político que lleva en su base misma el ateísmo, ateísmo militante cuya expresión más clara se encuentra en la fórmula de Marx "la religión es el opio del pueblo", siendo por lo tanto indispensable eliminar del alma popular no sólo el cristianismo propiamente dicho sino toda idea religiosa? Confieso con sinceridad que no veo conciliación posible, porque si lo individual ejerce una acción sobre lo social, mayor aun lo ejerce esto sobre aquello, de dónde se deduce que cuanto más acabadamente se implante el comunismo en una colectividad, mayor será su acción contra ese cristianismo al que profesan una adhesión activa y sincera los cristianos progresistas. En un artículo de marzo del corriente año publicado por los PP. Maydieu y Serrand en *La Vie Intellectuelle* y que lleva la benignidad a sus límites extremos, los autores no pueden dejar de escribir lo siguiente: "En el deseo de luchar contra el anticomunismo, en virtud de una hostilidad a todo *trotskysmo*, se llega a aceptar, a promover con una docilidad inadmisible cuanto en todos los dominios es decretado por las autoridades supremas (del comunismo). Se llega a preferir, sin mayor información, los cambios brutales y mezclados de injusticia a esotros que no están revestidos de tal carácter, a decretar tranquilamente que tres generaciones deben ser sacrificadas para traer al mundo ese *régimen ideal* cuyo verdadero valor por otra parte no se quiere examinar". Y a este propósito hacen notar los autores que los cristianos progresistas en momento alguno tomaron posición en lo relativo al proceso del cardenal Mindszenty. Agregaré por mi cuenta que en Francia están instaladas las oficinas de la Unión Cristiana Progresista en un local notoriamente soviético, que el auxilio del partido comunista a la Unión es paladino, y que otro tanto ocurre en Italia. Agregaré que habiendo debido en este último país el Santo Padre, después de múltiples advertencias, separar al jefe de los cristianos progresistas de la comunión católica, este gesto decisivo ha traído la recipiscencia de muy pocos; y que en Francia la admonición del cardenal arzobispo de París, que se publica hoy en nuestra sección de *documentos*, ha visto torcido su sentido directo de tal manera por los cristianos progresistas franceses, inclusive un sacerdote, el abate Boulier, que el órgano de la Federación Nacional de Acción Católica, en su número de febrero 18 del año en curso, ha debido comentar esa actitud bajo el título de "Costumbres de mentira".

Entendámonos bien: no se trata de solidarizarnos individualmente, ni de solidarizar a la Iglesia con determinadas actitudes de ciertos escritores o grupos católicos. No ignoro que los hay cuya aversión hacia el comunismo no nace de motivos espirituales ni doctrinarios, sino de intereses económicos, o simplemente del temor a perder ventajas mundanas, y hasta quizá la vida misma, amparando todo ello tras el cristianismo. En diversas oportunidades he denunciado esa falsificación, y no veo motivo alguno para retractarme. Pero tampoco es posible aceptar todas cuantas afirmaciones se escudan tras palabras que despiertan simpatías mas encierran peligrosos equívocos. Los cristianos progresistas afirman que para ellos el problema máximo es el de la justicia social, y expresan que su deseo es unirse con todas las democracias, y en primer término con el comunismo, en una idéntica acción. Hay muchas categorías de democracia, y bajo la etiqueta de justicia social se encierran hoy los conceptos más opuestos, no todos los cuales son aceptables: es insuficiente que sobre una actitud cualquiera se pegue la etiqueta de *democracia*, o de *justicia social*, para que sin mayor examen le otorguemos nuestro asentimiento. Y ni siquiera es bastante que, según la frase que cité de Scherrer, haya entre doctrinas puntos de coincidencia: hace falta averiguar de dónde vienen ellas y hacia dónde van, sus principios fundamentales y sus objetivos postreros. Esto es lo que, en mi sentir, no han hecho bastante los cristianos progresistas, como no es tampoco, en distinto terreno, lo que hacen otros cristianos, para quienes el hecho de usar palabras que se hallan en una encíclica pontificia, o el de coincidir una posición económico-política con determinadas reivindicaciones formuladas en documentos emanados del Vaticano, bastan para prestar a dicha posición un acatamiento incondicionado.

Los cristianos progresistas consideran que la lucha actual está empeñada entre dos grandes bloques, el comunista y el capitalista, representados por la U.R.S.S. y los Estados Unidos. No voy a averiguar ahora si esto es verdad en el terreno de la política inmediata o en el de la fuerza militar. Pero, como lo hacía observar en uno de sus últimos números el *Osservatore Romano*, eso no es exacto en el orden de la doctrina ni tampoco en el de las fuerzas profundas que en último análisis conducen al mundo. Si admitiéramos la disyuntiva indicada, no quedaría más solución para el cristianismo y la Iglesia que incorporarse a uno u otro, con todas las consecuencias doctrinarias, morales y sociales que ello implica. Esto es inadmisible. Los cristianos progresistas han realizado la opción, procurando atenuarla con explicaciones inoperantes. Nosotros nos rehusamos a seguirlos en un terreno que conceptuamos supremamente falso. Pero ello de ninguna manera implica una adhesión al capitalismo, como tampoco a ningún otro sistema económico-político que no satisfaga plena y realmente los principios del cristianismo. Y más allá de triunfos temporales que siempre se han revelado efímeros, vamos hacia un Reino de Dios que tendrá su realización completa en la vida futura, pero que hallará un comienzo de cumplimiento, nada menospreciable, en la tierra que habita la humanidad durante su vida temporaria.

Fuente: *Criterio*, N° 1089, año XXII, 14 de abril de 1949, pp. 156-162.

CONRADO EGGERS LAN
Cristianismo y marxismo
(reportaje)

Nota: la entrevista al profesor de Historia de la Filosofía Antigua, Conrado Eggers Lan, obedece a un deseo de mostrar las diferentes opiniones que sustentan los hombres que, a nuestro juicio, pueden aportar elementos polémicos dilucidatorios de una realidad que se nos aparece tan múltiple y confusa.

Las publicaciones en ningún momento significan un acuerdo con las posiciones particularmente adoptadas, sino la apertura al franco debate.

Pregunta: En este momento histórico, ¿cómo sitúa usted al marxismo y el cristianismo?

Respuesta: Para responder a esta pregunta, tendría que comenzar por precisar, aunque sea brevemente, cómo entiendo el cristianismo y el marxismo desde el punto de vista histórico. Porque hay muy diversas maneras de entender el cristianismo y por ende de ser cristiano, y muy diversas maneras de entender el marxismo y por ende de ser marxista. En el caso del cristianismo, la idea que tengo no es de mi exclusivo patrimonio individual, sino que la comparto con mucha gente –no sólo ahora, sino de diferentes épocas–, cada vez con más gente, aunque admito que dentro del cristianismo sigue siendo sólo una minoría y por cierto la que hace oír su voz más fuerte; pero tengo la esperanza de que pronto será la que prevalezca. Y tal esperanza –que se funde prácticamente con mi fe doctrinaria– es lo que me permite ser cristiano. En el otro caso, en cambio, la interpretación de Marx a que he arribado choca con la sostenida en general por los marxistas; por eso no puedo llamarme marxista, si bien también en este campo veo o creo ver o quiero ver indicios de una tendencia que apunta en la dirección en que van mis ideas acerca del asunto.

Considero al cristianismo –en su aspecto histórico, y con prescindencia, por ende, de su significación trans-histórica, a la cual, sin embargo, está esencialmente unida– como un movimiento cuyos esfuerzos se centran en la realización plena de la persona humana, y que procura, pues, su liberación de los factores que la esclavizan y degradan. De estos factores, que desde el Génesis hasta el Apocalipsis mitologizan en el demonio y son caracterizados como las ansias de poder ilimitado (ser igual a Dios, todopoderoso), se mencionan tres en los Evangelios: las riquezas ("nadie puede servir a dos señores... no podéis servir a Dios y a las riquezas"), el cetro ("dad al César lo que es del César") y la espada ("los que toman la espada, a espada morirán"). El énfasis cae sobre el primero de ellos –las riquezas–, aunque es puesto en estrecha conexión con los otros dos. Estos factores han arrebatado al hombre su plenitud: por obra del ansia de todopoderío que los anima, el trabajo, originariamente actividad consustancial al hombre (como se dice en el segundo capítulo del Génesis), se ha convertido en algo penoso y enajenante, habiéndose extendido estas características a toda la vida humana (la maldición bíblica del tercer capítulo del Génesis). ¿De qué modo se liberará el hombre? Mediante el amor. Amor que debe alcanzar a la realidad íntegra, y, por sobre todo, a lo más hondo y supremo de ella, pero para eso deberá dirigirse a la realidad humana próxima y concreta que se tiene por delante ("el que no ama a su hermano, a quien ve, no es posible que ame a Dios, a quien no ve", dice San Juan y dirigirse a ella de manera concreta (...) que tuviera bienes terrenales y viendo a su hermano pasar necesidad, le cierra sus entrañas, ¿cómo habría de morar en él el amor de Dios?", ha dicho antes San Juan). Por supuesto que este amor no es una caridad de beneficencia por la que un poderoso aquieta su conciencia intranquila concediendo dadivosamente una limosna. Tan claramente se desprende de la doctrina cristiana del amor una transformación radical de la sociedad, que los primeros apóstoles vivieron en comunidad con plena renuncia a bienes individuales (como se ve en los hechos de los apóstoles), y constituyeron las "iglesias" o comunidades de cristianos de estructura social absolutamente opuesta a la vigente en el imperio romano; y que, al multiplicarse tanto, perturbaron a los emperadores. Acaso puede decirse que Constantino –no sé si por advertir sagazmente que las persecuciones no eran lo más apropiado para defender las tambaleantes estructuras del imperio– frenó la revolución que en el plano social había iniciado el cristianismo en sus cuatro primeros siglos. En lugar de perseguir a los cristianos, oficializó su religión: con esto preservó, bajo distintos disfraces, las estructuras del imperio por unos quince siglos más. Hay diversos síntomas en nuestra época que denotan, a mi juicio, que retomamos la historia –al menos en el sentido mencionado– donde la detuvo Constantino. El cristianismo retorna al espíritu de los cuatro primeros siglos. El imperio se cae definitivamente abajo, a pesar de los constantinos del siglo XX.

Por su parte, el marxismo se me aparece como la secularización de algunos de los motivos más profundos del pensamiento judeo-cristiano. Pero "secularización" es algo bien distinto de las puerilidades y absurdos que se le atribuyen a menudo cuando se habla del "materialismo ateo". Marx ha rechazado en forma tajante el materialismo científico de los positivistas, al menos en lo que al hombre se refiere, y especialmente en su aspecto mecanicista –que podría propiciar la pasividad del hombre–; su raíz historicista lo hace llegar a veces hasta un espiritualismo extremo, como cuando en *La ideología alemana*, por ejemplo, niega prácticamente la existencia de una naturaleza que no haya sido transformada por el hombre. Es cierto que Marx se caracteriza a sí mismo como materialista histórico en oposición al idealismo de Hegel, pero con esto no está sustituyendo un monismo espiritualista por otro materialista: lo que declara es que el motor de la historia no es una conciencia abstracta que produce ideas, sino la realidad concreta de la vida del hombre. A esta vida del hombre, por ser la realidad concreta, Marx la llama la "vida material" (y de ahí que se titule "materialista"), cuidándose de advertir varias veces que la "vida material" del hombre se distingue de la del animal por su capacidad creadora y por la conciencia de sí (o sea, dos de las notas que Scheler adjudica al espíritu; y en el *Trabajo enajenado* las refiere Marx al hombre como "su esencia espiritual, su ser humano"). Por consiguiente, se trata de una unidad análoga a la que el cristianismo contrapone al dualismo platónico. Unidad quebrada según Marx por la división del trabajo en tareas corporales para unos y tareas espirituales para otros, división que ha cerrado a la mayor parte de la gente los caminos de su realización personal y ha facilitado que el resto –desentendido de las tareas materiales– se deslizara fácilmente hacia abstracciones fantasiosas. La supresión de tal división es *conditio sine qua non*, por ende, de la realización personal íntegra. Es la solución que da un espiritualista de la talla de Gandhi, a quien no cabe por supuesto acusar de determinismo economista. En cuanto al ateísmo de Marx, más que de un ateísmo metafísico (en el que se negara lisa y llanamente la existencia de Dios) diría que se trata de lo que Scheler llama ateísmo postulador de la responsabilidad moral del hombre, y que consiste en decir: no hay ni puede haber un Dios en el que el hombre pueda descargar la responsabilidad de sus actos. Es un ateísmo ético, que, en sus lineamientos generales, como cristiano comparto. Es patente, no obstante, que falta en Marx ese principio trascendente, humano-cósmico, esa fuerza de amor universal que no es forzoso, por cierto, concebido antropomórficamente, que los distintos pueblos nombran de distintas maneras y que –en diversos grados y manifestaciones, según la perspectiva histórico-cultural– reconocen desde un aborigen primitivo hasta un Einstein. Quizá Marx lo rechazó (aunque nunca del todo, como lo exhiben sus incesantes ataques a lo religioso y el misticismo que invade paralelamente su doctrina) por confundirlo con el dios enajenante que encontraba con mayor frecuencia entre quienes lo invocaban: ese dios objeto de una farisaica formalidad dominical y consejero de la resignación para los oprimidos. Lo cierto es que, a mi juicio, esa ausencia impidió la total coherencia de una doctrina que por su misma esencia reclamaba el amor, y ha dado origen así a las actitudes contradictorias (por ejemplo, la que en nombre del hombre y de la sociedad acepta y aún reclama la vía de la destrucción del hombre y de la sociedad). Pero no menos cierto es que, a despecho de las doctrinas que invocan, de hecho falta el reconocimiento de ese principio supremo del amor creador en numerosísimas personas bautizadas, y ante todo en aquellas que, so pretexto de luchar contra presuntos enemigos de Cristo (judíos, masones, comunistas, etc.), preconizan el odio e incitan a la violencia y a la destrucción.

Y la contradicción que señalo no es meramente teórica, sino que se refleja en la praxis: impide, a mi juicio, consumar la revolución que Marx proclama (que en definitiva consiste en abolir las estructuras del imperio romano, que el cristianismo fue el primero en estremecer), y preserva, por el contrario, tales estructuras imperiales con todo su carácter cesáreo, por más cambios que puedan producirse dentro de ellas. Si el marxismo comprende esta contradicción y esta ambigüedad, habrá encontrado definitivamente el camino revolucionario.

Pregunta: ¿Cree usted que es posible fundamentar una compatibilidad teórico-práctica del marxismo con el cristianismo?

Respuesta: De acuerdo con lo dicho a propósito de la primera pregunta, sí. Creo que actualmente debe haber muy pocos cristianos auténticos tan candorosamente engañados como para entrar en el juego de la antinomia mundo occidental, libre y cristiano versus mundo oriental, esclavo y socialista. Está demasiado condenado en los Evangelios el culto de Mamón que caracteriza al capitalismo, y está presentada en forma suficientemente tajante la alternativa ("nadie puede servir a dos señores...") como para que queden dudas al respecto. Salvo alguno de esos fiscales de la moralidad universal que todavía andan por el mundo, no creo que ninguna persona de mediana cultura e inteligencia y con alguna ligera idea de la moral cristiana deje de darse cuenta de que ésta se halla, por ejemplo, mucho más en "La balada del soldado" y "Un verano para recordar" que en las películas de Hollywood. Y ya que hablamos de Hollywood, recuérdese, a propósito de un hecho aparentemente banal –pero en el fondo sintomático– como el suicidio de Marilyn Monroe, cómo coincidieron la prensa del Vaticano y de Moscú en la condena del tenebroso mundo capitalista, una de cuyas tantas víctimas fue y sigue siendo dicha actriz (y digo esto, a pesar de que estoy lejos de creer que cualquier palabra de la prensa del Vaticano a propósito de cualquier tema sea representativo del cristianismo, y lo mismo con la de Moscú respecto del marxismo). La dialéctica de la lucha de clases no supone de ningún modo odio y destrucción, aunque muchas veces los marxistas la tomen así: no es una lucha del hombre contra el hombre, sino del hombre *por el hombre y contra las cosas* que lo enajenan. Hay hombres –agrupados en clases– que defienden esas cosas enajenantes, y en tal sentido se convierten ocasionalmente en adversarios. El fin de la lucha no es destruir esos adversarios (si se interpretara que destruir una clase implica destruir a los hombres que la integran, habría que concluir que tal lucha es un suicidio, puesto que al destruir a la clase opresora desaparece también la clase oprimida), y por consiguiente no se trata de odiarlos. En los Evangelios está claramente evidenciado que la dialéctica ("el que no está conmigo está contra mí") y la lucha ("no he venido a traer la paz... sino la disensión") no son incompatibles con el amor. Claro está que el cristianismo –en oposición al formulismo farisaico– pone el énfasis en la actitud interior que debe haber en esta lucha, mientras el marxismo –por estar en pugna con el intelectualismo idealista– acentúa el carácter social de dicha lucha. Pero no se trata de una incompatibilidad excluyente, sino de un acento puesto frente a antitéticas ideas predominantes. Y lejos de haber tal incompatibilidad, creo que ambas son dos caras de un mismo fenómeno, y que requieren por ende una complementación mutua. De lo contrario, se cae en las contradicciones antes mencionadas y se pierde la fuerza revolucionaria que mueve a la historia.

Pregunta: ¿Cuáles son los aportes de los movimientos cristianos y marxistas a la realidad nacional argentina?

Respuesta: Temo ser demasiado injusto si generalizo diciendo que el cristianismo y el marxismo acreditan su fuerza y su correspondencia con necesidades reales de la gente, entre otras cosas por el hecho de subsistir en nuestro país *a pesar* de los movimientos cristianos y marxistas. No tengo suficiente conocimiento, en efecto, de todas las organizaciones que pueden recibir tales rótulos como para emitir un juicio categórico y universal; pero, eso sí, la mayor parte de las que conozco se revisten de un sectarismo e intolerancia que he padecido en carne propia, tanto de un lado como del otro) que acusan falta de fe. Contra lo que se dice a menudo, creo que fanatismo –entendido como sectarismo intolerante– y fe están en proporción inversa: siempre es más fanático el inseguro, y por eso trata de apuntalar a fuerza de sangre y fuego la fe que se le desmorona, como si así pudiera sostenerla.

En el campo cristiano, no obstante, se perfila una corriente –que no sé hasta qué punto está organizada en uno o más movimientos (y que halla ecos o fuentes en algún sector de los jesuitas) cuya amplitud suele causar escándalos en los inquisidores argentinos, pero que apunta como la avanzada del cristianismo. Por supuesto que todo esto no puede tener nada que ver con oportunistas e hipotéticos frentes electorales, por más que éstos se pongan el cartel de "social-cristianos".

En el campo marxista, a pesar de ser ésta una tierra más nueva, hay una diversificación casi tan múltiple como en el cristiano. Entre los que actúan según las directivas de Moscú y los que no, no hay prácticamente más unidad que la de ser molestados por los gobernantes medrosos y complacientes, ya que los circunstanciales acuerdos tácticos no significan nada. Los segundos procuran reemplazar un punto de apoyo tan importante como el respaldo de una fuerte potencia (lo cual les produce inseguridad y hasta complejo de inferioridad frente a los primeros) mediante la consolidación de una personalidad propia, que me da la impresión de que la están buscando pero por ahora sin encontrarla en el romanticismo de una semi-clandestinidad o en la canalización estérilmente agresiva de la rebeldía. En realidad, pienso que en favor del marxismo trabajan más nuestros gobiernos y sus beneméritas instituciones que los mismos movimientos marxistas argentinos; sin perjuicio, por supuesto, de que éstos algún día encuentren su camino y puedan hacer un importante aporte a la realidad argentina. Mientras tanto, el aporte es más bien individual –y lo mismo digo respecto del cristianismo–, especialmente en el ámbito intelectual.

Pregunta: ¿Considera que hay factores reales que avalan la tan mentada declinación del cristianismo?

Respuesta: Lo que se llama declinación del cristianismo no es más que la "des-romanización" o "des-grecorromanización" (diría, acaso, "des-occidentalización", si no fuera ir demasiado lejos, ya que no se puede anatematizar lo occidental –como hacía Taciano– como el Mal definitivo y absoluto) que se está produciendo a mi entender en el cristianismo: o sea, ese ropaje exterior con que se revistió desde que, merced a Constantino, se transformó en religión oficial, circunstancia a la que he aludido antes. Y este fenómeno actual, lejos de verlo como una declinación del cristianismo, es, para mí, un paso saludable y positivo, que no puede más que fortalecerlo. La "desacralización" del mundo –o sea, la "secularización"– es algo paralelo a lo que dentro del cristianismo se llama "desmitologización": la evolución del hombre lo ha llevado a profundizar más allá del mito circunstancial. La identificación errónea de este mito con lo sagrado da origen al nombre "desacralización", pero se trata de un proceso que en resumen empuja al hombre más hacia el fondo de las cosas, y que desde el punto de vista cristiano implica una revigorización de la religiosidad auténtica. No se necesita ser muy sagaz, por ejemplo, para descubrir en buena parte del estudiantado de nuestra Facultad una intensa preocupación por el problema religioso (preocupación que adopta diversas formas, inclusive la de luchar acremente y sin tregua contra los símbolos de lo religioso) que no se ha manifestado en otras épocas, en que aparentemente el cristianismo estaba en su apogeo.

Pregunta: ¿Cuál sería la proyección y limitación de ambas concepciones en un futuro inmediato?

Respuesta: Creo que esta pregunta queda en cierto modo contestada en las anteriores. Lo importante para mí es destacar que el enfrentamiento cristianismo versus marxismo es artificioso, y no responde al fondo de las cosas sino a un más o menos hábil juego de la propaganda política. Lo que el cristianismo ataca en el marxismo no es lo esencial en la concepción de Marx, sino un elemento que en ésta es secundario y que incluso se contradice con el resto de la doctrina. Lo que el marxismo ataca en el cristianismo no tiene nada que ver con la doctrina de Cristo, aunque corresponda a la manera en que muchos cristianos la presentan, en una evidente confusión de la Iglesia con el Imperio y del Papa con el César.

La proyección histórica de ambas concepciones en un futuro inmediato depende, por consiguiente, de que se comprenda su actual limitación, que conduce a un desgaste de esfuerzos en una lucha estéril y alejada del verdadero terreno en que debe desarrollarse. Creo que hay buenas razones para suponer que no es ésta una disparatada esperanza nacida de mi imaginación.

Castelar, 3 de septiembre de 1962.

Fuente: *Correo de CEFYL*, año I, N° 2 (tapa), octubre 1962.

3

LA DEMOCRACIA CRISTIANA SE RENUEVA

JUNTA EJECUTIVA NACIONAL
DE LA JUVENTUD DEMÓCRATA CRISTIANA
Manifiesto de una generación comprometida

[...]
V. POSICIÓN POLÍTICA

I) Nacionalismo

Resulta muy difícil precisar históricamente el concepto de nacionalismo. Tenemos un nacionalismo, el de los países europeos –que regularmente reaparece bajo diversas formas– que es la justificación ideológica del imperialismo y se encuentra ligado a los intereses económicos de los sectores dirigentes.

Por otra parte tenemos el nacionalismo de los países del Tercer Mundo, que no agitan esta bandera con la pretensión de dominar a otros, sino que son pueblos que no quieren ser dominados, política, cultural, y económicamente; la realización del nacionalismo para estos países es la liberación nacional de la dominación imperialista y de las ataduras coloniales.

La expresión histórica de cada uno de estos conceptos la vemos hoy en el nacionalismo fascista y reaccionario de la O.A.S. francesa y el nacionalismo revolucionario y liberador de Argelia; citamos este ejemplo, porque son justamente dos diferentes tipos de nacionalismo que se enfrentan en la realidad.

En nuestro país se repite la confusión del término. El fascismo o falso nacionalismo, que se encuentra reducido a pequeños sectores de la clase alta y media, imbuidos de ideologías totalitarias importadas que muy poco tienen que ver con nuestra realidad y nuestra historia, y que en definitiva, son el producto de la deformación cultural que han sufrido nuestros sectores intelectuales por la influencia foránea.

Por otro lado, el nacionalismo que anima a nuestras masas populares y que representa la totalidad de las experiencias del pueblo, como resultado de su destino común. Estos sectores constituyen el núcleo central de la revolución en potencia, que puede concretar nuestra liberación nacional.

II) Peronismo

Desde el año 1954 vivencialmente en el PDC se viene hablando del Peronismo, criticándolo en algunas oportunidades, aplaudiéndolo en otras, pero siempre concibiéndolo como un hecho ajeno; mal que nos pese lo hemos entendido como un movimiento político más, variable en su calificación según las circunstancias y el estado de ánimo de muchos de nuestros dirigentes.

El lanzamiento de la línea de Apertura (actitud vital y existencial frente a la realidad nacional, latinoamericana y mundial), significó un evidente avance en la comprensión del fenómeno peronista, porque por primera vez se concebía al peronismo, no en términos de doctrina y midiendo hasta dónde era o no social-cristiano, sino reconociéndolo como un movimiento histórico, continuador de las líneas de fuerza que señalan el sendero de los movimientos que en nuestro país –asumiendo nuestra realidad histórica– trabajaron de un modo u otro para una humanización del hombre argentino y buscaron la personalización de nuestra comunidad política. Es decir que por primera vez dejábamos de mirar, analizar, estudiar y proponer soluciones conceptuales para un país que no entendíamos y comenzábamos a ser parte de ese país, es decir partícipes, de sus necesidades y aspiraciones.

También mucho se ha hablado sobre la forma en que se llevó a cabo la línea de apertura, en este aspecto de la realidad nacional, y así vemos que regularmente se levantan voces criticando las vinculaciones que se establecieron con el peronismo y que, según dichas críticas, sólo se hicieron a nivel dirigente y sin tener en cuenta la opinión de las bases. En ese sentido la JDC entiende que no es posible caer en el purismo de querer calificar a los peronistas o distinguir entre "dirigentes" y "dirigidos". Todos ellos conforman un solo movimiento que debe ser entendido tal como es; sin dejar por ello de reconocer el desconcierto y, más aún, el desengaño de la masa peronista frente a la ineficacia de las actuales estructuras del "movimiento justicialista", que en su elenco directivo, partidario y sindical, no cuenta con un puñado de hombres capaces de reemplazar efectivamente al jefe ausente.

La clase trabajadora peronista conserva una mentalidad revolucionaria que es su principal aglutinante y que se expresa formalmente en conocidos valores simbológicos. Pero es necesario tener en cuenta que corre el riesgo de encerrarse en una reminiscencia retornista, olvidando que la Argentina de 1964 no es la Argentina de 1955 y que esta realidad, del aquí y del hoy, exige su presencia, dis-

puestos a ser parte vital del proceso transformador. Éste es el deber histórico del peronismo. No responder al mismo sería traicionar su vocación y poner al país al servicio de intereses foráneos y anti-populares.
Abril de 1964.

Fuente: A. Armada, N. Habegger y A. Mayol, *Los católicos posconciliares en la Argentina, 1963-1969*, pp. 233-234.

CARLOS A. AUYERO
Proyecto político y socialización del poder

Hace pocos días un talentoso y apasionado dirigente juvenil me señalaba la necesidad que sentía para su generación de lograr una definición ideológica. Aún sabiendo que podía desilusionarlo le indiqué que estimaba prioritario, para el momento que vive el país, el acentuar la necesidad de elaborar un proyecto político.

Esta conversación me da el vértice inicial de los pensamientos que expongo.

DOCTRINA, IDEOLOGÍA Y POLÍTICA

Muchas veces suelen confundirse términos como *doctrina, ideología* y *política.*

Aun admitiendo que es posible su utilización alternativa con diferentes contenidos, creo necesario definirlos en lo que hace a los alcances que daremos a esos términos en este trabajo.

La *doctrina* importa las ideas básicas que sirven para enseñar y señalar caminos. Son fundamentos, principios, valores. Fija una idea permanente de principios y valores por medio de los cuales se intenta responder globalmente a todas las cuestiones fundamentales que plantea la vida.

La *ideología* es el tratado de las ideas predominantes en un momento histórico determinado, y apunta a la interpretación de la historia, a la concreción de los valores comunes y a un proyecto histórico concreto.

Finalmente, la *política* expresa su realización práctica, en el aquí y el ahora concretos e históricos.

La doctrina requiere su implementación. Para ello la ideología sistematiza esas ideas predominantes en el histórico concreto para posibilitar que la política dé respuestas posibles a una realidad dada. Es por ello que el hecho frecuente de pasar de la doctrina (principios) a la política (acción) genera confusión y actitudes generosas pero ineficaces.

Ahora bien, lo dicho revalora la ideología. Pero quiero precisar dos vertientes que este mismo concepto contiene. El primero de ellos se refiere a lo que podríamos denominar la ideología sustancial, es decir, la concreción de valores comunes y la interpretación de la historia. Si quisiéramos sintetizar aún más, podríamos decir: "el ser nacional". La segunda vertiente evoca el proyecto histórico concreto.

Cuando de alguna manera desalentaba a ese joven dirigente en su creencia de volcar importantes esfuerzos generacionales a una definición ideológica, intentaba indicarle la necesidad de apuntar a esta segunda realidad, es decir, al proyecto político.

No por cuanto crea que la ideología sustancial esté muriendo, conforme a una conocida teoría desarrollada en Europa. Todo lo contrario. Creo que en nuestro país el tramo más acelerado en el orden de las ideas se ha avanzado en este campo. Y a ello ha contribuido decisivamente el movimiento peronista.

Por ello mismo sostengo la necesidad de volcar nuestros presentes esfuerzos a la elaboración de un proyecto político que se inserte a mitad de camino entre la ideología y la política cotidiana y que nuestro país requiere con urgencia. Proyecto político que, elaborado para el fin del presente siglo, deje trazados los caminos definitivos del tránsito a nuestra liberación total, y a través de ello hacia la construcción de una nueva realidad social.

Lo dicho está advirtiendo que no creo posible en el corto plazo (para usar un término caro a los economistas) sobre la posibilidad de una reversión completa de un estado de cosas injustas, pero sí en la alternativa de caminos irreversibles que, en una estrategia de liberación, importa tender líneas firmes para un proyecto finalista.

Los argentinos parecemos acostumbrados a vivir fuera de nuestro tiempo. Hasta hace poco vivíamos evocando un pasado. Hoy parecemos dispuestos a estar escudriñando un futuro al cual tememos.

La importancia de que el post-Perón no sea un post-peronismo abierto a cualquier posibilidad incierta o en todo caso solamente sea un trasvasamiento de hombres, nos está indicando que todo ello tendría respuesta en la existencia querida y consentida por las grandes mayorías populares de un proyecto político aún ausente.

No obstante, creo firmemente que ese proyecto político pendiente está en estado de configuración. Por eso es tan fundamental descubrir el sentido de los hechos y de las cosas, pues de ello depende el acierto de toda la acción. "Nuestra temporalidad es algo hacia lo que vamos y que sin embargo viene hacia nosotros".[1]

Pareciera que en esa búsqueda del proyecto definitivo estuviera la idea de Dussel: "Lo esencial permanece en el tiempo, creciendo".[2]

---

[1] Dussel, Enrique: *Caminos de liberación latinoamericana*, 1972.

[2] *Ídem.*

LOS PROYECTOS HISTÓRICOS

Entendemos por proyecto político –siguiendo a Marcelo Barberán en su *Estudio de un proyecto político*, cuadernos de trabajo IDEI, 1970–, una serie de reglas de acción que a partir de un conjunto de razones válidas para tomar el poder, indican quiénes deben hacerlo, por qué medios y para qué.

Estos proyectos han existido más de una vez en nuestro país. Incipientes en su formulación a veces (el federalismo progresivo de Moreno, la utopía de Rivadavia, la civilización de Sarmiento, el Alberdi de la época urquicista, etc.) y, en otras, concretadas en tramos de nuestra realidad nacional. Nos detendremos particularmente en algunos de estos últimos por su repercusión en nuestro presente.

Con la generación del 80, la clase gobernante de entonces adoptó una decisión trascendente: planificó el futuro sobre las pautas vigentes en el mundo de aquella época, caracterizado por la división internacional del trabajo. Ese grupo ideológico orientador, y en cierta medida ejecutor del proyecto, convirtió al país en un abastecedor de productos del agro y de materias primas a una metrópoli que procedía a comercializarlos. Tal circunstancia trajo aparejada una natural dependencia que en un principio alcanzó exclusivamente al plano económico, pero que posteriormente se prolongó al político y cultural.[3]

Este proyecto sufre un corte con la aparición del radicalismo de Yrigoyen. Movimiento político populista, personalista y asistemático, que posibilita la incorporación de varios sectores hasta ese entonces relegados a la vida política. No obstante, no logra plasmar un proyecto político distinto, sino más bien importa un movimiento sociológico de incorporación política dentro de moldes tradicionales y sin afectar las estructuras de la dependencia, particularmente en lo económico.

Con el golpe del 30 se concreta la restauración del régimen, pero ahora bajo un signo marcadamente conservador y paradojalmente intervencionista. Es una autocracia oligárquica que, utilizando las formas constitucionales a las que viola sistemática e impunemente, restaura los mecanismos de la dependencia.

Este proyecto va a tener una tercera restauración en 1966 con un régimen también autocrático, que presume de antiliberal en lo político y siguió líneas de supuesta participación corporativa y de profunda extranjerización económica.

El año 1946 señala el surgimiento del Estado justicialista, que prefigura un

---

[3] A. Pérez Aznar, en su importante trabajo *Política tradicional y Argentina moderna*, distingue en esta época lo que él llama la generación de 1870, movimiento generacional que tempranamente, un poco más allá de la mitad del siglo pasado, define su perfil histórico. Allí estaban Del Valle, Alem, Nicolás A. Calvo, Miguel Navarro Viola, José Hernández, Estrada y muchos más. Movimiento popular de extracción federalista, esta generación representó, por su identificación con las corrientes del federalismo tradicional personificadas en los caudillos, la más alta posibilidad, de fines del siglo pasado, de construir una Argentina moderna, con auténtica vocación innovadora y una clara inteligencia de la realidad nacional, armonizando esto con una clara definición de nacionalismo popular. El estallido revolucionario de 1893 y su fracaso significó también su impotencia frente al "régimen".

nuevo proyecto de carácter antagónico a los anteriores y que buscó desde su mismo nacimiento su configuración como proyecto definitivo para el país.

Aquí retomamos la idea inicial de este trabajo.

Sostengo que el Estado justicialista (o el proyecto justicialista) logró consolidar lo que hemos definido como ideología sustancial: "el ser nacional", rescatando sus valores, reinterpretando la historia y apuntando a definiciones de una sociedad humanista. Señalo también que está pendiente la concreción de estas ideas sustanciales en un proyecto político consolidado, es decir, que está pendiente la ideología instrumental de esta nueva etapa.

De allí la importancia señalada de avanzar vigorosamente en este camino.

LAS CATEGORÍAS DEL CONFLICTO

Dice Max Weber que la política no se resuelve con generosidad y profi..ía..

En tal sentido es de fundamental importancia no errar en el diagnóstico de la realidad, pero fundamentalmente en la terapia a aplicar para la construcción del proyecto.

El marxismo internacional parte de la lucha de clases como motor de la historia, que se traduce en el enfrentamiento de las fuerzas productivas con las estructuras económicas.

Para Marx el conflicto fundamental está dado entre el capital y el trabajo. Él se refiere a una sociedad capitalista central.[4]

El Tercer Mundo replantea las categorías del conflicto.

En los países subdesarrollados o en vías de desarrollo, pero en general cuando su autodeterminación plena está cuestionada por las fuerzas del imperialismo, la cuestión inicial de su liberación se plantea en forma divergente. Mao Tse Tung reformuló el concepto: las contradicciones antagónicas en el seno del pueblo (proletariado-burguesía industrial) resuelven su conflicto por medios no violentos. El proceso de liberación –"el proceso" y no "el instante" de liberación– arranca de las necesidades de autonomía política y económica, y pone el énfasis contra el dominio imperialista que lo somete.[5]

---

[4] El pensamiento de Marx está cargado de matices: lo perdurable es su preocupación por la liberación del hombre. Nada más alejado de Marx que hacer del hombre un objeto modificable por las estructuras, pues en la tercera tesis sobre Feuerbach recordaba, frente al materialismo mecanicista, que las circunstancias son modificadas por los hombres. Pero, para muchos de sus seguidores, poco importa su dialéctica especulativa, cargada de matices, y mucho su dialéctica rigurosa de una relación social necesaria, y así elevan a categorías de dogmas lo que para él eran simplemente elementos indicativos. Frente a esta actitud típicamente cientificista, originada en el "centro", la "periferia" en el Tercer Mundo tiende a poner su acento principalmente en el proyecto humano. Y por ello le seduce más el humanismo de Mao o de Perón. Ellos gestan su proyecto a partir de la marginación.

[5] Perón afirma que debe posponerse la ideología para enfrentar el conflicto de liberación o dependencia, que es prioritario.

Ello nos lleva a remarcar la necesidad de no errar el primer campo de batalla para la formulación del proyecto, en lo que hace a una correcta interpretación de la estrategia global y en la medición de los tiempos políticos.[6] Dos aspectos de un mismo problema y que hacen a esta lucha que es la política de liberación: la continuación de la guerra de liberación pero con otros medios.

EL PROYECTO POLÍTICO

No podemos negar que dentro del campo del movimiento nacional subyacen distintos proyectos en prefiguración. Proyectos laboristas, de movilizaciones activas en una suerte de pretendida democracia directa, versiones socialistas, etc., se conjugan en distintas alternativas e interpretaciones.

Su síntesis deviene a través de un líder, de un conjunto que sistematice, o del pueblo en una comunidad organizada.

La sistematización a través de un líder es siempre transitoria y generalmente gregaria.

El conjunto que logra imponer su sistemática depende siempre, para su acierto y su éxito, de que contemple realmente las necesidades del pueblo, expresadas a través de la comunidad organizada.

Entonces, la segunda y tercera alternativas se complementan e integran. Para que esto sea correcto, hay que partir de que el criterio de verdad está en el pueblo. Y pueblo es un concepto político e histórico.

Sostener permanentemente que el criterio de verdad está en el pueblo es asumir una premisa fundamental. Muchas veces se exterioriza esto, es decir, se lo acepta personalmente en forma intelectual.

El verdadero desarrollo de un pueblo será el desarrollo de la conciencia popular. Y su grado de transformación estará dado, armoniosamente, con el grado de crecimiento de la conciencia colectiva del pueblo.

Todo poder y, consecuentemente, todo proyecto político que no intente apoyarse en la fuerza o en el terror, debe despertar y sostener la creencia en su legitimidad para que los gobernados consientan libre y convincentemente. Para que ello ocurra no basta con el mero funcionamiento de la "legalidad", que es solamente el condicionante jurídico de la legitimidad. Ésta reposa en bases éticas y jurídicas, y si se la pretendiera identificar con la legalidad –cosa que suele hacerse a menudo– caeríamos en un peligroso positivismo jurídico.

Con frecuencia los teóricos de la "representación política" han puesto el interés de su análisis exclusivamente en los cambios regulares, periódicos y pa-

---

[6] Estrategia es la visión concreta de los objetivos históricos y la implementación de las operaciones y dispositivos necesarios, debidamente coordinados para obtener éxito.

cíficos de los órganos de gobierno mediante el sistema de elecciones, cumplido lo cual se suponía realizada la democracia por el solo respeto a la legalidad política. Luego se identificaba el comportamiento electoral con el comportamiento político, sin advertir que aquél es solamente un dato de la actitud política de un pueblo, que por supuesto no se agota en el hecho electoral.

No desconocemos la importancia del dato de la participación electoral para configurar la participación total, pero destacamos la confusión que se ha introducido por la teoría liberal, y que puede acentuarse por algunas equívocas interpretaciones dadas a nuestras recientes experiencias electorales al limitar la participación de un pueblo a sólo los episodios electorales, marginando de esta forma el fondo del problema.

Es interesante destacar que, independientemente de la menor o mayor participación electoral, o aun en ausencia de ella en regímenes totalitarios, el grado de participación de los pueblos es cada vez mayor, y de ello han tomado conciencia. Muchos de los más importantes conflictos de los últimos años estuvieron signados, de un modo o de otro, por la falta de participación de algún sector o por la marginación creciente de otro.

Es por ello que, definidas las categorías del conflicto fundamental de un pueblo, la búsqueda y elaboración de su proyecto político compromete un acuerdo primario sobre la fuente real de ese proyecto.

LA SOCIALIZACIÓN DEL PODER

De aquí surgen dos caminos de trabajo político.

Para la generación de cambios de la sociedad es menester la creación de un régimen donde la socialización del poder posibilite la plena participación del pueblo organizado en la elaboración del proyecto político.

La crisis actual de participación popular tiene su origen en la existencia creciente e inorgánica de un reclamo de participación no satisfecha, pero en el caso que se revela lo tiene en el crecimiento de la conciencia popular.

Algunos sectores agotan su esfuerzo en señalar diversos caminos hacia la socialización de la economía. Pero nada dicen del prioritario tema de la socialización del poder.

Para la dogmática marxista el poder político es una categoría superestructural que se subordina a la economía. Es por ello que el marxismo no tiene una política, y se pretende sustituir a ésta por una cierta ética y fundamentalmente por la economía.

Por otro lado, minorías elitistas que pretenden señalar al pueblo su destino y encasillar su problemática, tampoco se plantean el tema de una creciente participación popular en el poder, pues ello debilitaría efectivamente sus sofisticaciones intelectuales.

Y, ciertamente, la legitimidad última de un gobierno y de un régimen, más allá de su sustento formal, está dado por el permanente y continuo consenso activo y pasivo de que goce.[7] Para que esto se dé, es menester concitar aceleradamente el interés popular en torno a un proyecto concreto, pues –citando nuevamente a Mao– el desarrollo de la conciencia popular se acelera a partir de una realidad práctica.[8]

Ya en el número 1 de esta revista, Salvador F. Busacca se refería al socialismo. Este término no es unívoco y frecuentemente es evocado con distintas conceptualizaciones; por ello su aporte es singularmente valioso, ya que responde a diversos interrogantes que habitualmente han alentado respuestas esquemáticas. El mismo general Perón introdujo su mención como explicitación de la doctrina justicialista.[9, 10]

La socialización es la reacción del hombre moderno para dominar y controlar los fenómenos colectivos que se le escapan (*Mater et Magistra*).

Es una transformación de las relaciones humanas que tiende a restringir la suma de derechos y de los poderes reconocidos a la propiedad y que confiere una existencia jurídica al trabajo y a la necesidad.

Para la construcción del proyecto querido y consentido por el pueblo, no impuesta por una *élite*, lo fundamental es la socialización del poder.[11]

---

[7] La legitimidad última de un gobierno, su legitimidad fundamental, está dada por la combinación dinámica del consenso activo y pasivo brindado por el pueblo. Lejos de utopías enajenantes que ofenden la inteligencia, lo cierto es que ese consenso activo –que se traduce en la participación del pueblo o de gran parte de él asociándose en el desarrollo de la labor de gobierno– o el consenso pasivo, que es la aceptación consentida y querida de ese mismo poder, representan, más allá de formulismos cuestionables, el sustento de un régimen y de un gobierno y la posibilidad de su plena realización. Ello se manifiesta en el plebiscito cotidiano, en el esfuerzo sostenido de las fuerzas sociales y en la creación de bienes y servicios que no se agotan en lo material (creación de riqueza) sino que se extiende fundamentalmente a lo cultural, lo artístico, etcétera.

[8] Las coincidencias entre ideologías dispares se darán en el plano de la política. Precisamente algunos de los conflictos del mes de octubre nos han señalado discrepancias de ritmos entre distintos sectores ideológicos, pero que se expresaron en el campo de la política (por ejemplo, conflicto universitario).

[9] "Se puede predecir que el mundo será, en el futuro, socialista: los hombres dirán en cuál de sus acepciones". "El justicialismo no era sino la transformación indispensable, dentro de las formas incruentas hacia un socialismo nacional y humanista." (Juan D. Perón: *La hora de los pueblos.*)

[10] "Estas acepciones, como queda dicho, son: un socialismo nacional y humanista y un socialismo internacional y dogmático." (*Izquierda, peronismo y socialismo nacional*, de C. Eggers Lan, citando a Perón.)

[11] Floria, a propósito de este tema, en un trabajo sobre *Socialización del poder y la economía*, distingue tres dimensiones de la democracia: 1ª dimensión, descriptiva: es el aspecto procesal de la democracia; 2ª dimensión, prescriptiva: corresponde al poder del pueblo y puede ser: *a*) realista (control de calidad); *b*) oposicional (lo que no debe ser), y *c*) utopista (su relación con lo absoluto); 3ª dimensión, evolutiva: en permanente transformación, genera estados incipientes, en una marcha. Relaciona esta última dimensión con la realidad institucional de nuestro país, en donde los golpes de Estado generalmente se han hecho para detener la marcha del proceso y con la supuesta intención de iniciar una experiencia perfecta.

Alguien puede proponer: primero romper la dependencia, y luego socializar el poder. Nosotros proponemos exactamente lo contrario.

Concebir un proyecto político sin prever simultáneamente con su ejecutoria el proceso de socialización del poder puede consistir en el modo más seguro de otorgar coartadas espectaculares a *élites* totalitarias.[12]

El mismo Floria cree ver en la interrupción del curso democrático de nuestro país, hecha muchas veces en nombre de la propia democracia, el obstáculo más cierto al desarrollo de un proceso de socialización en la Argentina, ya que la socialización creciente del poder político tiene tal fuerza transformadora que si se la deja andar su lógica interna impulsará las transformaciones sociales haciéndolas inevitables, ciertas y estables.

A modo de conclusión, si es correcto que un líder no se reemplaza con otro líder sino por una formación orgánica, reiteramos que, un grupo que sistematice en un proyecto político el conjunto de ideas predominantes –producto de la conciencia colectiva de un pueblo transformado en una comunidad organizada– representará la mejor certeza de controlar el futuro.

Del acierto fundacional de un nuevo régimen político que posibilite la incorporación de esta aspiración participativa dependerá que el proyecto político que nos formulemos como nación sea asumido por la totalidad del pueblo, y que no contenga nuevas frustraciones e intentos elitistas.

Fuente: Carlos A. Auyero, *Proyecto de liberación*, año 1, número 2, noviembre de 1973, pp. 7-10.

---

[12] Portantiero, Juan Carlos; Argumedo, Alcira; Floria, Carlos A. y otros: *Socialización del poder y la economía*, en la revista "Stromata", enero-junio 1973, Buenos Aires.

4

RADICALIZACIÓN Y PERONISMO

MONSEÑOR DEVOTO
Carta de Pascua de 1966

Para muchos de ustedes la celebración de esta Pascua tiene lugar en un ambiente de privaciones, sufrimientos e incertidumbres, por las causas que todos conocemos. Por una parte las intensas lluvias que han fundido buena parte de las cosechas. Por otra, la misma inundación que ha afectado a barrios enteros de esta ciudad, me ha permitido palpar de cerca la dolorosa realidad de tantas familias, cuyas condiciones de vida son realmente precarias, y casi diría miserables.

Es por eso que he sentido la necesidad de dar a esta carta un carácter muy especial y muy distinto al de otras veces.

En mi carta del 21 de noviembre, les contaba de una misa concelebrada, en las Catacumbas de Roma, por 20 obispos, como expresión del compromiso de una mayor presencia de la Iglesia en el mundo de los pobres. El compromiso ha tomado forma concreta, y no habiendo podido asumirlo públicamente a mi regreso a la diócesis, quiero hacerlo en esta Pascua, y por escrito, para que quede así mejor constancia de ello ante ustedes.

En unión con muchos otros obispos, confiando sobre todo en la gracia y la fuerza de N. S. Jesucristo y comprendiendo la urgencia de conformar más nuestra vida con la pobreza evangélica, en presencia de la Santísima Trinidad, de la Iglesia de Cristo y de los sacerdotes y fieles de la diócesis, me comprometo a cumplir lo siguiente:

1) a tratar de vivir según el modo común de la gente, en lo que respecta a la vivienda, alimentación, medios de transporte, etcétera;
2) a renunciar a toda apariencia y a la realidad de la riqueza, especialmente en lo que se refiere a hábitos e insignias;
3) a no poseer bienes muebles e inmuebles, ni cuentas bancarias a nom-

bre propio, sino a nombre de la diócesis o de obras de caridad, en aquello que sea necesario;

4) a confiar, siempre que sea posible, las gestiones financieras materiales de la diócesis, a una comisión de laicos competentes de su papel apostólico, para ser así menos administrador, y más Pastor y apóstol;

5) a no aceptar en el trato, expresiones que signifiquen grandeza o poder, sino la denominación de Padre, o simplemente "obispo";

6) a evitar en mi comportamiento y trato social, lo que pueda parecer como preferencia hacia los ricos o gente influyente;

7) a dar todo lo que sea necesario de mi amor, de mi tiempo, preocupación, medios, etcétera, al servicio apostólico y pastoral de la gente más necesitada y humilde, sin perjuicio de la debida atención de las demás personas;

8) a procurar que las obras de "beneficencia" sean verdaderas obras sociales basadas en la justicia y en la caridad, y orientadas a solucionar las necesidades más urgentes;

9) a hacer todo el esfuerzo posible, para que los gobernantes dicten y apliquen eficazmente las leyes necesarias para promover un nuevo orden social digno del hombre, y organicen las estructuras e instituciones sociales que ese orden supone;

10) a compartir en la caridad pastoral mi vida con mis hermanos en Cristo, sacerdotes, religiosos y laicos, para que sean un verdadero ministerio de servicio hacia los demás, haciendo con ellos "la revisión de vida" y suscitando colaboradores que sean más bien animadores según el espíritu, que jefes según el mundo. Al mismo tiempo, trataré de estar más humanamente presente y ser más acogedor, mostrándome dispuesto al diálogo con todos.

Al hacerlos testigos de estos propósitos, que son frutos de una larga maduración conciliar, les ruego me ayuden con sus oraciones, su comprensión y su apoyo.

Sabiendo que el gozo de la Pascua trasciende y va más allá de todas las alternativas y vicisitudes de esta vida, les hago llegar a todos un afectuoso saludo en Cristo resucitado, en quien está nuestra vida, nuestra esperanza y nuestra salvación.

> Carta de Monseñor Devoto, obispo de Goya,
> anunciando su compromiso de presencia en
> el mundo de los pobres.

Fuente: A. Armada, N. Habegger y A. Mayol, *Los católicos posconciliares en la Argentina, 1963-1969,* pp. 267-268.

MOVIMIENTO DE SACERDOTES PARA EL TERCER MUNDO
Compromiso de Navidad 1968

Hace casi 4 meses más de 150 Obispos Latinoamericanos se reunieron en la ciudad de Medellín (Colombia). Representaban a todos los Obispos de América Latina, y de alguna manera, a toda la Iglesia del Continente.

Sus palabras golpean nuestra conciencia de cristianos, "ésta se ha tornado ya, con dramática urgencia, *la hora de la acción*... que habrá de ser llevada a término con la audacia del Espíritu y el equilibrio de Dios", y nos impulsan a "denunciar enérgicamente los abusos y las injustas consecuencias de las desigualdades excesivas entre ricos y pobres, entre poderosos y débiles".

Un grupo de sacerdotes argentinos, pertenecientes a varias Diócesis del país, hemos resuelto no dejar pasar esta nueva Navidad sin comenzar a dar una respuesta "activa" al llamado de nuestros Obispos.

En el mundo, en nuestro continente y en nuestra propia patria, estos abusos han llegado al colmo y sus consecuencias se han convertido en tragedia colectiva. Frente a esta tragedia, ¿seguirá siendo Navidad sólo una fiesta folklórica, un derroche de lujo, una participación superficial y fácil de la Eucaristía de Medianoche?

En un mundo entristecido por el hambre, las guerras y la explotación de los hombres, nos rehusamos a festejar con despreocupada alegría al Señor recién nacido, y a disfrutar con egoísmo nuestra mesa navideña, a festejar con indiferencia nada cristiana una Eucaristía que sólo podrá servir "para nuestra condenación".

La palabra de Dios nos vuelve a presentar en esta Nochebuena 1968 al "recién nacido envuelto en pañales y *recostado en un pesebre* porque *no había lugar para ellos* en el albergue".

No se trata del mero recuerdo de un hecho pasado; la historia no se repite: Cristo nace hoy en miles de hombres. Como sucedió en Belén hace veinte siglos, también hoy es rechazado violentamente por una sociedad pensada y construida para beneficiar a una minoría de privilegiados. Son todos aquellos que con su egoísmo personal o colectivo impiden que la mayoría tenga acceso a los bienes de la cultura, de la alimentación, de la vivienda... A esos bienes que "Dios ha creado para el uso de todos los hombres" y que una minoría, los ricos, se los han apropiado injustamente.

Para responder al llamado de nuestros Obispos reunidos en Medellín y ante millones de hermanos nuestros, cuyo dolor renueva hoy para nosotros el desamparo del Señor recién nacido,

DENUNCIAMOS:

El hambre, que destruye cada año cuarenta millones de vidas humanas en el mundo, en Latinoamérica y *también* en nuestra patria (sobre todo en el interior: Santiago del Estero, Formosa, Corrientes, Tucumán, Chaco y norte santafesino) es, casi siempre, efecto del egoísmo de una minoría que se empeña en justificar, sostener y defender la estructura social capitalista basada en el lucro, la competencia y la propiedad privada de los medios de producción.

El *analfabetismo*, que sume en la ignorancia y la alienación a miles de millones de hombres en todo el mundo y afecta a más de la mitad de la población Latinoamericana, es un instrumento utilizado por una minoría de poderosos para impedir que una multitud de explotados tome conciencia de sus posibilidades de acción y de su fuerza combativa. *También* en la Argentina hay más de dos millones de analfabetos y, dada la deserción escolar, motivada a menudo por la miseria, el nivel medio de instrucción no pasa del tercer grado.

Las enfermedades endémicas, que arrasan habitualmente regiones enteras del mundo y de América Latina, son una consecuencia "lógica" de un sistema social basado en el privilegio, que imposibilita todo tipo de planificación seria, imprescindible sobre todo en el ámbito de la salud pública. En la Argentina, es verdad que la Capital Federal cuenta con un médico cada 217 personas, pero v. gr. en Formosa, Misiones, Sgo. del Estero hay un médico cada 3.000 personas, lo que significa una atención imposible.

El enorme *problema habitacional*, que, sobre todo en nuestro continente, sume en la promiscuidad, la desesperación, y la insalubridad a millones de familias, no es un problema técnicamente insoluble sino el fruto natural de una organización social, política y económica que despilfarra energías enormes en gastos superfluos, porque no contempla las necesidades reales del pueblo. *También* en la Argentina centenares de miles de personas viven en "villas miserias", mientras en la Capital Federal, los créditos se otorgan para edificaciones de lujo y así hay, al mismo tiempo, más de 40.000 departamentos nuevos desocupados.

El *armamentismo*, que se alimenta constantemente con sangre de pueblo inocente y mantiene siempre vivo el espectro de una posible guerra de exterminio total, desangra también las débiles economías de los pueblos sub-desarrollados, con el fin principal de mantener una "industria" que beneficia sólo a una minoría, que cuando es conciente merece el nombre de "criminal".

La *discriminación*, que no ha de ser considerada sólo un problema entre blancos y negros, es todo aquello que margina a los hombres de la sociedad a la que por derecho natural pertenecen, por causa de los prejuicios sociales, los intereses económicos o la mentalidad clasista.

El *"imperialismo internacional del dinero"*, que despoja sin piedad a los países subdesarrollados cuando compra a precios cada día más irrisorios sus fuentes naturales de riqueza y les vende a precios cada vez más elevados los productos manufacturados. Es el mismo imperialismo que se burla de los pueblos pobres cuando simula "préstamos" o "alianzas" que no son sino una manera más elegante de seguir expoliando y oprimiendo.

El *capitalismo nacional*, que para continuar defendiendo mezquinos intereses personales o de grupos, no titubea en consumar constantemente la venta innoble de nuestras riquezas a los grandes monopolios extranjeros. Todos tenemos presente las recientes ventas de bancos y fábricas.

La *injusta distribución de tierras*, que en América Latina impide un desarrollo auténtico y es la causa de la explotación, muchas veces brutal, que sufre nuestro trabajador rural y su familia. En nuestra patria el 50% de los campos cultivables están, muchas veces sin ser cultivados, en manos del 1% de los propietarios.

La *desocupación*, que en nuestro país sumerge actualmente en la miseria a multitud de familias, se ha convertido en un instrumento más en manos de los poderosos, para burlar abiertamente el cumplimiento de las exigencias más elementales de la legislación social.

La *actual política social argentina* que, con su congelación de salarios (mientras el costo de la vida aumentó el 43%), con sus intervenciones arbitrarias a las organizaciones obreras, con sus "reestructuraciones" inhumanas y muchas veces absurdas está contribuyendo a empeorar cada día más la situación económica de nuestro pueblo.

Todos estos males que denunciamos son la consecuencia lógica de una sociedad estructurada sobre bases falsas. Ellos constituyen un impedimento para que surja el "hombre nuevo" al que los cristianos debemos aspirar.

Creemos ingenuo pensar que ese "hombre nuevo" surgirá sólo por el hecho de un cambio de las estructuras sociales, políticas y económicas. Sostenemos, sin embargo, que un cambio radical en esas estructuras es una condición previa fundamental para que todos los hombres puedan aspirar a la plenitud en Cristo, querida por el Creador.

Con el propósito de corroborar nuestra denuncia y añadir a las palabras la fuerza de un gesto,

(*Para los que hagan el ayuno*) un grupo de sacerdotes (acompañados por otros cristianos) hemos dispuesto realizar un "*ayuno de protesta*" en preparación a la celebración de Navidad. Invitamos a todos los cristianos que puedan hacerlo a que nos acompañen, al menos parcialmente, en este gesto de *penitencia* y de *protesta*. Los que deseen podrán participar de nuestras celebraciones de la Palabra.

La práctica tradicional de la Iglesia nos ha enseñado el valor del ayuno en la lucha contra el pecado; "pecados cuya cristalización aparece evidente en las estructuras injustas que caracterizan la situación de América Latina".

Este gesto, aunque humilde en sí mismo, quiere expresar, además, un llamado a los obispos de nuestra patria, a nuestros hermanos sacerdotes, a los cristianos en general y a todos los hombres de buena voluntad. Creemos que la "hora de la acción" supone también la "hora de las definiciones".

Nadie que reflexione con sinceridad la Palabra de Dios y haya conocido las declaraciones de los obispos en Medellín puede dejar de escuchar el "clamor de los pobres" que exigen justicia y enrolarse en las filas de los que luchan por su causa.

(*Para los que supriman la Misa*) hemos resuelto *no realizar esta noche la celebración de la Eucaristía.* Deseamos que este gesto no sea interpretado como un menosprecio al valor sacramental de cada Misa. Se trata simplemente de una negativa de excepción para significar nuestra protesta ante la injusticia institucionalizada y acentuar el compromiso que debe renovar todo cristiano cada vez que participa del Sacrificio Eucarístico.

Fuente: D. Bresci (comp.), *Sacerdotes para el Tercer Mundo; crónica, documentos, reflexión,* Buenos Aires, 1970, pp. 56-59.

MOVIMIENTO DE SACERDOTES PARA EL TERCER MUNDO
Nuestras coincidencias básicas, 1 y 2 de mayo de 1969

Reunidos en Córdoba, 80 participantes del movimiento "Sacerdotes para el Tercer Mundo" convenimos en fijar nuestras coincidencias básicas para la acción:
Una realidad innegable: La existencia de países (sobre todo en Asia, África y América Latina), y de sectores dentro de todos los países, que padecen una situación de injusticia, oprimidos por un sistema y víctimas de las secuelas del hambre, analfabetismo, inseguridad, marginación, etc. Realidad que se ha dado en llamar del Tercer Mundo.
Pero esos mismos pueblos, en la hora actual se movilizan para romper sus viejas ataduras. Se gesta en ellos un innegable *proceso de liberación* que exige un cambio rápido y radical de todas sus estructuras: económicas, políticas, sociales y culturales.
También aquí en la Argentina, somos testigos de esta realidad que, si bien puede mostrar diversa intensidad según los países, oprime por igual a todas las naciones de Latinoamérica. El ideal de la "Patria Grande" bajo el que nacieron a la libertad ilumina también el proceso de su total liberación. (Cfr. Doc. del Episc. Arg., Paz, 3).
Una toma de posición: Nosotros, hombres cristianos y sacerdotes de Cristo que vino a liberar a los pueblos de toda servidumbre y encomendó a la Iglesia proseguir su obra, en cumplimiento de la misión que se nos ha dado nos sentimos solidarios de ese Tercer Mundo y servidores de sus necesidades.
Ello implica ineludiblemente nuestra firme adhesión al proceso revolucionario, de *cambio radical y urgente de sus estructuras* y nuestro formal rechazo del sistema capitalista vigente y todo tipo de imperialismo económico, político y cultural; para marchar en búsqueda de un socialismo latinoamericano que promueva el advenimiento del Hombre Nuevo; socialismo que no implica forzosamente programas de realización impuestos por partidos socialistas de aquí u otras partes del mundo pero que sí incluye necesariamente la socialización de los medios de producción, del poder económico y político y de la cultura.
Un compromiso: Convencidos de que la liberación la harán "los pueblos

pobres y los pobres de los pueblos" y de que el contacto permanente con el pueblo mostrará los caminos a seguir, nos comprometemos a insertarnos cada vez más lealmente en el pueblo, en medio de los pobres, asumiendo situaciones humanas que señalen y verifiquen nuestro compromiso.

Fuente: D. Bresci (comp.), *Sacerdotes para el Tercer Mundo; crónica, documentos, reflexión*, Buenos Aires, 1970, pp. 69-70.

Lucio Gera
Revolución, socialismo y violencia

1.- Revolución

"Adherimos al proceso revolucionario... que promueva el advenimiento del Hombre nuevo." "Tenemos fe en que nuestra pertenencia a la Iglesia Católica en la Argentina y en Latinoamérica, no ha de constituir un obstáculo sino un impulso para nuestra inserción sacerdotal y cristiana en el proceso revolucionario que vive nuestra Patria y nuestro Continente" (Sacerdotes III Mundo: *Nuestras coincidencias básicas*, Colonia Caroya; Declaración del Encuentro Nacional, Sta. Fe).

A veces se identifica, sin más, revolución con violencia armada. Pero esa identificación no es exacta.

Hace ya tiempo también que "revolución" ha dejado de identificarse necesariamente con marxismo, si bien no faltan enconados que persisten en esa confusión.

Por "revolución" no se entiende ni más ni menos que *el cambio, esto es el paso radical y urgente de un orden antiguo a un orden nuevo, de un tipo de sociedad a otro tipo.*

La revolución es un cambio. Pero no todo cambio es revolución. Para serlo, el cambio ha de ser global y radical.

El cambio ha de alcanzar todas las dimensiones: económica, social, política, jurídica, etcétera.

La revolución implica un cambio que es conversión del hombre, del grupo social. Pero no sólo una conversión "subjetiva", que permanezca adversamente condicionada e impedida por las estructuras objetivas de la sociedad, sino también un cambio de esas estructuras.

Por otra parte, la transformación ha de llegar a profundidad, a las raíces. Cambio radical, en oposición al simple reformismo, es aquel que actúa sobre las causas y no solamente sobre los efectos y los síntomas.

No basta retocar lo existente, introduciendo correctivos interiores al sistema; una revolución no surgirá desde dentro del sistema, a partir de sus factores y como lógica del sistema mismo, sino contra el sistema, introduciendo factores nuevos y extrínsecos, que lo destruyen.

EL ORDEN VIGENTE

¿Debe haber revolución? La respuesta depende del juicio que uno se haga del "orden *establecido*".

Las características de este orden pueden resumirse en dos puntos generales: "situación de dependencia" (neocolonialismo, imperialismo) y "sistema liberal capitalista", a las que no escapa nuestro país y que configuran una flagrante violación de la justicia:

"Características del momento actual de nuestros pueblos... una situación de subdesarrollo, delatada por fenómenos masivos de marginalidad, alienación y pobreza y condicionada, en última instancia, por estructuras de dependencias económica, política y cultural con respecto a las metrópolis industrializadas que detentan el monopolio de la tecnología y de la ciencia (neocolonialismo)" (Medellín, 10,I,2).

Sistema liberal capitalista. "En el mundo de hoy, la producción encuentra su expresión concreta en la empresa, tanto industrial como rural, que constituye la base fundamental y dinámica del proceso económico global. El sistema empresarial latinoamericano y, por él, la economía actual, responden a una concepción errónea sobre el derecho de propiedad de los medios de producción y sobre la finalidad misma de la economía... El sistema liberal capitalista... tiene como presupuesto la primacía del capital, su poder y su discriminatoria utilización en función del lucro" (Medellín, 1,III,10). "La concepción moralmente errónea de la economía global y de la empresa que hace del lucro su única o preponderante razón de ser" (Declar. Episc. Argentino, San Miguel, IV, 4).

El orden vigente en nuestro país es descrito por nuestros Obispos del modo siguiente: "Comprobamos que, a través de un largo proceso histórico que aun tiene vigencia, se ha llegado en nuestro país a una estructuración injusta. La liberación deberá realizarse, pues, en todos los sectores en que hay opresión: el jurídico, el político, el cultural, el económico y el social" (Declar. Episc. Argentino, San Miguel, IV, 3).

Parecen pues, claros los juicios que nuestros Episcopados Latinoamericanos se han formado del orden establecido. Ahora bien, siendo éste el orden vigente, el problema no debería ser de si ha de haber o no revolución, sino qué clase de revolución será y a través de qué medios. El apoyo y la inserción en el proceso revolucionario es un punto ya adquirido.

2.- VIOLENCIA

El Movimiento de Sacerdotes para el III Mundo ha optado por apoyar el proceso revolucionario. No ha identificado necesariamente, hasta el momento al menos, revolución y violencia. Al apoyar la revolución no ha incitado a la violencia.

Pero no puede dejar de plantearse el problema acerca del modo, pacífico o sangriento, de acceder a una revolución, a un cambio radical de la sociedad. La situación es explosiva, la violencia ha comenzado de hecho, y no querer mirarla y formarse un juicio sería necio.

Este problema puede ser planteado teórica o hipotéticamente. La respuesta que da el Movimiento en este plano, es la clásica.

En el plano del "ideal", el objetivo del cristiano es la paz, no la violencia. "Ése es nuestro ideal cristiano. La violencia no es ni cristiana y evangélica" (Medellín, II,15). El cristiano ha de esforzarse para que la humanidad, tornándose más adulta, haga desaparecer de su historia la guerra y la violencia.

Pero no toda situación histórica está en grado de alcanzar su ideal evangélico y cristiano. Puede haber situaciones históricas en que la violencia esté justificada. La misma Iglesia ha asistido a tales situaciones y ha aceptado la legitimidad de la violencia.

En tales casos la situación histórica no se adecua al ideal evangélico y cristiano. Ello no significa que el cristiano, que usa de una violencia que cree justa, peque contra el Evangelio.

Tales situaciones históricas se dan "en casos de tiranía evidente y prolongada, que atentase gravemente a los derechos de las personas y dañase peligrosamente el bien común del país" (Pablo VI, Pop. Progr. 31; cf. G. Spes, n. 74).

En tales casos la violencia usada contra la tiranía política, social o económica, constituye un acto de reivindicación lícita (S. Th. II-II,108,1). Dicha reivindicación presupone que un pueblo está "injuriado", esto es, privado de sus derechos fundamentales. Éste es precisamente uno de los hechos que denunciaban los profetas, la conculcación de los derechos básicos del pobre y del oprimido.

Este "estar bajo injuria", privado de los derechos fundamentales, equivale a no ser considerado como "hombre". El pueblo llega a tomar conciencia de que la "racionalidad" se la reservan algunos y, "a través de la historia se descubre que la rebeldía del hombre estalla siempre que se le niega ser hombre" (Mounier). Ella parte de la toma de conciencia de los oprimidos: "Nosotros somos *también* hombres" (Sartre).

Llegado, por fuerza de la situación histórica, el hecho violento, el cristiano habrá de esmerarse en que la actitud violenta no surja del odio, sino del amor. La violencia no es una complacencia en la muerte de otros, ni un gusto por la sangre. Sabedor de que "la larga reivindicación de la justicia agota el amor, el cual, no obstante, la originó" (Camus) deberá buscar no permanecer indefinidamente en la violencia, erigiéndola en ideal de vida.

Deberá todavía discernir violencia de violencia y resolverla cuanto antes en paz, pero esto no dependerá solamente de él.

Pero todo esto no resuelve el problema que se nos presenta en este momento histórico de América Latina, sino que tan sólo ofrece un marco teórico, dentro del cual hay que dar una solución práctica. En este orden de cosas el Movimiento se ha atenido a lo siguiente:

– Está constatado, no solamente por parte de individuos y pequeños grupos aislados, sino por una creciente corriente de opinión y por el Episcopado Latinoamericano reunido en Medellín, que en nuestro Continente se da realmente una violencia institucionalizada, una tiranía económico-social. El pueblo ya está injuriado y de ello toma creciente conciencia.

– Agotándose las palabras y reclamos pacíficos, esta violencia institucionalizada pone en la tentación de responder con la contraviolencia, por parte de los oprimidos e injuriados. Se constata también que en muchos casos se ha superado el plano de la tentación y llegado a poner en práctica esa contraviolencia. Señal que en algunos la paciencia ha llegado a su fin.

Ante esta constatación el Movimiento *prefiere* denunciar aquella violencia institucionalizada y preliminar, que es causa de la contraviolencia de los oprimidos. Es aquélla la que ha de ser radicalmente suprimida, para que pueda desaparecer la tentación y el uso de esta otra.

– En las circunstancias en que se encuentra América Latina y nuestro país, hay, dentro y fuera del Movimiento, quienes piensan que una revolución liberadora sólo es viable a través de la violencia armada. Otros expresan su reserva y no están de acuerdo con lo anterior, pensando que aun es viable tal revolución a través de medios exclusivamente pacíficos.

En todo caso un juicio ético, en un sentido u otro, está necesariamente mediatizado por un juicio político sobre el carácter ineludible o eludible, sobre la probable eficacia o la improbabilidad de eficacia, de la violencia.

El Movimiento como tal no ha llegado a tener un juicio común sobre este punto, expresándose claramente: "El movimiento como tal se prohíbe, en ese orden de cosas, opinar y tomar posiciones acerca de tácticas, estrategias o tendencias de grupos y organizaciones, respetando con ello la libertad de opción de sus propios miembros" (Declaración del tercer encuentro nacional, S. Fe, 1 de mayo de 1970).

3.- SOCIALISMO

Toda revolución, si bien pretende destruir un orden vigente, no busca el caos. Busca pasar a un orden nuevo, a un nuevo tipo de sociedad.

No se puede describir lo "nuevo" en sus detalles. El sistema vigente está allí dado, presente, verificable, experimentado; es visto en su forma "acabada". Por eso se puede más fácilmente decir qué es lo que no se quiere, lo que ha de ser destruido. Por el contrario, el "nuevo orden" no está ya realizado, presente, experimentado y acabado; en gran parte sólo es presumido y "entrevisto". Por ello es más difícil describirlo de antemano. Sobre él sólo pueden darse algunas líneas.

Por otra parte el Movimiento sabe que no tiene competencia para ofrecer soluciones técnicas.

Lo que propugna el Movimiento respecto de este tema es lo siguiente:

– "... el orden nuevo al que muchos hombres aspiran ha de configurar una sociedad socialista: Una sociedad en la que todos los hombres tengan acceso real y efectivo a los bienes materiales y culturales. Una sociedad en la que la explotación del hombre por el hombre constituya uno de los delitos más graves. Una sociedad cuyas estructuras haga imposible esa explotación.

"Para que ello sea factible consideramos necesario erradicar definitivamente y totalmente la propiedad privada de los medios de producción. Vale decir: erradicar para siempre el concepto de la empresa basada en el lucro como incentivo para el trabajo.

"Esto significa aspirar a un tipo de hombre capaz de poner sus dones al servicio de la sociedad, a una sociedad capaz de proporcionar a cada hombre todo lo necesario para su pleno desarrollo." (Declaración de los Coordinadores, el 27 de junio de 1970 ante los sucesos de Córdoba).

– "... Hicimos nuestra opción por un socialismo latinoamericano que implique necesariamente la socialización de los medios de producción, del poder económico y político y de la cultura" (Coincidencias Básicas, Colonia Caroya, Córdoba, 2 de mayo de 1969 y Comunicado de Santa Fe, 1970).

La fórmula "socialismo" quiere expresar una concepción global del nuevo tipo de sociedad:

– Propugna la primacía del "hombre" sobre el lucro en oposición al sistema liberal capitalista que da primacía al lucro sobre el hombre.

– Expresa el primado del bien de todos y cada uno de los hombres sobre el bien de algunos individuos privilegiados. La mencionada fórmula opone una concepción del hombre como ser social a la concepción individualista del hombre que impregna las bases del sistema capitalista. Pone en primer plano la dimensión de responsabilidad social que tiene el hombre. Puede esto expresarse como afirmación de la primacía del bien común o social sobre el bien individual.

En esta oposición a una concepción individualista y a una sociedad capitalista, no se quiere propugnar una sociedad colectivista al modo totalitario; no se quiere propugnar un "estatismo". La fórmula "socialismo", que emplea el Movimiento, parte de una distinción entre "Estado" y "sociedad" o comunidad, donde el acento recae sobre esta última y no sobre el Estado.

– Otra idea de base en la que se inspira esta fórmula es la de fraternidad, igualdad de todos los hombres y justicia.

El concepto de "socializar" los bienes y poderes es pues equivalente al de no excluir a nadie de aquéllos, de construir una sociedad que, estructuralmente, permita una *participación* de todos en todos los bienes.

Se trata de dar a todos igualdad de oportunidades. Igual oportunidad de participar en los bienes económicos, sociales, etc. Una educación que conduzca al hombre hacia la responsabilidad de usar efectivamente de esas oportunidades, para que todos, personas y pueblos, puedan ser agentes de sí mismos y de la propia historia y destino nacional. De modo que la vida y la historia sea ofrecida a las personas y pueblos como posibilidad, no impuesta como fatalidad. La fórmula empleada, cree inspirarse en su fondo en la fe, en la dignidad humana (conciencia, libertad, responsabilidad).

"Socialismo" se refiere a todo el orden de bienes, materiales y espirituales. No se restringe al orden económico. Expresa una primacía del "ser más" sobre el "tener más".

Pero también se refiere al orden económico. Por eso el Movimiento habla de una "socialización de los medios de producción". Con ello no postula la abolición de la propiedad personal, sino la vigencia de una democracia económica que permita el control social y la participación activa del pueblo en el plano de los organismos planificadores y en la gestión económica de los medios de producción. Se trata de extender a todo el pueblo los beneficios y el dominio sobre la propiedad.

Cuando el Movimiento toca este tema no se refiere al derecho *abstracto* a la propiedad privada, sino a esa propiedad tal como se da concretamente e históricamente en el actual sistema capitalista. Propone, por consiguiente, erradicar el régimen *vigente* de propiedad privada, de modo que todos los hombres, y no solamente algunos individuos, puedan disponer de propiedad personal.

Piensa precisamente el Movimiento que la Iglesia, que defiende la propiedad privada de los medios de producción, no se identifica sin embargo con el sistema capitalista, sino que critica el modo como ese sistema ha estructurado el derecho de propiedad.

El Movimiento piensa que la sociedad actual y la Iglesia dentro de ella, enfrentan un momento de opción. También lo estuvieron cuando, caducado el sistema feudal se abría paso el capitalismo; cuando acabado el régimen monárquico, surgía la democracia. Lo hacen ahora cuando, agotado el sistema liberal capitalista (con sus instituciones, estructuras y valores), el hombre y los pueblos buscan abrirse paso hacia una nueva sociedad.

Ello implica un acto de desprendimiento de lo que no sirve del pasado, y un inmenso acto de coraje para construir el futuro.

A esta grandeza de espíritu nos desafía la historia.

Fuente: D. Bresci (comp.), *Sacerdotes para el Tercer Mundo; crónica, documentos, reflexión*, Buenos Aires, 1970, pp. 150-158.

P. Carlos Mugica
Los valores cristianos del peronismo

Lo primero que debemos considerar es por qué hoy, los cristianos en general se interesan por la relación entre peronismo y cristianismo. Por qué empiezan a cuestionarse sobre las dimensiones políticas de la existencia.

El proceso empieza, fundamentalmente, en 1943 con la "Divino Afflante Spiritu" en la que Pío XII invita a los cristianos a volver a la Biblia. Y como la Biblia es un libro carnal, concreto e histórico en el que se muestra que Dios se revela a los hombres a través de la historia humana (lo que Juan XXIII va a llamar los signos de los tiempos) los cristianos empiezan a interesarse por este mundo.

Después de la gran influencia de Theilhard de Chardin, del marxismo, de los grandes profetas de la iglesia contemporánea y de los grandes profetas de nuestro tiempo como Camilo Torres, Helder Cámara, el "Che" Guevara, Marx, Freud, es decir de todos aquellos hombres que se han preocupado por el hombre y por la aventura humana.

Cuando empezamos a volver a la Biblia, empezamos a descubrir que Dios se revela a los hombres a través de la historia, para este descubrimiento también contamos con los grandes documentos de la Iglesia: Concilio Vaticano II, constitución de Gadium et Spes, la Populorum Progressio y su aplicación para América latina que es Medellín y la aplicación de Medellín en la Argentina, que es San Miguel.

En síntesis, podemos decir que los cristianos, que habíamos privilegiado la relación personal en el amor, empezamos a descubrir que además de esa dimensión absolutamente irreemplazable, los hombres están condicionados, como dice el Papa en la Octogessima Adveniens, determinados por las estructuras en las que viven. Por lo tanto, tengo que amar a los seres humanos y amar las estructuras que contribuyen a que esos seres humanos se realicen como hombres, a que vivan creadoramente. Y debo tratar de destruir o modificar las estructuras que les impiden vivir de esa manera. Y aquí entra todo lo que hace a la dimensión política.

En 1954 aparece ese gran profeta que fue el abate Pierre, del que ya hemos hablado, y ocho años después en América latina Camilo Torres, otro profeta que dirá: "Los que hoy no tienen techo en América latina son legión, por lo tanto, el modo de lograr que esos hermanos míos tengan techo es hacer la revolución". Es decir, cambiar las estructuras de manera radical y posibilitar que el pueblo acceda al poder.

El año último, cuando fuimos a misionar al Chaco santafesino, por la mañana, se hacían las visitas a las casas para ver si la gente necesitaba ropa y para invitarlos al culto de la tarde. Personalmente pienso que hay una dimensión fundamental de esa misión rural: la de preocuparnos siempre por el anuncio explícito del mensaje de Cristo. No basta sólo con comulgar con los problemas humanos de los hombres. Desde el vamos tenemos que hablar explícitamente del mensaje de Cristo, hablar de que Cristo no sólo viene a liberar al hombre de la enfermedad, la injusticia, el egoísmo... sino que le da la posibilidad de adquirir la dimensión del hijo de Dios. Y ésta es una dimensión superhumana, como la llama Theilhard de Chardin, es la dimensión divina.

En esa misión, cuando una chica llegó a un rancho una viejita le dijo "a mí qué me vienen a hablar de Dios si me estoy muriendo de hambre". A los muchachos esto les dolió profundamente porque sentían en carne propia el dolor de los pobres. A la tarde organizamos una reunión con hacheros, vinieron unos noventa y cinco que además era la primera vez que estaban en una reunión y uno de ellos empezó a decir: "yo soy la alpargata del patrón".

Ni el mejor literato, ni Borges hubiera dicho las cosas con tanta precisión y claridad.

Como cristianos descubrimos entonces que nuestro amor y nuestro compromiso de evangelización tiene dos dimensiones: el amor personal y el amor colectivo. Y esto no es nuevo sino que es descubrir las entrañas bíblicas del mensaje cristiano.

Voy a comentar brevemente el documento "Justicia y pastoral popular" del Episcopado Argentino porque entronca directamente con la valoración del problema social del peronismo.

Este documento me parece que da un enfoque revolucionario del pecado, de qué es la plenitud del hombre para nosotros cristianos. Pero en la Iglesia lo más revolucionario es lo más tradicional, porque después de 2000 años de vida no se ha inventado nada nuevo.

Cuando se nos dice que por ser curas del Tercer Mundo queremos cambiar la Iglesia, contestamos que no, que queremos volver a la auténtica tradición de la Iglesia. Es decir, que la Iglesia asuma hoy los mismos valores que asumió la comunidad prototípica para los cristianos. Esa comunidad prototípica en la que todavía resonaba la voz de Cristo. Es decir, la primera comunidad cristiana que vivió en auténtica comunidad de bienes (Hechos de los apóstoles, capítulos 2 y 4).

Dicen los obispos: "Afirmamos que el ejercicio de la virtud, de la justicia, se encarna en la vida entera de la sociedad..." "No es sólo una actitud personal, no basta con darle a cada uno lo suyo individualmente". "El pecado se da siempre en el interior del hombre..."

Esto es muy importante tenerlo en cuenta porque ninguna revolución económica podrá crear el hombre nuevo que todos buscamos, si simultáneamente no se da la revolución interior. Lo que los cristianos llamamos la conversión personal que es absolutamente irreemplazable.

Eso es lo que dice Mao cuando preconiza la revolución cultural proletaria, dice: no basta cambiar las estructuras. Mao tiene conciencia de la tremenda experiencia soviética donde es evidente que se hizo una revolución económico-social, pero no una real revolución cultural ni una real revolución política. El pueblo no accedió al poder, hay una burocracia parasitaria que se impone entre ambos.

Para nosotros, los cristianos, la auténtica revolución cultural significa formar hombres que vivan en función de servicio hacia los otros. Hombres que sean capaces de crear y no como en la Unión Soviética, donde pareciera que el prototipo de hombre que se busca es, cada vez más, el hombre consumidor. Es decir, no hay auténtica revolución y Mao tiene plena conciencia de esto, por eso señala (en mi opinión por influencia evangélica, aunque no lo sepa) que la revolución debe estar permanentemente revolucionada.

Nosotros lo sabemos porque sabemos que la verdadera y auténtica revolución se va a dar cuando venga Cristo: en la escatología. Y tenemos que tratar de acelerar la venida del Señor tratando de modificar la tierra.

"... El pecado se da siempre en el interior del hombre..." Y los obispos dan una definición de pecado que la puede entender cualquier ateo: "Pecar es rechazar el amor e instalar la injusticia (*y ahora viene lo novedoso*) pero del corazón del hombre el pecado pasa a sus actividades, a sus instituciones, a las estructuras creadas por él." Y por eso creo que ahora discutimos el peronismo.

Dicen los obispos: "Cuando Dios revela su designio divino como plan para los hombres, la justicia no aparece sólo como un don personal –José varón justo– sino como un estado del pueblo. De tal modo que es el pueblo todo quien está en situación de pecado cuando se cometen injusticias, se las consienten o no se las reparan". Por eso en este momento en la Argentina estamos en pecado grave y no podemos comulgar si en realidad no estamos haciendo algo eficaz, en la medida de nuestras posibilidades, para remediar este estado de injusticia. Una injusticia que se traduce en un índice cada día mayor de mortalidad infantil, de desocupación, y en ese nuevo pecado colectivo de nuestra patria: la tortura.

En la Biblia hay un caso muy concreto, cuando Dios decide acabar con Sodoma y Gomorra porque allí se cometían pecados sexuales contra la naturaleza. No es que todos los sodomenses fueran sodomitas. No. Unos cometían el pecado por vía directa, otros lo consentían o pasivamente lo toleraban. Creo que si en este momento un cristiano no hace algo eficaz para que acabe la tortura en nuestra patria es un coturturador de sus hermanos, porque en la medida en que no hago algo positivo soy cómplice.

Algunas personas dicen "no soy violento". Pero la Iglesia siempre justificó la violencia justa y condenó la injusta. Es decir que ser no violento no significa ser pasivo sino significa denunciar la violencia del sistema aceptando que recaiga sobre uno. El cristiano puede o no estar dispuesto a matar –y esto por razones de conciencia, de información o de ideología– o sea a responder o no a la violencia con la violencia que sufre. Pero lo que no puede dejar de ver es que debe estar dispuesto a morir y esto es clarísimo.

Dicen los obispos: "Como la vocación suprema del hombre es una sola, la divina...". Creo que lo más importante que nosotros hacemos en la Villa es hacerles tomar conciencia a los villeros de que son hijos de Dios, y creo que para un hombre tomar conciencia de que es hijo de Dios es tremendamente dinamizante. Porque si soy hijo de Dios no voy a dejar que el patrón me ponga el pie encima. Es una consecuencia lógica.

No me voy a dejar aplastar porque tengo una dignidad. Creo que es muy importante que cada uno aprenda a amarse a sí mismo porque quien no se ama a sí mismo no ama a nadie. Cuando digo amarse a sí mismo no digo contentarse consigo mismo sino que necesariamente supone exigirme a mí mismo.

"Como la vocación del hombre es una sola, la divina..." la misión del hombre es una sola: "salvar integralmente al hombre". Por eso la Iglesia no habla más de salvación a secas. Dice liberación o salvación integral para evitar todo maniqueísmo. "En consecuencia, la evangelización comprende necesariamente todo el ámbito de la promoción humana. Es nuestro deber trabajar por la liberación total del hombre e iluminar el proceso de cambio de las estructuras injustas y opresoras creadas por el pecado."

En abril de 1969, los obispos hacen un diagnóstico de la realidad que actualmente tiene plena vigencia: "Comprobamos que a través de un largo proceso histórico, que aun tiene vigencia, se ha llegado en nuestro país a una estructuración injusta". Es decir, no es un cambio de hombres o de gobierno sino que es un cambio de estructuras, de sistema. "La liberación debería realizarse en todos los sectores donde hay opresión. En el orden jurídico, en el político, en el cultural, en el económico y en el social."

En el orden jurídico hay una ley anticomunista que afirma que todo argentino es comunista a menos que demuestre lo contrario. O como el Código Civil, cuya génesis ya he explicado.

En el orden político todos sabemos la marginación en la que vive nuestro pueblo y las dificultades de las corrientes populares para abrirse paso hoy. Basta con decir que el gobierno que tenemos fue elegido por tres personas.

En el orden cultural hay opresión porque el pueblo y entiendo aquí por pueblo fundamentalmente a los oprimidos, a los trabajadores, no tienen acceso a la enseñanza superior y tienen difícil acceso a la secundaria y aun a la primaria. A veces porque no hay bancos y si los hay, porque los chicos tienen que lustrar zapatos para que la familia aguante. Además de esto nuestra enseñanza es tecnócrata y colonialista, para gente que no moleste, que no incomode el día de mañana y se adecue a este sistema montado sobre la base del lucro.

En el orden económico y social, los obispos dicen que nuestra estructura económica es anticristiana y opresora. Primero, porque en lugar de estar la economía al servicio del hombre, el hombre está al servicio de la economía. Segundo, porque lo social está subordinado a lo económico con las consecuencias que acarrea. "La subordinación de lo social a lo económico, impuesta por la acción de fuerzas foráneas (*podemos nombrarlas: Fondo Monetario Internacional, Banco Internacional de Desarrollo, etc., etc.*) sectores y grupos internos de opresión (*A.C.I.E.L., Sociedad Rural, Unión Industrial, etc.*) que se manifiesta en los desequilibrios regionales (*desde que empezó la Revolución Argentina emigraron más de 200.000 tucumanos, y esto en una sola provincia*) y en las racionalizaciones que provocan desocupación e inseguridad."

En el orden social el índice de mortalidad infantil y de desocupación son cada vez mayores.

"Frente a esto qué hay que hacer", se preguntan los obispos y responden: "El proceso de liberación deberá contener siempre el aporte fecundo de los auténticos valores y sanas tradiciones originadas desde el comienzo de nuestra nacionalidad, que reflejan el sentir y espíritu de nuestro pueblo".

En el documento pastoral popular se vuelve a hablar de asumir las sanas tradiciones de nuestro pueblo: "La Iglesia debe estar encarnada en el pueblo. Para encarnarse e insertarse en la experiencia nacional del pueblo argentino, la Iglesia tiene el ejemplo en la imagen de Cristo. La Iglesia deberá acercarse especialmente a los pobres, oprimidos y necesitados y viendo ella su propia pobreza y renunciando a todo lo que puede parecer deseo de dominio. La Iglesia debe discernir acerca de su salvación liberadora o salvífica desde la perspectiva del pueblo". La acción de la Iglesia debe estar orientada hacia el pueblo, pero también desde el pueblo mismo. Y creo que esto es fundamental para hacer una valoración del peronismo. Porque una cosa es mirar el peronismo desde los pobres, desde el pueblo, y otra cosa es mirarlo desde la clase media o desde la oligarquía.

Yo he vivido personalmente esa experiencia con plenitud. Yo fui antiperonista hasta los 26 años y mi proceso de acercamiento al peronismo coincidió con mi cristianización. Es decir, en la medida en que descubrí en el Evangelio, a través de la Teología que la Iglesia es de todos pero ante todo es de los pobres, como decía Juan XXIII, y que Cristo evangeliza a todos sin distinción de personas, pero sí con distinción de grupos y prefiere a los de su propia condición, a los pobres, empecé a mirar las cosas desde otro punto de vista.

Podríamos seguir citando documentos en los que se hace un llamamiento a la acción política. Podríamos citar la "Octogessima Adveniens", donde al final el Papa dice: "Es un deber de todos los cristianos hoy, entrar en la lucha por transformar la sociedad, o renovar el orden temporal". Aquí el Papa no hace distinción entre curas, monjas y laicos, sino que dice "todos los cristianos". Ésa es la acción política; la acción que tiende a transformar, a modificar la sociedad. Por eso Santo Tomás dice que la acción política es la más noble de todas las actividades, porque no tiende al bien de uno o de algunos, sino al bien de todos, de toda la sociedad.

Ser cristiano es, fundamentalmente, aceptar a Cristo, creerle a Cristo y creer en Cristo y por lo tanto responderle. La vivencia cristiana supone una obediencia a la fe en el Señor. Y uno le cree a Cristo no por lo que piensa sino por lo que hace... "Ustedes son mis discípulos, si *hacen* lo que yo les digo...", "No, el que dice Señor, Señor, entrará en el reino de los cielos sino aquel que hace la voluntad de mi Padre."

Entonces yo tengo que hacer, tengo que optar en concreto y toda opción concreta está cargada de historicidad y por lo tanto es relativa. ¿En qué reside la diferencia entre lo cristiano y un movimiento político como es el peronismo? Los valores cristianos son propios de cualquier época, trascienden los movimientos políticos, en cambio el peronismo es un movimiento que asume los valores cristianos en determinada época.

¿Cuál es la medida que tengo para darme cuenta de que hoy el peronismo es el movimiento histórico al que yo pienso debe acceder naturalmente un cristiano para mirar las cosas del lado de los pobres? Y esto no significa que no se puede ser cristiano y no peronista. Lo que sí me parece más difícil es ser cristiano y antiperonista. Aunque en la adhesión a cualquier movimiento político, un cristiano debe siempre mantener una distancia crítica desde la fe. Tiene que revitalizarlo, que no significa minimizarlo. Puede adherir a él pero un cristiano sabe que un movimiento político no va a crear la sociedad perfecta, va a realizar sí determinados valores pero también corre el riesgo permanente de desvirtuar esos valores. Pero puede criticarlo sólo en la medida de su participación en el proceso, en la medida en que no esté mirando el partido desde afuera.

¿Cuál es ese juez que me permitirá valorar si el peronismo es hoy la instancia histórica a través de la que me interpela Cristo, a través de la que voy a mostrar mi amor a mi pueblo y a mis hermanos? El juez es la gente, el pueblo, los oprimidos. La categoría pueblo casi coincide con la categoría pobres aunque no la abarque totalmente.

Yo sé por el Evangelio, por la actitud de Cristo, que tengo que mirar la historia humana desde los pobres. Y en la Argentina la mayoría de los pobres son peronistas, para decirlo de una manera muy simple.

Aquí tendríamos que hacer una distinción entre el ideólogo y el político.

El ideólogo se maneja con ideas que tienen mucha claridad, pero siempre se refieren al fin que hay que alcanzar, es escatológico. No se refiere a lo que es actual. Un ejemplo serían los que adhieren al ERP o al Partido Comunista. Un militante del ERP, por ejemplo, diría: "Todos los hombres son iguales y tengo que establecer cuanto antes sea esa igualdad". Trata de poner en el presente lo que es del futuro. "Hay que suprimir todas las clases sociales, ya" y ahí surge el problema de los medios a emplear.

Ahora bien, en esto de la supresión de clases, yo como cristiano pienso que si bien desde el punto de vista económico debe haber una desaparición de las clases, sostener la total igualdad de los hombres es desconocer la realidad del pecado. Para mí, cristiano, la plena igualdad sólo se dará cuando venga el Señor y no antes. Pienso que en esto reside el error del marxismo y de los marxistas. Privilegian al hombre económico y se olvidan del político, por eso les es difícil entender el peronismo, que privilegia más lo político que lo económico.

Como privilegia lo económico, el marxista afirma la prioridad de la lucha de clases pero desde el punto de vista económico.

El político, en cambio, en lugar de manejarse escatológicamente, maneja las fuerzas existentes. Actúa como quien tiene que tomar decisiones. Por ejemplo, las tres grandes banderas del peronismo –independencia económica, soberanía política y justicia social– son pautas asequibles, como el programa del Frente que propone Perón es un programa mínimo de coincidencias, no es el programa definitivo. Lo escatológico en el peronismo es el socialismo nacional hacia el que tenemos que apuntar, pero la pregunta que hoy se hace el político es: ¿Qué pasos puedo dar ahora para ir implantando el socialismo nacional?

El peligro del ideólogo es el sectarismo que lo lleva a una estructura en el fondo racionalista y lo lleva a separarse de la realidad.

El peligro del político es el populismo, a veces la utilización de los medios le puede hacer olvidar los fines.

Los cristianos siempre hemos tendido a ser ideólogos, siempre le hemos tenido mucho miedo a la realidad concreta porque es ambigua. Y mientras nos preguntamos si estará bien, si estará mal, el problema ya lo habían resuelto otros. Siempre quisimos la opción pura y perfecta y la política es una cosa sucia que nos obliga a arriesgar, nos obliga a optar con probabilidad. En el fondo la opción política siempre es por el mal menor, siempre estoy eligiendo de esta manera porque el bien perfecto no existe.

En el Evangelio Jesús no nos reprueba por haber optado mal, a menos que nuestra opción nos sea imputable por irresponsabilidad o por falta de preparación, no condena al que usó el talento y no lo hizo fructificar mucho, condena al que guardó el talento, al que no lo quiso arriesgar, al que por miedo a equivocarse no hace nada.

Ya dije que Dios no elige personas, habla con todo el mundo. Con María Magdalena, con Mateo, con Zaqueo, con los fariseos, con Simón el leproso que era fariseo. Pero sí elige grupos. A los fariseos les dice: "Ustedes son amigos del dinero" y también se las agarra con el Sanedrín, que eran los sacerdotes y estudiosos, el gabinete al que Roma le había dado todo el poder de las relaciones exteriores.

Jesús no prefiere a los fariseos o los doctores, prefiere a la gente inculta. Jesús anuncia, fundamentalmente, la liberación de los pobres. Y de ahí el problema que se le plantea al Sanedrín. "Si éste sigue así, todo el pueblo lo va a seguir, todos van a ir detrás de Él." Y eso que hay que reconocer que los fariseos eran gente popular, un poco los maestros, eran generosos, fraternales, insertada en el pueblo, pero cuando aparece Jesús, el pueblo lo sigue. ¿Por qué? Porque Jesús está con el pueblo.

Cuando los fariseos se referían al pueblo decían "esa gente", como ahora se dice "esa gente de las villas". Y esa gente elige a Jesús y es elegida por Jesús.

En otra época, la gente era realista, estaba acostumbrada a proyectarse en el rey, pero ahora eso no basta, el hombre ha tomado conciencia de su dignidad, cada hombre quiere ser responsable, protagonista, quiere poder decidir su destino que puede ser un acto de gracia o de pecado. Para el cristiano hoy se abre un nuevo campo al servicio de la gracia: el acto de decidir políticamente.

El que roba a la gente su derecho a decidir y es el caso de los militares en la Argentina, está en pecado porque les roba el derecho de santificarse al elegir.

Para poder santificarme, para poder realmente crecer en el amor a Dios y a mis hermanos, tengo que servir con capacidad creadora. No debo renunciar a mi derecho a decidir y tengo que hacerlo con fuerza aunque sin odio.

El 17 de octubre de 1945 el pueblo decide. Descubre un hecho concreto: un hombre lo interpela y lo interpreta y el pueblo comienza a santificarse, a liberarse al decidir.

Hay un artículo muy interesante del padre Dri en la revista *Envido*, número 5, "Peronismo y marxismo frente al hombre" donde pueden advertirse claramente los valores cristianos del peronismo.

El padre Dri critica al marxismo como una ideología del centro, como una ideología que surge en Europa, una ideología racionalista, que tiende, como ya dije antes, a privilegiar sobre todo lo económico-científico. Aunque eso de científico habría que ponerlo entre comillas, porque hay que ver si realmente es científico, o si es mitificación de la ciencia. Y dice que en los grandes movimientos liberadores, como por ejemplo la revolución cubana, la revolución china y el movimiento peronista, se tiende a privilegiar el proyecto humano, la valoración del hombre, de lo nacional y de lo religioso.

Así, por ejemplo, la muerte del "Che" provoca el siguiente juicio de Perón: "Hoy ha caído en esta lucha como un héroe, la figura más extraordinaria que ha dado la revolución en Latinoamérica. Su muerte me desgarra el alma. Es un ejemplo de conducta, de desprendimiento, de espíritu de sacrificio, de renunciamiento..." Y no hay nada de científico en este juicio, es un juicio ético. "... la profunda convicción en la justicia, de la causa que abrazó y le dio fuerza, el valor y el coraje que hoy lo eleva a la categoría de mártir."

Toda esta terminología es netamente cristiana.

Y en su obra *Conducción Política* había dicho Perón varios años antes, hablando de los movimientos revolucionarios: "Estos movimientos triunfan por el sentido heroico de la vida que es lo único que salva a los pueblos, y ese heroísmo se necesita no sólo para jugar la vida todos los días o en alguna ocasión, por nuestro movimiento, sino para luchar contra lo que cada uno lleva adentro, para vencerlo y hacer triunfar al hombre de bien."

Y el "Che" precisamente decía que el hombre nuevo se dará cuando en cada hombre la vida cotidiana se trasmute en heroísmo. Cuando cada hombre viva heroicamente sus instancias cotidianas. Pero ésta es una visión del hombre más ideológica que política. Es negar la existencia del pecado original. Pero hay que tender a eso sin descuidar la realidad que el peronismo siempre asume. Por eso dice el padre Dri: "El peronismo es una filosofía de la vida, simple, práctica, popular y profundamente humana". Evidencia claramente la primacía del hombre sobre las estructuras. Por eso Perón afirma que el problema en la Argentina es netamente político.[1] El Partido Comunista, en cambio, va a decir que el problema es netamente económico.

Para Perón "la verdadera democracia será aquélla donde el gobierno hace

---

[1] "A lo largo de este Mensaje he analizado las realizaciones más concretas de mi gobierno en materia social y, movido tal vez por un afán de mostrar resultados evidentes, he insistido demasiado en las realizaciones materiales. Debo advertir que esto no significa que, en la escala de valores de nuestra doctrina, los bienes materiales tengan prioridad sobre los demás valores del hombre y de la sociedad. De ser así nos pondríamos a la misma altura de los sistemas que han creado la caótica situación del mundo en que vivimos.

En nuestra doctrina, los valores económicos son solamente medio y no fin de la tarea humana, la cual, para quienes aceptamos y reconocemos en el hombre valores eternos y espirituales, entraña un destino superior. Los bienes económicos son tan sólo la base material de la felicidad humana, así como el cuerpo es instrumento de la actividad del alma.

Nosotros procuramos la elevación moral de nuestro pueblo: luchamos por su dignificación; queremos sea virtuoso e idealista y desarrolle en su seno una vigorosa vida espiritual. Sabemos demasiado bien, por la experiencia de los años pasados bajo la explotación capitalista, que todo eso es muy difícil cuando la vida de la comunidad no se desenvuelve en un ambiente de cierto bienestar material. Pero sabemos también que el bienestar material de las naciones ha sido muchas veces en la historia causa de grandes desgracias y de fatales decadencias. Porque lo que el pueblo quiere y defiende un solo interés, el del pueblo". La característica exclusiva del peronismo es la de servir al pueblo y además obedecerle. Y precisamente en Cuba y en Argelia, cuando se hace la revolución no se trata antes que nada de cambiar la propiedad y los medios de producción, sino que lo primero que se hace es crear un proyecto político liberador. Por eso, personalmente pienso que la primera lucha por la liberación de nuestro pueblo está dada por esta opción: dependencia o liberación nacional. En esta lucha por la liberación nacional no se tiene que dar, necesariamente, la lucha de clases. Pueden entrar en ella no sólo los obreros, los estudiantes, sino inclusive los empresarios con sentido nacional. Creo que después sí va a venir la cosa entre los empresarios y los obreros, en un segundo tiempo. Es decir, una sociedad en la que se realicen plenamente los valores cristianos, será una sociedad sin empresarios. Los roles subsistirán, pero no la relación de dependencia deshumanizante. Tuvimos una reunión con empresarios cristianos y coincidían plenamente con nosotros. Nos quedamos bastante mal al ver esa coincidencia tan total, pero en la segunda reunión se empezaron a aclarar más las cosas y a coincidir menos.

---

cuando un pueblo se propone asumir en la historia un destino superior tiene que poseer profundas reservas espirituales, si no quiere causar a la humanidad más desgracias que beneficios.

El mundo occidental pretende enfrentar al comunismo y vencerlo con el inmenso poderío de sus ejércitos, que constituyen una extraordinaria fuerza material; pero ha destruido, durante demasiado tiempo y sigue destruyendo todavía, los valores espirituales de los pueblos que explota el capitalismo con sus insaciables ambiciones egoístas de riqueza y de dominio.

El colectivismo, por su parte, a pesar de su declarado materialismo, posee un fondo idealista y un sentido de fraternidad, que constituyen por sí mismos profundos y nobles valores espirituales, desgraciadamente al servicio de un ideal inhumano. Para vencerlo, antes que pactos (excesivamente perfectos en sus meticulosas previsiones) y ejércitos (demasiado bien pertrechados y equipados con las mejores armas de todos los tiempos), se necesitan pueblos que tengan fe en los valores superiores del espíritu.

Creo que el pueblo argentino tiene un destino extraordinario que realizar en la historia de la humanidad, y ésta será mejor o peor en la misma medida en que nuestro pueblo sepa cumplir su deber histórico. Pero el éxito dependerá de las fuerzas espirituales que posea nuestro pueblo al enfrentarse con su propio destino.

Me permito hacer en este momento un llamamiento a todos los que, de una o de otra manera, tienen sobre sí alguna responsabilidad en la formación moral y espiritual de nuestro pueblo. Nosotros hemos creado todas las condiciones materiales necesarias para que un pueblo satisfecho pueda pensar en las tareas y actividades superiores del espíritu, y las hemos favorecido y fomentado en todos los grados de su escala. Es necesario que cumplan con su deber los responsables directos de la educación y de la formación moral y espiritual de nuestro pueblo, pensando que sobre ellos descansa también, en mayor o menor grado, la felicidad del mundo venidero.

Semejantes tareas, sin sentido para los que no ven en todo nada más que el resultado de fuerzas económicas y materiales, tienen fundamental importancia para nosotros quienes seguimos creyendo en los destinos eternos del hombre y de la humanidad." (Gral. Perón, Mensaje a las Cámaras, 1952.)

Como a lo mejor un hombre de la Iglesia a pesar de ser Cardenal, puede ser evangélico. Pero no es cosa que de suyo me ayude a mí a la vivencia cristiana.

Las famosas leyes económicas, de las cuales se ha hablado tanto, son leyes que a lo mejor hoy hay que criticar desde las bases, porque el principio que las fundamenta es falso, porque es el principio del lucro. Cuando el gobierno dice que aumenten los salarios, los empresarios dicen que ya no pueden aumentar un peso más, porque, claro, los 800.000 pesos de sueldo que ellos tienen son intocables. Porque nadie se pone a cuestionar la tajada que, desde ya, se supone corresponde al empresario.

La valoración del hombre que se hace desde el peronismo, es una valoración que pone siempre el acento en los valores éticos, sin los cuales no se puede llevar adelante el proyecto liberador. Y así Evita dice, por ejemplo, que las cuatro virtudes fundamentales del pueblo son: generosidad, sinceridad, desinterés y ante todo humildad. Nosotros, intelectuales, vemos las cosas de Evita o de Perón, y nos parecen demasiado simples; decimos que no tienen consistencia ideológica, porque claro, esa gente habla como el pueblo, no habla como nosotros, intelectuales que tenemos ideas claras, precisas y a menudo bastante abstractas.

Dice Evita: "Ningún justicialista debe sentirse más de lo que es, ni menos de lo que debe ser. Si se sobrevalora pasa a ser oligarca, si se disminuye no sirve para la construcción de la nueva Argentina". Es decir, tiene que tomar conciencia de su dignidad. "El peronista nunca dice 'Yo', dice Evita, dice 'nosotros', y ese nosotros es el pueblo, porque no hay nada más importante, y es el derecho más grande, que el de sentirse pueblo." Por eso Camilo Torres les decía a los estudiantes: "Ustedes tienen que ascender a la clase popular".

Recuerdo cuando discutí con un coronel sobre el plan de erradicación de villas, que hoy habría que llamarlo plan de radicación porque después de cinco años, en la zona de Retiro, que al comienzo tenía 30.000 personas, hoy hay 50.000. El coronel me decía: "A la gente de las villas hay que llevarlas a una vivienda transitoria porque no están en condiciones de vivir en casas definitivas". Y yo le dije que ojalá nunca adquirieran nuestras pautas culturales, que mantuvieran su cultura original sin contaminarse con la nuestra, porque a lo mejor visto desde el Evangelio pueden tener mucho de rescatable.

"Ah, pero los negros en la época de Perón plantaban repollos en la bañadera y tomaban agua del bidé." Pero ¿en qué lugar del Evangelio se dice que no hay que tomar agua del bidé? Yo doy un ejemplo muy grosero, pero tenemos una serie de pautas que son así. Y ellos no son "como uno", gracias a Dios. Lo que no significa, por supuesto, que no tengan sus vicios. No es cuestión de mitificarlos, pues en todo ser humano existe el pecado, pero yo diría que hasta los pecados de la gente humilde y del pueblo son más normales. (Cuando se agarran una borrachera lo hacen con Crespi y no con whisky importado.) Lo que no quiere decir que no haya que combatirlo. El cristiano o el sacerdote, en contacto con cualquier grupo humano, en la medida que empiece por la autocrítica y luche por su conversión personal siempre tendrá que ser interpelador y crítico. Y el cristiano peronista tendrá que criticar, permanentemente, al peronismo.

Hoy la evangelización supone dos dimensiones: la dimensión concreta e inmediata, yo tengo que ayudar a este hermano mío que sufre hambre, o que sufre soledad, y tiene tristeza, yo tengo que acompañarlo, amarlo profundamente y ayudarlo a encontrar un sentido a su vida, que yo como cristiano sé que recién va a ser pleno cuando descubra a Jesucristo, cuando descubra la visión trascendente de la vida. Y hay otra dimensión, que es la dimensión estructural. Porque vive integrado en estructuras que pueden ser liberadoras u opresoras.

Veamos qué pasó históricamente con el peronismo en estas dos dimensiones.

Con respecto a la primera, la gran novedad del peronismo, que comienza a gestarse a comienzos del año 1944 desde la Secretaría de Trabajo y Previsión, es que Perón empieza a entender las necesidades bien concretas e inmediatas: las reivindicaciones de la clase trabajadora enfrentando las duras críticas del Partido Comunista que dice que eso es, en el fondo, quitarle a la clase trabajadora la fuerza revolucionaria. Esto lleva, además, a que algunos vayan a las villas y piensen "hay que exacerbar el hambre del pueblo para que desesperado..." Dicen esto porque nunca pasaron hambre. Es una forma de despreciar al pueblo.

En el libro *El peronismo y sus causas*, en el capítulo que se llama "Viraje del movimiento obrero", su autor, Rodolfo Puiggrós, enumera las realizaciones de Perón.

Dice Perón: "Cuando llegué a la Secretaría de Trabajo en 1945, el primer pedido que recibí de los obreros fue la anulación de un decreto del año 43, en el que se establecía para las asociaciones gremiales, un régimen de tipo totalitario. El primer decreto que firmé desde la secretaría fue la derogación de ese reglamento".

Y luego enumera las realizaciones. Voy a dar algunos ejemplos más.

"La primera consigna de la Secretaría de Trabajo y Previsión fue cumplir las leyes obreras, leyes que en lo sustancial eran obra de los legisladores socialistas, pero que no se aplicaban, o se aplicaban a medias. A los discípulos de Juan B. Justo les resultaba intolerable que un coronel recién llegado a la problemática social, impusiera y vigilara la estricta observancia de la jornada de ocho horas, de la ley de accidentes de trabajo, del pago de horas extras, de las reglamentaciones sanitarias en talleres y fábricas. Hasta en las lejanas Salta y Jujuy, en cuyos ingenios y minas, cualquier tentativa de organización sindical era castigada con la expulsión y a veces la muerte, hasta en los quebrachales de Chaco y los yerbales misioneros, donde se compraba la vida del mensú, llegaron los inspectores y se instalaron las delegaciones de la Secretaría de Trabajo y Previsión. La ley de asociaciones profesionales, que concede personería gremial al sindicato mayoritario del gremio." Y por eso fue bombardeada por los comunistas y después por la Revolución Libertadora.

El estatuto del peón de campo, desde el bando del gobernador intendente de la provincia de Buenos Aires del 30 de agosto de 1815, que condenaba a todo individuo de la campaña a servir a un patrón, no se había legislado sobre ese sector de los trabajadores. El Estado peronista era la antítesis del Bando de Oliden y superaba todos los proyectos socialistas, dice Puiggrós. Había algo más que sueldo mínimo, alimentación adecuada, habitación sana y decente, descanso dominical, seguridad e higiene, atención médica, vacaciones, indemnización por despido, ya que destruía el antiguo paternalismo del estanciero, la antigua jerarquía de clases de la campaña, y el peón recibía además el instrumento legal de defensa de sus derechos. La garantía de la Secretaría de Trabajo y Previsión de que serían respetados. La *ley 21.665 de jubilaciones:* Las jubilaciones existían sólo para algunos pocos gremios.

"Y precisamente la objeción de los comunistas y socialistas era que frenaba la combatividad de la clase obrera. Darles jubilación frenaba y mataba su espíritu revolucionario."

"*El Instituto de Remuneraciones* que llevó a la práctica lo siguiente: el aguinaldo, vacaciones pagas, pagos hasta 6 meses por enfermedad, indemnización por despido y fallecimiento, aumentos de salarios. *Los tribunales de trabajo:* fijaban las reglas de procedimiento y agilizaban los trámites, el fuero laboral el descanso semanal y aguinaldo para el servicio doméstico, etc., etcétera."

Y bastaría ahora añadir un balance hecho por un antiperonista –Carlos Fayt– en su libro *La naturaleza del peronismo*, sobre las impresionantes realizaciones del gobierno del general Perón.

Yo estaba en Cuba, cuando leí un trabajo estadístico de las realizaciones del gobierno de Perón, y les digo que Perón en dos años hizo más que la revolución cubana en diez, en cuanto a las realizaciones.[2]

Con respecto a la otra dimensión, la estructural, es todo lo que va apuntando en la vivencia del Movimiento desde 1955 para acá y que ya se fue gestando

---

[2] En la Capital Federal, en el año 1944, se firmaron 26 convenios con intervención de las asociaciones patronales y 142 con intervención de las asociaciones obreras, que contienen en total 280 disposiciones especiales sobre salarios y 28 de carácter general; 105 disposiciones normativas relativas a vacaciones pagas; 86 referentes a despido y suspensiones y 69 a duración de trabajo, horarios y descansos, siguiendo en orden decreciente, 39 para condiciones generales del trabajo y accidentes. En 1945, se firmaron también en la Capital Federal 23 convenios colectivos con intervención de asociaciones patronales y 184 con intervención de asociaciones obreras, que contienen 187 disposiciones normales referentes a mejoras especiales de salarios y 23 mejoras de carácter general sobre salarios; 104 relativas a vacaciones pagas; 91 relacionadas con despido y suspensiones; 63 relacionadas con la duración del trabajo, horarios y descansos y 65 disposiciones referentes a condiciones generales del trabajo.
En el resto del país los convenios colectivos firmados en 1944 fueron 101 con intervención de entidades patronales y 279 con intervenciones de entidades obreras, conteniendo 352 disposiciones normativas referentes a aumentos especiales de salarios y 153 normas relacionadas con aumentos generales: 136 referentes a despido y suspensiones; 224 relacionadas con el goce de vacaciones pagas; 285 sobre duración del trabajo, horarios y descansos, y 179 relacionadas con condiciones generales del trabajo. En 1945 se celebraron 36 convenios con participación patronal y 121 con intervención de las asociaciones obreras, que contenían 142 disposiciones normativas, relacionadas con aumentos especiales de salarios y 44 mejoras de salarios de carácter general; 63 sobre vacaciones; 27 referentes a despido y suspensiones; 113 a duración de trabajo, horarios y descansos, y 116 sobre condiciones generales del trabajo.

durante el gobierno de Perón, en el sentido que la clase trabajadora empezó a sentirse gente, empezó a sentirse protagonista y esto, con la incorporación además del estudiantado y de otros sectores del peronismo, produjo la evolución que lleva a una profundización del peronismo. Lo reivindicativo asciende desde la tercera posición, desde un capitalismo justo por decirlo así, a un socialismo nacional.

Fuente: P. Carlos Mugica, *Peronismo y cristianismo,* Merlín, Buenos Aires, 1973, pp. 29-44.

En diez meses la Secretaría de Trabajo y Previsión incorporó mediante decretos a 2 millones de personas en los beneficios del régimen jubilatorio y creó desde los Tribunales del Trabajo hasta el Estatuto del Peón. (...)

Era incuestionable que las mejoras sociales eran producto de la participación obrera, que esas mejoras beneficiaban a la clase obrera y que la oposición de las fuerzas patronales a esas mejoras y beneficios sirvió para definir a favor de Perón la adhesión de la mayoría de los dirigentes. Éstos, a partir de entonces, obraron convencidos de que el defender a Perón y a la Secretaría de Trabajo defendían verdaderamente los intereses de la clase trabajadora". (Carlos S. Fayt, citado por R. Puiggrós en *El peronismo: sus causas.*)

5
LA PALABRA DE LA IGLESIA

PASTORAL COLECTIVA DEL EPISCOPADO ARGENTINO
La promoción y la responsabilidad de los trabajadores
(mayo de 1956)

[...]
5° DEMOCRATIZACIÓN DE LA ECONOMÍA[33]

65.– La dignidad de la persona humana y la capacitación que, en general y en nuestro país, han adquirido los trabajadores, hacen recomendable una mayor y progresiva participación de los mismos en todas las etapas de la vida económica: en el seno de la empresa, de la profesión y de la economía nacional.

a) Reformas en el plano de la empresa

66.– 1) *Comunidad de trabajo*: Es esencial para el reconocimiento de la dignidad de los trabajadores que haya el mayor intercambio posible de informaciones entre la dirección y ellos. De esa forma, sobre todo si junto con el dar la información se consulta su opinión, ya individualmente, ya a través de alguna organización adecuada, se da al trabajador un sentido de participación en la empresa mucho mayor que si el contacto se limitara a la mera transmisión autoritaria de órdenes que deben ser obedecidas sin necesidad de mayores explicaciones, método que, como reacción, suele engendrar resistencia de quienes así, muchas veces, son tratados sin comprensión.

Con ello, además de beneficiarse el empresario por el aporte de los conocimientos de quienes más continua y directamente están en contacto con los ele-

---

[33] S. S. Pío XII: Discurso a los trabajadores italianos, 11 de marzo de 1945.

mentos de producción, aumentará en éstos el sentido de su dignidad personal, hará que tomen mayor interés y orgullo en su trabajo y que se tornen, sin esfuerzos adicionales, más eficientes y más contentos, acrecentando simultáneamente la mutua confianza tan necesaria para el normal desenvolvimiento del trabajo.

Esta mayor participación del trabajador, sobre todo en lo que conoce más de cerca, en las condiciones de trabajo y demás aspectos sociales, no significa que los empresarios dejen de ser quienes legítimamente tomen las decisiones económicas que les competen, sino que, leal e inteligentemente aplicada por ambas partes, ha de desarrollar un mayor espíritu "de equipo", de responsabilidad común, de identificación con los intereses de la empresa, en una palabra, ha de promover la tan deseada "comunidad de trabajo" con la cual se beneficiarán no sólo todos sus integrantes sino también los consumidores en general, al haber una mayor y más pareja producción.

67.– 2) *Consejos de empresa*: Estimamos también llegado el momento, queridos hijos todos, de dar forma estable a esa participación en la vida de la empresa mediante la organización, al menos en las grandes y medianas empresas, de "Consejos de Empresa", que tengan voz ya consultiva, ya deliberativa, en todo lo referente al trabajo dentro de cada una de ellas.

68.– 3) *Participación en los beneficios reales de la empresa*: La empresa hoy en día es la célula básica de la producción. Es en ese plano donde coordinan los diversos factores necesarios a toda producción: capacidad técnica, trabajo, capital.

Ella es también la célula básica de la distribución: es por medio de ella que el producto obtenido se reparte entre quienes han contribuido a hacerla vivir. Esa repartición es frecuente motivo de conflictos y una de las causas de nuestras dificultades sociales.

Si bien hay numerosas formas justas de procurar una equitativa repartición de las riquezas, sin embargo, creemos adecuado a las circunstancias presentes dar al trabajo una participación en los beneficios reales de la empresa:

1°) porque contribuirá a aproximar a todos los que viven de la empresa, cualquiera sea su posición dentro de la misma, al unirlos en una comunidad natural de actividades y de intereses;

2°) porque será una sana defensa contra el sindicalismo revolucionario concebido como instrumento de lucha de clases;

3°) porque multiplicará y administrará sabiamente el valor real de la parte asignada al trabajo y así acortará la distancia que aún existe para llegar al salario justo.

69.– 4) *Reformas en la estructura*: Por otra parte, ciertas reformas de estructura interesan cada vez más a los trabajadores en la vida misma de la empresa, de manera que todos los que participan en ella, sean jefes u obreros, realicen su "comunidad de actividad e intereses"[34] por medio de formas de colaboración que los unirá más sólidamente que la actual exclusiva fórmula del salariado.

---

[34] S. S. Pío XII: Alocución al Congreso de la Uniapac, 7 de mayo de 1949.

70.– En efecto el régimen de simple asalariado, en una economía impregnada de liberalismo económico, tiene tendencias a favorecer la lucha de clases, a cavar un abismo entre el capital y el trabajo, a llevar a los poseedores de capitales a la obtención de ganancias abusivas, a disminuir en el obrero el cuidado de un trabajo honesto y competente, desinteresándolo de la empresa.

71.– Con la elevación gradual de los trabajadores de cada empresa a participar en la gestión, en las ganancias y en la propiedad de la misma, se contribuirá poderosamente a establecer entre los colaboradores de una obra común la tan deseada confianza.

72.– Por ello Pío XI, después de demostrar el profundo error de los que declaran esencialmente injusto el contrato de trabajo, afirma en la "Quadragessimo Anno": "Juzgamos que, atendidas las condiciones modernas de la sociedad humana, sería más oportuno que el contrato de trabajo algún tanto se suavizara en cuanto fuese posible por medio del contrato de sociedad, como ya se ha comenzado a hacer en diversas formas con provecho no escaso de los mismos obreros y aún de los patrones. De esta suerte los obreros y empleados participan en cierta manera, ya en el dominio, ya en la dirección del trabajo, ya en las ganancias obtenidas".[35]

73.– S. S. Pío XII en su mensaje de septiembre de 1944, puntualiza que "ahí donde la gran explotación continúa mostrándose más felizmente productiva, debe ofrecer la posibilidad de atemperar el contrato de trabajo por un contrato de sociedad".[36]

74.– Laudable es por consiguiente que los empresarios voluntariamente hagan participar lo más posible en sus empresas a los trabajadores, pudiendo ser muy variadas la medida y las formas concretas de acuerdo con cada caso particular.

75.– Añadiremos que la gran empresa tiene el deber de ofrecer la posibilidad para que ello ocurra y que el Estado puede favorecer se satisfaga el deseo de los trabajadores de hacer oír su voz en la gestión de ciertas empresas donde el capital anónimo tiene un poder desbordante.

76.– Dichas reformas deben evidentemente respetar la naturaleza de la empresa y salvaguardar los derechos de los propietarios de los bienes de producción. Así, en su alocución al Congreso Internacional de Patronos Cristianos en mayo de 1949, después de haber afirmado que la economía "no es por naturaleza una institución del Estado" sino "el producto viviente de la libre iniciativa de los individuos y de sus organizaciones libremente constituidas", Pío XII declaraba: "El propietario de los medios de producción sea quien fuere –propietario particular, organizaciones obreras o fundación– debe siempre, y dentro de los límites

---

[35] Pío XI: "Quadragessimo Anno", 15 de mayo de 1931.
[36] S. S. Pío XII: Radiomensaje del 1º de setiembre de 1944.

del derecho público de la economía, seguir siendo el dueño de sus decisiones económicas".[37]

b) Reformas en el plano de la profesión

77.– Pero la democratización de la economía requiere aún más. La verdadera libertad sólo puede ser resguardada en una sociedad orgánica y para ello, entre otras cosas, es necesario la libre organización del capital y del trabajo en organismos permanentes donde el énfasis resida en los intereses comunes más que en los diferentes, en la cooperación más que en el conflicto, en lo que los une más que en lo que los separa, y todo ello en vista del bien común.

Esta ordenación de las fuerzas productivas del pueblo en cuerpos profesionales autónomos, donde por encima de la distinción entre dadores y prestadores de trabajo primará aquella más alta unidad que une entre sí a todos los que colaboran en la producción, expresará su solidaridad en el deber que tienen de proveer juntos establemente a las necesidades de toda la comunidad, y se convertirá en el fundamento de un orden económico mejor y de una sana y justa autonomía, que abrirá a los trabajadores, mejor que por otros medios, el camino para adquirir honestamente su parte de responsabilidad en la conducción de la profesión y en la "constitución y desarrollo de la economía nacional".[38]

c) Reformas en el plano de la economía

78.– El fin de la economía nacional consiste en "poner de manera estable, al alcance de todos los miembros de la sociedad, las condiciones materiales requeridas para el desenvolvimiento de su vida cultural y espiritual".[39]

79.– "Pero la vida económica, vida social, es vida humana y por consiguiente, no se puede concebir sin libertad. Pero esta libertad no puede ser ni la fascinadora ni la engañosa fórmula de hace cien años; es decir, de libertad puramente negativa de la voluntad reguladora del Estado, y ni siquiera la pseudoliberal de nuestros días de someterse a las órdenes de organizaciones gigantescas. La genuina y sana libertad no puede ser más que la libertad de hombres, que, sintiéndose sólidamente ligados a la finalidad objetiva de la economía social, están en el derecho de exigir que la ordenación social de la economía, lejos de traer consigo el mismo atentado contra su libertad para elegir aquellos medios mejores que le han de llevar a este fin, les garantice y les proteja".[40]

---

[37] S. S. Pío XII: Alocución al Congreso de la Uniapac, 7 de mayo de 1949.

[38] S. S. Pío XII: Alocución al Congreso de la Uniapac, 7 de mayo de 1949.

[39] S. S. Pío XII: Alocución al Congreso de Intercambios Internacionales, 7 de marzo de 1948.

[40] S. S. Pío XII: Alocución al Congreso de Intercambios Internacionales, 7 de marzo de 1948.

80.– Para preservarla, además de las reformas mencionadas precedentemente, es menester una mayor difusión del poder económico, es decir, de la propiedad privada de los bienes de producción, con lo cual se frenarán las tendencias colectivistas que hoy en día amenazan la libertad individual.

81.– Por ello la Iglesia prefiere las empresas donde la iniciativa personal de todos los que ejercen su propia actividad puede encontrar una posibilidad de afirmación, como ser la pequeña y mediana propiedad en la agricultura, en las artes y oficios, en el comercio y en la industria, debiendo las uniones cooperativas asegurarles las ventajas de la gran administración, con tal que éstas sigan estando de veras, y no solamente por su forma, fundadas sobre la responsabilidad de todos los participantes.

d) Valentía y prudencia en el camino de las reformas

82.– Creemos habernos expresado con suficiente claridad sobre la urgente necesidad y clara orientación de las reformas. Pero para que las mismas no sean malogradas deseamos prevenirnos contra algunos posibles riesgos.

83.– Sería lamentable que estas reformas, en lugar de nacer libremente como consecuencia del acuerdo entre cada empresario y sus trabajadores, fueran impuestas mediante formas que violen la equidad y frenen el armónico y dinámico desarrollo de la economía.

84.– Es necesario también recordar que la democratización de la economía, no es menos amenazada "por el despotismo económico de un anónimo conglomerado de capitales privados, que por la fuerza preponderante de multitudes organizadas y dispuestas a usar de su poder con daño de la justicia y del derecho de los demás",[41] sobre todo cuando dichas organizaciones son dirigidas, directa o indirectamente, al margen de los trabajadores de la empresa en cuestión.

85.– Es también evidente que las reformas en la estructura de las empresas serán vanas si simultáneamente no se busca, mediante profundas reformas espirituales, el humanizar y vivificar las relaciones humanas en el interior de cada empresa, mediante el trato amistoso entre los dirigentes y su personal.

86.– Finalmente queremos señalar que sería un error poner tanto énfasis en los medios organizativos, dejando de lado el objetivo final. La participación en la gestión, beneficios o propiedad de la empresa son solamente, en cuanto al hombre, medios auxiliares para destacar su dignidad, su deseo de asumir responsabilidades y de satisfacer su necesidad de creación; en cuanto a lo social, son un modo de subrayar los intereses comunes de trabajadores y empresarios, tendiendo a dar a sus mutuas relaciones el carácter de una verdadera sociedad, y poniendo así los cimientos de esa moderada satisfacción y tranquilidad que surgen naturalmente de la posesión de la propiedad privada.

Fuente: *Criterio*, N° 1261, junio de 1956, pp. 423-25.

[41] S. S. Pío XII: Discurso a los trabajadores italianos, 11 de marzo de 1945.

EPISCOPADO ARGENTINO
La Encíclica *"Populorum Progressio", 1967*

Al mensaje del Papa a la asamblea de Mar del Plata se suma ahora la *Populorum Progressio*, con una visión integral y cristiana del desarrollo.

La Argentina soporta la contradicción de ser un país rico, pero lindante con el subdesarrollo. Potencialmente rico como país, pero con estructuras no consolidadas, con sectores de población y regiones manifiestamente pobres.

Por lo mismo que la Providencia ha sido pródiga con nuestro suelo, no puede permitirse, que, por imprevisión o por injusticia social se mantenga o se acreciente un doloroso desequilibrio de clases, cuyas raíces históricas vienen de muy lejos.

Mientras reconocemos la dificultad del problema y alabamos los esfuerzos que se hacen por buscar soluciones, lamentamos con dolor que frecuentemente se desconozca la dignidad del trabajador y su derecho a la participación social, o no se dé al trabajo su verdadero sentido cristiano.[1]

Grandes sectores llegan a ser injustamente marginados de un modo habitual, no sólo de los beneficios del trabajo, sino también de la misma posibilidad de trabajar.

Con ello se resiente el verdadero desarrollo de la economía y se favorece el subdesarrollo en sus diversas formas: en la cultura, en la salud, en el nivel de vida, en las condiciones habitacionales y en todos los demás aspectos que hacen a la dignidad de la vida humana.

Como pastores de nuestro pueblo nos preocupa enormemente que el egoísmo –forma del subdesarrollo moral– o la visión parcializada de lo económico desvirtúe el sentido cristiano del desarrollo. "Porque el desarrollo no se reduce al simple crecimiento económico. Para ser auténtico debe ser integral, es decir, promover a todos los hombres y todo el hombre [...] Nosotros no aceptamos la separación de la economía de lo humano [...] Lo que cuenta para nosotros es el hombre, cada hombre, cada agrupación de hombres, hasta la humanidad entera."[2]

Por eso nos preocupa también que la urgencia de los problemas económicos del país, pueda disimular el sentido de la justicia social, cargando principalmente sobre las clases más necesitadas el esfuerzo que es necesario realizar en las presentes circunstancias.

El Padre Santo previene contra las reformas improvisadas y los procesos bruscos, y denuncia la tentación de la violencia; pero no disimula ni la urgencia ni la profundidad de los cambios a realizar. Por eso mismo lamentamos algunas interpretaciones restrictivas o parciales que no han percibido la honda raigambre evangélica de su mensaje.

[1] Encíclica sobre el desarrollo de los pueblos, N° 28.

[2] Encíclica sobre el desarrollo de los pueblos, N° 14.

De ninguna manera puede desvirtuarse su franca condena del capitalismo liberal.[3] Concordes con esta doctrina proclamamos la primacía de la moral sobre la economía, del servicio sobre el lucro, de la solidaridad sobre el interés, del trabajo sobre el capital, del consumidor sobre los intereses de la producción, de lo mundial sobre los intereses particulares.

Recordamos también su clara doctrina acerca de la propiedad privada. "Dios ha destinado la tierra para uso de todos los hombres, de modo que los bienes creados deben llegar a todos en forma justa, según la regla de la justicia inseparable de la caridad. Todos los demás derechos, comprendidos los de propiedad y libre comercio, a ello están subordinados."[4]

El verdadero amor a la propiedad debe movernos a propiciarla para todos y someterla a las exigencias de la justicia social. "Todo programa, concebido para aumentar la producción, al fin y al cabo no tiene otra razón de ser que el servicio de la persona. Si existe, es para reducir las de sigualdades, combatir las discriminaciones, librar al hombre de la esclavitud, hacerle ser por sí mismo agente responsable de su mejora material, de su progreso moral, y de su desarrollo espiritual."[5]

NUESTROS DESEOS SON LOS DEL PAPA

El llamado evangélico que hace el Padre Santo urgiendo al rico para que haga un sacrificio especial a fin de que el pobre Lázaro pueda sentarse con dignidad a la misma mesa, lo trasladamos a nuestro pueblo y hacemos un llamado a las clases dirigentes y a quienes disfrutan de la abundancia de bienes y de poder, para que intensifiquen los esfuerzos por establecer condiciones que permitan a todos participar de la misma mesa de la cultura, de la salud y del bienestar, a fin de que todos puedan vivir una vida plenamente humana, "emancipados de las servidumbres que le vienen de parte de los hombres y de una naturaleza insuficientemente dominada."[6]

Para ello, no basta la sola iniciativa individual. Los programas son necesarios. Toca a los hombres procurar una solución con la activa participación de las personas y grupos sociales. Asociando a esta empresa las iniciativas privadas y los cuerpos intermedios, se evitarán los riesgos de la colectivización integral o la planificación arbitraria.[7]

Nosotros, pastores de la Argentina, queremos adherirnos al Padre Santo, que ha querido considerarse abogado de los pueblos pobres, y como tal ha lanzado al mundo este grito de angustia y este reclamo de justicia universal que él mismo denominó "la voz de una nueva conciencia".

---

[3] Encíclica sobre el desarrollo de los pueblos, N° 26.

[4] Encíclica sobre el desarrollo de los pueblos, N° 22.

[5] Encíclica sobre el desarrollo de los pueblos, N° 34.

[6] Encíclica sobre el desarrollo de los pueblos, N° 47.

[7] Encíclica sobre el desarrollo de los pueblos, N° 33.

Recordamos también su llamado a la caridad universal, "porque el mundo está enfermo, y su mal está menos en la esterilización de los recursos y en su acaparamiento por parte de algunos que en la falta de fraternidad entre los hombres y entre los pueblos".

Queremos que la voz de esta conciencia llene los ámbitos de nuestra patria y penetre en el corazón de todos los argentinos. Hacemos un llamado a todos, a fin de establecer estructuras de verdadera justicia y solidaridad social, que consoliden la paz interior y permitan a nuestra patria una eficaz colaboración al desarrollo que es el nuevo nombre de la paz.

CONCLUSIÓN

Así como la Iglesia en el Concilio tomó más clara conciencia de sí misma, y gracias a ese despertar de energías latentes, se presenta ante el mundo con un decidido propósito de rejuvenecerse no sólo en su espíritu, sino también en las normas que regulan sus estructuras canónicas y sus formas rituales; del mismo modo la Iglesia en Argentina y en toda América Latina, sintiéndose parte viva de la Iglesia del Concilio, va tomando conciencia nueva de sí misma, de su situación religiosa, de su responsabilidad social, de sus posibilidades; quiere decir al mundo lo que ella piensa de sí misma, y cumpliendo el evangelio de Cristo, manifestar su solidaridad con todos los hombres que trabajan por la justicia y la paz.

El momento es propicio. Sería nocivo caer en un estado de temor y de desconfianza. "También la Iglesia en Latinoamérica debe tener confianza en sí misma y debe saber infundir valor a sus hijos." El Episcopado Argentino tiene conciencia de haber trabajado, y tiene voluntad de seguir trabajando para canalizar con los instrumentos y programas, las energías que suscitara el Concilio.

Decíamos el año pasado que "en otras horas difíciles de nuestra historia, la concorde unión de la jerarquía y el laicado ha hecho posible la realización de grandes empresas de evangelización y apostolado".

En el nombre de Cristo y con el auxilio de la Virgen María, esperamos que los frutos del Concilio y las normas de la encíclica *Populorum Progressio*, sean pronto una gozosa realidad en nuestro país.

Embalse (Córdoba), 8 de junio de 1967.

Siguen las firmas de los Eminentísimos Sres. Cardenales y de todos los Excelentísimos Sres. Arzobispos y Obispos del país.

Fuente: *Documentos del Episcopado Argentino 1965-1981; colección completa del magisterio postconciliar de la Conferencia Episcopal Argentina,* Editorial Claretiana, Buenos Aires, 1982, pp. 40-43.

EPISCOPADO ARGENTINO
Declaración sobre "Justicia" y "Paz",
Asamblea de San Miguel,
abril de 1969

JUSTICIA

Conclusiones

1. Los Obispos argentinos afirmamos que el ejercicio de la virtud de la justicia se encarna en la vida entera de la sociedad. No basta, por tanto, dar a cada uno lo suyo en un plano meramente individual.
    El pecado se da siempre en el interior del hombre, que por su libertad es capaz de rechazar el amor y de instalar la injusticia. Pero del corazón del hombre pasa a sus actividades, a sus instituciones, a las estructuras creadas por él. Por ello, cuando Dios revela su designio divino como plan para los hombres, la justicia aparece en su pedagogía no sólo como un don divino o virtud personal sino también como un estado del Pueblo, como un modo de ser del mismo, hasta tal punto que el Pueblo todo es el que está en situación de pecado cuando se cometen injusticias, se las consiente o no se las repara.
2. Como la vocación suprema del hombre es una sola: la divina, la misión de la Iglesia es también una sola: salvar íntegramente al hombre. En consecuencia la Evangelización comprende necesariamente todo el ámbito de la promoción humana. Es, pues, nuestro deber trabajar por la liberación total del hombre e iluminar el proceso de cambio de las estructuras injustas y opresoras generadas por el pecado.
3. Comprobamos que, a través de un largo proceso histórico que aún tiene vigencia, se ha llegado en nuestro país a una estructuración injusta. La liberación deberá realizarse, pues, en todos los sectores en que hay opresión: el jurídico, el político, el cultural, el económico y el social.
4. Hacemos notar que subsisten condicionamientos que agudizan la injusticia:
    a) la concepción moralmente errónea de la economía global y de la empresa que hace del lucro su única o preponderante razón de ser.
    b) la subordinación de lo social a lo económico impuesta por la acción de fuerzas foráneas, de sectores y grupos internos de opresión y que se manifiesta en los desequilibrios regionales, en las migraciones internas y en las racionalizaciones que provocan desocupación e inseguridad.
5. El proceso de liberación deberá contener siempre el aporte fecundo de los auténticos valores y sanas tradiciones originadas desde el comienzo

de nuestra nacionalidad que reflejan el genuino espíritu de nuestros pueblos. Por lo cual se hace necesaria la formación de una comunidad nacional que refleje una organización "donde toda la población –pero muy especialmente las clases populares– tengan a través de estructuras territoriales y funcionales una participación receptiva y activa, creadora y decisiva, en la construcción de una nueva sociedad".[1]

6. Compete especialmente a la Iglesia la educación de las conciencias a fin de que todos los ciudadanos vivan su propia dignidad como personas e hijos de Dios y, reconociendo las opresiones que sufren, asuman su responsabilidad personal y comprometan su esfuerzo en procura de su total liberación.

7. Trabajaremos por la superación de las resistencias al cambio motivadas por ignorancia, indiferencia o intereses egoístas:

   a) con nuestra enseñanza reelaborada permanentemente para iluminar los acontecimientos, los hechos y las actitudes que gravitan en el campo social;

   b) dando testimonio auténtico a través de "gestos que configuren signos verídicos y una imagen real de una Iglesia que se renueva para servicio del mundo";[2]

   c) con el ejercicio activo de la solidaridad empeñado en la promoción integral del hombre;

   d) con el aporte de un esclarecimiento sereno y de una denuncia firme de las situaciones de injusticia.

8. Esta tarea nuestra y la que han de asumir los laicos como propia con este mismo espíritu evitarán la creciente rigidez que nace de posiciones que, teniendo como meta aparente el cambio social, en la realidad acrecientan las reacciones de ciertos sectores dominantes que consolidan así las injusticias de las estructuras sociales.

9. La necesidad de una transformación rápida y profunda de la estructura actual nos obliga a todos a buscar un nuevo y humano, viable y eficaz camino de liberación con el que se superarán las estériles resistencias al cambio y se evitará caer en las opciones extremistas, especialmente las de inspiración marxista, ajenas no sólo a la visión cristiana sino también al sentir de nuestro pueblo.

10. Además de la tarea que nos compete como pastores en el campo de la educación de las conciencias, señalamos la necesidad de que toda la comunidad, por medio de sus órganos competentes, prepare los cuadros de hombres y mujeres libres y responsables, al mismo tiempo que los planes y programas que tiendan a reemplazar la estructuración vigente por otra acorde con las renovadas exigencias de la justicia.

---

[1] Medellín: Justicia, Nº 7.

[2] Plan Nacional de Pastoral, Nº 8.

11. En esta actitud de renovación mental que la Iglesia quiere hoy de sus hijos recordamos que es necesario ser activamente dóciles a sus enseñanzas, aunque ello implique cambios de antiguos hábitos mentales y de criterios morales parciales y exija sacrificios. No se puede vivir la caridad y nadie puede sentirse verdaderamente cristiano si mantienen actitudes que contribuyen a la marginación u obstaculizan la participación de todos los hombres en la vida y en los bienes de la comunidad. Participación que para ser digna de ese nombre debe brotar de una clara conciencia, de una iniciativa interna y de una convicción personal, lo cual constituye el verdadero ejercicio de la libertad.

PAZ

Introducción

Cristo, nuestra Paz, que al liberarnos del pecado por su muerte en la Cruz y su resurrección, también nos reconcilió en su Cuerpo, borrando las divisiones y oposiciones de los hombres entre sí, dejó a su Iglesia el mandamiento y el don interior del gozo y de la paz, de donde brota, como de fuente perenne el esfuerzo siempre renovado y nunca vencido, por liberar al hombre y pacificar la sociedad.

Conclusiones

Para comunicar la Paz de Cristo y cooperar a construirla en la sociedad:
1. Proclamamos a todos los hombres, según el mandato del Señor, que el obrar con espíritu de paz y de amor es fundamento de la felicidad.
2. Inspirados en el Evangelio defenderemos los derechos de los pobres y marginados, a la vez que urgimos a los cristianos y a todos los hombres de buena voluntad a cooperar con su opinión y su acción a eliminar todo cuanto amenaza la paz social: injusticias, marginaciones, opresiones de grupos o de sectores dominantes, insensibilidad al cambio social, abuso de cualquier poder y de la fuerza, desigualdades excesivas en la distribución de los bienes y toda otra forma de opresión.
3. Todo el país debe desarrollarse de un modo armónico, por lo cual consideramos que se han de afrontar con energía y eficacia las situaciones de injusticia que surgen de crecientes desequilibrios y disparidades hirientes en los niveles de vida entre diversas regiones del país y entre distintos sectores sociales.
4. Reafirmamos el derecho del pueblo a crear sus organizaciones de base. Éstas, además de sus actividades propias, deberán contribuir a vitalizar y fortalecer la organización comunal. Ello permitirá asegurar la integración de todos los ciudadanos en la vida provincial, regional y nacional.

De este modo el pueblo y los sectores en que realiza su actividad serán los verdaderos protagonistas de su promoción integral, defendiendo legítimamente sus derechos y reivindicaciones.

5. Urgimos el establecimiento de canales institucionalizados de auténtica participación, para que todo el pueblo pueda hacer oír su voz y tener parte activa en las decisiones que atañen a la comunidad.

6. Exhortamos a que se eliminen las tentativas de quienes procuran dividir y marginar al sector obrero y sus organizaciones profesionales de los niveles de decisión económica, social, política, cultural que les corresponde. Por otra parte, es nuestro deber señalar que todos los trabajadores, pero principalmente sus dirigentes, para su propio bien y el de toda la comunidad nacional, deben esforzarse para lograr una unidad que asegure la vigencia tanto de sus legítimos derechos cuanto de sus deberes, y por ello alentamos a quienes se esfuerzan por alcanzarla.

7. Hacemos un llamado a los empresarios y a sus organizaciones para que, superando intereses, diferencias y divisiones, promuevan una eficiente acción en pro de un desarrollo armónico y liberador que asegure, por otra parte, la creación y continuidad de fuentes de trabajo.

8. Instamos a que se trabaje seriamente en la búsqueda de modelos nuevos para la reforma de la empresa. Siendo ésta una comunidad de personas que trabajan en los diversos niveles del proceso de producción, cualquier nueva forma de la empresa deberá basarse en la activa y responsable participación de todos sus miembros para ser humana y justa, salvo la unidad de dirección de la empresa.

9. Juzgamos imprescindible asegurar en todo el ámbito del país el fiel cumplimiento de las leyes laborales, convenios de trabajo y demás disposiciones que hacen a la seguridad social, mediante la acción de las organizaciones profesionales y del Estado. Éste ha de ejercer además una acción de apoyo al más débil, si fuere necesario por medio de reformas legales, a fin de establecer una verdadera igualdad de trato entre las partes, condición ineludible para que pueda haber justicia en las mutuas relaciones y negociaciones. Llamamos particularmente la atención sobre la injusta y frecuente explotación del jornalero por contratistas de mano de obra.

10. Nos proponemos dialogar frecuentemente con los sacerdotes, religiosos y laicos que están realizando un apostolado social comprometido en ambientes obreros, estudiantiles, tanto en zonas urbanas como rurales, para comprender mejor sus inquietudes, ponderar sus planes, orientar su acción y apoyarlos, llegado el caso.

11. Invitamos a todos los hombres de buena voluntad, cualquiera sea su posición religiosa, a participar en esta tarea de construir la paz y ofrecemos nuestra colaboración en las iniciativas que tengan tal objetivo.

12. Ante las crecientes manifestaciones de violencia, de distinto origen, hacemos un llamado a los padres, a las instituciones educativas, a la

prensa y a los demás medios de comunicación social y a las autoridades competentes que reflexionen seriamente sobre su propia responsabilidad frente a las manifestaciones delictivas juveniles. Si bien alentamos todos los esfuerzos orientados a lograr la transformación anhelada, señalamos la necesidad de no equivocar el camino; las vidas y bienes que con relativa frecuencia se ponen en juego son un injusto precio y un grave obstáculo para lograr el mayor consenso en las tareas del cambio social.

13. Nuestra vocación de paz, se extiende más allá de las fronteras de nuestra Patria, para alcanzar con espíritu de servicio y de cooperación, a los países vecinos y hermanos; y más allá aún, a todos los países latinoamericanos, que por la comunión de tierra, de lengua, de tradiciones y de valores religiosos, éticos y culturales constituyen para todas nuestras naciones independientes y soberanas una común Patria Grande.

Fuente: A. Armada, N. Habegger y A. Mayol, *Los católicos posconciliares en la Argentina, 1963-1969*, pp. 388-393.

Comisión Permanente del Episcopado Argentino
Declaración sobre la situación dramática que vive el país, Buenos Aires, agosto de 1971

La situación dramática que vive el país, lleva a esta comisión permanente del Episcopado Argentino a decir una palabra, con cristiano espíritu de servicio.

Los pastores no nos sentimos jueces o fiscales de los hechos; comprendemos su complejidad; no queremos acrecentar las dificultades existentes; sólo pretendemos ofrecer un aporte constructivo, que por dimanar de nuestra misión episcopal –discernir en los hechos la voluntad de Dios– y amor a la patria llame a reflexión a toda la comunidad.

Algunos acontecimientos de la realidad nacional

Los argentinos aparecemos, en ciertos aspectos, como hermanos que luchan enconadamente entre sí.

Los problemas que fraccionan al país son múltiples, difíciles e interrelacionados: el problema político, sumamente complejo en sí mismo y en sus referencias internacionales, los problemas socio-económicos, técnicos y culturales, los condicionamientos históricos del pasado y finalmente, aunque se hable poco de ellos, los planteamientos éticos que no sólo afectan al orden de la fe cristiana, sino que desbordan al mismo orden de la razón natural: la mentira, la calumnia y la difamación como constantes de nuestra vida ciudadana y el erotismo como un proceso degradante y masivo, que carcome por anticipado muchas reservas del futuro.

Esta problemática ha generado expresiones de violencia en las actitudes, en las palabras, llegando a los hechos –secuestros, asaltos, torturas y asesinatos– a niveles absolutamente injustificables y condenables, que conmueven la sensibilidad de nuestro pueblo y amenazan la seguridad misma del país.

EVALUACIÓN DE LOS HECHOS

Éste, nuestro total repudio, no nos hace, empero, dejar de juzgar las graves situaciones de injusticia existentes, ni la persistencia de estructuras y desequilibrios que marginan a vastos sectores sociales del pueblo del quehacer patrio en sus dimensiones decisivas. Pensamos en los obreros, empleados y peones, para quienes el poder adquisitivo se ve seriamente deteriorado por el impresionante crecimiento de los precios de consumo popular; en los jubilados y pensionados, en muchos empresarios pequeños y medianos impedidos de desenvolverse con eficacia frente a la desfavorable evolución de la economía nacional. Pensamos en quienes se encuentran incapacitados para conseguir trabajo –sobre todo si son padres de familia numerosa–, en aquéllos cuyos salarios no alcanzan para una alimentación conveniente y una vestimenta adecuada. En todos los afectados por la situación alarmante del agro; en los que no pueden acceder a condiciones humanas de vivienda o viven en la inseguridad de perder la que tienen. En síntesis, en todos aquellos que padecen los efectos de graves distorsiones en la distribución de la riqueza y de su dificultoso proceso de creación.

Queremos también señalar las plagas de la usura, no eficazmente reprimida, y el juego, lamentablemente facilitado para todos y programado con especiosos pretextos de ayuda social y que lleva a los más necesitados a remedios ilusorios y desesperados.

No podemos aceptar que el peso del sacrificio sea soportado principalmente por los más pobres e indefensos, ya que el deterioro de la moneda y la especulación afectan a los artículos de primera necesidad y a otros servicios fundamentales de la vida humana.

No podemos omitir la consideración de otro problema importante, delicado y complejo; nos referimos a la administración de la justicia en el país, cuya imagen, a veces, no aparece suficientemente clara, rápida y eficaz.

La educación y la salud de la ciudadanía importan también una situación que reclama transformaciones profundas.

A todo lo anterior debe agregarse la tensión, cada vez mayor, entre el interior y el Gran Buenos Aires, que reclama la necesidad de un desarrollo planificado más justo y, como tal, equilibrado, humano y equitativo.

Un sistema social que no fuera capaz de lograr estas básicas exigencias no sería justo y continuaría generando desconcierto, violencia y destrucción.

Esas mismas exigencias de justicia, solamente se harán realidad, si la verdad y la honradez están en la base del sistema y en la conciencia de quienes lo sustentan. Es necesario construir el país a partir de la verdad de la situación nacional, y con lealtad proclamar las intenciones que guían y conducen el proceso.

Es indudable que para modificar sustancialmente la actual situación y emprender un nuevo rumbo, se impone una profunda conversión de las personas y de la comunidad nacional a nuevos valores, juicios y comportamientos.

SITUACIÓN DIFÍCIL PERO SUPERABLE

Sin embargo este cuadro dramático no logra oscurecer la realidad de un pueblo con grandes reservas morales que se nutren de su fe y tradición cristiana; que al aceptar a Dios como padre y a sus conciudadanos como hermanos le impide llegar al odio que desintegra.

Estamos absolutamente convencidos de su capacidad para construir –mediante su participación activa y responsable– una sociedad política que garantice la consecución de las más nobles aspiraciones. Para ello se hace necesario remover las causas que han deteriorado la vida institucional del país y suscitado dudas acerca de nuestra capacidad para la convivencia, la solidaridad, el orden y el progreso. Entre esas causas mencionaremos la influencia de grupos que responden a intereses sectoriales, a veces nacionales y otras muchas extranjeros, cuya acción ha debilitado la vigencia de los derechos políticos y sociales del pueblo y la garantía de uno de los bienes más importantes de una comunidad política: la capacidad autónoma de decisión que incluye la libertad de elegir el propio destino.

Es así que hemos llegado ahora los argentinos a una encrucijada que reclama imaginación, esfuerzos y patriotismo, si de veras queremos todos, como no puede ser de otra manera, la reconstrucción de las instituciones jurídico-políticas a fin de canalizar las fuerzas con capacidad para un desarrollo integral del país, sobre bases de autenticidad nacional.

En tal sentido la pacificación de los espíritus, el restañamiento de las sensibles heridas que han dividido la comunidad y la apelación a un sincero y desinteresado espíritu de concordia, deben ser las premisas de la tarea de reconstrucción que permita al pueblo ser artífice de su propio destino y a la nación transitar el camino de su realización propia y de su colaboración en el orden internacional, desechando la tentación, tan habitual de los recursos violentos, cambiando simplemente las personas.

En la carta apostólica que Su Santidad Pablo VI enviara al cardenal Mauricio Roy, luego de señalar la imposibilidad de adherirse a sistemas ideológicos opuestos radicalmente a puntos sustanciales de la fe –la ideología marxista por su materialismo ateo, su dialéctica de violencia, y su clausura de toda trascendencia, y la ideología liberal por su búsqueda exclusiva del lucro y el poder–, impulsa el Papa a una acción política acentuadamente creativa. Dice el Pontífice:

"Es necesario situar los problemas sociales planteados por la economía moderna –condiciones humanas de producción, equidad en los cambios de bienes y en la distribución de las riquezas, significado de las crecientes necesidades de consumo, participación en las responsabilidades– dentro de un contexto más amplio de civilización nueva."

En la construcción de la sociedad argentina se trata de construir un modelo político nacional, que concilie las aspiraciones humanas de hoy y la fidelidad a las tradiciones históricas y cívicas del país y que responda lo más adecuadamente posible a nuestras peculiaridades populares.

La experiencia política de otras naciones tiene rico valor, pero los argentinos debemos pensar en nuestra nación, asumiendo el legado del pasado y las exigencias acuciantes de un presente que mira hacia un futuro en el cual los cambios humanos, científicos y técnicos, las relaciones internacionales y la misma dignidad humana reclamarán transformaciones tan profundas que respondan, como dice el Papa, a un contexto amplio de civilización nueva.

Comprendemos todas las dificultades que entraña esta empresa, sobre todo porque exige una mayor participación del pueblo en las responsabilidades y en las decisiones.

Creemos sinceramente que nuestro pueblo está capacitado para la acción. Los dirigentes de la nación deberán multiplicar sus esfuerzos, dando ejemplo con sus conductas personales del nuevo rumbo de la vida pública. Todo cuanto venimos diciendo se concreta en la decisión nacional de establecer los fines y los límites de su empresa histórica. La virtud del patriotismo debe superar las diferencias de todo orden.

FINAL

Pedimos encarecidamente a las autoridades públicas –en todos sus órganos y grados–, a los partidos y movimientos políticos, a las asociaciones gremiales, a los medios de comunicación masiva –prensa, radio, televisión, etc.– y a los particulares –especialmente a nuestros hijos católicos–, sean clérigos, religiosos o seglares, que eliminen de sus procedimientos, actitudes y palabras, todo lo que pueda significar encono, violencia y desunión: que luchen enérgicamente, pero sin odios, contra las situaciones de injusticia existentes y promuevan de una manera constructiva todo lo que contribuya al desarrollo integral de los habitantes del país.

Todo el pueblo de Dios debe comprometerse a esta tarea –obispos, sacerdotes, religiosos y seglares– aunque de diversa manera según su función en la Iglesia.

Es la Iglesia toda; no algunos sectores. Ninguno puede excluirse de la acción. Ninguno puede monopolizarla.

Enseña la carta apostólica que incumbe a las comunidades cristianas en comunión con los obispos responsables y en diálogo con todos los hermanos cristianos y los hombres de buena voluntad, analizar la situación de cada país, deducir principios de reflexión, normas de juicio, directrices de acción y concretar las opciones y compromisos.

A los presbíteros en hechos y situaciones políticas concretas, no les corresponde en cuanto tales, dar el respaldo moral de su carácter sacerdotal a unas opciones con desmedro de otras igualmente legítimas.

En este análisis y compromiso, no es evangélica la exclusión de los obispos; mucho menos su enjuiciamiento como infieles y serviles.

La humildad cuando es cristiana revela que el pecado está en todos y la caridad cuando es verdadera, pide respeto, exige amor y lleva a la unión.

Para concluir, afirmamos con Nuestro Señor Jesucristo, que alentó la fe de los apóstoles en medio de la tempestad, a disipar toda actitud de pesimismo derrotista y a apoyarnos en su palabra siempre nueva y eficaz: "no temáis; alegraos, yo he vencido al mundo".

Un sincero retorno a las normas sagradas de los mandamientos de la ley de Dios nos hará experimentar esa seguridad que da el Señor y nos acercará cada día más a esa paz que proclaman las bienaventuranzas evangélicas.

Fuente: *Documentos del Episcopado Argentino 1965-1981; colección completa del magisterio postconciliar de la Conferencia Episcopal Argentina,* Editorial Claretiana, Buenos Aires, 1982, pp. 136-140.

III
LOS UNIVERSITARIOS

1

EL PERONISMO CONTRA LA REFORMA

JORDÁN BRUNO GENTA,
INTERVENTOR DE LA UNIVERSIDAD NACIONAL DEL LITORAL
La función de la Universidad Argentina,
discurso del 17 de agosto de 1943

Quiero decir, ante todo, la razón por la cual he escogido el día de nuestro Gran Capitán, para discurrir sobre la misión de la Universidad argentina.

El General don José de San Martín es el arquetipo de nuestra nacionalidad; en el más puro sentido platónico, es la Idea realísima de la Patria donde se contempla el honor primero del ser argentino y el modelo de conducta cuya imitación debe ser el primer cuidado de la educación de la juventud.

El magisterio del héroe constituye el fundamento de la verdadera pedagogía nacional y no el cúmulo de ideologías pedagógicas de importación que ensayamos sin piedad sobre nuestros niños y nuestros jóvenes, a costa siempre del alma argentina y siempre en contra del espíritu heredado de nuestra estirpe romana e hispánica.

Por esta razón, considero un acto de justa reverencia al héroe fundador de la libertad argentina, hablar sobre la función de la Universidad en el día consagrado a su memoria.

* * *

Señores Profesores:

El problema de la Universidad argentina se plantea decisivamente en la oposición entre antiguos y modernos.

La generación del 80 instituyó el régimen educativo oficial todavía vigente. La orientación modernista, liberal, utilitaria y cosmopolita que prevaleció en tan importante momento, ha determinado la mentalidad de las generaciones sucesivas, principalmente de la clase dirigente: gobernantes, magistrados, educadores, profesionales, etcétera.

El mismo espíritu, éticamente indiferente, contrario a las tradiciones espirituales de nuestro pueblo y al sentido ascético y heroico de la vida que caracterizó a las generaciones de la Independencia y de las Guerras Civiles argentinas, informa todos los grados de la enseñanza oficial aunque no se haya elaborado un sistema orgánico de educación.

Esta contradicción del pasado se impuso por un error de perspectiva que representaba el proceso histórico nacional, según el *esquema positivista* de la oposición dialéctica entre una supuesta época primitiva, bárbara, guerrera, autoritaria, y la nueva época científica, comercial, pacífica y progresiva que se abría como el futuro inmediato de la Patria. De tal modo que la preparación del ciudadano argentino para esa nueva vida, se hizo en la negación radical del pasado, sobre la base de un ficticio *hombre económico* y del ideal burgués de la vida fácil.

Respecto de la enseñanza superior, esta voluntad modernista se tradujo en el lema siguiente: "Hay que desaristotelizar la Universidad".

Esto significa la eliminación de la metafísica de la vida política de la Nación, como una consecuencia de la disminución de la inteligencia y de las verdades que ella puede conocer. Desaparece el espíritu que reflexiona sobre la esencia y el fin último de la existencia.

La crítica negativa de la inteligencia que los modernos erigieron en el problema fundamental de la filosofía, con el fin de justificar dialécticamente el dogma del *libre examen*, conduce desde Descartes hasta Kant, a la negación de la metafísica como ciencia. El entendimiento humano, según este criterio, no puede sobrepasar el límite de la experiencia sensible; toda especulación fuera de ese límite no produce más que ficciones conceptuales desprovistas de todo valor objetivo.

La única ciencia legítima es la que se funda en el cálculo y en la experimentación.

El hombre ya no posee la inteligencia, en primer término, para conocer y dar testimonio de Dios, así como de la excelencia propia de cada cosa; ha degradado en mero instrumento biológico para obtener conocimientos útiles, verdades de uso.

El hombre pierde el sentido de la realidad y se convierte en la medida arbitraria de todas las cosas. Se quiebra la unidad del espíritu y de la vida; y este desorden intelectual y moral compromete la existencia misma de la Universidad.

Desterrar a Aristóteles de la Universidad es privarla de unidad, de universalidad, de proporción; significa arrancarla de su realidad histórica, una tradición de cultura ecuménica y de vida nacional que es su tierra nutricia y el necesario sostén: el conjunto orgánico se disgrega en un conglomerado inconexo de escuelas profesionales.

Enseña Aristóteles en la *Ética a Nicómaco*: "Que el conocimiento del fin es de la mayor importancia, y que, a la manera de los arqueros que apuntan a un blanco bien señalado, estaremos entonces en mejor situación para cumplir nuestro deber".

Eliminar la metafísica, es, pues, dejar a un pueblo en la oscuridad de sus orígenes reales y de su verdadero destino; es absorberlo en la atención exclusiva de lo inmediato, sumiéndolo en el olvido de lo eterno que lo hace ser lo que es y subsistir en el tiempo.

Aristóteles es el primado de la inteligencia sobre la voluntad y el recto ejercicio de la inteligencia en los diversos grados del saber, que se conciertan jerárquicamente en uno primero y principal: *la filosofía o metafísica*.

La metafísica es la conciencia científica más alta porque conoce lo que cada cosa es y su valor en el conjunto de las cosas. Es la sabiduría porque sabe que Dios es Dios, que el hombre es hombre, que el animal es animal, que la planta es planta, que la piedra es piedra, sabe también que lo inferior se ordena a lo superior, como la materia a la forma y el medio al fin.

Y esta sabiduría de las cosas divinas y humanas es el fundamento mismo de la sagrada libertad de los hombres y de los pueblos. Sólo cuando se sabe la dignidad propia de cada ser y su lugar intransferible, es posible darse a sí mismo y darle a los demás seres, el justo lugar y el tratamiento adecuado a su rango. Sólo cuando el hombre sabe que es hombre y no Dios ni un mero animal, quiere vivir como hombre y es verdaderamente el animal metafísico porque posee la medida real de las cosas, el sentido de la proporción.

El humanismo clásico es la disciplina de la inteligencia y de la voluntad que se edifica sobre lo eterno del hombre; constituye el tesoro de la cultura greco-romana-cristiana a la cual tenemos el privilegio de pertenecer.

No hay otro humanismo posible porque la naturaleza del hombre es y será la misma que fue siempre. La unidad sustancial y la universalidad de valor que distingue a las manifestaciones más egregias del espíritu occidental en la filosofía, en el arte, en la política, etc., radica en la identidad de su principio.

* * *

La Universidad Nacional del Litoral tal como se define en el Estatuto sancionado por el Consejo Superior, en la sesión extraordinaria del 19 de enero de 1935 y aprobado por el Poder Ejecutivo de la Nación el 24 de marzo de 1936, es una Universidad sin metafísica, es decir, sin unidad, sin universalidad, sin proporción; tampoco tiene nacionalidad ni ha querido tenerla, como se evidencia en la redacción misma de su Estatuto.

Al expresarme de este modo claro y definido asumo toda la responsabilidad de mis palabras.

El título inicial que comprende el artículo 1° que se refiere a la función de la Universidad, muestra una absoluta indiferencia a todo sentido nacional y a las tradiciones espirituales más antiguas de la Patria.

He aquí el texto:

"La Universidad en ejercicio de su múltiple función de cultura superior, investigación científica y formación profesional:

"1° – Transmite y difunde el saber.

"2° – Analiza, unifica y crea conocimientos.

"3° – Desarrolla aptitudes intelectuales, estéticas y morales.

"4° – Utiliza los conocimientos y los métodos de acción para el progreso del individuo y de la sociedad".

Es evidente la expresión genérica, puramente abstracta y formal, de cada uno de los puntos. Esta indeterminación y ambigüedad elude toda referencia a la Patria de esta Universidad y a la Cultura que en ella se comunica.

Este título podría corresponder indiferentemente a una Universidad instalada en un país cualquiera del mundo, con cualesquiera tradiciones religiosas, filosóficas y políticas.

Por lo pronto, se confunde la verdadera y definida *universalidad* con la indeterminada generalidad de lo *común*.

Lo común no es lo universal, sino la nivelación en lo inferior, en la indeterminación de la materia donde se anula toda distinción y excelencia.

En este título 1°, sólo se especifica la investigación científica y la formación profesional que se realizan y se obtienen por medio de las *ciencias positivas*, las cuales no tienen patria ni definición moral.

La "cultura superior" es una vaguedad retórica que puede especificarse con cualquier contenido.

Donde dice: "desarrolla aptitudes intelectuales, estéticas y morales" no hace más que enumerar las actividades espirituales como si fueran extrañas las unas a las otras y cada una se cumpliera como un fin en sí; como si no hubiese unidad en esa diversidad de funciones, ni se articularan en orden jerarquizado.

El cuarto punto no tiene desperdicio, en cuanto se declara el progreso en general, del individuo en general y de la sociedad en general.

Cabe preguntarse por las razones de esta ambigüedad y de esta indeterminación, al enunciar nada menos que el sentido de la Universidad.

Es el ideal democrático como se complacen en repetir sus voceros; pero se trata de una democracia igualitaria, intelectualista, abstracta, realizada como igualdad de participación en un *mundo de bienes socializados*.

Aristóteles distingue en la Política cinco especies de democracias: cuatro legítimas y auténticas y una que es ilegítima, corrompida y demagógica. En esta última especie, no impera la ley estable y objetiva, sino ese monstruo de mil cabezas que es la multitud cuando se manifiesta como una masa indiferente y amorfa.

El sueño de la demagogia se vería cumplido en una comunidad que abarcara la humanidad entera, donde las infinitas posibilidades de desarrollo se abrirían a todos los hombres sin distinción de raza, nacionalidad o credo.

Un mundo sin fronteras nacionales ni grupos exclusivos, sin Dios definido ni banderas de guerra; donde todo sería común entre hombres comunes y no habría que soportar humillantes jerarquías ni voces escogidas; donde no habría que detenerse ante los límites del pudor ni clausuras de intimidad. Es el mundo ideal para esta Universidad, tal como lo significa implícitamente el título que comentamos.

* * *

Nosotros, en cambio, queremos reintegrar a Aristóteles a la Universidad; queremos la metafísica en la Universidad.

En este sentido, la Universidad es la institución docente por excelencia en el orden civil; su misión es formar continuadamente auténticas aristocracias de la inteligencia que aseguren junto con la existencia de una meditación esencial, la consagración de la idoneidad y de la responsabilidad en la función política.

La Universidad es la escuela donde el hombre se prepara para vivir en la libertad política, así como el Ejército es la escuela donde el hombre se prepara para morir en defensa de esa misma libertad.

La juventud escogida que llega a sus claustros debe ser elevada al concepto y al dominio de los bienes universales de la ciencia y de la conducta, dentro de la tradición histórica nacional, a fin de que lleguen a colaborar decididamente en el mantenimiento de la unidad moral de la Patria, irradiando sobre la multitud la ejemplaridad constante de sus palabras y de sus hechos.

Esa juventud que va a integrar la clase dirigente debe distribuirse conforme a las exigencias del Bien Común, a la íntima vocación y personal aptitud, en el cultivo severo y disciplinado de las diversas ramas del saber y de la técnica para garantizar en la vida de la Nación, repito, junto con la existencia de una especulación desinteresada de la verdad superior que el hombre debe honrar y servir, la eficacia profesional en el uso de las verdades útiles y la mejor explotación de la riqueza del suelo y del subsuelo de la Patria.

La Universidad es así un cuerpo orgánico, en el cual las partes diversas se ordenan jerárquicamente en una unidad donde la vida universal del espíritu tiene una expresión nacional e intransferible.

* * *

Jóvenes Estudiantes:

Hay quien cree que la juventud quiere que le fomenten sus pasiones y le hablen de un destino cómodo como si fuesen pasantes de comercio o de una negación nihilista, como si para demostrar la audacia juvenil hubiera que destruirlo todo.

Chesterton muestra a los jóvenes que el valor, especialmente en los tiempos actuales, consiste en ser partidarios del orden, porque lo verdaderamente revolucionario y renovador, por paradójico que parezca es el *orden*. Vuestra rebeldía halla así un magnífico escenario de acción: tened el valor de ser realmente revolucionarios y decid con denuedo las palabras definidas que sólo cohíben a los timoratos.

Ir contra la corriente, contra esa fácil corriente que arrastra, es en nuestros días proclamar el orden inmutable; habrá quien os diga reaccionarios: demostradles que no os asustan los epítetos de su retórica gastada.

Y frente al internacionalismo con que se os ha querido minar el concepto y la posición de la nacionalidad, proclamad vuestro amor a la Patria y vuestra fe en sus destinos. No se os importe que los demás os contradigan; sólo debe preocuparos, por identidad, como a Sócrates, no estar en contradicción con vosotros mismos.

Se os quiso descastar; se intentó que renunciarais a nuestra estirpe; mostraos orgullosos de vuestros mayores. Se os dijo, en nombre del igualitarismo abstracto y nivelador que los héroes no existen, que a lo sumo, deben ser estudiados como casos patológicos. Contra esta enseñanza plebeya afirmad la pedagogía del Arquetipo y recordad en todo momento, que el ideal cristiano y caballeresco de la vida os identifica como argentinos.

Sobre los Arquetipos humanos digo en mis lecciones de Psicología: "A los jóvenes argentinos dedicamos estos retratos de altas excelencias de vidas. Sócrates o el educador; Aristóteles o el filósofo; San Francisco o el amor; Don Quijote o el caballero; Shakespeare o el artista; San Martín o el Soldado; Claudio Bernard o el investigador. Cada una de las cuales testimonia un logrado y magnífico destino. Y es siempre una esencial vocación que se realiza en las varias formas del ascetismo, mostrándonos que la vida es servicio y que hay renuncias que no significan derrota, sino una difícil victoria.

"Destacar que la vida existe en función de algo más alto que la trasciende y concede el supremo rango a la vida del hombre ejemplar –el santo, el filósofo, el educador, el sabio, el caballero, el artista, el soldado–, es referir los secretos pasos por 'la senda estrecha', el triunfo sobre sí mismo en toda consagración y la voluntad de afirmación y de sacrificio ahincada en lo más excelso del alma.

"Negarlo es mostrar la esclavitud del hombre a los apetitos y a las contingencias de un tiempo perecedero y antihistórico, es aceptar la pura animalidad, es desconocer su realidad profunda, la raíz metafísica de su existencia.

"Un hombre dominado por sus impulsos y pasiones, o un hombre libre que vive como San Francisco, muere como Sócrates, se destierra como San Martín, 'desface entuertos y venga agravios' como Don Quijote, o colma sus vigilias de serena sabiduría como Aristóteles.

"He aquí, pues, para los jóvenes argentinos la lección de estas vidas ejemplares. Ellas nos enseñan que el hombre no es la bestia de que nos habla el materialismo y que el más alto decoro de existencia se logra en la tensión y en el alerta de la conciencia lúcida y en la voluntad de dar testimonio y de ser recordado."

Jóvenes estudiantes: Como ya lo ha señalado expresamente el Excmo. señor Ministro de Justicia e Instrucción Pública, General Elbio C. Anaya, vuestra participación activa en la vida de la Universalidad reintegrada, *será el estudio y la disciplina*. Os serán creadas las condiciones óptimas para garantizar el mejor cumplimiento de vuestra función específica.

Contrariamente a lo que sostiene la doctrina liberal, tened presente que el *derecho* no es innato ni anterior al estado social. La existencia del derecho radica en la segunda naturaleza del hábito que se obtiene por medio de la educación. Antes de su posesión real se presenta a la conciencia en la forma de una autoridad externa que le recuerda al individuo el deber y le impone acatamiento.

La disciplina interior del espíritu anula esa alteridad del deber y lo hace suyo en la disposición habitual; entonces el hombre posee en sí mismo la autoridad y la ejerce con la espontaneidad de la naturaleza; entonces es una libertad real y verdadera.

Señores Delegados Interventores de las diversas Facultades
de esta Universidad:

Os he escogido para que me acompañéis en la obra más alta que los intelectuales podemos y debemos realizar.

La restitución de la Universidad a su sentido nacional, a su rango clásico, a su jerarquía antigua; y la salvación de la juventud de las frívolas ideas modernas y de las desquiciadoras ideas sobre un orden social que no se estructura referido a fines trascendentes, sino circunscripto a los intereses individuales y a los apetitos más bastardos.

Nosotros pensamos que el problema decisivo es el problema de la inteligencia, porque sabemos que toda revolución negadora o restauradora se inicia en la inteligencia.

El hombre se mueve por ideas que condicionan y dirigen su acción. Aun estamos padeciendo el desorden de la revolución negadora cartesiana; y en el retorno a la filosofía perenne hemos de fincar los postulados de la nueva revolución que ha sido preciso realizar para afirmar los valores eternos.

La revolución restauradora que las Fuerzas Armadas con valor y entereza viril realizaron, es un símbolo de los tiempos decisivos para el destino nacional en que tenemos la suerte de vivir.

Agradecemos este privilegio pensando que en la dificultad y en el riesgo de la hora actual, está su grandeza. Agradecemos que no nos haya tocado actuar en el momento del auge escandaloso del utilitarismo en que se llegó a creer que se hacía Patria nada más que aumentando los kilómetros de vías férreas y asegurando el éxito de operaciones bursátiles que creaban unas pocas fortunas fabulosas, sin sacar de la indigencia a los trabajadores de la tierra; tierra cultivada sin amor con un criterio meramente económico; campo sin voces virgilianas y sin manes familiares.

Porque ya ha pasado definitivamente esta seguridad burguesa de la existencia y se vuelve al sentido militar y heroico de la vida que ayer creó la Patria y hoy la reconquista, es que nos encontramos en este paraninfo en el día del Gran Capitán.

El problema de la salvación del país es, principalmente, el problema de la inteligencia, porque sólo por la inteligencia conocemos los fines y somos capaces de obrar ordenados a ellos.

Señores Delegados Interventores: Permitidme recordar los versos que Gómez Manrique, nombrado Corregidor de Toledo, mandó escribir en los escalones del Municipio y que bien pudiéramos hacer grabar en el mármol de la escalinata de esta Casa, porque lo castizo tiene siempre vigencia y porque queremos recoger esta lección que nos llega de la España que hizo su grandeza a fuerza de inteligencia, de ascetismo y de coraje.

Escribió Gómez Manrique, caballero de España:
"Nobles discretos varones
Que gobernáis a Toledo,
En aquestos escalones
Desechad las aficiones,
Codicias, amor y miedo.
Por los comunes provechos
Dexad los particulares
Pues vos fizo Dios pilares
De tan riquísimos techos,
Estad firmes y derechos."

Hemos venido a la Universidad con la recta intención de cumplir el admirable programa que definen estos octosílabos. Ni codicia ni amor ni miedo podrán apartarnos del cumplimiento de nuestro deber. El amor aquí referido es el de los afectos que pueden perturbar la objetividad del juicio.

Dejaremos los provechos particulares porque estamos al servicio del bien común.

Y estaremos firmes, con voluntad entera en cada una de nuestras decisiones, porque no podremos olvidar que "nos fizo Dios Pilares".

Para el decoro de la conducta como funcionarios en quienes el Superior Gobierno ha depositado su honrosa confianza, nuestro blasón de argentinos, nos basta con estas breves y admirables normas.

Nos comprometemos públicamente a cumplirlas.

Fuente: Jordán Bruno Genta, *La función de la Universidad Argentina*, Ministerio de Justicia e Instrucción Pública, Universidad Nacional del Litoral, Santa Fe, 1943, pp. 5-16.

GENERAL DE BRIGADA JUAN DOMINGO PERÓN
Acto de Promulgación de la Ley Universitaria,
discurso, 9 de octubre de 1947

Con viva emoción llego hoy al recinto de la Universidad Nacional de Buenos Aires.

Quiero que sea aquí, dentro del ámbito de sus viejos muros, donde tenga lugar el solemne acto de la promulgación de una nueva y fundamental ley cuya sanción fue propiciada por el Poder Ejecutivo. Estatuto reclamado por la voz autorizada de los maestros, intérpretes también de las necesidades de los alumnos cuya palabra fue oída. Cuerpo orgánico que vendrá a ordenar la vida universitaria de la Nación en armonía con la que preside el normal desenvolvimiento de sus otras actividades. Ordenamiento no ajeno a las hondas modificaciones que en el mundo se vienen operando y que repercuten, como es natural, en el campo de la cultura. Ley acorde, en fin, con el espíritu que preside la profunda transformación, quiero decir la profunda y ya histórica revolución –lo quieran o no nuestros adversarios– de la que somos cuerpo y alma: la nueva y trascendental ley universitaria Nº 13.031.

Ya en el mensaje con que el Poder Ejecutivo de la Nación sometió al H. Congreso el proyecto de ley universitaria, se explicaban las razones premiosas y graves en virtud de las cuales se propiciaba la sustitución del régimen imperante desde el año 1865, por otro más acorde con las necesidades del país.

Este anhelo de reformas, concretado y sistematizado en el aludido envío, no era ciertamente fruto de una improvisación, ni mucho menos producto de transitorias y circunstanciales exigencias, sino, por el contrario, traducía una necesidad impostergable hecha conciencia en los espíritus serios y responsables, los cuales veían con angustia el estancamiento operado en la vida universitaria de la Nación.

Reclamo que, no obstante arrancar desde mucho tiempo atrás, tropezaba –apenas se intentaba ponerlo en práctica– con la oposición sistematizada y pertinaz de los intereses creados, por una parte; y por la otra, con los estorbos opuestos por el complejo de oscuras fuerzas extrañas que se oponían a cuanto significara un progreso para la Nación y un apoyo al proceso de su desenvolvimiento.

Se demoró así durante años y años la sanción de una reforma por la que clamaba el país, la cual –recogiendo las experiencias que la aplicación de la Ley Avellaneda había dejado como fruto, así como de las imperfecciones puestas de manifiesto durante su aplicación, y de las deficiencias recogidas y anotadas desde la fecha en que entrara en vigencia– diera el instrumento cultural adecuado para regir la vida universitaria nacional.

Porque la verdad es que los propios autores de esa ley fueron los primeros en comprender que el instrumento legal estructurado por ellos no tenía carácter de permanente. Lo consideraron, simplemente, como un ensayo cuyas previsiones –cuatro artículos, incluido el de forma– no tenían la aspiración de solucionar de manera definitiva el problema planteado por la debida organización de las universidades argentinas.

Si un argumento hay que prueba de modo fehaciente la verdad de este aserto, es la lectura del debate que precedió a la sanción de la Ley Nº 1.597 –discusión silenciada deliberadamente con frecuencia– y que resulta particularmente ilustrativo.

Lo cierto es que a poco de sancionada la ley fue dado advertir cómo ella, infortunadamente, no llenaba las necesidades a las cuales había buscado dar satisfacción.

No pudo sorprender a nadie, pues, que al cabo de poco tiempo, como se ha dicho, comenzaran a advertirse y señalarse los defectos de la ley, y empezaran a llegar al Congreso los petitorios con las reformas que se auspiciaban.

Y de inmediato comienza a exteriorizarse, cada vez en forma más enérgica y perentoria, el vehemente anhelo exteriorizado por voz de algunos maestros –advertidos del mal que aquejaba a la universidad y al que el estatuto sancionado no había sido apto para ponerle remedio– y de los estudiantes, de que se procediera a la total modificación del régimen vigente.

Se ha recordado, por ejemplo, que entre muchas de las autorizadas opiniones que, con la autoridad con que las investía una larga dedicación a esos especializados problemas, se oyó la del doctor Ernesto Quesada, académico titular de la Facultad de Derecho y Ciencias Sociales, profesor titular de sociología y letras, quien escogiera como tema central del solemne discurso de la colación de grados de 1906, el siguiente: "La crisis de la universidad argentina", documentando en él las deficiencias de que adolecía su organización y la necesidad de subsanarlas.

Ya para esos años había comenzado el proceso histórico que se conoce con el nombre de la Reforma Universitaria. Sus directores, movidos por nobles anhelos, procuraban ajustar el organismo universitario a lo que él debía ser: el recinto donde se estudiara, discutiera y ventilaran los problemas que afligían al país; que se llevara a la cátedra y así se reflejara a los alumnos la visión de la realidad circundante; que los profesores dedicaran sus actividades a formar con seriedad y amor a su magisterio a las jóvenes generaciones de argentinos. El mundo salía de una guerra, y las graves cuestiones nacidas de esa conflagración venían a través del océano a golpear las puertas del país. Era, pues, menester prestarles atención, y la universidad la obligada a tener para con ellos oído más fino y sensibilidad más aguda; lo que, ciertamente, no ocurría.

El primer manifiesto reformista de Córdoba, al hacerse eco de todas estas críticas, expresaba enérgicamente su repudio al sistema imperante y dejaba constancia –en forma que no podía ser más dura– que "la universidad había sido hasta entonces el refugio secular de los mediocres". Y tenía razón.

La Universidad no enseñaba. Había perdido la dirección de la vida espiritual del país. Mientras un mundo nuevo evolucionaba y se transformaba, a veces violentamente, al ritmo de los nuevos acontecimientos que se sucedían vertiginosamente, la Universidad vivía inmóvil, detenida en su curso y ajena en absoluto a las inquietudes que provocaban la preocupación, no ya de los estadistas y de quienes se interesaban por los asuntos públicos, sino inclusive del hombre de la calle.

Ese estado de cosas no podía subsistir. Por eso la reforma se abrió paso; porque traía consigo un bagaje de esperanzas, y con él el mandato de quienes veían en la causa de la cual era ella vocero, el medio apto para liberar a la Universidad de los males profundos y graves que la afligían.

Pero si la reforma triunfó, en el sentido formal de la palabra, su victoria fue efímera, pues no supo imponer en los hechos los principios por los que habían dado sus mejores energías –y hasta su sangre, a veces– los hombres que habían respaldado y alentado ese movimiento.

Fracasó lamentablemente. Y esto es oportuno y útil recordarlo. Bajo la bandera de la reforma habíanse unido las más nobles y puras esperanzas de quienes querían para la Universidad un nuevo espíritu. Y sin embargo, no fue capaz de organizar las condiciones adecuadas para el logro de ese objetivo, y el espíritu viejo continuó imperando con un nombre distinto. Es que en el fondo, y como infortunadamente muchas veces ha ocurrido en nuestros procesos históricos, las fuerzas oscuras de la antipatria habían ganado la última batalla.

La cátedra siguió siendo, después de la reforma, fortaleza puesta al servicio de los intereses personales; otras veces, bastón y avanzada de imperialismos, que los hubo de todas clases: desde los que se presentaban con un hábito de circunspección y que les venía de un uso tradicional, hasta los otros, impacientes y malhumorados en el ejercicio de lo que ellos creían el goce de una prerrogativa. Estratégica trinchera desde la que se diezmaba, por remunerado encargo, la conciencia de una juventud, a la que se aspiraba a formar en una suerte de colonialismo intelectual apto a sus aviesos propósitos.

Se utilizó la cátedra como tribuna de propaganda política, y –para colmo– de baja y subalterna política doméstica; se vendieron y compraron a la luz del día elecciones y electores; se traficaron ternas, se puso precio a la obtención de una cátedra; y cuando se vio peligrar esos privilegios logrados con recursos inescrupulosos, se batió el parche de la supuesta autonomía universitaria consagrada por la Ley Avellaneda. Lo cual era una mentira.

Porque esta ley –y eso sí que se silenciaba cuidadosamente– en modo alguno había consagrado tal autonomía ni mucho menos.

En efecto: como tuvo ocasión de expresarlo el Poder Ejecutivo en oportunidad de discutirse la nueva ley N° 13.031, la Ley Avellaneda no habla ni de independencia ni de autonomía, pero aunque lo hubiera dicho –que, repito, no lo dice– tampoco habría cambiado la faz legal del problema, pues la naturaleza de las cosas no depende del nombre que se les dé, sino de lo que real y efectivamente son. Lo que traducido al caso significa que la mayor o menor autonomía de un organismo no depende del mayor o menor número de veces que esta palabra figure en sus estatutos, sino de lo que este organismo esté capacitado para hacer o no hacer. La Ley Avellaneda, por ejemplo, circunscribe las funciones del Consejo Superior "a resolver las cuestiones contenciosas que hayan fallado las Facultades; fijar los derechos universitarios con la aprobación del Ministerio de Justicia e Instrucción Pública, y dictar los reglamentos que sean convenientes y necesarios para el régimen común de los estudios y disciplina general de los establecimientos universitarios". Otro tanto ocurre con el aspecto económico, con referencia al cual la Ley Avellaneda se limita a expresar que "los derechos universitarios que se perciban, constituirán el fondo universitario, con excepción de la parte que el Consejo Superior asigne, con la aprobación del ministerio, para sus gastos y para los de las facultades". Como se ve, no asegura ni siquiera su autarquía económica, sin la cual las demás atribuciones o derechos que se puedan reconocer a la universidad son manifestaciones líricas, desprovistas de todo sustento real y efectivo.

Otro de los males que aquejó la enseñanza universitaria fue derivado de la falta de buen sentido, me atrevería a decir de sentido común, en la confección de los programas de enseñanza. Se abrumó al alumno con exigencias superfluas, con cuestionarios cuya lectura daba la cabal impresión de ser hechos para un país que no fuera el nuestro, pues en ellos se omitía el estudio de asuntos vinculados directamente a la vida de nuestra colectividad y fundamentales para el desarrollo de ésta, y en cambio se imponía al alumno la obligación de informarse de una multitud de datos sin importancia y ajenos en absoluto al medio dentro del cual debía desenvolver sus actividades.

Frente a ese sombrío panorama nos encontramos los hombres que asumimos la responsabilidad de la revolución.

No se trataba de cambiar hombres. Ésa hubiera sido una tarea minúscula e inútil; lo que importaba, sí, era transformar el sistema y modificarlo en lo que tenía de malo. Lo que importaba era insuflar a las instituciones un nuevo espíritu, ajustándolas en su ordenamiento a las nuevas necesidades y a la hora en que vive la humanidad.

Frente a una universidad desquiciada por la política, cuyos profesores no habían sido contemplados como debían serlo en razón de su propio magisterio; de un organismo cultural divorciado del país; de una universidad que no cumplía con su cometido cual es el de formar a las jóvenes generaciones de argentinos, era necesario encarar la reforma del régimen vigente atacando la propia raíz del mal, para poner así remedio al estado de cosas imperante.

He dicho antes de ahora, y lo reitero, que la universidad debe ser ajena a la política. Lo contrario, y así la experiencia lo ha demostrado, importa introducir el germen de hondas perturbaciones y de futuras querellas; se relaja la disciplina y se falta el respeto a la propia investidura, que por definición importa la equidistancia frente a problemas que, como el político, deben ser dejados a otras instituciones.

El profesor debe enseñar: he ahí su función; el estudiante aprender: he ahí su tarea. Logrado esto, se tendrá solucionado el más importante de los problemas.

Hemos visto ya las lamentables consecuencias que lleva aparejada la intromisión de la política dentro de los claustros universitarios; y por eso el Gobierno no está dispuesto, ni habrá de tolerar, que sus claustros vuelvan a convertirse en comités de acción política.

Hemos dicho que la primera misión que incumbe al profesor universitario es la de enseñar. Para ello es necesario, conforme he manifestado reiteradamente, que exista un íntimo contacto con el alumno, y que el maestro tome e invierta todo el tiempo necesario a fin de hacer llegar sus ideas al estudiante, conocerlo y orientarlo. Del mismo modo, debe existir también de parte del estudiante la obligatoriedad de permanecer próximo a las enseñanzas del profesor, vivir la vida de la universidad, y si fuera posible –y a eso aspiramos– vivir dentro de ella por lo menos durante el tiempo indispensable para la adquisición de sus conocimientos básicos y fundamentales.

Para conseguir el acercamiento entre el profesor y el estudiante es necesario que aquél dedique más tiempo que el que, por lo común, hasta ahora ha dispuesto para impartir sus enseñanzas. El profesor debe ser un hombre dedicado eminentemente a la enseñanza, y es indispensable la existencia de ciertas incompatibilidades entre el ejercicio de la cátedra y el desempeño de otras funciones que sean inconciliables con aquélla.

Precisamente por eso es por lo que el Poder Ejecutivo, después de meditado análisis, y tras de haber escuchado autorizadas opiniones, ha resuelto vetar el artículo 47 bis de la Ley Nº 13.031. Lo ha hecho porque, a su juicio, no traducía tampoco en forma justa y cabal los propósitos que tuvo el Honorable Congreso de la Nación al sancionarlo, el cual fue, con la redacción que le dio, mucho más lejos de lo que sin duda alguna fue su ánimo consagrar. En efecto, la forma en que ha sido redactado impide otra interpretación que no sea la estricta y rigurosa que resulta de sus propios términos, y que excluye el desempeño de la docencia con el ejercicio de cualquier otra actividad, aunque ésta constituyera el natural complemento de aquélla. Interpretación que confirma la concordancia de ese precepto con el artículo 14 del estatuto sancionado, según el cual cae dentro de la órbita de "actividad pública", la inherente a la calidad de "conferenciante, investigador o miembro de academia o instituto", lo que sin duda no pudo ser intención del legislador consagrar.

Por otra parte, la aplicación del artículo dejaría a las facultades sin el valioso concurso de eminentes profesores a los cuales se les tornaría imposible –al obligárselos a dejar lo que les va a significar la forzosa y paulatina pérdida de sus aptitudes– el ejercicio de la función docente.

Desde luego, insisto en que el veto no significa en modo alguno la exclusión de todo posible régimen de incompatibilidades, sino, por el contrario, su auspicio, siempre que se lo organice sobre la razonable base de excluir el ejercicio de la cátedra con el desempeño de funciones que sean naturalmente inconciliables con ella.

Dentro de este mismo criterio, y con el propósito de no privar a la Universidad de maestros cuyos servicios resulten indispensables para la formación de las jóvenes inteligencias argentinas, el Poder Ejecutivo ha resuelto también vetar parcialmente el artículo 55 en cuanto limita a 3 años la prórroga posible que el Consejo Directivo de cada Facultad puede autorizar a los profesores que estuvieren en condiciones de obtener su jubilación ordinaria.

Para poner fin a otro de los vicios que afectaban al régimen universitario, en lo que a la situación de los profesores atañe, la nueva ley retribuye adecuadamente el ejercicio de la docencia.

Se logrará así que sea posible una dedicación absoluta de los profesores a las tareas docentes, y automáticamente desaparecerá de este modo la especie

–común en el anterior sistema– del profesor que ejerce la cátedra como ayuda de costas, que pasa fugazmente por el aula, que no conoce a sus alumnos, como se ha dicho, y que sólo se limita a recitar dos o tres veces por semana una conferencia, las más de las veces para un auditorio carente de entusiasmo y de interés.

Animada del mismo espíritu, la nueva ley articula las bases de la carrera docente y científica.

El aspirante a profesor universitario cursará un período de adscripción a una determinada cátedra, durante el cual realizará trabajos de investigación o de seminario en materias afines, bajo la dirección del respectivo profesor, y ejercicios docentes en la materia de su adscripción; completará su preparación con cursos obligatorios sobre materias de cultura general.

Cumplido esto, el aspirante a profesor pasará a ejercer la docencia complementaria bajo la dirección del profesor titular. Terminada esta etapa –y previo examen– será autorizado como docente, con las ventajas y prerrogativas que la ley le acuerda.

Como no podía ser de otra manera, el Gobierno, este Gobierno, sensible a las necesidades de la clase humilde y laboriosa, ha tenido muy en cuenta la situación de quienes con aptitudes para la carrera universitaria carezcan, no obstante, de recursos para costear aquélla.

La ley dispone que el Estado creará becas para la enseñanza gratuita, cuya distribución entre las diversas universidades de la Nación se hará por el Poder Ejecutivo. Para proceder a dicha distribución, se tendrán en cuenta las características y necesidades regionales, sociales, económicas y culturales, referidas a cada universidad; procurando que con la concesión de becas se cumplan los fines asignados a la Universidad con un auténtico sentido social.

Señores Profesores:

Yo les entrego a ustedes la Universidad para que la hagan funcionar de la mejor manera posible; y con ella, el instrumento adecuado para su gobierno.

Como he afirmado otras veces, estoy persuadido de que a los profesores argentinos no se les presentará jamás una oportunidad brillante y una coyuntura mejor que les permita poner en el desempeño de tan alto cometido todas sus inquietudes y todos sus entusiasmos.

Yo les prometo el apoyo incondicional del Poder Ejecutivo para dotar a la Universidad de sus edificios, institutos, laboratorios, centros de estudio, que hagan de ella lo que la universidad argentina está llamada a ser.

Habremos así cumplido con la primera de las funciones que corresponden a la Universidad: "la de afirmar y desarrollar una conciencia nacional histórica, orientando hacia esa finalidad la tarea de profesores y alumnos".

Empieza ahora la verdadera reforma universitaria, que se realizará con seriedad, como corresponde a un país que afirma, cada día más, su personalidad histórica.

En ese sentido seréis vosotros, señores profesores, los verdaderos reformadores de la Universidad. La nueva ley, instrumento que desde hoy os pertenece, no será eficaz ni tendrá ningún efecto benéfico si los hombres encargados de aplicarla no interpretan fielmente su espíritu y no intervienen eficazmente en la organización de la Universidad. El hombre es todo: la organización y las leyes, poca cosa, tal vez nada, cuando faltan los hombres.

Por eso tengo fe en los destinos de la Universidad argentina. Sé que sabréis cumplir bien con vuestra misión, y persuadido estoy de que la Universidad ha de entrar en un camino nuevo en el que se rectifiquen los perfiles inconvenientes y se acrecienten todas las virtudes que haya podido tener. Y con ese sentido de perfeccionamiento, sin el cual las profesiones y las artes pasan a ser meros oficios rutinarios, con esas ideas y propósitos que debe tener el hombre que trabaja para el bien común, se podrá decir dentro de pocos años, con legítimo orgullo y con satisfacción, que la Argentina ha alcanzado un alto grado de perfeccionamiento en la enseñanza universitaria.

Y al colocar en la ciencia del mundo los primeros jalones de la investigación científica, habrá cooperado en la obra de un mundo más justo y más feliz.

Al promulgar la ley universitaria deseo con breves palabras agradecer al señor viceinterventor de la Universidad, que interpretando el sentir de los señores profesores, ha querido colmar mi modestia con tan alto título como el que representa incorporarme a esta Universidad a la que amo tan profundamente –pese a lo que muchos hayan podido decir– por ser una institución sin la cual mi patria quedaría sometida a horizontes tan planos que no son los que pueda desear ningún argentino.

Por eso, señores, al agradecer tan insigne honor, solamente voy a establecer un compromiso, y soy de los hombres que cuando se comprometen saben cumplir. Ese compromiso es el de que al recibir ese honor que me enorgullece, prometo a ustedes que he de cumplir y he de honrar el título que "honoris causa" se ha dignado conferirme la Universidad Argentina, poniendo todo nuestro tesón, todo nuestro interés y, si es preciso, el sacrificio, para hacer de esta Universidad una casa ilustre que pueda marcar el rumbo de la Argentina nueva con la que todos estamos soñando en estos momentos, dentro de nuestros entusiasmos patrióticos.

Les agradezco, pues, profundamente, que hayan tenido este gesto de tan noble amabilidad para un hombre que quizá no tenga sino un solo mérito: el de pensar todos los días si puede hacer algo que haga más grande y más ilustre a nuestra Patria.

Fuente: Juan D. Perón, *Discurso del Excelentísimo Señor Presidente de la Nación, General de Brigada Juan Perón,* 9 de octubre de 1947, Universidad de Buenos Aires, Departamento de Acción Social Universitaria, pp. 17-26.

FUA
Ante la nueva ley universitaria (ley 13.031 de 1947)

La Federación Universitaria de Buenos Aires cree imprescindible llamar la atención respecto a las características de la nueva ley universitaria.

Desde la sanción de la ley 13.031, que ya condenáramos en su oportunidad, se han producido en la Universidad cambios sustanciales encaminados a incorporarla al engranaje gubernamental. Se la adapta ahora al 2° Plan Quinquenal, que establece: "En materia de educación, el objetivo fundamental de la Nación será realizar la formación moral, intelectual y física del pueblo sobre la base de los principios fundamentales de la doctrina nacional peronista".

Frente a esto, los primeros interesados, los que se debiera consultar para la formulación de una ley universitaria, los estudiantes, insistimos en que sólo en la libertad puede organizarse la Universidad: de lo contrario todo articulado es vano. Es evidente entonces que esta ley ignora a la Universidad y a los universitarios sólo puede ser un reglamento para la administración de una oficina pública.

La libertad no es un elemento más que pueda agregarse al status universitario; es la condición previa y posibilitadora de la Universidad; es constitutiva de la actividad universitaria. Por ello, *el deber del Estado es respetar la organización autónoma* en que pueda cumplirse la misión de la universidad; no puede por tanto, "resolverse y conceder y negar graciablemente la autodeterminación que reclama la actividad docente de acuerdo con su peculiar estructura, estructura que el derecho político no puede desconocer, sino que debe considerar como preexistente". La autonomía da entonces la estructura que posibilita el ejercicio y la responsabilidad en cada paso de la vida universitaria, por parte de los profesores, alumnos y egresados, 1) en la actividad de aprender y enseñar, 2) en el gobierno y en la consideración de los problemas de estos tres estados, 3) en la proyección de la Universidad hacia el medio.

En caso de que estas condiciones no se cumplan, es contradictorio hablar de misión para una universidad que ha renunciado a lo que es fundamental para su existencia. Significa que todas las disposiciones que, como la presente ley desconocen ese principio, caen en el vacío, sólo pueden organizar una oficina más.

Pese a ser tan pobres sus propósitos, en la Exposición de Motivos se enuncian como fines de esta ley: la autonomía universitaria, la división del país en zonas universitarias, la gratuidad de la enseñanza, la vinculación de los egresados con la universidad, fines éstos que la ley tergiversa en cada una de sus disposiciones:

2. EN CUANTO A LA AUTONOMÍA

El Rector de la Universidad será designado por el Poder Ejecutivo (art. 9). Son atribuciones del Rector: elegir a los decanos (art. 11, inc. 6), designar y remover al personal docente, auxiliar de la docencia y técnico profesional. Proponer al Poder Ejecutivo, para su confirmación, el personal administrativo que hubiese nombrado (art. 11, inc. 9).

El Consejo Universitario estará integrado por el Rector, que lo preside, y los Decanos y Vicedecanos de cada facultad (art. 14, recordar quién lo elige al rector y quién a los decanos).

El Consejo Nacional Universitario estará constituido por los Rectores de todas las universidades del país; será presidido por el Ministro de Educación (art. 60). Este organismo, que constituye el tope de la jerarquía universitaria, está formado por delegados del P. E., los Rectores, y presidido por un Secretario de Estado, el Ministro de Educación. Además, este Consejo, que debiera coordinar las necesidades y las realizaciones de cada una de las regiones universitarias, deja sin efecto la presunta diversificación regional enunciada en el art. 4, al unificar irracionalmente los planes de estudios.

Y las citas podrían multiplicarse. Señalemos nada más que este punto capital: las finanzas. Es bizantino discutir sobre autonomía de la Universidad si ésta no cuenta con un patrimonio propio, del que pueda disponer sin cortapisas ni controles extraños a su estructura. Por el art. 7 de la ley, parece habérsele concedido todo esto, pero estas facultades quedan destruidas más abajo, al someterse a la autorización del P. E. la atribución del Consejo Universitario de vender los bienes inmuebles, títulos y valores pertenecientes a la Universidad (art. 15, inc. 15).

En cuanto a las entradas, éstas serán fijadas por el P. E. al someter al Congreso el presupuesto general de la Nación (arts. 62 y 63). Cuando los gastos decididos por los organismos universitarios no cuenten con la pertinente autorización de crédito en los respectivos presupuestos, o cuando ello importe la modificación de la estructura presupuestaria o un nuevo compromiso de gastos para ejercicios futuros, deberá requerirse la previa conformidad del P. E. (art. 64).

2. EN CUANTO A LOS PROFESORES

Los profesores titulares serán designados por el P. E., de una terna de candidatos elevada por la Universidad, previo concurso de méritos, aptitudes técnicas y pedagógicas, títulos, antecedentes y trabajos (art. 36).

Aparte del hecho de que el Ejecutivo interviene en una cuestión para la cual no tiene ninguna competencia, el procedimiento previo de selección, el que hasta ahora se ha practicado, con los resultados desastrosos que todos conocemos: acceso a la cátedra de los más incapaces por el solo hecho de sus vinculaciones políticas, y el consiguiente alejamiento de los verdaderos maestros. Este sistema, además, quita toda posibilidad a la docencia libre. Pensamos que debió adoptarse el sistema de concurso por oposición.

El artículo que acabamos de comentar, junto con aquel que dispone que cumplidos 4 años de su designación, el profesor adjunto, para seguir siéndolo, deberá ser confirmado por el Consejo Universitario (art. 47) y el Consejo Universitario, a propuesta del Consejo de la Facultad, podrá pedir al Poder Ejecutivo la contratación de profesores extraordinarios por no más de 2 años, da el golpe de gracia a la "autonomía docente y científica" de que habla el art. 6 de esta misma ley.

3. EN CUANTO A LOS ESTUDIANTES

Dispone el art. 58 que los estudiantes tendrán una representación en los Consejos Directivos de cada Facultad por medio de un delegado de *entidad gremial reconocida*. Tendrá voto solamente en aquellas cuestiones que directamente afecten a los intereses estudiantiles.

Así, la representación ante las autoridades universitarias, será asumida no por los delegados que el alumno elija, sino por el representante de una "entidad gremial reconocida". La ley no establece quién ni con qué criterio realizará este reconocimiento; creemos que el reconocimiento de la representatividad de una agrupación estudiantil no compete a las autoridades, sino que ella surge de aquéllos a quienes representa. Por otra parte creemos que los representantes estudiantiles deben ser elegidos libremente por los estudiantes.

Además se limita el derecho de voto a aquellas cuestiones que afecten directamente a los estudiantes. Toda distinción que se haga en este sentido será necesariamente arbitraria porque en la vida de una Facultad es difícil concebir algo que no afecte directamente a los intereses estudiantiles. Debe señalarse también que cuestiones fundamentales como las condiciones de admisión, categorías, promociones, concurso de becas, etc., han sido sustraídas del control estudiantil al ser resueltas por el Consejo Nacional Universitario, ante el cual los estudiantes no tienen representación (art. 60).

Por lo tanto, al negarle legítima injerencia en los órganos de gobierno de la Universidad, se vulneran todos sus derechos fundamentales: en primer lugar a la autonomía y ejercicio delegado de la autoridad en colaboración con los otros órdenes universitarios, pero también a la organización de su propio trabajo, en la que debiera influir controlando los planes de estudio y la actuación de los docentes.

4. EN CUANTO A LOS EGRESADOS

Por el artículo 59 se dispone la organización de la enseñanza para graduados ordenándose la constitución de un centro de egresados.

Con esto no se consigue en absoluto la vinculación de los egresados con la Universidad. Además una ley universitaria no debe reglamentar su agremiación sino establecer condiciones favorables para comenzar a ejercer las respectivas profesiones, vinculándolos a los cuerpos investigadores y docentes de cada facultad.

Del análisis previo y su comparación con la aplicación práctica de la anterior ley universitaria se desprende que la nueva ley no innova ni cambia. De hecho nadie se engañaba ya respecto a la elección de Decano por el Consejo en la forma y por el Ejecutivo en la realidad, nadie creía en la legalidad de los concursos para proveer cátedras cuando en ellos pesaban preponderantes influencias, nadie duda de que no existen diferencias entre el delegado estudiantil de la entidad actualmente reconocida, miembro ahora del Consejo, y el empleado de la C. G. U. en el pasillo del Consejo. Nada se altera.

Nosotros somos la Universidad. Porque seguimos en la plena posesión de los principios que esta ley desconoce, porque continuamos sin desmayos en la lucha para implantarlos.

FEDERACIÓN UNIVERSITARIA DE BUENOS AIRES

Fuente: C. Mangone y J. Warley, *Universidad y Peronismo,* CEAL, Buenos Aires, 1984, pp. 104-108.

2

LA REFUNDACIÓN DE LA UNIVERSIDAD

DOCTOR ATILIO DELL'ORO MAINI
*Mensaje a los profesores y estudiantes universitarios,
difundido por Radio Nacional el 4 de noviembre de 1955*

La reciente reunión de interventores en las universidades nacionales examinó con detenimiento los problemas comunes según las modalidades de cada una de ellas y tuvo por objeto, no sólo proporcionar al Poder Ejecutivo la más completa y exacta información sobre su estado y sus respectivas exigencias, sino brindar a este Ministerio la oportunidad de recoger el esclarecido consejo de los distinguidos universitarios que han tomado a su cargo servir los altos intereses de aquellos institutos según el plan trazado por el Gobierno de la Revolución.

Ha guiado dicha consulta una clara idea de las responsabilidades que nos impone la certidumbre de que está en las manos de cuantos aman a la Universidad, la posibilidad de realizar una obra fecunda y duradera. Tenemos el convencimiento de que llegó el momento de llevar a cabo lo que muchas generaciones quisieron en vano hacer. Por nuestra parte, el plan oportunamente expuesto no ha sido el resultado de un pensamiento ocasional, sino el fruto de muchos años de vida universitaria. Nuestro impulso más recóndito, en las presentes circunstancias, nos movía a afrontar la tarea de reconstruir totalmente la Universidad Argentina, en sus fines, estructura y funcionamiento, porque nos sentíamos seguros de interpretar los anhelos generales. Mas hemos creído que excedía el ámbito de nuestras atribuciones esa obra cuya ejecución corresponde, legítimamente, a la propia Universidad, devuelta al goce de su autonomía, reconocida y proclamada por este Gobierno con firme e invulnerable decisión.

Tal pensamiento, compartido por los señores Interventores, nos crea la obligación de proceder con extrema prudencia y severidad en la adopción de todas aquellas medidas que, por su índole e importancia, están dirigidas a proporcionar a las universidades los medios necesarios para que, en posesión de su autonomía, puedan realizar, con entera y segura capacidad, la obra de su propia rehabilitación. Nuestra misión, por consiguiente, traspasa los límites de una mera función administrativa, relacionada con las necesidades de ajustar resortes, proveer cátedras y constituir autoridades, y asume, por encima de tales apremios –con la generosa cooperación de profesores, alumnos y egresados– los caracteres de una verdadera empresa creadora de nuevos y perdurables valores. Los resultados de las deliberaciones efectuadas han sido elevadas al Excmo. señor Presidente y fueron vertidos en diversos decretos y resoluciones, cuyas finalidades esenciales me propongo explicar en este mensaje, particularmente en lo que concierne a la reparación debida a los catedráticos sacrificados por la dictadura, a los concursos destinados a reconstituir el claustro universitario y a los procedimientos elegidos para designar a las nuevas autoridades.

El primer tema se relaciona directamente con el oprobio sufrido por la universidad argentina durante los años de dictadura. La cátedra fue herida en su esencia, en su libertad, en su decoro. Innumerables maestros debieron abandonarla por mantener su independencia, la dignidad de su conciencia o la integridad de sus convicciones. Cayeron porque no quisieron convertirla en instrumento del atropello a la autonomía de la Universidad, ni prestarse al coro de la adulación o al silencio de la indiferencia. Muchas veces, fueron separados por no afiliarse al partido gobernante o por negar pleitesía al tirano. De ese modo, se quebrantó la seriedad y disciplina de los estudios, hollándose groseramente las jerarquías sobre las que se funda toda enseñanza. La acción devastadora se completó, luego, con los procedimientos usados para asegurar la designación de profesores adictos, con la inclusión de asignaturas de formación política vaciadas en el molde de las fórmulas lanzadas por la dictadura, con la intentada agremiación única de profesores y de alumnos, cuyos delegados osaban sustituirse, sin resistencias, a la autoridad de decanos y consejos con la sanción, en fin, de una ley uniforme para todas las universidades, privadas, por lo tanto, de la autonomía con que nacieron y se engrandecieron. En medio de esta destrucción quedó incólume la voz de los maestros sacrificados por la tiranía, resueltos a dar a sus alumnos el testimonio de que no fue ni vana ni infundada la confianza con que siguieron su palabra. Quienes hemos perdido la cátedra, conocemos la amarga nostalgia que dejó en nuestras almas. Era el centro de nuestra vida intelectual, quebrada, frecuentemente en su madurez, por la injusta y repentina privación. No se nos borra nunca el recuerdo de las generaciones que, año tras año, pasaban por las aulas, llevándose lo mejor de nuestro espíritu, y que, todavía hoy, después de largo y forzado silencio, suscita un estímulo que no muere.

En el despojo de tantas y tantas cátedras hay algo más que un perjuicio o una ofensa personal: cuando se atropella la independencia y el decoro de la enseñanza, hasta el extremo de dejar desmanteladas Facultades enteras, no sólo se frustra la vocación personal del maestro y se arrebata a los alumnos del caudal vivo de una docencia, acreditada frecuentemente por las pruebas de una tenaz experiencia, sino que se aniquila la función rectora de los grandes institutos que

–como órganos de la más elevada cultura– desempeñan, en el seno de la Nación, la virtud ejemplar, ordenadora y permanente de la inteligencia.

Por eso, el Gobierno de la Revolución quiere, en las presentes circunstancias en que afronta la reorganización de las universidades, reparar el honor de los profesores que fueron obligados a separarse de sus cátedras por haber defendido la autonomía universitaria, la libertad de su conciencia y la dignidad nacional, y devolver a la Universidad, agraviada por el ataque a su autonomía y a su decoro, el perdido perfil de sus últimos prestigios. En cumplimiento de esta determinación, los interventores procederán a reintegrar a sus respectivas cátedras a todos los profesores titulares, adjuntos, suplentes o extraordinarios, y los auxiliares de la docencia, renunciantes o separados de las mismas, por motivos políticos, desde el año 1943 al año 1946 inclusive, que se encuentren en condiciones de reincorporarse; y examinarán, asimismo, las otras renuncias o cesantías que con posterioridad se hubieran producido, para decidir, en mérito de las causales determinantes, las reincorporaciones que correspondieran en aplicación de los principios adoptados. Dicha medida está fundada en la justicia –igual para todos– y en virtud de su imperio –contrastando con los procedimientos cuya ilicitud repara– no ha de desplazar a nadie que, en el desempeño actual de la cátedra, pueda invocar, juntamente con su eficiencia, una conducta limpia de toda ostensible complicidad con la dictadura.

La reincorporación, pues, de los profesores perseguidos por el régimen es el primer paso en el nuevo camino emprendido e importa, a un tiempo, el desagravio al honor de las personas y la restitución de sus derechos a la Universidad.

El segundo tema –o sea la organización de los concursos– concierne, íntegra y exclusivamente a los altos y permanentes intereses de la Universidad, cuya postración exige que se emprenda, en las excepcionales circunstancias de la hora presente, la reconstitución del claustro de profesores con el doble fin de demostrar, por medios objetivos y uniformes, de segura validez moral, la posesión actual y evidente de las aptitudes requeridas por la enseñanza, y de asegurar la existencia de un nuevo equipo de energías al que el país difiere la tarea de realizar la ansiada reforma de la enseñanza superior.

Para definir con exactitud el pensamiento del gobierno y colocar este problema en el plano en que debe resolverse, es necesario –en primer término– dejar expresamente establecido que el Decreto N° 478/955, en virtud del cual se declara en comisión a todo el personal docente universitario, no reviste el carácter de una sanción indeterminada que permita identificar, posteriormente, las culpas de quienes han de ser separados de sus cargos. Sólo tiene por objeto colocar a todas las cátedras en igualdad de condiciones para proceder a una revisión, de carácter superior al arbitrio personal de cualquier funcionario por muy elevada que sea su jerarquía, sometida a normas que ofrezcan garantías de seriedad y de imparcialidad, tanto a las diferentes escuelas cuya enseñanza se reorganiza, cuanto a los catedráticos que se consideran con suficientes títulos habilitantes. La universalidad de esta medida es exigida por la naturaleza y la gravedad del problema planteado, por la necesidad de hacer una Universidad nueva, recuperada de sus antiguas deficiencias y defectos, dispuesta a encarar su total y dinámica reorganización.

Los profesores universitarios no debemos escatimar nuestro espontáneo concurso. Los que hubimos de abandonar nuestras cátedras, hace muchos años, y aún los que más recientemente siguieron el mismo camino, precisamente por un sincero amor a la Universidad, no podemos anteponer a aquella exigencia, ni nuestros títulos legítimos ni nuestro sacrificio. La reconstrucción de la Universidad es independiente y superior a la reparación de nuestro derecho; no la desconoce ni la impide y, por el contrario, la supone, pero también la supera. Reingresamos a la Universidad, en la medida de nuestro derecho y en la situación jurídica en que ella se encuentra, sin creer, por eso, que basta nuestra presencia para rehabilitarla íntegra e instantáneamente, y curarla de todos sus males. La Revolución Libertadora no se ha hecho exclusivamente para reivindicar posiciones ni reparar injusticias, sino para un fin que excede cualquier posición personal por eminente que sea; para algo que es mas grande que todo bien particular, como es, en el orden de la enseñanza superior, obtener el resurgimiento de la Universidad, en condiciones tales de autenticidad, que importe algo así como una recreación de su espíritu y de su estructura fundamental. Obtenida la reparación moral, con el retorno al claustro, hay que ir más lejos, sin que sea un obstáculo nuestro interés, ni siquiera la concepción que nos hacemos de nuestros propios méritos, porque les debemos a nuestros alumnos y a la opinión, satisfecho nuestro honor, el ejemplo de nuestro desinterés, el testimonio personal de nuestra contribución al bien común de la enseñanza, la garantía de que sobre el destino de la Universidad no pesa otra consideración que la Universidad misma. Tampoco pueden sentirse disminuidos los profesores que, sin desmedro de la dignidad, han conservado hasta hoy sus cátedras. La cátedra no pertenece en propiedad a nadie, sino a la Universidad para sus alumnos: es una función, que no se otorga en carácter vitalicio, y que sólo ejerce aquél a quien se le reconoce la posesión actual de las aptitudes y condiciones requeridas. Por eso, su ejercicio debe ser temporáneo, sometido a periódica y honorable comprobación. Tanto más necesaria es dicha comprobación cuanto más graves y extraordinarias son las circunstancias por que atraviesa la Universidad, llamada a emprender, una vez constituido el claustro profesoral y elegidas las propias autoridades, la ímproba tarea de reorganizar su estructura y funcionamiento según las exigencias de una nueva concepción de sus fines que armonicen entre sí la preparación profesional, la investigación científica y la cultura general.

El compromiso adquirido por el Gobierno de la Revolución Libertadora de reintegrar a la Universidad al pleno ejercicio de su autonomía para el cumplimiento de la reforma preconizada, nos impone el deber de dar al país –noblemente esperanzado en el resurgimiento de sus universidades– la máxima garantía de un nuevo claustro de profesores que, merced a la selección de los concursos académicos, pueda ofrecer públicamente los títulos fehacientes de aptitud científica y docente, de dignidad personal y de recta conducta universitaria y cívica, reclamados para elevar los prestigios de la enseñanza superior y realizar aquella obra de su rehabilitación. El Gobierno cree, por otra parte, que debe a la jerarquía de los profesores universitarios el uso de este probado y tradicional procedimiento de los concursos y no el privilegio de una excepción, en momentos en que, por igualdad de circunstancias, se ve forzado a llevar el proceso de revisión de todos los títulos –por vía simplemente administrativa– a los cuadros docentes de la enseñanza media, normal, técnica y primaria, donde también ha sido excluido gran número de maestros y profesores, por causas análogas, y cuya reincorporación, sujeta al previo trámite de la inscripción, así como la permanencia de los que conservaron sus cátedras, están sometidas a las severas normas que aseguran su competencia y su dignidad.

El concurso no tiene una finalidad política: no consiste en hacer un discernimiento entre réprobos e inocentes, equiparándolos en un mismo nivel, como si fuera un mero procedimiento penal. El concurso es, y no puede ser otra cosa que un sistema de probanzas de la capacidad científica, docente y moral; y, en las presentes circunstancias, se lo emplea con carácter universal porque es necesario reconstruir totalmente el claustro de profesores de la Universidad. El caso de otras instituciones y reparticiones, donde se prescinde de estas normas, es incomparable con el de la Universidad, en cuyo seno la cátedra no es una función administrativa y reviste, por el contrario, una dignidad espiritual que es preciso preservar con extrema severidad. No hay otro medio, ni mas eficaz ni más noble, sobre todo cuando existen numerosas situaciones en las que se alegan contradictorios derechos, de cuyo juicio depende el acceso a la cátedra de los mejores profesores del país. Éste es el interés supremo que tratamos de servir. Los títulos y méritos que cada uno tenga valen, no para conservar o defender posiciones, sino para aspirar a ellas en una nueva justa que nadie puede rehuir.

Con el fin de satisfacer estas exigencias hemos tratado de multiplicar las garantías de acierto y de imparcialidad. El llamamiento a concurso de títulos y antecedentes, regido por las disposiciones dictadas hoy, tiene por objeto proveer las cátedras –en dos etapas sucesivas– con la designación de profesores titulares primero, y con la de suplentes o adjuntos después.

Tres notas caracterizan el régimen adoptado para ofrecer las garantías exigidas por el bien de la Universidad y la confianza de los participantes. La primera consiste en exigir, además de los requisitos generales, usualmente pedidos para acreditar la competencia docente y la capacidad moral, aquellos especiales que conciernen a la conducta cívica. No pueden profesar cátedras argentinas quienes han tenido o tengan dada su adhesión a las doctrinas totalitarias, de derecha o de izquierda, adversa a la dignidad del hombre libre y a la vigencia de las instituciones republicanas. La dura y prolongada experiencia, de la que victoriosamente acaba de salir el país, constituye una lección que jamás debe ser olvidada. Bajo este aspecto, particularmente, no podrán ser admitidos al concurso, quienes, en el desempeño de un cargo universitario o de funciones públicas, hayan realizado actos positivos y ostensibles de solidaridad con la dictadura que comprometan el concepto de independencia y dignidad de la cátedra. Por el contrario, es preciso reconocer que constituye un título digno de ser tenido en cuenta el ejemplo dado a sus alumnos por los profesores que, sacrificando su interés personal, perdieron la legítima posesión de sus cátedras por mantener su independencia o por defender la verdad y el decoro de las instituciones republicanas. Quienes, por otra parte, permanecieron en sus cátedras, limitándose al ejercicio mecánico y rutinario de la enseñanza, sin destacarse en ella por cursos, iniciativas y trabajo de auténtico valor docente y científico, carecerán justificadamente de méritos computables en su favor.

La segunda nota característica consiste en un procedimiento de impugnación a la inscripción que permita, con la correlativa defensa, asegurar el cumplimiento de los requisitos exigidos. La tercera nota se refiere a la institución de las comisiones asesoras, compuestas, a lo menos, de tres miembros por cada materia o materias afines, que reúnan los más satisfactorios antecedentes científicos, intachable conducta moral y clara actitud cívica frente a la dictadura depuesta y cuyo dictamen escrito y fundado sobre el mérito de todos los candidatos, servirá para elaborar las ternas que los interventores elevarán, con todos los antecedentes, a la decisión del Poder Ejecutivo. Se establece, por último, que los interventores están autorizados –conforme a una regla de vigencia universal– para proponer al Poder Ejecutivo, sin necesidad de nuevo concurso y como caso excepcional, la designación de profesores que, en posesión anterior de ese carácter, ostenten títulos de valor eminente y extraordinario, suficientes para justificar la excepción.

Éstas son las normas –entre otras– que han de regir esta etapa memorable de la recuperación de la Universidad y en la cual –según mi certeza– no dejará de ser la nota culminante la solidaridad diligente con que profesores, alumnos y autoridades concurran al triunfo de sus comunes ideales.

El tema tercero y último de mi disertación se refiere a la constitución del gobierno universitario. Reitero el propósito de facilitar cuanto antes su instalación. En cuanto a la forma de constituir los consejos directivos de las Facultades y el Consejo Superior de las Universidades, el Gobierno de la Revolución ha resuelto introducir dos grandes innovaciones que aseguran, por otra parte, un régimen uniforme para toda la Nación en las presentes circunstancias. La primera innovación consiste en la representación estudiantil, con voz y voto extendida a todas las Universidades, e instalada no sólo en los Consejos Directivos de las Facultades sino también en el Consejo Superior de cada Universidad. La delegación estudiantil, además, se organizará de tal modo, en cada facultad –por mayoría y minoría–, que asegure la representación equitativa de las diferentes tendencias existentes entre los estudiantes. Los títulos que justifican esta representación de la juventud universitaria están fundados en la razón de ser de su presencia en las escuelas, es decir, en el cumplimiento de sus deberes de estudio y de aprendizaje, en la participación que, en virtud de los mismos, adquieren en la vida orgánica de la Universidad. El diálogo que nace junto a la cátedra de un verdadero profesor, y del cual depende el destino espiritual de los jóvenes que la rodean, no desaparece al concluir la clase sino que prosigue y se multiplica, sobre todo cuando concierne al destino del hogar común, generando formas de cooperación, de grado diverso, que, sin desmedro de la disciplina escolar y de la jerarquía de la cátedra, van desde el mejor aprovechamiento de la docencia hasta el gobierno de la institución. Los profesores universitarios sabemos por experiencia con qué discernimiento justo y veraz descubren los alumnos a un auténtico maestro; ni olvidamos tampoco, cuántas veces, con qué diligencia sus delegados en los Consejos estudiaban e informaban, otrora, los asuntos sometidos a su examen. Tengo fe en la juventud universitaria de mi patria que ha sabido dar a todo el país el ejemplo valiente de una resistencia viril a la dictadura; y estoy cierto que, por eso mismo, ha de asumir estas funciones sin otro interés que el de sus estudios, con circunspección y con un sentido agudo y severo de su responsabilidad. La segunda innovación se refiere al establecimiento, por la primera vez, de un delegado de los egresados tanto en los Consejos Directivos cuanto en el Superior. Esta medida ha de abrir, sin duda, un sistema de crecientes relaciones entre la Universidad y sus antiguos discípulos, los cuales, si bien abandonaron la viviente comunidad de profesores y alumnos, son una prolongación suya, y pueden aportar una valiosa cooperación que justifique, además de su título, la participación que ahora se les acuerda en el gobierno de la institución.

Esta triple representación, de profesores titulares, adjuntos o suplentes; de alumnos, según sus diversas tendencias, y de egresados, organizada en la forma impuesta por la jerarquía existente entre esos diversos grupos –y sin perjuicio de la responsabilidad directiva que corresponde a los profesores– llevarán al gobierno de la Universidad las diferentes voces de la comunidad espiritual que sustancialmente la constituye y define. Las arduas tareas de la recuperación quedarán, de ese modo en manos de los miembros auténticos de la Universidad llamados por el Gobierno de la Revolución a cumplir los grandes ideales proclamados, en esta materia, por la Nación liberada.

Las resoluciones que dejamos esbozadas, mediante las cuales el Gobierno entiende cumplir el compromiso que adquiriera ante el país, y que definiera en su discurso programa el Excmo. señor Presidente Provisional, constituyen los pasos iniciales en la reconstrucción de la Universidad Argentina; mas por eso mismo, están revestidos de una gran significación y trascendencia. Todo cuanto concierne a este problema interesa y conmueve, hoy, a la Nación entera. La Universidad, después de los tenebrosos años de la dictadura, se nos presenta, por su propia naturaleza, como el órgano de la recuperación de la inteligencia argentina, llamado a regir, a través de las nuevas generaciones, los destinos futuros de la Patria. Séame permitido, al término de estas palabras, exhortar el ánimo de profesores y alumnos para cumplir, solidariamente, esta hermosa y noble tarea con desinterés, severidad y altura.

Fuente: Doctor Atilio Dell'Oro Maini, *Mensaje del ministro de educación a los profesores y estudiantes universitarios, difundido por Radio Nacional* (4 de noviembre de 1955), en Poder Ejecutivo Nacional, Ministerio de Educación y Justicia, *La Revolución Libertadora y la Universidad*, Buenos Aires, 1957, pp. 39-46.

EL PROBLEMA UNIVERSITARIO ANTE
LA JUNTA CONSULTIVA NACIONAL,
REUNIÓN EXTRAORDINARIA DEL 29 DE FEBRERO DE 1956

MINISTRO DE EDUCACIÓN, DOCTOR ATILIO DELL'ORO MAINI

[...] Es decir que toda esta recuperación universitaria se hace bajo el signo de la libertad, de la independencia de la cátedra, de la responsabilidad de los maestros, del deseo de las jóvenes generaciones de entregarse a ellos y poder fundar en el país múltiples centros de cultura que levanten el nivel moral y social del ciudadano.

Dentro de estos conceptos ocupa un lugar importante otra iniciativa acogida en este decreto-ley, a la que deseo referirme de una manera muy concreta y es la contenida en el artículo 28, que reconoce la existencia de las universidades creadas por la iniciativa privada. Mi propósito, señor presidente, al acudir a esta reunión, es el de dar una información concreta y sucinta del plan universitario trazado por el gobierno de la revolución con la cooperación de los sectores más diversos de la opinión pública y, sobre todo, informar de una manera precisa sobre los propósitos del gobierno de la revolución en una materia que se ha debatido y se está debatiendo intensamente, porque tengo la confianza de que conocidos de una manera clara y nítida los pensamientos que guían esta acción, será posible la inteligencia de todos, en beneficio de nuestra cultura y de nuestra unidad.

El artículo 28, que reconoce a la iniciativa privada el derecho de crear universidades, obedece, evidentemente, a una concepción acerca de la cultura y acerca de lo que es intrínsecamente la universidad. Pero también responde a una experiencia histórica y, además, a un anhelo que se ha abrigado desde hace muchísimos años en el país, anhelo compartido también por los sectores más diversos de la opinión nacional. Digo que responde a una concepción de la cultura porque, evidentemente, la inteligencia es fruto de la libertad. Necesita de ella como de su atmósfera propia, y toda universidad no es sino el conjunto de hombres vinculados por el ideal común de dar realidad a la vida de la inteligencia en la investigación de la verdad, en el acrecentamiento de la ciencia, en el fomento de las artes y el aprendizaje de esas disciplinas por parte de quienes acuden a estos centros para formar su inteligencia y nutrir su espíritu. En la historia del mundo, todas las universidades han sido el fruto de una iniciativa privada. Pero es evidente que no se puede desconocer al Estado una función en esta materia, que en algunas circunstancias llega a ser el cumplimiento de un deber, porque es evidente que la organización de estos esfuerzos requiere tantos elementos, tal diversidad de medios, que en determinados grados de la evolu-

ción de un pueblo el Estado debe adelantarse para abrir caminos en la ignorancia o en la pobreza, a fin de poner todos sus recursos y su propia autoridad al
servicio de las vocaciones auténticas de la inteligencia que siempre nacen en el
seno de la sociedad.

En nuestro país, el esfuerzo realizado por el Estado ha sido muy grande y
tenemos una experiencia muy concreta de lo que significa el problema de las relaciones del Estado con la universidad. No solamente en países extranjeros de
gran cultura ha sido necesario acudir al aprovechamiento de estas energías privadas para organizar la vida de la cultura sino que se ha podido comprobar el beneficio que para todos ha significado la presencia de múltiples centros de libertad.
No es de extrañar a nadie que una revolución libertadora haya afrontado precisamente este primer problema de la libertad de la inteligencia, de la organización
libre de los esfuerzos dedicados a la cultura, después de haber padecido durante
tantos años el oprobio de una dictadura que en el ejercicio del poder había acabado con la vida de la inteligencia y con la autonomía de las propias universidades. Pero lo extraordinario es que el reclamo de esta libertad no es un fruto producido bajo el agobio de la dictadura, sino que se ha venido reclamando siempre
en la República Argentina, porque se ha considerado que una de las causas del
detrimento y del atraso en determinadas circunstancias de la universidad oficial
dependía de la imposibilidad de dar cauce y expansión a la iniciativa privada y a
la libertad de la inteligencia.

Pero cuando se habla de la universidad libre, encuentro que con grave
error, se contrapone la universidad libre a la universidad oficial, como si fueran
dos conceptos contrarios destinados a excluirse recíprocamente y a perjudicarse
el uno al otro y, sobre todo, se lo plantea como algo excepcional, que no tiene su
lugar apropiado en el texto de un decreto que se refiere a la organización de las
universidades oficiales. Pero debo llamar la atención en que el programa de la
revolución en esta materia, el plan que realizan sus interventores en las universidades –no solamente en cumplimiento de instrucciones recibidas, sino por convicciones propias, de su propia responsabilidad–, y el decreto dictado por el gobierno revolucionario, no tienen una finalidad puramente administrativa de
reparación de errores cometidos, con el solo objeto de restablecer un orden ocasionalmente alterado, como puedo haber sucedido en los diferentes episodios
que nuestra historia conoce en materia de intervenciones universitarias. Aquí el
problema era mucho más hondo y mucho más grave. La crisis de la universidad
argentina había llegado a las entrañas mismas de la cultura nacional, de manera
que limitar nuestro papel a la corrección de deficiencias, a la reparación de errores, a la restauración de la vida administrativa, hubiera sido no solamente no
cumplir con nuestro deber, sino poner nuestro aporte al servicio de esta decadencia incurable. De tal manera, el programa revolucionario en esta materia como
en todas las otras, ha tenido en cuenta no solamente el punto de vista de la acción oficial, sino que ha considerado en una visión amplia el esfuerzo en que están empeñados en estos momentos todos los ciudadanos argentinos, que es restablecer la vida del país en sus diferentes ámbitos, con hondura, con verdad, con

clara noción del futuro, sobrepasando estas minúsculas preocupaciones, para dar los remedios esenciales.

Este decreto que estoy comentando organiza en toda su integridad la vida universitaria argentina. Es necesario darse cuenta de que cumpliendo con el plan largamente esbozado este decreto organiza para todas las universidades argentinas el régimen de la libertad. De acuerdo con este decreto todas las universidades argentinas son libres. Hablando con propiedad se puede decir que no hay ni universidad oficial ni universidad libre. Con la norma legal que estamos comentando, todas las universidades son libres; no hay más que universidad libre. Con esta organización las universidades rompen toda atadura con el poder político. Al darles a las universidades el goce pleno de su libertad, de su independencia, de su autarquía, significa, señores, que las universidades se dictan sus propios estatutos, organizan sus planes de estudio; dividen, restringen o multiplican sus carreras profesionales; atienden a la organización de su investigación en los departamentos que estimen adecuados; dan y gobiernan su disciplina; eligen los profesores, por sí y ante sí; designan sus empleados, organizan sus autoridades, expiden los títulos; tendrán sus fondos propios y la administración de los mismos con plena libertad. Es decir, que no hay un solo acto de la universidad argentina en el que intervenga de alguna manera el poder político, el gobierno, el Estado.

Las universidades tienen ahora su libertad, su independencia y son responsables de su propio destino. Por consiguiente, la iniciativa privada al obtener este reconocimiento no hace sino integrar el cuadro total del régimen que preside la vida universitaria. No es una parte, no es una excepción, no es un privilegio, no es un capítulo contrapuesto, injertado en un régimen de diferente carrera. Integra la misma concepción. Diré más: en el fondo no hay sino dos categorías de universidades libres. Por un lado, la universidad oficial que recibe la contribución del Estado y la universidad libre, por el otro, que no recibe nada del Estado. Esto es una realidad con la que puede decirse que ocurre una paradoja curiosa y es que la llamada universidad libre, que ha de ser reglamentada, será la única universidad sometida a una ley, a un control, mientras que la universidad oficial, en virtud de este decreto, no tendrá ninguno. Es decir que afrontamos una gran experiencia de doble carácter que, considero, vale la pena afrontar, por los fueros mismos de la inteligencia argentina.

Por otra parte debo decir que en relación a la universidad libre me ha llegado alguna vez la versión de que podía atribuírsele un sentido o una intención confesional. En mi espíritu no ha entrado jamás esa preocupación y, además, no alcanzo a comprender en qué medida puede tener ese carácter. Aun en la hipótesis de que en el país tuviéramos una enseñanza confesional determinada, el problema de la universidad libre se suscitaría de la misma manera porque no hay ninguna relación entre lo que es una universidad con todo el conjunto de sus ciencias profanas y la confesionalidad que se le pretende atribuir.

De cualquier manera, me siento en la necesidad de afrontar este aspecto para declarar con toda claridad que la intención es de muy distinto carácter y hace a la vida misma de la universidad argentina y a los fueros de nuestra inteligencia.

Por otra parte –y en esto pongo mucho más énfasis, señor presidente– ese artículo 28 anuncia una reglamentación. En ese sentido sí siento el deber de dar todas las garantías necesarias para que no haya ninguna confusión a su respecto. Este artículo no tiene por objeto dar facilidades a nadie sino, por el contrario, poner normas muy precisas que aseguren la existencia de auténticas y verdaderas universidades.

La experiencia de muchos países, a muchos de los cuales no tengo por qué poner en un nivel más alto que el nuestro, es favorable a esta iniciativa. Son muchos los países americanos y no americanos que han realizado con éxito esta experiencia. Esa experiencia nos permite que, aprovechándola, obtengamos los medios más seguros y precisos para una exacta y adecuada legislación sobre la materia.

Para aclarar nuestro pensamiento debo decir de una manera nítida que estas universidades necesitan someterse, como toda universidad, cualquiera sea su origen y su carácter, al control del Estado en cuanto concierne al respeto de su propia organización y funcionamiento, al imperio de las normas republicanas y, sobre todo, en cuanto al reconocimiento de los títulos habilitantes. El reconocimiento de los títulos habilitantes es una función irrenunciable del poder público en garantía del interés general, de la seguridad, de la salud, etcétera. Desde luego, esta función la ejerce el Estado por diversos medios entre los cuales no es el caso mencionar los criterios imperantes, pero en los que siempre hay el ejercicio del poder de policía que compete al Estado.

Por otra parte, entiendo –porque se trata precisamente del reconocimiento de un derecho a la iniciativa privada– que es la iniciativa privada la que debe subvenir a la creación y mantenimiento de la universidad sin el aporte de ninguna especie de los presupuestos estatales.

Son tres principios fundamentales que debe superar toda ley reglamentaria. Pero el gobierno de la revolución ha dado otra prueba más en esta materia constituyendo una comisión destinada a aconsejar sobre las normas reglamentarias. Dicha comisión está constituida por un grupo de eminentes profesores argentinos, de amplia autoridad dentro y fuera del país, que pertenecen también a los más diversos sectores y cuya presencia es ya una prueba inequívoca para todos del espíritu que guía este programa de la revolución.

Estoy convencido de que esta tarea debe llevarse a cabo con prudencia y que, por otra parte, el nacimiento de estas universidades se encuentra supeditado a la reunión de muchos medios y recursos que no se pueden improvisar. Pero es evidente que puestos el estímulo y la norma en marcha, el gobierno de la revolución cumple con un propósito que ha estado siempre latente en la vida universitaria y en la opinión pública del país. Podrá disentirse sobre diversos aspectos de la iniciativa, pero el gobierno pone gran empeño al escuchar el parecer de los entendidos; al recoger las opiniones más diversas a los efectos de legislar con cautela y con discernimiento muy minucioso y exacto de las verdaderas razones que pueden fundamentar un anhelo general.

Al terminar esta exposición –agradeciendo la benevolencia con que he sido escuchado–, quiero dar una vez más testimonio del propósito del gobierno de la revolución de escuchar y recoger estos pensamientos a los cuales me estoy refiriendo con insistencia, porque, por encima de todo, nos interesa salvar la cultura del país, la unidad de nuestros espíritus y el cumplimiento de nuestros ideales revolucionarios.

Nada más. [...]

AMÉRICO GHIOLDI

[...] La segunda cuestión considerada por el señor ministro es la de la defensa de la idea de la universidad privada. El señor ministro hizo consideraciones prudentes, con las cuales estoy de acuerdo.

Cultura e inteligencia son expresiones de la libertad. Cuando se dice que la cultura nace siempre de la iniciativa individual es simplemente la formulación de una idea más general. Todas las manifestaciones de la actividad humana han nacido de la actividad individual. De manera que aquélla es una proposición circunscripta de un hecho más evidente: que es la vida misma en su desarrollo quien crea todas las formas de la actividad que el hombre necesita para desarrollarse como hombre. En el curso de la evolución, las actividades individuales crecen en los siglos, y como una necesidad de protección y de fomento de la misma actividad individual, aparece el Estado, cuyas funciones han crecido en el último siglo. Es problema de arte, y de democracia y de libertad, conjugar siempre cómo debe operar el Estado para que la actividad individual mantenga frescas las fuentes de la creación.

La verdad es que en la calle se debate apasionadamente el problema sobre la base de una idea de la universidad privada que no es la explicada recién esta tarde por el señor ministro. El país se ha dividido; ha entrado en querella no por los motivos expuestos por el señor ministro, sino porque se han movilizado las opiniones, favorables y contrarias, a las opiniones confesionales o filosóficas que parecieran haber inspirado el decreto de diciembre, aunque el señor ministro en este momento manifieste que no es así.

En no pocos templos, en las calles de la ciudad, en los centros de cultura se discute el problema en función religiosa y confesional. La cuestión de la universidad libre se discute como sinónimo de la enseñanza religiosa, como capítulo de la enseñanza religiosa. Un sacerdote ha dicho anoche que no hay que engañarse, pues cuando se está hablando de enseñanza libre se alude concretamente a la enseñanza religiosa. Ése es el problema social y político que tiene planteado el gobierno y –perdóneme el señor ministro– por la responsabilidad del señor ministro de haber incluido el artículo sin las explicaciones que se dieron hoy. Creo que, dado el estado psicológico del país, la responsabilidad del señor ministro es directa y también, desde luego –y perdóneme, señor presidente– del propio Poder Ejecutivo que ha hecho suya la resolución.

Personas caracterizadas de la ciencia propician la iniciativa privada como una forma de desarrollo de la cultura científica y como procedimiento de estimular la investigación. Hay dos planos: el campo de la investigación y el campo educacional, influido por criterios dogmáticos o confesionales, sean de una o de otra confesión.

Si se trata de la investigación por intermedio de altos estudios privados, no hay dificultad ni cabe la discrepancia. Nadie se opone a que haya laboratorios de ciencias naturales, físicas o de ingeniería a cargo de entidades privadas. El problema comienza cuando la ciudadanía concibe que al lado de la universidad del gobierno se creen universidades católica, judía, mahometana, masónica, protestante, y así sucesivamente. Éste es el problema que tiene planteado el país. Se ha lanzado la iniciativa de la creación de algunas facultades judías para el caso de que sea posible su constitución de acuerdo con este régimen, así como sabemos cómo y quiénes promueven la universidad católica.

Personalmente, yo no promovería en el actual momento la creación de facultades o de universidades de tipo confesional. Las admito como un mal menor, siempre que estén sometidas al control del Estado. Creo que desde el punto de vista de la unidad nacional es un grave error histórico que el gobierno fomente la secesión cultural. La Argentina tiene menos unidad nacional que Chile, Uruguay o Brasil. Los estratos cerebrales argentinos no han conseguido todavía mancomunar las distintas corrientes raciales; muchas querellas ideológicas y políticas que nos conmueven y que parecen insolubles, responden al hecho de falta de profunda cohesión nacional que advertimos en otros pueblos.

En estas condiciones del desarrollo psíquico o mental de la Nación, yo considero un error que nos dispongamos a fomentar universidades de carácter ideológico, que, vuelvo a decir, constituyen un capítulo distinto del relativo a la investigación científica. Órganos de investigación científica pueden crearse hoy sin dificultad, porque ninguna ley dificulta su creación ni se opone a que otorguen diplomas de capacidad. No hay dificultad en ninguna ley. Pueden crearse laboratorios de fisiología, de técnica mecánica, de física nuclear para la libre investigación y la formación cultural.

El problema se plantea exclusivamente cuando se trata de organizar instituciones de carácter confesional o cuando se trata de institutos no confesionales o confesionales que otorgarán títulos para el ejercicio de la profesión, en cuyo caso la intervención del Estado es necesaria e indispensable.

No debemos estar tan descaminados los que fuimos lanzados a la polémica cuando sostenemos que en las actuales circunstancias es peligrosa esta lucha ideológica que inquieta. He resistido hasta mediados del mes de enero participar en la polémica porque comprendo que los problemas de la revolución son muy graves; se necesita el concurso de todos para salir de las graves dificultades del presente. Un distinguido sacerdote argentino ha venido a darnos plena razón cuando formulamos consideraciones de oportunidad. Me refiero al padre Cuchetti, que acaba de llegar de Europa, habiendo visitado ciudades de Italia, y que pronunció anoche, martes, unas manifestaciones por Radio del Estado, que yo me permitiré resumir.

Cuando aludo al padre Cuchetti lo hago con la simpatía personal y cívica de recordar que fue el único sacerdote que estuvo en la histórica marcha de la Constitución, uno de cuyos organizadores fue nuestro colega doctor Manuel Ordóñez.

"Parafraseando a un orador español, que dijo que no se puede levantar cadalsos a las consecuencias, después de haberse levantado trono a los principios, el orador analizó la claudicación moral de muchos católicos en los últimos tiempos. Ahora –dijo– los sacerdotes debemos ser sacerdotes de la libertad y cuando no lo somos, merecemos la muerte de la libertad. A la luz de los incendios, lógica consecuencia de la inmoralidad del régimen aceptado, pasó el orador a analizar brevemente el panorama actual del país, deteniéndose sobre el problema de la enseñanza. A este respecto dijo que a nadie se le oculta qué extremos de beligerancia y anarquía pueden conocerse con el planteo de tal cuestión. La responsabilidad gravita de manera especial sobre los que dirigen el movimiento católico."

Leo otras palabras del orador. "Ha llegado el instante de preguntarnos si es éste el momento adecuado para suscitar problemas que separen los espíritus a tan graves responsabilidades como las que enfrenta la revolución. Los errores que cometemos podrán provocar el resentimiento capaz de perturbar la estabilidad moral de la ciudadanía."

Terminó diciendo el padre Cuchetti que es hora de meditar sobre los deberes contraídos con la revolución. "Lo demás vendrá a su tiempo, en un gobierno constitucional y mediante un sincero debate en que se eviten los peligrosos extremos a que estamos asistiendo. ¿Es que hay alguno que piensa que ha llegado la hora de las conquistas?"

Porque ha de saber, señor presidente, que en templos se habla de que ha llegado "la hora de las conquistas"; que esta revolución tiene que dar conquistas a los que durante largos años en el mundo del catolicismo han propugnado por determinados medios... [...]

MANUEL ORDÓÑEZ

Voy a hacer uso de la palabra, poniendo a Dios como testigo de que conservaré durante mi exposición la lealtad más plena con mis ideas; pero también la lealtad más plena hacia la justicia que tengan los reclamos, los deseos de los que no participan de las mismas, a fin de lograr el conveniente apaciguamiento y la comprensión adecuada de la cuestión.

El tema traído a la sesión extraordinaria de esta tarde, no es tanto para discutir uno u otro punto en particular, cuanto para escuchar las explicaciones del señor ministro de Educación sobre un acto de gobierno ya producido y para oír las observaciones que le merece a los miembros de la Junta Consultiva.

En primer término, volveré sobre algo que los integrantes de la Junta me han oído repetir a propósito del ámbito de acción del gobierno provisional. Me ocuparé luego de la cuestión en sí que nos reúne.

El gobierno de la revolución es un gobierno de transición y, por lo tanto, provisional; luego, su acción debe ceñirse a las tareas propias de esta transición. Tales son la liquidación del régimen depuesto y la preparación institucional y moral del país para una plena consulta democrática.

Soy partidario –antes, durante y ahora– de la revolución, en cuanto ella significa un derecho del pueblo; porque cuando se avasallan los derechos y las libertades y ejerce el gobierno una autoridad que, cualquiera fuera su origen, se ha convertido en tiránica, el pueblo, por derecho natural, reasume la total soberanía y es en él en quien reside la verdadera autoridad y poder. Como muy bien dijo Santo Tomás de Aquino, siglos hace, cuando tan corrompida está la autoridad, bueno es que un grupo de ciudadanos honestos tome sobre sí la de gobierno y derroque al tirano.

Las revoluciones son, pues, el ejercicio de este derecho, con una finalidad propia, cual es el derrocamiento de la autoridad ilegítima. Pero la revolución no es una institución; es un procedimiento. Por lo tanto, los que creemos que la civilización en el orden político consiste en la marcha paulatina y progresiva, a través de la imperfección propia de todo lo humano, hacia un estado de derecho, debemos cuidarnos mucho de institucionalizar ninguna revolución.

El agradecimiento que tendrá un pueblo a la revolución, nacerá de que la revolución le haya desbrozado el camino, apartando los obstáculos que le impedían su marcha hacia la normalidad del estado de derecho. La Revolución Libertadora de 1955 es la primera en la historia de las revoluciones argentinas que se ha comprometido a ello; y en la medida que va trabajando, lo va haciendo.

La ley es, en todo orden social sano, un instrumento de solución de los problemas; pero como también decían los viejos filósofos de Grecia, tiene como característica fundamental su valor educativo; ello es tanto más importante en una democracia, porque en ella la razón de unión es la ley votada por los cuerpos legislativos popularmente integrados.

Una democracia verdadera significa institucionalmente un pueblo bien representado a través de autoridades que elige ese mismo pueblo y que trabajan para él; no puede haber en ella ley alguna que no sea fruto de la decisión de los representantes del pueblo. Por consiguiente, la revolución no tiene como función propia, en razón de su esencia ontológica, la de crear institución alguna que diga relación con el quehacer propio del régimen democrático. Es por ello que todas las disposiciones de una revolución del carácter de la nuestra, y que hacen al fondo de los problemas y de las instituciones, están fuera, a mi juicio, del ámbito revolucionario. Por tal razón discrepo con la posición del gobierno revolucionario cuando crea instituciones apartándose de las existentes antes del 4 de junio de 1943, como lo ha hecho con la universidad al dejar sin efecto la ley Avellaneda y sustituirla con la que motiva la conversación de hoy.

Ello no significa, desde ya lo digo, que no sea un acérrimo partidario de la universidad libre y que no apruebe la mayor parte de los artículos de esta ley, y especialmente el artículo 28. Desde los primeros años de mi modesta actuación he defendido el principio de la libertad de enseñanza y con él he consustancializado mi acción y mi prédica. Mi discrepancia no es con la cosa en sí, sino con la posición. Y no se vea en esto, señor vicepresidente de la Nación, una falta de apoyo a la revolución: es una crítica y una advertencia ciudadanas para que la revolución pueda llegar, con los menos errores posibles, a la finalidad propia que se ha señalado y que, de realizarla, merecerá de nuestra historia patria el más grande de los homenajes; es sencillamente una defensa de los ideales mismos que movieron a las Fuerzas Armadas a salir a la calle y coronar con gloria los esfuerzos de doce años de la ciudadanía.

Paso ahora a analizar las cuestiones que promueve el decreto-ley que el señor ministro, con tan claro razonamiento, ha fundado. No es la primera vez –me permito recordarle al señor consejero Ghioldi el decreto sobre fijación del valor de cambio de nuestra moneda– que un asunto llega a esta Junta Consultiva luego de resuelto. Es un derecho del gobierno hacerlo. Tanto el señor ministro de Educación como los consejeros hablamos, pues, sobre hechos consumados; pero ello no obsta para que puedan hacerse observaciones, fijar conceptos y discutir los principios que se han mentado esta tarde. Ello no significa ciertamente, de nuestra parte, que demos a nuestras palabras el carácter de un tratamiento integral de la cuestión educacional en nuestro país. Lo haremos si se trae a nuestra consideración un proyecto de ley general en la materia.

El problema de la educación, a nuestro entender, está mal planteado en el país; y a este mal planteamiento originario está siguiendo una cantidad de consecuencias que no se hubieran producido en otro caso, y que contribuyen a demorar, si no a desviar, la solución. Ha dicho el señor consejero Ghioldi que se está discutiendo el problema en términos confesionales. Lo reconozco, y de ello tienen culpas unos y otros. No hay duda de que existe un grupo de personas que está creando artificialmente en el país una apariencia de Iglesia Católica perseguida: desfiguran actos, echan a correr un reguero de calumnias de las que muchos de los presentes somos víctimas; intrigan, agitan y conspiran. Este grupo, pequeño y activo, pretende usufructuar políticamente el sentimiento religioso, y no por cierto en defensa de la democracia, sino con otros bajos designios.

De que exista tal espíritu reaccionario hay razones históricas y hay hechos actuales; razones históricas que nos deben obligar a meditar. Siempre que se conculca un derecho legítimo, tarde o temprano habrá una explosión, enseñándonos la historia que esas explosiones no eligen generalmente los cauces legítimos. El año 1884 trajo ficticiamente al país un problema religioso, provocando un estragamiento del pensamiento democrático de muchos católicos, que comenzaron a desconfiar de este régimen de convivencia política: he aquí donde comienza a crecer el sentimiento reaccionario, origen de grandes males al país. Se negaron derechos, se negaron libertades; y, desgraciadamente, se produjo la reacción y un desencuentro histórico aun subsistente.

Por otra parte, hay actualmente otro grupo de personas con ideas diferentes, contradictorias en el campo de lo religioso, que, aprovechándose de que no vivimos una época de normalidad, que significa controles y contrapesos hoy inexistentes, y valiéndose de diferentes recursos accidentalmente en sus manos, pretenden crear otra situación, igualmente artificial que la primera: tal sería la de una Iglesia perseguidora y oscurantista. Y entonces, cuando un reaccionario defiende la buena causa de la libertad de enseñanza, desvían el ataque a esa libertad para llevarlo al terreno confesional.

Entre esos dos grupos, estamos otras personas, la gran mayoría del país, señor presidente, que desde trincheras diferentes hemos dedicado nuestras vidas a la democracia, a la que amamos a pesar de sus imperfecciones y por la que hemos sufrido, y que ansiamos que nuestro país sea un país de libertad, de paz religiosa y de convivencia, y que no estamos ni con unos ni con otros. No me preocupa que la calle esté alborotada; me alegra: quiere decir que hay vivencia, que el pueblo siente los problemas. Que se discutan con orden, no con aprovechamientos mezquinos. Lo que es importante para nuestro futuro no es tanto el de los hombres que irán al gobierno de la patria usando las ideas que van a gobernarla; y buena cosa es que por las ideas nos batamos dentro de la fraternidad nacional, que debe ser la regla y el fundamento de la convivencia.

Se dice que el problema de nuestra educación consiste en oponer educación religiosa a educación laica: tal es el mal planteo del problema a que me refería. La cuestión radica, en cambio, en establecer si la educación y cultura argentinas van a ser fruto del monopolio estatal o de la libertad de enseñanza; es decir, si sólo el Estado tendrá escuelas y gozará de los fondos impositivos, establecerá el sistema pedagógico y los procedimientos de enseñanza o si todo ello será dejado a la libertad de los hombres. Un Estado monopolista con enseñanza religiosa obligatoria es un Estado que no respeta una libertad política, como no la respeta tampoco el laicismo obligatorio. El consejero que expone es contrario a la enseñanza religiosa obligatoria y contrario también al laicismo obligatorio. Estoy por la libertad: que cada cual tenga el régimen que quiera para la enseñanza. La unidad del país no se va a hacer sobre la base de la uniformidad, porque unidad quiere decir unión en la diversidad; se hará sobre la base del respeto a las conciencias y a las libertades.

La educación, señor presidente, no se reduce a resolver si habrá o no una hora de religión durante o fuera del horario de clases. No se reduce a ello el régimen de libertad de enseñanza que sostenemos; la educación es algo más: es la autoliberación personal. La aspiración suprema de todo hombre es hacia la liberación de que, en primer término, es interna e individual de todo aquello que lo coarte en su marcha hacia su vocación. La educación consiste en esos autocontroles, influidos, naturalmente, desde afuera, pero respetando la idiosincrasia personal.

El hombre que se educa –y educar quiere decir sacar de adentro para afuera– va haciendo dar a los dinámicos intereses que el Creador puso en el alma todas las posibilidades de que es capaz. Con ellas realizará el ideal a que aspira de acuerdo con su propio concepto de la vida, y responderá así a las exigencias de su conciencia: si lo hace bien, está salvado.

Ese concepto de la vida, al par que norma de nuestra acción, exige del Estado el respeto de las libertades políticas necesarias para su cumplimiento. El hombre que cree que puede ser neutral en el problema del origen de nuestro ser y de nuestro destino debe tener las libertades políticas necesarias para poder vivir decentemente de acuerdo con ese concepto. Pero si otros hombres tienen un concepto de la vida en el que la neutralidad es imposible, debe tener también la misma libertad. Los que tenemos un concepto cristiano de la vida debemos contestar a cuestiones como: ¿de dónde venimos?, ¿adónde vamos?, ¿existe Dios?, ¿existe el alma?, ¿en qué se fundamenta el orden moral?, y exigimos que se respete la libertad de practicarla. No se diga por ello que igualamos la verdad y el error: sólo la verdad tiene derechos; y el error, tolerancia. Pero frente al Creador otra es la situación, porque el Estado no es definido de verdad alguna. Pretendemos crear un régimen de concurrencia en la Argentina.

Todo régimen, pues, que imponga coactivamente procedimientos, sistemas y escuelas contraría libertades y anula el progreso pedagógico.

¿Qué papel dejamos para el Estado? Sólo una función supletoria. He oído con un poco de preocupación una expresión acerca de la relación de la libertad y el Estado. Se ha dicho que el Estado debe respetar la libertad siempre que ella gire dentro de la órbita del propio Estado descentralizado. El Estado, ontológicamente considerado, no es un ser, sino una organización jurídica para hacer posible la libertad de la persona humana, anterior y superior a todo Estado. El Estado está al servicio de todo el hombre, porque el hombre es lo único que hay inmortal en la Creación, lo único que trasciende el tiempo y el mundo; todo caerá; el hombre no caerá nunca. Y aunque algunos entiendan que el hombre no trasciende al tiempo, le reconocen una dignidad de inteligencia y de voluntad que no tiene el Estado, que sólo subsiste a través de los hombres que rige.

Naturalmente que este concepto lleva a otras consecuencias. El Estado puede controlar las acciones individuales porque ése es su deber en virtud de las funciones de gerente del bien común que tiene. Pero no puede ser el Estado omnipresente, el Estado dirigista, el Estado educador: no tiene facultades para ello. Corresponde a mi lealtad reconocer que no llega a tal extremo la expresión que estoy comentando; pero no cabe duda que constituye la base y fundamento de la tendencia que lleva al totalitarismo. [...]

Fuente: Poder Ejecutivo Nacional, Ministerio de Educación y Justicia, *La Revolución Libertadora y la universidad, 1955-1957*, Buenos Aires, 1957, pp. 106-110; 114-116; 119-123.

JOSÉ LUIS ROMERO
Entrevista

Cronista: Dado que la Universidad debe recuperarse para la cultura, y reorganizarse con el fin de rendir los frutos que el país espera de ella, el camino para lograrlo ¿partiría de la estructura anterior a la tiranía?

Dr. Romero: No. Hemos preferido prescindir de las diversas etapas que ha tenido la organización de la Universidad, dejando de lado, por supuesto, las dos últimas leyes que han sido derogadas en estos días, y tomar como punto de partida la Ley Avellaneda. Es preciso retomar la idea, presente en dicha ley, de una universidad autónoma, en reemplazo de las disposiciones que la habían sometido a influencias políticas y que habían impedido su libre desenvolvimiento.

De los estatutos que han regido la Universidad, el de 1923 recogió los principios sostenidos por el movimiento reformista de 1918, y otorgó la representación estudiantil en el gobierno de la Universidad. Pero más tarde esa conquista fue retaceada. En Buenos Aires, por ejemplo, dicha participación llegó a convertirse en meramente nominal.

Cronista: Las castas universitarias que tanto criticó el movimiento estudiantil, ¿podrán ser suprimidas con una reglamentación o un estatuto adecuados, u obedecen a causas más profundas?

Dr. Romero: Naturalmente, obedecen a causas profundas. Sólo pueden ser combatidas con la participación conjunta de alumnos y profesores en la vida y en el gobierno universitario. El fenómeno hay que combatirlo de adentro; es preciso tonificar el espíritu universitario.

Cronista: Se han manifestado algunas opiniones contrarias a la participación estudiantil en el gobierno universitario. Alegan la falta de capacidad en los educandos para dictarse normas y su falta de experiencia. ¿Qué argumentos se les puede oponer?

Dr. Romero: En primer lugar, el estudiante universitario suele ser mayor de edad y, por lo tanto, jurídicamente responsable. De modo que tiene el suficiente criterio para valorar sus actos y su representación en el gobierno de la Universidad es lícita. En segundo lugar, la Universidad existe por los estudiantes; luego, es lógico que éstos intervengan en alguna medida en su gobierno.

Es natural que no se les dé el control absoluto, pues quizá les falte la madurez y la calma que requiere la solución de algunos problemas. La parte que se prevé para los estudiantes no es tal que adquieran un papel decisivo, pero se desea escuchar su voz. Nadie puede oponer reparos a que en un consejo de ocho personas, por ejemplo, haya dos estudiantes que lleven sus inquietudes, planteen sus problemas, expongan sus necesidades y afirmen con su voto su voluntad.

Cronista: Así como Sarmiento echó las bases de nuestra escuela primaria, con fundamentos capaces de hacerle cumplir su función social, ¿piensa usted que el mismo espíritu sería el que debiera infundirse a la Universidad para engrandecerla y perfeccionarla?

Dr. Romero: Sí y no. Las líneas fundamentales del pensamiento sarmientino son duraderas y universales, pero no hay que olvidar que el designio de Sarmiento está muy relacionado con las necesidades urgentes de su época, propias de un país en rápido crecimiento, con graves problemas económicos y étnicos, de asimilación de una gran masa inmigratoria. Dichos problemas todavía subsisten en parte.

Además, el pensamiento de Sarmiento, hombre del siglo XIX, está influido por las corrientes filosóficas y educacionales de su tiempo. El plan de Sarmiento sería para la Universidad un plan mínimo, sobre el que hay que avanzar. Es necesario plantearse nuevas exigencias, pero sin alejarse nunca de las ideas madres de Sarmiento. Éstas podrían caracterizarse, en líneas generales, diciendo que señalan la función social de la Universidad.

Cronista: Nosotros pensamos que los cambios a realizarse en la Universidad derivan su espíritu de una concepción profunda de lo que debe ser la educación. Si usted comparte nuestro criterio, ¿podría decirnos cuáles son esas ideas básicas?

Dr. Romero: La función social de la Universidad exige que la educación esté presidida por estos dos principios: las exigencias para con el individuo y las exigencias para con el país. No se trata de otorgar títulos sino de proporcionar profesionales e investigadores a la sociedad; es preciso que éstos estén formados con una amplitud que les permita observar todo el panorama del país, y no caer en cerradas especializaciones. Los universitarios han de formar una minoría, lógicamente, pero una minoría numérica, no una selección aristocratizante. En su reclutamiento, el único requisito ha de ser la capacidad, desterrando toda clase de prejuicios.

El estudiante debe ser visto como un fin en sí mismo y como un ente social. No de otro modo puede concebirse al hombre.

Cronista: Dentro de los principios rectores del pensamiento sarmientino, ¿incluye usted el laicismo?

Dr. Romero: Opino que el laicismo está presente en la doctrina de Sarmiento. Algunos observan que ese principio se ve confirmado en sus textos. Él tuvo en cuenta que en un país como el nuestro, con diversidad de nacionalidades y de creencias, el laicismo es un factor que facilita la unión de los ciudadanos y evita conflictos peligrosos.

Fuente: *Revista del Mar Dulce,* año 1, N° 2, diciembre de 1955, pp. 7-8.

JOSÉ LUIS ROMERO
Palabras de clausura

Para cerrar este acto quizá fuera suficiente someter a ustedes al suplicio de sintetizar después de haberlas oído en extenso, las conclusiones a que se ha arribado. A todos nos ha resultado evidente que el trabajo realizado por las comisiones ha sido extraordinariamente fecundo. Si algo ha malogrado en otras ocasiones este tipo de iniciativa ha sido el no saber nunca descender suficientemente al plano de las realidades concretas, a los problemas inmediatos de la realización; pero esta vez nos hemos encontrado, a través de las conclusiones que hemos oído, con que se han estudiado los problemas reales que se le plantean a la Universidad en relación con el medio social, buscando soluciones concretas y exponiendo con claridad, con inteligencia y con modestia, cuál es el esfuerzo que se ha hecho y el que debe hacerse en un futuro inmediato.

En realidad, a mí me queda muy poco por decir. Fuera de la satisfacción que me produce el observar el rápido desarrollo que ha tomado esta idea, acaso no fuera oportuno el que yo hiciera una exposición sobre el problema pero si me conceden unos minutos, pienso que después de haberse desarrollado el análisis de los problemas concretos de la extensión universitaria, puede ser conveniente volver a recordar ciertos fundamentos y ciertas razones de peso, que justifiquen el que la Universidad se encargue de esta labor. Pienso que es oportuno hacerlo porque la Universidad Argentina conserva cierto viejo empaque académico, que le hace suponer que tal labor carece de rango universitario. Esta actividad es quizás una de las que suelen escandalizar a los espíritus pacatos, pero lo cierto es que el mundo se escandaliza demasiado para que nos asustemos de los que se escandalizan. Tenemos que enfrentarnos con un mundo en el que los cambios sociales se aceleran de un modo impresionante como para que estas reflexiones nos detengan. Hay que seguir en esta labor, como en tantas otras que afectan a la existencia misma de la comunidad nacional.

La extensión universitaria, es decir, la idea de que la Universidad debe extender su labor más allá del pequeño mundo dentro del cual habitualmente desarrolla su acción, la idea de que la universidad debe salir de los claustros y tomar contacto con el mundo exterior, fuera de los límites estrictamente académicos, está íntimamente unida a la reforma universitaria de 1918. Yo diría que me ha preocupado, como uno de los tantos fenómenos típicos de la vida argentina, qué relación puede haber entre la aparición de esta inquietud en la juventud universitaria de esa época y el ambiente intelectual y espiritual del país en ese momento. Y me ha interesado pensar en él porque he llegado a conocer a esa primera generación de la reforma universitaria y pienso en Ripal Alberdi y en Deodoro Roca, y me pregunto cómo podía coexistir ese inequívoco sentimiento de aristocracia intelectual que caracterizó a esa primera generación, con este sentimiento de aproximación a lo popular, que estuvo implícito en la primera versión de la reforma universitaria. Hubo, sin duda, no sólo una gran generosidad de espíritu en aquellos jóvenes, sino también circunstancias objetivas que justificaron la aparición de esa inquietud. Si algo llamó la atención de los jóvenes de entonces, fue ese aspecto caduco que tenía la Universidad Argentina, ese aspecto esclerotizado que le daban las viejas academias, ese aspecto de desconexión con la vida del país que era característico de la Universidad de entonces. Eran Universidades que no sólo estaban encerradas también dentro de estrechos límites académicos, sino que estaban encerradas también dentro de estrechos límites sociales, por los que llamaríamos la "elite" académica, que coincidía con la "elite" oligárquica. De modo que el espectáculo mismo de la universidad estaba induciendo a preguntarse si aquello podía seguir así, y si los cambios sociales y políticos que por entonces acababan de producirse en el país, podían soportar el mantenimiento de una universidad que hacía gala de su capacidad de aislamiento y de ignorancia respecto de lo que ocurría en el mundo. No sólo acababan de producirse en el país hechos fundamentales, sino que estaban ocurriendo en el mundo entero, se había producido la Primera Guerra, la Revolución Rusa, los primeros fenómenos que siguieron a la guerra, creando todo ello en 1918, 1919 y 1920 un clima de turbulencia que sirvió para descubrir en cada una de las sociedades la existencia de problemas sociales. Y estas generaciones que descubrían una universidad caracterizada precisamente por su incapacidad para comunicarse con el mundo social, comprendieron que comenzaba un período de transformaciones que requerían que todos los sectores de la comunidad nacional entraran en estrecho contacto para comenzar una era nueva. Y entonces pareció que era el momento de adoptar una nueva actitud universitaria. Muy poco tiempo después apareció el famoso tema de la identificación de "obreros y estudiantes", y es sabido que fue típico de algunas universidades la casi obligatoria implantación del "over-all" como prenda representativa del estudiante universitario.

Este sentimiento, cualquiera fuera el alcance que pudiera tener, cualquiera fuera la mella que hubiera hecho en las circunstancias de la vida nacional y mundial, determinó un singular estado de ánimo, hubo una especie de viraje de una institución que acostumbrara solamente a contemplarse a sí misma, hacia la contemplación de otros problemas, que estaban evidenciando que tenían escondido en su seno las raíces de un profundo drama y así comenzó esta preocupación por los problemas sociales, suscitada por circunstancias del momento nacional y circunstancias del momento mundial, desencadenadas por un estado de espíritu de la época, que cuajó en la vida universitaria argentina, como así también en el ámbito extrauniversitario, por razones que además contribuían en forma vehemente a que no pudiera dejar de contemplarse la peculiaridad del ambiente social argentino. Esto ha inducido a muchos universitarios a contemplar como una obligación de la Universidad, dirigirse hacia él. Si algo caracteriza al medio social argentino es su heterogeneidad, la coexistencia de grupos que tienen un singular carácter, pero que coexisten de tal manera que la comunicación entre ellos es sumamente difícil; nuestro país se caracteriza por la incomunicación. No conocemos castas, no conocemos principios inquebrantables de clase y, sin embargo, la fuerza de los hechos, la peculiaridad del proceso de formación de nuestra sociedad es tal, que se han creado en su seno diversas capas que parecen tener una irreductible independencia. Ésta es la peculiaridad de la vida argentina. Nuestra falta de comunicación, nuestra falta de articulación social, nos ha llevado a la imposibilidad de contar con corrientes de opinión que se formen de una manera rápida y coherente a través de los estratos sociales, que tengan la posibilidad de comunicarse. Si la expresión no pudiera parecer exagerada, yo diría que contamos con un país que tiene una sociedad, pero carecemos de una comunidad y tenemos que construirla. Constituye uno de los esfuerzos más importantes de los grupos lúcidos y responsables, el de contribuir a la creación de las condiciones de existencia de la comunidad nacional, de una comunidad que se reconozca a sí misma, integrada por todos los grupos que la forman.

Naturalmente, esta tarea no está encomendada a nadie específicamente. Si me preguntaran ustedes quién ha hecho esta tarea en otras partes, yo diría que nadie, y si insistieran en la pregunta, respondería que el tiempo. La comunidad nacional británica, la comunidad nacional francesa, ¿quién las ha hecho sino el tiempo? Pero, como tenemos ahora sobre los problemas sociales una actitud crítica y reflexiva, como los contemplamos tratando de sumergirnos en sus profundidades para descubrir el proceso que los guía, nos es imposible quedarnos quietos. No podemos asistir pasivamente a un lento proceso como el que se realizó en los países durante la Edad Media, en donde a través de los siglos, por decantación y por reiterados fracasos, se llevó a cabo el proceso de aglutinación, constituyéndose el ser nacional, lo que los románticos llamaron el "espíritu del pueblo". El mundo marcha demasiado ligero para que nos encontremos en inferioridad de condiciones en este sentido, no tenemos tiempo para esperar que este país termine por resolver solo sus problemas: hay que salir a su encuentro. Yo diría que la historia argentina consiste en un vasto y terrible esfuerzo para salir al encuentro de esa lentitud en la formación de la Nación. Toda la generación del 37 se planteó este problema. Echeverría, Sarmiento, Mitre, no tenían otro apremio que el de terminar una vez por todas de constituir un país. Nosotros estamos urgidos por el mismo pensamiento, que hay que acelerar el proceso de constitución del país; pero para ello no es posible operar sobre la superficie de la vida nacional, sino que es imprescindible actuar sobre su profundidad, que es la vida social y es necesario modificarla, porque en la medida en que lo hagamos iremos hacia la conquista del estilo. Yo considero un rasgo de extraordinaria originalidad de la vida social y espiritual de nuestro país, la manera como ha respondido a un reto de la realidad resolviendo que sea la Universidad la responsable de trabajar en esta tarea que no le estaba específicamente asignada a nadie y que, sin embargo, la realidad requería de manera urgente. Había y hay que trabajar en la transformación de una sociedad que requiere homogeneidad, que requiere articulación de sus grupos, que requiere comunicación interna, que necesita finalmente adquirir su propio estilo de vida y de cultura. Este trabajo estaba a merced del que quisiera hacerse cargo de él y resultó que intempestivamente un grupo particularmente capacitado para ello asumió un día la responsabilidad de cumplirlo, movido acaso por cierto sentir ético que hay subyacente en el fondo de esta preocupación de la Universidad por los problemas sociales. Es bien sabido que nuestros universitarios se reclutan generalmente en las clases medias y sólo muy escasamente en las clases proletarias, y suele llamarse "sentimiento ético" a esta especie de deseo de volverse hacia los grupos no-privilegiados, en un afán de incidir sobre ellos, en una tarea de interés nacional y colectivo, que comprende a toda la comunidad y que se ha de comenzar por cumplir en alguna parte. La universidad no tiene, naturalmente, la obligación de hacerlo; si se habla en términos estrictos de funciones sociales de la universidad, yo me atrevería a aceptar que la enseñanza y la investigación son funciones sociales indiscutibles y que, en cierto sentido abstracto, la universidad cumple con esa función social en la medida en que lleva a cabo estas labores; pero sólo en un sentido abstracto, y la universidad, desgraciadamente, no puede conformarse con ser una abstracción. Casi todos sus males residen precisamente en haberse creído esto, pero la universidad es hija de su medio y de su tiempo, no existe una universidad tipo, no existe nada más que en cierta elite social e intelectual. Puede hablarse de ideas generales acerca de lo que es la universidad, pero es sabido que Bolonia se diferencia bastante de Harvard, y hay, por supuesto, una estructura diferente en cada universidad en relación con su contorno social.

Nuestra universidad, fundada en Córdoba, fue influida por el pensamiento de la Ilustración e inmediatamente entró en la vía del profesionalismo, tal como se hizo en toda Europa en el siglo XIX, y desde entonces ha sido nada más que eso y además, por circunstancias propias, ha perdido eficacia inclusive en lo puramente profesional, pero sabe que hay otras cosas en el mundo, y que su actividad profesional no va a estar limitada al mero ejercicio de su profesión. Por una serie de azares –muy felices por cierto– le ha correspondido a la universidad creerse depositaria del cumplimiento de una difícil misión que en todas partes es importante, pero que en un mundo social como el nuestro es decisiva. Le ha correspondido a la universidad la misión de contribuir al logro de la homogeneidad de la sociedad, al logro de la aceleración del proceso de articulación entre los grupos de la sociedad argentina. La universidad ha comenzado a hacer esta tarea, equivocándose muchas veces seguramente, pero la ha tomado como una actividad propia de la universidad de estos tiempos, una labor que trascienda lo puramente académico; pero da la casualidad de que es tan rica en posibilidades, que esa tarea tiene un valor educativo, y a poco que se vean los efectos de esta labor, se descubre que constituye una misión que parecería haber sido hecha a propósito para la universidad. Y así creo yo, que se ha manifestado una especie de sabia armonía entre las exigencias del ambiente, entre las respuestas de la universidad y entre ciertas ideas y convenciones que parecen prevalecer en la vida argentina, todo lo cual le crea a la universidad una posibilidad de acción que hace cuarenta o cincuenta años era insospechada, que en otras universidades no se sospechan, acaso porque allí hay otros grupos que cumplen la tarea que aquí ha asumido la universidad. Yo diría que en la medida en que la universidad trascienda de sus claustros y tome contacto con la sociedad, puede promover su transformación, en mayor o menor escala, en una medida que interesa sustancialmente a la comunidad nacional. De la misma manera puede decirse que los problemas de la cultura nacional no ha de encontrarlos la universidad interesándose en sí misma, sino que debe encontrarlos fuera de ella. Debemos tener en cuenta que la peculiaridad del proceso social no les da a los problemas de la cultura argentina la típica fisonomía que tienen los problemas de la cultura en Europa. De modo que, como nuestra formación intelectual es europea, solemos descubrir que el tema de nuestros estudios de la realidad carece de los rasgos que lo harían valioso como para que nosotros le hiciéramos el honor de ocuparnos de ellos. Los problemas de la vida argentina deben ser tomados como son y donde se encuentran, con las características que tengan, con los rasgos que interesan, y si vienen un poco manchados y salpicados de barro, no hay que asustarse porque ese barro nos salpique a nosotros también.

Parecería que se requiere un estilo nuevo de vida universitaria. Ese estilo nuevo por lo menos tiene un sentido más amplio y abierto que el tradicional, y la labor más difícil que tiene la universidad es tomar conciencia de la propia conciencia, y este afán de trascender de la universidad latinoamericana me parece acaso la actitud más inteligente, fresca y vital. Esta tarea es la que ha emprendido esta modesta organización, que ha surgido en todas las universidades argentinas, denominada "extensión universitaria". Es bueno recordar que en algunas universidades, como la del litoral, por ejemplo, se trabaja desde hace tiempo y se han hecho muchas experiencias en este sentido; tal vez estas jornadas sean la ocasión propicia de sopesar los resultados obtenidos en las experiencias realizadas.

Querría que quedara un saldo de esta exposición; desearía que quedara grabado en el espíritu de todos los que trabajan en esta actividad, el convencimiento de que no están haciendo nada superfluo y que están trabajando en algo más importante de lo que a primera vista parece. Acaso resida en ustedes la posibilidad más fértil de renovación de la universidad argentina, acaso resida en esta tarea una de las posibilidades de integrar la comunidad nacional. Si se logra algún resultado en esta labor, se habrá hecho mucho más que la labor académica. Guardémonos de desdeñar la actividad académica, pero no debemos creer tanto en ella como para suponer que debe privarnos de enfrentarnos con las formas inmediatas de la realidad. Son dos maneras de actuar de la Universidad, una es tradicional y goza de respeto, la otra es muy joven y parece una aventura intrascendente o un pasatiempo secundario. Yo quiero contribuir a que cada uno de ustedes vuelva convencido de que trabaja en una actividad que merece el más alto respeto, que está movida por altísimos fines y que tiene en el desarrollo de la vida y de la cultura argentina un papel decisivo.

Nada más.

Fuente: José Luis Romero, *Presentación y programa,* Jornadas de Extensión Universitaria, Imprenta de la Universidad de Buenos Aires, Departamento de Extensión Universitaria, 1958, pp. 37-42.

RISIERI FRONDIZI
La Universidad y sus misiones

Todo planteamiento implica una limitación. Hay planteamientos superficiales que incitan a buscar soluciones también superficiales. La universidad argentina ha malgastado gran parte de sus energías en la búsqueda de soluciones ingeniosas a cuestiones administrativas, sin advertir que los problemas universitarios son de índole pedagógica. La rectificación debe partir de los planteamientos.

El espíritu formalista, que hemos heredado de los romanos a través de los españoles, nos incita a preocuparnos más por el reglamento que por la vida misma de la institución. Otros pueblos, en cambio, cuidan el desarrollo del organismo vivo y ajustan las reglamentaciones a las exigencias del crecimiento. La actual preocupación por el estatuto universitario, la forma de elección de las autoridades, el mecanismo del futuro gobierno universitario, y muchas otras de igual naturaleza, prueban que la Revolución Libertadora no ha logrado cambiar nuestro apego al formalismo. Que la enseñanza sea escasa o nula tiene poca importancia. Tampoco importa que no se investigue en la universidad, que se vuelva la espalda a las necesidades del país, que no haya profesores para atender decorosamente a muchas cátedras, que los estudiantes sigan repitiendo de memoria los gastados apuntes de años anteriores, que los propios profesores repitan esos mismos apuntes y los exijan en los exámenes, que no exista vida universitaria, que el título sea la meta principal de las actividades y el examen del objetivo inmediato.

Estas calamidades continuarán en vigencia mientras las autoridades, los profesores y los estudiantes no se convenzan de que la reforma no debe comenzar por la fachada sino por la base. ¿Cómo no convencerse después de tantos intentos infructuosos de renovación exterior? ¿Cuántas veces se han modificado los estatutos, los reglamentos y los planes de estudios en los últimos cuarenta años? ¿De qué ha servido? Si ha habido alguna mejora, no ha sido ciertamente a impulso de las disposiciones legales. Se ha debido a la vocación y al patriotismo de unos pocos hombres que han trabajado, y enseñado a trabajar, sin reparar en las disposiciones de los artículos y los incisos. ¿Por qué no ir, de una vez por todas, al fondo de la cuestión?

El fondo de la cuestión se refiere a la misión de la universidad, a su esencia como institución de cultura superior. Nuestras universidades son un conglomerado de escuelas profesionales. No son universidades en el pleno sentido de la palabra porque no cumplen con las misiones fundamentales. Valdrá la pena preguntarse cuáles son esas misiones y sugerir –ya que no se puede hacer otra cosa en un artículo de esta naturaleza– los modos de corrección de las fallas universitarias.

La universidad tiene cuatro misiones fundamentales. La primera, al menos por orden cronológico, es la misión cultural. La preservación del saber –de las formas superiores de la cultura– es misión universitaria. Si el saber no se conservara vivo a través de las generaciones, la cultura desaparecería y cada generación debería descubrir de nuevo la rueda.

La cultura es cultura viva: es el repertorio de ideas y creencias que sostienen la vida de un pueblo, que lo orientan en su conducta. No es cultura de museo, o de manuales y apuntes que son también piezas de museo. En nuestras universidades, la cultura se mide por la cantidad de conocimientos que se posee. De ahí la vanidosa exhibición de conocimientos que hacen los profesores en las cátedras y la exigencia memorística en los exámenes.

El universitario argentino es inculto porque sabe demasiadas cosas. El peso de los datos, las clasificaciones y los tratados lo agobian de tal modo que le impiden reaccionar por cuenta propia, con espontaneidad, frescura y sencillez. Decía con razón Max Scheler que la cultura es lo que queda cuando no queda nada. Los hechos, clasificaciones y demás contenidos concretos de conocimiento son el andamiaje para formar la cultura: nuestros universitarios viven colgados del andamio. Saben externamente una gran cantidad de cosas, pero ellas no les sirven para vivir; sus vidas se inspiran en lugares comunes, en "slogans", en recetas radiales, en la cultura predigerida de "Selecciones". De ahí el mal gusto, el "corderismo" político, la mediocridad de las ideas personales, el cuidado exagerado de lo exterior: vestimenta, fachada, reglamento. De ahí también el "snobismo" como forma de compensación del hueco interior: desprecio de lo argentino y exaltación de la Rue de la Paix, la vía Vittorio Veneto y la Quinta Avenida.

Quien haya frecuentado las aulas universitarias no puede sorprenderse de la incultura que allí existe. A pesar de que el espíritu no puede alimentarse con sustancias muertas, los profesores sacrifican con frecuencia a los creadores de la cultura para presentarlos "didácticamente" a los estudiantes. Por suerte no faltan jóvenes capaces de resucitar cadáveres y profesores respetuosos del aliento creador. La cultura viva se cuela por las grietas; entra en la universidad furtivamente.

¿Puede esperarse un cambio por la modificación de los planes de estudio? El mismo cuchillo pedagógico sirve para matar a Aristóteles o a Heidegger, a Cervantes o a Proust, a Velázquez o a Picasso.

Lo que hay que cambiar es la actitud de profesores y estudiantes frente a la investigación científica, la creación artística, la meditación filosófica, la vida cultural. Y también a algunos profesores. Si no hay en el país cómo sustituirlos, deben contratarse profesores extranjeros de reconocida competencia. Hasta tanto se formen los nuestros, dentro o fuera del país.

La primera misión de la universidad se refiere, pues, a la conservación del saber. La segunda a su incremento. La cultura no puede conservarse en un frasco de formol: para sobrevivir tiene que recibir constante aliento creador. De ahí la importancia de la llamada investigación científica, en la que incluimos todas las formas de creación cultural. La capacidad creadora del hombre impide que las grandes conquistas culturales de otras épocas se transformen en piezas de museo. Todas las formas culturales tienen un carácter eminentemente histórico: el hallazgo de hoy se basa en el descubrimiento de ayer. Toda creación actual supone los logros del pasado, y éstos adquieren sentido en la labor del presente y del futuro.

El crecimiento constante de la ciencia, y las demás formas del saber, nos obliga a mantenernos alerta. No podemos anclar el barco en ninguna época histórica, ni tampoco en el pasado inmediato. La ciencia exige el esfuerzo creador; quien se detiene queda rezagado.

La universidad que no investiga se transforma en institución parasitaria: tiene que vivir a expensas de las demás instituciones del mundo, a la espera incesante del correo. Desde hace tiempo se habla –y con razón– de los peligros del imperialismo económico y político. Pocos reparan, sin embargo, en el imperialismo cultural. Hace treinta años teníamos que usar zapatos extranjeros; hoy podemos usar excelente calzado nacional. La satisfacción que supone el habernos independizado de la producción extranjera en esta materia no logra apagar la pregunta que se nos viene a los labios: ¿cuándo pasaremos de los pies a la cabeza? ¿Cuándo lograremos independizarnos de la cultura extranjera?

Por otra parte, si nuestras universidades no investigan, ¿a quién hemos de confiar el estudio de nuestra realidad física, social, económica, educativa? ¿Tendremos que esforzarnos por mejorar la calidad de nuestro ganado para poder traer, con la venta de sus productos, misiones científicas extranjeras?

Pero aun la calidad del ganado y la independencia económica dependen, desde luego, de la investigación científica. Los problemas que presentan nuestra agricultura y ganadería –y nuestra incipiente industria– exigen investigadores que los solucionen con procedimientos modernos y ajustados a las exigencias de nuestro medio.

A pesar de todo, en nuestras universidades no se investiga salvo casos excepcionales de hombres aislados, que se sostienen con su propio esfuerzo. No sólo no se investiga sino que tampoco se alienta la formación del espíritu necesario para el desarrollo de la ciencia. No se enseñan las técnicas de la investigación sino que se exalta, de palabra y de hecho, el valor del manual y del tratado. Véase la cantidad de manuales y tratados que han publicado los profesores argentinos y se advertirá en el acto el espíritu que los anima. El saber cristalizado –cuando no petrificado– constituye su ideal de saber. De ahí que la jerarquía de los profesores se mida por el número de volúmenes y el saber de los alumnos por la "cantidad" de conocimientos que sean capaces de "conservar".

No se pretende, desde luego, que todos los profesores universitarios sean investigadores. Menos aún, que todos los estudiantes investiguen. Lo que se desea es que la investigación no esté ausente de la universidad. Para que no esté ausente no basta desearla. La ciencia es planta delicada que exige constante cuidado. En primer lugar, no habrá ciencia sin investigadores. El investigador se forma, por lo general, al lado de un maestro. En las disciplinas donde no tengamos investigadores de calidad será necesario contratar maestros extranjeros, y no distraer luego su ministerio encargándoles cursos elementales. Ellos vendrían a formar investigadores y deben desempeñar sus tareas en los centros de investigación; la enseñanza, la cátedra, deberá ser tarea secundaria.

En cumplimiento de la tercera misión, la universidad debe formar los profesionales que el medio requiere. No cabe la menor duda de que la universidad argentina ha atendido, preferentemente, a esta tarea; a tal punto que el profesionalismo es uno de los vicios de nuestra universidad. En algunas disciplinas ha llegado a formar buenos profesionales. Su defecto consiste en que no ha formado los profesionales que el país necesita.

Los abogados, médicos o ingenieros han sido, por años, los universitarios por excelencia. Los tres responden a una exigencia profesional, y no cultural o científica. Como las universidades y demás instituciones de cultura han estado en sus manos tantos años, no se ha reparado en las otras funciones de la universidad y se ha continuado en la exageración profesionalista.

La tendencia a destacar estas tres profesiones persiste en la universidad, a juzgar por las abultadas inscripciones en dichas carreras. En las grandes universidades norteamericanas, en cambio, ellas representan una porción reducida de la actividad universitaria. El cultivo mismo de la ciencia tiene allí una gran significación, y las escuelas profesionales citadas forman un aditamento –y no el núcleo– de la universidad.

El predominio profesionalista ha impedido el cultivo de muchas disciplinas. Hay, por ejemplo, una Facultad que se llama de "Derecho y Ciencias Sociales", donde la abogacía se ha "fagocitado" a las ciencias sociales. Resulta ocioso destacar ante personas cultas, la importancia de las ciencias sociales. ¿Por qué no se las separa de la facultad profesional? Hay una confusión tan grande sobre la escala de valores que, para muchos universitarios, tal separación implicaría una pérdida de jerarquía. También deben independizarse, desde luego, la formación de economistas de la Escuela de Contadores. Estas confusiones entre lo profesional y lo científico son, en parte, responsables del enorme retraso en que se encuentran los estudios económicos y sociales en el país.

A pesar de las críticas que podrían dirigirse a diversas carreras profesionales, no cabe la menor duda de que la universidad argentina ha prestado preferente atención al cumplimiento de la misión profesional. Señalamos ya que uno de los mayores errores en este campo consiste en no haber formado los profesionales que el país necesita. Pero este error tiene que ver, más bien, con la cuarta y última misión de la universidad: la misión social.

La universidad puede adoptar, frente a la sociedad en que vive, tres actitudes. La primera es la de aislamiento, simbolizada por la famosa torre de marfil. Por no querer contaminarse con el ambiente en que vive, o por razones de supuesta aristocracia intelectual, el universitario vuelve la espalda a su medio y se encierra en sus preocupaciones y problemas. Con el tiempo el aislamiento se intensifica y la vida del mundo sigue un derrotero que nada tiene que ver con lo que sucede en los claustros. Esta actitud no sólo impide el cumplimiento de la misión social sino que debilita al organismo universitario al cortarse el cordón umbilical que lo une a la sociedad que le dio origen y de la que vive. Tal es la actitud de la universidad argentina, que se ha desentendido de las necesidades del medio social, temerosa de que el barro de la vida salpicase la toga universitaria.

Al aislamiento se opone la militancia plena: la universidad es una rueda en el mecanismo total. Se mueve impulsada por engranajes exteriores. Tal la universidad de Hitler, y la que intentó imponer Perón. Universidad servil, sin aliento propio, sin jerarquía moral.

Frente a estas falsas actitudes hay que defender la universidad autónoma pero con responsabilidad social. No debe estar a las órdenes de un gobernante –ni de un partido o ideología política–, sino dispuesta a servir a la sociedad, al pueblo que la mantiene. No para proporcionarle lo que éste o aquélla exijan por medio de sus voceros políticos, sino lo que necesite para su progreso, enriquecimiento y elevación material y espiritual. La universidad no debe abandonar jamás su misión rectora. Si ella no la asume, la dirección de la vida superior del país cae en manos de los partidos políticos, la prensa o las fuerzas armadas.

Esta crítica está inspirada en el deseo de señalar los males universitarios con la esperanza de que, debido al esfuerzo de todos, realmente queden subsanados. Por tal razón es conveniente agregar algunas sugestiones concretas inspiradas en el anhelo de una reforma profunda de la vida universitaria argentina.

¿Cómo facilitar el cumplimiento de las cuatro misiones universitarias? Si bien cada misión puede ser estimulada por vías específicas, hay medidas fundamentales que pueden traducirse en un mejoramiento general.

Una universidad se mide por la calidad de sus maestros e investigadores. Ni unos ni otros se crean por decreto. Sólo si hay vocación, amor a la ciencia y espíritu de sacrificio, podrá surgir un maestro o investigador. Estas condiciones son necesarias pero no suficientes. Necesitan de estímulo, ambiente cultural, laboratorios, bibliotecas, etc. La universidad no puede crear vocaciones; tiene, sin embargo, la obligación de impedir que se pierdan las que existen. Todos los años se desperdician en nuestro país muchas vocaciones por falta de interés de la universidad. Son personalidades que se derraman porque no encuentran quién las ponga de pie. Si se quiere tener alguna vez una universidad de jerarquía, será necesario atender cuidadosamente las vocaciones tan pronto como se descubran.

Un plan racional de becas internas y externas, para estudiantes y graduados, será el mejor procedimiento para no malgastar estas vocaciones. Hay muchos estudiantes que desearían consagrarse por entero a los estudios y no pueden hacerlo por razones económicas. Si efectivamente tienen las condiciones exigidas para el cultivo de las disciplinas científicas, la universidad debe proporcionarles becas o préstamos que les permitan abandonar el trabajo rentado que desempeñan y que, por lo general, nada tiene que ver con lo que estudian. No propongo que se otorguen becas a todos los estudiantes que trabajen, sino a aquellos que merezcan ese tratamiento privilegiado. Habrá que comenzar por quienes ofrezcan las mayores garantías vocacionales y de consagración al estudio y a la enseñanza superior, ya que se trata de formar en primer término, investigadores y docentes universitarios.

Quienes demuestren durante sus estudios que posean las condiciones exigidas para consagrar sus vidas a la investigación y la enseñanza superior, deberán ser becados, tan pronto se gradúen, para realizar estudios de perfeccionamiento en los centros de investigación europeos y norteamericanos.

A esta corriente "emigratoria" que irá a completar en el extranjero la formación de su personalidad científica y cultural, se opondrá otra de carácter "inmigratorio" que permitirá traer los maestros que necesitamos. Por razones de índole muy diversa faltan en el país maestros e investigadores en disciplinas fundamentales. Si efectivamente se desea el progreso de la ciencia y la cultura del país, será necesario traer del extranjero esos maestros para formar aquí el grupo de hombres que más adelante tendrá a su cargo el cultivo creador de tales disciplinas. No deberá confiarse a tales estudiosos el desempeño de funciones rutinarias o elementales. Varios grandes maestros europeos, que han estado entre nosotros muchos años, no han contribuido en forma eficaz al progreso de la ciencia o la formación de las jóvenes personalidades creadoras, porque se han malgastado sus energías, o porque no se les ha proporcionado los laboratorios, bibliotecas y demás elementos imprescindibles para el cultivo de sus respectivas disciplinas. La mera presencia física de un investigador no transforma un ambiente; el investigador es lo que es, sólo dentro de un clima cultural, que él necesita para que su labor sea fecunda.

La formación de profesores e investigadores es tarea fundamental y difícil. La carrera docente, con un escalafón progresivo, puede ayudar a tal formación. No debe esperarse, sin embargo, que investigadores y profesores se formen al amparo exclusivo de medidas administrativas. La dedicación exclusiva del personal docente y de investigación, en todos sus grados, con las excepciones que corresponda en las carreras profesionales, mejorará la enseñanza, intensificará la relación entre profesores y estudiantes, impedirá la dispersión de energías y alentará la investigación científica.

Todo lo anotado como sugerencia positiva para crear una universidad nueva tiende a destacar la importancia del aspecto humano; el hombre –maestro o estudiante– será lo esencial. El reglamento y las columnas griegas no tienen importancia.

Hay, desde luego, muchas medidas que, aplicadas con inteligencia, lograrán facilitar la labor universitaria. En primer lugar, será conveniente dividir las facultades –o la universidad– en departamentos, a fin de evitar la superposición de cátedras, laboratorios y bibliotecas, concentrar el esfuerzo creador, coordinar la enseñanza, adiestrar a los estudiantes en la investigación y dar mayor flexibilidad a los cursos.

La división de la universidad en departamentos tendrá validez efectiva dentro de la Ciudad Universitaria. La experiencia extranjera ha demostrado que la Ciudad Universitaria no favorece tan sólo externamente la labor docente y de investigación, sino que es un factor decisivo en la formación cultural y profesional del estudiante.

La introducción del sistema de materias optativas –junto a las asignaturas básicas de carácter obligatorio– aliviará la masa estudiantil inerte, que toma un curso porque lo exige el plan de estudios; para que la enseñanza sea provechosa hay que contar con el interés de los estudiantes. El interés es a la formación cultural lo que el apetito al proceso nutritivo: su punto natural de arranque.

Tal opción no puede quedar librada, desde luego, al capricho estudiantil o al deseo de seguir la línea del menor esfuerzo. Exige un sistema de consejeros que se interesen por la formación cultural y profesional de los estudiantes y que sepan dar a cada uno lo que necesita, en el momento propicio.

Además de estas medidas de carácter general, hay otras tendientes a corregir deficiencias específicas. Comencemos por aquellas que se refieren a la formación cultural.

Como no se forma un hombre culto con manuales, será necesario eliminar los manuales y, con mayor razón, los apuntes mimeográficos. En los casos imprescindibles, el manual desempeñará la función de colaborador. Se deberá poner fin, asimismo, a los cursos kilométricos o enciclopédicos que pretenden enseñar todo lo enseñable. Los cursos universitarios deben ser intensivos y no extensivos. Intentar enseñar en la universidad toda la historia de la literatura, pedagogía o filosofía, por ejemplo, es pretensión ridícula. Ésa es función del tratado que, en muchos casos, debe conocer el estudiante para poder realizar la faena propiamente universitaria, que consiste en el estudio intensivo de un tema o problema. Así conocerá el estudiante los métodos fecundos de trabajo, formará su espíritu crítico y forjará su personalidad cultural en el tratamiento directo con las fuentes primarias y la bibliografía crítica fundamental.

Esto implica actividad del estudiante, trabajo continuado todo el año, atención del profesor a las exigencias culturales de sus discípulos, formación de equipos de trabajo y de bibliotecas especializadas, etcétera.

Parece innecesario agregar que las clases magistrales deben abolirse –lo cual no implica que todos los cursos tengan que convertirse en seminarios–, que deben terminar los exámenes mensuales y eliminarse los bolilleros y cualquier otro procedimiento de determinación del tema del examen por medio del azar.

Será necesario también introducir otras formas de promoción: exámenes escritos, trabajos de investigación, monografías, etc., según las exigencias y posibilidades de cada asignatura; y exámenes de madurez al terminar cada ciclo o al finalizar la carrera.

Algunas de las medidas sugeridas para promover el cumplimiento de la misión cultural servirán igualmente para alentar la investigación científica. Los estudiantes deberán iniciarse, en los dos últimos años de la carrera, en trabajos de investigación que se intensificarán en los cursos correspondientes al doctorado. Será conveniente separar el grado de "Doctor" de cualquier título profesional y otorgarlo tan sólo a quienes hayan realizado intensos estudios de especialización y aprobado una tesis original, en la que se demuestre vocación efectiva y demás exigencias para la labor creadora. Poseer el título de "Doctor" deberá ser en el futuro –salvo casos excepcionales que lo justifiquen– la primera condición para iniciar la carrera docente o de investigador. Está implícita la necesidad de formar centros de investigaciones, con dedicación exclusiva o parcial de los miembros que los constituyan.

Después de un ciclo común –cultural o científico– se intensificará la especialización de los profesionales, separando lo que está injustamente unido –como la carrera de contador con la de economista– o iniciando especialidades nuevas. Tales especialidades, sin embargo, no deben formarse a base de planes fijos, sino permitiendo a los estudiantes escoger las asignaturas de su preferencia e ir formando paulatinamente su especialización sin tener que encasillarse en moldes fijos o prematuros.

Los cursos para graduados podrán servir, según los casos, para intensificar la especialización profesional, alentar la vocación científica, iniciar la carrera docente y mantener la información al día en aquellas disciplinas de constante evolución.

Todo cambio supone una firme decisión. No podrá alterarse la actual relación de la universidad con el medio social, si la primera no se decide a cambiar radicalmente de actitud, abandonando su indiferencia frente a lo que sucede a su alrededor. Sólo así podrá atender a las necesidades del país y fomentar el desarrollo de sus actividades creadoras.

No podrá dar cumplimiento ni a una ni a otra función si no logra, previamente, un conocimiento de la realidad. La universidad debe iniciar, por lo tanto, un estudio a fondo de la realidad argentina en todos sus aspectos. Uno de sus capítulos se referirá a la necesidad de nuevos técnicos y profesionales, y a la distribución de los que se forman en la actualidad.

La tarea por cumplir es enorme. No menor, sin embargo, es el deseo de grandes sectores argentinos de que esa tarea no quede sin realizar. No podrá iniciarse una obra de reconstrucción si no se advierte cuáles son los puntos débiles y no se conocen las bases de una universidad efectiva. La crítica nos permitirá llegar a los cimientos de un edificio en destrucción; de los cimientos habrá que partir si se desea una reconstrucción duradera.

Fuente: Risieri Frondizi, *La Universidad y sus misiones*, Universidad Nacional del Litoral, Instituto Social, Publicación de Extensión Universitaria número 88, Santa Fe, 1958, pp. 5-37. Como artículo apareció en la revista *Comentario*, N° 13, octubre-noviembre de 1956.

3

CIENCIA E INVESTIGACIÓN

PRESIDENCIA DE LA NACIÓN,
SUBSECRETARÍA DE INFORMACIONES
Las investigaciones científicas
y técnicas en el 2° Plan Quinquenal, 1953

El conjunto de conocimientos de una cosa tiene el nombre de ciencia. El hombre de campo, el paisano rural, que se caracterizan por su habilidad o maestría en el conocimiento de las plantas, los animales, el cielo y la tierra, llaman *cencia* a esta virtud de observación de las cosas que los rodean. Y el Pueblo llama *entendidos* a estos hombres sabios, por ejemplo, en el arte de domar y de rastrear. *Entendidos* o *baquianos*.

Pero hay otro conjunto de conocimientos que también tiene la denominación de ciencia. El que se estudia en las universidades, en los gabinetes, en los talleres de la iniciativa privada. En estos casos la *cencia* gaucha toma su verdadera acepción y es ciencia. Y a los *entendidos* o *baquianos* se los denomina *técnicos*.

Muchos hombres inteligentes, que por intuición telúrica han heredado de nuestros hombres de campo el difícil don de observar y de pensar en algo nuevo para contribuir así al progreso del país, debieron abandonar pronto su empeño de investigar, porque a nadie se le ocurrió la idea de prestarles auspicio, de ofrecerles apoyo, de estimularlos para llevar adelante su empresa.

El país perdió, por esta falta absoluta de ayuda al entendido, al investigador, el honroso privilegio de haber ofrecido al mundo el invento de la telegrafía, meditado y ejecutado antes que Wheatstone, Morse, Hughes y Baudot por un sanjuanino ilustre, el doctor Guillermo Rawson, quien, ante la falta de eco en los hombres de su generación, se dedicó más bien a la medicina y la política. Pero estas cosas no van a ocurrir más en nuestro país, porque el general Perón ha dispuesto de tal modo el ordenamiento del trabajo colectivo en el 2º Plan Quinquenal que cualquier ciudadano podrá, de hoy en adelante, ver convertidas en realidad sus iniciativas.

APOYO A LOS INVESTIGADORES

Dice al respecto el general Perón en el 2º Plan Quinquenal:

Es objetivo fundamental de la Nación, en materia de investigaciones científicas y técnicas, crear todas las condiciones necesarias que éstas requieren para su completo desarrollo con el fin de convertirlas en patrimonio del Pueblo e instrumento de la felicidad del país y del progreso universal.

Esto quiere decir que el Estado auspiciará las investigaciones científicas y técnicas en la medida en que cumplan con su función social. O en otros términos más sencillos: el Estado realizará por medio del Consejo Nacional de Investigaciones Científicas y Técnicas la conducción de los conocimientos que requieran una investigación a fondo, mediante una adecuada planificación y racionalización de recursos, elementos y funciones.

EL TRABAJO DE UN SABIO

Allí donde haya un *entendido* en algo útil al país; allí donde haya un centro oficial o un centro privado que estén dedicados a una investigación técnica o científica, allí estará el gobierno justicialista del general Perón, con todos sus recursos, para conducirla a feliz término, siempre que contribuya a la creación de una cultura nacional y concurra a la consolidación de la justicia social, la independencia económica y la soberanía política. Esto quiere decir que no ocurrirá lo que le ocurrió una vez a un profesor dedicado al estudio de la parte de la historia natural que trata de los insectos. Llevado por su vocación y entusiasmo, logró hacerse nombrar en un cargo desde el cual podía dedicarse con alma al conocimiento de la vida y costumbres de estos minúsculos seres de la naturaleza, en una provincia norteña. En poco tiempo reunió una magnífica colección. Se pasó días y noches buscando nombres autóctonos y científicos. Cierta vez siguió a pie, más de media legua, a un insecto, observándolo en el vuelo, en sus descansos, en su desconocida actividad cotidiana, hasta descubrir que se trataba de un enemigo voraz e implacable de la isoca, tan perjudicial al agro. Supo también que su alimento era la *penca*, o sea la hoja carnosa de la *tuna*, llamada también higo chumbo, que constituye una plaga en el noroeste del país. Pero sobrevino un cambio de gobierno. Y el investigador pasó a depender de un nuevo director, el cual puso el grito en el cielo al ver que un hombre tan viejo y serio se dedicaba a juntar bichitos. Consideró su obra de varios años como un entretenimiento perjudicial al erario público y aconsejó la supresión del cargo. Al sabio lo dejaron cesante y la valiosa colección fue a parar al tacho de la basura. Esto pasó a comienzos de este siglo. Desde entonces la plaga de los cactos ha esterilizado grandes extensiones de tierra fértil.

EL CAPITAL CIENTÍFICO

Ahora esto tampoco ocurrirá. El gobierno del general Perón prevé todos estos casos en el 2° Plan Quinquenal, auspiciando y promoviendo la formación de investigadores; prestándoles asistencia técnica y económica; exaltando el valor de su misión en la comunidad y protegiéndolos mediante una adecuada legislación a fin de que puedan dedicarse a sus tareas específicas sin otras preocupaciones. El que sea capaz de inventar máquinas, de descubrir insectos auxiliares del progreso humano, de arrancarle a la piedra o a la tierra más secretos, de penetrar en el mundo maravilloso de los mares, de los abismos, del cielo, de los átomos; el que sea capaz de encontrar en las hierbas, en los hongos, en los árboles, propiedades que superen a la penicilina; el que pueda dar al mundo la solución del problema pavoroso del cáncer, tendrá en sus manos todos los elementos técnicos que necesite y será ayudado económicamente. El cumplimiento de este objetivo justicialista, que abre el campo de las grandes posibilidades argentinas en el conocimiento de las cosas, comprende asimismo la formación de un personal auxiliar apto para secundarlos. Simultáneamente, el 2° Plan Quinquenal estimulará a los estudiantes y a los graduados que tengan vocación de investigadores.

Para ello, el gobierno del general Perón tiene en cuenta:

a) que las investigaciones básicas constituyen el fundamento de las investigaciones técnicas útiles a la felicidad del Pueblo y a la grandeza nacional;

b) que el país debe contar con su propio capital científico.

Este capital científico está formado por todos los *entendidos* en una o varias cosas útiles para el país; por los técnicos en botánica, en química, en mecánica, en matemáticas, etc., que, basados en este elemento informativo, llevarán esa cosa a su elaboración y desarrollo, cumpliendo así los planes del Gobierno.

ORGANIZACIÓN DE TÉCNICOS

Con esta finalidad, el general Perón ha planeado un sistema de prioridades que será aplicado a los efectos de la distribución equitativa de la asistencia técnica y económica, y de los elementos materiales y humanos de que dispone el país. El servicio civil científico y técnico gozará, en consecuencia, de un escalafón único con características propias de selección, remuneración y ascensos.

A fin de que esto se pueda hacer dentro de un orden perfecto y provechoso, los investigadores y técnicos serán, naturalmente, organizados por el Estado. De este modo, el gobierno del general Perón se preocupa en el 2° Plan Quinquenal de la defensa de los intereses profesionales.

Simultáneamente con esta extraordinaria obra de gobierno, el Poder Ejecutivo creará, también, un Centro Nacional de Documentación Científica y Técnica. Este importante servicio público, tan imprescindible para el éxito del investigador y de los centros oficiales y privados que se dedican a tan nobles disciplinas de la creación humana, contará, además, con bibliotecas actualizadas, igualmente oficiales y privadas, a las cuales se les otorgarán facilidades para la adquisición racional de libros y revistas extranjeros. Así estarán los investigadores perfectamente enterados de todo cuanto se haga en otros países por el progreso universal en el mundo de la ciencia. Con el mismo propósito, el Estado promoverá el intercambio científico y técnico, facilitando la convocatoria de congresos en el país, destacando representantes argentinos capacitados a los congresos que se realicen en el exterior, propiciando el intercambio internacional de informaciones, dando a publicidad los trabajos científicos y técnicos de nuestros investigadores y hasta una guía de los estudios e indagaciones que estén en proceso de desarrollo.

Censo de técnicos

Pero esto no es suficiente, y así lo entiende el general Perón al incluir en el 2º Plan Quinquenal una novedad de trascendental importancia en el investigador de verdad. Es la que se refiere a la creación de agregados científicos y técnicos en las representaciones argentinas en el exterior ante los países de mayor actividad en tales ramas del saber humano, con el fin de coordinar la tarea científica nacional con la del país en que actúen.

Finalmente, el 2º Plan Quinquenal contempla otro aspecto importante de la conducción y racionalización de las investigaciones, cual es el de la realización periódica de censos generales o especiales, tendientes a conocer el capital científico y técnico con que cuenta el país y a organizar, paralelamente, el inventario permanente de dicho capital.

Todas las medidas de fomento económico que tome el Estado, con miras a la creación del saber y a su mejor aprovechamiento, tendrán en cuenta de manera primordial el perfeccionamiento de los hombres que se dediquen a la investigación científica y técnica argentina, con miras a la felicidad del Pueblo, la grandeza del país y el progreso universal.

A los efectos de la obligación impositiva, los gastos de las empresas económicas serán deducibles cuando se realicen en dichas tareas, y como una ley especial reglará los objetivos del Plan en esta materia, la República Argentina estará prontamente en condiciones de ofrecer al mundo el fruto de la inteligencia, la capacidad y la vocación del Pueblo en una de sus más altas y fecundas posibilidades.

Fuente: Presidencia de la Nación, Subsecretaría de Informaciones, *Las investigaciones científicas y técnicas en el Segundo Plan Quinquenal*, 1958, pp. 5-14.

BERNARDO HOUSSAY
La investigación científica

La investigación científica es una de las bases principales de la civilización actual. Ella ha mejorado la salud, la riqueza y el bienestar de los hombres; los ha liberado de la esclavitud del trabajo pesado y ha hecho su vida más sana, más bella y más rica en espiritualidad.

De la investigación científica depende el poder y hasta la independencia de las naciones. Les permite sobrevivir, y progresar en medio de una competencia mundial en la que triunfan siempre los que inventan y perfeccionan más.

Los resultados que se obtienen son extraordinarios. Así el químico Pasteur, partiendo del estudio de la asimetría de los cristales y las fermentaciones, llegó a demostrar el origen infeccioso de numerosas enfermedades. Fue un hombre de ciencia, que si bien no era médico, revolucionó la medicina mediante estudios de ciencia pura. Por ellos se transformó la Higiene y fue posible el desarrollo de la Cirugía.

Los resultados obtenidos por la medicina experimental son portentosos. En menos de un siglo se ha triplicado la duración media de la vida humana, que en los Estados Unidos es de 63 años. Se ha disminuido enormemente la mortalidad infantil y por enfermedades infecciosas. Se han desterrado las grandes epidemias pestilenciales. Se combaten con éxito los gérmenes bacterianos con la quimioterapia y los antibióticos, como ser las sulfanilamidas y la penicilina. Poseemos agentes curativos eficaces contra el paludismo, los tripanosomas y leishmanias. Estamos convencidos de que la investigación nos dará medios de dominar los gérmenes de la tuberculosis, la lepra, la brucelosis, y algún día nos enseñará a prevenir y curar en importante proporción las enfermedades cardiovasculares y el cáncer.

En este siglo hemos asistido a descubrimientos revolucionarios, como ser el aislamiento y síntesis de las hormonas y las vitaminas. Hemos aprendido a alimentar mejor al hombre en el estado normal y patológico; a reconocer y tratar las deficiencias nutritivas. Se encontraron medios de tratamiento eficaz de las anemias perniciosas. El descubrimiento de la insulina ha permitido que vivan los diabéticos jóvenes, antes destinados a temprana muerte, y permite que los adultos que se tratan adecuadamente vivan tanto como la población general.

Hasta 1870 morían más hombres en las guerras por enfermedades que por heridas. El ejército de los Estados Unidos tuvo en la Primera Guerra Mundial 14 o/oo de muertes por enfermedades y en la Segunda Guerra 0,6 o/oo. La mortalidad por neumonía bajó de 24% en la primera a menos de 1% en la segunda. La mortalidad por heridas de guerra osciló entre 50 y 80% durante los dos tercios primeros del siglo pasado y en la última guerra estuvo entre 3 y 5%. Los heridos de tórax morían en proporción superior al 20%, mientras que en la última guerra falleció alrededor del 6% en el ejército de Estados Unidos, aunque el ejército alemán siguió con 20% de mortalidad.

Todo esto se debe a los resultados obtenidos mediante las investigaciones científicas que se realizan en un flujo incesante.

En el siglo pasado vimos desarrollarse las máquinas de vapor, los motores eléctricos, el telégrafo, y el teléfono, la iluminación eléctrica, etc. En este siglo presenciamos el desarrollo de la aviación, la radiocomunicación, los plásticos, la utilización de la energía, etcétera.

La investigación científica

La investigación científica da el poder en la paz y en la guerra, la cual es aborrecida por los hombres de ciencia. Los horrores de la guerra moderna no se deben a la ciencia, sino a que sus adelantos se aplican indebidamente para el mal. Es preciso que exista un adelanto moral suficiente para que los adelantos científicos sean aplicados solamente para el bien. Menos espíritu de guerra y opresión por la brutalidad, más espíritu de idealismo y cordialidad y fraternidad humana. A ello se llegará por el respeto a la dignidad y libertad humana y no reduciendo la humanidad a rebaños de seres temerosos y esclavizados.

La última guerra fue ganada por las naciones que dispusieron de mejores inventores y técnicos y supieron coordinar mejor sus esfuerzos. El rendimiento fue máximo porque se realizó con gran respeto por la libertad y la justicia. Alemania perdió la guerra porque entre 1935-36 alejó de las Universidades a más de 2.450 de sus miembros o sea el 47% de sus profesores. Los gobiernos que sacrifican sus universitarios cometen un verdadero suicidio nacional.

Formación de investigadores

El poder, la jerarquía y la riqueza de un país moderno, se basan en grado fundamental en la investigación científica. Ésta depende en primer término de la originalidad e inventiva de sus hombres de ciencia y luego de la capacidad y número de las personas dedicadas a tareas científicas. El verdadero capital científico y técnico de una nación está dado por la calidad de sus hombres de ciencia y por la intensidad de su trabajo.

Los éxitos en la guerra librada incesantemente contra la enfermedad, la ignorancia o la pobreza, se basan en el mantenimiento de una corriente constante de nuevos conocimientos científicos. Estos conocimientos sólo pueden obtenerse por medio de la investigación científica fundamental. De ésta derivan luego las investigaciones aplicadas y las aplicaciones sanitarias, agropecuarias o industriales.

Pueden clasificarse los hombres que se dedican a la investigación científica en muchas clases. Entre cada una de ellas la diferencia de calidad es por lo menos geométrica, o sea que un hombre de primera clase vale por lo menos más que diez de segunda, cien de tercera, mil de cuarta y un millón de veces más que uno de séptima. Además, la formación de hombres muy capaces es lenta y difícil. Por todas estas razones se comprende que los hombres capaces deben ser cuidados y ayudados como un capital precioso. Aún en los momentos más violentos de la Revolución Rusa fue respetado el fisiólogo Pavlov, a pesar de que manifestaba no ser comunista. Los atropellos contra los hombres de ciencia son hoy excepcionales: sólo se han visto en naciones totalitarias y representan una forma de automutilación grave.

Por haber expulsado el 47% de sus universitarios, Alemania perdió un inmenso capital de capacidades de inventar y ésa fue la causa principal por que perdió la última guerra.

Sacar a los mejores hombres de ciencia de un país para poner en su lugar a submediocres, es una forma de suicidio nacional, seguramente inconsciente, pero de consecuencias trágicas, aunque no visibles enseguida.

No puede improvisarse, ni la investigación científica ni los buenos investigadores "full-time". El problema del desarrollo científico y técnico de un país consiste en: a) descubrir las vocaciones y capacidades auténticas; b) formar los hombres de ciencia no por simple transmisión de conocimientos adquiridos sino preparándolos para adquirirlos durante toda la vida, mediante investigaciones personales realizadas por medios científicos correctos; c) ayudar la formación de investigadores por medios adecuados y eficaces; d) utilizarlos debidamente en la investigación científica pura y aplicada, cuidando que no se malogren.

La inmensa importancia de la capacidad superior de los hombres de ciencia no está aún reconocida en las jóvenes naciones de América Latina. Esto explica que no se haya ayudado debidamente su formación y que no se sepa aprovecharlos debidamente.

En estas naciones se cree erróneamente que esto puede subsanarse en un instante por inversiones crecidas de dinero. Los fondos son necesarios para el desarrollo científico, pero no son eficaces si falta la competencia. Es inútil el riesgo (el dinero) sin la semilla o la planta (el hombre capaz).

En todas las naciones que marchan a la cabeza de la civilización, se practica el "full-time" (consagración o dedicación exclusiva). Sin duda, que es indispensable para la formación de los grandes investigadores y la utilización eficaz de su competencia. Pero no confiere vocación y capacidad a los que no la tienen. Aplicándolo a mediocres se crea una burocracia seudo-científica que se prodiga en pequeños trabajos dispersos, conferencias y tomos anuales de trabajos, que gasta mucho y no hace adelantar a la Ciencia. Aún hay algunos que pasan el tiempo tomando café, conversando, leyendo diarios, etcétera.

En nuestros países, el "full-time", es escaso por muchas razones. Las retribuciones han sido generalmente insuficientes y no se han mejorado debidamente las del personal "full-time". Siempre se temió la inseguridad y ahora más que nunca, porque pueden surgir destituciones por persecuciones políticas, como se ha visto recientemente entre nosotros con los pocos "full-time" existentes.

Otra razón de inseguridad es que la mayor parte de los nombramientos son periódicos, como en todos los países, pero no existen normas seguras que permitan saber cuál es el grado de estabilidad, el cual se conoce en otras naciones. Por fin, es inútil dar posiciones "full-time" a quien no tiene vocación científica y capacidad adquirida por una formación previa. Éstas no se improvisan ni aparecen por milagro a cualquier edad y en cualquier instante. Deben desarrollarse en forma metódica, que exige tiempo, esfuerzos intensos y contacto con grandes maestros.

En los Estados Unidos se han inscripto durante la guerra 440.000 personas adiestradas para trabajos científicos. Se calcula que debido a la contienda existe hoy un déficit de 150.000 personas que no han adquirido los conocimientos tecnológicos y científicos debido a la guerra. Para compensarlo las Universidades se han visto obligadas a aceptar el 50% más del número normal de estudiantes. La Academia Nacional de Ciencias y el Consejo Nacional de Investigaciones Científicas, que han dirigido las investigaciones durante la guerra, han planeado métodos para la formación de investigadores. El plan de las comisiones presididas por Vannevar Bush, por iniciativa del Presidente Roosevelt, propone establecer 24.000 becas para estudiantes y 900 para diplomados, con un costo de 30.000.000 de dólares por año.

Inglaterra procura duplicar y llevar a 100.000 el número de los estudiantes de las Universidades y escuelas superiores y técnicas. Las Universidades han aumentado sus gastos de 6.500.000 libras esterlinas de 1937-38 a 9.450.000 en el proyecto de 1946-47. Esta nación destina unos 40.000.000 de libras anuales a la investigación, para poder sobrevivir y recuperarse, y considera que existe la conveniencia de una coordinación nacional, que, sin embargo, salvaguarde cuidadosamente la independencia de la Universidad y la libertad de investigación.

Para impartir una debida educación procura sumergir a los estudiantes en una atmósfera de actividad intelectual, asociándolos con personas mayores o más capaces, para despertar su interés y desarrollar su capacidad de instruirse y formarse.

Todo lo que antecede habrá hecho comprender que el problema científico del país está en formar jóvenes investigadores por medio de un plan adecuado, estableciendo un escalafón para su carrera con ascensos selectivos, y luego darles medios de trabajo en un ambiente digno, libre y estimulante.

La investigación sólo puede existir si está en manos de hombres de ciencia bien preparados. Dar recursos a los demás es malgastar los recursos y engendrar una burocracia cara y poco productiva.

La formación de los investigadores sólo puede hacerse por medio de una carrera metódica y suficientemente larga, guiada por los mejores hombres de ciencia del mundo. Sin esas condiciones sólo hay dilapidación de dinero y producción de mediocres envanecidos.

Debe fomentarse la educación científica y desarrollar los mejores talentos de la juventud, por manos competentes, con tacto y justicia, labor intensa, desarrollando un idealismo ilustrado y fecundo y un firme sentimiento de dignidad y personalidad.

En varias ocasiones he procurado poner en marcha un plan para la formación de investigadores, estableciendo una carrera científica y un sistema de becas de perfeccionamiento. Estaba por organizarse en la Facultad de Ciencias Médicas de Buenos Aires, cuando fue intervenida en 1946. Volveré a exponer ese plan dentro de poco para despertar, si es posible, el interés sobre estos problemas de tanta trascendencia para el adelanto de nuestro país.

EL SOSTENIMIENTO DE LA INVESTIGACIÓN CIENTÍFICA

El grado de desarrollo de la investigación científica es un índice seguro de la jerarquía y la posición de un país entre las naciones del mundo civilizado moderno. Sin ella no adelantarán debidamente su producción, su riqueza y poder, la salud y el bienestar de sus habitantos. Una nación no puede sobrevivir indefinidamente con un alto nivel en la competencia mundial, si no fomenta debidamente la investigación científica.

Además de su valor como fuente de aplicaciones, la Ciencia tiene un valor cultural primario, porque aumenta los conocimientos y eleva el espíritu humano, en su búsqueda de la verdad; contribuye a la elevación moral; satisface la necesidad de conocer y la fuerza creadora del hombre.

"Las Artes y las Ciencias son esenciales para la prosperidad del estado y el ornamento y felicidad de la vida humana" –dijo Washington–. Todos los que aman a su país y al género humano deben apoyar los adelantos de la Ciencia. Cada nación civilizada tiene la obligación de contribuir con su inteligencia, su trabajo y sus recursos al perfeccionamiento de los conocimientos.

El principal capital nacional de la Ciencia y la tecnología está constituido por los hombres de ciencia, no por los edificios y aparatos. Por eso deben prepararse adecuadamente y luego hay que conservarlos y utilizarlos cuidadosamente, asegurando sus trabajos y la formación de nuevos investigadores para la supervivencia de la nación o de la civilización.

El dinero solo no crea los investigadores capaces, pero proporciona el medio para desarrollarlos cuando es empleado debidamente por quienes tienen competencia. El "full-time" tampoco crea hombres de Ciencia cuando se aplica a mediocres, pero permite el desarrollo de los hombres capaces, con auténtica vocación y con preparación adecuada obtenida con los mejores maestros.

La investigación científica puede llevarse a cabo: a) en las universidades; b) en institutos oficiales especializados; c) en laboratorios industriales; d) en institutos o laboratorios privados. Los fondos que se destinan a cada categoría han variado con el andar del tiempo y las necesidades del momento.

Así, en los Estados Unidos se invertían en 1938, en la investigación científica, en las Universidades 28.000.000 de dólares, por el gobierno 49.000.000 y por la industria 177.000.000. Antes de la guerra se invertían de 300.000.000 a 400.000.000 de dólares anuales y durante la contienda unos 800.000.000 de los cuales proveía el gobierno las tres cuartas partes. En el último año, se calculan los gastos de investigación en 1.500.000.000 de dólares, sin contar el *Manhattan Project* (transuraniano y bomba atómica); de esos fondos provee el gobierno un 50% (90% de esta suma es para los departamentos de guerra y marina).

Según telegramas publicados en los periódicos, Rusia destinaría 6.500.000.000 de rublos a la investigación científica o sea unos 1.250.000.000 de dólares.

La comisión de la Sociedad Real de Londres calcula las necesidades de Inglaterra en 1.000.000 de libras esterlinas, sin contar las matemáticas, ingeniería, medicina y ciencias médicas. En estas sumas no están incluidos los gastos de enseñanza y de formación de investigadores. Las investigaciones sobre enfermedades reportan enormes economías de dinero público y privado, además de ahorrar sufrimientos. Sin embargo, cuestan dinero y muchas investigaciones importantes no se han llevado a cabo por falta de fondos. Tales estudios benefician a millones de personas cuyas vidas se hacen más sanas, más felices y más largas por la aplicación de los conocimientos ganados por los laboratorios de investigación.

La investigación científica en el campo de la medicina ha estado confiada: a) en primer lugar a los institutos privados (Instituto Pasteur, Instituto Rockefeller, Instituto Kaiser Wilhelm, etc.); b) a las universidades; c) a los institutos oficiales; d) a los laboratorios de investigación médica de grandes fábricas de medicamentos. Los subsidios a las investigaciones fueron acordados sobre todo por fundaciones filantrópicas. Después de la guerra, la sanidad de Estados Unidos organizó un servicio para conceder subsidios a investigadores científicos y en menos de un año acordó 3.900.000 dólares a universidades, hospitales, instituciones privadas o individuos capaces.

Pero no hay que anonadarse ante estas cifras astronómicas. En todas las épocas se han hecho grandes descubrimientos con recursos modestos. Así, Florey pudo llevar a cabo el estudio de la penicilina mediante un subsidio de 25.000 dólares que le acordó la Fundación Rockefeller. El descubrimiento de la hipertensina pudo realizarse en nuestro laboratorio con una donación de 1.000 pesos y otra de 800 litros de alcohol que nos fueron ofrecidos providencialmente. Cualquier suma, 100, 1.000 o 100.000 pesos puede ser útil y llenar alguna necesidad.

Los institutos de investigación tienen la ventaja de realizar estudios básicos desinteresados y sin preocuparse de si su aplicación será inmediata o demorada. Es más difícil llevarlos a cabo en institutos oficiales o industriales, más preocupados por las investigaciones aplicadas, salvo en algunos pocos laboratorios universitarios de nuestro país, cuando se les concedió suficiente libertad, a pesar de que sus recursos eran muy modestos.

Todas las formas de apoyar o desarrollar la investigación deben ser estimuladas. Los particulares pueden ayudar a la investigación privada; las industrias, la de sus laboratorios y la de los laboratorios privados; los gobiernos, las de las Universidades, sus laboratorios de investigación y también las investigaciones privadas.

Asistimos hoy a un acontecimiento memorable en la historia de Córdoba y de nuestro país. Este instituto privado de investigación científica representa el comienzo de una nueva era.

Las naciones que no cultivan la investigación científica no tienen jerarquía de primera clase. Son dependientes de las que inventan y construyen, tienen posición subordinada y quieran o no reconocerlo marchan a remolque.

Es justo que Córdoba, cuna de nuestra primera Universidad y que fue siempre un foco potente de cultura intelectual sea de nuevo un faro para mostrar el camino del progreso e incorporarlo a su ambiente espiritual progresista y señero.

Algunos preguntarán como a Faraday, ¿para qué sirve esto? Y podremos contestarle como él: ¿para qué sirve el niño recién nacido? No olvidemos que la pregunta se hizo a Faraday cuando estudiaba fenómenos físicos que luego dieron el motor eléctrico y otros adelantos prácticos y teóricos.

La ayuda a la investigación es una satisfacción moral para los espíritus superiores. Es un deber social, pues es una de las mejores maneras de hacer adelantar su ciudad, su país, y la humanidad. La investigación científica pura es la madre de la investigación aplicada en la tecnología, la sanidad y la producción. Cuando se secan las fuentes de este manantial pronto se estancan, languidecen y mueren la ciencia aplicada y las técnicas.

Este Instituto es una expresión de confianza en el país y de esperanza en su futuro. Es una cruzada heroica por la elevación espiritual. Es obra de fe que merece una cooperación constante, desinteresada, noble y elevada. A Córdoba toda, a cada uno de sus habitantes, corresponde alentarla, ayudarla y estimularla. Tendrán recompensas espirituales y morales inmediatas y habrán mantenido la jerarquía superior de esta ciudad ilustre, foco de las luces del espíritu colocado en el corazón geográfico de nuestra patria para orientarla en su perpetuo progreso.

Fuente:Bernardo Houssay, *Cursos y conferencias*, año XVI, números 181-182-183, pp. 11-20. Conferencia pronunciada en Córdoba, el 29 de marzo de 1947.

JORGE SÁBATO
Ciencia, tecnología, desarrollo y dependencia

Después de tanta mishiadura cuesta mucho pensar en cosas grandes.
TAXISTA ANÓNIMO

[...] Para efectuar el diagnóstico de nuestra situación presente y diseñar una estrategia para nuestro rol futuro utilizaremos como modelo de análisis el triángulo IGE. A no asustarse con el nombrecito, que la cosa es sencilla: como la característica esencial de la revolución científico-tecnológica es la inserción de la ciencia y la técnica en el contexto global de la sociedad a través de su incorporación dinámica en el desarrollo –de quien son efecto, pero también causa; al que impulsan, pero de quien se realimentan– los tres protagonistas fundamentales del proceso son la infraestructura científico-tecnológica (I), el gobierno (G) y la estructura productiva (E) de la sociedad. Las interacciones múltiples entre ellas se representan por un triángulo donde cada uno de sus vértices corresponden a cada uno de esos elementos y cada uno de los lados a las interacciones correspondientes.

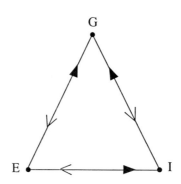

El triángulo IGE para describir la trama CID
(Ciencia – Tecnología – Desarrollo)

En una determinada sociedad pueden existir triángulos IGE correspondientes a diferentes sectores de la economía (agricultura, industria extractiva, industria manufacturera, etc.), a diferentes ramas de un mismo sector (industria mecánica, industria eléctrica, industria metalúrgica, etc. para el sector industria, por ejemplo); a dos o más sectores con un objetivo común, etc. Puede ocurrir que la mayoría de los triángulos parciales integren un gran triángulo correspondiente a toda la sociedad (caso de un país en guerra, por ejemplo). En todos los casos y desde el punto de vista del acoplamiento de la ciencia y la técnica con la realidad –y ahí está la madre del borrego– la existencia de un dado triángulo y su "perfección" expresa simplemente que tal acoplamiento existe y al mismo tiempo da una especie de "medida" de la intensidad de ese acoplamiento. Un triángulo bonito por ejemplo es el de la industria aeroespacial de EE.UU.; uno bastante chueco es el de la industria siderúrgica de ese mismo país; un no-triángulo es el de cualquiera de los sectores de la industria manufacturera argentina. Es decir: "dame tu triangularidad y te diré cómo andas".

Precisemos un poco más: cada vértice constituye un centro de convergencia de múltiples instituciones, unidades de decisión y de producción, actividades, etc. Así el vértice I consiste del sistema educacional que produce, en la cantidad y calidad necesaria, los hombres que realizan, administran y dirigen la investigación; más los laboratorios, institutos, centros, etc. donde se realiza la investigación: más el sistema institucional de planificación, promoción, coordinación, estímulo y calificación de la investigación; más los recursos económicos y financieros necesarios para la investigación, etc. El vértice E es el conjunto de sectores productores –privados y públicos– que provee los bienes y servicios que demanda la sociedad. Finalmente el vértice G comprende el conjunto de roles institucionales que tienen como objetivo formular políticas y movilizar recursos de y hacia los otros vértices.

Las relaciones que se establecen dentro de cada vértice (intra-relaciones) tienen como objetivo transformar a estos centros de convergencia en centros capaces de generar, incorporar y transformar demandas en un producto final que –en nuestro contexto– es la innovación tecnológica.

Así como las intra-relaciones articulan cada vértice, las inter-relaciones (¡lindo juego de palabras!) entre los vértices articulan el triángulo. En la inter-relación I-G por ejemplo, la infraestructura depende vitalmente de la acción deliberada del vértice Gobierno, particularmente en la asignación de recursos. G juega también el papel de centro impulsor de demandas hacia I, demandas que pueden ser incorporadas, transformadas o bien eliminadas por I, generando así contrademandas de reemplazo y proponiendo desarrollos originales. La inter-relación E-G depende fundamentalmente de la capacidad de discernimiento de ambos vértices acerca de uso posible del conocimiento, para incorporarlo al sistema de producción.

La inter-relación I-E es quizá la más difícil de establecer, particularmente en países como la Argentina, donde I depende institucional y financieramente de G y donde barreras socio-culturales mantienen permanentemente incomunicados a los protagonistas de ambos vértices (científicos y empresarios).

Ahora, ¡manos a la obra! y utilizando el triángulo IGE hagamos nuestro diagnóstico:

1. Vértice I y sus interacciones

Si bien la infraestructura científico-tecnológica de Argentina es la más fuerte de América latina es, en cambio, débil –particularmente en cantidad y calidad de recursos humanos– comparada con las de Canadá y Australia. Pero mucho más grave aún: está seriamente desarticulada (intra-relaciones muy tenues), fuertemente aislada (inter-relaciones con G y E casi inexistentes) y crecientemente alienada (sus extra-relaciones con la infraestructura científico-tecnológica extranjera son más importantes que sus intra e inter-relaciones). Frente a la ausencia de demandas concretas de G y E e incapaz de definir su rol socioeconómico en un país en desarrollo, los científicos y tecnólogos de I autodefinen su gestión en abstracto y dedican sus esfuerzos al progreso general de la ciencia y la técnica consideradas como categorías intelectuales y no como instrumentos del desarrollo. Así, el Consejo Nacional de Investigaciones Científicas y Técnicas (atenti a la confusión, que nuestro amor a la ciencia nos ha llevado a tener varios consejos: el CNICT –que preside el Dr. Bernardo Houssay–, el CONACYT –Consejo Nacional de Ciencia y Técnica, cuyo secretario es el Dr. Alberto Taquini (quien a su vez no debe ser confundido con el Dr. Alberto Taquini [h.], decano de la Facultad de Farmacia y Bioquímica de la Universidad Nacional de Buenos Aires)–, y el CAN –Consejo Nacional Asesor del CONACYT, que preside el Dr. B. Houssay (el CAN, no el CONACYT)– y depende del Dr. Taquini) ha cumplido con regular éxito la función de reforzar la infraestructura –particularmente mediante la creación de la carrera del investigador–, pero en cambio ha sido muy poco eficiente en poner esa infraestructura al servicio de la solución de problemas concretos de la sociedad. Mucho peor es lo que ocurre en las universidades, con una estructura anacrónica diseñada para servir a una sociedad estática y atrasada: en las nacionales, el bajísimo número de personal *full-time* (en la Facultad de Ingeniería de Buenos Aires sobre 211 profesores había –en 1968– sólo 23 *full-time*, de los cuales solamente 7 titulares, y sobre un personal auxiliar de 1.169 personas sólo 16 –12 jefes de trabajos prácticos y 4 ayudantes de primera– eran *full-time*), la casi inexistencia de carreras de post-grado, la escasa cantidad y calidad de trabajos científicos publicados y de patentes registradas, expresan con claridad una situación deplorable; en las privadas, las estadísticas demuestran su notoria especialización en la producción de abogados, notarios, procuradores, escribanos *and the like.*

Finalmente, como prácticamente la totalidad de la infraestructura está bajo control del vértice gobierno, sufre las consecuencias de que éste aplica a su funcionamiento las normas y procedimientos administrativos generales que aplica al resto de sus organismos e instituciones, desconociendo así en la práctica –por aquello de que para un secretario de Hacienda una lapicera en manos de un burócrata es igual a una lapicera en manos de Einstein– que un organismo creativo no puede ser gobernado de la misma manera que un organismo burocrático.

2. VÉRTICE G Y SUS INTERACCIONES

Pese a la existencia de universidades, institutos y centros de investigación, laboratorios, plantas piloto, CNICT, CONACYT, CAN, INTI; pese a las enormes y directas responsabilidades gubernamentales en las obras de infraestructura (caminos, ferrocarriles, energía, combustibles, vivienda, comunicaciones); pese a su rol decisivo en la generación y manejo del crédito destinado a diferentes sectores de bienes y servicios; pese a que es el más importante comprador de bienes y servicios; en resumen: pese a que el gobierno es prácticamente el *dueño* de la infraestructura científico-tecnológica y el factor determinante en el funcionamiento de la estructura productiva, no ha sido capaz de establecer inter-relaciones eficientes con I, ni entre ésta y E, ni mucho menos formular una política científico-tecnológica. En su propio vértice, las intra-relaciones son muy débiles e incapaces de hacer converger eficientemente los esfuerzos y recursos de sus diversos miembros. Los recursos totales destinados a ciencias y tecnología (0,2% del producto bruto, según el Dr. Alberto Taquini; 0,35% según otros observadores) y su utilización poco eficiente muestran poca sensibilidad –más allá de la retórica de los discursos de circunstancias– y mucha desorientación en problemas tales como patentes industriales, regalías por *know-how*, emigración de talento, etcétera. Su comportamiento en ocasión de crisis político-institucionales demuestra que no considera a la infraestructura como un elemento vital del desarrollo de la sociedad. Su pasión por los organigramas prueba que no comprende la verdadera naturaleza de los procesos históricos y que tiene gran apego al nominalismo.

3. VÉRTICE E Y SUS INTERACCIONES

Acá es la situación patética porque la innovación proviene más y más de fuentes extranjeras a través de patentes, licencia, *know-how*, acuerdos y radicación masiva de compañías extranjeras. La inversión directa de E en Ciencia y Técnica es prácticamente cero, incluso en los sectores estatales que prácticamente monopolizan la producción de energía, el funcionamiento de las comunicaciones, la construcción de caminos, la producción y comercialización de combustibles, etcétera.

Además, y lo que es peor, E ni siquiera reclama de G una enérgica política de incorporación de la Ciencia y la Técnica –cuando éstas son producidas en el propio país– es retórica y epidérmica.

DIAGNÓSTICO GLOBAL

En el lenguaje del triángulo IGE la situación puede resumirse diciendo que no sólo existen triángulos "globales" o siquiera "sectoriales" o "parciales" *sino que no hay conciencia clara de su necesidad.* El vértice gobierno no formula ni implementa políticas; la estructura productiva se dedica *full-time* a la incorporación de innovación extranjera; la infraestructura científico-tecnológica emplea su no muy fuerte capacidad creativa en relación solamente con las funciones ecuménicas de la Ciencia y la Técnica. Los integrantes de cada vértice –administradores en G, empresarios en E, investigadores en I– carecen de un lenguaje común y no han sido capaces de explicar su rol y asumir plenamente su responsabilidad. Este estado de cosas se traduce en un círculo vicioso que se acelera progresivamente: dependencia (la "tecnología debe provenir del exterior") → falta de innovación propia ("para qué generar innovación si se la puede comprar") → complejo de inferioridad ("no *podemos crear*") → dependencia ("hay que comprar la tecnología en el exterior porque *no sabemos* crear") y así siguiendo.

Por lo tanto, en la revolución científico-tecnológica de nuestro tiempo somos hasta ahora espectadores a nivel de gallinero (con algunas honrosas excepciones en la cazuela) y lo que es mucho peor, parece que no nos damos cuenta de ello, existiendo incluso quienes creen que ni siquiera hay *función*.

A esta altura del partido, estoy seguro que habrá lectores (los *contreras* de siempre) que se sentirán muy felices con el trabajo de mi bisturí; otros (los *ofi-*

cialistas de turno) que dirán indignados: "¡Qué barbaridad! Este tipo debe ser comunista por las cosas que dice". Ni tan tan, ni muy muy, como quería aquel célebre personaje de la Revista Dislocada. Porque algunos hechos enseñan que lentamente se comienza a tomar conciencia del problema: la proyectada desgravación impositiva para donaciones destinadas a instituciones privadas dedicadas a la investigación; la participación de científicos y técnicos argentinos en el proyecto de construcción de la Central Nuclear Atucha; la adjudicación del estudio de un modelo matemático de la Cuenca del Plata a una empresa constituida por investigadores argentinos; la activa participación de centros y laboratorios argentinos en el Programa Regional de Desarrollo Científico y Técnico de la OEA; la creación y puesta en operación del Servicio Naval de Investigación y Desarrollo, la nueva estructura salarial para los miembros de la carrera del investigador; los seminarios, conferencias y reuniones realizados por Fundación Bariloche, Fundación Di Tella, IDEA, Cámara Argentina de Sociedades Anónimas, etcétera, los premios a investigadores acordados por el gobierno de la provincia de Santa Fe.

Todo esto es muy alentador, pero poco, muy poco si queremos pasar del gallinero a la platea para luego saltar al escenario. En la década del 70 tenemos que hacer mucho más y con más vigor, entusiasmo, originalidad, y sobre todas las cosas, con una comprensión más clara del problema.

Comencemos por precisar que el objetivo central es la incorporación de la ciencia y la técnica al proceso de desarrollo. Se trata de un *proceso político* deliberado que se propone acoplar investigación y estructura productiva. En términos del triángulo IGE nuestro objetivo se traduciría en lograr el establecimiento de la mayor cantidad de triángulos posibles y con la mayor "perfección" hasta lograr, eventualmente, un triángulo global que exprese que en la sociedad, como en todo, existe un sistema fluido y permanente de inter-relaciones entre los diferentes protagonistas.

Para esa estrategia de ir "triangularizando" el país debe tenerse presente que los triángulos no se establecen por "decreto" (¡Qué aire fresco recorrería la Argentina si el gobierno dejase –por un par de añitos– de dictar decretos, disposiciones, reglamentaciones, instrucciones, organigramas –¡ay!– y otras yerbas!), sino que son consecuencia de un proceso socio-político que se acelera en la medida en que sus protagonistas vayan teniendo una mejor conciencia de su rol. En particular las intra-relaciones en cada vértice y las inter-relaciones entre los vértices significan el establecimiento de canales fluidos de comunicación que sólo se logran en la medida en que los participantes tengan intereses comunes, definan objetivos comunes y se comuniquen con un lenguaje común. Y, fundamentalmente, todos deberán tratar de entender la naturaleza verdadera del proceso de desarrollo, que significa mucho más que aumentar el nivel económico de la sociedad. Desarrollo significa, en última instancia, transformar una sociedad tradicional en una sociedad moderna. No es un regalo de Dios, sino un proceso costoso y penoso. Un país en desarrollo es por lo tanto un país en crisis; y permanecerá en crisis mientras esté en desarrollo. Así ocurrirá en la Argentina en la década del 70.

Por lo tanto, a no soñar con un orden, una paz, una estabilidad que no va a existir; con una "estrategia del orden" cuando la única posible será la "estrategia del caos".

"Menos bla-bla y más cosas concretas", estarán pidiendo a gritos los pocos lectores que hayan sido capaces de llegar hasta aquí, aguantando, con profundo amor a la ciencia, mi somnífero estilo. Como premio a su constancia o fidelidad acá van unas cuantas propuestas:

• Poner en marcha de inmediato –a título de ensayo y para que sirvan de ejemplo– diversos triángulos, eligiendo aquellos sectores donde las probabilidades de éxito son mayores (¿energía?, ¿telecomunicaciones?, ¿metalurgia?).

• Promover las acciones conducentes a la creación de una atmósfera sociocultural apta para la creación y la innovación.

• Incentivar fuertemente la participación de la estructura productiva en la creación y propagación de la innovación (fomento de investigación en la industria, promoción de invenciones, etcétera).

• Introducción de la variable "ciencia y tecnología" en la formulación de políticas económicas y financieras (créditos, tarifas, barreras arancelarias, radicación de capitales).

• Formular una política de compras del sector público que promueva la innovación tecnológica propia.

• Al estilo del "compre argentino", estimular una política de "use tecnología argentina".

• Aumentar los recursos destinados a ciencia y tecnología.

• Promover la formación de más y mejores investigadores.

• Reformar (¡en serio!) las universidades para convertirlas en elementos dinámicos del desarrollo.

• Establecer servicios de extensión técnica en relación con todos los sectores de la estructura productiva.

• Establecer mecanismos administrativos ad hoc para los institutos de investigación bajo control del Estado, reconociéndoles el carácter de "organismos de investigación y desarrollo", categoría que debiera existir autónomamente en nuestro Derecho Administrativo.

• Promover una adecuada circulación de recursos humanos entre los tres vértices, de modo que haya empresarios en los consejos de política y en los consejos de dirección de institutos y centros; investigadores en los consejos empresarios y en los directorios de empresas, etcétera.

• Alentar, con créditos a muy largo plazo, subsidios directos y contratos, la formación de laboratorios de investigación en la industria.

• Reforzar y movilizar aquellos sectores de la infraestructura que han dado pruebas de creatividad, excelencia y motivación.

Y por ahora: ¡basta para mí!

Fuente: Jorge Sábato, *Confirmado*, 28 de enero de 1970; recopilado en *Ciencia, tecnología, desarrollo y dependencia,* Universidad de Tucumán, Tucumán, 1971, pp. 49-61.

OSCAR VARSAVSKY

El Club de Roma

Ni la explosión demográfica ni la contaminación son temas de interés *directo* para Argentina –estamos poco poblados, y la tuberculosis de nuestros niños no se debe al "smog" sino a la miseria–, pero por desgracia la campaña de terrorismo mundial sobre estos temas, liderada por Estados Unidos, nos obliga a participar en su discusión. Si tiene éxito, los "subdesarrollados" terminaremos una vez más financiando la buena vida de las potencias dominantes, esta vez quizá sirviendo de basural para sus desperdicios (Brasil ya admite que se muden allí industrias muy contaminantes).

Uno de los centros mundiales de esta campaña para asustarnos con el fin del mundo, es el "Club de Roma", donde las cosas se hacen con un poco más de elegancia: da la cara Fiat –y más específicamente nuestro conocido Peccei– y ha tenido cuidado de integrar a representantes del Tercer Mundo, aunque por supuesto desarrollistas, ideológicamente "limpios". Colabora con él en nuestro país la Fundación Bariloche.

El "Club de Roma" tiene como misión plantear una "seria" discusión sobre los peligros inminentes de la contaminación, y las medidas "realistas" e inmediatas a adoptar. La trampa está en que esos razonables calificativos implican una premisa vital: dejarse de "utopías" porque el marco de referencia está dado; la sociedad "desarrollada" seguirá con su organización y su estilo de vida actual; el Tercer Mundo será desarrollista: seguidista del modelo norteamericano o europeo.

Una segunda trampa es meter al desprestigiado control de natalidad como furgón de cola del problema general de contaminación: los seres humanos contaminan al mundo (sobre todo si son del Tercero). En estas serias discusiones se nos presentará, como ya es costumbre táctica, una falsa opción entre una posición reaccionaria extrema (ya expresada por un equipo de científicos norteamericanos) y otras que por comparación parecerán muy progresistas, pero que respetan la premisa fundamental.

Tenemos aquí un ejemplo concreto y tremendo de ciencia mal ideologizada, como los que se denunciaron en varias polémicas del año pasado. Se intenta disfrazar con terminología científica una posición ideológica clara: no discutir más que aquellas alternativas que, sin poner en peligro el predominio de las grandes potencias y las clases privilegiadas, las ayudan a librarse del peso de sus propios desperdicios, y de la población creciente del Tercer Mundo. Se admiten incluso alternativas que propongan grandes *reformas* sociales –expresadas siempre en los viejos términos liberales de igualdad y satisfacción–, con tal que no sean demasiado explícitas y concretas.

Están en su derecho, como defensores o colonos culturales de la civilización norteamericana; pero también tenemos el derecho y el deber, los que estamos en otra postura ideológica, de plantear el problema en nuestros propios términos.

Propongo para eso la formación de un "Contra-Club-de-Roma", cuyo objetivo sea estudiar cómo se resuelven los problemas de contaminación y población en una sociedad socialista definida claramente a partir de sus características generales –nacional, participante, solidaria, creativa–, de modo que puedan seguirse los efectos de una revolución completa en los hábitos actuales de producción y consumo opulentos, de una tecnología social y biológica, más que física, de una ciencia desmitificada, y de la educación necesaria para todo ello.

Participarían en este Contra-Club todos los que tienen ya suficiente confianza en esta contra-hipótesis de partida: "Los grandes problemas de la humanidad actual sólo podrán resolverse transformando la sociedad a través del socialismo".

Fuente: *Ciencia Nueva,* número 18, 1972, p. 16.

4

LOS REFORMISTAS

FUBA
Nosotros somos la universidad *

Venimos sosteniendo desde 1918 que los estudiantes tenemos derecho a participar en el gobierno de la Universidad. Es la consecuencia de un concepto moderno de la educación que mira al estudiante como actor de su propio proceso de conocimiento, y no como simple receptáculo de una enseñanza impartida desde la alta autoridad magistral de la cátedra. La Reforma ha señalado, y numerosos tratadistas de prestigio lo sostuvieron a su vez, que la Universidad es el hogar del estudiante donde el profesor acude a enseñar y a trabajar a su lado y no, por el contrario, el sitio donde un profesor establece su cátedra para que se acerquen los que estudian. De allí que sea natural la exigencia estudiantil de participar en el gobierno de un instituto que les pertenece por esencia.

Pensamos que profesores y egresados pueden colaborar con nosotros en esa tarea. Los profesores, porque es lógico que su autoridad pedagógica y científica tenga influencia en la comunidad universitaria. Los egresados, porque, de acuerdo con la antedicha concepción de la enseñanza, la Universidad, en tanto supere su condición de mera fábrica de títulos debe extender su influencia sobre la acción profesional y ligada íntimamente a ésta, ser influida por ella.

El pensamiento reaccionario negó siempre a los estudiantes el derecho reclamado. Hay quienes piensan, todavía, que juventud es sinónimo de desorden y creen en los sacrosantos derechos del orden senil, respetable y estancado. Si es-

---

* Declaración de la FUBA con motivo de la ocupación de las casas de estudio por parte de los estudiantes y su posterior y provisorio gobierno. Fue reproducida en su oportunidad (octubre de 1955) por muchas publicaciones.

tos doce años han servido para algo, es para demostrar hasta qué punto fueron incapaces de sostener una actitud viril, quienes habían usurpado durante los años del conservadorismo el monopolio de la respetabilidad universitaria a la vieja usanza.

La experiencia que hoy vivimos quiebra otro de los fetiches que se han alzado contra la participación estudiantil en el gobierno de las facultades. Con conmiseración complaciente se habla del entusiasmo y ardor de la juventud, y se vuelven esos elogios en argumentos al revés, reclamando la vigencia de las lógicas jerarquías. En estos pocos días los estudiantes demostramos que somos capaces de dirigir una Universidad en funcionamiento a pesar de los extraordinarios obstáculos que presenta una situación revolucionaria. Con los recintos administrativos clausurados, ante la amenaza de sustracción de documentación i unipi comprometodora para los usufructuarios del régimen depuesto, con la ausencia de algunos profesores a quienes no se puede permitir de ninguna manera el reingreso, ni siquiera provisionalmente a sus cátedras, con todos esos inconvenientes, las clases se han reanudado totalmente y las oficinas administrativas comienzan a funcionar con ritmo efectivo muy superior al que tenían hasta ahora. Los estudiantes hemos demostrado en los hechos que somos capaces de dirigir la Universidad, y de dirigirla con todo orden y capacidad.

Es así como los estudiantes realizamos el momento más importante de la historia de nuestro movimiento. Gobernamos la Universidad de hecho y de derecho. Tenemos autoridades legítimas y las sabremos llevar adelante. Si de esto se dudase todavía, no hay más que asomarse a la historia de estos últimos años que hemos pasado. Mientras la Universidad adolecía de una grave postración moral nosotros nos mantuvimos firmes y conservando la comunidad universitaria. Mientras el desorden y la ineptitud eran el signo característico de la enseñanza y de la administración peronista de la Universidad, nuestros Centros de Estudiantes ofrecían un panorama de clara trayectoria, de orden y de capacidad hasta tal punto que era imposible concebir que la enseñanza pudiera alcanzar un mínimo aceptable sin la colaboración que prestábamos al alumnado con nuestras tareas editoriales y nuestras clases.

Pero, aún más. Nuestra acción y nuestras exigencias no se basan en creencias y actitudes de tipo intuitivo sino que han alcanzado, con madurez, el terreno claro y delimitado de lo racional. Eso prueba nuestro proyecto de bases para la Ley Universitaria que forma parte de lo más autorizado que en el país se puede encontrar al respecto. Hemos fijado allí una concepción moderna de la Universidad donde ésta pierde su carácter de reducto cerrado de educación libresca y magistral y tiene en cuenta, fundamentalmente, la relación de aquélla con la cultura de su tiempo y con las necesidades de su medio, así como también una revaloración exacta de la responsabilidad y actividad del alumno en su propio proceso de aprendizaje.

Frente al pensamiento de los reaccionarios mostramos, pues, las pruebas de nuestros principios, de nuestras actitudes y de nuestras obras. Hemos avanzado suficientemente en el camino como para haber adquirido mucha firmeza en el andar. Ya no es posible que retrocedamos. Y el impulso con que salimos de la dictadura no cesará hasta que demos fin a la tarea de construir una universidad nueva, con alta autoridad científica y pedagógica, democrática en su pensamiento y estructura, y popular en sus proyecciones sociales.

Fuente: Alberto Ciria y Horacio Sanguinetti, *La reforma universitaria*, Buenos Aires, CEAL, 1987, pp. 155-157.

FLORENTINO SANGUINETTI
La extensión universitaria

[Nota de la Redacción de *Mar Dulce*

Florentino V. Sanguinetti. Dirigente reformista de la primera hora, el doctor Sanguinetti ha desarrollado una labor cuyo recuerdo nos mueve a recurrir a él en busca de ilustración y consejo.

Fue él quien, en 1920, organizó los cursos de extensión universitaria que recuerda en este artículo.

Como consejero en la Facultad de Derecho de Buenos Aires propició un meritorio plan de estudios y libró con Julio V. González y Carlos Sánchez Viamonte, aquellas batallas épicas contra la reacción antirreformista.

En 1925 participó de la Unión Latinoamericana, junto a José Ingenieros.

Actualmente se ha reintegrado a la cátedra de Derecho Público en la Facultad de Ciencias Económicas, de cuya Junta Consultiva forma parte, y ha sido nombrado Director del Instituto de Extensión Universitaria de dicha Facultad.]

Muchos hablan de la extensión universitaria, pocos conocen su contenido y proyección. No tenemos espacio ni tiempo para rastrear sus nutridos antecedentes. Baste decir que cuando Joaquín V. González inició esta enseñanza en La Plata, tanto Rafael Altamira como Adolfo Posada siguieron la línea paternalista de los fabianos y otros filántropos anglosajones. Pero los estudiantes de 1918 nos apartamos de esa línea. No en vano éramos contemporáneos de la Primera Guerra Mundial, de la Revolución Rusa y el advenimiento de la clase media a la dirección política de nuestro país.

En aquellos días renovadores, obreros y estudiantes invocábamos ideales comunes. Esta solidaridad tuvo múltiples expresiones en la arquitectura reformista.

El primer congreso universitario reunido en Córdoba (julio de 1918) auspició la extensión universitaria, recomendando: "1°) la incorporación a los planes de estudio de una materia de enseñanza con carácter social; 2°) que los centros estudiantiles iniciaran una eficaz campaña contra el *analfabetismo*, organizando *colegios nocturnos para obreros*, con la colaboración exclusiva de estudiantes y en los que se impartirán enseñanzas correspondientes a los primeros grados de las escuelas comunes".

Poco después, en agosto de 1920, inauguramos en el Centro de Estudiantes de Derecho de Buenos Aires los primeros *cursos regulares de extensión universitaria*, destinados especialmente a obreros y empleados. Para explicar su significación difundimos un manifiesto que expresaba, entre otras cosas:[1] 1°) La Universidad, hermética y excluyente, es un instrumento de clase; 2°) existe contradicción entre la igualdad de derecho establecida por las leyes y la desigualdad de hecho que no permite distribuir equitativamente los bienes de la cultura; 3°) la universidad debe ir hacia el pueblo para conocer sus problemas, ilustrarlo, y colaborar en la creación de normas que lo protejan contra la violencia y el privilegio; 4°) la emancipación intelectual de los trabajadores debe ser obra de los trabajadores mismos.

La campaña de 1920 fue francamente auspiciosa. Se dictaron alrededor de cien conferencias en fábricas, talleres, sindicatos locales obreros, cooperativas, etc., al propio tiempo que funcionaban en las aulas de la Facultad cursos nocturnos con profesores y horarios permanentes cuyos temas de interés jurídico social pueden encontrarse en los diarios de la época y en la "Revista de Ciencias Jurídicas y Sociales" (Tomo XXI, año 1920).

En virtud del éxito la Facultad oficializó dichos cursos, dotándolos de fondos y poniéndolos bajo la dirección de profesores y estudiantes. Apenas se habían iniciado los primeros trabajos, cuando la "contrarreforma" de 1923 impuso el lock out docente suspendiendo toda actividad. La nueva comisión designada al reabrirse la Facultad desnaturalizó el contenido de la docencia extensiva limitándose a propiciar algunas conferencias de corte académico.

En setiembre de 1924 el Consejo Directivo[2] consideró el funcionamiento de la extensión universitaria y un proyecto de enmiendas a la ordenanza respectiva que subscribí conjuntamente con los consejeros Carlos Sánchez Viamonte, Julio V. González y Manuel Rodríguez Ocampo. González, principal autor de la iniciativa, hizo una severa crítica a la "acción unilateral de la Universidad que es la resultante del medio social, y reacciones mutuas en el medio social. Por medio de la extensión universitaria, enseña en la masa y recibe al mismo tiempo de ésta, los conceptos que germinaron sobre los problemas sociales, dando así a la universidad la noción de la realidad social". Propugnó que la extensión universitaria fuera dirigida exclusivamente a la clase trabajadora, censurando "las fallas

---

[1] Del Mazo: "La Reforma Universitaria", La Plata, 1941, T. 1, p. 206.

[2] "Revista de la Facultad de Derecho y C. Sociales", año 1924, p. 899, T. IV, p. 900.

de fondo y forma que existían en el plan de labor y ejecución de la comisión de extensión universitaria".

El presidente de esta comisión replicó declarando que "la extensión universitaria no puede ser sino la vulgarización de la enseñanza de la Facultad entre el público no universitario, y especialmente en los medios sociales más interesados en la solución de los problemas jurídico-económicos, sin imponer o atacar determinada orientación ideológica, "tan libre en cuanto a exposición de ideas, como sería por la responsabilidad intelectual de los conferencistas".

A mi turno denuncié el fracaso de la extensión universitaria organizada por la Facultad, cuyos métodos contrariaban su destino porque las conferencias difundidas de la Sociedad Rural y en la Bolsa de Comercio servían intereses de la clase pudiente justificándose así el descrédito producido por ésta y otras causas; descrédito observado en Europa, donde la enseñanza ocultaba fines proselitistas o tutelares que provocaron confusionismo en las organizaciones obreras obligándolas a rechazar tan peligroso patronato. Dije también, que sólo debe difundirse en el campo obrero y sobre temas sociales, no reuniendo estas condiciones ninguna de las numerosas conferencias comprendidas en la memoria de la comisión, salvo la que dictó el doctor Augusto Conte Mac Donell en la Sociedad Luz: "Aspectos económicos de la revolución rusa".

Nuestra iniciativa propiciaba la extensión universitaria "como *órgano permanente de docencia y de acción social*" (art. 1), cuyo plan de labor debía "responder en sus temas *exclusivamente a la clase obrera*" (art. 5), "preferentemente en los barrios industriales y centros obreros de la Capital y de la provincia".

El proyecto nunca fue despachado. Se archivó entre las carpetas de los asuntos intocables, y nada pudo hacerse desde entonces contra la incomprensión y el misoneísmo.

Tampoco arraigaron otras iniciativas. Entre las de mayor importancia práctica, corresponde recordar que en mayo de 1929, Gabriel del Mazo, delegado interventor en la Facultad de Química de Santa Fe, restauró los cursos nocturnos de perfeccionamiento obrero, suprimidos en 1925, obteniéndose excelentes resultados, según consta en la memoria presentada por el presidente del Departamento de Extensión universitaria, doctor Juan Álvarez, quien al referirse a la nueva organización del mismo, subrayaba el funcionamiento de secciones con 1.636 alumnos regulares y gran número de conferencias dictadas dentro del área correspondiente a la Universidad del Litoral.

Recuerdo otro antecedente valioso. En el segundo congreso nacional de estudiantes universitarios realizado en agosto de 1932, se hizo un estudio a fondo de "la universidad y la cultura social". La ponencia aprobada refleja un criterio más orgánico concretado en los siguientes puntos: 1°) exclaustración de la cultura; 2°) dirigida directamente al pueblo e interuniversitaria; 3°) análisis científico de los problemas sociales, económicos y políticos (sobre todo los de la época), nacionales o internacionales; 4°) conferencias, ciclos, cursos de iniciación alfabética proletaria; 5°) la asistencia será libre y el material de enseñanza estará a disposición del estudioso que lo solicite.

Leyes, decretos, estatutos y frondosos textos reglamentarios hacen referencia al problema pero no han dado soluciones útiles ni producido conciencia universitaria para que la extensión fuera algo más que filantropía o burocracia.

Por fortuna, asistimos a la iniciación de un nuevo plan y esta vez parece que hay noción y pasión. A tal efecto funciona el Departamento de Extensión Universitaria de la Universidad de Buenos Aires, organismo creado en mira de la educación popular que está realizando un "número de experiencias modelo, la formación de personal especializado y la obtención de material básico".

Antes que acción del personal docente, *"quiere ser obra estudiantil de solidaridad social"*. Su director, Guillermo Savloff, ofrece en el primer número de la "Revista Universitaria" (mayo 1956, p. 30), una imagen clara acerca de la función social de la Universidad. Conviene recordarla. Invita al universitario a comenzar su trabajo, "a transformar la cultura en fuerza de progreso social", "a modificar las condiciones del hombre". "La cultura debe ser en primer lugar herramienta de lucha y de progreso para el pueblo. Luego será desinteresada, universal. Hay que invertir el orden. No confundamos la educación popular con la beneficencia. No es dádiva sino ayuda lo que hay que dar. Ayudar al pueblo a ayudarse a sí mismo". Y termina con una incitación aforística: *"Ser universitario no es sólo un estudio, sino una militancia social"*. Estos conceptos engranan con los de la Reforma de 1918. Ponen a lo vivo la opinión de sus doctrinarios. Bien dijo Sebastián Soler que "tal vez la extensión universitaria encierra el significado más profundo y más valioso de la Reforma Universitaria".

Desde los días iniciales comprendimos que la Reforma era algo más que una simple cuestión de estatutos o de métodos pedagógicos. Sus objetivos trascienden, y buscan otras soluciones entrevistas también por las masas populares con las cuales ya teníamos entonces puntos de identidad. Alberto Palcos, Ripa Alberdi, Julio V. González, Lanuza, Hurtado de Mendoza Sánchez Viamonte, Monserrat y muchos otros cuyos juicios recogió del Mazo en su "Recopilación", de 1941 (T. III, pág. 525) consideran, quien más, quien menos, que el problema educacional no es sino una de las fases del problema social que no puede ser solucionado aisladamente.[3] Ese reconocimiento explica la aproximación de la clase media –de la cual salen casi todos los universitarios– al proletariado, que tarde o temprano habrá de absorberla. Además contiene sustancia ética, porque admitimos que si la educación fuera distribuida en todos sus grados la extensión universitaria –consecuencia de una irritante desigualdad– carecería de objeto o estaría circunscripta a una función de perfeccionamiento de los menos dotados. Comprendemos también que los analfabetos son analfabetos a pesar suyo, y que la cultura será patrimonio universal cuando todos tengan previamente asegurado el pan de cada día.

Numerosos universitarios asumen la responsabilidad de esta injusticia vergonzante y aspiran a redimirse colaborando en la enseñanza popular. No será fá-

---

[3] "Revista del Mar Dulce", II, 1955, p. 20.

cil organizarla. La universidad inspira natural desconfianza. En los primeros tiempos de la Reforma atrajo a muchos obreros, pero después de la revolución de 1930, que devolvió la universidad al monopolio de la alta burguesía, recelaron y fueron alejándose considerándola como un foco de opresión. Hay que recobrar la confianza perdida. Hace años, Bielsa advirtió el verdadero carácter de la cuestión, y, aparte de otras razones, justificó la extensión universitaria porque "siendo la enseñanza en cualquier grado una actividad propia del Estado, *un servicio público que debe beneficiar* en mayor o menor intensidad no sólo a los destinatarios inmediatos, sino, y aunque en forma más limitada y mediata, *a la colectividad*, explícase también que la cultura universitaria deba, aunque en una forma particular, extenderse a aquélla, o sea que la institución de la extensión universitaria tenga también un fundamento ético y político financiero. En este sentido ella, *la extensión universitaria debería estar instituida orgánicamente como servicio administrativo*, pero hasta ahora, de acuerdo con el criterio de beneficio o vocación docente, ella es incompleta, precaria, inorgánica. Para que concurran los dos motivos que la fundan: "eficacia" y "universalidad", debe difundir en el medio, momento y modo oportuno, una enseñanza objetiva, práctica, ilustrativa y gráfica en lo posible, puesta a cargo de maestros y no de estudiantes o de "aficionados" y dirigida por una comisión formada de universitarios y en lo posible de representantes de los propios beneficiarios, v. gr. empleados, obreros, comerciantes, etcétera.[4]

Aceptada la idea de servicio, cabe examinar diversas hipótesis referentes a las direcciones que puede tener. Una, que busca las líneas menores y transaccionales, intenta dar mayor densidad social a la enseñanza impartida en las aulas y orientar la extensión universitaria dentro del mismo tono sin distinción de auditorios. Se trata siempre de un instrumento manejado por la universidad constituida por una minoría que sólo puede ser minoría funcional, como quiere Julián Huxley, "basada en el mérito y la capacidad, y no una minoría selecta de clase, basada en la riqueza y en el privilegio".[5]

Otra proposición intermedia entiende que el pueblo y la universidad trabajan cada uno en su órbita y se asisten recíprocamente, la universidad aportando su capital científico, y el pueblo su capital humano, su necesidad, su experiencia.

Una vez superadas la iniciará en los secretos de la cultura. Primero vivir, después filosofar. Por último existe un programa máximo. La universidad es uno de los tantos problemas sociales. Los trabajadores están fuera de ella por considerarla arma de penetración burguesa. Si en el campo universitario hay intelectuales que comparten el programa y los métodos del proletariado, pueden ser admitidos no como conductores, sino como concurrentes a una finalidad común. "En la universidad no se soluciona el problema social –dice Verde Tello–. En ese sentido, el

---

[4] R. Bielsa: "Cuestiones Universitarias", Bs. As., 1928, p. 41.

[5] J. Huxley: "La Enseñanza como Función Social", p. 297.

camino a recorrer no se encuentra en la universidad, está fuera de la universidad. Los estudiantes que se sienten solidarios con la clase trabajadora deben confundirse en sus luchas y cooperar para el triunfo de sus ideales".[6] Por lo tanto la extensión universitaria debe orientarse con arreglo a los intereses de dicha clase. En las condiciones actuales lo más que puede hacer la Universidad es poner en movimiento toda forma activa de difusión popular, confiándola a profesores y estudiantes cuidadosamente elegidos mediante prácticas previas, porque el fracaso docente significaría la quiebra del sistema.

¿Cómo deberá ser la enseñanza? ¿Debe alfabetizar? ¿Mejorar la aptitud técnica? ¿O debe difundir conocimientos generales que fructificarán proporcionalmente a la mayor o menor capacidad de cada cual?

Los reformistas de 1918 propiciábamos campañas de alfabetización "organizando colegios nocturnos para obreros, con la colaboración exclusiva de estudiantes". En verdad la alfabetización no es función inherente a la universidad, pero, si el Estado y sus órganos especiales desatienden este problema, pueden los universitarios proveer transitoriamente cualquier déficit y realizar lo mismo que se hizo en Méjico, en Perú (universidades González Prada) y en otros países para reducir pavorosos índices de analfabetos.

En general nuestros modestos ensayos han preferido divulgar nociones equiparadas a las del ciclo primario, con algunos elementos jurídicos o técnicos cuando el auditorio era más receptivo, Juan B. Justo y Nicolás Repetto, refiriéndose a la extensión universitaria decían que "debemos familiarizar al pueblo para comprender los problemas de su tiempo y ayudar a resolverlos". Otros hombres públicos también auspiciaron esta orientación. Leopoldo Lugones, implacable detractor de la Reforma, alabó en *La Nación* a quienes difundían la docencia social, "ya que no puede dudarse de su sinceridad" y reconoció "la importancia de esta noble iniciativa cuya acertada ejecución alcanzaría verdadera trascendencia en un país tan desvinculado como el nuestro por la escasez de población y el egoísmo antisocial de múltiple origen. No es dudoso que la cultura superior, llevada hasta las agrupaciones obreras por universitarios desinteresados y capaces, tendría honda influencia social bajo el doble aspecto de la utilidad para los favorecidos con la valiosa asistencia, y de concordia, que es el fundamento moral de la patria". Aconsejaba que se empezara por "las peonadas de los obrajes y de las trillas".

Nada de esto se hizo entonces ni puede hacerse ahora por arte de encantamiento. Necesitaremos tiempo y devoción. Como no será posible permanecer inertes hasta que aparezcan condiciones favorables para poner en ejecución el programa máximo, habrá que adaptar los planes a la circunstancia teniendo en cuenta dos momentos, uno de tránsito y preparativo, otro adecuado al próximo futuro. En el primer período privarán ciertos principios susceptibles de

---

[6] Del Mazo: "La Reforma Universitaria", T. III, p. 68.

gradación, si se quiere arraigar este tipo de enseñanza en el medio al cual se la destina. Por ejemplo: 1º) no será mesiánica ni proselitista; 2º) formará al hombre como ser social y político; 3º) lo instalará en su atmósfera y le dará conciencia de su destino histórico; 4º) le ayudará a elevar su nivel de vida (salud, economía, vivienda, deporte, etc.) requisito previo a toda formación intelectual; 5º) no podrá reducirse a dispensar un corto saber ni a estimular mezquinos aumentos de salario; 6º) difundirá nociones técnicas y científicas en los centros de mayor fermentación; 7º) dará idea de lo nacional e internacional; 8º) transmitirá una cultura que permita al individuo mejorarse a sí mismo y mejorar a su comunidad.

El segundo momento corresponderá al período de emancipación de la clase trabajadora, cuando, según el vaticinio de Ponce "salga de manos de la burguesía el monopolio de la cultura y de la ciencia". No nos tomará desprevenidos, porque a partir de 1918 hemos afirmado que la enseñanza debe dirigirse preferentemente a dicho sector. ¿Cuál debe ser en este trance la actitud de la Universidad? ¿Acaso de espaldas? ¿Sumará sus fuerzas a las de resistencia que intentan contener el advenimiento de las masas?

Esa revolución está en marcha. Parece inevitable. Lo mejor que podemos hacer es ayudarla a realizar pacíficamente su proceso para impedir el predominio de las fuerzas ciegas. La extensión será así un modo de participar concientemente en la instancia renovadora. Y una asistencia útil que aceptará la clase proletaria, cuando comprenda, que ni la acción de las masas ni su independencia económica bastarán para crear por sí solas un nuevo orden.

El proletariado no podrá constitucionalizar sus hechos mientras no los afirme en una concepción de la vida social entera.

Son palabras de Carlos Marx: "Mientras la filosofía esté divorciada del movimiento obrero, mientras el proletariado no tenga una justa visión del mundo, de la sociedad, de la lucha, no podrá realizar una acción verdaderamente progresista".[7]

En ese despertar del mundo nuevo, la extensión universitaria tendrá como misión específica destacar: 1º) se partirá del trabajo como idea eje; 2º) aun cuando el factor económico suscite transformaciones sociales el proletariado para cumplir su evolución necesita adquirir originalidad moral e intelectual; 3º) si el movimiento obrero no significa un nuevo ideal de civilización históricamente será un fenómeno transitorio; 4º) corresponde a un ideal de civilización crear formas propias en los dominios de la actividad humana.

Nuestro designio ha sido siempre establecer una enseñanza asequible a todos, sin limitación de grados. Dejar las puertas abiertas en el jardín de infantes, en los colegios secundarios y en las aulas superiores. Mientras esta utopía no ascienda a realidad la extensión universitaria debe conducir desde una primaria ac-

---

[7] "Revista del Mar Dulce", Suplemento Nº 2, noviembre de 1955.

titud ante la vida y la sociedad, hasta alcanzar las dimensiones culturales que permitan a cada hombre entender los problemas de su tiempo y fructificar los bienes de la inteligencia.

En suma, la extensión universitaria debe ser "servicio público" de sentido social destinado exclusivamente a las clases laboriosas, y si no no será nada.

Fuente: *Revista del Mar Dulce,* año 2, número 5, octubre 1956, pp. 2-4.

Comisión de Estudiantes Secundarios
Los problemas del ingreso a la Universidad

Estamos en vísperas del pronunciamiento de las Facultades sobre las exigencias que se requerirán para ingresar a ellas. Diversos criterios se plantean como solución, lo que demuestra las diferentes posturas con que se encara el problema. Se hace necesario solucionar la grave crisis de la Universidad Argentina comenzando desde la base: los aspirantes a integrarla.

Detrás de cada planteo hay una concepción filosófica, política y económica de la sociedad. Es nuestro deber analizar esos planteos, descubrir las concepciones que encierran, pronunciarnos en favor o en contra de acuerdo a nuestras concepciones, y proyectarnos mediante las soluciones constructivas, única manera de acercarnos un poco más a la Universidad que queremos.

El estudiante debe hacerse escuchar, más que en la crítica a lo actuado, en el proyecto a realizarse. Y esto es urgente e impostergable, pues existe ya la triste experiencia de los decretos 6.403 y 10.755, que lanzados en forma inconsulta ocultaban en su articulado un golpe más a todo el movimiento dieciochesco.

La supresión del examen de ingreso realizada por Perón, sin el consiguiente acrecentamiento del presupuesto universitario, aunándose a esto la incapacidad del cuerpo docente, trajo como consecuencia gran disminución del nivel de enseñanza. Las estadísticas son claras y deprimentes. Por ejemplo, en la Facultad de Medicina de Buenos Aires, en el año 1954 ingresan a primer año 5.021 alumnos. Al año siguiente se inscriben en segundo año 2.709.[1] El 44,1% abandona o ingresa precozmente a la legión de los "crónicos".

Apoyaríamos sí el ingreso libre si nuestra enseñanza media y específicamente el bachillerato constituyeran una garantía en cuanto a preparación y orientación de sus alumnos. La realidad diaria prueba que esto no ocurre; por lo tanto, la única solución, como se verá más adelante, es la reforma de la enseñanza media.

Pero esta solución no puede realizarse de inmediato, aunque sí debe encararse con vistas a su ejecución en el futuro más próximo posible.

---

[1] Datos tomados del Seminario de Reestructuración de la Facultad de Medicina, realizado por el Centro de Estudiantes de Medicina en abril de 1956.

Mientras tanto, existe el problema inmediato de los que ya son aspirantes a constituirse en estudiantes universitarios. Veamos las posibles soluciones. En algunas facultades se habla ya de la implantación del examen de ingreso. Este criterio será de resultados inoperantes e inconducentes para la finalidad que buscamos, que es el mejoramiento de la Universidad en *toda* su significación.

El examen de ingreso no puede ser de manera alguna un medio selectivo, ya que refleja en forma fraccionada los conocimientos mal aprendidos y peor asimilados en unos pocos días previos a la prueba, y sujetos los resultados de ésta, como todo examen, a una serie de condiciones accidentales que las alteran visiblemente.

Asimismo, si se usa el sistema de puntaje, v. g. de 5.000 aspirantes deben ingresar 500, y la calificación se hace elástica para que nada más que esos 500 puedan ingresar, entramos en un criterio limitativo que no podemos admitir.

Si partimos de la definición de Universidad que dan los sostenedores de la limitación, veremos que éstas les otorgan razón. Dice Braun Menéndez que los tres primordiales fines de la Universidad son: la conservación de los conocimientos, el acrecentamiento de los mismos, y la formación de profesionales basada en una seria preparación técnica.[2]

Por lo tanto, dada la falta actual de docentes y de material, se comprende que para impartir esa seria preparación técnica y acercarse más al cumplimiento de las finalidades que define, debiera restringirse el número de alumnos facilitando así el contacto de éstos con los profesores y acrecentando el número y calidad de las prácticas.

Para nosotros esa definición de Universidad es incorrecta, puesto que implica el concepto de un organismo con fines en sí mismo. Por el contrario, además de lo enunciado, creemos que ella debe desempeñar concientemente una misión social y cultural de amplia trascendencia, y es su contribución a satisfacer las necesidades del país donde funciona. Y no creemos que esas necesidades puedan ser solucionadas sin acrecentar las posibilidades culturales de las grandes masas de la población, sobre todo las de austeras posibilidades económicas. De acuerdo con esto, y siendo la Universidad el instituto de cultura superior por excelencia, no sólo es injusta la exclusión de quienes estén capacitados para cursarla, sino que mal puede haber engrandecimiento en un país regido por élites que subvaloren a las clases más desposeídas, y que traben su desenvolvimiento y capacitación, temerosas de su suerte futura si esa capacitación cristaliza. Agregamos con Ortega y Gasset que ni siquiera puede haber una buena Universidad dentro de un mal país; que la Universidad no existe aislada, sino que se integra dentro del conjunto de fuerzas que hace al engrandecimiento de una nación.

---

[2] Alberto J. Solari: "La Universidad privada y la enseñanza sectaria", *Revista del Mar Dulce*, N° 3.

Y oponemos entonces al criterio de que debe restringirse la cantidad de alumnos dada la limitación que para albergarlos tiene la universidad, el concepto de que la función hace al órgano, y por lo tanto la Universidad debe agrandar sus posibilidades de acuerdo con las necesidades del país y el número de aspirantes aptos y orientados que se presenten.

Creemos que para su cumplimiento el presupuesto universitario es más que insuficiente, y que ello debe solucionarse.

Otro criterio con el cual se fundamenta la limitación es el exceso de profesionales. Nosotros afirmamos que esto no es tal, pues si bien los profesionales se hacinan en las ciudades populosas, el campo y los pueblos del interior carecen de ellos. Esto deriva en parte de problemas económicos y en parte de la falta de contacto intelectual y la reclusión que significa ejercer la profesión en esos lugares. Toda la vida cultural y científica se centra en las metrópolis. Pocas son las perspectivas fuera de ellas.

Como solución momentánea al problema del ingreso, apoyamos la creación de un curso preuniversitario que tendrá las siguientes características.

1°) Brindar conocimientos elementales sobre la carrera a seguir y estar organizado de manera de dar al alumno una visión clara de sus aptitudes y vocación sobre la misma.

2°) Tener materias de formación humanística, comunes a toda la Universidad, que ubiquen al estudiante frente a los actuales problemas de la cultura y de la realidad nacional.

3°) Permitir en lo posible una rectificación en cuanto a la carrera a seguir.

Este curso se desarrollará en forma de trabajos prácticos y de seminarios, de manera que permita un contacto estrecho entre profesor y alumno.

La adopción de este sistema no debe significar directa o indirectamente la adopción de un criterio limitativo con respecto al ingreso a la Universidad.

En vista de lo avanzado del año escolar, el curso se realizaría este año en los meses de verano.

ANTECEDENTES HISTÓRICOS

El planteo de la limitación no es nuevo, ni se basa en el desquicio de la Universidad que nos dejó el peronismo.

En el año 1927 se hablaba ya de acabar con una enseñanza verbalista, y como medio se ofrecía la limitación con los mismos fundamentos que en la actualidad.

Salió entonces Alfredo Palacios en defensa del estudiantado, contra quienes hablaban de "las razones demagógicas de que todos tienen derecho a estudiar".[3]

---

[3] Alfredo L. Palacios: "Por la Universidad democrática", Buenos Aires, 1927.

Se planteaba también la exclusión de la Universidad "de una clase determinada de extranjeros (los judíos)".[4] Se citaban como ejemplos las universidades de los Estados Unidos (extraña coincidencia con el momento actual). Palacios se extrañaba entonces de esos ejemplos esgrimidos por quienes pedían restricciones en el ingreso, ya que en las universidades norteamericanas no había restricción alguna, pues "se admite en sus aulas a cualquiera que tenga recursos, por ignorante que sea"[5] (nuevas coincidencias).

Decía también Palacios que donde no existe limitación numérica la Universidad progresa día a día, y citaba los ejemplos de Alemania, Italia y la U.R.S.S.

Denunciaba asimismo a la universidad medieval como la más limitada y clasista.

Actualicemos estos antecedentes, y veamos que la limitación existe ya en la escuela secundaria, adonde concurren casi exclusivamente los hijos de clase media, pequeña y alta burguesía. Veamos también que a las conquistas obtenidas por aquellos estudiantes que hacen compatible el trabajo con el estudio universitario, se las intenta destruir cuando no lo han sido ya (turnos mensuales de exámenes, horarios nocturnos de trabajos prácticos, etc.).

¿Por qué aquellos que se preocupan de "mejorar la enseñanza" proponen la limitación en el ingreso a la Universidad estatal, y también la creación y reglamentación de la Universidad privada? ¿Por qué no concentran todos sus esfuerzos e influencias, que no son pocas, en lograr el aumento del presupuesto, con las consiguientes posibilidades *para todos* de estudiar mejor? ¿Quieren acaso formar la élite superculta que rija los destinos del país?

En el año 1926 F.U.B.A. denunciaba ante el Consejo Superior Universitario que aquellos que calculaban a la Universidad en base a las cátedras oficiales, olvidaban y negaban la solución que aportaba la cátedra libre, uno de los postulados básicos del 18.[6] A treinta años de esa declaración, nosotros la hacemos nuestra.

Y por fin, creemos que nada de esto es utopía. Por el contrario, en la medida en que logremos su cumplimiento, nos acercamos más a ese gran postulado que dice: "La Universidad abierta al pueblo".

SOBRE LA ENSEÑANZA MEDIA

La forma ideal de ingreso a la Universidad es el ingreso libre, sin otro requisito en general que el haber cursado la enseñanza media.

---

[4] Alfredo L. Palacios: "Por la Universidad democrática", Buenos Aires, 1927.

[5] Alfredo L. Palacios: "Por la Universidad democrática", Buenos Aires, 1927.

[6] "Actas del Consejo Universitario". Revista de la Universidad de Buenos Aires, 1926. Véase también en "Petitorio de la Apelación presentada por F.U.B.A. al Consejo Superior sobre el problema de la limitación en los ingresos, el 2 de noviembre de 1956", La Reforma Universitaria (tomo V), ed. del C.M.A. y C.E.M., 1927.

Es un error atribuir la actual crisis de la enseñanza sólo a la dictadura, ya que ésta únicamente agregó corrupciones de todo orden a un sistema que de por sí traía un atraso de 50 años con respecto a los criterios pedagógicos aplicados en los países más adelantados en ese aspecto.

La enseñanza actual, intelectualista y enciclopedista, considera al educando como un receptáculo donde hay que verter la mayor cantidad posible de conocimientos. Es consecuencia de esto la frondosidad de programas y la aplicación de métodos de estudios basados en la memorización y repetición de las lecciones, sistema que no despierta ningún interés en el alumno y anula toda iniciativa individual.

De esta forma la única motivación psicológica para la adquisición de conocimientos es la obtención de una calificación determinada. Se descuida además el fundamental proceso formativo de la personalidad del educando, que exige que el profesor y la escuela se adapten a ella, y no que suceda a la inversa como actualmente ocurre. A pesar de que se pretende imbuir al alumno de todo el saber universal éste egresa de la escuela secundaria sin conocimientos elementales de las distintas asignaturas e inmaduro para elegir una carrera o adoptar una determinación en cuanto a su futuro.

Además de sus deficiencias en el aspecto individual del adolescente, la enseñanza secundaria no cumple con su función social, pues los egresados de ella carecen de noción de la importancia social de las diferentes disciplinas científicas y su conexión con los verdaderos requerimientos del país. Por otra parte existe una total desvinculación entre la enseñanza inferior, media y universitaria, que se evidencia en el brusco desequilibrio que sufre el estudiante al pasar de la escuela al colegio y de éste a la Universidad.

Se impone pues un cambio total y orgánico de nuestra enseñanza si se desea superar la crisis en que actualmente se encuentra.

Será necesario abandonar el actual criterio intelectualista por otro que tome en cuenta no sólo los factores intelectivos del alumno, sino también las tendencias emotivas volitivas que con los primeros constituyen el todo de su personalidad. Deberá existir un real contacto entre profesores y alumnos que permita a los primeros formarse conceptos claros sobre las aptitudes de los segundos y despertar su interés por la asignatura. Los educadores tendrán que estar capacitados para esta tarea y la única manera de que esto ocurra es que las cátedras se provean por concurso de oposición. Será también necesario crear un ciclo básico común, que evitará los defectos de una especialización prematura (comerciales e industriales) y que permitirá el paso de un tipo de instituto a otro.

La enseñanza media debe ser un poderoso medio de difusión de la cultura entre la juventud del país, teniendo en cuenta para sus fines además de los intereses individuales del educando los de la sociedad en que se desenvuelve. Es decir, deberá dejar de ser una mera etapa preparatoria a estudios superiores para otorgarle un carácter propio, eminentemente cultural y formativo. Para que los resultados de la enseñanza media sean realmente efectivos todos deben tener la posibilidad de ingresar a ella. Será por consiguiente necesario abaratar los materiales de estudio y establecer becas, para eliminar las trabas económicas que impiden el acceso a apreciables sectores de la población.

Ninguna de estas reformas podrá ser llevada a cabo mientras nuestra enseñanza media dependa de decretos emanados del Poder Ejecutivo, que modifiquen constante y arbitrariamente su estructura, según el parecer del ministro de turno. Para asegurar estabilidad y dirección con criterios pedagógicos, creemos necesaria la creación de un Consejo Nacional de la Enseñanza Media, que con goce de plena autonomía e integrado por pedagogos competentes, posibilite la reestructuración de la enseñanza secundaria.

Fuente: Conclusiones finales del Seminario organizado por la Comisión de Estudiantes Secundarios de la *Revista del Mar Dulce,* octubre de 1956, separata de la revista.

FUBA
Un bosquejo del congreso, 1959

Hace cinco meses fracasó en La Plata, casi desapercibidamente, la tentativa de realizar el IV Congreso Nacional de Estudiantes. Cuatro meses después éste ha tenido lugar en Córdoba, con una relación de fuerzas más o menos similar. Es evidente el cambio operado en algunas de esas fuerzas, que puede atribuirse tanto al acercamiento entre los sectores progresistas a que asistimos en el país, que se va dando también en el ámbito estudiantil, como a la mayor claridad acerca de la situación en que se encuentra el movimiento por parte de sus propios dirigentes, lo cual a la vez ha ido aclarando el problema de los objetivos a trazarse.

Fuera del estado generalizado de desgano por los problemas de la política estudiantil y universitaria en que se encontraba el estudiantado, en junio ocurrió que buena parte de sus representantes fue al Congreso a imponer su voluntad de no realizarlo. Ahora, ellos han ido a sostener la posición contraria a toda costa, y quedó claro que la coincidencia en ese aspecto conducía en lo fundamental a la coincidencia programática. Ese cambio en la posición de sectores importantes fue la que por sobre todo posibilitó la cohesión de las fuerzas de izquierda, antes y en el Congreso, y el éxito posterior. Pocos fueron a Córdoba a discutir posturas "en disidencia". Los que las tienen fueron decididamente a romper el Congreso, y quedaron al descubierto en ese sentido. El resto, la gran mayoría, demostró que lo movía fundamentalmente un gran espíritu constructivo.

Dos actitudes se diferenciaron en el IV Congreso de la F.U.A. De entrada, como era previsible, el sector más reaccionario planteó la impugnación a los Estatutos de F.U.A. bajo los cuales se realizaba el Congreso, acusó a esos Estatutos de antidemocráticos, por su gestación y por su contenido. Lo cierto es que tales

Estatutos fueron aprobados por la Convención Nacional de Centros, y que el IV Congreso era altamente representativo de los centros integrantes de F.U.A. Este sector evidenció, sin tapujos, que iba a quebrar y a dividir. Se retiró del Congreso derrotado, y a poco lo siguieron los escasos humanistas que había. Días después del Congreso defendieron esa posición, desde *La Prensa*, su órgano de expresión usual para estas cosas. Pero los puntos perdidos en Córdoba creemos que les será difícil recuperarlos.

El esfuerzo por mantener el quórum, amenazado por estas actitudes, demandó los primeros días. Ello se consiguió finalmente, porque a la postura de los sectores más firmes se agregó la actitud de algunos en un principio vacilantes, a quienes se hizo claro que estaban en juego allí no tan sólo esos problemas formales.

En verdad, se barajaban en Córdoba muchas más cosas que las escritas en el temario. En síntesis, la ubicación del movimiento estudiantil en relación con el país y las fuerzas populares. Los elementos de derecha provenientes de las filas reformistas demostraron estar ya en un "gorilismo" neto: contra todo lo que huela a popular, a progresista. Su postura política se refleja en el ámbito universitario en una actitud absolutamente negativa; en Córdoba los arrastró a "jugar sucio" tan ostensiblemente que perdieron influencia hasta en algunos sectores sobre los que tenían alguna. Y se tuvieron que ir solos.

Es decir que, con las diferencias existentes entre los sectores que llevaron adelante el Congreso –algunas bastante pronunciadas– una cosa quedaba clarísima y se imponía a todo otro planteo: el movimiento estudiantil debía integrarse enteramente con las fuerzas populares. Concretamente, eso significó en primer lugar adhesión a los 13 puntos del MOU, y medidas que efectivicen esa acción común con el pueblo trabajador. Ir en contra de esto era nadar contra una corriente muy fuerte; los que quisieron enfrentarla, con dos a tres argucias demasiado trilladas, perdieron. A partir de ese primer encuentro, librado antes de iniciarse el trabajo efectivo, se cimentó la cohesión de todas las otras fuerzas; ello dio al concluir la labor, y aún antes de haberse alcanzado una visión en perspectiva de lo que allí había ocurrido, la sensación de un gran triunfo político. Que adquiere, sin duda alguna, un relieve singular para el desarrollo del movimiento estudiantil.

El trabajo en las comisiones fue intenso y eficaz. Se produjeron algunos despachos de real valor, y sobre todo, se colocó a la F.U.A. en un plano nuevo ante los estudiantes y ante el país. Un vasto plan de trabajo aguarda como fruto de esos días de labor. Dependerá de cómo sea llevado a la práctica el que el IV Congreso señale la iniciación de una nueva etapa para el estudiantado argentino.

El Congreso de F.U.A. no se realizaba desde hacía 17 años. Muchas cosas pasaron en el país desde entonces y el mismo proceso que lo ha trastornado en buena medida hizo lo propio con el movimiento estudiantil. Sin embargo, éste continuaba funcionando como desde entonces. No sólo se daba en él el anacronismo de una organización que no respondía a las nuevas necesidades, sino que ni siquiera se había acusado la toma de conciencia del cambio producido. (Las jornadas del artículo 28 demuestran elocuentemente cómo la estructura de los organismos estudiantiles fue desbordada por el propio estudiantado.) Lo nuevo ha plasmado a través del IV Congreso, en una F.U.A. reorganizada sobre nuevas bases, en la que el Congreso no será ya un acontecimiento sensacional sino el organismo fundamental, que dará cada año las bases de la acción. Y ha plasmado también en un cambio en la actitud, ahora tangible, porque se la institucionaliza en un Congreso de todo el estudiantado, que ubica explícitamente al movimiento ante el país y tiene fuerzas suficientes para enfrentar y rechazar a los sectores que van a impedirlo.

No es casual que a este Congreso *lleguen* los representantes de la C.G.T. de Córdoba con el saludo obrero y un llamado para incorporarse a las luchas de los trabajadores y forjar la unidad popular. Éste es el índice. Por cierto que se habrán recibido varios chascos en ese plenario que atiborrado de gente escuchaba hablar a Zárate y Azpitía, y luego a Estévez; porque la actitud de los representantes obreros, lejos de provocar tensiones, no pudo ser más constructiva. Se borraba una línea divisoria ya anticuada, que distintos sectores procuraban seguir explotando todavía, hasta como pivote de su actuar. El que ese día no pudieran hacerlo constituye un signo elocuente de que el movimiento estudiantil los ha superado y ya está en otra cosa: está con el país, viviendo y forjando sus alternativas del lado del pueblo.

Ello no implica de ningún modo que se subestimaran los problemas específicos del estudiantado. Muy por el contrario, esos problemas de la Universidad y de la enseñanza fueron considerados el centro del trabajo de F.U.A. Los objetivos inmediatos del movimiento estudiantil se centran en esos problemas de la reorganización universitaria. Y es precisamente a partir de aquella ubicación lograda en el orden nacional que puede el movimiento estudiantil afrontar los problemas de la Universidad con posibilidades de resolverlos.

La preeminencia la tiene la cuestión de la penetración imperialista: CAFADE en la Argentina de hoy. Por ello el Congreso recomienda especialmente la difusión del material del Ejecutivo Provisorio de la F.U.A. sobre CAFADE, e intensificar la acción contra las relaciones con ese organismo. Congresos y seminarios, algunos internacionales, irán sentando las posiciones ante los distintos asuntos de orden educacional; y el de "departamentalización" se destaca como el más importante.

El ingreso de la F.U.A. a la Unión Internacional de Estudiantes, como "observador", es también un índice elocuente: fue aprobado sin más oposición que la de unos pocos que querían estar fuera de todas partes. No se trataba de hacer algo fundamental de una cuestión que no lo era; nadie intentó hacerlo, y por eso no se planteó modificar la condición de miembro de la Co-Sec. Pero ese bloqueo en que se mantenía a la F.U.A. con respecto a la U.I.E. era bien característico de esa etapa que ha concluido.

Las ponencias y despachos aprobados, que no sería ilustrativo enumerar, quedan como un aporte valioso cargado con todo lo que este Congreso significa: materiales de orden gremial, estudiantil, social, político, educacional, el *Análisis de la situación económica*, del que publicamos un fragmento en este número, etcétera. Lo que ahora interesa sobre todo es que esto se haga. En base a ello habrá que valorar en definitiva al IV Congreso. Lo vemos como el esfuerzo del estudiantado para ubicarse en la lucha por el país. Ahora se trata, sobre todo, de que su aporte sea llevado a la masa estudiantil –vivificada por nuevas camadas que se incorporan a la vida universitaria–, que ésta lo recoja y lo interprete. En el país se está jugando a ganar o perder; lo importante es que el estudiantado comprenda que es por el camino que traza el IV Congreso que cada uno podrá hacer algo para superar estos días difíciles.

M. M. y A.

Fuente: IV Congreso de la FUBA, 1959, *Revista del Mar Dulce,* número 10, diciembre de 1959, p. 5.

ANALÍA PAYRÓ
La reforma

AYER Y HOY

No tratamos aquí de hacer un análisis formal ni de la situación estudiantil ni de la situación de la Universidad Nacional. Lo que aquí se trata es de discurrir sobre tres temas que ineludiblemente entrarán en cualquier caracterización que se pretenda hacer sobre la significación histórica de la Reforma Universitaria o de la ideología que, híbrida, hoy invoca su nombre.

De esos temas que proponemos, a) uno pretende aislar la coyuntura en la cual ocurrió el movimiento del 18; su momento de real existencia revolucionaria y la caracterización de sus rasgos fundamentales: antioligárquico y antiimperialista.

b) Podemos ejemplificar su significación con el análisis de una de sus consignas básicas: llevar la universidad a la calle; consigna que tuvo como intentos de realización concreta los programas de extensión universitaria.

c) En un tercer momento podemos discurrir sobre la evolución de grupos reformistas y el papel que juegan hoy en la Universidad y en la vida nacional.

* * *

a) La Reforma es, en el 18, antiimperialista; se dice latinoamericana y percibe a América Latina como *la patria grande*; es capaz hasta cierto punto de superar las contradicciones sobre las cuales está sustentada al proclamarse como integradora de un movimiento general americano. Y un movimiento general americano es antiimperialista.

Pero quizá su rasgo distintivo sea más su base antioligárquica, que la nota antiimperialista.

La Reforma nació en el momento en que se estaba haciendo conciente por posible (ya que las ideas se sistematizan frente a la coyuntura que hace posible su participación en el cambio) la creación de una *alternativa nacional* de la cual Yrigoyen fue su gestor, y los hombres del 18 pertenecerán a esa pequeña burguesía con posibilidades de incidencia. Serán, aunque más no sea por breve tiempo, portadores del cambio y participarán de la misma ambigüedad que el radicalismo yrigoyenista, pero que en su hora fugaz será una experiencia realmente revolucionaria. Tendrá como base ideológica el criterio –en ese momento válido– de que cualquier acción que conmoviera o intentara conmover la estructura tradicional con base oligárquica, era revolucionaria. Ya que la oligarquía era la rectora de todos los órdenes de la vida nacional y por consiguiente de la cultura.

Lo fue mientras duró la coyuntura, mientras en todos los órdenes se estaba tratando de construir esa ya mencionada *alternativa nacional*.

b) Los años posteriores de la Reforma, por error grave y peligroso, fueron percibidos monocordemente, demostraron y demuestran la falta de una ideología que la llene de contenidos reales.

En los años intermedios, desde su formalización hasta hoy, la Reforma ha sido *reformista*, ha aislado con justa intuición los problemas más importantes de los que afectan a un país colonizado. Ha aislado y trabajado con consignas salidas de esa intuición, pero éstas llegan a nosotros infructuosamente gastadas. Son válidas si se les da el contenido que hoy pretendemos darles.

Quizá recién hoy podamos aceptar concientemente el hecho de que la Reforma es tan producto liberal como cualquiera de las expresiones de la llamada cultura nacional. Y que es liberal su máximo postulado de *llevar la universidad a la calle*.

La Universidad fue y sigue siendo percibida por algunos sectores, como aquella institución que de alguna manera es rectora en la vida nacional y que por lo tanto debe dar respuestas. Sí, debe dar respuestas, pero la Universidad Argentina no es una institución del despotismo ilustrado. Debe dar respuestas y las dará sólo cuando la Universidad y sus grupos portadores integren la realidad nacional. Antes, sólo dará las respuestas que su paternalismo –producto de criterios tradicionales, como la Universidad elítica, creadora de cultura– le indiquen. Y ésas no son las respuestas que el país necesita.

Esa percepción tradicional, interpretada buenamente por la vocación de justicia de los hombres del 18, implicó el postulado fundamental al que aludimos.

Pero nosotros no queremos eso. No queremos *llevar la Universidad a la calle*; queremos que la Universidad esté construida con el país y en el país; no se quiere salvar la conciencia con cursos de extensión cultural nocturnos, no se quiere que el mito del Departamento de Extensión Universitaria subsista, porque se quiere que el estudiantado no encuentre en el reformismo una religión de salvación, ni que el reformismo sea paternalista, ni que otorgue parte del privilegio desde un ámbito de privilegio. Y no se quiere porque el reformismo es otra cosa y así debemos ser percibidos: como una fuerza que lucha por la liberación nacional. Y para luchar por ella desde la Universidad y con ella –porque es el reformismo la única fuerza capaz de hacerla entrar en proceso– es necesario desarticular y aclarar toda la ambigüedad sobre la cual se basa la Reforma.

c) Desarticular la ambigüedad. Un paso para ello es la comprensión de lo que significan objetivos tales como *desarrollo de la Universidad*. Se ha hablado antes de que toda lucha contra el estancamiento era revolucionaria. Todo golpe que se asestaba al academicismo oligárquico implicaba un cambio positivo.

¿Pero es hoy válida toda acción que implique cambio, toda piedra que se arroje para alterar la inmutabilidad misma?

Es hoy, Reforma 1962, quien contesta a la ambigüedad. No se juega el estancamiento contra el desarrollo. No se juega hoy la validez de la piedra que altera. Se juega hoy lo que no se jugó antes. Optar por formas distintas de desarrollo.

Pero antes de optar recordemos nuestra ambigüedad. ¿Esa opción es válida? ¿Son dos formas de desarrollo meramente semejantes por las cuales el reformista 1962 puede optar?

Caracterizadas ambas a grandes rasgos podría decirse que una pretende la máxima tecnificación, la dinamización de las actuales estructuras universitarias, objetivos que ve realizables con la entrada de capitales extranjeros, especialmente norteamericanos. La otra, tiene conciencia de la falacia del *desarrollo*; no cree en la dinamización de las actuales estructuras; cree sí en la posibilidad de otro desarrollo, sobre otros moldes; es decir, que sólo cree en la posibilidad de un desarrollo independiente. ¿Existe la posibilidad de un desarrollo técnico que ponga a la Universidad al servicio del país? ¿Es posible en la Argentina de hoy basar el desarrollo técnico en la supuesta posibilidad de instrumentalizar el capital extranjero que lo subsidie? ¿Es posible que en esas condiciones el universitario argentino se forme hasta en sus últimas consecuencias al servicio del país?

No hay opción posible para nosotros. Es misión del movimiento reformista, *hoy definitivamente antiimperialista*, superar la ambigüedad. No hay desarrollo técnico posible con subsidios. El que se logre por esa vía será limitado. No podrá nunca servir al país real, porque somos un país colonizado.

Es muy importante que sepamos que la palabra *desarrollo* sólo cumple con su significación real cuando se la llena de contenidos distintos de los que le dan sus teóricos de hoy. Los llamados grupos cientificistas o tecnicistas –algunos de ellos hombres de tradición reformista, otros, hombres del humanismo que han visto conciliables ambas ideologías–, creen en esa forma de *desarrollo* como opción real. Pero ellos mismos, a una altura del proceso, comprenderán con nosotros cuál es el justo significado de la palabra.

Querer hoy el desarrollo de la Universidad, ser consecuente con ello, implica querer llevar el cambio hasta sus últimas consecuencias. Etapa de ello es que el país mismo desarrolle a la Universidad.

La Reforma vuelve a ser hoy antiimperialista, porque hoy, para la Reforma como para la Argentina, no hay otra salida que no sea la de la liberación nacional.

Fuente: *Correo de CEFYL,* año I, número 2, octubre 1962, p.8.

VIII CONGRESO DE FUA
11 de abril: nace la FUA

En momentos en que arredra la ofensiva dictatorial contra la Universidad y los estudiantes, adquiere especial significación el aniversario de la fundación de FUA. Así como en 1918 la FUA, fundada el 11 de abril, surgía en el fragor del combate contra el oscurantismo oligárquico, 50 años más tarde en un marco nuevo, la FUA se encuentra en el centro del combate universitario, encabezando las luchas y organizando la resistencia, levantando bien alto las banderas de la Autonomía y el Gobierno Tripartito, de la educación gratuita y popular, de la apertura de la Universidad al Pueblo. Por ello, el 18 de abril, día fijado por la Junta Representativa para la conmemoración. QUE EN LAS AULAS Y LAS CALLES RESUENE NUESTRA VOZ CONTRA LA LIMITACIÓN, CONTRA LOS ARANCELES Y EL ESTATUTO, CONTRA LA DICTADURA Y LA INTERVENCIÓN.

El "VOCERO..." entiende que la histórica declaración aprobada el pasado diciembre en el Congreso de FUA expresa con claridad meridiana el valor histórico y actual de la Reforma. Esto nos lleva a publicar aquí los párrafos más significativos de la misma.

Y con ella, la FUA proclama inaugurado EL AÑO DE LA REFORMA UNIVERSITARIA, y llama al estudiantado y las organizaciones populares a constituir UN COMITÉ NACIONAL DE HOMENAJE A LA REFORMA y Comités Regionales en todo el país, que amplíen y difundan el sentir y la vocación luchadora del estudiantado, vigente ayer y siempre.

1968. – Cincuenta años han transcurrido de la gesta cordobesa que ganara el continente sacudiendo los cimientos de la vieja universidad. A medio siglo de la fundación de nuestra Federación Universitaria Argentina, las reflexiones sobre el historial combativo del movimiento estudiantil están indisolublemente ligados a su perspectiva actual, a los nuevos combates que el estudiantado junto al pueblo han de seguir librando hasta su victoria.

La irrupción renovadora del estudiantado cordobés en la vieja universidad oligárquica y feudal, al reafirmar los estrechos vínculos entre sociedad y cultura, expresaba la necesidad de poner a tono con la nueva época, las anacrónicas estructuras educacionales, universitarias en particular.

Los rasgos de la cambiante situación argentina y mundial, estaban caracterizados por el ascenso de nuevos sectores sociales al manejo político del Estado. Ello exigía a su vez de las universidades, la ruptura del viejo orden monástico, reflejo del poder oligárquico que las nuevas fuerzas sociales debían derrotar para su avance social.

La Universidad debía recorrer el camino renovador, reclamado por las nuevas necesidades del desarrollo social, acicateados los espíritus ante lo que el Manifiesto del 18 calificara de "el refugio secular de los mediocres, la renta de los ignorantes, la hospitalización segura de los inválidos...".

La conquista del gobierno tripartito y de la autonomía universitaria, la lucha por superar el anacronismo de la cátedra vitalicia de abrir las puertas de la Universidad a las nuevas ideas políticas, científicas, renovadoras de la época, el rechazo al criterio de autoridad emanado de la fuerza, expresaba la línea de renovación universitaria como contenido fundamental del movimiento de Córdoba.

Inicia así el Movimiento Reformista serias transformaciones en la Universidad, que recorren el continente agitando el silencio monacal de otras latitudes estudiantiles; proclamaba el Manifiesto Liminar: "... sabemos que nuestras verdades lo son, y dolorosas, de todo el continente".

En los rasgos distintivos de la gesta cordobesa se pueden destacar su sentido americano, el despertar de un acercamiento entre obreros y estudiantes, cuya categoría esencial para esa época era la solidaridad con el combate universitario.

Habrá que valorar sí los desencuentros circunstanciales de la gesta estudiantil con el interés popular, reconoció sólo sus causas en orientaciones internas de la Universidad o sólo condicionantes externas a la misma; pero un hecho esencial a destacar es que la Argentina, a partir principalmente de la década del 30, agudiza los índice de su crisis agraria, refuerza los lazos de su dependencia del imperialismo, y en un transcurrir hasta nuestros días ininterrumpido en mayor o menor grado, sella en la acción de gobiernos entreguistas los nudos de nuestro sometimiento al dominio oligárquico-imperialista.

Este rastro en las condiciones económicas, sociales de un nuevo período histórico no terminado, va tensando en el movimiento estudiantil nuevas nociones de acción que, a partir de los últimos años y el carácter de las luchas en ellos desarrollados, se inscriben como parte y proyectan el nuevo significado de la Reforma Universitaria: el de ubicar a los estudiantes, a partir de sus propias luchas, de sus urgencias, de su peso en el cuadro general de la cultura como columna aliada de la clase obrera en el plano, no sólo solidario, sino en el trajinar junto al resto del pueblo por conquistar el timón político del país y desde allí resolver la crisis agraria, expulsar al imperialismo, cortarles los brazos a los traficantes del trabajo de nuestro pueblo y abrir cauce al propio desarrollo de la Universidad.

Esa valorización del movimiento reformista no está aislada, sino encarnada históricamente, por las luchas de la Federación Universitaria Argentina.

A partir de los combates contra el artículo 28 de privatización universitaria, la dirección de la FUA fue recuperada para los estudiantes en la perspectiva decidida de aliarse a la clase obrera para los cambios estructurales de fondo, en la inteligencia de resolver en unidad con las luchas específicas, el desarrollo pleno de la potencialidad productiva de nuestra patria y de la propia Universidad.

La nueva alineación del movimiento estudiantil cuyo contenido recogen el programa y la acción de la FUA, acercó, en el proceso, a diferentes sectores universitarios no reformistas; se habían creado después de largos años nuevas bases para una acción común que superaba la falsa antinomia de reforma o clericalismo (identificando mecánicamente con este último a todo el sector católico), proceso unificador que en la actualidad tiene condiciones objetivas para avanzar como síntesis aglutinadora del conjunto de los estudiantes y otros sectores universitarios.

Frente a la supresión de la autonomía y el cogobierno, conquistas fundamentales del movimiento estudiantil y universitario, la lucha por su recuperación se vigoriza en esta nueva perspectiva, adquiriendo su real significación, no en un retorno al 18, en que la corriente renovadora sacude fundamentalmente a la universidad, sino en la dimensión de ubicar toda acción en la universidad, a partir de necesidades específicas en ella, como parte de la lucha de todo el pueblo en la etapa actual de su proyección al poder.

Estas ideas fundamentales mueven a la FUA a desarrollar en profundidad todas las acciones conmemorativas de los 50 años del Movimiento Reformista, en su valoración histórica, su proyección, etcétera.

Hoy, como ayer, las aulas universitarias, las cátedras y la presencia multitudinaria en las calles, recogerán el espíritu renovador de la juventud universitaria que ubican a la Reforma como movimiento de acción político-universitaria, integrante del ariete antiimperialista antioligárquico y liberador en las batallas decisivas contra los enemigos del pueblo y su cultura.

Buenos Aires, 10 de diciembre de 1967.

Fuente: *Vocero de la FUA*, Buenos Aires, 1967.

5

LOS HUMANISTAS

DESPACHO SOBRE PRINCIPIOS
FILOSÓFICOS DEL HUMANISMO

I. PRINCIPIOS DOCTRINARIOS Y MOVIMIENTO UNIVERSITARIO

El humanismo universitario es un movimiento estudiantil. Actúa en la Universidad argentina en vista de su bien común, bregando por una reforma de estructuras acorde con las exigencias de la persona, de la realidad nacional, del momento histórico que nos toca vivir.

Pero el humanismo trae a ese quehacer una preocupación ideológica y una afirmación doctrinaria. ¿Por qué lo hace? Sólo vamos a destacar aquí dos circunstancias muy simples, que hacen a la esencia de nuestra cuestión.

La primera es que los problemas de la Universidad y de la educación son problemas del hombre y de sus relaciones con los demás hombres. Un movimiento universitario no puede eludir esta referencia primaria que informará todos sus planteos. La definición previa y fundamental de un movimiento universitario debe hacerse pues en torno a una determinada perspectiva del hombre y a una línea de realización humana, de ella derivada, y sobre la cual basa la Universidad su misión.

Los problemas de la Universidad, segunda acotación, no se resuelven aisladamente, no se dirimen en un cielo abstracto e ideal. La Universidad no puede considerarse como separada de la sociedad que le dio origen y que espera de ella, no puede sentirse ajena al curso azaroso de su historia. La Universidad tiene que justificarse ante la sociedad viviendo en comercio permanente y dinámico con su circunstancia. Y esto vale, con tanta mayor razón, para cada estudiante, futuro profesional. Slogan gastado a fuerza de repetirse como frase hueca e ineficaz no pierde a pesar de todo su vigencia y su actualidad: no hay reforma universitaria sin reforma social. Un movimiento universitario tiene por ello la responsabilidad de definirse en materia económica, política y social. Los alcances y las modalidades de esta definición deberán quedar a cargo de la comisión respectiva, pero nos interesa aquí ir destacando cómo los principios doctrinarios se van articulando en torno a la finalidad específica del movimiento.

Resumamos un poco:

Finalidad específica del movimiento humanista: la acción universitaria. Pero esta acción, por su misma índole, requiere principios que la guíen, so pena de convertirse en vana y estéril agitación. Los principios que enunciamos son pues principios para la acción y se sitúan como tales en planos diversos.

Las posiciones más detalladas serán por lógica las que mayor atingencia tengan con la finalidad específica del movimiento: es en materia universitaria, educacional y gremial estudiantil donde tenemos que realizar el esfuerzo más grande de estudio y elaboración.

Los problemas económicos, políticos y sociales deberán como vimos ser abordados, pero partiendo de su vinculación con lo universitario y sin la preocupación de análisis y concretización que pueda tener, por ejemplo, la plataforma de un partido político.

Ambos órdenes de posiciones están apoyándose en la que considerábamos definición previa y fundamental de un movimiento universitario: la perspectiva humana que hace suya e intenta promover en la esfera de su competencia. Es a esta definición por consiguiente que debe remitirse el trabajo de una comisión de principios filosóficos.

II. LOS LLAMADOS "CUATRO PRINCIPIOS FILOSÓFICOS DEL HUMANISMO"

Corresponden aquí una serie de aclaraciones. En el folleto "Humanismo y Universidad", se mencionaba como tales a los cuatro caracteres que Maritain asignaba a una sociedad de hombres libres: Teocentrismo, Personalismo, Comunitarismo y Pluralismo. No son pues todos principios filosóficos encontrándose cada uno de ellos en planos diversos. Así, Pluralismo designa una determinada forma de organización social y política, Comunitarismo define una cualidad que debe informar las realizaciones sociales y las diferentes direcciones de la actividad personal. Personalismo y Teocentrismo tienen más raigambre filosófica y aun teológica, están más próximos a esa perspectiva humana, a ese humanismo que deseamos definir.

Cada uno de estos principios tiene una jerarquía fundamental dentro de su esfera propia, pero es precisamente en cada una de éstas que deben ser tratados y explicitados.

Entendemos oportuno, en cambio, como tarea previa, la precisa definición y ubicación de esa perspectiva humana, de ese humanismo que tantas veces hemos defendido y proclamado que encuentra su realización a lo concreto.

III. El problema general del humanismo: su actualidad

Resulta ocioso el mencionar la rigurosa actualidad del problema del humanismo, y nos demandaría un esfuerzo muy superior a nuestras actuales posibilidades el revisar, aunque más no fuera rápidamente, todas sus implicaciones. Tenemos por un lado la evolución histórica del término y del concepto de humanismo con sus diferentes sentidos y alcances. Por otro, el contradictorio planteamiento actual del problema. Se lo discute en el terreno educacional, donde adquiere matices diversos: oposición y/o integración de enseñanza humanística y técnico-científica, humanidades clásicas, orientales y occidentales y educación. La UNESCO organizó una reunión internacional en Nueva Delhi, en 1951, sobre "Humanidades y Educación en Oriente y Occidente". En Ginebra se realizó otro encuentro internacional en 1949 sobre posibilidades de un nuevo humanismo, en la que intervinieron filósofos como Karl Jaspers y Henri Lefebvre, teólogos como Karl Barth y R. Maydieu, escritores, críticos y orientalistas como Middletton-Murry, René Grousset, Masson Oursel, científicos como J. S. Haldane, etcétera.

Es interminable la serie de debates y de publicaciones que suscita desde hace muchos años el problema de un humanismo socialista.

Los filósofos existenciales abordan el tema. Jaspers lo hace en la reunión mencionada, con una importante conferencia sobre "Condiciones y posibilidades de un nuevo humanismo". Para Sartre "el existencialismo es un humanismo", y esto da título a una conferencia suya, ampliamente divulgada entre nosotros. Heidegger niega tal calificativo para su filosofía, a propósito de esta conferencia de Sartre, en su importantísima "Carta sobre el Humanismo".

Tenemos la dirección del humanismo científico anglo-sajón con Julián Huxley y sus continuadores, mencionado en el folleto.

Y el debatidísimo problema del humanismo cristiano que ha dado lugar a obras tan importantes como el "Humanismo Integral" de Jacques Maritain, y que ha sido el tema de una de las últimas semanas de los intelectuales católicos franceses ("El Humanismo y la gracia", París, 1950). Entre nosotros se ha ocupado en diversas ocasiones del problema Nicolás Derisi.

Esto a manera de vistazo, pues la bibliografía sobre el tema es inmensa e innumerables los escritores y las tendencias. Sin perjuicio de que se fomente en el movimiento la activa investigación de estos problemas por parte de quienes estén más dispuestos y capacitados para ello, nos interesa ahora una definición clara y con fines prácticos de nuestra posición. Delimitemos ante todo la noción genérica de humanismo para ir a caracterizar luego las notas distintivas de nuestro humanismo.

IV. Humanismo

Comencemos por convenir entonces que humanismo implica una actitud eminentemente positiva frente al hombre; voluntad de que éste desarrolle al máximo sus virtualidades y posibilidades, realizándose como tal plenamente. Voluntad de transformar asimismo la realidad en orden a la consecución de este fin. (Ver definición de Maritain, "Humanismo Integral", Prólogo.[1])

El problema comienza a presentarse cuando nos interrogamos sobre cuáles deban ser las direcciones fundamentales de esta realización. Aquí se divide el camino de los diversos humanismos. Aquí es donde aparece la historia sometiéndolos a su dura prueba. Nunca quizá como hasta ahora el hombre se ha vuelto más problemático para el hombre. Nunca como hasta ahora la respuesta por el sentido del hombre ha estado tan cargada de vastas consecuencias. Definir un humanismo en la coyuntura presente no es por eso un ejercicio intelectual elegante sino una tarea riesgosa, llena de responsabilidades. Definir un humanismo e intentar realizarlo es también por esto nuestra más íntima vocación y exigencia.

V. NUESTRO HUMANISMO PERSONALISTA

Intentaremos tan sólo ahora el esbozar, de la manera más escueta, las que nos parecen notas esenciales para una definición de nuestro humanismo.

Hay una frase de Gabriel Marcel que nos enfrenta de una manera muy viva con lo primero que deseábamos destacar:

"Quizás un orden humano estable sólo pueda instaurarse si el hombre conserva una conciencia aguda de lo que podría llamarse su condición 'itinerante'".[2]

Están claros los alcances de esta aparente paradoja: el hombre podrá aproximarse a la consecución de un orden humano en la medida en que reconozca que su destino va más allá de los límites de este mundo. "No proponerle al hombre sino lo humano es traicionar al hombre y querer su desgracia", esta frase de Aristóteles delinea con precisión el primer aspecto de nuestro humanismo.

El hombre y la sociedad de los hombres no agotan su sentido en el proceso de la historia: "El error consiste en querer realizar lo absoluto en lo relativo, nunca en pensar lo relativo sobre el fondo de lo absoluto, a fin de que lo relativo

---

[1] "Digamos, para dejar abierta la discusión que el humanismo (y tal definición puede ser desarrollada siguiendo líneas muy divergentes) tiende esencialmente a hacer al hombre más verdaderamente humano y a manifestar su grandeza original haciéndolo participar en todo cuanto puede enriquecerle en la naturaleza y en la historia ('concentrando al mundo en el hombre' –como decía aproximadamente Scheler– y 'dilatando al hombre en el mundo'); requiere a un tiempo que el hombre desarrolle las virtualidades en él contenidas, sus fuerzas creadoras y la vida de la razón y trabaje para convertir las fuerzas del mundo físico en instrumentos de su libertad. Así entendido el humanismo es inseparable de la civilización o de la cultura, tomadas ambas palabras como sinónimas". Jacques Maritain, *Humanismo Integral,* Introducción, De Ercilla, Sgo. de Chile, 1955, p. 14.

[2] "Valor e Inmortalidad". En *Prolegómenos para una metafísica de la esperanza,* ed. Nova Buenos Aires.

conserve una grandeza que ceda infaliblemente al quedar abandonado a sí mismo. La historia no es una relatividad que nace a cada instante, que muere a cada instante, sino el semblante siempre nuevo, siempre fiel, de un absoluto que, al mismo tiempo esclarece desde lo alto el río de Heráclito y mezcla su luz con sus aguas movedizas".[3]

La universal inquietud de nuestro tiempo debe encontrar su quicio en el reconocimiento de este hecho. El proceso inaugurado con la Edad Moderna llega en estos momentos a una etapa decisiva de su evolución. Jamás se ha tenido una tan ilimitada confianza en las posibilidades del hombre, sobre sus libertades y derechos esenciales. Jamás como ahora el hombre ha sido tan envilecido, esclavizado, destruido y personalizado. Los regímenes totalitarios, los campos de concentración, el uso bélico de la energía atómica, las mil formas de alienación que determina el torcido desenvolvimiento de una sociedad técnica e industrializada, la miseria y el hambre de las dos terceras partes de la humanidad, constituyen la otra cara de las constituciones innumerables, de las proclamas solemnes, de los sesudos tratados sobre dignidad de la persona y sus derechos.

Se impone pues un replanteo. No se trata de renunciar a las esperanzas humanas, sino de encaminarlas a su logro completo. No se trata de negar el humanismo sino de superar una concepción estrecha y limitada del mismo. Tal es lo que nos reclama la circunstancia presente. De nosotros depende que la crisis de los distintos humanismos sea una crisis de crecimiento y no de decadencia. La solución no consiste pues en renegar de la Ciencia, la Técnica o la Política porque se tornen difíciles, el problema reside en ponerlas al servicio de las verdaderas aspiraciones del hombre. La inquietud y la angustia contemporáneas son las de estas aspiraciones no satisfechas. "Estamos hechos para Dios y nuestro corazón está inquieto hasta que descanse en Dios", dice San Agustín. Cuando los hombres comiencen a cobrar conciencia de la grandeza de su destino, entonces se pondrán en camino hacia la salvación de su ciudad amenazada.

Reconocimiento de una trascendencia entendida como un absoluto que todo lo funda y en la que todo cobra sentido y final acabamiento, tal es la primera nota que deseábamos destacar.

Pero si es cierto que el hombre depende de lo absoluto para realizar su destino, no es menos cierto que juega este destino en la historia, con los demás hombres, a través de la libertad. De aquí la segunda nota con que queríamos definir nuestro humanismo y que puede presentarse también como paradoja aparente.

Si para lograr un orden humano se hace necesario el reconocimiento de una trascendencia que lo funde y explique, para afirmar esta trascendencia, esta primacía de lo espiritual tantas veces proclamada, se impone hacerlo en la tierra de los hombres en el nivel concreto y sustancial de sus problemas cotidianos y comunes.

---

[3] Emmanuel Mounier, "¿Qué es el Personalismo?", *Criterio*, Bs. As., 1956, pág. 27.

El espiritualismo burgués ha jugado una mala pasada aquí a la exacta comprensión de los valores espirituales. La afirmación estruendosa de éstos ha sido y es con demasiada frecuencia, la justificación de la "buena conciencia", la máscara que encubre la huida ante las responsabilidades humanas más concretas, el miedo a la vida, la evasión de la realidad. Es en esta perspectiva que se comprende la crítica del marxismo al espiritualismo y a toda actitud religiosa en general. El humanismo marxista extrae de esta crítica toda su grandeza y también toda su debilidad.

Jean Lacroix lo afirma con toda lucidez en un trabajo reciente: "el ateísmo no es una superestructura del marxismo: le es absolutamente esencial". "La miseria religiosa –escribe Marx– es, por una parte, la expresión de la miseria real y, por otra, la protesta contra la miseria real. La religión es el suspiro de la criatura aplastada, el corazón de un mundo sin corazón, el espíritu de una época sin espíritu." "Como este mundo no basta para asegurar al hombre su plena subsistencia –comenta Lacroix– es que éste le compensa de alguna manera por la imaginación de otro. La alienación religiosa tiene su origen en la alienación económica: suprimid ésta y destruiréis aquélla." El ateísmo cobra así un sentido positivo, se afirma como humanismo: "por la negación de Dios el hombre es devuelto a sí mismo, conquista su ser objetivo". "La religión –escribía Marx– no es más que el sol ilusorio que se mueve en torno del hombre hasta que éste no se mueva alrededor de sí mismo."

Marx hace depender del ateísmo su definición positiva del hombre como ser esencialmente obrero que conquista su humanidad transformando al mundo por su trabajo.

Hay que terminar pues de una vez por todas con estas formas falsas o ilusorias de espiritualidad si queremos demostrar en los hechos la equivocación del marxismo. No es con sermones o disertaciones sobre los valores espirituales que lograremos este propósito, sino manifestando la realidad contundente de los mismos por las obras, en la historia. Malo es hablar de Dios cuando el dolor de enormes masas de seres humanos en nada consigue transformar nuestra vida práctica y nuestras acciones concretas. El segundo tema de nuestro humanismo es pues abandonar el cielo de las ideas por la tierra de los hombres. Lacroix lo afirma así en el trabajo citado:

"Dios se encuentra hoy en día presente en todas partes, negado en todas partes. Es que el suyo no es un problema solamente intelectual sino el de la significación misma de la existencia. Y es un hecho que nuestras opciones políticas o económicas se hacen hoy en día por o contra Dios. Proudhon no se había equivocado: Dios está en el centro de las 'Contradicciones Económicas'. Estamos en un tiempo en que la metafísica implica la política y la economía. Nos lamentemos o nos alegremos de ello es a este nivel también que los problemas últimos deben ser abordados y examinados".

Afirmación de la trascendencia-exigencia del compromiso. Entre estos dos polos escuetos se mueve la definición y las posibilidades de nuestro humanismo. Ambos no son en último extremo más que la expresión simultánea de las exigencias de una indivisible realidad personal. Aquí se dan cita los caminos diversos de las diversas filosofías personalistas y es en torno a esta coincidencia fundamental que hemos querido reunirnos para nuestro trabajo universitario.

Este nudo de coincidencia de las distintas filosofías y concepciones personalistas queda magníficamente ilustrado en la siguiente frase de Marcel:

"La persona no se realiza sino en el acto por el cual tiende a encarnarse (en una obra, en una acción, en el conjunto de una vida); pero al mismo tiempo es propio de su esencia no fijarse ni cristalizar definitivamente en esta encarnación particular. ¿Por qué? Porque participa de la plenitud inagotable del ser de donde emana. Allí está la razón profunda por la cual es imposible pensar en la persona o en el orden personal, sin pensar al mismo tiempo en lo que está más allá de ella y de él, una realidad suprapersonal que preside todas sus iniciativas, que es a la vez su principio y su fin".[4]

VI. EL HUMANISMO PERSONALISTA, FILOSOFÍAS PERSONALISTAS Y CONFESIONES RELIGIOSAS

Quede pues claramente comprendido que el humanismo universitario no propugna, como tal, ningún sistema completo del hombre y de la vida. Sus miembros se reúnen en torno a esos principios filosóficos ya mencionados de coincidencia, principios que configuran no una filosofía completa sino una perspectiva bien determinada del hombre y de sus problemas. Todo humanismo, lo hemos visto más arriba, no es una filosofía sino una actitud. La perspectiva personalista que intentamos promover en la Universidad implica diversas filosofías o concepciones personalistas. El movimiento humanista no debe comprometerse con ninguna sino permanecer abierta a todas las que puedan coincidir con esa perspectiva que ha hecho suya. Sus miembros no dejan pues en el umbral de las distintas agrupaciones el bagaje de sus convicciones filosóficas o religiosas, antes por el contrario, el humanismo les pide que, en la medida en que acepten la perspectiva común, la informen con la totalidad de sus convicciones y con el testimonio de una auténtica e intensa vivencia de las mismas.

Concretando: las Ligas Humanistas deben integrarse con gente que, fuere cual fuere la fuente ideológica de donde provienen, coincidan en la enunciación de esos rasgos fundamentales del hombre y en el propósito de instaurar un orden temporal que los respete efectiva y concretamente. Delimitación precisa de esos puntos fundamentales de unión y de acción entre los humanistas, pero dentro de

---

[4] "Yo y el prójimo".

estos límites el máximo de elasticidad para que cada uno aporte a ellos la fundamentación que le proporcionan sus creencias personales.

Las distintas Ligas fomentarán por esto en su seno el estudio y el amplio debate de las distintas corrientes y expresiones del personalismo.

Fuente: Luisa Brignardello, *El movimiento estudiantil argentino,* Macchi, Buenos Aires, 1972, pp. 180-187.

Primer Congreso Nacional de Estudiantes de Universidades Católicas Argentinas
Declaración Pública aprobada en Santa Fe, octubre de 1968

Impulsados por la decisión de servir eficazmente al hombre concreto de nuestra Patria, estudiantes de Universidades Católicas nos reunimos para considerar la realidad nacional y nuestro compromiso ante ella.

CONSTATAMOS:

1) El ejercicio del poder por parte de una clase dominante, compuesta de grandes industriales, financistas, monopolios comerciales y terratenientes, comprometidos con el imperialismo internacional del dinero y prescindiendo en absoluto de la opinión popular.

2) Esta clase privilegiada, se encuentra sostenida por el poder de las fuerzas armadas dependientes en su ideología y estrategia de los centros imperialistas del continente.

3) La ideología del régimen actual expresada en su programa político (13-7-68) se define claramente por una concepción liberal, o mejor dicho, por una concepción neoliberal desarrollista de la sociedad. Esto consagra, dentro de la economía, un sistema de libre empresa que asegura los intereses de los grandes monopolios internacionales, beneficiados por lo que se denomina "un sano mecanismo competitivo". En la realidad diaria esto se traduce en:

– Congelamiento de salarios.
– Supresión de los derechos de huelga.
– Cierre de los ingenios tucumanos.
– Transferencia masiva de las empresas nacionales a capitales norteamericanos.
– Recrudecimiento de la explotación de los obreros (en las empresas estatales y en las privadas).
– Erradicación de las Villas Miseria: solución falsa en la medida en que no ataca las causas del problema, sino sólo sus efectos.
– Acrecentamiento de la infiltración de una cultura foránea impuesta a través de los medios de comunicación.

Aún más, esta ideología desarrollista sustentada por la llamada "revolución argentina", no es más que la moderna cara de la explotación capitalista.

Nada ha cambiado en lo fundamental del sistema. Se mantienen: la propiedad privada de los medios de producción, la ganancia como motor de la economía, la compraventa del trabajo, la división de la sociedad en clases.

Ante esta situación inhumana que repudiamos, denunciamos sus efectos:
- El aumento de la explotación del pueblo.
- El afianzamiento político-económico de sus explotadores.
- La imposibilidad de promover y liberar al hombre.

En esta realidad frente al compromiso con el régimen, que se observa en distintos niveles de dirigentes eclesiásticos y laicos, las Universidades Católicas como lógica consecuencia se presentan sosteniendo y proporcionando –en contra de lo que es su verdadera misión– ideólogos y técnicos a un sistema que legaliza la explotación del hombre por el hombre.

No aceptamos este compromiso. Nos comprometemos, en cambio, a luchar para que las Universidades Católicas abandonen su situación de privilegio y dejen de ser instrumentadas por los explotadores para retardar el cambio necesario.

Esta Argentina que nos quieren imponer, contrahecha y mezquina, no tiene nada que ver con lo que el pueblo anhela y necesita.

Nuestro compromiso es la lucha de nuestro pueblo por la liberación nacional.

Fuente: A. Armada, N. Habegger y A. Mayol, *Los católicos posconciliares en la Argentina, 1963-1969*, Galerna, Buenos Aires, 1970, pp. 355-356.

6

EL FIN DE LA CUESTIÓN UNIVERSITARIA

RAMÓN ALCALDE
Una política para la universidad

La Universidad estatal argentina está así en contradicción con los principios mismos de la democracia burguesa. Por lo tanto, para modificar su estructura debe cambiarse revolucionariamente la estructura económica y social del país. La lucha por modificarla socialmente no puede darse solamente dentro de ella, sino que tiene que ser una parte de la lucha por la liberación nacional y social dentro de las organizaciones políticas revolucionarias auténticamente dedicadas a promoverla. Entiéndase bien: esto no excluye que se luche dentro de la Universidad, sino que no puede pensarse en una lucha sólo dentro de su ámbito.

La Universidad Argentina, tanto privada como estatal, está cerrada a las clases populares, como sucede en todos los países que integran el mundo capitalista-imperialista. El hecho crudo y simple es que los hijos de los obreros industriales, de los peones rurales y hasta de la pequeña clase media, no llegan a la Universidad. Muchísimos no terminan siquiera sus estudios primarios; muy pocos, relativamente, terminan la escuela media. Esta situación se agrava en las zonas menos desarrolladas del país. No estudian los que están mejor dotados para hacerlo, los que tienen más vocación, o intereses mejor definidos, los que pueden ser más útiles a la sociedad después del egreso, sino los que cuentan con los recursos necesarios para hacerlo. La educación, que es un derecho de todos, resulta ser el privilegio de unos pocos y aún la planificación burguesa que tienda a incluir dentro de la Universidad a los hijos de obreros o de pequeña clase media, lo hará siempre a partir de los marcos educacionales que desde la escuela primaria y secundaria, orientadas a obnubilar en ellos la significación social de su origen, los conviertan en negadores de los objetivos de su propia clase.

La Universidad estatal no practica actualmente una deliberada política de *selección ideológica* como lo hacen las universidades llamadas "privadas", manejadas por el clero al servicio directo del imperialismo. El gobierno de la Universidad es colegiado y en él participan profesores, egresados y alumnos. La Universidad estatal se pronuncia ocasionalmente en defensa de los derechos y garantías constitucionales y brinda de vez en cuando sus aulas para la expresión de ideas que fuera de ella no podrían exponerse. Hasta el momento, no impone una restricción ideológica absoluta a profesores y alumnos. Pero todo esto no basta, como quieren algunos, para considerarla un "islote de la democracia en medio del mar de fascismo que anega todas las restantes instituciones del país", mientras siga estando reservada exclusivamente a las clases acomodadas.

Democratizar la Universidad estatal no significa solamente eliminar las trabas pedagógicas que restringen el ingreso o dificultan la prosecución de los estudios a los estudiantes que trabajan, ni aumentar el presupuesto dedicado a becas o a obra social (viviendas, comedores, atención médica), ni dar mayor representación en el gobierno universitario a los sectores estudiantiles. Esto, por el contrario, más bien tiende a diluir las contradicciones que a ponerlas en evidencia. En el plano de su composición social, democratizar la Universidad significa cambiar su actual composición de clase, haciéndola realmente accesible a los hijos del proletariado rural e industrial.

La Universidad misma, suponiendo que realmente se lo propusiera, no puede hacer nada de fondo para lograr esta democratización, como no sea crear en los universitarios y fuera de ellos la conciencia del problema. La democratización real de la Universidad solamente puede lograrse mediante el cambio revolucionario de las actuales estructuras económicas y sociales. Esto, vale repetirlo, no excluye que deba lucharse dentro de la Universidad para que no aumenten sus aspectos reaccionarios que impiden poner en evidencia las contradicciones de la burguesía, para mantener las conquistas logradas que impulsen este proceso y obtener otras, y para crear en los universitarios la conciencia del problema.

Los universitarios que realmente anhelan una universidad democrática no pueden engañarse limitando sus esfuerzos a luchar dentro de la Universidad contra los sectores ultrarreaccionarios o conformistas que quieren cerrarla más aún, hasta convertirla en una universidad de minorías selectas. Para que esta lucha tenga sentido y pueda ser eficaz tiene que asumirse como un aspecto de la lucha general por la liberación nacional y social, que sólo puede librarse desde las organizaciones políticas revolucionarias auténticamente dedicadas a promoverla. La lucha dentro de la Universidad es sólo un aspecto de esa lucha general.

Por otra parte, si no existen movimientos populares organizados capaces de defender los pasos positivos que en la Universidad puedan lograrse hacia una mayor apertura, todo lo que se consiga dentro de ella resulta sumamente endeble y será barrido en el momento en que los sectores antinacionales y antipopulares lo crean conveniente. La actividad política extrauniversitaria es ineludible para el universitario, aun para aquel que pretenda obtener la Universidad que necesita para su formación y realización individual.

La ilusión de la autonomía universitaria no es un fin en sí, al que quepa sacrificar la ideología revolucionaria, aún transando con los sectores internos que quieren mantenerla replegada sobre sí misma y marginada de los problemas de la vida nacional. Sólo podría tener sentido si se la empleara para la defensa de los intereses nacionales y de las clases populares. Pero esto es contradictorio en sí mismo.

La "autonomía" de que goza la Universidad (elección de sus propias autoridades, designación y remoción de los profesores, dictados de planes y programas, creación o supresión de facultades, régimen disciplinario, etc.), fue lograda por el movimiento de la Reforma Universitaria, una de las manifestaciones superestructurales del ascenso de parte de la burguesía y de las clases medias, apoyadas por el proletariado rural e industrial.

La autonomía de la Universidad coincidía entonces con los intereses de los grupos de clase que disputaban a la oligarquía el control de la vida nacional. El uso efectivo que la Universidad ha hecho desde entonces de dicha autonomía está condicionado por las variaciones que ha ido sufriendo en el transcurso de la vida nacional la posición de la burguesía y las clases medias. La composición de clase de la Universidad señala también aquí el límite máximo de las posibilidades de la Universidad dentro del sistema capitalista.

Algunos sectores universitarios, que se califican a sí mismos de izquierda, han llegado a confundir el medio con el fin, y con el pretexto de que la pérdida de la autonomía implicaría la "pérdida de la Universidad para los sectores progresistas", aceptan toda clase de compromisos, en vez de presionar para que se manifiesten también dentro de la Universidad las contradicciones que se dan en la vida nacional.

Los universitarios sinceramente convencidos de que la liberación nacional sólo puede llevarse a cabo revolucionariamente y unida a la liberación social, deben agitar dentro de la Universidad sus consignas sin ningún retaceo, si bien con el lenguaje y la perspectiva adecuados, y tratar de colocar, en cuanto de ellos dependa, a la mayor cantidad posible de estudiantes en oposición al sistema, aún cuando esta agitación pueda dar pie al retaceo o supresión de la autonomía, o pérdida de cargos o de mayorías electorales, que no constituyen un objetivo por sí mismos.

Las posibilidades de la Universidad de contribuir a la solución de los grandes problemas nacionales mediante la investigación está condicionada también por su composición de clase y por los intereses de la clase que ocupa el poder político.

La Universidad Nacional, que es la universidad de la burguesía, está trabada en su desarrollo científico y pedagógico por los intereses de dicha clase. Su ideal científico está condicionado por el efectivo poder que la burguesía ejerce contra los intereses globales de la Nación, que la llevan entonces a ocultar el fundamento humano de las ciencias y presentarlas como campos inconexos de una realidad que, en su verdadero fundamento, no puede ser unificada, puesto que al hacerlo pondría en evidencia la base de su propio poder. Debe diluir en

las ciencias, por lo tanto, todas las conexiones que éstas mantienen con la reali-
dad total. Su ideal pedagógico sigue siendo la formación de profesionales independientes dentro del cuadro de las profesiones tradicionales. Dicha formación
se reduce exclusivamente a la enseñanza de los conocimientos necesarios para el
desempeño profesional. Ideológica y éticamente está encerrada en el individualismo liberal. Dentro de la actual estructura económica, la formación de profesionales técnicos por la Universidad está destinada, de hecho, a proporcionar el
personal subalterno de las empresas imperialistas. Las facultades no profesionales (ciencias, humanidades, bellas artes) no pueden ofrecer objetivos sociales,
por cuanto no existe una necesidad social reconocida por el sistema a la que puedan satisfacer sus egresados. Esto hace que la formación que en ellas se imparte
esté totalmente desconectada de la vida cultural nacional y que no graviten absolutamente en ella.

LA UNIVERSIDAD DE LA BURGUESÍA HA AGOTADO PRÁCTICA-
MENTE SUS POSIBILIDADES DE EVOLUCIÓN. LA SUPERACIÓN REAL
DE SUS LIMITACIONES Y LA POSIBILIDAD DE REALIZAR SU FUN-
CIÓN EXIGE EL CAMBIO REVOLUCIONARIO DE LAS ACTUALES ES-
TRUCTURAS.

Fuente: Ramón Alcalde, *Estrategia en la Universidad,* Ediciones del Movimiento de Liberación Nacional, Buenos Aires, 1964, pp. 46-51.

RODOLFO PUIGGRÓS
Universidad, peronismo y revolución

Rodolfo Puiggrós, rector de la Universidad Nacional y Popular de Buenos
Aires dialoga con Enrique Martínez, delegado interventor en la Facultad de Ingeniería.

Enrique Martínez: Pienso que el secreto del éxito obtenido en la Universidad es que se está respondiendo a la voluntad estudiantil masiva. Sin embargo, apenas se comienza a trabajar, se dan situaciones en que los estudiantes tienen que someterse a un criterio organizador de las actuales autoridades
universitarias que choca, en algunos casos, con lo que ellos esperan, ya que
los estudiantes se manejan, aún, con un montón de expectativas liberales.
¿Cómo piensa Ud. que deben manejarse estas expectativas, tales como ansiar
un título o estar detrás de una profesión, que no es lo que nosotros pretendemos de una Universidad?

Rodolfo Puiggrós: Es muy difícil, yo diría casi imposible, desterrar de raíz,
sobre todo en estos momentos, la preocupación del estudiante por tener un título
y ejercer después su profesión, desinteresándose, al mismo tiempo, de los pro-

blemas nacionales y sociales. Eso podemos conseguirlo –y ya lo hemos hecho– en una parte del estudiantado; pero no nos engañemos, porque hay otra parte de los estudiantes que se manifiestan abiertamente "apolíticos"... Yo creo que nadie es "apolítico"; el hombre, como decía Aristóteles, es un animal político por naturaleza, y si en realidad no participa es porque quiere mantener el statu-quo de alguna situación determinada. Sin embargo, durante los últimos años ha ido creciendo la preocupación de los estudiantes por la política activa y la problemática nacional. Es precisamente esta expectativa que sufre –si el título le va a servir para algo– la que lo lleva a politizarse y a pensar qué va a ser del país en los próximos cinco, diez o veinte años. Hoy, grandes sectores del estudiantado están altamente politizados, pero creer que se pueda llegar a politizar a la totalidad del estudiantado, y que éste abandone completamente sus apetencias individuales para vincularse a la suerte del país me parece fantasioso. El hombre perfecto no existe, y tampoco lo encontramos en la Universidad.

E.M.: Es cierto, pero además para cambiar la mentalidad del estudiantado se tendría que cambiar la mentalidad de los maestros universitarios. ¿Cómo ve Ud. la situación a nivel docente y cuál cree que es el camino para generar hechos irreversibles en este aspecto?

R.P.: Ya se han tomado algunas medidas, que son los cursos para docentes, pero creo que uno de los medios más eficaces para guiar a los docentes a nuestros objetivos de emancipación nacional y conquista de una sociedad más justa, con una mejor distribución de la riqueza, donde desaparezca la pobreza y se produzcan los grandes cambios sociales y la revolución técnico-científica, es a través de la elaboración de nuevos programas de estudio, y en la obligación de los docentes de encuadrarse dentro de esos programas elaborados por las respectivas Facultades.

E.M.: Hasta el momento, una de las medidas más importantes que se ha conseguido ha sido la de obligar a los docentes a "revalidar" su título de maestro a través de la amplia discusión con los alumnos. ¿Qué otro tipo de medida, que revista el mismo carácter de hecho decisivo, le parece a Ud. que se ha conseguido hasta el momento?

R.P.: Cuando llegamos a la Universidad nos encontramos con una situación latente, preexistente, que no se resolvía. Nosotros interpretamos, nos hacemos eco de esta crisis permanente que provocaba el descontento de los alumnos, el terror de las anteriores autoridades y la impopularidad de muchos profesores. La crisis por la que atravesó el país se reflejó también en la Universidad y sus estudiantes. Al hacernos cargo de esta situación encontramos el apoyo masivo de los alumnos, de los no-docentes y de una parte de los docentes para imponer la doctrina nacional. En cuanto al caso específico de los docentes, en algunas Facultades se debió sacar a algunos de ellos, por incompetencia o por enseñar con una mentalidad colonial. Por eso, desde mi punto de vista, la discusión de si la Universidad debe ser privada o estatal es una discusión ociosa, porque lo fundamental es que toda Universidad, ya sea estatal o privada, refleje en su enseñanza la doctrina nacional e impida la infiltración del liberalismo, del positivismo, del historicismo, del utilitarismo, y yo diría hasta del desarrollismo, todas formas con las que se disfraza la penetración ideológica en las casas de estudio.

E.M.: Un ejemplo muy claro de lo que Ud. menciona se da en Facultades como la de Ingeniería, cuna de buena parte de los cuadros desarrollistas, donde justamente el factor ideológico pareciera estar escondido detrás del culto a la técnica, que tiende a enseñar, por ejemplo, que lo importante es una fábrica en sí, y no quién la construye y a quién sirve. En estos casos se hace difícil generar un cambio de mentalidad, teniendo en cuanta que las materias humanistas o que sirvan a una discusión política e ideológica son muy pocas. ¿Cómo cree Ud. que se puede lograr la tarea fundamental de volcar estas Facultades al contacto con el medio?

R.P.: Este contacto ya ha empezado a darse. En otras Facultades, por ejemplo en Derecho, es más sencillo hacerlo, y, por ejemplo, ya hemos abierto consultorios gratuitos atendidos por profesores y estudiantes. En Económicas tratamos de desterrar las viejas doctrinas basadas sobre todo en una concepcion puramente pragmatista y utilitarista. Lo que hacemos es intentar sacar a los alumnos de la Facultad y volcarlos a la calle para que conozcan los problemas de nuestra sociedad. En los Cursos de Iniciación, que se empezarán a dictar el año próximo, vamos a incluir materias que hagan que el estudiante se vincule a la vida misma del país, como "Historia de las luchas emancipadoras argentinas", que abarquen principalmente los últimos años, por ejemplo del 90 hasta ahora. Esto seguramente ayudará a formar equipos de profesionales ubicados en la realidad de su país, que no crean que están por encima del bien y del mal o de la patria y la antipatria.

Otro aspecto, tal vez determinante de esta cuestión, es el que se refiere a los cambios que se tienen que producir en el conjunto de la sociedad argentina, o sea ya no dentro de la Universidad. En estos cambios se encontrará la resolución a numerosos problemas que parecen no tener salida en el exclusivo marco universitario, por ejemplo el problema de los cupos de estudiantes para cada Facultad. No podemos repartir a los estudiantes por Facultades, de acuerdo con las posibilidades de cada una, por la fuerza. Obviamente, si un estudiante quiere ingresar a Medicina no podemos mandarlo a Agronomía o a Veterinaria o viceversa, con lo cual en algunas Facultades se produce una superconcentración estudiantil, y en otras lo contrario. Pero si en el país –como esperamos– se produce el gran salto, el impulso hacia una economía de abundancia, y se introduce la revolución técnico-industrial hasta sus máximas consecuencias, se va a producir, en consecuencia, una redistribución de las vocaciones. Otro problema que depende en gran parte de la transformación general del país es el que se refiere al éxodo de profesionales. Nosotros le echamos la culpa al profesional por haberse ido del país; en parte tenemos razón, pero también hay que considerar que el profesional se va porque en la Argentina no encuentra lo que se le ofrece en el extranjero. Lo que nosotros podamos hacer en la Universidad es también en función de las transformaciones que operen en la sociedad argentina.

Este apoyo masivo, que hoy recogemos, es producto de haber sido y ser consciente de que hay que introducir la Universidad, de una manera viva, en la problemática argentina, porque la Universidad que, a partir de la Reforma del 18, se autoenorgulleció de vincularse al pueblo no fue más que una aspiración. Si la Universidad se hubiera sumergido en ese pueblo, y los estudiantes y docentes hubieran comprendido cuál era su deber, no hubiera sucedido en 1930 y en 1945 que el estudiantado, casi en masa, fuera partícipe en primera fila del derrocamiento de dos gobiernos nacionales y populares. En 1930 los estudiantes levantaron tribunas en las calles y plazas contra el "tirano" Yrigoyen, el Presidente que había contribuido a la sanción de la Reforma Universitaria. Después se arrepintieron, pero en 1945 se reproduce el fenómeno con el advenimiento del peronismo, al que los estudiantes califican de "nazismo". Es así que durante todo el gobierno de Perón hay un divorcio entre los intelectuales y estudiantes por un lado, y el gobierno peronista por el otro, que la prensa liberal atribuye a Perón y al peronismo, cuando la verdadera causa es que intelectuales y estudiantes estaban en la vereda de enfrente. Ellos interpretaron al peronismo como a una especie de cáncer o enfermedad que había que extirpar de raíz, para que la Argentina continuara siendo el país que habían planificado los constituyentes del 53. Esta Constitución se dio un proyecto para un país que no existía, pero cuando ese país comenzó a funcionar, y hubo que responder a sus necesidades y al reclamo de las clases más desposeídas, dejó de tener validez. Yo diría que hoy habría que levantarle un monumento en el cementerio de la Chacarita, como forma de rendirle homenaje a algo que cumplió su misión histórica pero ya está muerto. El estudiantado no comprendió este proceso, y se dedicó a la "cacería de brujas", a la búsqueda de defectos, y el peronismo, como todo en la humanidad, no es perfecto. La perfección sólo existe para los católicos en el cielo, y, en la tierra, para los hombres que se quedan encerrados en su casa como espectadores. Para los hombres que están metidos en la pelea la perfección no existe. Es muy fácil seleccionar errores en el peronismo, como también lo es seleccionar aciertos; lo importante es determinar si el peronismo representa realmente el proceso argentino en su superación continua.

Recién en la última década se produce un gran cambio, en la juventud en general, y en la juventud universitaria en particular. Éste es para mí uno de los fenómenos sociales más importantes en los últimos años en la Argentina. Yo fui el primer sorprendido, porque, imagínese, en el año 60, cuando yo viajé a Méjico, era imposible que en una Universidad argentina se diera un curso o una conferencia donde se analizara objetivamente el peronismo, y cuando regresé, en el 66, me encontré con que el tema podía colar en cualquier Universidad del país, y que era recibido con gran entusiasmo por los estudiantes.

E.M.: Ahora, así como efectivamente ha habido un desconocimiento del papel del peronismo, y así como, en su momento, se desconoció al yrigoyenismo, pienso que hoy, y por la misma desconexión con la realidad, pueden crecer ciertas tendencias que imaginan que la Universidad puede aislarse y proclamar una revolución, más allá de cualquier proceso que se dé en el país.

R.P.: Esas tendencias son totalmente falsas, y están equivocadas. Creer que la sociedad mejor del futuro va a surgir del trabajo meramente intelectual es una petulancia y una especie de platonismo. En Francia, sobre todo, hay una corriente filosófica que sostiene que la teoría también es práctica. Esto quiere decir, por ejemplo, que si damos una conferencia, también estamos haciendo una práctica. Para mí no es más que una forma cómoda de considerarse el revolucionario completo, salvando la distancia entre el intelectual y las masas. Creo que la Universidad debe ser un centro de irradiación de conocimientos, indispensable en la lucha revolucionaria, pero, de ahí a transformar la Universidad en vanguardia, en el sector hegemónico del proceso, hay una gran distancia. Yo considero que los grandes cambios se dan cuando se reúnen tres elementos: las masas, la fuerza de las armas y la teoría revolucionaria. Las masas solas van a la anarquía; las armas solas, sean del ejército regular o irregular, llevan al despotismo, y la teoría revolucionaria sola conduce a una torre de marfil. Los tres elementos deben combinarse, y cuando esto sucede se dan las condiciones revolucionarias, pero si alguno falla no pasa nada. Nosotros aspiramos a que la Universidad aporte los elementos ideológicos, y que éstos sean reconocidos y aceptados por las masas. Aquí encontramos que, así como hay una sobreestimación de algunos universitarios de su propia capacidad conductora, existe, por parte de ciertos sectores populares, una subestimación hacia el intelectual y la Universidad. Pero, ¿qué es un intelectual? Es lo mejor y lo peor que tiene el país, porque es el cerebro de las corrientes opuestas, de las contradicciones que se viven. Algunos intelectuales han dado su vida al servicio de la emancipación y elevación del nivel cultural y material de su pueblo; otros sirven a intereses e ideologías antinacionales. Pero, si pasamos revista a las grandes revoluciones de la historia concluimos que el intelectual es indispensable. Marx y Lenin eran abogados; Federico Engels, propietario de una fábrica en Manchester, y perteneciente a un círculo intelectual; Fidel Castro, abogado, y Mao, bibliotecario en Pekín. Al referirnos a los intelectuales no hablamos de cualquiera de ellos, sino de aquél reconocido, aceptado y elevado por los trabajadores. Nosotros tenemos el ejemplo de Perón, que para mí es más intelectual que un militar, aunque esto último lo ha ayudado también. Perón no es líder por propia determinación, como lo presentan algunos, sino porque los demás lo reconocen, y porque sirvió y sirve a las aspiraciones de los otros. Ésa es su fuerza.

E.M.: Intentando hacer un balance de estos dos primeros meses, pienso que recién ahora se entra en una etapa de consolidación del nuevo gobierno, y que se están comenzando a plasmar una serie de medidas que, a corto y mediano plazo van a transformar sustancialmente la Universidad. En Ingeniería, por ejemplo, se ha conseguido institucionalizar la participación de los estudiantes junto a los docentes, en la resolución de los problemas fundamentales. Esto cobra mayor importancia en el caso de los docentes, ya que al llegar la Intervención a la Facultad se descubrió que los docentes nunca habían participado más allá de un plano puramente formal, y que las decisiones importantes a este nivel se tomaban en un grupo de no más de cinco personas.

R.P.: Sobre esta participación estudiantil, docente y no-docente, yo quiero destacar que es independiente de las tendencias políticas. Es cierto que si nosotros estamos ahora al frente de la Universidad es por el Tte. Gral. Perón y por los estudiantes justicialistas, pero después ese apoyo se amplió y hoy incluye desde la Juventud Radical hasta la FUA y la FUBA. Hoy, ya no se trata solamente de los militantes de la Juventud Peronista, que son nuestro apoyo principal y eje de nuestra actividad, sino de un sector del estudiantado mucho más amplio, lo que se corresponde con lo que pasa a nivel nacional, ya que el propio Gral. Perón está abriendo los brazos a todos los que quieran acercarse al movimiento nacional y popular. Pero esto tampoco es una novedad: ya en el año 45 Perón tenía la misma amplitud en su política y se dirigía a los radicales, con Sabattini, y a los comunistas y socialistas, algunos de los cuales respondieron y fueron ministros suyos.

Continuando con el balance yo creo que recién empezamos. En menos de una semana cambiamos todas las autoridades de la Universidad. Luego, hemos realizado actos con una concurrencia masiva, y hemos logrado afirmarnos a pesar de las críticas, algunas de ellas muy agudas. Algunos opinan que la incultura se ha adueñado de las Universidades, y que la Argentina al incorporarse al Tercer Mundo renuncia a su tradición cultural. Nosotros no renunciamos a nada, lo que pasa es que no queremos quedarnos en esa tradición cultural sino superarla. Si Europa se hubiera quedado en la tradición greco-romana el mundo no hubiera cambiado. Nosotros queremos una cultura nacional y una revolución cultural, que como ya he dicho varias veces no es como la china, ni la chilena sino de acuerdo con las condiciones argentinas, lo que significa, en primer lugar, que el pueblo tenga acceso a la cultura, y en segundo lugar, que esa cultura asimile la cultura universal para superarla abandonándose la actitud de antes, de ponerse de rodillas frente a cualquier cosa que venía del extranjero.

En estos dos meses ya hemos realizado algunas obras y estamos estudiando una gran cantidad de iniciativas. Hoy hemos creado en la Facultad de Medicina el Instituto de Medicina del Trabajo; antes fue el Instituto de Cinematografía; hemos abierto los consultorios de la Facultad de Odontología, donde no se exigen más aranceles; estudiantes y profesores van a las villas miserias a prestar sus servicios a la gente; estamos en tratativas con el Congreso para que la Universidad brinde su asesoramiento a las Comisiones Internas para la elaboración de las leyes, brindando el aporte de sus expertos para el tratamiento de las diferentes cuestiones; hemos creado el Instituto para el Tercer Mundo, bajo la presidencia del Tte. Gral. Perón, con la participación de países de África, Asia, América Latina y Europa Oriental. Este Instituto va a tener una doble función: investigar la problemática de estos países y establecer estrechos vínculos con ellos. Creemos que todas éstas son formas de acercar la Universidad al pueblo.

Fuente: *Ciencia nueva*, 25, 1973, pp. 3-5.

IV
HISTORIADORES, SOCIÓLOGOS, INTELECTUALES

1

EL ENSAYO

H. A. MURENA
El pecado original de América

He aquí los hechos. En un tiempo habitábamos en una tierra fecundada por el espíritu, que se llama Europa, y de pronto fuimos expulsados de ella, caímos en otra tierra, en una tierra en bruto, vacua de espíritu, a la que dimos en llamar América. En aquel tiempo crecíamos en un ámbito en el que todas nuestras potencias interiores hallaban el estímulo necesario para surgir, desarrollarse en vastas formas, ascender hacia los cielos constituyendo el complejo, vigoroso concierto de lo humano; ahora nos debatimos en un orbe en el que obstinadas fuerzas invisibles oponen vallas al esfuerzo de cada uno por ser más, por ser lo que debe ser, con lo que dichos esfuerzos apenas si configuran una maraña que es frustración, degradación de lo humano. En aquel tiempo estábamos en el campo de lo histórico, y la savia y el viento de la historia nos nutrían y nos exaltaban, hacían que cada objeto que tocáramos, cada palabra que enunciáramos, cada palmo de tierra que pisáramos, todo, tuviese un sentido, fuese una incitación; ahora poblamos naciones situadas fuera del magnético círculo de lo histórico (sin que en sí, o sea en el espiritual sentido en que hablamos, representen una excepción los Estados Unidos, que han violentado ese círculo recientemente por el mero peso de su poderío material), naciones a las que la historia sólo alarga la mano en busca de recursos materiales, por lo que la historia tiene para nosotros una significación puramente material, y cada contacto con ella resulta vano o humillante para nuestro espíritu. De la cima alcanzada por pueblos que se cuentan entre los más luminosos del mundo, hemos sido abatidos al magma primordial en el que el destino humano tiembla al ser puesto otra vez en cuestión. De poder ser todo lo que el hombre es, hemos pasado a no poder ser casi ni siquiera hombres. De ser la semilla sembrada en la buena tierra, nos hemos convertido en la semilla que cayó entre espinas.

¿Por qué?

Nos interrogamos, sí, a cada instante, esperando que surja esa respuesta clara, inteligible, racional, que dilucidará los términos del supuesto problema, y conducirá a una solución. Pero esa respuesta (aunque se hayan intentado muchas, de los tipos más diversos) no existe: es imposible. Y como todos se formulan el interrogante, con o sin conciencia de él, al observar la dudosa calidad de las telas que las máquinas acaban de tejer o al considerar la endeblez del poema que la pluma termina de escribir, la única respuesta que ese interrogante arranca es un sentimiento, el sentimiento de que América constituye un castigo por una culpa que desconocemos: *el sentimiento, en suma, de que nacer o vivir en América significa estar gravado por un segundo pecado original.*

Parecerá irrisoria esta afirmación, sin duda, parecerá pueril. En un mundo aún no liberado de los espejismos más primarios a que puede inducir la ciencia, que de la ingenua previsión racional del progreso infinito de la humanidad ha pasado a una observación naturalista de la historia que le permitió dictaminar la muerte de todas las culturas –lo cual es repetir el error del Iluminismo, sólo que cambiando el tono del optimismo al pesimismo–, en un mundo ducho en eludir todo misterio, entre hombres que, por ser el hombre actor de la historia, creen que es el autor de ésta, y pueden por tanto explicarla desenfadadamente desde el principio hasta el fin, una afirmación de índole teológica, como la que se acaba de formular, incitará a la sonrisa y al desdén.

Y, no obstante, ante el hecho que nos ocupa (como ante otros muchos) las explicaciones racionales y "naturales" acaban siempre por mostrar su insuficiencia. Consideremos alguna de las hipótesis de este tipo.

De primera intención, por ejemplo, es posible que se dé en esbozar una interpretación cuyas raíces arranquen de lo económico. ¿No está acaso lo económico en la génesis misma de las comunidades americanas? Atraídos por el imán del dinero se lanzaron los contingentes de aventureros hacia las playas del Nuevo Mundo. Y es sabido que los componentes de esas bandadas, dispuestos a perderlo todo y hacer de todo con tal de hundir las manos en un fascinante Eldorado, implicaban una curiosa selección, simbolizaban el más alto temple para la expoliación y el asesinato, eran, moral y espiritualmente, la ralea de Europa. De ahí –prosigue esa interpretación– que los números originarios de las naciones americanas se constituyeran como factorías, como verdaderos órganos extractores y digestivos, orientados en contra de las tierras en las que se asentaron. Por ello –se concluye– estos pueblos quedaron marcados para siempre por los estigmas del dinero, y, sumidos en lo económico, en lo material, postergaron y menospreciaron los valores del reino del espíritu.

Pero esta teoría es sumamente superficial; se desvanece como el humo ante la primera objeción.

En efecto: ¿qué leyes aseguran que del aventurero nacen aventureros; del expoliador, expoliadores; del mercader, mercaderes? Incluso suelen ser más frecuentes los casos en que ocurre lo contrario. Y ¿cómo se explica entonces la sucesión indefinida de ese modo de ser? Lo natural es que el aventurero, una vez alcanzados sus fines, ponga término en su ámbito a las posibilidades de aventura e instaure esa forma del espíritu que es la legalidad; lo natural es que el mercader, una vez satisfecho, se desinterese de los valores materiales y se preocupe por lo estético, por lo moral. ¿Quién puede dictaminar una incompatibilidad entre el dinero y el espíritu sin verse enseguida desmentido por toda la historia? Ahí está el socorrido ejemplo de la Florencia de los Medici, del banquero Cosme de Medici, cuya usura por directos e indirectos canales alimentó un cosmos cultural.

No vale la pena siquiera hablar de la argumentación que dice que por pertenecer la gran masa de los conquistadores a las clases más bajas el estilo de vida que se fundó en este continente fue para siempre el de dichas clases, un estilo atento de modo casi exclusivo a los reclamos de la vida vegetativa. Aparte de que las aspiraciones y realizaciones espirituales tienen escasa relación con las categorías sociales –como lo prueban infinitos casos de la larga crónica del espíritu– es notorio que uno de los impulsos más importantes de las clases bajas consiste en hacer, por imitación y por natural deseo, aquello que hacen las clases altas, sobre todo lo que se cumple lejos de la atadura a la noria del trabajo; para hacerlo no exigen más que los recursos materiales que lo torne posible: y eso es lo que siempre se conquista en América.

Debemos, pues, concluir que lo económico, como cualquier otro elemento de orden sociológico, no basta para explicar el estado espiritual de América.

Porque el predominio de lo económico no es una causa de la situación pecaminosa sino un atributo de ésta: la frustración de lo espiritual por lo económico –como por muchos otros factores– es uno de los rasgos a través de los cuales la situación pecaminosa se hace patente.

Sabemos *cómo* se cumple la pena, la expiación; pero ignoramos *por qué* se cumple. Que se entienda: el hecho capital ha sido la expulsión desde una tierra espiritualizada a otra sin espíritu; de él dimanan todos los males, consistentes en que, ante el ámbito ajeno y hostil, las formas más altas, más delicadas, de ese espíritu con el que nos habíamos erguido sucumbieron, y quedaron sólo las elementales, las inferiores, las vinculadas con los crasos instintos de conservación. *Y ese hecho no se explica.*

A la pregunta por las razones que lo han causado, los historiadores nos responden con los argumentos consabidos: que se buscaba una vía de acceso más directa a las Indias; que el Renacimiento, con las invenciones y descubrimientos científicos que promovió. Hizo posibles los largos viajes por mar; que Europa occidental había alcanzado tal estadio de tensión y eficacia que sus energías inevitablemente tenían que desencadenarse y expandirse por el mundo entero; etc., etc. Pero frente a tales respuestas, debemos insistir en nuestro interrogante, aunque formulándolo de manera distinta. Debemos decir: ¿por qué estoy yo en América? ¿Por qué están aquél y el otro y el otro? ¿Por qué están en América todos los que están? ¿Por qué no nos tocó el destino de Europa o Asia a nosotros, y no a los que están ahora en Europa y Asia? ¿Por qué les tocó estar a todos los que han estado desde el descubrimiento? ¿Por qué hubieron de verse arrojados

388 • LA BATALLA DE LAS IDEAS (1943-1973)

del espíritu al no-espíritu, en lugar de poder proseguir, como otros, en el seno del espíritu? Y, en fin: ¿por qué no hubo, al mismo tiempo que en Europa y Asia, una raza que poblase para siempre el continente entero y conquistase el espíritu y la conciencia histórica a la vez que iba historizando y espiritualizando el continente? ¿Por qué tuvo América que ser descubierta, por qué no se la conoció hacia la misma época en que Asia, África y Europa se conocían entre sí? ¿Por qué tuvo que producirse este desequilibrio entre tierra y pobladores? [...]

Fuente: H. A. Murena, *El pecado original de América,* Buenos Aires, Sudamericana, 1965 [1954], pp. 155-160.

JUAN JOSÉ SEBRELI
Celeste y colorado

Todavía no se ha discutido el problema argentino desde la perspectiva de la libertad, entendiendo por tal: partir de la contingencia y la ambigüedad fundamental que se encuentra en el corazón de la historia y tratar de comprender por igual a todos los personajes del drama; reconocer que la Verdad no es patrimonio de nadie porque no hay una Razón Universal, sino simplemente perspectivas de grupos humanos antagónicos que, por lo tanto, no pueden concordar. El consenso universal no se realizará tal vez nunca. La perspectiva de la libertad no es recorrer todas las perspectivas sin adoptar ninguna y permanecer al margen de la lucha en la cómoda posición del espectador. Tal sería la actitud de un espíritu abstracto como Echeverría, por ejemplo. Recuérdese que en *Dogma Socialista* termina rechazando por igual a unitarios y federales, lo que es rechazar al país entero. Parecería que el autor no se encontrara en ningún sitio, sino en el aire, y desde allí contemplara todas las cosas en un mismo plano, como la pura mirada de Dios sobre los hombres, de la eternidad sobrevolando la historia temporal.

La perspectiva de la libertad no es ese hueco escepticismo, no es acabar diciendo: todo es relativo, sino por el contrario, todo es absoluto; no "vanidad de vanidades" sino "plenitud de plenitudes". Si no hay una Verdad trascendente, está en cambio el esfuerzo, la pasión humana por pensar verdaderamente, y el solo hecho de que un hombre perciba una situación histórica desde un punto de vista que él cree verdadero introduce un fenómeno de verdad humana que ningún escepticismo puede invalidar. Lo único totalmente falso es el pensamiento abstracto, que no parte de ninguna situación histórica concreta.

La comprensión de lo irracional y lo fortuito que hay en los procesos históricos no significa renunciar a encontrar un sentido en la historia. La historia es ambigua pero no absurda. Tener conciencia de que nadie tiene del todo razón es un principio –el único– de comprensión y tolerancia, y la base de una verdadera democracia. La aceptación del desacuerdo y la duda nos hace mirarnos en el otro para juzgarnos a nosotros mismos, o justificar nuestra elección ante el otro por medio del diálogo y la discusión; en una palabra, nos abre al otro, nos comunica con el otro. No es renunciar definitivamente a llegar a un acuerdo consigo mismo y con el prójimo, sino solamente a la impostura de una razón que se conforma con tener razón para sí sin preocuparse del juicio del otro. La perspectiva de la libertad nos libera a la vez del dogmatismo y del escepticismo. Ésa es la única forma de hallar una solución al crítico momento actual o, lo que es lo mismo, de empezar a comprender toda la incomprensible historia argentina, de saber lo que somos, sin lo cual no podremos hacer nunca nada, sin lo cual estaremos siempre en suspenso. Es la única forma de superar la contradicción; mientras no lo hagamos, nuestro país no podrá crear su propio destino de libertad.

Así es como desde la Revolución de Mayo hasta nuestros días la sociedad argentina ha estado escindida por un antagonismo tan profundo, tan irreductible, que aun dentro de un mismo partido, de un mismo grupo, entre personas que creen luchar por una misma causa, surge de pronto una incomprensión insalvable. Más allá de todas las ideologías, de todos los partidos, de todos los personajes representativos, se encuentran siempre dos planes de vida, dos definiciones nacionales que predominan alternativamente según un movimiento de flujo y reflujo sin que ninguno logre desplazar definitivamente al otro, como que ambos son parcialmente válidos. Así cada uno se cree encargado por los dioses gentilicios de la salvación del país, se cree auténticamente del lado de la patria, en tanto considera al otro un traidor. Cada uno ve solamente un aspecto de la verdad, y desaprueba al que ve el otro aspecto y a todo el que quiere advertirles lo que se ve desde un plano superior lo cuentan entre los contrarios. El que lucha no quiere distraerse: hay que estar con los unos o con los otros; lo contrario es escaparse por la tangente.

Así los representantes de una de las dos fracciones: el gaucho, el compadre y todos los muertos insepultos en el fondo de la pampa, nos dirán en nombre de la Sangre, la Tierra y de la Vida que debemos arrojar a la basura la parte racional de nosotros mismos, la parte de civilización, de Europa que tenemos, y quedarnos con los instintos, con las pasiones, con lo telúrico americano, con lo irracional, en fin. Por su parte, si consultamos a los profesores, a los escritores, a los Padres de la Patria, a los constructores de la Grande Argentina, nos aconsejarán tirar precisamente la parte que nos dejaron los otros, y volvernos hacia la Razón y la Cultura. Ambos ignoran que la vida es totalidad, plenitud, que engloba por igual lo racional y lo irracional, y se empeñan en que los argentinos vivamos muertos en nuestras tres cuartas partes. Unos por resentimiento desprecian los valores de los que se encuentran despojados, asumen su fracaso, reivindican la tierra de nadie y luchan por quedarse otra vez solos con su nada. Son los arraigados. Los otros no se resignan al desposeimiento y sueñan con los bienes perdidos, planeando fugas que fracasan. Son los desterrados. La raíz y el viento. Éstos tan hundidos en la tierra que no pueden levantar su mirada y terminan por hacer de la tierra un infierno. Aquéllos carecen de tierra, y deben refugiarse en el cielo, que al fin no es sino un paraíso artificial. Resulta muy significativo que en un determinado período histórico estas dos fracciones adoptaran como divisas el color rojo, sensual, material, color de la carne, de la tierra, y el azul celeste, color del lejano cielo purísimo. El más elemental psicoanálisis de los colores nos revela su significación humana.

La posición que llamaremos "colorada", y que es la del realismo político, se basa en el mundo y no en el hombre; lo objetivo predomina sobre lo subjetivo. No actúa según leyes o reglas surgidas de su interior o del exterior pero con valor universal. No tiene ideas ni principios, sino instintos y pasiones. Obra según las circunstancias, prescindiendo cínicamente de toda valoración. Subordina la libertad a la Causa. El hecho hace al hombre –afirma– y no el hombre al hecho, la situación determina la acción; o sea es conservador y reaccionario, aunque a veces pretenda todo lo contrario, ya que la revolución consiste en cambiar una situación dada o en crear una situación nueva mediante la acción humana. Su argumento favorito es considerarse a sí mismo Historia y a su rival Utopía. Pero en la historia no puede hablarse de utopías, dado que el hombre hace la historia. En el porvenir nada es ineluctable, todo es posible, y quizás el medio para lograr lo posible es aspirar a lo imposible. Vista desde los tiempos primitivos toda la civilización presente parecería una locura, una brujería.

El partidario del color rojo se cree encargado de una inexorable misión histórica. Así se acostumbra a justificar al caudillo diciendo: la patria lo necesitaba, para que existiera la república fue preciso la anarquía, la guerra, la tiranía, la violencia, el engaño, la traición, la ignorancia, el terror, la barbarie. Pero aquí se esconde un sofisma. La República Argentina de hoy no es la causa de todo eso, sino más bien su consecuencia imprevisible. El sofisma histórico consiste en que todo futuro contingente y gratuito no bien se convierte en presente, o sea en real, aparece como un hecho necesario, forzoso.

La Nación no podía ser para el Caudillo, para Rosas, un hueco que tenía que llenar; por el contrario, era él mismo quien hacía surgir ese vacío a su alrededor, definiendo el presente como una carencia, y trascendiéndolo hacia esa plenitud por venir, deseada. Es por la libertad del hombre, por la elección ante el mundo, hecha por el caudillo, por el político federal, por Rosas, como surgieron en el corazón de la tierra muda, el vacío de una patria, la carencia de una unidad nacional. La tierra en sí es plena, cerrada, total, acabada; nada necesita, nada reclama, nada le falta ni le sobra, que exista o no la Nación Argentina, la tierra no se agranda ni se achica. La nada no puede reclamar al ser porque la nada no surge nunca sino en el corazón de un ser. La ausencia no precede a la presencia. Una cosa todavía no existente no puede determinar una acción. No hay tal necesidad política. El caudillo no se sacrificó, nada ni nadie exigía su sacrificio: actuó y su acción en cuanto tal es injustificable e injustificada. El caudillo se proyectó, se realizó, luchó, ni para sí ni para los demás, para nada. Eso es la libertad. En un mundo pleno, el porvenir que crearon sus actos no es sino una nueva y gratuita plenitud: el país que quedó como consecuencia de su acción.

Toda explicación desde afuera o a partir del porvenir carece de fundamento porque es la acción la que engendra el porvenir, la que configura el fin. El fin es siempre posterior a la acción y, por lo tanto, no se puede predecir. El fin no podrá justificar nunca los medios, porque son los propios medios los que crean el fin. Cada sendero nos da su propia perspectiva.

No puede haber, por lo tanto, como pretenden los realistas, una moral limpia para los períodos tranquilos y otra moral de "estado de sitio" para los momentos críticos, para los tiempos de guerra, de revolución, de anarquía, o sea una política que concuerde con los valores eternos, y otra relativa, de circunstancias, que se atenta a la realidad momentánea y pasajera. No se puede aplicar para unos casos el mandato de Cristo y para otros el de Maquiavelo, según convenga.

El realista tiene razón cuando dice que el hombre no puede hacer cualquier cosa que se le ocurra, porque se encuentra en una situación y debe obrar de acuerdo con ella. Pero no la tiene cuando asegura que ante una determinada situación no es posible reaccionar más que de una sola manera, necesaria e inflexible, quitando toda originalidad creadora al hombre. La situación nos plantea un problema, un conflicto del cual no podemos evadirnos, pero ante el cual conservamos la libertad de darle la solución que queramos. La situación propone pero no impone, se reduce a marcar el límite de nuestras circunstancias, a ofrecernos el repertorio de posibilidades entre las cuales podemos elegir. Si la situación unifica, nivela, despersonaliza, es en nuestra respuesta donde somos originales, insustituibles y únicos. La otra cara de la facticidad es siempre la libertad.

¿Estará entonces la verdad en el extremo opuesto al cálido y atrayente punzó, o sea en el frío y descolorido celeste? Es ésta la actitud del idealismo moral. Encontramos aquí al partido unitario, a la Asociación de Mayo, ayer; a la Casa de Pueblo, hoy; es el partido de los hombres de principio, de los escritores, los intelectuales en general.

La actitud "celeste" se basa en el hombre y no en el mundo, lo subjetivo predomina sobre lo objetivo. Al craso empirismo fundado en un criterio de utilidad social del realista, el celeste opone un respeto incondicional a principios eternos y abstractos de los que está íntimamente convencido –la Constitución, la Democracia, las Instituciones, la Cultura–, en tanto que prescinde por completo de la realidad circundante, lo que lo lleva a abordar los problemas sociales con enfoques ingenuos, diletantescos y a veces extravagantes (*Dogma Socialista*). Sus perspectivas son estrictamente intelectuales y a veces de tal pureza que parece que estuvieran tratando problemas teológicos y no políticos. El asceta y asexual Alberdi nos habla inspirado por Dios. Pero la santidad dificultó siempre las relaciones en la vida de las colectividades. La pureza ha sido siempre enemiga de la vida: el agua pura es impotable, la sangre pura dificulta la actividad mental, el aire puro fatiga. Tanto en la naturaleza, como en la biología, como en la raza, como en el arte, como en la política, lo puro es una monstruosidad inhumana. La vida es por naturaleza mestiza. Una sociedad no puede, por lo tanto, ser el templo de valores-ídolos que figuran en el frontón de sus monumentos históricos o en los retóricos preámbulos de los textos constitucionales.

El idealista cree que sólo los medios honestos y puros pueden justificar una acción. Un ejemplo clásico de esta manera de actuar lo encontramos en San Martín cuando se negó a ensuciar su espada con la sangre de sus hermanos y, pensando que el honor está antes que la patria, emigró para siempre de América. Todos los idealistas adoptan ante el compromiso la misma actitud: la fuga. Así Alberdi se destierra por propia voluntad, y definitivamente, en Europa. Lisandro de la Torre se suicida. Todos rehuyen la acción porque comprenden que toda acción en el mundo causa la restricción de la libertad del prójimo, que para realizar algo es casi inevitable tomar al prójimo como instrumento. La historia es cruel, toda ley es violencia. Toda política, aun la más liberal, es siempre un pacto con potencias maléficas, porque lucha por el poder, y el poder es violencia. La acción encierra una antinomia: nada es posible hacer por los hombres sin hacerlo también contra los hombres, porque toda lucha, toda revolución exige indefectiblemente sacrificios. Para que triunfe algo, es necesario sacrificar a quienes se oponen a nuestros designios, pero también a quienes luchan con nosotros, sacrificarnos, incluso, nosotros mismos. La revolución no se hace con palabras elevadas, con libros hermosamente escritos, con ideas nobles, con ademanes generosos: se hace con suciedad, con sangre, con sudor. Por ello el idealista moral prefiere ponerse guantes y adoptar una posición teórica, contemplativa y quietista, reacia a todo cambio violento. No se compromete así con el Mal, pero en cambio peca por omisión ya que no contribuye a su destrucción, y el Bien no sólo consiste en no hacer el Mal, sino en luchar contra el Mal. El Bien no solamente tiene que ser; tiene que luchar, porque sin luchar deja de existir.

No hay pues posición contemplativa ni pasiva. El hombre es responsable hasta de lo que no hace, todo silencio es una voz, toda prescindencia es elección. No podemos abstenernos de obrar como no podemos abstenernos de respirar, sin dejar de vivir. Esto lo vio San Martín en sus sueños de ostracismo. Comprendió que por atenerse a sus principios abstractos de Justicia y Libertad permitió que la injusticia y la opresión concretas triunfaran en su país. Tal vez en esto debemos encontrar, como ya lo mostrara H. Murena ("Reflexiones sobre el pecado original de América", *Verbum*, N° 90, año 1949), la explicación de ese extraño acto de donación de su espada al dictador Rosas, a quien no obstante desaprobaba. Eso es lo que comprendió también no hace mucho un conocido dirigente político de la fracción celeste cuando reconoció que su partido se hallaba en un callejón sin salida.

Pese a todo esto, los celestes seguirán repitiendo con empecinamiento y ceguera que ellos son los que tienen razón. Nadie se la niega, pero aquí no se trata de tener o no razón, puesto que el presente y el porvenir de una sociedad no son objetos de ciencia sino de acción. En la política la Razón Universal es problemática, la razón está por hacerse. Solamente los hechos pueden mostrar que se tiene razón; las especulaciones teóricas son siempre inciertas, por lo cual, una política sólo triunfante puede ser eficaz o lo que es lo mismo –tratándose de cosas prácticas– buena. Lo cual no autoriza de ninguna manera a afirmar que toda política que triunfa es buena. Hay que realizar la vida hacia afuera, hacia el mundo, para que sea verdadera. Una política fuera de la lucha, una política en el destierro no existe sino negativamente. Los proscriptos no cuentan, están fuera de la historia, sólo se definen como fracaso, como esperanza inútil, como sueño desengañado. *"Todos los proscriptos, e inclusive en primer término Sarmiento, tenían razón pero estaban fuera de la realidad* –decía Martínez Estrada–. *El hecho simbólico de que hayan tenido que combatir a Rosas y los caudillos desde el exilio, implica una cierta forma providencial de condena, como si realmente sus personas físicas debieran estar fuera de territorio argentino para ser consecuentes con sus ideas, que estaban fuera de la verdadera historia. Pues hemos de convenir que Rosas era más historia que ellos (lo dijo Sarmiento)."* (*Radiografía de la pampa.*)

No se trata de una concepción pragmática de la verdad, de subordinar la teoría a la utilidad, ni de que los valores acaten de cualquier forma lo real, pero sí de rechazar que se instalen en las cómodas regiones de lo puramente irreal.

El país está por hacerse. Los partidarios de la no-violencia o lo que es lo mismo de la no-acción llevan, quiérase o no, a la idea de que el país está hecho, y lo que es peor aún, bien hecho, y hay que conservarlo. No hay error que pueda conducir a más funestas consecuencias.

Se dirá que si todo esto es así, no es muy difícil ver que la solución está en la unión de la contemplación pura y la acción práctica, en la síntesis entre el "yogui" y el "comisario", según la conocida expresión de Arthur Koestler. Pero eso es más fácil decirlo que hacerlo. Ya Sarmiento lo intentó; en ello reside su grandeza, así como también su fracaso. Los de la fracción colorada destruyeron su obra sin querer ver la parte a su favor que tenía. Si bien en teoría Sarmiento era un representante neto de la fracción celeste, cuando actuó se asemejó más a Facundo o al Chacho; ya lo ha mostrado Martínez Estrada (*Sarmiento*). En tanto los de la fracción celeste también ayudaron a destruirlo aunque en forma distinta: aplaudiéndolo sin entenderlo. A ambos los desconcertó por igual y ninguno supo qué partido sacar de él. La duda la resolvieron arrojándole piedras o elevándole monumentos. Después de Sarmiento, nadie volvió a emprender ese camino, todo quedó como estaba, entre celestes y colorados. Es inútil querer convencer a un colorado: nos asesinará. Es inútil querer convencer a un celeste: se suicidará.

Si la verdad y la acción, si el pensamiento y la realidad son cosas distintas y autónomas, no hay manera de llegar a una síntesis; por el contrario, se caerá siempre en esa paradoja: el que actúa se limita a defender, a conservar, a repeler, o sea es un agente de lo estático, de lo inmóvil; en tanto quien aspira a la evolución, al movimiento, al progreso, a cambiar el mundo, se limita a contemplarlo desde afuera, sin hacer nada. Pero ese supuesto es falso; luego puede haber una solución. Es necesario revisar las bases ontológicas del problema y reconocer que la antítesis entre acción y verdad no existe. El hombre no es nada más que lo que hace, o sea que su realidad es la acción, y por otra parte, para actuar sobre el universo es necesario tener una imagen de él, comprenderlo, lo cual implica una lógica y una ética. La acción, a la vez que modificación, es develamiento de la realidad.

Tanto celestes como colorados crean una inexistente contradicción entre la lógica y la historia, la sociedad y la naturaleza, la razón y la vida, o como tan erróneamente lo expresara Sarmiento, entre la civilización y la barbarie. Tanto celestes como colorados parten de un error común, creer que hay una Verdad fija, definitiva y eterna, que reside en un cielo lejano, y una realidad cambiante, flexible, atada a la tierra, y que nada tienen que ver la una con la otra. No existe ese dualismo desde que no hay más que un solo mundo. Si verdad y realidad no son una sola y misma cosa, tampoco son entidades separadas y autónomas entre sí. Debemos dar su parte de razón al idealista cuando afirma que el hombre es un absoluto y que, por lo tanto, no se puede prescindir de una moral universal como quieren los realistas cínicos, pero a la vez éstos tienen también su parte de razón, porque el hombre participa de una situación concreta, está clavado en el "aquí" y el "ahora", por lo que su moral no puede ser inflexible, abstracta e inmutable, al estilo de los Diez Mandamientos o del Imperativo Categórico, que sólo sirve para trabar la acción, sino temporal, o sea adecuada a la situación concreta, las circunstancias, plegada a la espontaneidad viviente y temporal, aunque manteniendo sus relaciones con lo universal.

Política y moral están indisolublemente unidas. Detrás de la política más limitada y baja hay siempre una ética. El político no puede dejar de preguntarse por la justificación de sus actos; luego –sin paradoja– es un moralista. El problema político es ante todo un problema de conciencia. Toda acción está destinada a ser un bien; pocos son los que hacen algo sin estar convencidos de que eso es lo bueno; y a su vez el bien no tiene otra forma de ser que la acción. Los buenos sentimientos no se diferencian de las buenas acciones. La política es, por lo tanto, una traducción de valores al orden de los hechos.

A la moral de la fe, de la buena conciencia que permite dormir sin remordimientos, de las buenas intenciones que sirven para empedrar el infierno, debe oponerse la dura moral de la responsabilidad que juzga no sólo las intenciones, sino también las consecuencias de los actos. Un acto político no debe ser juzgado solamente según su sentido moral subjetivo, sino además según el sentido que le da el contexto histórico y la faz dialéctica en que se produce. La responsabilidad histórica trasciende las categorías del pensamiento moralista: intención y acto, circunstancia y voluntad, medio y fin, presente y porvenir, objetividad y subjetividad se confunden.

Es la esencia misma de la historia imponernos responsabilidades que jamás son enteramente nuestras porque toda acción está comprometida en un juego, en un engranaje que no podemos controlar. Nunca sabemos con certeza dónde termina, siempre puede provocar otra cosa que lo que nos proponemos. Por lo tanto, aunque es inevitable condenar o absolver, debemos hacerlo lúcidamente, sabiendo que nunca somos del todo justos. No hay culpables totalmente negros, ni inocentes totalmente blancos, como en la literatura victoriana o en el cine de Hollywood.

El bien y el mal están tan indisolublemente mezclados que para llegar al bien es necesario empezar por aceptar el mal. No se nos comprenda equivocadamente: esto no significa la aprobación incondicional de cualquier crimen. Hay crímenes completamente injustificables. Sólo se puede aceptar una violencia ejercida en la defensa de fines humanistas, pero nunca en nombre de valores totalmente antihumanos, como pueden ser los prejuicios raciales o los intereses económicos. Se dirá entonces que volvemos a afirmar lo que en un comienzo negamos: que el fin justifica el empleo de cualquier medio. No y no. Seguimos creyendo que no se puede separar el fin del medio que lo define, pero del mismo modo creemos que no podemos juzgar al medio sin el fin que le da un sentido.

No podemos por tanto rehuir la violencia, pero tampoco justificar de antemano sus fines. Debemos rechazar por igual toda condenación así como toda justificación a priori de la violencia. Obrar con autenticidad y lucidez consiste en vivir en tensión, vigilando los medios para que éstos no nos hagan perder de vista o tergiversar el fin propuesto. El hombre de buena voluntad, a diferencia del tirano que descansa en la certidumbre de sus fines, debe vivir en constante interrogación, en constante duda.

Es injusto pero irremediable: todo el que quiere construir en el terreno de lo político y lo social debe empezar por aceptar a conciencia el escándalo y el fracaso de la coerción y la violencia. Sólo la posición negativa es absolutamente pura. Al partido de la oposición le toca siempre representar la comedia de la virtud.

Todos los que, en una forma u otra, han pesado sobre los hechos de su tiempo han debido aceptar para poder gobernar las antinomias de la acción –medio y fin, presente y porvenir–. Ni aun los más recalcitrantes miembros de la fracción celeste, como Rivadavia, pudieron conservar sus manos limpias. Digámoslo con crudeza: todo hombre de acción es a la vez un santo y un asesino. Eso es la condición humana: ambigüedad. Mitad inocentes y mitad culpables. Inocentes de una inocencia sospechosa, culpables de una falta invisible y común. Ninguna moral en el mundo puede justificar nuestros actos, de los que somos los únicos responsables, y a la vez ninguna moral en el mundo puede impedirnos actuar. Renunciar a la lucha es renunciar a la trascendencia, o sea renunciar a ser, porque el hombre no existe más que trascendiéndose.

Sur, 1952

Fuente: Juan José Sebreli, *Sur*, número 217-18, noviembre 1952, pp. 70-80.

2
Nuevos caminos de investigación histórico-social

Imago Mundi
Texto de presentación, septiembre de 1953

El subtítulo de IMAGO MUNDI caracteriza exactamente a esta revista, mediante la cual quiere sumarse a una corriente de pensamiento que le parece valiosa un grupo de estudiosos argentinos.

Revista de historia de la cultura, su misión será recoger los aportes de las historias particulares, en la medida que la naturaleza de los hechos mencionados, o la intención con que se los estudia, contribuya a integrar la imagen del complejo estructural que llamamos cultura. Y tomamos el término en una acepción muy amplia en cuanto a su extensión, pero precisa en cuanto a su comprensión: el conjunto de todos los productos de la actividad espiritual del hombre en cuanto ponen de manifiesto esta actividad.

La historia de la cultura y la historia de hechos –meramente políticos como se ha hecho habitualmente, o de cualquier otro tipo– no se oponen por una diversidad en su objeto, sino por la intención con que lo analizan y por los métodos de que se valen. La historia de hechos termina su misión una vez determinado el objeto y sus antecedentes próximos y remotos. La historia de la cultura selecciona los hechos en cuanto encierran una significación para el complejo cultural del cual son efectos remotos. Cabrá, pues, en IMAGO MUNDI, la historia política, la historia de las ideas en general y la historia de las diversas formas del saber y de la creación: filosofía, música, literatura, derecho, ciencia, educación, artes plásticas, etc. Pero la tendencia general será trascender cada uno de estos campos particulares para alcanzar, a partir de ellos, ciertas instancias en las cuales la confluencia de los problema permita obtener una imagen más rica de la realidad y una comprensión más profunda de los procesos. Y aún puede agregarse a la temática propia de IMAGO MUNDI el problema mismo de la historia, sobre el que tiene puestos sus ojos de manera particular hoy el pensamiento filosófico y aun las disciplinas particulares en cuanto se interrogan sobre el sentido de su propia historicidad.

Como la historia de la cultura, IMAGO MUNDI quiere ser un territorio de coincidencia, y lo será de hecho por la naturaleza de sus colaboradores. Estudiosos provenientes de todos los campos que acusan una preocupación por la historicidad de su saber, compartirán IMAGO MUNDI con historiadores en sentido clásico que buscan a su vez trascender la mera historia de hechos. Pero la coincidencia no será fortuita ni resultará de un mero agregado. IMAGO MUNDI destacará una peculiar dimensión de la existencia, porque quienes se agrupan a su alrededor la perciben intensamente y estiman que es decisiva. Sin duda quedarán fuera ciertos temas y aspectos de la cultura, que corresponderá tratar a otros.

IMAGO MUNDI tiene fe en su suerte, porque se apoya en la autenticidad de una convicción y en una voluntad de rigor para profundizar en ella. Si, como suponen sus redactores, la historia de la cultura representa de manera eminente en nuestro tiempo la actitud humanística, IMAGO MUNDI podrá ser un día la expresión de una conciencia vigilante, tensa sobre el pasado y el presente del mundo histórico.

Fuente: *Imago Mundi*, número 1, septiembre de 1953, pp. 1-2. Director: J. L. Romero; Comité de Redacción: Luis Aznar, J. Balini, E. Epstein, V. Fatone, R. F. Giusti, A. Orgaz, F. Rivero, J. Romero Brest, José Rovira Armengol, A. Salas. Secretario de Redacción: Ramón Alcalde.

GINO GERMANI
Hacia una democracia de masas

1. LA "PARADOJA" ARGENTINA Y EL PROBLEMA DE SU EXPLICACIÓN

La evolución política de la Argentina puede describirse en base de una serie de etapas o fases, de acuerdo con un esquema que en términos generales resulta también aplicable a los demás países latinoamericanos. Como se ha mostrado en otros trabajos,[1] este proceso es parte de un cambio más general, a saber, la transición desde algún tipo de estructura tradicional hacia algún modelo de sociedad industrial. En este sentido, el proceso de modificación de la estructura política tiene puntos de contacto con los procesos análogos ocurridos en Occi-

---

[1] Ver especialmente el capítulo V de la obra del autor, *Política y sociedad en una época de transición*, Buenos Aires, Paidós, 1962, y el capítulo IX de este libro.

dente en los países de industrialización temprana. Sin embargo, se aleja de ellos en mayor o menor medida, dependiendo la peculiaridad del cambio a la vez de las circunstancias históricas de cada país, del momento en que se inició la transición (y del clima ideológico y social reinante al nivel internacional en ese momento), de la rapidez de la transición misma y de otros factores. En el caso de la Argentina, la transición se acerca, por cierto, a la de los países de industrialización temprana, es decir, al llamado "modelo occidental", y esta analogía es aplicable con mucho mayor aproximación que con respecto a todos los demás países de América Latina (con la excepción de Uruguay y Chile). Sin embargo, es precisamente la Argentina quien presenta "desviaciones" en cierto sentido paradojales. Y la profunda crisis política que afecta al país, desde hace más de 30 años, constituye un verdadero enigma para los estudiosos de la sociología del desarrollo económico. Cuando se comparan los diversos países del continente centro y sudamericano, la Argentina, como es sabido, se presenta de inmediato como el más "avanzado" en la transición. Pero la posición del país también en una comparación internacional general lo ubica en una especie de "clase media" de naciones, muy por encima por cierto –si se miran los "indicadores" sociales– de los países llamados subdesarrollados.[2] En otro capítulo se ha intentado señalar someramente algunas causas generales que podrían explicar la inestabilidad política que caracteriza al país en la época actual, y se lo ha hecho ensayando una teoría que vincula dicha inestabilidad precisamente con la transición entre las diferentes fases o etapas. Mas las causas de orden general no son de ninguna manera suficientes para explicar la "paradoja" argentina. En este trabajo se intentan agregar otras circunstancias peculiares de la evolución política de la Argentina, que podrían contribuir a aclarar en algo los orígenes de la presente crisis. Estos factores son numerosos y escaparía por completo a los propósitos de este ensayo formular un análisis completo del problema: únicamente se señalarán, somera y parcialmente, algunos hechos que tienen probablemente un papel esencial en lo referente al proceso político. Sólo podemos agregar, en términos generales, que

---

[2] Esto, por supuesto, había sido incorporado como estereotipo común en la imagen que de la Argentina tenían sus habitantes, hasta hace unos diez años aproximadamente. La asimilación de la Argentina a la categoría de país "subdesarrollado" es relativamente reciente. Ello contrasta con la imagen preexistente de un país rico, caracterizado por un ingreso nacional *per capita* entre los más elevados, así como por otros índices de adelanto económico y social. Por supuesto, esta imagen no dejaba de ser, por lo menos en parte, una deformación ideológica, orientada hacia la aprobación de cierta política económica, y aún más de cierta concepción global de la organización política y social. Aquellos que no la compartían, desde opuestos ángulos, denunciaban el carácter "dependiente" de la economía argentina, y las consecuencias de esa dependencia. Mas a pesar de las "provincias pobres" del interior, no parece que la caracterización de la Argentina como un país socialmente "atrasado" fuera aceptada o compartida incluso por los críticos más "alienados" con relación al régimen social imperante en el país. Sin embargo, especialmente en la última década, el empleo indiscriminado de la categoría "subdesarrollo" ha inducido a muchos –particularmente a los intelectuales y seudointelectuales de la izquierda (y seudoizquierda), a asimilar *tout court* el caso argentino de los países ex coloniales

en nuestra opinión los hechos principales (no por cierto los únicos) que singularizan la situación argentina, haciendo de ella un caso en extremo raro si no único, son los cuatro siguientes, y por supuesto, sus consecuencias directas e indirectas:

a) En primer lugar, mencionamos la *rapidez* del crecimiento de la sociedad argentina. Se trató de un cambio de escala que ocurrió dentro de un período relativamente corto y con una velocidad que, por lo que podemos saber, no tiene paralelo dentro del grupo de países en los cuales la transición ocurrió de manera "espontánea" (cambio no inducido por planeamiento) y aproximadamente de acuerdo con el llamado modelo occidental. En el orden demográfico, por lo pronto, ello significó que la población del país aumentó 10 veces en 90 años (entre 1870 y 1960). Compárese este ritmo con el registrado en otros países de crecimiento rápido: en los Estados Unidos el crecimiento en 80 años (1870-1950) aumentó 4 veces; en Brasil, 6 veces en 90 años; en Chile, 4 veces en 110 años, etcétera.

b) En segundo lugar, la modernización de aspectos esenciales de la estructura social ocurrió igualmente con una rapidez extraordinaria. En lo que se refiere al sistema de estratificación social, se pasó del patrón dual todavía claramente visible alrededor de 1860-70, al patrón multiclase o de estratificación más diferenciada y compleja (característica de las sociedades modernas), unos treinta años más tarde. En 1900 ya estaba constituida una clase media suficientemente numerosa como para representar una fuerza económica (tipo de mercado de consumo, especialmente) y política, pues constituía una cuarta parte de la población

---

que están actualmente comenzando las primeras fases de la transición, en América Latina y en Asia o en África. Esta imagen no es menos deformada que la anterior (la de la Argentina país completamente desarrollado económicamente y avanzado socialmente, arruinado luego por los experimentos "estatistas", etc.), y conduce a suponer como realistas orientaciones ideológicas y políticas que no son en absoluto viables para un país, cuya estructura social es muy diferente a la de los países que realmente se hallan en las fases iniciales de la transición. Quizá valga la pena recordar algunos datos importantes publicados recientemente. En dos tipologías internacionales relativas a los estudios de desarrollo económico y social, y que se basan sobre un gran número de indicadores económicos, demográficos, educacionales, sanitarios y otros que expresan una variedad de manifestaciones de la actividad y la vida social, la Argentina se ubica en una posición intermedia mucho más próxima a la que corresponde a los países de desarrollo avanzado, que a la de los demás. Así, en la tipología preparada por las Naciones Unidas y que se basa sobre una serie de indicadores económicos sociales relativos a 74 países, la Argentina se halla en la tercera categoría, en una escala de seis (Cf. UNITED NATIONS: *Report on the World Social Situation*, New York, 1961, cap. III). En otro trabajo el prof. K. DEUTSCH, sobre un total de 91 países y en una escala de cinco categorías, ubica a la Argentina en el segundo lugar. Las cinco categorías son: "Sociedades tradicionales primitivas", "Civilizaciones tradicionales", "Sociedades transicionales", "Sociedades en revolución industrial", y, por último, "Sociedades de alto consumo de masa" (en esta categoría, que es la de los países de más alto desarrollo económico, hay 13 naciones, grandes y pequeñas). K. DEUTSCH: *Yale Political Data Program*, informe provisional, marzo de 1963.

(además, en virtud de la concentración en las áreas más "desarrolladas", es decir, el litoral, su "peso" económico y político era mucho mayor que su mera proporción numérica). Al mismo tiempo se había formado un proletariado urbano de tipo moderno, y, en términos generales, puede decirse que al comenzar el siglo el país ya estaba urbanizado (en 1895 más del 24% de la población vivía en ciudades de 20.000 habitantes o más, y esta proporción se elevaba al 37% tomando como límites centros urbanos de 2.000 y más; en la actualidad dichas proporciones corresponden precisamente a países que están pasando o ya han pasado por la revolución industrial). Es verdad –y esto puede significar un hecho fundamental– que al mismo tiempo quedaban retrasadas otras partes de la estructura (áreas subdesarrolladas, todas las provincias y territorios fuera de la región litoral, forma de tenencia de tierra, persistencia de una *élite* tradicional, etc.), pero la verdad es que estos desequilibrios en el desarrollo son un rasgo típico del proceso y de ningún modo algo peculiar en la Argentina. Aquí lo realmente distinto o muy poco común es la *rapidez* del cambio. Al mismo tiempo que se modificaba la estructura de clases y se urbanizaba el país, ocurrían otros cambios de orden psicosocial: la estructura social se *secularizaba*. Es decir, no se trató de una mera concentración urbana física, sino que los modos de vida transformaban el comportamiento de la población. Un indicador válido aquí es, sin duda, la tasa de natalidad, la que revela una reducción paulatina de los nacimientos, debido a la aplicación del control voluntario en escala masiva, en las áreas urbanas del litoral, primero en los estratos medios y luego difundiéndose con suma rapidez a los estratos populares urbanos. Este proceso ha colocado a la Argentina (junto con Uruguay) entre los países de natalidad "industrial", a pesar, obviamente, de que las tasas brutas representan un promedio entre las bajas tasas de las zonas más modernizadas y las todavía altas marcas de las provincias menos afectadas por el cambio.

c) En tercer lugar, debe señalarse otro hecho realmente singular: la Argentina es probablemente el único país del mundo (salvo Israel y quizás Australia, pero son casos distintos), cuya población fuera en mayoría extranjera, y esto durante varias décadas. Es claro que si se toman los porcentajes en términos globales, la proporción de extranjeros, con ser una de las más altas del mundo, no llega a superar el 50% –para todo el país y todas las edades–. (En la Argentina esta proporción fue siempre superior de 2 a 3 veces a la de Estados Unidos.) Pero lo que aquí hay que tener en cuenta es la proporción de extranjeros en las *áreas y los grupos más significativos para la vida de la nación*; si se toma entonces la región litoral y la categoría de población constituida por varones adultos, la proporción de extranjeros durante más de 50 años rebasó con mucho la de los argentinos: como se indica más adelante, había 4 extranjeros por cada argentino en Buenos Aires, y unos 6 por cada 4, tomando el conjunto de las provincias del litoral (incluyendo sus áreas rurales).

d) Otra circunstancia, que creemos fundamental, es la súbita paralización del crecimiento, ocurrida probablemente en la década 1920-1930, y casi contemporáneamente en muchos y significativos aspectos de la estructura social. El crecimiento demográfico extraordinario que seguía siendo casi ininterrumpido desde 50 o 60 años, se detiene en 1930 con la eliminación de la inmigración de ultramar (y la drástica reducción de la natalidad en las áreas urbanas del litoral); el crecimiento económico experimenta un proceso análogo y, por último, la evolución política sufre un retroceso de incalculables consecuencias, con el regreso forzoso a la democracia de "participación limitada", con la revolución de 1930, y el fraude sistemático. Los efectos de la detención del crecimiento –especialmente en lo económico– no fueron claramente percibidos sino mucho más tarde, mas hay muchos indicios que parecen ubicar en esa circunstancia uno de los factores fundamentales de la situación actual. Es obvio que dicha detención no ocurrió al azar, sino que fue a su vez un resultado de procesos que se venían gestando mucho tiempo antes, pero de por sí –una vez ocurrido– se tornó en una nueva causa independiente que se agregó a las demás y, en un cierto momento, debe ser diferenciada de sus posibles factores genéticos.

¿Qué implicaron para la Argentina estos cuatro hechos, especialmente cuando no se los toma aisladamente, uno por uno, sino que se trata de integrarlos en un sistema de hipótesis que tenga en cuenta sus recíprocos efectos? ¿En qué medida y de qué manera la expansión rápida y la extraordinaria tasa de movilidad social, y sus efectos sobre la experiencia de los individuos que la vivieron, contribuyeron a crear ciertos rasgos, actitudes, expectativas de los argentinos? ¿De qué manera esta misma experiencia se diferenció en los diversos estratos y grupos que componen la sociedad? ¿Cómo ocurrió la asimilación de esa enorme masa inmigratoria y, sobre todo, se puede hablar de asimilación, o bien de síncresis con la formación de nuevas formas culturales (en sentido antropológico)? ¿Qué ocurrió –y ocurre– con la primera, segunda o tercera generación de inmigrantes? ¿Cómo repercutió la detención del crecimiento; cuándo se la percibió y cómo?

¿De qué manera, por último, estos cuatro hechos –que hemos señalado como peculiares del proceso argentino– se combinaron con las circunstancias más generales del desarrollo y la transición? Nos referimos aquí a los demás factores, tales como el desequilibrio en la transición entre las diferentes regiones del país, la inmigración masiva del interior ocurrida después de 1930, la dependencia con respecto a países hegemónicos, la persistencia de estructuras tradicionales y sus consecuencias en el orden político y económico, y los demás elementos que son, sin duda, de extraordinaria importancia, pero que la Argentina comparte con muchos otros países de América Latina y de otras regiones del mundo.

Estas preguntas, por supuesto, no son inéditas, mas a pesar de haber sido formuladas muchas veces, y a pesar de las respuestas ensayadas, no parece que se cuente todavía con una teoría satisfactoria. [...]

Fuente: T. Di Tella, G. Germani, J. Graciarena, *Argentina, sociedad de masas*, EUDEBA, Buenos Aires, 1965, pp. 206-211.

TULIO HALPERÍN DONGHI
La historiografía argentina en la hora de la libertad

He aquí un título algo problemático: no es de ningún modo evidente que entre la liberación y la actividad de nuestros historiadores haya de existir un nexo necesario. Uno, sin embargo, parece indiscutible: se ha cerrado la tentativa de crear una cultura y una historiografía consagradas a la mayor gloria del régimen. ¿Pero es ésa una diferencia importante? Todos los vastos designios que la dictadura intentó tenazmente realizar en el campo cultural se vieron trabados por un hecho esencial: entre la dictadura y la vida cultural argentina no existían los puntos de tangencia a través de los cuales aquélla hubiera podido influir directamente sobre ésta. No hubo entonces, una historiografía peronista; el régimen debía actuar, también en este campo, mediante truchimanes, que no se avenían sin segundas intenciones a ejercer ese poco honroso papel. Los encontró entre los revisionistas; encontró además una suerte de tropa de reserva entre ciertos estudiosos adictos a la neutralidad erudita que había sido consigna de la Nueva Escuela Histórica.

Pero la Nueva Escuela y el revisionismo eran los movimientos que dominaban la investigación historiográfica argentina cuando se organizó la dictadura; tampoco aquí trajo ésta, ni para bien ni para mal, nada de sustancialmente nuevo, salvo ciertas trabas absurdas y humillantes. El Estado se limitaba a poner su acrecida potencia al servicio de ciertas orientaciones preexistentes; con ello acrecía sin duda sus posibilidades, pero también la resistencia que despertaban; esto es cierto sobre todo acerca del revisionismo, presentado a menudo como ideología oficial del régimen, con lo que venía a simplificarse polémicamente una relación más compleja y ambigua.

No, la dictadura no abrió la crisis que atraviesan los estudios historiográficos en la Argentina. Ya antes de ella la imagen que los argentinos se trazaban del pasado nacional era confusa y contradictoria; ya antes de ella se habían acostumbrado los argentinos a no esperar aclaraciones al respecto por parte de sus historiadores. Más aún: esa crisis sólo en parte puede atribuirse a la paralela crisis de ideales políticos y convicciones heredadas que el país atravesaba; era además el aspecto argentino de una crisis general en todo el Occidente. El siglo XX no puede ya llamarse el siglo de la historia; ahora no creemos ya, como podía creer Vico, que la naturaleza de las cosas se identifique con su nacimiento; esa decadencia de las explicaciones génitas ha liberado sin duda a la investigación histórica de muchos de los prejuicios que hasta ayer trabaron su desarrollo, pero a la vez la ha privado del apasionado interés que eruditos y políticos habían puesto en el examen del pasado, clave de los enigmas del presente. La investigación histórica se transformaba así en un saber especializado; este hecho inevitable presenta a la vez inconvenientes y posibles ventajas: en la Argentina se hicieron sentir sobre todo los primeros. Porque los historiadores argentinos no solían interesarse por el destino y las revoluciones de su disciplina; basta en efecto reflexionar sobre qué nombres, entre los de quienes en estos últimos cincuenta años han significado algo en la evolución de los estudios históricos, son conocidos por los estudiosos argentinos, y sobre todo cuántos de éstos han sabido emplear sus lecciones o sus enseñanzas... La historiografía argentina, en medio de esa angustiada renovación, seguía encerrada sobre sí misma, vivía, si es que puede decirse que vivía, de la gran herencia del romanticismo liberal, sobre la cual se habían construido los esquemas aplicables a la historia argentina, a mediados del siglo XIX.

Sólo que frente a esa herencia nuestros historiadores no querían ya mantener un acatamiento total. La Nueva Escuela había pretendido emanciparse de su pesada tutela; con Ricardo Levene había rechazado la violenta contraposición entre despotismo colonial y libertad revolucionaria; con Emilio Ravignani había rechazado la imagen heredada de la época de Rosas, como período de lucha cerrada entre la libertad y la tiranía. Pero tras conmover esas grandes antítesis caras a la tradición recibida, la Nueva Escuela no supo con qué reemplazarlas; en esto se correspondía bastante bien con el movimiento político a ella paralelo, con el radicalismo, también él incapaz de elegir entre la condena y la aceptación del pasado liberal. La Nueva Escuela no eligió nunca; iluminó su imagen del pasado con una vaga luz crepuscular que borraba todos los rasgos originales, e identificó alegremente la Contrarreforma y la Ilustración, y dio un retrato de don Juan Manuel de Rosas que acaso hubiera sido igualmente válido para don Pastor Obligado. Es lo que los historiadores de la Nueva Escuela llamaban orgullosamente historia erudita y documentada, que proclamaba un gigantesco progreso sobre el anterior y más despreocupado modo de hacer historia. Pero aun la investigación erudita requiere un marco, un contexto en el cual ubicar sus descubrimientos, y la Nueva Escuela utilizó alternativamente, y con total indiferencia, los que le eran ofrecidos. La facilidad con que, de edición en edición, tal estudioso de la Nueva Escuela va cambiando el sentido general de un proceso por él estudiado según cambian las simpatías retrospectivas de los poderosos del momento puede sin duda indignar. Pero al autor no le habrán sin duda costado demasiado tales concesiones, para él sin importancia, a los caprichos del tiempo. Más que esa pasajera espuma le importa la firme roca sobre la cual ha edificado: la tupida contextura de las notas a pie de página.

Este culto del dato, del hecho desnudo, se identifica pues con lo que la Nueva Escuela, en tren de halagarse a sí misma, llamaba su objetividad erudita. ¿Será necesario decir de nuevo hasta qué punto esa imagen de la objetividad histórica era falsa? ¿Recordar cómo el hecho desnudo no es algo que el historiador encuentra en su camino, que es algo que él debe construir; que su objetividad está dada también ella *in interiore homine*, que es el fruto de un riguroso proceso espiritual? La objetividad de los hechos incansablemente almacenados por la Nueva Escuela se obtenía de otro modo: mutilándolos de algunos de sus elementos esenciales, para los cuales no disponían al parecer esos historiadores de instrumentos de captación adecuados.

"Se comienza siempre por la objetividad." La vacía objetividad de la Nueva Escuela abría en efecto una crisis de nuestra historiografía; pero la abría sin siquiera advertirlo, sin buscar por lo tanto los elementos que podrían utilizarse para superarla. Una comprensión más exacta de la situación en que se hallaba nuestra conciencia histórica está en la base del revisionismo. Parten los revisionistas de una comprobación que no ha de discutirse aquí: lo que se ha llamado tradición liberal argentina ha agotado ya su eficacia y sus posibilidades; es preciso crear una nueva conciencia nacional capaz de reemplazarla. Esa renovación debe extenderse, desde luego, al campo de la investigación histórica; se manifestará en ella como una revisión sin complacencias de los valores recibidos, cuya ilegitimidad se sospecha. La tentativa no estaba exenta de riesgos: algunos, que no han de considerarse ahora, nacen de la imprecisión del ideario político de los revisionistas. Otros, que sí han de tomarse en cuenta, vienen de que los revisionistas vieron en su tarea histórica un aspecto en el fondo marginal de un vasto proceso que tenía por centro la vida política: se trataba de privar de su prestigio a una tradición política aborrecida; la historia, como interés sin reticencias por los hechos y su sentido, sólo remotamente se vinculaba con ese propósito. Sólo así puede entenderse una conducta que, desde el punto de vista de la pura investigación histórica, parece aberrante. Los revisionistas no revisan los esquemas heredados; invierten tan sólo los signos valorativos que tradicionalmente marcaban a cada uno de los términos en ellos contrapuestos. Descubren que un ex gobernador de la provincia de Buenos Aires es presentado habitualmente con negros colores; según la moda vigente en esos años que vieron tantas y tan arbitrarias rehabilitaciones, adoptan su nombre como el de un precursor de sus propios ideales. El ejercicio de hallar parecidos entre Rosas y los distintos jefes políticos que gozaron de la simpatía de los revisionistas comenzó a practicarse con alegre espíritu deportivo por una juventud turbulenta que tenía toda la vida por delante. Tras de un cuarto de siglo, trocado en rito melancólico, sigue practicándose por unos hombres un tanto desencantados porque hay quienes se obstinan en no tomarlos en serio. Pero el revisionismo tiene todavía otro aspecto: antes de transformarse en el héroe retrospectivo de una juventud amiga del escándalo, Rosas había sido jefe de un partido y de una familia; había dejado en la Argentina quienes lo recordaban con afecto o con reconocimiento: toda una literatura había surgido en su defensa, una literatura tupida de hechos y alusiones, pobre en cambio de contenidos ideológicos. Destinada a probar que Rosas había sido un gobernante como los otros, tan excelente (o pésimo) liberal como los otros, y más honrado que los otros, sus propósitos tenían muy poco en común con los del revisionismo. Pero el revisionismo hallaba en ella todo un arsenal de hechos y argumentos que lo eximía en parte de emprender una seria investigación histórica, cosa a la cual la mayor parte de los revisionistas estaba dispuesta. Surge así el doble aspecto del revisionismo: por una parte propone una imagen del pasado argentino nacida de una abstracción de segundo grado, nacida de la reelaboración polémica de los esquemas de la historiografía liberal, por otra vuelve a formas de crónica apologética y censoria en boga cincuenta años antes. Ideológicamente, el revisionismo integraba un esfuerzo en parte logrado por adecuarse al tiempo en que el fascismo parecía recoger la herencia de la democracia moribunda; desde el punto de vista de la pura investigación histórica significaba una evidente involución respecto de las modestas conquistas de la Nueva Escuela.

Desde uno y otro punto de vista era ya cosa anacrónica cuando se instaló la dictadura; acaso porque lo era, porque estaba ya alejado de todos los problemas que la Argentina del presente planteaba, gozó el revisionismo del favor de ésta. Pero si la investigación histórica oficial nunca ha estado más alejada de la vida argentina que en estos diez años, pocas veces se ha sentido más intensamente la necesidad de vincular pasado y presente para entender lo que en el país ocurría. Y no han faltado tampoco personas de buena voluntad dispuestas a colmar ese hiato. Criticar con excesivo rigor los frutos de su esfuerzo sería injusto: es preciso no olvidar que, si esa tarea quedó en manos no profesionalmente capacitadas para ella, fue por una previa eliminación de quienes tenían a la vez el derecho y el deber de emprenderla. Ha de reconocerse además que esas investigaciones emprendidas al margen de toda escuela ampliaron en tiempo y magnitud de problemas encarados el marco habitual de la historia argentina. No es menos innegable que utilizaron con confianza a menudo infundada los datos recogidos con propósitos muy diversos por historiadores anteriores; se apoyaron entonces en un caudal de hechos en el mejor de los casos fragmentario y en el peor y no infrecuente escasamente exacto. No menos grave es que la inspiración ideológica de ese movimiento renovador fuese a menudo una suerte de marxismo simplificado y sumario, más empobrecedor a veces de la compleja realidad que las interpretaciones de marca oficial comunista. Esta forma de marxismo difuso es acaso característica inevitable de un pensamiento elaborado dificultosamente en un clima de represión política e ideológica: es característico que su influjo sea aún mayor en España; allí el más adormecido archivista sabe que todo, desde la resistencia de Sagunto hasta la política de Maura tiene "desde luego" explicación económica.

Si aquí se insiste en las fallas de ese heroico esfuerzo individual es a sabiendas de la injusticia que con ello se comete. Injusticia necesaria: una historiografía argentina que quiera volver a ser cosa viva deberá surgir como continuación –y a la vez corrección– de ese esfuerzo, y para este nuevo comienzo es preciso un previo y severo balance. A él invita la Liberación. La Liberación no sólo implica el fin de la dura presión del Estado contra toda actividad cultural seria, no sólo permite esperar razonablemente que dentro de la penuria de los años que vienen esas actividades podrán contar con auxilios, ya que no cuantiosos, sensatamente distribuidos de origen estatal. Todo eso, con ser importante, no es lo esencial. Lo esencial han de hacerlo, ahora como antes, quienes, sin que nadie los haya llamado a ello, elaboran la cultura argentina porque tal es su vocación. Pero también para ellos y su obra la hora de la Liberación significa algo. Significa que se inaugura un nuevo modo de dar testimonio de una lealtad tan duramente mantenida en los años que pasaron. Un modo a la vez más sincero y más audaz, cuya sinceridad y audacia no se han de ejercer ya polémicamente sobre los adversarios, sino sobre el propio pensamiento y las propias costumbres intelectuales, moldeadas por un decenio de convivencia, así sea hostil, con la dictadura. De este modo el balance al que invita la Liberación en cuanto a la situación de nuestros estudios históricos debiera ser a la vez un examen de conciencia exento de toda complicidad con el pasado; con el de los demás, lo que es evidente; con el nuestro, lo que no es tan evidente pero acaso aún más necesario. Pero es además un punto de partida: de él debiera surgir un cuadro preciso de lo que necesita la investigación historiográfica argentina para estar a la altura a la vez de la nueva hora nacional y del movimiento general de los estudios históricos. Intentemos trazar aquí, así sea en forma conjetural, algunas de las grandes líneas de ese cuadro.

Ante todo, la investigación historiográfica debe permanecer cerca de los problemas vivos de nuestro tiempo. No significa esto que deba transformar las luchas del pasado en una alegoría de las del presente; debe sí alcanzar esa forma de actualidad que es propia de la historia, que hizo la grandeza de las grandes obras históricas (en nuestro país de la de Mitre) y que liberará a nuestros historiadores de la tentación de acomodar su labor dentro de esquemas que han perdido ya validez.

La investigación debe además apoyarse en una cultura histórica más sólida y moderna; es intolerable que de los debates en los que se decide la suerte de su disciplina los historiadores argentinos suelan no tener siquiera conocimiento (y no son discusiones sin incidencia dentro de la concreta investigación: véase tan sólo qué insuficiencias presenta nuestra historia económica sencillamente porque los que a ella se dedican creen lícito ignorar lo que en otras partes se hace). Esta exigencia viene a identificarse con la anterior: precisamente a través de la evolución actual de la ciencia histórica podrán nuestros estudiosos captar, si es que tienen órgano adecuado para ello, la presencia viva de nuestra época turbada. La cultura académica es menos cerrada de lo que se cree a los problemas actuales (aun una disciplina aparentemente tan árida y abstracta como la historia de precios lleva en su desarrollo la huella, por ejemplo, de la boga del socialismo a fines del siglo XIX, o de la crisis de 1929). A condición, claro está, de ser cultura académica de hoy; la de anteayer, no es preciso decirlo, responde a las apetencias de anteayer.

Y –cosa no menos importante– esa cultura histórica enriquecida debe estar en la base de un esfuerzo de investigación erudita si mejor orientado no menos intenso que el emprendido por la Nueva Escuela. Habría que subrayar esto: es de temer que por reacción a una erudición sin norma ni sentido pueda surgir aquí también una rebelión contra toda cautela erudita, tal como la predicaba, con fe elocuente, Ramón Iglesia, tal como sigue proponiéndola Edmundo O'Gorman. ¿Es necesario decir que el correctivo contra una erudición que no sabe qué se propone no es la falta de toda erudición, sino una investigación que ella sí sabe qué busca? Acaso lo sea. Pero apenas intentemos plantear ciertos problemas (para poner tan sólo un ejemplo, las alternativas de la rivalidad entre agricultura y pastoreo en el noroeste) nos parecerá que la historiografía argentina no ha pecado por exceso sino por defecto de erudición: hasta tal punto nos faltan los datos orientadores. No, el juicio sobre la pasada labor erudita debe ser aún más duro; no es verdad que haya juntado materiales de los que toque ahora hacer, como se dice, la síntesis; ha reunido indiscriminadamente material útil e inservible, y toca a los historiadores de hoy enmendar, completar y a menudo comenzar de nuevo su trabajo.

¿Todo es posible? No lo sé, en todo caso sería preciso que lo fuese. De lo contrario también la hora de la Liberación habría pasado en vano para la historiografía argentina, y no es previsible que una coyuntura tan rica en aperturas hacia el futuro vuelva a darse en mucho tiempo.

Fuente: Tulio Halperín Donghi, *Argentina en el callejón,* Ariel, 1994 [1964], pp. 17-27.

UNA FORMA NUEVA DE HABLAR SOBRE LITERATURA

DIEGO SÁNCHEZ CORTÉS (DAVID VIÑAS)
Arlt - Un escolio

En la vida parlamentaria argentina se han dado (cuando se han dado) tres tipos característicos de hombres: el primero, el que siempre ha gozado de mayor prestigio y que generalmente se ha visto rodeado de toda una corte de admiradores más o menos obsecuentes, es el que se podría poner bajo el calificativo de "parlamentario serio". Es el hombre que opina mesurada e interminablemente, que de un quid pro quo hace toda una teología, el que siente trascendental cualquier palabra o acento o coma que pronuncie o sugiera. Aquel que tiene una evidente proclividad a la elefantiasis, a la megalomanía, a sonarse las narices con estruendo y con preaviso y con eco. Aquel que encubre con palabras, con multitud de palabras, con humanidad de palabras enturbiadas o diestramente dichas, la vaciedad de sus ideas, sus no-ideas. Es el que ahueca la voz para que lo crean importante. Y valiente. Capaz de acusar a todos los culpables, a todos los pecadores. Y que constantemente señala con el dedo. Es el hombre índice que siempre se encuentra más arriba y contra un muro bien sólido y preferentemente bien blanqueado. Siempre en un ángulo agudo para que la perspectiva lo favorezca. Lo aumente. Es el que ensalza el pasado porque tiene el prestigio de la lápida y la ventaja de la no competencia. El que ama al "pueblo" y desdeña a la "canalla de la urna" sin advertir que son exactamente lo mismo. Es el que quiere elevar a su nacionalidad poniéndose en puntas de pie. Es el hombre cartón, el personaje maché, el cerebro pechera. Es el silencio sin ideas, el silencio con ojos de vidrio. Lo lujoso. Lo contenido. Lo decoroso. Lo equilibrado. Lo que no tiene nada en los platillos y de ahí que marque siempre el fiel. El contenido que amenaza con quitarse siempre la camisa (que naturalmente es de seda) y que no se la saca por temor al resfrío. O a su carne fofa. O a las vecinas distinguidas. Es el que habla para la eternidad y para la humanidad. Y para el tonto que lo escucha de al lado con la boca abierta. El que a su mediocridad temerosa la llama su "exacto término medio". El que cita a Proust para explicar la calle Corrientes. El que desprecia al que tiene capacidad de odiar porque dice que suda y lo llama "írrito". El que nunca se largó una puteada porque le pareció de mal tono y que llamó "vulpejas" a las reas porque se creyó superior a ellas. El que pretende humanizar al país encubriéndolo con papel higiénico porque supone que el día que no se sientan los olores fétidos ni los gritos chirriantes, todo estará espiritualizado. Es, en fin, el que habla para que lo oigan y no para decir algo.

El segundo tipo de parlamentario argentino es el hombre "vivo", el que sabe interrumpir brillantemente, provocando la carcajada de toda la galería. Que hace el chiste con ese único objeto. Que no está dispuesto a hablar largo rato por temor al ridículo, al titeo o al sueño de los otros. Que solamente vive encabalgado en los demás, acotando, agregando, puntualizando, precisando. Es el que se ríe o aplaude los hijos de los otros. Que elogia los interminables discursos del primer tipo de parlamentario, que lee todas sus obras, que las comenta y que se asombra –incluso– de su fertilidad, de su numerosa prole, pero pensando para sí que el otro al fin de cuentas es un cochino. Es el que no se compromete porque para eso hay que ser esencialmente serio, tenerle rabia a las cosas, sentir el mundo y los hombres dramáticamente. Y eso él no lo conoce. Es un divertido. Un espectador. Un pasivo. Uno que sabe vivir. Que no se calienta. Que no levanta la voz porque sabe que se le puede quebrar. Al que nunca se lo agarra en falta porque constantemente está prevenido y no duerme. Ni sueña ni yoga. Al que se le desconocen los pecados. Si se mira cada una de sus pequeñas actuaciones. Pero si se contempla toda su obra, toda su faena, se advierte su gratuidad, su risita momentánea. Su nadita. Su brillante y muy inteligente nadita. Su suma de bocadillos. Pero es también el que sabe que juntando bellos granos de arena no se levanta una montaña ni nada que quede. Que entiende perfectamente que un hombre no es una suma de brazos, cabeza, tórax, sino que es una unidad firme e indivisible. El que desde muy temprano supo que hablando con monosílabos no se puede violentar la gramática. Sobre todo si se sabe ser oportuno. En definitiva: un oportuno.

Arlt, en cambio, es inoportuno: es el otro tipo de parlamentario argentino (que se dio contadísimas veces). Molesto, desagradable. El que desconoce sistemáticamente todas las reglas del juego y por eso golpea, patea, araña, despotrica y termina por pegarle al réferi. Y todo porque no entiende la diferencia entre el ámbito festival y el ámbito vital. Porque para él todo es uno. Y de ahí su informalidad. Su torpeza. E, incluso, el aburrimiento que provoca. Pero no así la burla, en tanto si alguien lo interrumpe farfulla una injuria porque no sabe del tono parlamentario. Desconoce los buenos modales y las reglas de arte, y los demás dicen que "tiene garra" y se ríen. En realidad, sólo se sonríen por modales. Que lo único que tiene adentro es fuego, fuerza, impulso. Y eso es lo que sale a borbotones, desesperadamente, sin inteligencia muchas veces. Pero que da calor, que irrita, que fertiliza o que quema. En una palabra, que tiene poder. Y que no necesita engolar la voz para que puedan oírlo. Y que puede hacer hijos. Los hijos necesarios porque es un hombre. Y no todos los años uno o dos para que vean que no es impotente. Y que se sabe morir a tiempo. O rugir cuando hay que hacerlo y todos los pares practican una masturbación colectiva, divertida. Y muy comentada. Creyendo que Güiraldes es un novelista y Lugones un gran poeta. Que sabe quedarse solo arañándose las entrañas. Y no aislarse del grupo porque el grupo tiene mal olor. Y que sabe de su piel cuando los demás usan guantes. Y que entiende que está relleno de carne cuando los otros se engordan con lana. Que sabe equivocarse cuando los otros pretenden hacer la obra impecable, sin errores. La obra pura, el zepelín inodoro.

Fuente: Diego Sánchez Cortés (David Viñas), *Contorno,* número 2, mayo 1954, pp. 11-12.

DAVID VIÑAS
Literatura argentina y realidad política
(fragmento)

[...] La literatura argentina es la historia de la voluntad nacional; es decir, es el proceso que puede rastrearse a lo largo de un circuito pero que sólo se verifica en los momentos culminantes caracterizados por la densificación de un dato fundamental. ¿Pero cómo se reconocen esas emergencias? Por varios datos indudables: por el pasaje de la cultura entendida como eternidad a la convicción de que es historia, por el tránsito de los escritores que interpretan a la literatura como tautología y la realizan como conducta mágica a los que se sienten sujetos a la historia, por la diferencia entre los que se prefieren erigiendo su opacidad como una garantía y los que eligen, por las coyunturas en que se acentúa lo dado al inscribirse en una nomenclatura a las que se lanzan a acrecentar lo puesto arriesgando las palabras. En forma similar, los mayores logros se definen por el desplazamiento del miedo hacia la responsabilidad cuando los escritores dejan de ser literatos para convertirse en *autores*. A partir de ahí puede agregarse que la literatura argentina comenta a través de sus voceros la historia de los sucesivos intentos de una comunidad por convertirse en nación, entiendo ese peculiar *nacionalismo* como realismo en tanto significación totalizadora, como elección y continuidad en un *élan* inicial y como estilo en tanto autonomía y autenticidad de los diversos grupos sociales de acuerdo con las coyunturas a las que se ven abocados. [...]

Fuente: David Viñas, *Literatura argentina y realidad política,* Jorge Álvarez, 1964, pp. 3-4.

NOÉ JITRIK
El proceso de nacionalización de la literatura argentina

Hacia 1947, Jean-Paul Sartre publicó en *Les temps modernes* un trabajo cuyo título es muy similar al nuestro: *La nationalisation de la littérature*. La similitud va más allá del título en cuanto en ambos se trata, en el fondo, del elemento que en literatura es llamado "lo nacional", pero los objetivos son diferentes. Sartre examina la situación francesa en relación con la responsabilidad –"engagement"– que debía ejercitar la literatura frente al confuso mundo de postguerra que se le ponía enfrente. En función de este punto de vista, Sartre cuestiona la validez y las posibilidades de lo que es vivido como nacional por los escritores franceses y "lo nacional", según Sartre, parece ser una suerte de cristalización de tendencias, de temas, de tonos y modos que fuerzan a la literatura, la oprimen y la hacen impotente para cumplir con su destino fenomenológico y para percibir el juego que le cabe dentro del contexto cultural-social. La fecha de publicación de este artículo es reveladora: la guerra y la postguerra pusieron en descubierto las falacias de "la France eternelle" y obligaron a los intelectuales franceses a replantear su situación. Puede incluso decirse que la caída de Francia fue, en el terreno político y humano, una consecuencia de esa cristalización de lo nacional. Por lo tanto, la literatura debía revisar sus principales supuestos, acomodar sus mitos predilectos a la realidad y bajar a pedradas sus ídolos representativos y estériles, o sea replantear su idea de lo nacional en virtud de las experiencias cumplidas y los nuevos condicionamientos sociales, económicos, políticos y culturales del mundo.

Hasta aquí el análisis de Sartre, de quien puede decirse que sin duda fue consecuente en su obra con las exigencias emergentes de su crítica. Para nosotros el tema tiene otro desarrollo y, naturalmente, otras conclusiones. En primer lugar, hay un problema de actitud frente a lo nacional: si la de Sartre se justifica en función de ciertas exigencias de responsabilidad y de un proceso histórico concreto, la nuestra, por lo mismo, es decir por nuestro proceso histórico y por nuestra propia responsabilidad, tenderá a rescatar lo nacional y a arrimar algunos elementos de juicio para explicar el proceso de nacionalización que se ha venido realizando y que concluirá por acercar la literatura argentina a sus modos más naturales. Lo nacional es para nosotros un objetivo a cumplir mientras que para los franceses, desde el punto de vista de Sartre, es un peso muerto que los lleva al desastre, la impotencia y la derrota. Y no obstante tan opuestas actitudes, seguramente se deslizarán en este trabajo sugestiones de origen sartreano, recursos metodológicos que creemos aptos para considerar con tan diferente finalidad una materia común. Una primera aproximación a lo nacional, según lo entendemos aquí, se apoya en el hecho casi fundamental de que tenemos en cuenta desarrollos históricos. Esta idea, que no necesitaría ser defendida, impresiona sin embargo a ciertos espíritus rendidos al ejemplo europeo: creen que el empleo de un método de trabajo similar conduce fatalmente a idénticas conclusiones, aunque difiera la realidad a la cual se aplique. Nosotros, por el contrario, al considerar nuestro desarrollo histórico, creemos que lo que ha venido siendo nuestro país tiene una estrecha vinculación con nuestro particular sentido de lo nacional y del papel que en la conformación de nuestra cultura puede jugar. Y para nuestro país esto es importante porque aún no ha llegado a constituirse orgánicamente en modos comunes y generales de su vida y de su expresión, lo cual señala, por lo menos, la carencia de ese elemento ordenador, de carácter formal quizá que llamamos "lo nacional". Puede ser que una vez logrado, nuestro país siga el camino del endurecimiento arterial que señala Sartre: también puede ocurrir algo nuevo y diferente en virtud de las nuevas condiciones en que se mueve y se moverá el mundo. Cualquiera sea la decisión del futuro, lo que parece indiscutible es que el proceso de conformación de lo nacional está bien encaminado en virtud de la intervención de algunos elementos que trataremos de mostrar.

Este tema de lo nacional es objeto de discusión desde hace bastante tiempo. Quizá se le deba a Ricardo Rojas la primera preocupación sistemática contemporánea, pero el antecedente fundamental debe situarse en 1837, cuando los románticos argentinos, en especial Alberdi y Echeverría, formularon las primeras condiciones de una literatura nacional. En virtud de ello, la literatura argentina autónoma nace con un signo bastante particular del cual no se separa casi nunca y que consiste en llevar el aditamento de un problema que las más de las veces se propone teóricamente y no se resuelve casi nunca satisfactoriamente en las obras. Gracias a esta presencia permanente, ninguna tendencia, o por lo menos ningún grupo literario, ha sido insensible al problema. Por esa presión tan extendida, se ha producido una especie de acuerdo bastante sólido en el conjunto de la literatura argentina: ésta debe ser nacional. Pero esta fórmula no ayuda ni define gran cosa pese a que suscriben a ella escritores como Borges, Fermín Chávez, Juan José Manauta, David Viñas, etc. Y no ayuda porque entran a jugar los elementos de contenido y se descubre que por "lo nacional" se entienden cosas muy diferentes, las más de las veces contrapuestas violentamente. El acuerdo tal vez no sea más que un deseo común que puede ligarse seguramente a una idea de originalidad, es decir que una literatura que no es nacional, carece de estilo, no entra a participar con personalidad de la literatura universal.

Nacionalidad para universalidad no son tampoco términos de fácil conjugación. De ahí vienen las dificultades y las discrepancias de fondo. La universalidad es el plano que en definitiva puede validar la literatura argentina, como toda literatura, pero, en función de lo que se entiende por "lo nacional", se establecen jerarquías que finalmente terminan en dos actitudes activas: la universalista y la nacionalista. La actitud universalista propone algo más o menos así: no nos preocupemos más que de los temas que se refieren al hombre, con independencia del azar que lo situó en esta geografía; si lo hacemos bien seremos escritores universales y, por lo tanto, nacionales. La posición nacionalista tiene un contenido aproximadamente así: no podemos llegar a la universalidad si previamente no tenemos nacionalidad; para tenerla, en literatura debemos ocuparnos de incorporar expresamente elementos que son considerados como nacionales. Ambas soluciones son antagónicas en la forma de acercarse a "lo nacional" y en tanto las dos son apriorísticas poco ayudan a ver con claridad el problema. Pueden encontrar razones y argumentos para robustecer lo que sostienen pero ello no pasará de lo teórico. Toda la riqueza polémica no obliga a las obras a un comportamiento especial que se da, desde luego, fuera de los marbetes. Lo nacional, eso especial, debe buscarse en las obras, no en las apologías, y debe ser tan incontrastablemente evidente, que elimine toda discusión acerca de sus peculiaridades o sus esencias. De cualquier manera que sea es deseable que lo nacional aparezca concretamente en las obras y hay derecho, desde un punto de vista programático para la literatura argentina, a atacar su ausencia, lo cual puede ocurrir tanto en los autores que defienden teóricamente el universalismo como en los que defienden el nacionalismo.

Más arriba caracterizamos "lo nacional" como un elemento ordenador y formal cuya presencia era indispensable en la obra literaria. Hay que agregar más todavía: lo nacional debe aparecer en la expresión literaria concreta, debe modelar el estilo y definir el origen de la obra. Si todo esto se lograra en virtud de la presencia de lo nacional, su carácter formal no lo sería tanto o, por lo menos, tendría un signo diferente al que sugiere el adjetivo. El estilo, por ejemplo, sobre el cual actúa lo formal, es algo así como un puente tendido entre la irrealidad de la obra y la realidad exterior. En la medida en que una obra surge como la necesidad de expresarse de alguien que ha recogido la experiencia de un medio que lo presiona y le exige esa expresión la realidad a la que alude el estilo será siempre, en cierto plano de referencias, la nacional. El escritor, más allá de lo anecdótico, se proyecta creativamente sobre los elementos que le proporciona su medio. Si en el nuestro no hubiera ilusiones y fugas, si las circunstancias culturales hubieran permitido y permitieran al escritor argentino manejarse con naturalidad, no habría, a esta altura de la evolución de nuestra literatura, ninguna traba seria para que "lo nacional" se consolidara y apareciera sin esfuerzo en la expresión literaria corriente. Cuando los escritores fueron sensibles a los requerimientos del medio y se conectaron con él, el estilo que emplearon recogió esa relación y la proyectó sobre la obra informándola de esa evidencia que acompaña una manera de ser definida y que llamamos "lo nacional". Un buen ejemplo de esa unidad puede ser Sarmiento como escritor. Cuando se propone escribir el *Facundo* tiene en la mente un tono flagelante y aniquilador. Su personaje no es tanto la suma de salvajismo y monstruosidades sino la manifestación de una realidad que es el medio adecuado para provocar las desdichas nacionales. Pero el análisis avanza y sitúa a Quiroga en Buenos Aires, frente a Rosas. Cuando el libro se escribió, Facundo había muerto hacía muchos años de modo que Sarmiento podía tener una idea acabada, con una buena perspectiva, de lo que era su personaje. No obstante, cuando aparece Rosas en escena, Facundo es tratado de otra manera: muchos de sus rasgos salvajes adquieren un valor hasta entonces negado, el estilo se ablanda y deja penetrar matices; se contrarresta, en suma, el peso de las afirmaciones iniciales que parecían tan definitivas. El cambio se explica por el hecho de que, pese al esquematismo de Sarmiento, la realidad se impone a su mecánica expresiva y lo obliga a distinguir entre dos hombres primero, dos caudillos enseguida y dos proyectos económico-sociales finalmente. Facundo es, con todo, el interior sojuzgado y miserable; Rosas, la siempre más poderosa Buenos Aires. Esta sensibilidad a la circunstancia, al dato real reflejado en la línea expresiva, muestra cómo puede estar presente lo nacional a través de la conexión del autor con la realidad. Este ejemplo es claro y vale quizá porque la prosa política es más abierta a los matices de la realidad que los otros planos del lenguaje literario. No obstante, puede suponerse, con fundamentos bastante fuertes, que lo mismo ocurre en otros campos. Sea como fuere, lo que hemos querido probar es que el problema de "lo nacional" es un problema de expresión, que sólo a través de lo que ella pueda proporcionar habrá lugar a reconocimiento de cualesquiera otros elementos de contenido.

¿Cuáles son estos elementos de contenido? Por cierto, todos aquellos que de alguna manera acercan a una comprensión de lo que puede ser el "ser nacional" y que, al aparecer en la obra como "modos", lo van mostrando o definiendo. El reconocimiento del ser nacional a través de sus manifestaciones expresas es un hecho de naturaleza cultural y posteriormente –pero vagamente– metafísica. Es decir que reconocemos lo que estamos habilitados para ver y que provoca en nosotros la resonancia de algo existente. Con todo ese conjunto componemos una imagen del ser nacional, imagen que no podemos alcanzar a definir salvo que estemos poseídos de una petulancia esencialista que se quiere metafísica y que no es más que mecánica. Quienes la practican se imponen una definición del ser nacional que se basa en determinadas esencias y a partir de ellas organizan una especie de policía literaria: donde falten esas esencias no hay literatura nacional.

La presencia de los "modos" del ser nacional en las obras que componen la literatura argentina les confiere la autenticidad, es decir una suerte de gracia inherente a la captación de la realidad de la que proviene. La autenticidad, en consecuencia, sería una suerte de atributo secundarios que, sin conferir un valor estético especial a la obra, ayuda a encontrar en ella un sentido que la liga al conjunto de la expresión de un pueblo. Por otra parte, no podríamos tampoco concebir una calidad literaria abstracta, que no tenga como base una autenticidad, "social" digamos así, autenticidad que debe dejar aparecer en el nivel del texto la realidad de la que proviene. Y no es que no pueda concebirse por razones teóricas, aunque tampoco compartimos las más usuales invocadas al efecto: con cierto derecho podemos argumentar que en la literatura argentina la invocación a un universalismo que pretende superar esa básica autenticidad, o bien a una pretendida autonomía del hecho estético, sólo ha dado productos huecos y falsos como las novelas de Mallea o la poesía del último Bernárdez. El empeñoso europeísmo que reina en la obra de autores como éstos, al no ser acompañado por una intuición creadora que rompa todos los condicionamientos, provoca un salto en el vacío que se traduce en mediocridad y petulancia. La autenticidad "social", repito, no es una condición de valor estético, pero su ausencia tampoco; en cambio, su presencia solidifica el terreno y favorece, sobre la base de elementos reales y comunitarios, que el genio individual llegue a los grandes climas estéticos. En otras palabras, dentro de la literatura argentina no hay grandes obras, de valor universal; unas, por lo menos, son auténticas; otras, patalean en el vacío y ni siquiera muestran de dónde salen.

Hacer literatura de los "modos" nacionales, atenerse a los datos de la realidad argentina, ha sido el problema clave desde los comienzos de la nacionalidad. El que se lo plantea primero en términos que no han variado fundamentalmente es Echeverría. Nadie fue tan empeñoso como él por poner en evidencia esta situación de la naciente literatura argentina, pero su lucidez teórica no lo acompañó como creador. En sus obras en verso es tan demostrativo como en sus escritos estéticos, lo cual parece unilateralizar sus tesis. Echeverría problematiza necesidades y propone respuestas: si no las realiza él mismo o las frustra en su obra concreta es por otras razones, que no invalidan dichas tesis. La gran expresión que hubiera venido tan bien para apoyar sus propósitos polémicos, responde a otros factores, diversos y aun de distinto nivel. En primer lugar el genio individual, luego el clima adecuado, o sea la densidad de la cultura nacional, la proyección económica y política del país, la situación y el papel del país en el mundo. No es excesivamente casual que los escritores más importantes aparezcan en países desarrollados, conflictuales y metropolitanos. Teniendo en cuenta estas limitaciones, quizá podamos no sentirnos en exceso deprimidos por los productos hasta ahora obtenidos en nuestra literatura. Por lo pronto, los escritores de la generación de 1837 parecen haber tenido la comprensión del problema y haber estado dispuestos a enfrentarlo con el máximo de convicción y seguridad de que podían disponer, superando, inclusive, la irregularidad y precariedad de su tiempo. Seguridad y convicción que parece haber desaparecido en la actualidad, precisamente cuando los escritores declaran ajustarse comprensivamente a las condiciones culturales, técnicas y científicas que impone la época.

¿Cómo se han perdido esas iniciales calidades de nuestro quehacer literario? ¿En virtud de qué cambios se ha ido perdiendo la convicción y seguridad con que se actuaba en los comienzos?

Estas preguntas condensan el casi principal problema de la literatura argentina y se conectan estrechamente con el tema de la nacionalización. No lo opondremos al de la universalidad: creemos que es previo y el análisis que haremos será en función de un esquema de la evolución de nuestras clases sociales. Nacionalización de la literatura será, en consecuencia, un concepto paralelo al de desarrollo de clases. Y el punto de confluencia será la consideración de la existencia y legitimidad de la literatura argentina como resultado de una representación más auténtica de la realidad.

Un rápido pasaje por la literatura argentina hasta 1880 muestra por lo menos un hecho: los escritores no hacen de la profesión literaria una actividad exclusiva, siempre se da en ellos por añadidura, como manifestación de una capacidad más, que se une a las otras que componen la imagen del hombre total a la que pretenden responder. Esta forma de encarar la actividad literaria hace crisis justamente en 1880 cuando aparecen los primeros *escritores* –*escritores* que van dejando de lado otras formas de acción y se concentran en la literaria–. No obstante la indigencia literaria que ha podido presumiblemente producirse a causa de una falta colectiva de concentración, las obras de ese período respiran convicción. Es posible que esto haya sucedido porque el escritor, justamente por su falta de especificidad, no vivía aún marginado y, por el contrario, era considerado como el vocero del grupo social que integraba. El escritor era fundamentalmente un *miembro*, pero con más responsabilidades a causa de ese "plus" que lo distinguía de los restantes y, por eso mismo, usufructuario de una mayor consideración. El padre de Cambaceres era saladerista. Cambaceres mismo también, pero además escritor. Uno y otro eran igualmente respetables pero Eugenio un poco más.

La noción de miembro es familiar y cuantitativa y muy importante para comprender la idea consecuente de la seguridad. El país era un grupo de familias que lo administraba y que por lo tanto se sentía identificado con sus resortes. Esas pocas familias ordenaban su futuro en función del orden nacional. De tal modo, como lo hacían los antiguos señores españoles, distribuían sus hijos en la función pública y cada uno de éstos defendía, desde su particular reducto o posibilidad, idéntico sentido de la vida y similares conceptos sobre el país, las artes o el progreso. Por lo tanto, el escritor, que aún no se había dejado seducir por las exigencias de su condición y no las había llevado hasta sus consecuencias más extremas, se sentía esencialmente un hombre público y su actividad reposaba en la certeza de que su voz era la de su grupo, que su grupo era el representante de su clase y que su clase era el país mismo. No importa cuáles son las ideas que dicha clase podía tener sobre el país; tampoco que sean contradictorias en relación con los grupos que las sustentaban o que hoy puedan ser analizadas a la luz de los 80 años transcurridos. Lo fundamental es que existía, en los grupos dirigentes del país, una identificación total entre conciencia de clase y nacionalidad. El signo de esa identificación es la posesión, un signo contrario al que tiene vigencia en el ánimo del proletariado de entonces, que se identifica con lo nacional por medio del despojo y del descreimiento. Para los grupos directivos no hay ambigüedades: la realidad es la única así como es una la sociedad, que actúa como un cuerpo bien integrado por miembros; uno de ellos, el escritor, es su palabra, la boca que expone y define lo que dichos grupos esperan que sea del país.

Después de 1880 los antiguos grupos dirigentes asisten algo espantados a grandes cambios que ellos mismos ayudaron a producir. Quizá no advierten que una iniciativa económica como la implantación del frigorífico, que para ellos es sólo una forma progresista y moderna de afianzar sus intereses, va a producir efectos sociales y humanos que los han de perturbar considerablemente. El hecho es que por vía del desarrollo hay grandes transformaciones en todos los planos y el antiguo y prestigioso esquematismo administrativo del país deja lugar a realidades nuevas. Esto no es de un día para el otro, pero en el corto espacio de 20 años todo es ya diferente. No hay más que leer los discursos del General Roca al asumir su presidencia en 1880 y en 1898 para advertir los nuevos elementos que han penetrado en la vida nacional. En esos 20 años se va produciendo la transición, al final de la cual aparecerá el siglo XX con todas sus novedades. Quizás el hombre que represente más cabalmente que nadie esa idea de transición sea Leopoldo Lugones, es decir un escritor que resume toda la experiencia humana, literaria y social del siglo XIX para intentar, un tanto retóricamente, algo nuevo, más en consonancia con los nuevos proyectos nacionales. Como tipo de figura, Lugones no difiere excesivamente de Sarmiento, pero es ya un escritor en el sentido moderno del término y siente que lo social, en su conjunto, no puede ignorarse aun cuando –para demostrarlo– sigue respetando en lo íntimo el papel que juega en el país la oligarquía nacional.

La transición, que compromete la vida total del país, pone sobre aviso a la oligarquía, que trata de adaptarse a las nuevas condiciones sin poder hacer mucho más que simplemente defenderse, para lo cual precisa deslastrarse de liberalismo, de identificaciones con lo nacional, de paternalismo tolerante. La oligarquía se hace dirigista, extranjerizante, represiva. No hay más que recordar hombres como Figueroa Alcorta o como Cané. En ese movimiento de defensa va perdiendo puestos y debe resignar tareas. El país se ha complicado y se debe recurrir a gente de afuera para regirlo. Una sola familia ya no puede distribuir entre sus miembros el conjunto de responsabilidades. Correlativamente, y en un sentido inverso, nuevos productos nacionales ocupan los claros. Desde luego que esto no es un proceso mecánico de suplantamientos: la sociedad no se ha tecnificado tanto como para que los resortes económicos sean abandonados o confiados a los procuradores que, en todos los tiempos, suelen aparecer diligentemente. En cambio, la aparición de algunos nombres hasta hace poco impensables en la literatura confirma la existencia de una dificultosa transición. Mientras aún agoniza Miguel Cané en sus morosidades postrománticas empieza a escribir el judío Alberto Gerchunoff y Almafuerte tiende ya su espesa cortina de anatemas y vituperios.

La sociedad ha cambiado. La transición se da también en las conciencias y los escritores nuevos, que la reconocen y admiten y cabalgan sobre ella, creen poder controlarla eligiendo su puesto expresamente en la contienda social que se desarrolla. Y esta ubicación produce varios efectos: el nacimiento de la vertiente social del modernismo, la aparición del realismo tardío, el descubrimiento de la ciudad y el tono generalizadamente anarquista y combativo de la literatura finisecular. Almafuerte, Gálvez, Payró, Carriego, Ghiraldo, constituyen quizá la plana mayor de todo este proceso de adecuación de la literatura a la nueva realidad. Al mismo tiempo son escritores que exigen para sí el trato de tales y que ya no representan más el papel de voceros: detrás de ellos no hay grupos o familias sino una realidad más amplia que los empuja y estimula y sobre la que se recuestan.

Pero los cambios no son mecánicos, desgraciadamente para algunos espíritus, que, no obstante buscar la realización de proyectos que trasciendan la realidad contemporánea, pretenden que después de obtenidos todo quede atrancado y permanezca. Una vez sacudida la pesadez de las viejas maneras patriarcales, quedan abiertas las compuertas y un cambio engendra diez reacciones, tras de las cuales diez situaciones han cambiado, obligando, cada una de ellas, a cambiar a otras y así permanentemente. De este modo, la transición de 1880 a 1900 liberó vertiginosas posibilidades que asombraron aun a aquellos que la comprendían y no se sentían menoscabados por sus efectos, y aun los dejaron un poco en el aire, sin tener de dónde agarrarse. Declinante la homogeneidad de la oligarquía, las nuevas clases que hacen entrada en la escena política, social o cultural, no llegan a imponer sus módulos cuando ya son otras, diferentes a lo que eran en el momento anterior. La pequeña burguesía, que sintió profundamente el colapso de 1890, intenta definirse cuando las nuevas actividades económicas del país le modifican el espíritu y aun los ideales: la Unión Cívica se divide y surge la Unión Cívica Radical que a su vez se divide y transforma varias veces. La práctica de la agricultura, a causa de los nuevos elementos humanos que se recuestan sobre ella, hace variar la composición de esa nueva clase que, frente a la oligarquía, se sentía de naturaleza muy moral, a la manera de la Revolución del 90 y del radicalismo. Pero las cosas no permanecen: la aparición de la industria, después de la primera guerra, vuelve a modificarle el carácter y le engendra un sentimiento de inserción en el país totalmente inédito, que no se parece al de preguerra aunque el material sobre el que se producen permitía suponer esos cambios. Entre otras novedades, debe admitir, por lo menos, la existencia de un proletariado que hasta entonces fue destinado a ser el decorado de fondo en los conflictos políticos y que ahora exige que los problemas tengan su traducción y su expresión en un lenguaje social.

Pero lo que le sucede a la pequeña burguesía en alguna medida le ocurre también al proletariado. Conformado penosamente hasta el 90 por los organizadores extranjeros, que no distinguieron la existencia del expoliado sector rural, no consigue afirmarse en las consignas de clase tan arduamente defendidas cuando el populismo radical lo hace cambiar de estilo y adquirir perspectivas que los miembros del Club Vorwaerts no hubieran imaginado. Al crecer, el proletariado se nacionaliza y, por lo tanto, busca actuar o participar en la conducción real del país. En esta instancia irrumpe el peronismo que lo homogeneiza como clase, lo hace ascender por procuración y representación a la regencia del país, confiriéndole rasgos que si no fueron inéditos en cuanto conducta, resultaron totalmente novedosos por la extraordinaria base con que contaban.

Es posible suponer que cambios tan vertiginosos como éstos pudieron confundir un tanto a sus protagonistas. Es posible suponer que en un marco económico, político y cultural tan poco estabilizado, no podían plantearse ideales de clase con alguna esperanza de conservarlos intactos mientras se procuraba su realización. Al contrario, el ritmo del proceso oscureció los objetivos de las nuevas clases sociales que todavía hoy procuran precisarlos, no desde luego en una perspectiva histórica final porque eso está en el mecanismo de su vigor y de su intuición, pero sí en los caracteres específicos, típicos y relativos a un tiempo y un lugar particulares. Tal vez por eso, para los escritores que buscaron expresar los "modos" del ser nacional, no ha habido sino episódicamente oportunidad de identificarse con esas realidades tan magmáticas y típicamente imprecisas. Me refiero, desde luego, a la etapa literaria del postmodernismo, etapa que corresponde al período de la confusión y la imprecisión de los objetivos de las pujantes nuevas clases sociales.

Pero por otra parte se ha dado un fenómeno de supervivencia de los escritores seguros de sí mismos en el sentido que atribuimos a la generación del 80. Son los escritores que escriben "bien" en un sentido académico, o sea aquellos que menos han dejado penetrar del mundo contemporáneo en sus obras. Inconmovibles respecto de las fluidas realidades que los rodean, representan la continuidad un tanto aniquilada de formas de vida que tuvieron vigencia en el pasado, cuando la clase social que siguen defendiendo poseía la llave y el contralor de la homogeneidad nacional. Un escritor como Manuel Mujica Láinez, pese a la voluntaria ironía que ejercita sobre personajes en particular, sigue estimando y redescubriendo el mundo del que provienen. Dicho mundo está en liquidación, parece admitir Mujica Láinez, pero al fin de cuentas su estilo de vida era superior al actual y los valores que se manejaban allí son desgraciadamente irrecuperables. El mensaje último de esta posición vendría a ser el repudio a la actualidad y, por consecuencia, el repudio a una realidad frente a la cual ya no se puede pretender la posesión exclusiva de sus resortes y, mucho menos, que la clase que tan melancólicamente se expresa sea el resumen y la síntesis de lo que puede ser lo nacional.

Desde luego que junto a estos escritores que podríamos llamar vegetativos (porque surgen al costado de una clase que ya no tiene propósitos nacionales sino que se limita a decaer y a defenderse) existen otros que expresan una situación nacional distinta, cuyos elementos componentes provienen de los cambios operados en el país en lo que va del siglo. Son los escritores de la inmigración y la agricultura, del proletariado y la industria, del desarrollo nacional y la clase media. Y lo decimos así, uniendo conceptos por parejas, para dar a entender que cada paso del país en lo económico engendra consecuencias en lo humano, en lo cultural y en lo social. Los escritores que salen de estas coyunturas no pueden ser acusados de indiferencia respecto del dinamismo nacional. Principalmente buscan insertarse a través de los materiales que puede proveer el contorno geográfico e histórico. Por medio de lo concreto nacional ensayan formas y al mismo tiempo son combativos, tratan de unir lo que podríamos llamar la circunstancia al modo para hallar en esa síntesis la clave de lo nacional. Podríamos mencionar en este grupo a escritores como Roberto Arlt, Bernardo Verbitzky, Raúl González Tuñón, etc. Pero el intento no es en la mayor parte de los casos antecedente del logro. Si los escritores del 80 llegaban a ser representativos a fuerza de expresar su clase, que se manifestaba en términos nacionales, éstos no lo son porque no están identificados con ninguna de las nuevas clases sociales argentinas, que, en lo concreto, desplazaron a la alta burguesía nativa. Están en el aire, defendiendo un tanto abstractamente la posición de la clase media o del proletariado en el conjunto social pero sin expresarlas en su vigencia nacional, sin ser sus portavoces históricos. Tal vez por eso, estos escritores son vividos por las generaciones posteriores con una cierta provisoriedad, como si fueran precursores de una seguridad indispensable que todavía no han podido transmitir.

Después del peronismo quizá las cosas hayan variado. Ha habido por lo menos una aceleración del trabajo literario y un deseo mayor de lucidez de los escritores respecto de su obra. Tal vez sin haber mejorado ostensiblemente el nivel artístico de las obras publicadas en los últimos diez años, lo estrictamente literario, en un sentido fenomenológico, se ha incrementado gracias a un mayor vigor que indudablemente ha de ayudar a crear mejores condiciones creativas. Es como si hubiera crecido la responsabilidad en lo literario y los escritores juzgaran con más consecuencia lo que les concierne como tales en el trabajo total de la colectividad. Desde luego que éste es un concepto amplio y aparentemente colectivizante. Lo que quiero decir es que parece vivirse con más claridad al aspecto cultural de la actividad literaria y que ello naturalmente puede crear mejores bases para las expresiones universales.

En este sentido, la actual poesía argentina está en un nivel superior a las restantes manifestaciones literarias. En parte, ello se debe al ininterrumpido esfuerzo de *Poesía Buenos Aires* por crear la conciencia de un oficio poético, pero también a los hallazgos de diversos intentos vanguardistas, así como a ciertas preocupaciones por universalizar socialmente la poesía. Todo ello ha confluido en torno a una poesía que se puede identificar claramente como de pequeña burguesía, voluntaria y decididamente representativa de ese hombre singular por el que dicha clase se manifiesta y en la práctica de cuyos valores reside su convicción. Haberse decidido, no haber eludido la representatividad, confiere a cierta poesía argentina actual (Trejo, Urondo, Brascó, Gelman, Vanasco, Aguirre, Bayley, Madariaga, Fernández Moreno, Zárate, etc.) una firmeza formal que no viene sin una convicción y una seguridad muy promisorias. Interesa poco por el momento determinar desde un ángulo estricto la calidad o el tipo de los valores que exalta; en cambio, vale la pena señalar que haber logrado no rechazar lo concerniente a una clase social determinada, que, por otra parte, tiene un importante papel que jugar en el país, le ha dado un entusiasmo nacional que puede contener importantes esperanzas.

Es, desde luego, muy importante que la poesía se maneje en un tono de naturalidad y de madurez. Lo deseable sería que en los restantes géneros ocurriera lo mismo de modo que no hubiera que hacer distingos preceptivos. Si no ocurre es porque en la novela, por ejemplo, la capacidad de inserción de los escritores en una clase social es demasiado lenta para el interés de esa clase o bien no existe decididamente. De tal modo, en lo que concierne a la novela de la pequeña burguesía, puede ser ciertamente revelador que las más notorias de los últimos tiempos (Viñas, Guido, Di Benedetto, etc.) sean rememorativas, como si la referencia a hechos de otro tiempo permitiera una identificación más natural por parte del autor. La fluidez de la realidad, a través de la lente de la pequeña burguesía, es sentida como peligrosa; por ello, metiéndose en climas relativamente históricos, los novelistas manejan mejor su material. Por otra parte, y ésta es otra vertiente, la novela burguesa ha sido interferida en su desarrollo por el concepto y la preocupación por la novela social. Muchos novelistas, que pudieron expresar eficazmente su clase, mezclaron conceptos para plegarse a las exigencias de la novela social. Buscaron temas y crearon personajes que debieron cargar con valores abstractos alrededor de cuya defensa se supeditaban sus posibilidades creativas. Y ello ha incidido, también, decisivamente, en la novela proletaria o de reivindicación social a la cual han condicionado o impresionado desvirtuando su desarrollo propio. En las novelas proletarias que puedan registrarse, los personajes y situaciones no provienen de una inserción plena en los problemas del proletariado sino de un acercamiento puramente mental, expresión de reacciones posibles y típicas frente a circunstancias igualmente típicas. De este modo, en la novela proletaria a la manera de *Pobres habrá siempre* de Luis A. Velásquez, *Papá José* de Juan José Manauta, *El río oscuro* de Alfredo Varela, los personajes son exangües, no pasan de la categoría de criaturas que cumplen un papel y luego desaparecen en la indiscriminación de su levedad física. Y esto sucede porque el proletariado, como clase, no ha encontrado en nuestro país todavía las formas de su expresión. Se maneja con préstamos que tampoco asimila. La vida nacional, culturalmente hablando, no ha sido impresionada directamente por manifestaciones provenientes de ese sector, todavía carente de la homogeneidad necesaria para no tener que recurrir a formas ligadas a modos de vida que no son los suyos propios o que provienen de otra experiencia. Si la novela burguesa, en su primera vertiente, tiene algunas posibilidades de ser concreta y representativa en nuestro país, y por ello auténtica, la novela del proletariado no pasa de ser tan esquemática como lo exige su situación misma, que, por otra parte, ha servido para impedirle tener los escritores que realmente hablen en su nombre y agreguen matices, desde su perspectiva concreta, a la nacionalización de la literatura argentina.

La conclusión de estas formulaciones no puede ser considerada sino positivamente: a un período de identificación entre sentimiento de clase y nacionalidad corresponde una literatura segura y convencida; posteriormente, esa clase empieza a deteriorarse y a ser reemplazada por nuevos productos, por nuevas clases en ascenso; a estas nuevas clases, la pequeña burguesía y el proletariado, puestas en el terreno de una variable responsabilidad dirigente, no les corresponde una literatura muy sólidamente nacional; en último término, como resultado de todo este proceso de nacionalización operado a partir de la transición de principios de siglo empieza a recuperarse la seguridad y la convicción. En resumen, la actual poesía puede ser quizá reconocida ya como nacional, la novela pequeño-burguesa como a punto de serlo y la novela proletaria como todavía en un plano de abstracciones que, si no rechaza lo nacional desde un punto de vista descriptivo, está bastante lejos de expresarlo sin esfuerzo. Desde otro punto de vista, no podemos permanecer en esta clasificación sin atribuirle cierto dinamismo que bien puede desvirtuarla. El hecho mecánico de una intensa actividad literaria, que crece modificando ciertos inhibitorios factores materiales y culturales (el prejuicio frente a la publicación de poesía, el miedo a publicar ensayos, la deficiente crítica orientativa, la publicidad en favor de libros consagrados, la carencia de revistas literarias, la idea de que el escritor no debe lucrar con su oficio, etc.), la incesante aparición en períodos relativamente más cortos de nuevos grupos que recogen experiencias y proponen nuevas perspectivas cuantitativas y cualitativas, y otros factores concurrentes, harán que los distintos grupos se estabilicen y proyecten sus aportes con una auténtica inserción nacional. Ello no eliminará el problema de la gran expresión, pero ayudará a prepararla en la medida en que se habrá obtenido un margen más claro y lúcido, y por eso más amplio, para las posibilidades literarias. Dicho de otra manera si la literatura argentina prosigue socializándose en torno de una realidad frente a la cual el escritor actúe desde un plano de la conciencia, vinculándose a ella profundamente y en una ligazón de destino, se retornará a una convicción que esta vez responderá a una identificación nacional de clases más amplia y dinámica. Si el proceso de nacionalización en este sentido continúa, la aceptación del presupuesto nacional con variedad de líneas de comprensión concreta se generalizará y actuará como base ineludible de toda posible literatura. Al cabo de ese proceso, la literatura nacional argentina podrá proyectarse y entrar a hacer sus aportes específicos a la literatura universal.

Fuente: Noé Jitrik, *Revista de Humanidades*, Fac. de Fil. y Hum. de Córdoba, número 5, 1962; republicado en *Ensayos y estudios de literatura argentina*, Galerna, Buenos Aires, 1970.

4

ESTRUCTURALISMO Y MARXISMO

ELISEO VERÓN
Muerte y transfiguración del análisis marxista

1. EL MITO Y EL CONSUMO DE MASAS

Me propongo aquí considerar dos libros recientes de Juan José Sebreli[1] como objetos definidos en el contexto cultural de la comunicación de masas; en este sentido, la magnitud de las ventas logradas por ambos, particularmente el primero, ya basta para justificar este punto de vista. Se trata de explorar las características de estos libros en tanto *mensajes sociales*.[2] El análisis de dichas características debe ser realizado con independencia de las intenciones originales de Sebreli; las propiedades semánticas de estos mensajes pueden o no coincidir con la intención del autor definida subjetivamente. En cualquier caso, no es esta intención subjetiva la que hay que tomar en cuenta al estudiar la significación de la obra, que se manifiesta en sus propiedades internas objetivas.

Comencemos por la imagen en términos de la cual estos libros presentan su propio contenido: *análisis crítico, desmistificador, desde un punto de vista marxista, de ciertos aspectos de nuestra realidad social*: la vida cotidiana de Buenos Aires en un caso, la significación del fenómeno Eva Perón en el otro. En

---

[1] *Buenos Aires, vida cotidiana y alienación*, Siglo Veinte, Buenos Aires, 1964 (1ª edición). Se citará en el texto como *B. A. Eva Perón, ¿aventurera o militante?*, Siglo Veinte, Buenos Aires, 1966 (1ª edición). Se indicará en el texto como *E. P.*

[2] El término 'mensaje' se utilizará aquí en el sentido técnico con que se lo define en la teoría de la comunicación: un conjunto de signos, extraído de un código según reglas fijas, y que transmite información en una situación determinada.

ambos, Sebreli intenta ante todo distinguir su perspectiva de otras: el "marxismo esquemático", la "sociología burguesa", la "concepción psicologista de la historia"; la "explicación puramente mecánica", etc. Su actitud aparece como aquella que se propone ocuparse de ciertos fenómenos centrales de nuestra sociedad, destruyendo al mismo tiempo una serie de mitos ideológicos construidos en su torno, y sin hacer concesiones al orden establecido. Las presentaciones que hacen, Correa de *Buenos Aires* y Kordon de *Eva Perón*, confirman inequívocamente esta imagen.

Mi hipótesis central es que el contenido que está detrás de esta imagen inicial no hace más que dar cuerpo *a la imagen, presentarla* confirmando sus caracteres de imagen, en lugar de *desarrollar efectivamente* las operaciones que constituyen un análisis marxista desmistificador. En consecuencia, en el conjunto de su contenido, estos libros contienen *los gestos* del análisis marxista sin sus resultados concretos; más aún, como veremos, su aparición señala la institucionalización del *mito* del análisis marxista en nuestro medio cultural.[3] Y como es posible constatarlo, este mito se vende.

Me apresuro a aclarar que, naturalmente, su éxito no puede ser presentado como *prueba* de que constituyen un nuevo mito social para el consumo de ciertos grupos de relativa educación, porque esta demostración sería completamente circular. Es necesario mostrar que efectivamente la forma de los libros de Sebreli es la forma general del mito y que, en cambio, no presenta ninguna de las características del análisis marxista. Al mismo tiempo, aún cuando sea posible poner de manifiesto que estos libros reúnen los rasgos que definen al mito como forma ideológica, este hecho tampoco puede ser tomado, por sí sólo, como *explicación* de su éxito. Es bastante probable que, de haber aparecido hace ocho o diez años, no hubieran alcanzado un volumen de ventas comparable. De hecho, muchos otros libros de "estilo" y orientación semejantes aparecieron en Buenos Aires en distintos momentos, y pasaron desapercibidos. ¿Por qué, entonces, *estos* libros se venden *ahora*?

Sin pretender aquí dar una respuesta medianamente satisfactoria a esta pregunta, me limitaré a señalar que tal circunstancia tiene que ver con una transformación de las pautas de consumo de ciertos grupos de las clases medias y altas, que todo parece indicar que se está produciendo desde hace cuatro o cinco años en Buenos Aires, transformación que merecería un estudio sociológico detenido. Ella coincide con la aparición en Argentina del "estilo moderno" en el diseño de ciertos productos culturales (libros, revistas, etc.) –y por diseño entiendo también cierto estilo literario, conceptos utilizados y modo de presentar los temas, y no solamente las reglas del diseño gráfico de esos productos–.

Un aspecto parcial de este proceso de cambio, en el campo de las publica-

---

[3] En lo que sigue, se deberá tener en cuenta que el término 'mito' está desprovisto de todo sentido peyorativo o moral: se aplica descriptivamente a un mensaje o conjunto de mensajes sociales, en la medida en que éstos presenten ciertas propiedades definidas.

ciones periódicas de tipo "política-cultura-información", es la aparición de lo que se puede llamar el "estilo *Time*", en razón de una de las principales fuentes históricas. En Francia por ejemplo, las publicaciones de izquierda han debido adoptar las reglas del estilo moderno para el consumo masivo; la otra alternativa era simplemente desaparecer. Esta transformación puede estudiarse paso a paso en *L'Express y France-Observateur*. Está de más decir que este cambio en el estilo involucra una modificación en el contenido ideológico del mensaje transmitido. En nuestro medio, y para publicaciones que no son de izquierda, el "estilo *Time*" fue consagrado por *Primera Plana*. Un cambio correlativo se produce en los medios de comunicación que cubren el área de las "revistas para el hogar" y "para la mujer". Entre nosotros, hay dos mutaciones en las que puede estudiarse detalladamente la naturaleza del cambio en las propiedades semánticas de los mensajes: la de *Atlántida* (que cambió a la vez su estilo y su público consumidor), y la de *Para Ti*, que sin cambiar radicalmente su público adoptó el estilo moderno.[4] Este fue impuesto inicialmente por *Claudia* y rápidamente adoptado por las otras publicaciones.[5]

El éxito de los libros de Sebreli (como así también el éxito de obras muy distintas como *Los que mandan* de Imaz o *Argentina, Sociedad de masas*), se inscribe pues en un proceso de cambio, en curso actualmente, que afecta a las características superestructurales de la cultura de masas en áreas de urbanización avanzada. Dicho cambio involucra la creación de nuevos *mitos* culturales, o la aparición *mítica* de contenidos culturales pre-existentes bajo formas que los mantenían al margen del consumo masivo. Esta suerte es la que ha corrido la cultura marxista de otros países, y a mi juicio los libros de Sebreli son un indicador de que un proceso equivalente se está produciendo en nuestro medio.

El funcionamiento de formas míticas de la cultura de masas supone entonces la existencia tanto de mensajes que reúnan las propiedades del mito como producto social, cuanto de condiciones objetivas, a saber, un público cuyas pautas se transforman en un sentido favorable al consumo masivo del mito. Ambos aspectos deben ser tratados independientemente, para evitar las demostraciones circulares. Esto significa que el hecho de que un producto cultural se venda mucho no es de por sí una demostración de su carácter mítico; y el descubrir en un mensaje social las características del mito no asegura su difusión masiva. En suma, sólo en el caso de poder constatar, en forma independiente, la presencia de

---

[4] *Para Ti* se hallaba incorporada desde hacía mucho tiempo al circuito de la comunicación de masas, antes del cambio de estilo; *Atlántida* –que era una publicación de lujo y de circulación restringida– se incorporó a dicho circuito por medio de la adopción del estilo moderno. El slogan publicitario con que se realizó la captación del nuevo público de clase media era: "Atlántida cambió".

[5] Como se recordará, en una de estas últimas (*Leoplán*) apareció la primera versión del trabajo de Sebreli sobre Eva Perón.

ambas circunstancias, podemos considerar que se trata del consumo masivo de una creación mítica.

Mediante un análisis interno, tenemos que preguntarnos si los libros de Sebreli reúnen o no las propiedades que definen al mito como un tipo especial de mensaje. Pero antes, hay que tomar otra precaución para evitar que dicho análisis caiga en la arbitrariedad: no es mi propósito demostrar que estas obras no cumplen con los criterios de lo que yo entiendo por "análisis marxista". Esto podría hacerse con relativa facilidad, pero exigiría justificar que mi modo de definir el análisis marxista es el correcto, y no el modo en que lo entiende Sebreli, lo cual nos llevaría a un terreno muy diferente. Será necesario, pues, ver si es posible mostrar que estos libros no pueden ser considerados como ejemplo de análisis marxista, comparando su contenido *efectivo* con la manera en que Sebreli mismo presenta su análisis. En efecto, pienso que la diferencia entre el modo en que estos libros se autodefinen y lo que *efectivamente son*, contiene el pasaje del análisis marxista al mito del análisis marxista.

2. LENGUAJE EMPÍRICO Y DISCURSO MÍTICO

El mito es un discurso que opera, no sobre la realidad misma para darle significado, sino sobre una realidad ya significativa, es decir, que ya ha sido *nombrada* por otros lenguajes.[6] El mito es un discurso (segundo) que *deforma* un objeto que ya es significativo en términos de otro lenguaje (primero). Los mitos sobre Buenos Aires o sobre Eva Perón, por ejemplo, se construyen a partir de una realidad social consistente, en sí misma, en signos, vale decir, significativa. El mito entonces, no otorga significado a un objeto que antes del mito carecía de él; por el contrario, parte de los signos que componen la realidad social y les *sobreañade* una segunda significación. Como veremos enseguida, esta segunda significación "sobreañadida", se presenta en el mito como la *única*, y hace desaparecer la primera, o si se prefiere, la "oculta".

Un discurso des-mitificador deberá entonces referirse, por una parte, al objeto social significativo *no mitificado* y por otra, a los lenguajes míticos creados en torno de ese objeto, precisamente para desmontar sus piezas, para mostrarlos en lo que son: sistemas ideológicos. El punto crítico es pues *cómo* se habla de estos mitos. Si un mito es destruido o no, dependerá de las operaciones que se realizan sobre él, del modo en que se analiza el material ideológico. Y una operación esencial será describir la realidad oscurecida por el mito, de modo de poner de manifiesto la *deformación* que éste contiene, la distancia que media entre el significado real del objeto y su representación mítica.

Veamos en primer lugar, entonces, cómo habla Sebreli de los objetos de

---

[6] Cf. Roland Barthes, *Mythologies*, Plon, París, 1967, especialmente pp. 215-268.

que sus libros tratan: Eva Perón, figura de nuestra historia inmediata; Buenos Aires, esta ciudad concreta que nos rodea.

Hay en estos libros un primer tipo de proposiciones que llamaré "de aparente contenido empírico". Ejemplos: "El proletariado está menos inhibido que la clase media por los tabúes" (*B. A.*, pág. 75); "... la intimidad con el patrón de la fábrica a quien se conocía personalmente y se odiaba como individuo, contribuía a hacerle ver al obrero su desventajosa situación" (*B. A.*, pág. 156); "... las estructuras económicas de una sociedad clasista forman su conciencia infantil [de Eva Perón] a través de los conflictos de una familia irregular" (*E. P.*, págs. 26-27). El lector puede ejercitarse en confeccionar una lista más o menos completa; por mi parte, calculo que este tipo de proposiciones comprende alrededor de un 60% del contenido de los libros.

Las llamo "aparentemente empíricas" en la medida en que no hay el más mínimo indicio, en estos libros, de por qué *estas* proposiciones y no otras (e incluso, en ciertos casos, las *contrarias*) son verdaderas. En efecto, los libros de Sebreli son libros *sin datos* –y utilizo esta expresión en su sentido más amplio y tolerante: carentes de sugerencias acerca de los fundamentos por los cuales el autor piensa que sus afirmaciones son verdaderas y no falsas–. Estas proposiciones son presentadas como *autoevidentes*.

No me interesa discutir si unas afirmaciones son más probables que otras, ni tampoco discriminar, entre todas las que aparecen en estos libros, para cuáles hay datos en otros lugares, cuáles son probablemente verificables y cuáles son probablemente falsas. El *modo* en que Sebreli presenta sus afirmaciones exige otro tipo de análisis, porque *el problema mismo de la posible verdad o falsedad de estas proposiciones está enteramente ausente de sus libros.* El lector deberá creer, simplemente, que lo que dice Sebreli es verdad. Y aquí llegamos a una de las características centrales del discurso mítico. En el lenguaje de la ciencia (y no debe olvidarse que en el planteo marxista la crítica de la ideología se identifica con la ciencia), la distancia entre el objeto y el lenguaje que *habla de* el objeto es muy clara. Se expresa en el hecho de que se contempla explícitamente la posibilidad de que las proposiciones sean *falsas.* Como es sabido, es esta posibilidad de falsificarlas lo que hace que sean proposiciones científicas, vale decir, *empíricas.* En el discurso mítico, por el contrario, esta distancia entre el signo y el objeto desaparece: el mito pretende hacer pasar por un *hecho*, lo que es una *opinión sobre un hecho*; pretende *presentar* la realidad, cuando sólo la está representando. En el discurso de Sebreli, como en el discurso del mito, las afirmaciones aparecen como "naturalmente" verdaderas, puesto que no hay el más mínimo indicador de que sea necesario demostrar que lo son: el lenguaje coincide con la realidad por una razón mágica.

Descubrimos en la forma del lenguaje de Sebreli la forma del mito: desaparece ese movimiento esencial del lenguaje empírico por el cual nuestras proposiciones se manifiestan como hipótesis, y exigen ser *contrastadas* con la realidad: cada concepto que introducimos es el comienzo de una aventura con las cosas. El mito es ajeno a este riesgo: en la medida en que pretende *presentar* una realidad, ello significa meramente que oculta su carácter de lenguaje sobre las cosas; como señala Barthes, es un producto cultural, un mensaje, emitido por alguien con algún propósito, que se consume como si fuera algo natural, como una *cosa*.

Resulta evidente que un discurso con estas características es impotente como instrumento desmistificador: *habla del objeto del mismo modo en que lo hacen esos lenguajes ideológicos que intenta destruir*.

Si el lenguaje de Sebreli no es un lenguaje empírico, ¿de dónde extrae el contenido referido a los objetos de que habla (Buenos Aires, Eva Perón)? Esto nos lleva a una segunda constatación que confirma la que acabamos de hacer, y que tal vez permite comprender el carácter persuasivo, inmediato, de estos libros, característico del discurso en función puramente ideológica.

3. SEBRELI Y LOS MITOS

Esta segunda constatación se refiere a las *fuentes* del contenido aparentemente empírico de las afirmaciones de Sebreli. Veamos cuáles son.

En primer lugar, un cierto folklore institucionalizado en ciertos grupos intelectuales, acerca de las clases sociales y otros aspectos de la sociedad, consistente en parte en una especie de saber superficial popularizado. Por ejemplo, que la clase alta es exclusiva; que el pequeño burgués es mezquino, rígido y moralista, y que está lleno de prejuicios sexuales; que los ricos ostentan su dinero; que la fábrica moderna "envuelve al obrero por todas partes" y trae el maquinismo, el taylorismo, la automación, etc.; que el peronismo involucró un movimiento de creciente movilización y participación política de las clases bajas. En suma: una suerte de "saber sociológico" difuso y en muchos casos ideológicamente contradictorio, que en la actualidad es un bagaje cultural común a un lector medio de *Primera Plana*. Sebreli hace uso constante de este "saber" y ello lo hace oscilar, peligrosamente, entre la banalidad ("la sociedad occidental exalta el mito romántico del amor-pasión", *E. P.*, pág. 59; "La elegancia para la burguesía terrateniente argentina consiste en el culto de las cosas antiguas, que recuerdan un pasado de esplendor...", *B. A.*, pág. 52) y la tautología ("Sólo la seguridad económica garantiza la indiferencia respecto al dinero", *B. A.*, pág. 43).

En segundo lugar, estos contenidos aparecen a su vez asociados a conceptos que se suponen sociológicos: "ecología", "poder no institucionalizado", "consumo ostentoso", "carisma", etc. Aquí también el uso del concepto constituye un puro *gesto* que se alimenta —en este caso— en el prestigio social que acompaña al uso; no hay en Sebreli ningún análisis, ninguna operación teórica o empírica; tan sólo el uso "ostentoso" de un concepto de apariencia técnica. Tras el término, Sebreli oculta una operación banal del sentido común: bajo el nombre de "ecología", por ejemplo, nos informa que la burguesía vive en el Barrio Norte.

Naturalmente, este saber popularizado tiene un alto grado de vaguedad e imprecisión, por lo cual las afirmaciones que se pueden construir con él difícilmente podrán captar las particularidades del objeto. Es curioso observar hasta qué punto nuestra ciudad está ausente del libro de Sebreli sobre Buenos Aires: la mayor parte de sus afirmaciones –independientemente de su verdad o falsedad– podrían aparecer en libros sobre muchas otras ciudades del mundo: las clases altas se separan de las otras clases en ciertos barrios; la vida de la clase media es inauténtica; la alta burguesía vive dedicada al juego social del prestigio y los símbolos de status; el proceso de urbanización provoca crisis de vivienda. ¿Dónde están aquellos rasgos culturales y urbanos que hacen de Buenos Aires una ciudad distinta de Roma, París o Londres? Cuando Sebreli aventura alguna hipótesis comparativa, resulta bastante dudosa.[7]

Sebreli reproduce, pues, cierta imagen socialmente institucionalizada que tiene, a nivel de los grupos sociales que la consumen, precisamente una forma de existencia mítica: categorías mediante las cuales se piensa "naturalmente" el mundo cotidiano, la vida social de la ciudad. Que los contenidos de las afirmaciones de Sebreli son materiales míticos se verifica claramente en su libro sobre Eva Perón: la argumentación del autor se apoya en citas de *La razón de mi vida*. En este caso, ha acudido a la fuente misma del mito. Para justificarlo, dice. "Aclaramos que frecuentemente citaremos como testimonio a este libro, prescindiendo del hecho de que haya sido escrito por la propia Eva Perón o como se ha dicho por el periodista español Manuel Panella de Silva. Lo que aquí interesa es que este libro refleja auténticamente la personalidad y la visión del mundo de Eva Perón, y que sin duda ella misma dirigió su confección (*E. P.*, pág. 12, nota). No hay otras consideraciones. Esta observación muestra a las claras la actitud del autor: Sebreli ha decidido, simplemente, que el mito institucionalizado es *verdadero*. Téngase en cuenta que no estoy afirmando que la imagen presentada en *La razón de mi vida* deba ser necesariamente falsa. Lo que ocurre es que el mito, en sí mismo, está más allá de todo problema de verdad o falsedad, puesto que simplemente *presenta* una imagen como autoevidente y "natu-

---

[7] Un solo ejemplo de cómo la mala información o la falta de experiencia, lleva a Sebreli a afirmaciones tan arbitrarias como innecesarias. En París o Roma, dice, la burguesía europea "se ofrece despreocupadamente en espectáculo a todo el mundo". Como la burguesía argentina no se pasea ante los ojos de los porteños, Sebreli concluye que está "acorralada por los avances de las nuevas clases" y que "necesita lugares que, por su ubicación apartada, por sus elevados precios, o por su dificultad de acceso, constituyen círculos cerrados, etc." (*B. A.*, pág. 48). ¿Pero quiénes van a contemplar a los burgueses en la Vía Venetto o los Campos Elíseos? No son por cierto los parisinos ni los romanos; son simplemente *los turistas*. Los burgueses europeos no "se ofrecen" en espectáculo: *han ido a verlos*. La exhibición de que habla Sebreli en Europa –y su ausencia entre nosotros– nada tiene que ver con el enfrentamiento de clases dentro del radio urbano. La diferencia reside en que Buenos Aires es una ciudad sin turistas, ese personaje que transforma en espectáculo hasta los últimos rincones de innumerables ciudades del mundo. Las clases sociales habitantes de la ciudad son precisamente las que permanecen al margen de este fenómeno. No hay por qué pensar tan mal de nuestra clase alta y suponer que no recibirían gustosos en Alvear o Quintana a los turistas –si hubiera alguno–.

ral". Pero el problema de lo verdadero y lo falso es el analista que descompone el mito quien debe plantearlo. Tal vez sea posible llegar a la conclusión de que la imagen de Evita propuesta en su propio libro es la más próxima a la realidad. Cualquiera sea la conclusión, sólo tendrá sentido desmistificador en la medida en que resulte de un *análisis crítico* del material del mito, mediante el cual éste es confrontado con una realidad objetiva que ha sido descrita *independientemente del mito*. El libro de Sebreli sobre Eva Perón se basa en el procedimiento contrario: se decide, a priori, que la versión original del mito es auténtica, y se critican entonces otras variantes (la de "derecha", la "psicologista", la "heroica", la "marxista vulgar").

Hay otras dos características del estilo de Sebreli que complementan y confirman la naturaleza mitológica de su lenguaje. Por un lado, el empleo reiterado de la anécdota y el dato pintoresco, generalmente tomados de obras literarias. Estos fragmentos se encuentran debidamente distribuidos a lo largo de ambos libros, y crean la ilusión de que el análisis posee una dimensión histórica. Por otro lado, la utilización de un lenguaje figurativo, que aparece en general para "cerrar" ciertos fragmentos o bien "envuelve" partes del texto donde predominan las proposiciones aparentemente empíricas. Estos párrafos (dejando de lado su dudosa calidad literaria, que aquí no me propongo evaluar), consisten principalmente en imágenes metafóricas: "El anonimato asegurado por la aglomeración y las inusitadas posibilidades de ocultación y de secreto en la gran ciudad, similar en esto a una jungla enmarañada, con todos sus recovecos, sus vericuetos, sus escondrijos..." (*B. A.*, pág. 21); "Como las actrices de la época de Hollywood, la oligarquía es escurridiza, invisible, fantasmal..." (*íd.*, pág. 34); "... la repentina aparición del peronismo en la apacible vida de la clase media, produjo el mismo efecto de una piedra arrojada con fuerza en las aguas estancadas de un charco habitado por ranas dormidas" (*íd.*, pág. 95); "la cruel objetividad de la historia arroja a esos hombres a un lado como a objetos" (*íd.*, pág. 142). En algunos casos, la aplicación de la metáfora se acerca al paroxismo: "... el barrio, mundo irracional, mágico, inconsciente, caótico, disgregado, inmanente, pasivo, psicológico, subjetivo, individual, femenino; y la fábrica, mundo racional, técnico, conciente, ordenado, unificador, trascendente, activo, lógico, objetivo, colectivo, masculino" (*íd.*, pág. 169). En otros, el estilo se vuelve epigramático: "Nada es tan fácil de creer como aquello que encarna nuestros temores o nuestros deseos" (*E. P.*, págs. 122-23); "Si queremos conocer la tentación de un hombre, busquemos el objeto íntimo de sus odios" (*B. A.*, pág. 81), etcétera.

He aquí, pues, la fórmula de este lenguaje "revolucionario": 60% de proposiciones de apariencia empírica, extraídas en gran parte de materiales ideológicos cuya forma de existencia social es el mito; 30% de anécdotas y recuerdos; 10% de metáforas poetizantes.

Pero hay algo más: muchas de estas proposiciones contienen conceptos extraídos de la terminología del marxismo. Y esto nos lleva a interrogarnos sobre una significación más profunda de estos libros, y del consumo masivo de que han sido objeto.

4. EL MITO DEL ANÁLISIS MARXISTA

Al analizar el *contenido* de estos libros, hemos encontrado una particular combinación de elementos que sería difícil reconocer como un análisis marxista desmistificador. Hemos identificado su *forma* como la forma del mito. Sebreli habla míticamente de ciertos objetos (Buenos Aires, Eva Perón) y al mismo tiempo nos relata algunos de los mitos existentes sobre ellos. Esto define lo que podemos llamar un *primer nivel de significación* de estos libros, un primer mensaje transmitido.

Ahora bien, hay un *segundo nivel* de mensaje (un metamensaje) que se refiere al primero: a saber, el modo en que estos análisis se definen ante el lector. En el primer capítulo de cada uno de estos libros, hay un mensaje que los presenta. Este mensaje se podría esquematizar más o menos así: "he aquí un ejemplo de auténtico análisis marxista, destinado a desmistificar la realidad y denunciar las perspectivas puramente ideológicas". Téngase en cuenta que el objeto de que habla Sebreli en estas presentaciones no es ya Buenos Aires ni Eva Perón: es su propio análisis, caracterizado como siendo de una cierta clase.

Como resultado del contenido efectivo del discurso de Sebreli, que he tratado de señalar, la terminología marxista, la reiteración de ciertas expresiones que uno asocia con el marxismo, aparecen encuadrando un lenguaje cuyas *operaciones reales* son exactamente las opuestas de las que es necesario movilizar para desmontar el mecanismo mitológico desde un punto de vista marxista. Nos encontramos ante los nombres de un método que no aparece por ninguna parte. Lo importante es que estos *nombres*, nos son presentados *como el método mismo*.

Reconocemos aquí, una vez más, el procedimiento creador de mitos, el escamoteo por el cual una imagen *presenta* un objeto que está ausente en su realidad efectiva. Y es precisamente la ausencia misma del objeto la que proporciona al nombre la ilusión de la realidad: es porque el mito es sólo *palabra*, que puede revestir la apariencia de las cosas. En este nivel de significación, pues, no es ya Buenos Aires ni Eva Perón el material del mito; en este caso, no es Sebreli meramente el recitador de mitos ya instalados en la comunicación de masas y consumidos por distintos grupos antes de la aparición de sus libros. Su lenguaje crea aquí un mito con respecto al cual Sebreli es –en nuestro medio y en el plano del consumo masivo– un auténtico creador: el mito del análisis marxista.

Si la repetición retórica de expresiones marxistas presentada como el método marxista no es para algunos prueba suficiente, busquemos una prueba indirecta: veamos si no hay, en el discurso de Sebreli, afirmaciones que el autor presenta como propias y que son, de hecho, incompatibles con una perspectiva marxista. En efecto, cuando el análisis se realiza cumpliendo con los requisitos teóricos y metodológicos que lo definen como tal, este peligro es más fácil de evitar: la estructura teórica sirve de control para la construcción e incorporación de nuevos elementos.

Cuando, en cambio, se está construyendo un mito, es más probable que en el camino se recojan temas de otros mitos, incluso de mitos aparentemente incompatibles. (En el campo de la mitología, no hay enemigos irreconciliables.)

Daré un solo ejemplo. Sebreli ha asimilado numerosos elementos del mito del "desarrollismo", que funda la imagen de la sociedad industrial democrática y del pasaje de la sociedad tradicional a la moderna como progreso de una racionalidad abstracta, no referida a sus condiciones sociales. La cita que reproducimos más arriba, extraída del parágrafo sobre el "círculo mágico del barrio", en el libro sobre Buenos Aires, bastaría para demostrarlo: en comparación con las formas sociales de la sociedad industrial (racionales, técnicas, concientes, lógicas, objetivas), el subdesarrollo es el mundo de la irracionalidad primitiva y total. En *Eva Perón* leemos este párrafo sorprendente: "... una gran parte de la población campesina de la que procede la nueva clase obrera se encuentra mentalmente en la etapa de la magia primitiva" (pág. 100). He aquí, en una forma tan cruda que incluso los más fervientes partidarios del desarrollismo dudarían en suscribir, el mito abstracto y racionalista de la modernización, que define la situación de subdesarrollo en términos tales que el pasaje a la sociedad industrial capitalista se identifica con la instauración de *la* racionalidad. Encontramos en una sola frase de Sebreli, la filosofía de la historia en que se funda la empresa imperialista.

Se manifiesta así muy claramente la trampa ideológica de la cual Sebreli tal vez sólo sea un representante particularmente significativo en el nivel del consumo de masas. La cultura dominante de un país capitalista acepta y absorbe en su universalidad abstracta todas las tradiciones culturales, todas las formas del desarrollo intelectual; aun aquellas que, como el marxismo, ponen objetivamente en cuestión las raíces de esa cultura: la única condición que exige es su mitologización, la mutación de las operaciones reales del método en gestos de un mito. No pienso que esta trampa sea inevitable, ni tampoco creo que esté necesariamente inscrita en la estructura de los medios de comunicación de masas. Lo cierto es que resulta particularmente peligrosa cuando el propósito es, precisamente, destruir los mitos existentes. Tal vez no haya material mejor para el mito que el que le proporciona el destructor de mitos: la destrucción está presente como significación, pero desaparece como *praxis teórica*.[8] El mecanismo es transparente: apropiación de la significación; desaparición del objeto. Es indudable que en esta época de cambio social en América Latina, la prudencia dicta la necesidad de entronizar al marxismo, con todos los honores, en el panteón de los héroes culturales.

(1966)

Fuente: *Conducta, estructura y comunicación*, Buenos Aires, Jorge Álvarez, 1968, pp. 229-44.

---

[8] El uso sistemático del concepto de 'praxis teórica' al discutir el análisis marxista se hallará en L. Althusser, "Du 'Capital' a la philosophie de Marx", en L. Althusser *et al., Lire le Capital*, Maspero, París, vol. I, 1965.

JUAN JOSÉ SEBRELI
Polémica con Eliseo Verón

En un artículo publicado en *Marcha* (Montevideo, 24 de junio de 1966), el profesor Verón intenta demostrar mediante el análisis semántico que soy el creador de un nuevo mito en nuestra sociedad: el mito del análisis marxista. Su método crítico sigue literalmente el análisis estructuralista de Lévi-Strauss, que es el último grito de la moda en los círculos filosófico-académicos de Buenos Aires, es decir la interpretación semántica según la cual todos los problemas son meramente verbales, la verdad o el error cuestión de palabras. Mi obra es explicada de ese modo, como un mero "mensaje lingüístico". Como buen neófito de la nueva ciencia, Verón, con un detallismo pedante, se entretiene en desmontar mi lenguaje; sin cuidarse mucho de no caer en el recurso de la frase separada del contexto, muestra que tal proposición es un epigrama, tal otra una metáfora, aquella otra una tautología. Aplicando semejante terrorismo analítico hasta sus últimas consecuencias, ninguna página literaria puede quedar en pie, ninguna, ni siquiera el artículo del aséptico Verón.

La crítica de Verón puede ser aceptada si aceptamos a la vez que el estructuralismo es la verdad absoluta, definitiva y eterna, como cree Verón. Si se piensa en cambio que el estructuralismo es una orientación del pensamiento susceptible de ser discutida y criticada por otras orientaciones, todo el ingenioso mecanismo argumental del artículo se desarma. Por eso los argumentos de Verón, como los de Berkeley, según Hume *"no admiten la menor réplica, y no producen la menor convicción"*.

En realidad, mis escritos como en otra ocasión los de Enzo Paci (Eliseo Verón: "Ciencia social y praxis social". *Discusión*, nº 4, julio de 1963) no son sino un pretexto para que Verón haga una apología del estructuralismo sin decirlo. Una discusión entre estructuralismo y marxismo no interesa demasiado aquí; es un tipo de lucha bizarra como una competencia entre un ajedrecista y un jugador de póker. Sólo aclararé que el concepto de "estructura" como círculo cerrado, como mónada incomunicable y autosuficiente, es incompatible con la idea de unidad y universalidad de la historia, para no hablar de irreversibilidad o progreso histórico, que constituyen la base del pensamiento dialéctico y del marxismo. Del mismo modo, el hombre deja de ser el sujeto de la historia, el producto de sus propias acciones, para convertirse en un mero ingrediente de la estructura. El estructuralismo es un nuevo intento, ahora desde una perspectiva antropológica y lingüística de negación de la historia, y debe ubicarse en tal sentido en la línea de las teorías cíclicas de Spengler y de Toynbee.

Partiendo de esa concepción Verón hace un uso abusivo del marxismo, ya que en ningún momento queda aclarado que él no puede ser un marxista puesto que milita en las filas de una ideología supuestamente científica para la cual el marxismo es una antigualla victoriana.

Tal vez como lo afirma su maestro Lévi-Strauss, puede ser marxista por su posición moral y política de hombre y de ciudadano, pero no lo es por su posición científica. Muy discretamente ha evitado decir en nombre de quién habla y los lectores desprevenidos pueden pensar que lo hace desde el punto de vista del "verdadero" marxismo, al que tanto se menciona en el artículo. No, señores, Verón no es marxista y sólo ha adoptado el recurso retórico que la derecha sutil suele usar mostrando las incongruencias de los marxistas con el "auténtico marxismo". En realidad Verón trata de integrar al marxismo en su propia perspectiva estructuralista, cientificista y neopositivista. Lucien Sebag ya lo intentó con mayor originalidad. Verón cree en la parcialidad de la ciencia empírica y no en la totalización marxista, en la razón analítica y no en la razón sintética, dialéctica. No tiene nada que ver con el marxismo, pero al mismo tiempo hace "como si" creyera en la validez científica del marxismo, para poder mostrar así que mis libros no se ajustan a él, sin preocuparse, por otra parte, por aclarar qué entiende él por análisis marxista. Sólo en un momento del artículo identifica al marxismo con la ciencia, lo que parece autorizarlo a pensar que toda teoría científica –y el estructuralismo en primer lugar– es, en consecuencia, marxista. La argumentación de Verón podría resumirse en esta simple frase: *"Para la ciencia sólo la ciencia tiene validez objetiva y todo lo demás es literatura"*, pero esta proposición, a su vez, sólo tiene validez objetiva para el cientificismo. A pesar de los cuidados que pone por no caer en la circularidad, Verón no consigue evadirse de ella. No sabemos bien qué es el método marxista para Verón, tampoco sabemos qué es la realidad objetiva para él, sólo sabemos qué son los mitos. Todos sus análisis son análisis de análisis, nunca análisis de la cosa misma. Todo lo que he leído hasta ahora de Verón se limitaba siempre a cuestiones programáticas y metodológicas, quedando los análisis concretos para más adelante. Verón ensaya siempre pero no debuta nunca. ¿Qué son Buenos Aires y Eva Perón para Verón? Sólo dos frases en el artículo lo dejan entrever: *"Buenos Aires, esta ciudad concreta que nos rodea"* y *"Eva Perón, figura de nuestra historia inmediata"*. Éste es todo el aporte de Verón sobre las significaciones reales de esos dos objetos. Bien pobre resultado para tanta ostentación erudita. Además en la primera proposición, con lo corta que es, aun cabe un error: una ciudad, lejos de ser concreta, como dice Sartre, *"extrae su realidad de la ubicuidad de su ausencia"* (*Crítica de la razón dialéctica*).

¡Ah!, me olvidaba, también aporta otro análisis concreto, es el de la nota 7 al pie de página: *"Un solo ejemplo de cómo la mala información o la falta de experiencia lleva a Sebreli a afirmaciones tan arbitrarias como innecesarias. En París o Roma, dice, la burguesía europea 'se ofrece despreocupadamente en espectáculo a todo el mundo' (...). ¿Pero quiénes van a contemplar a los burgueses en la Via Venetto o los Campos Elíseos? No son por cierto los parisinos ni los romanos; son simplemente los turistas. Los burgueses europeos no 'se ofrecen' en espectáculo: han ido a verlos"*. En este párrafo Verón exhibe a los lectores su conocimiento turístico directo de la Via Venetto o los Campos Elíseos, a la vez que desdeña mi "falta de experiencia" ubicándose de ese modo del lado de aquellos para quienes el viaje a Europa es una forma del "consumo ostensible". Pero lo que más llama la atención en esta nota 7 es el "método científico" utilizado. Compruebo con asombro que Verón sólo usa los gestos del análisis estructuralista, pero no sus aplicaciones concretas, y cuando se trata de hablar claro, recurre a los mismos expedientes que me reprocha a mí: la observación directa, los recuerdos. ¡Que no se diga, Verón!

Vivimos en una época de mitos, el estructuralismo ha agregado uno nuevo: el mito del mito. Verón contribuye descubriendo en mis trabajos otro mito más: el mito del análisis marxista. ¿En qué se basa? En la aceptación que tienen mis libros por el orden establecido, por la "cultura dominante de un país capitalista", lo que le permite deducir la "institucionalización del mito del análisis marxista en nuestro medio", "la necesidad de entronizar el marxismo con todos los honores en el panteón de los héroes culturales", etc. El profesor Verón ataca desde las instituciones netamente burguesas donde colabora –Universidad de Buenos Aires, Instituto Di Tella, Instituto de Desarrollo Económico y Social y aun la prestigiosa Sorbona de París– la supuesta institucionalización de un escritor marginal, que estuvo siempre contra la corriente, que permaneció separado de toda institución oficial o privada y que tiene, por lo tanto, el derecho a reivindicar por lo menos su posición independiente.

En cuanto a la aceptación de mi libro por el "orden establecido", puedo mostrar que la manifestación de su éxito estuvo dada más bien por el repudio que provocó. Los grandes diarios con el aristocrático gesto de la indiferencia que caracteriza a las burguesías antiguas, distraídamente no advirtieron que un libro tan leído constituía, cualquiera fuera su valor, por lo menos una noticia. Por radios y canales de televisión oficiales se cancelaban a último momento las invitaciones para participar en programas. Muy respetuosamente, como corresponde a intelectuales liberales, me criticaron Murena (*Cuadernos*), Prior (*Sur*), Mastronardi (*Comentario*). Pero no todos fueron tan respetuosos, guardo voluminosas carpetas llenas de recortes periodísticos con diatribas e insultos como pocas veces ha recibido un escritor argentino. La derecha nacionalista católica gastó las bromas en que se especializa el humor fascista. La sofisticada revista fascista *Ulises* añoraba, refiriéndose a mí, la saludable costumbre de la colonia española cuando la Inquisición quemaba vivos a gente como yo (sic). En otra revista fascista, *El Príncipe*, comentando mi libro, recordaban las costumbres de Stalin –cuya moral no difiere por supuesto de la de los clericales fascistas– de instalar campos de trabajos forzados en los que opinaban yo debía ser "reeducado". El alto honor de ser condenado "en ausencia" a la hoguera y al campo de concentración por la barbarie fascista ha sido hasta ahora el mayor reconocimiento nacional que han merecido un autor y un libro a quienes Verón acusa de estar integrados al sistema. Pero Verón es aun más específico y me vincula a un sector social muy definido. La nueva burguesía "desarrollista". Basándose en una sola frase truncada, y usando el viejo recurso polémico de la amalgama, me identifica con "la filosofía de la historia en que se funda la empresa imperialista". ¿Cómo se explica entonces que esa burguesía desarrollista "a cuyo servicio" estaría, me haya atacado abiertamente desde la revista de Frigerio, *Qué*, desde *Análisis* por el propio doctor Cueto Rúa, y desde el nacionalismo de izquierda que apoya a ese sector de la burguesía en *Qué hacer?* Por su parte *Primera Plana* sólo dedicó a mi libro sobre Eva Perón, una sola línea irónica en un artículo destinado a exaltar la figura de Victoria Ocampo. Por el lado del peronismo las cosas tampoco fueron mejor. La burocracia sindical peronista no me perdonó la desacralización de la figura de Evita, ni del lado de los vandoristas (*Dinamis*, órgano del Sindicato de Luz y Fuerza) ni del lado de los "isabelinos" (*De pie*).

Sólo faltaba la reacción de los círculos universitarios y ahora con Verón, funcionario del Departamento de Sociología de la Universidad de Buenos Aires, también ese sector de la ideología institucional se ha definido. Un perro guardián de la Ciencia oficial ha ladrado advirtiendo a su amo que un intruso ha penetrado en su coto privado.

Sin embargo, todavía se podrá alegar para darle la razón a Verón que, a pesar de todos los ataques señalados, mis libros son best sellers, es decir que en cierto modo la sociedad los asimila. El éxito puede explicarse, por una parte, por el boom del libro argentino como consecuencia del proceso de industrialización de la literatura que se da en determinado momento del desarrollo capitalista. Es innegable también que nuestra sociedad de consumo y de publicidad posee los mecanismos necesarios para asimilar hasta a los réprobos. En este punto estoy de acuerdo con Verón cuando advierte que el sentido objetivo de la obra no coincide a veces con las intenciones del autor. Pero ese desajuste, Verón lo atribuye pura y exclusivamente a propiedades internas objetivas de la obra, prescindiendo por completo de las causas externas, de los condicionamientos sociales. La historia del pensamiento contemporáneo ha mostrado suficientemente que un instrumento de desmitificación puede convertirse, por un juego de fuerzas incontrolables, en un arma de mistificación usada por los propios enemigos: tal el caso del psicoanálisis en la sociedad burguesa, o del marxismo en los regímenes stalinistas. La misión del crítico, en este caso, no consiste en tirar a la basura la teoría desvirtuada, sino en rescatar su significado originario en contra de su imagen deformada.

Pero, por otra parte, la difusión de mis libros no sólo puede explicarse por estas razones, porque si bien los ejecutivos de empresas, las señoras paquetas, los playboys y todo el mundo frívolo hicieron una mala lectura del libro, quedándose en lo anecdótico y despojándolo de su intención crítica y corrosiva, hubo además otros lectores surgidos de sectores muy distintos: la difusión comenzó entre los jóvenes estudiantes que iniciaban en esos años la crítica a la vez de la derecha y de la izquierda tradicional, intentando la creación de una nueva izquierda. Para estos lectores el libro contribuyó en alguna medida a liberarlos de muchos prejuicios y tabúes, coincidiendo de ese modo con las verdaderas intenciones del autor. También me leen, aunque Verón se sonría, algunos obreros y algunas sirvientas. Porque aunque hoy casi lo hemos olvidado, es difícil pero no imposible la existencia de una literatura, por llamarla de alguna manera, popular, que no sea la literatura de kiosco, que no sea manipuladora –lo prueban desde Victor Hugo, Émile Zola, León Tolstoi y Máximo Gorki hasta José Hernández–, una literatura que tienda un espejo donde las clases populares puedan verse reflejadas.

Por mi parte trato de hacer una literatura de comunicación y para ello procuro que mi estilo sea lo más claro y conciso posible, desprovisto de jerga cientificista, y precisamente ésas son las características que atacan mis críticos. La sociología universitaria, la ciencia académica, no pueden desprenderse de sus lastres aristocratizantes; para ellas el saber debe seguir siendo esotérico e inaccesible al profano, toda divulgación es para ellas frivolidad.

Pero la historia del pensamiento puede mostrar que la verdad si bien en una sociedad de clases es minoritaria, no tiene por qué serlo deliberadamente: Sócrates no filosofaba en la universidad, sino en las calles, en las plazas, en los mercados, en los banquetes, y no lo hacía solamente con filósofos profesionales, sino con el común de la gente.

Verón me acusa de enunciar proposiciones "presentadas como autoevidentes", "naturalmente verdaderas". ¿Qué pensaría Verón del *Manifiesto comunista*, ese folleto tan breve y tan fácil y donde proposiciones tales como "Toda la historia de la humanidad es la historia de la lucha de clases" pueden parecer también "autoevidentes" y "naturalmente verdaderas"? ¿Y las *Tesis sobre Feuerbach*, esas cuatro páginas donde no se muestra el camino que se ha seguido para llegar a las conclusiones? Estos ensayos modificaron el mundo del pensamiento en tanto que nadie se acuerda ya de los documentados manuales que habrán escrito los profesores de filosofía por la misma época. Sartre, ese otro best seller, ese otro producto cultural de los medios de masas, dice con todas las letras: *"Cuando se exponen teorías, se acepta debilitar un pensamiento para hacerlo comprender y eso no es tan malo. Si se tiene una teoría del compromiso, es necesario comprometerse hasta el fin"*.

Verón objeta que *"el lector deberá creer simplemente que lo que dice Sebreli es verdad"*. No, el lector no tiene el deber de creer que es verdad lo que digo, yo sólo pretendo que crean que para mí lo que digo es la verdad. Y esto es aplicable a las relaciones entre todo autor y lector, también al propio Verón y sus lectores de *Marcha*.

Muchas de las críticas que Verón hace a mi estilo, por ejemplo el uso de "metáforas poetizantes", sólo repiten los ataques de la filosofía universitaria a ese género contradictorio, a mitad de camino entre la ciencia y la literatura, que es el ensayo y que yo comienzo por reivindicar aceptando concientemente su ambigüedad (véase el reportaje de Herman Koncke: "Sebreli: ¿exitismo o verdad?", *Marcha*, 14 de enero de 1966).

Cuando un escritor intenta inducir, en la medida de sus posibilidades, al cambio de conciencia, cada libro suyo debe ser antes que nada un acto político, un arma de combate, y siendo el arma específica del escritor el lenguaje, debe buscar las formas de la comunicación, que no pueden ser las fórmulas herméticas de la ciencia de gabinete, ni la jerga tecnicista ni la nostalgia por el orden ló-gico-matemático que caracteriza al estructuralismo, esa neoescolástica defendida por Verón.

1966

Anotación de 1984

Esta polémica fue llevada a cabo en el semanario *Marcha* de Montevideo, por entonces fervorosamente leído por la intelectualidad de izquierda de ambas orillas del Plata. Mantengo mi crítica al estructuralismo, sólo que hoy la haría mejor.

Objetaría sin embargo a esa polémica el excesivo optimismo con respecto a la literatura popular. Mi opinión actual al respecto puede verse en la "Encuesta sobre crítica literaria". Se puede tener muchos lectores y no un público, entendiendo por tal un grupo homogéneo, una fracción o sector social al que el escritor represente o del que sea portavoz, y en el que influya. Yo he tenido muchísimos lectores, pero tal vez no un público; más aún, frecuentemente escribo contra muchos de mis lectores. Un tema constante de mis libros [...]

Fuente: Juan José Sebreli, *Escritos sobre escritos, ciudades bajo ciudades*, Buenos Aires, Sudamericana, 1997, pp. 183-192.

OSCAR MASOTTA
*Anotación para un psicoanálisis de Sebreli**

"El lenguaje enajenado nos enajena."
E. A. LÉVI-VALENSI

Autoepidéctica contestación de Sebreli a la crítica de Eliseo Verón: epidéctica, es decir, compuesta según una fórmula de la antigua retórica que los griegos reservaban para la demostración de méritos y faltas, y que se manifestaba en especial en las oraciones fúnebres y en los festivales. Pero no quisiéramos ser sarcásticos. Queríamos decir: Sebreli contesta a Verón como festejándose a sí mismo, y tomándose a sí mismo como un "objeto". Pero a la vez, hay en la pro-

* La presente nota fue redactada para publicarse en *Marcha* (ver junio y julio de 1967), a raíz de un cruce de notas entre E. Verón (*Sebreli: muerte y transfiguración del análisis marxista*) y J. J. Sebreli (*Verón: la ciencia oficial contra el marxismo*). Pero el gobierno de Onganía prohíbe la venta en Buenos Aires de la revista, y perdía sentido entonces su publicación.

sa "sencilla" de Sebreli, y sobre todo en su libro sobre Eva Duarte, yo no sé qué sabor de propiedades harinosas y frías que me hace pensar en la escritura[1] festiva y fúnebre de Sebreli.

Debiéramos llegar a entrever esas fiestas y esas ceremonias fúnebres si quisiéramos *comprender* a Sebreli, y no es seguro que nos resulte fácil hacerlo. No lo intentaremos aquí. Al revés, sólo trataremos de atravesar el vendaval de la polémica Sebreli-Verón, que Sebreli, no sin un intencionado inflacionismo y una coquetería excesiva, homologa con una polémica más general entre estructuralismo y marxismo.

Porque de verdad ese vendaval, en lo que se refiere a Sebreli, no es más que aparente. Quienes conocen de cerca a Sebreli no ignoran que los reproches que hace a Verón, cuyo fin no es otro que evadir la crítica que Verón hace de sus libros, no tienen, en Sebreli, la menor seriedad. ¿Cómo podría tener el más mínimo sentido el reproche de "estructuralismo", cuando Sebreli carece de toda experiencia teórica de los problemas metodológicos que la lingüística estructural y la antropología estructural han planteado o ayudado a plantear al pensamiento contemporáneo? Pero se dirá: de dónde extraigo yo el derecho y la audacia para hacer este tipo de afirmación. Contesto: es un poco sencillo, pero simplemente de mi conocimiento personal de Sebreli. Sebreli ignora (y no hay razones de Estado para ocultar que yo no ignoro que Sebreli lo ignora) el sentido y no sé si la distinción misma entre lengua y habla, entre código y mensaje, entre sistema y proceso, entre estructura y acontecimiento; y es seguro que jamás ha reflexionado sobre estas categorías, o esas parejas de opuestos, que la reflexión estructuralista "en abismo"[2] descubre en los fundamentos de su conexión con el marxismo. Simultáneamente, no es difícil adivinar que cuando Sebreli estampa como título de su contestación a Verón la frase (¿cómo llamarla?, ¿el epigrama?) "La ciencia oficial contra el marxismo", y en la medida en que pronto asimila "esa" ciencia al estructuralismo, Sebreli, hablando latamente, dice más de lo que conoce. Y esto, por lo menos en dos sentidos:

1. En la medida en que se refiere a una polémica, poco conocida entre nosotros, entre estructuralismo y marxismo, afirma más de lo que sabe, puesto que ignora por lo menos en qué consiste el pensamiento de uno de los enemigos (es-

---

[1] El término es de Roland Barthes (*Le degré zéro de l'écriture*, Editions de Seuil, París, 1953-1964). Se define en referencia a la "Lengua" y al "estilo", que pertenecen la una a la "naturaleza" de lo colectivo, y la otra a la "naturaleza" de lo individual. Propiamente hablando, el escritor no elige ni su lengua ni su estilo, puesto que desde el momento mismo que escribe es porque un "estilo" se decide en él. La escritura, en cambio, que es elección histórica, pertenece "esencialmente a la moral de la forma, es la elección del área social en el seno de la cual el escritor decide situar la naturaleza de su lenguaje" (Barthes, *op. cit.*, pág. 18). Pero volveremos también sobre esta noción.

[2] La expresión es de Barthes; véase la traducción española de *Elementos de semiología*, en *Cuadernos de psicología*, Caudex, Buenos Aires, 1966.

to, suponiendo que Sebreli tuviera claro en qué consisten los principios "teóricos" y "metodológicos" básicos del marxismo).

2. Y en la medida en que por ese título asimila el estructuralismo a la "ciencia oficial", también afirma más de lo que sabe: es más que improbable que Sebreli conozca de cerca las tendencias teóricas dominantes en el ámbito universitario en el que trabaja Verón. (Aquí, y para su tranquilidad, Verón hace bien en avisarle que el estructuralismo está lejos de constituir una tendencia dominante en las aulas universitarias.)[3]

Básica deshonestidad, entonces, en Sebreli. Y yo quisiera que las palabras "deshonestidad" y "básica" fueran tomadas, la última en su sentido fuerte y psicológico, y la primera no en su sentido moral sino en su sentido descriptivo. Por el momento es necesario retener solamente que esa deshonestidad básica que recorre el texto de su contestación a Verón, desliza hacia un lugar donde encontraría su legitimación. Desde el título mismo Sebreli rehuye la discusión en el nivel teórico para arrastrarla a un lugar "real". Desde entonces los movimientos de la discusión no tendrán ya como piso el significado de lo que se está discutiendo, sino que se explicará esa discusión como *momento* de una "lucha" real, más urgente. Una lucha con sentido político y con un alcance que refiere a grupos reales, definidos no sólo ideológicamente sino institucionalmente: países socialistas, Universidad, etc. Y todo esto podría ser dicho de manera sintética, entonces: *que Sebreli legitima su deshonestidad y su poca seriedad intelectual mediante lo que él entiende que constituye su praxis política.* Estructura de conducta que se halla por detrás, como nos recuerda Althusser, del "estancamiento" del marxismo teórico contemporáneo: "nuestra propia experiencia puede hacernos recordar que se puede ser comunista sin ser marxista. Distinción requerida para no caer en la *tentación política* de confundir, entonces, las tomas de posiciones teóricas de Marx con sus tomas de posición *políticas* y de legitimar las primeras por las segundas".[4] Bien, ¿pero y entonces? ¿Y Sebreli? El caso de Sebreli sería distinto y más grave, puesto que si él intenta justificar su liviandad teórica por las exigencias de la política, no está en cambio afiliado al Partido Comunista ni mi-

---

[3] Las ráfagas sebrelianas contra la Universidad son interesantes por varias razones que hay que puntualizar. Primera, porque coinciden actualmente con las opiniones que en el interior de los grupos de poder presionan para intervenir a la Universidad en la Argentina. Y no quiero decir, por supuesto, que son las opiniones las que coinciden. La coincidencia, es entre dos juicios negativos en un mismo tiempo y lugar. Tampoco quiero decir que esos dos juicios sean *semejantes*. Más bien, o exactamente, quisiera señalar que entre uno y otro existe una relación "formal", esto es, una estructura básica hacia la que ambos convergen y que hace que el juicio de Sebreli *complemente* (en el sentido de Lévi-Strauss) los juicios de los sectores ultraliberales y nacionalistas que quieren terminar con la Universidad. En segundo lugar, tales ráfagas interesan porque denuncian una estructura básica del comportamiento sebreliano, yo diría del "estilo" sebreliano, que se cristalizó, en otro lado trataré de mostrarlo, en torno a los años 1953-1956.

[4] Louis Althusser, *Pour Marx*, Maspero, París, 1966.

lita en grupo ni partido de izquierda alguno. Es lo que le reprochaba, hace poco, desde *Marcha*, y con razón, Susana Fiorito. ¿Será entonces que debiéramos desde ya descargarnos del fardo de tener que pensar sobre Sebreli? Este intelectual que rehuye las cuestiones teóricas para legitimar esa huida en la política, carecería de raigambre política. Ni tanto ni tan poco. Lo que ocurre es que no se puede entender a Sebreli sin tener en cuenta eso que él pretende, más o menos expresamente, con mayor o menor esperanza, ser: el ideólogo de una política que en tanto política de izquierda es una política no realizada, y de un partido multifacético, desgarrado y jabonoso, al que se podría aplicar esas palabras de Sartre que Sebreli, curiosamente, encuentra para definir la ciudad: que "extrae su realidad de la ubicuidad de su ausencia". Brevemente: el ideólogo del peronismo. Pero hay aquí una punta para tomar en serio a Sebreli y entiendo que seríamos de mala fe si la perdiéramos. Y por otra parte: cualquiera fuese nuestra interpretación del peronismo, y nuestra toma de posición con respecto a su significación, no podríamos negar su actualidad: el golpe de Estado que entroniza, al menos aparentemente, a los militares en el poder, y que descubrió a las tres armas unificadas, encuentra sin duda una de las líneas más claras de su motivación en la reacción contra el peronismo. Quiero decir: *Sebreli es actual*. Esto es, que una vez demostrado, como lo ha hecho sin esfuerzo Verón, que Sebreli no cumple con las exigencias del "análisis marxista", y que ignora el sentido profundo de la noción althusseriana de "praxis teórica", no se podría decir, sin más, que Sebreli no es marxista. No sería fácil decir que lo es, pero yo no diría tampoco que no lo es. Y lo mismo se podría decir tanto de Verón como de mí mismo. Aunque de Verón no habría mucho que agregar: él se conoce a sí mismo mejor de lo que Sebreli se conoce a sí mismo, o al menos, es más cauteloso: Verón no ignora, entiendo, que el llamado a la advertencia que hay en el "ejemplo" de Althusser contiene en sí una advertencia simétrica: que no hay tampoco que caer en la *tentación* teórica de confundir el *análisis marxista* con las *posiciones políticas*, legitimando éstas por aquél. Y esto no significa que le estamos devolviendo la razón a Sebreli. Lo que hay de profundo en Althusser consiste en definir la "praxis teórica" en el contexto del desarrollo histórico del comunismo, y por lo mismo, en el contexto de la "praxis práctica" (y en la ocurrencia, del valor *práctico* de los escritos "críticos", *ideológicos*): esto es, en señalar para las dos praxis su punto de unión y su línea de separación, sus dependencias relativas y la legitimidad de sus autonomías. Dicho todo de otra manera: yo no diría que Sebreli no es marxista, y si fuera necesario definirlo positivamente, diría que lo es, pero de una manera "sui generis". Pero esto en una época en que, y no sólo porque las opciones no son claras, ese "sui generis" es el fermento, contradictorio a veces, pero otras no, que rige gran parte de las motivaciones que están detrás de gran parte de la producción intelectual contemporánea, y esto en una línea que cubre la distancia que va desde Le Roi Jones y Jean Genet a Roland Barthes y Lévi-Strauss. Y para nuestro caso preciso habría que decir entonces (y no para cobijarnos bajo el gesto de la frase sartreana) que tanto Sebreli como Verón, como yo mismo, que los tres somos ilegítimos. Pero hay una diferencia: que mientras es probable tal vez "curarse" de esa ilegitimidad al nivel del *"trabajo" intelectual*, por un control teórico de las operaciones teóricas de un "Saber" difícil como el marxista, puesto que aspira a dar cuenta de la "totalidad",[5] Sebreli ha elegido en cambio un camino equívoco y que consistiría en sumirse, en *todos* los niveles de su acción, en esa ilegitimidad. Y a nuestro entender él no ha errado la dirección, sino el modo de resolver eso a lo que apuntaba. Es de este "camino" del que Sebreli es su propio desvío, sobre el que debiéramos poder reflexionar, pero sin dejar de tener en cuenta que Sebreli no da un paso sin borrar las huellas; y que este escritor fascinado por su ilegitimidad, es deshonesto porque se sabe ilegítimo, y se encierra en esa ilegitimidad y en esa deshonestidad para quedar fiel a una figura de la que huye pero a la que vuelve incansable, repetitivamente: la figura sartreana del "bastardo", que dibuja para él un *esquema conciente de valores positivos*. ¿Será necesario decir que él aquí tiene razón? Hay que decirlo. No sólo para desarmarlo y para hacer que tal vez pueda escucharnos, sino para comprender los mecanismos por los cuales pretende, a cada paso, legitimar, más o menos graciosamente, más o menos burdamente, los productos borrosos de aquella ilegitimidad.

Fuente:Oscar Masotta, *Conciencia y estructura*, Buenos Aires, Jorge Álvarez, 1968, pp. 196-201.

---

[5] *"Aspira"*, digo.

5
INTELECTUALES Y ARTISTAS

CUESTIONES DE FILOSOFÍA, 1962
Presentación

Para la línea de pensamiento en que se sitúa esta publicación la filosofía está ligada a la realidad social en que surge. Una filosofía pura, una contemplación desinteresada de las contradicciones que atraviesan nuestro mundo y nuestras vidas, una meditación que flota en las cajas sin resonancia de una subjetividad atemporal son las ilusiones mistificadoras de las "bellas almas". Frente a la filosofía académica que se quiere una "inútil" meditación alejada de las preocupaciones contemporáneas y aun de todas las humanas, para nosotros la filosofía es útil. Ya sea que a pesar de sus pretensiones inútiles cumpla una función enmascaradora y deformante de la realidad ofreciendo los instrumentos ideológicos al régimen social imperante, a la opresión; ya sea que se postule como un pensamiento que trata de comprender el mundo y las relaciones humanas en totalidad y aspira a devenir práctica. Para nosotros la filosofía debe ser el esfuerzo por recuperar en el plano de la reflexión el contenido efectivo de la experiencia humana, conciliándose con la práctica. Esfuerzo íntimamente ligado con la toma de posición frente a la manera en que las filosofías realizan esa recuperación y a las raíces sociales a las que se vinculan.

Pero nuestros propósitos no pueden dejar de ser contradictorios. En efecto, una filosofía no puede ser hoy ni inmediatamente práctica ni totalmente abarcadora; a menos que se opte por conciliar en el pensamiento las contradicciones de la sociedad. Que sean contradictorios no implica que sean imposibles ni tampoco que se deba renunciar a abordarlos. Se trata, por el contrario, de emprender la crítica contra quienes ocultan la condición en que se realiza la reflexión y de mostrar hasta dónde esos propósitos pueden ser satisfechos. Lo primero remite a una labor de exégesis que nos hace salir del terreno que en la actualidad consideramos propiamente filosófico; lo segundo, al reconocimiento de que esa satisfacción no puede lograrse mediante la afinación o el enriquecimiento de la razón, sino mediante la práctica que la filosofía sólo en forma parcial ilumina y a la que debe recurrir para ponerse a prueba.

No queremos, pues, escapar a este círculo, sino hacerlo patente e intentar conducirlo hasta sus últimas consecuencias. Concientes de nuestras limitaciones y de las contradicciones de las que somos portadores, emprendemos un trabajo que se fija como una de sus primeras tareas la clarificación de su propia condición. Un trabajo que lejos de abandonar el rigor –más mentado que efectuado, por lo general– lo presupone y que se niega a reemplazar los textos de los filósofos por clasificaciones endurecidas, porque el modo propio en que la filosofía comprende la realidad no sólo exige la presencia personal, el compromiso de practicarla y de colaborar en las transformaciones históricas que la hagan práctica sino también el ejercicio del rigor fundado sobre la experiencia: los acontecimientos de nuestro mundo, la ciencia, el arte, la vida cotidiana.

En términos generales, éstos son los propósitos. No es en este plano enunciativo donde queremos apresarlos sino en sus desarrollos.

Sólo queremos señalar, en función de lo dicho, los objetivos más particularizados que nos guían y que definen en nuestro medio una actitud *combativa*. Porque, entre nosotros, efectuar los puntos siguientes es, en efecto, asumir una actitud combativa:

1) poner a prueba la posibilidad de hacer filosofía fuera de los claustros académicos;

2) abrirse al *contenido efectivo* de la experiencia histórica de nuestra época vivida desde los países latinoamericanos;

3) rechazar el dogmatismo y el sectarismo en todas sus formas, sin que ello signifique adoptar una erudita indiferencia, y

4) tomar posición frente al pasado y al presente filosóficos del medio latinoamericano.

Nos queda agradecer a todos aquellos que han hecho posible esta publicación: amigos, adherentes y avisadores. De ellos y de quienes en el futuro se acerquen a esta empresa que se propone como abierta y común en el reconocimiento de la solidaridad de preocupaciones, en la afirmación del esfuerzo por comprender y hacer inteligible nuestra realidad, depende la continuidad de CUESTIONES DE FILOSOFÍA.

Fuente: Texto de presentación de *Cuestiones de Filosofía,* n° 1, primer trimestre 1962.

NORBERTO RODRÍGUEZ BUSTAMANTE
Los intelectuales argentinos y su sociedad

EPÍLOGO

Sin perjuicio de continuar la indagación del tema, en redoblado esfuerzo por someterlo al asedio inquisitivo, esto quiere ser un desenlace para las cuestiones planteadas en un comienzo, a la vez que el gesto, complejo, de ponerle fin al deambular entre las dificultades o escollos surgidos en la marcha. Aquí aspiramos a lograr la sistematización más amplia de los elementos que hemos tenido a nuestra disposición, como para salvar las dudas que pudieran surgir acerca de las modalidades de este conjunto de intelectuales –a quienes les [pedimos su] participación– que nos han acompañado de manera ejemplar en el itinerario que el lector ha podido seguir, si conservó fuerzas para llegar hasta el final.

Igualmente, nos interesa extraer consecuencias acerca de los objetivos específicamente relacionados con los problemas de las formas de socialización del saber, la proyección del cometido de los intelectuales en el ámbito social y sus formulaciones de carácter ideológico.

Empezaremos por referirnos a la práctica de las reuniones de trabajo en común, tan usual en medios culturales de las sociedades de vanguardia y poco frecuentes en nuestro país, aunque, a decir verdad, ya existen indicios de que también en ese respecto, el impulso modernizante está creando nuevas estructuras y formas de relación. Sin embargo, nos hallamos en la iniciación de esas transformaciones de los usos y las costumbres de la vida intelectual; por ahora, no es exagerado apuntar a su carácter de excepción. La infrecuencia del trabajo en equipo y de la efectiva cooperación interdisciplinaria, con su secuela de individualismo cerril, es otra cara del fenómeno concomitante de la escasa receptividad para la investigación científica en general, y científico social en particular, al par que de las barreras que se yerguen para obstaculizarlas. Tal vez sería el caso de recordar la sentencia de John Dewey: "Todo pensador pone en peligro alguna zona de lo real".

Reasumiremos, por tanto, las formulaciones de índole analítica y crítica ya expuestas, para establecer generalizaciones que se vinculan con los siguientes tópicos: I. Características de los intelectuales participantes en el simposio. II. La comunicación intelectual. III. Los estilos de pensamiento. IV. Las actitudes ideológicas y la ideología del cambio. V. La influencia social. VI. Las relaciones con la sociedad.

Pasamos, pues, a considerarlas en el orden que se ha anticipado.

I. CARACTERÍSTICAS DE LOS INTELECTUALES PARTICIPANTES EN EL SIMPOSIO

1. Una primera observación sobre los intelectuales reunidos en el simposio, la ofrece el hecho, válido para la mayoría, de su pertenencia a estructuras

docentes y de investigación, de carácter universitario: en el pasado más cercano, ocho, en la actualidad, cuatro, sobre un total de quince participantes; fuera de esa inserción en la vida institucional, no mantienen vínculos con dominios administrativos o de conducción, en la burocracia pública o privada.

Como se advierte, su única fuente de relaciones sociales en gran escala, y su real influencia personal, estaba o está concentrada en los nexos con círculos universitarios.

Cierto es que son intelectuales productivos, que crean e investigan en sus distintos campos, y editan libros por los cuales llegan al público. Pero es notorio que este tipo de influencia es más difusa y de resultados para la acción social –si los originan– a más largo plazo.

No hay posibilidad, pues, de adscribirlos a estructuras del poder económico o político organizado, en los ámbitos nacional, provincial o municipal.

2. Las personalidades participantes en el simposio, no son intelectuales tradicionales –en el sentido con que Antonio Gramsci emplea el término– sino orgánicos, emergidos de grupos sociales y estratos de clase, que los han condicionado con sus objetivos y valores.

3. En lo que concierne a su vivencia del tiempo social, carecen, al parecer, de otra lealtad al pasado, que la derivada del conocimiento histórico de su significación, y se sitúan en el presente, con aguda conciencia crítica de sus fallas; respecto del futuro, mantienen una expectativa prudencial, sin enunciados definidos con mayor concreción que la implícita en sus postulados o en sus previsiones, escuetas y genéricas.

4. Casi todos ellos han afirmado su realización en cuanto intelectuales, centrándose en el propio esfuerzo; pero, ni pertenecen de modo explícito a sectores partidarios bien determinados, ni han formulado elaboraciones de carácter ideológico adscriptas a las directivas, plataformas o programas de un partido político.

II. LA COMUNICACIÓN INTELECTUAL

5. Un rasgo que salta a la vista, en los testimonios expuestos, es la casi inexistencia o la escasa consolidación de organismos destinados a una vida académica regular, para la discusión y el intercambio de ideas; en suma, se pone de relieve el carácter individualista de la actividad en el campo del conocimiento, en una etapa histórica mundial que acentúa y promueve el trabajo en equipo y la interrelación de las ciencias. Esto ilustra, asimismo, con las debidas excepciones, la baja densidad de la producción intelectual y de los dedicados a ella que, de otro modo, presionarían a través de instituciones y asociaciones para lograr desarrollos más intensos de sus actividades.

En distinta dimensión, se exhibe también una valoración colectiva difusa, que no otorga la importancia debida a los alcances de la ciencia en el proceso de institucionalización del cambio, tal como acontece en las sociedades modernas.

6. Las coincidencias parciales y las discrepantes concepciones de la función de los intelectuales, sea de los que pertenecen a una misma rama de actividad, sea de los pertenecientes a ramas diversas, muestran una incomunicación interna de los mismos, que permitiría hablar de una cierta atomización de sus esfuerzos, otro rasgo, tal vez, u otro componente, de la crisis de la sociedad y la cultura en la Argentina.

III. Estilos de pensamiento

7. Si bien los expositores presentaron sus planteos desde una perspectiva específica, según la categoría de intelectual en que cada uno se situaba, resulta patente la aspiración a concepciones y a fórmulas que procuran atender a la síntesis y a los aspectos generales de la coyuntura histórica y cultural del país; esto es, la especialización no ha sido equivalente a una barrera u obstáculo a una visión más amplia, o, como señaló uno de los participantes, la tecnicidad de las conceptuaciones no promovió la parcialidad y ceguera del conocimiento rigurosamente aislado y obtenido sin colaboración interdisciplinaria.

IV. Actitudes ideológicas e ideología del cambio

8. Mientras que unos participantes subrayan la pertinencia de la tarea intelectual específica, sin pronunciarse acerca de otros tópicos, el resto distribuye sus actitudes ideológicas, por una parte –de acuerdo con las salvedades ya consignadas–, en esta gama de posiciones:

a) afirmación del cometido de los intelectuales en la creación literaria –en prosa o poética– orientada a reivindicar lo universal humano, aunque ceñida a una cierta intemporalidad en su significado, que nos remite a las bases de una cultura de *élite*, contrapuesta a una cultura de los nuevos medios de comunicación, con su efecto masivo y descualificador, según este enfoque, o de predominio de la imagen sensible sobre los símbolos significantes;

b) certificación de las implicancias ideológicas del conocimiento social y necesidad de plantear de modo deliberado, los valores sociales de algunos grupos o de la sociedad nacional, en el conocimiento económico, nunca puramente especulativo o teórico;

c) situación ambigua de los teorizadores de la educación, divididos en el enfrentamiento de la corriente filosófica y tradicional, con las corrientes científicas, de variada fundamentación, pero faltas por igual de una teoría integrada de la crisis cultural y socioeconómica de nuestro tiempo, y de una sistematización valedera de los datos precisos acerca de la configuración real de nuestra propia circunstancia;

d) endeble socialización de la actividad científica y técnica, interferida por irrupciones del pensamiento tradicionalista, y múltiples formas de irracionalismo;

9. Por otra parte, asistimos, con cierta unidad de perspectivas, a la deliberada postulación de una ideología del cambio social en la Argentina, con estas variantes en sus enunciados y estos elementos componentes;

a) Vetustez del modelo del crecimiento económico fundado en las posibilidades de la estructura agropecuaria, como base principal de la riqueza del país, y promoción del desarrollo de la industria y del ordenamiento económico, tanto como de la teoría económica que se correspondan con él, atendiendo a su coeficiente humano de rendimiento, en mejores niveles de vida, mayor capacitación humana, nuevas posibilidades de realización colectiva, y con un punto de convergencia para el esfuerzo común: la expansión del mercado interno;

b) percepción del cúmulo de factores antes referidos, en cuanto típicos de la situación de general estancamiento colectivo, por el carácter protoindustrial de la Argentina, que muestra la anquilosis institucionalizada de las resistencias al cambio, y la prolongada frustración general, sin que terminen de fortalecerse los nuevos agentes del cambio, por una parte, el grupo de industriales en enfrentamiento polémico con la clase terrateniente, ni tampoco, por otra, el proletariado autoconciente, con metas de transformación estructural de las condiciones actuales;

c) atraso de la organización educativa, en todos sus grados, con acentuación de metas y fines que no responden a las necesidades contemporáneas del desarrollo humano, en cualquiera de sus niveles; educación fijada en una mentalidad de consumidores y no de productores;

d) en consonancia con lo anterior, exaltación de las metas y los valores de modernidad –secularización, pensamiento crítico, aptitud para la investigación, tolerancia a lo ambiguo, participación activa y responsabilidad, eficacia, iniciativa, información renovada–; ajustado todo ello al concepto de formación de los recursos humanos para el desarrollo económico que el país necesita, equilibrando la realización de la personalidad, con las exigencias sociales;

e) búsqueda de un enraizamiento de la actividad filosófica y del filosofar por la toma de conciencia y la elaboración de los problemas de integración en nuestra cultura, para sustentar un modo del existir teórico, en un tiempo que ahora no nos pertenece, o que no asumimos, por la pérdida de autenticidad implícita en aquella actitud especulativa que sobrecarga la necesidad de información libresca, en desmedro de la asunción problematizada de la propia realidad individual y colectiva;

f) conciencia de la crisis cultural argentina y avisoramiento de un lógico déficit de creatividad en la eficiencia y en la filosofía, confrontándolas con la literatura y las artes plásticas; pero denuncia de las opiniones arbitrarias por una tradición histórica monolítica y canónica, sea cual fuere la interpretación que se le asigne, a la vez que prevención contra el nacionalismo fácil, que confunde el contenido o la temática, con la trascendencia de los productos culturales, dificulta la adecuada comprensión de la universalidad, sólo obtenible por el ahondamiento en la propia circunstancia, con el equipo conceptual y los métodos, que en cada momento traduzcan los últimos logros del espíritu humano;

g) en tanto los males crónicos que nos afectan derivan sea del confusionismo engendrado por la proliferación de ideologías, cada una de ellas con pretensión de absoluto o bien del particularismo atomizado de los grupos de presión en lo cultural y en lo económico y político, la función del intelectual ha de consistir en el análisis crítico de esos factores, a manera de antídoto contra sus insuficiencias, recuperan así el valor higiénico del auténtico conocimiento;

h) siendo urgente superar las barreras entre los grupos, por lo común provenientes de la falta de información controlada, el conocimiento ha de ser concebido como el medio más eficaz de clarificar las relaciones sociales, frente a los irracionalismos que las interfieren, de raíz principalmente política, aunque no en exclusividad.

V. La influencia social

10. Se observa, además, una apertura a los problemas del desarrollo argentino, enfocado con los criterios específicos, propios de cada disciplina, y en notoria conciencia de las nuevas metas, aunque sin articulación con las técnicas sociales para realizarlas, a través de los movimientos sociales, de las estructuras de las instituciones, y de los grupos sociales organizados. En este orden de cosas, se podría subrayar la marginalidad de este conjunto de intelectuales, desconectados de hecho del proceso político, por su no pertenencia a partidos, y con restricciones a sus posibilidades de influir, salvo por su acción en la universidad, en la formación de profesionales e investigadores. Pero el otro rasgo a señalar lo constituye su desapego explícito de concepciones políticas de partido, lo cual debilita sus posibilidades operativas, y los mantiene en calidad de potenciales agentes del cambio, en una coyuntura social de futuro incierto, a juzgar por los exponentes gruesos de la actualidad argentina. Aquí, tal vez, correspondería señalar su importancia como formuladores de ideologías y el valor que tienen, no obstante, para la formación de élites.

VI. Las relaciones con la sociedad

11. En tanto campea a lo largo de los planteos de los diferentes capítulos del libro una actitud –y las opiniones que la expresan– sin complacencia para el análisis de los problemas argentinos, con una veta crítica muy fuerte, que nos ilumina a propósito de la caracterización no conformista de los participantes del simposio, no cabe sostener, sin embargo, que se incurra en una valoración pesimista sobre las posibilidades de una transformación modernizante de la estructura económica, social y cultural del país. En ningún caso se han formulado dudas o diagnósticos sin salida. Más bien correspondería pensar en una actitud sanamente realista, que evalúa los obstáculos, denuncia las insuficiencias y aboga

por cambios circunscriptos en el ámbito económico, científico, técnico y educacional, sin caer en espejismos o en la abusiva confianza en los aspectos aparienciales de la configuración del país real, tal como hoy se nos da.

12. Si hubiera que concluir acerca de la posición más evidente para ubicar a la mayoría de estos intelectuales, sería la de su escepticismo militante en cuanto a las expectativas favorables que pudieran ligarse a las transformaciones institucionales surgidas en esta nueva etapa que la nación vive.

Fuente: Norberto Rodríguez Bustamante, *Los intelectuales argentinos y su sociedad,* Epílogo, Libera, Buenos Aires, 1967, pp. 235-242.

ABELARDO CASTILLO
El camino ya no tiene salida

Y una vez más, los intelectuales americanos nos vemos reducidos a la mera formalidad de las declaraciones; al aparato gris de la retórica. Es fácil, en estos casos, hacer trampa; caer en la tentación de sentirse justificado por haber escrito el nombre al pie de un manifiesto. Es fácil, después de haber puesto un radiograma a Cuba o mientras le pedimos al lector que lo haga; después de haber adherido a la declaración de la Sociedad Argentina de Escritores o de "Hoy en la Cultura", como lo hemos hecho; claro, es fácil sentirse mejor, más lúcido que Borges, más valiente que Bioy Casares. Lo que sí es difícil, es sacarse de encima la oprobiosa sensación de vergüenza, de responsabilidad culpable: la de estar aceptando, de algún modo, el juego de "sentirse limpio". Los tiros son en otra parte, en Vietnam o en Las Antillas; se fusila por ahí. Uno firmó muy claramente que no está de acuerdo con eso; ¿qué más se espera de uno? Pero, entonces: ¿por qué esto, este subterráneo malestar que impide escribir un editorial sobre otra cosa? Y, ya que escribimos acerca de Santo Domingo, ¿por qué esta imposibilidad de acertar con el tono violento, acusatorio, de escritores lúcidos y fuera de la cuestión que ahora van a demostrarles al mismísimo Lyndon Johnson, y a ese otro carnicero, Imbert Barrera, qué es en la Argentina un hombre libre? Grotesco, es cierto. Porque, ¿qué es, en la Argentina –qué, en América– un hombre libre...? Y por eso hemos encabezado esta página con la única declaración que no ha de haber avergonzado a quienes la redactaron. Pues ya no se trata, en América, de pedirles a los norteamericanos que se vayan; sino de echarlos de donde estén. Y esto, sólo Cuba lo ha hecho. Y ahora ya no va a ser sencillo repetirlo; va a costar, quizás, el mismo trabajo que costó expulsar a los alemanes de Europa: a éstos de ahora, sólo les falta un Hitler. Ahí tienen sus teorías raciales, su gran miedo a todo, menos a la guerra –y ésta es la ventaja que nos llevan, porque ellos son, ahora, los que no tienen nada que perder–, y tienen su petulancia de suicidas, y tienen, para sentirse fuertes, el odio que les tenemos. Pero echarlos va a ser difícil: y de ahí el malestar; la sensación pesada de no ser libres –el ridículo de reclamar a nuestro gobierno que les exija el retiro de sus tropas; no sólo mientras el gobierno delibera sobre si enviará o no nuestras propias tropas, sino cuando el mismo Johnson ha dicho que sería capaz de desembarcarlas en cualquier país de América: también en el nuestro, lo sabemos–; de ahí, pues, la sensación de no saber qué hacer con las palabras, con la firma, con el odio infinito que les tenemos, con la vergüenza que nos da ser argentinos: porque ¿qué derecho tiene un argentino a postular la libertad de autodeterminación, en Santo Domingo, cuando en el sentido estricto, él mismo es súbdito de una colonia yanqui?; si para un rebelde dominicano nosotros somos la misma cosa que los Estados Unidos, apenas un poco más cómicos. La comisión de la OEA estaba presidida por un argentino. El mayor escritor de nuestro país, Borges, infamándose e infamándonos, rechaza la declaración de la SADE porque "la intervención de las armas norteamericanas se realiza en defensa de la democracia y de la libertad". Siguiendo la ridícula paranoia de los militares brasileños, disfrazados ahora de potencia bélica (si no fuera insultante sería chistoso: los brasileños invadiendo el Uruguay), los generales argentinos pensando, quizá seriamente, ir a poner un poco de orden fuera del país. ¿De dónde sacar la indignación, entonces?; ¿cómo sentir, siendo argentinos, y habiendo vindicado tantas veces la responsabilidad intelectual, al "no querer avergonzarnos de escribir", de Sartre; cómo no sentir que cada palabra condenatoria es una autoacusación? Y mañana o pasado, si finalmente alguien decide, por todos los argentinos, que nuestras tropas vayan a Santo Domingo; si finalmente nuestros conscriptos, pagados en dólares, son enviados como esos lamentables muchachos brasileños, a justificar con su presencia la presencia de los imbéciles marines comedores de chiclets, y a justificar (da miedo pensarlo) a los propios conscriptos dominicanos que, no sabemos si de cobardes o de inconscientes o de renegados, aceptan cumplir las órdenes de matar a su propio pueblo; si eso ocurre: ¿qué haremos nosotros, los intelectuales libres firmadores de manifiestos? Si un solo argentino tira, ¿qué haremos con nuestras revistas, y nuestros libros, y nuestras teorías? Sobre todo, con nuestras teorías. Porque, ¿quién le enseñó al hijo de un obrero, de veinte años, que no hay que tirar? (¿Qué hubiéramos hecho nosotros, hace diez años?; ¿qué hicimos en junio y en setiembre de 1955?) ¿Quién explicó antes o cuánto tiempo queda para explicar que un hombre con un fusil no siempre debe necesariamente apuntar adonde le ordenan? Que, en esta historia que estamos haciendo, tiene valor absoluto aquel poema de Guillén donde un guajiro pregunta a un conscripto de dónde ha sacado él que el pueblo, y el hijo de veinte años de ese pueblo, con un fusil en la mano, son dos cosas distintas. Y, si nadie explicó esto: ¿en dónde nos vamos a meter nuestros libros, nuestras revistas y nuestros manifiestos?

9 de julio de 1965

Fuente: *El escarabajo de oro*, Editorial, año VI, N° 29, julio de 1965.

CARLOS A. BROCATO
La subestimación de la literatura

INTRODUCCIÓN A UNA POLÉMICA

La publicación de este artículo del co-director de LA ROSA BLINDADA, artículo en el que enjuicia el último editorial de EL ESCARABAJO DE ORO, y la réplica, que naturalmente publicaremos, no suponen una polémica entre dos revistas, se trata *en todo caso* de una controversia personal y a nivel de amistad. "En todo caso", porque, como notará el lector que haya prestado cierta atención al último editorial de EL ESCARABAJO DE ORO, la crítica de Brocato se fundamenta, por lo menos, en un malentendido. De cualquier modo, parece más útil que opinar ahora sobre esto, insistir en lo dicho: no debe verse (querer verse), en este desacuerdo, alguna "nueva manifestación" de ese barullo que –según la descripción algo malévola de un articulista– hace de todos nosotros, de nuestras publicaciones literarias, una ideológica "bolsa de gatos". No, el sentido que el director de LA ROSA BLINDADA da a su crítica, sea ella errónea o no, es muy claro; el hecho de que su autor y el de aquel editorial, dirijan a su vez dos revistas, no significa que esas revistas, a partir de acá, se transformen en polos antagónicos de vaya a saberse cuál antinomia teórica, calabresa. Vale aclarar esto, aunque suene superfluo. En Buenos Aires, vale; no una, varias experiencias de igual índole, acaban por volver cauteloso al escritor: qué se entiende de lo que se lee, ése fue también, el tema de algún editorial de EL ESCARABAJO DE ORO.

La carta con la que Brocato acompañó su artículo, no da lugar a equívocos y por eso importa transcribirla. Compromete, personalizándolo, sólo a quien dirige esta revista, y dice: *"Te envío aquí un artículo que observa un aspecto de tu último editorial de EL ESCARABAJO DE ORO. Espero que sea útil para la polémica en que todos estamos interesados. Contestame sobre la posibilidad de publicarlo en el próximo número, pues, si no es así, se comprende que perdería actualidad. Un saludo para vos y todos los compañeros de EL ESCARABAJO DE ORO. Carlos Alberto Brocato".* No siendo lícito, pues, postergar esta publicación, pero, por razones de espacio, siendo imposible responder a Brocato en este mismo número, resulta necesario adelantar, al menos, dos cosas. La sorprendente imputación de insinceridad, de "pose" (sic), con la que Brocato descalifica lo que él *ha supuesto* que ese editorial en "uno de sus aspectos" postularía –la inutilidad del acto de escribir–, aun cuanto *todo* el editorial hubiera dictaminado absurdamente que sí, que la literatura es inservible; la *imputación* de Brocato (la de que el autor *fingió* esa idea), sería, por lo verificable, un mero énfasis: una sospecha o una adivinación. Una conjetura, a lo sumo, de orden "psicológico". No un argumento crítico. Y la segunda cosa, que es ésta: existe, en la base misma de esta discusión, un malentendido, que descarta de hecho lo anterior. Y sobre el cual, respondiendo de algún modo al co-director de LA ROSA BLINDADA, se hablará largamente en el próximo número.

A[belardo] C[astillo]

LA SUBESTIMACIÓN DE LA LITERATURA Y LA COQUETERÍA DE LA SUBESTIMACIÓN

Acabo de leer los últimos números de algunas de nuestras revistas literarias y de cultura más importantes y frecuentes: *Pasado y presente, El escarabajo de oro, Hoy en la cultura, Tiempos modernos, Barrilete*. Todas, sin excepción, dedican el editorial o primera nota a Santo Domingo. Es obvio señalar la unanimidad de la condenación del imperialismo. A vuelo de pájaro, el panorama que se ofrece no hace más que reflejar la maduración política, la responsabilidad civil de nuestros jóvenes escritores. El sentido de su compromiso, el cumplimiento de los deberes de la inteligencia, como quería Ponce, están presentes. No trato de enfatizar el hecho, pero me parece comprensible subrayar la coincidencia. Mucho más cuando a ella se llega sin acuerdos previos y, por qué no decirlo, a pesar del clima de desencuentro de aislamiento, que rodea el trabajo de los escritores de izquierda. No obstante, estos jóvenes escritores pertenecientes a diversos grupos están ahí, para decir lo que no ha sido necesario recordarles. Y lo han dicho poniendo de relieve un fenómeno político y señalando un enemigo histórico concreto, no con ningún alarde metafísico en nombre de la persona humana castigada por su propia fatalidad huracanada, etcétera, como hacen los filisteos. O gimiendo, da, de paso, por Hungría, como hacen ciertos "socialistas" envilecidos. Cómo no deducir entonces ese signo de madurez.

Pero una madurez reconocida sin paternalismo, valorada con sinceridad intelectual; estimada, no tolerada; de igual a igual. No es una cuestión de matiz. Hace al fondo de la postura que se tome para el diálogo. Si se lo comprende cabalmente se adoptará la polémica, que es la forma más alta de respeto intelectual, aunque en sus términos pueda ser *irrespetuosa*, en el sentido convencional de la palabra. Si no se lo comprende se adopta el tutelaje, que es la forma más irritante del monólogo y que ningún intelectual de verdad está dispuesto a aceptar.

Por otra parte, estas declaraciones coincidentes expresan también un grado de conciencia con respecto al papel social de la literatura y del escritor; una confianza, por decirlo de otro modo, en la eficacia histórica de este oficio. Y entramos ya en el tema de este artículo.

En este sentido, de las revistas mencionadas sólo habría que apartar a *Hoy en la cultura*, no porque lo niegue, sino porque no lo contiene. Es un escrito despersonalizado, no literario, en el sentido artesanal del término, tan respetable por cierto. Concuerda, eso sí, con el tono general de la revista, que no ha logrado aún modelar una fisonomía propia, una personalidad. De todos modos, esto no justifica el costado más flaco de su editorial, que es su optimismo esquemático, empecinado en ver sólo el lado bueno de las cosas... y hacer de Santo Domingo poco menos que un triunfo de la revolución. Yo no diría que es una visión meramente política del drama dominicano, porque la política no es tan mera en verdad. Ni reclamo para el escritor la exclusividad de la visión total de lo humano. Pero es *política*, sí, si se me permite, en el sentido de *cierta* política o visión de magisterio.

Las otras revistas ofrecen todas textos literarios, y que contienen lo político. Con sus características, estos textos expresan la voluntad y el deber del escritor de testimoniar, de juzgar, de condenar. Ello implica que el escritor no renuncia a participar en lo político a través de su oficio, o, empleando un giro más positivo, ello indica que el escritor entiende que su oficio, su *mester*, es apto para *hacer política*.

Debemos precisar más. Se trata de observar si el escritor considera que su oficio es útil, que su medio es eficaz. Sin descartar naturalmente las dudas que lo asaltan, los momentos de abatimiento frente a situaciones para las cuales quisiera otros poderes. Una cosa es el sentimiento de impotencia, otra la concepción que subestima la literatura y otra la coquetería de esa subestimación. El primero es explicable humanamente, la segunda es errónea y perniciosa y la tercera es equívoca y superficial. Quiero referirme a la tercera porque ella aparece en el editorial de Abelardo Castillo en *El escarabajo de oro*.

Sin que lo de *Pasado y presente* sea paradigmático –no porque le encuentre objeciones, sino porque no aspira a eso en su modesto objetivo de consignar la invasión y condenarla–, lo es no obstante en el aspecto de que tratemos. Dice en su último párrafo: "Y si ésta es la gran historia porque es nuestra única historia, *participamos en ella con nuestros medios de hoy. Sin gestos teatrales ni falsa confianza ni complaciente pesimismo*, sino simplemente con dolor y con odio". (El subrayado me pertenece.)

Sería difícil mayor austeridad para asumir con responsabilidad la tarea del escritor frente al crimen político dominicano. Una responsabilidad que supone la fe en los medios junto con la conciencia de las limitaciones de todo medio aisladamente considerado. Y si se lo observa en particular, no ha de ser este medio el más desprovisto de eficacia de todos los que utiliza el hombre para combatir la injusticia. Tampoco es el más eficaz, ni a nadie se le ocurre en este momento afirmarlo. A mí me gustaría, por ejemplo, tener en mis manos aquel por el cual pudiera hacer retroceder a los *marines* a cachetazos. Ni una cosa ni la otra.

Es grotesca, sin atenuante, la infatuación didáctica de aquellos que al escribir sienten que dirigen el mundo y ordenan la historia. Pero también es ya demasiado sospechosa de coquetería esa desconfianza masoquista con que otros escriben y simultáneamente socavan la validez de lo que escriben. ¿Para qué escriben, entonces? ¿Para macerar su oficio? ¿Para insultarse en público?

Por ser Abelardo Castillo quien se presenta de este modo me parece menos disculpable. Porque ha sido precisamente él quien, a través de otros editoriales de *El escarabajo...*, ha defendido con legítima obstinación el valor de la literatura, ha manifestado y robustecido la confianza en la dignidad de nuestro oficio, y lo ha hecho, precisamente, frente y contra la concepción que subestima la literatura, frente y contra los que proponen dogmáticamente la opción: literatura o política.

¿Por qué entonces ese tono psicoanalítico de culpa, de autoacusación, de sarcasmo que recorre su editorial? ¿Por qué esa burla, esos escupitajos al cielo?: "... ¿qué haremos nosotros, los intelectuales libres firmadores de manifiestos [...] Y, si nadie explicó esto: ¿en dónde nos vamos a meter nuestros libros, nuestras revistas y nuestros manifiestos?", etcétera.

Yo, personalmente, no estoy dispuesto a meterme nada de eso en ninguna parte, no sólo por lo doloroso que pudiera resultarme, sino porque encuentro otro procedimiento más sencillo: dejar todo eso en donde está y dedicarme a lo que considero más eficaz, y si no hay nada más eficaz, dejar igualmente de hacer aquello de cuya eficacia dudo en tal alto grado.

No quisiera que Castillo viese en esto un fastidio personal. En verdad, tengo fastidio, pero éste no nace por su editorial, aunque en él sea a mi juicio innegable la coquetería, sino porque esa actitud, con sus correspondientes variantes, se viene dando a mi alrededor con machacona frecuencia. Yo vengo, no por mi decisión, de un partido político en el cual la literatura y el escritor son, por decirlo de un modo fraternal, tolerados. Así es en la Argentina. Y fuera de él, vinculado más íntimamente a un sector de intelectuales con similares discrepancias antidogmáticas, me encuentro con un clima parecido en algunos de ellos, con un estado de ánimo semejante, si se me permite expresión tan amplia. A punta de labio está el latiguillo: "culturalista", y, zas, uno debiera sentir que está liquidado porque no tiene en ese momento una granada de mano para responder.

No quisiera ser superficial ni subjetivo. Comprendo que estas observaciones no adquieren solidez si no se las instala en el análisis de las motivaciones objetivas de aquella actitud. No se me escapa que en muchos están aún presentes los sedimentos de un antiintelectualismo mamado durante muchos años; es una influencia de la cual uno no se libera tan fácilmente. No se me escapa tampoco que en los momentos más difíciles de una sociedad, en sus períodos de estancamiento y pesadez, se producen los mayores embates contra esa confianza. No se me escapa a su vez que la conciencia de la ineficacia reformista, es decir, la impaciencia política que genera, acrecienta la impugnación de la eficacia literaria y artística, la traslada. En este sentido recuerdo aquel pensamiento de Joliot-Curie: "Nuestra libertad [la de los comunistas] proviene de ese jubiloso sentimiento de eficacia". No tenemos júbilo.

Pero el ahondamiento del análisis que podría hacerse en estas direcciones y en otras no agota la explicación. Porque, en definitiva, se trata de un condicionamiento, de un cuadro, de un contexto, en el que habría que ubicar un determinado fenómeno intelectual, una corriente de ideas, una actitud –más o menos generalizada según lo descubra el análisis– con respecto a la literatura; no se trata de un ciego determinismo. Sería muy cómodo echarle las culpas a las mamas, al país o a la revolución que no llega.

Si exigimos autocrítica a otros tenemos que empezar por practicarla nosotros. Aunque se resienta el amiguismo que a veces cultivamos. Porque también en esta desconfianza del oficio literario, en esta impugnación de su eficacia, comenzamos a descubrir otro tipo de impotencia, que no tiene nada que ver con la política.

Yo no me siento paradisíacamente seguro en mi oficio; y no hablo de mi *talento* sino de mi actitud humana. Ésta es una razón suficiente como para que no se me ocurra postular ninguna superioridad del escritor, ningún "estar de vuelta", en estos trances que tanto repercuten en quienes nos hemos metido entre ceja y ceja "cambiar el mundo". Habrá que seguir comiéndose los mocos tantas veces como la realidad lo exija y sea necesario hacerlo. Le pasa al escritor y a cualquier mortal con sus huesos. Puede ser que el escritor tenga mayor conciencia del peso de sus huesos; nada más. Pero lo otro me parece pura hazañería; o impotencia, pero literaria y no de otra índole. A otra cosa, entonces.

Todas estas consideraciones son previas a la lectura del editorial de Castillo; es previo también este fastidio y no lo promueve entonces su texto. A propósito de él me ha parecido oportuno extenderme en estas observaciones, que están dirigidas, en especial, a mis compañeros más cercanos.

He creído adecuado señalarle a Castillo esa coquetería porque no contribuye a robustecer la confianza en nuestro oficio, sino todo lo contrario. Y porque en él es una pose despreciar lo que practica, legítimamente, con tanto entusiasmo y, en los últimos tiempos, éxito.

Se trata de ser lúcido, sí; pero afinando la óptica, el foco, no produciendo relámpagos mágicos que no dominamos y que pueden alumbrar, enceguecer o quemar. Más modestia, tal vez, en nuestras fuerzas. No debemos decir: "Y una vez más, los intelectuales americanos nos vemos reducidos a la mera formalidad de las declaraciones; al aparato gris de la retórica". Porque esto es, lisa y llanamente, retórica, y un escritor lúcido, si sabe conscientemente que va a hacer retórica, debe evitarlo. Si no, ¿de qué vale ser lúcido? O, de lo contrario, está coqueteando con la retórica, y esto también es malo.

Compartibles o no en su totalidad, que no viene a cuento, aquellos otros editoriales de Castillo estaban lejos de esta retórica; concurrían, entre otras cosas, a afirmar a aquellos que pretenden luchar por otro mundo a través de la literatura, sin despreciar otros medios y utilizándolos cuantas veces lo consideren necesario. Ayudaban a reforzar una confianza, que es una forma, por lo menos, de no debilitar nuestras fuerzas frente al enemigo de clase. Aunque esa confianza sea dispensada a la literatura y ésta sea una mala palabra para algunos.

Fuente: *El escarabajo de oro*, número 29 y medio, noviembre de 1965, pp. 1-4.

NICOLÁS ROSA Y MARÍA TERESA GRAMUGLIO
Tucumán arde

Frente a los acontecimientos políticos y culturales que tienen lugar en el país, un grupo de plásticos argentinos de vanguardia se ha propuesto la realización de una obra colectiva que, empleando nuevos canales de comunicación y de expresión, posibilite la creación de una *cultura alternativa* que forme parte del proceso revolucionario.

La política del actual gobierno militar argentino, de clara procedencia burguesa y reaccionaria, ha intentado y conseguido anular en parte la combatividad de la clase obrera mediante una violenta represión que ha alcanzado, como es notorio, los centros de cultura universitarios. El aparato represivo montado por el gobierno ejerce una estricta censura sobre los medios de difusión, publicaciones y centros editoriales, instituciones culturales y movimientos artísticos de vanguardia.

Este marco ambiental agrava la situación en que los artistas revolucionarios desarrollan su labor. Los movimientos plásticos de verdadero sentido revolucionario siguen siendo despojados de su significación real al ser absorbidos por los centros culturales que detenta la clase burguesa.

Estos procesos de represión y absorción han creado la necesidad para los artistas de elaborar una nueva estética efectivamente revolucionaria que, generando las armas adecuadas para la lucha de liberación, tenga su base en una acción creadora cuya materia sea la realidad social y esté dirigida a modificarla en su totalidad.

La toma de conciencia de estos problemas a nivel político y estético determinó la realización de una serie de actos de agresión voluntaria contra instituciones y representantes de la cultura burguesa, como por ejemplo la no participación y el boicot al Premio Braque instituido por el Servicio Cultural de Francia que culminó con la detención de varios artistas que concretaron violentamente el rechazo.

La obra colectiva propuesta se apoya en la actual situación argentina radicalizada en una de sus provincias más pobres, Tucumán, sometida a una larga tradición de subdesarrollo y opresión económica. El actual gobierno argentino, empeñado en una nefasta política colonizante, ha procedido al cierre de la mayoría de los ingenios azucareros tucumanos, resorte vital de la economía de la provincia, esparciendo el hambre y la desocupación, con todas las consecuencias sociales que ésta acarrea. Un "Operativo Tucumán", elaborado por los economistas del gobierno, intenta enmascarar esta desembozada agresión a la clase obrera con un falso desarrollo económico basado en la creación de nuevas e hipotéticas industrias financiadas por capitales norteamericanos. La verdad que se oculta detrás de este "Operativo" es la siguiente: se intenta la destrucción de un real y explosivo gremialismo que abarca el noroeste argentino mediante la disolución de los grupos obreros, atomizados en pequeñas explotaciones industriales u obligados a emigrar a otras zonas en busca de ocupación temporaria, mal remunerada y sin estabilidad. Una de las graves consecuencias que este hecho acarrea es la disolución del núcleo familiar obrero, librada a la improvisación y al azar para poder subsistir. La política económica seguida por el gobierno en la provincia de Tucumán tiene el carácter de experiencia piloto con lo que se intenta comprobar el grado de resistencia de la clase obrera para que, subsecuentemente a una neutralización de la oposición gremial, pueda ser trasladada a otras provincias que presentan características económicas y sociales similares.

Este "Operativo Tucumán" se ve reforzado por un "Operativo Silencio" organizado por las instituciones del gobierno para confundir, tergiversar y silenciar la grave situación tucumana al cual se ha plegado la llamada "Prensa libre" por razones de comunes intereses de clase.

Sobre esta situación, y asumiendo su responsabilidad de artistas comprometidos con la realidad social que los incluye, los artistas de vanguardia responden a este "Operativo Silencio" con la realización de la PRIMERA BIENAL DE ARTE DE VANGUARDIA "TUCUMÁN ARDE" que implica:

1) Asumir el papel de propagandistas y activistas de la lucha social en Tucumán.

2) Crear una *cultura alternativa* que, propuesta como una instrumentación de la violencia y de la subversión, desgaste el aparato oficial de la cultura burguesa.

3) Apoyar la acción política de las entidades gremiales que encabezan la lucha: Confederación General del Trabajo, Federación de Obreros Tucumanos de la Industria Azucarera.

La PRIMERA BIENAL DE ARTE DE VANGUARDIA "TUCUMÁN ARDE" consigue, por primera vez en la historia de los movimientos plásticos argentinos, una verdadera y real unión de motivación e intereses entre artistas e integrantes de la clase obrera; y comprende:

1) Una exploración exhaustiva de la realidad tucumana a todos los niveles, recogiendo la información en el lugar en que los conflictos se producen; para el logro de esta etapa los artistas viajarán a Tucumán acompañados de equipos de filmación, grabación, fotografía y materiales para entrevistas, encuestas y reportajes.

2) La mostración del material gráfico y audiovisual recogido por los artistas, en los locales de la CGT central (Buenos Aires), y las regionales de Rosario, Santa Fe y Córdoba, como una manera de incorporar el hecho a las entidades obreras.

3) La utilización de los medios de comunicación para crear un fenómeno sobreinformacional que abarcará la información recogida por los artistas en Tucumán, la información formalizada en la muestra en la CGT y la posterior difusión que los medios elaborarán, como última etapa sobre la totalidad del proceso.

La obra se realizará entre el 9 y el 13 de noviembre de 1968.

Participantes. *Rosario*: Noemí Escandell, Graciela Carnevale, María Teresa Gramuglio, Martha Grener, María Elvira de Arechavala, Estela Pomerantz, Nicolás Rosa, Aldo Bortolotti, Norberto Puzzolo, Eduardo Favario, Emilio Ghilioni, Juan Pablo Renzi, Carlos A. Shork, David de Nully Brawn, Roberto Zara, Oscar Coniglio. *Buenos Aires*: Margarita Paksa, León Ferrari, Roberto Jacoby, Pablo Suárez. *Santa Fe*: Graciela Bortwick, Jorge Cohen, Jorge Conti.

Fuente: Nicolás Rosa y María Teresa Gramuglio, *Tucumán arde*, recopilada por la investigadora Ana Longoni.

ROBERTO JACOBY
Proclama

Este mensaje está dirigido al reducido grupo de creadores, simuladores, críticos y promotores, es decir, a los que están comprometidos por su talento, su inteligencia, su interés económico o de prestigio, o su estupidez a lo que se llama "arte de vanguardia".

A los que metódicamente buscan darse en Di Tella "el baño de cultura", al público en general.

Vanguardia es el movimiento de pensamiento que niega permanentemente al arte y afirma permanentemente la historia. En este recorrido de afirmación y negación simultánea, el arte y la vida se han ido confundiendo hasta hacerse inseparables. Todos los fenómenos de la vida social se han convertido en materia estética: la moda, la industria y la tecnología, los medios de comunicación de masa, etcétera.

"Se acabó la contemplación estética porque la estética se disuelve en la vida social."

Se acabó también la obra de arte porque la vida y el planeta mismo empiezan a serlo.

Por eso se esparce por todas partes una lucha necesaria, sangrienta y hermosa por la creación del mundo nuevo. Y la vanguardia no puede dejar de afirmar la historia, de afirmar la justa, heroica violencia de esta lucha.

El futuro del arte se liga no a la creación de obras, sino a la definición de nuevos conceptos de vida; y el artista se convierte en el propagandista de esos conceptos. El "arte" no tiene ninguna importancia: es la vida la que cuenta. Es la historia de estos años que vienen. Es la creación de la obra de arte colectiva más gigantesca de la historia: la conquista de la tierra, de la libertad por el hombre.

Fuente: Roberto Jacoby, *Mensaje en Di Tella,* manifiesto que era parte de una obra expuesta en "Experiencias 68", Instituto Di Tella, recopilado por la investigadora Ana Longoni.

ANÍBAL FORD
Cultura dominante y cultura popular

Pienso que el trabajo crítico debe ser un trabajo de afirmación de la conciencia nacional y popular, una forma de enfrentamiento con la cultura oligárquica y el imperialismo. (Un enfrentamiento no autónomo, sino interrelacionado, y en última instancia determinado, aunque a través de complejas mediaciones, por la lucha económica y política.) Es decir, por un lado, como ataque a la cultura dominante, a la cultura reproductora del sistema elitista y dependiente, naturalizadora y confirmadora del orden existente, a la cultura de la apropiación, de la reificación, de la alienación, de la mitificación, de la represión, etc. Por otro lado, como afirmación y exploración de los procesos que se oponen a la cultura dominante, a esas formas culturales que a pesar de estar sometidas a la expropiación, a la recuperación desdialectizadora, a la represión, fueron o van formando, junto a las otras luchas, una conciencia nacional y popular.

Si lo primero nos remite a un corpus claramente identificado –que puede ir de la producción de textos escolares a la publicidad manejada por las empresas multinacionales, de los suplementos de *La Nación* o *La Prensa* a la política cultural del régimen, de las formas que adquirió entre nosotros la literatura arquetípica a las series yanquis, de los seudonacionalismos a las formas de la división del trabajo intelectual, etc.–, la segunda instancia nos remite a una zona más compleja y a la que denominamos con términos muchas veces tergiversados y mitificados: cultura popular, cultura nacional. El desenfoque o el olvido con respecto a estas zonas, en especial con respecto a la primera –un concepto que introduce el conflicto social en el territorio de la cultura– se debe a diversos factores que vale la pena puntualizar. En primer lugar la persistencia del concepto burgués de cultura, que transforma a ésta en un bien universal, al margen de la historia, un concepto que hace de la cultura de una clase la cultura universal, la única cultura, la civilización. Un concepto que tiene una vertiente elitista (diferenciadora, apropiadora, sacerdotal) y una vertiente reformista, distributiva y en última instancia represiva. Para ésta la cultura es un bien universal que hay que distribuir entre las masas *carentes* de cultura, es decir "incultas", "bárbaras". (Una distribución, por otra parte, que comienza históricamente a funcionar a partir de la necesidad de las clases dominantes de reproducir el sistema.) Pero las negaciones con respecto a la cultura popular no tienen sólo este origen. Están implícitas, por ejemplo, en las afirmaciones, provenientes del liberalismo y de la izquierda, de que la cultura dominante lo inunda todo. De ahí se termina reconociendo como único centro impugnador de la cultura dominante a la subversión directa o a la ortodoxia, según los casos, y se otorga a las clases populares un rol pasivo, no creador, carente de iniciativa histórica (iniciativa que muchas veces es reducida a espontaneísmo, un término a menudo utilizado con una gran carga de prejuicios derivados del evolucionismo y del positivismo), un rol vacío, alienado por el sistema. (Hecho que de ser cierto, por ejemplo, no explicaría el poco peso que tuvo la publicidad defensora del sistema sobre el electorado que votó el 11 de marzo de 1973.)

Pero con respecto a la cultura nacional y popular, concebida en los términos en que tratamos de irla definiendo, se plantean también problemas con respecto a muchos de los que hacen su exégesis. Dejando de lado las variantes derivadas del pensamiento nacionalista burgués (pensamiento sin embargo importante en cierta etapa de nuestra historia cultural, como puede ser el caso del Rojas de *La restauración nacionalista*), me refiero, fundamentalmente, al traslado indiscriminado de tesis provenientes de países del Tercer Mundo cuya historia, estructura de clases y forma de dependencia son diferentes a las nuestras. Así sucede con ciertas lecturas y traslados mecánicos de las tesis de un pensador fundamental en el campo de las relaciones entre política y cultura: Frantz Fanon.

Todo esto me lleva a puntualizar que una redefinición de los conceptos de cultura nacional y cultura popular debe apoyarse en el análisis concreto de la historia argentina –en el marco de la historia de América latina–, de la forma que adoptó en nuestro país el conflicto social y el tipo de dependencia al que estamos sujetos. No serán los códigos de la cultura burguesa ni los análisis hechos sobre otras realidades los que indicarán el camino para valorar los procesos culturales que influyeron efectivamente, a veces a partir de precarias contraideologías, en la formación de una conciencia de clase (en un país donde, no lo olvidemos, la historia de las clases explotadas es compleja y cruzada por la inmigración externa y por la migración interna) y de una conciencia antiimperialista, de una cultura que no se hunde sino que marcha y crece junto al proceso de liberación y cuyo corpus complejo, contradictorio y en gran parte perdido, puede ser explorado en fenómenos diversos, que van de la producción de los marginados a los pensadores nacionalistas y revisionistas, de las lecturas de los medios de comunicación que hace el proletariado industrial a las manifestaciones populares, de los payadores anarquistas y radicales a los ídolos de la etapa peronista, del proteccionismo cultural a la producción de los intelectuales marginados o insertos en la industria cultural, de la vida cotidiana y las organizaciones de barrio al carbón y la tiza, del periodismo obrero al periodismo de denuncia, del cine populista al cine de liberación, y en tantos otros fenómenos en los cuales se fue y se va articulando, muchas veces de manera precaria y contradictoria, una respuesta ante la cultura dominante, directa o indirectamente unida a las luchas populares.

Fuente: Aníbal Ford, Respuesta a una encuesta organizada por Jorge Lafforgue en 1972. Recopilada en: A. Ford, J. B. Rivera, E. Romano, *Medios de comunicación y cultura popular*, Buenos Aires, Legasa, 1985, pp. 20-23.

GRUPO PLATAFORMA
Declaración a los trabajadores de la salud mental

Los que suscriben, psicoanalistas que constituyen el Grupo Plataforma Argentino, integrante del Movimiento Plataforma Internacional, deciden hacer pública su separación de la Asociación Psicoanalítica Internacional y de su filial argentina.

Es ésta la culminación de una línea de trabajo previa y opción crucial para quienes la asumimos, dado que cancelamos así nuestra pertenencia a una institución que algunos de nosotros contribuimos a crear y en la cual invertimos muchos años de nuestras vidas, aprendiendo, enseñando, investigando y ejerciendo el Psicoanálisis.

Sabemos que este alejamiento nos trasciende como psicoanalistas y aún como personas, cobrando un significado que se proyecta en un contexto mucho más amplio que el de la vida científico-institucional. Para explicitar los motivos y los propósitos que nos animan, nos dirigimos a los trabajadores de la salud mental, incluyendo entre ellos a nuestros colegas. Con esta comunicación, con trabajos científicos y a través de tareas de docencia, investigación y asistencia, aspiramos a dar una clara imagen de nuestra identidad, a todos los sectores. En este sentido publicaremos un anteproyecto de actividades y estructura organizativa que definirá la forma de incorporación a nuestro movimiento.

Consideramos que la Obra de Freud, el psicoanálisis, produjo una revolución en las Ciencias Sociales con su aporte específico de conocimiento científico y que ese surgimiento estuvo y está determinado, pese a su autonomía relativa, por el contexto socio-económico-político en el que se practica. Entendemos que, como más abajo detallamos, el psicoanálisis ha sido distorsionado y detenido necesitando para retomar su línea de innovación y desarrollo, de la imprescindible contribución de otras ciencias así como de una distinta y explícita inscripción social, ineludible en este momento histórico.

Nuestra disciplina provee el conocimiento de las determinaciones inconscientes que regulan la vida de los hombres, pero la misma, como conjunto de prácticas sociales articuladas, está regida también por otros órdenes determinantes: fundamentalmente el sistema de producción económica y la estructura política. Tales relaciones generan en los individuos sistemas de creencias acerca del lugar que ocupan en la Sociedad, configurando las Ideologías de clase. Éstas son entonces registros parcializados de la realidad de las prácticas sociales destinados a orientar y justificar toda práctica. Ser coherentes con estos conceptos nos obliga a entender que el ejercicio científico, indisolublemente ligado a nuestro estilo de vida y a la organización institucional a la que pertenecemos, está igualmente condicionado e ideologizado en todos los aspectos por su inserción en el sistema, siendo tan sólo una particularidad de las instituciones que lo integran y sostienen.

La razón de nuestro alejamiento pasa por disidencias con la organización societaria psicoanalítica a todos los niveles: teórico, técnico, didáctico, investigativo, económico, pero aquí queremos enfatizar uno decisivo, el ideológico. En este plano el enfrentamiento y las exigencias de acción concreta que comporta es insuperable e impugna a la ideología global de la Institución, por lo cual queremos que quede claro que no nos impulsa grupal o individualmente ninguna intención más o menos reformista ni reivindicatoria intra-institucional y que las críticas que siguen no aluden a personas, muchas de las cuales apreciamos, por las que fuimos formados psicoanalíticamente y a las que formamos. Por nuestra parte hemos sido criticados repetidamente tanto por quienes sostienen que somos negativos o superfluos como los que nos reprochan no haber asumido antes lo necesarios que éramos alcanzando desde el comienzo una línea madura. No volveremos, por ahora, a ocuparnos de las críticas que desde el quietismo o los pactos con el sistema intenten entorpecernos.

Sostenemos que esta separación, producto de un largo y difícil proceso, es indispensable, y que no puede ser callada y resignada puesto que nos declaramos abiertamente partidarios de una inscripción cualitativa y cuantitativamente distinta dentro del proceso social, económico y político nacional y latinoamericano. Como científicos y profesionales tenemos el propósito de poner nuestros conocimientos al servicio de las ideologías que cuestionan sin pactos al sistema que en nuestro país se caracteriza por favorecer la explotación de las clases oprimidas, por entregar las riquezas nacionales a los grandes monopolios y por reprimir toda manifestación política que tienda a rebelarse contra él. Nos pronunciamos, por el contrario, comprometiéndonos con todos los sectores combativos de la población que, en el proceso de liberación nacional, luchan por el advenimiento de una patria socialista.

En el marco institucional, siendo como es partícipe sumiso de ese orden, el pensamiento psicoanalítico ha sido distorsionado y detenido, paradojalmente, porque la organización fue creada con la misión de defenderlo y cultivarlo. Esta paralización está esencialmente dada por la política ejercida desde los cargos directivos, cuyo efecto, más allá de las buenas intenciones de quienes también son esterilizados científica y afectivamente por su papel, es consolidar cada vez más la estratificación jerárquica destinada al sostenimiento del privilegio económico de quienes están en el vértice de la pirámide. Esto se vuelve a su vez indoctrinante para quienes están en la base aspirando a llegar a la cúspide del poder. Mencionaremos algunos hechos que resten a este enunciado el valor de una mera afirmación y que permitan justipreciar los pactos ideológicos que se establecen entre Ciencia y Sistema, articulaciones entre estructura institucional e ideología de clase dominante, que se expresan en esta modalidad de la práctica científica: la Asociación Psicoanalítica Argentina está compuesta actualmente por 367 personas de las cuales 194 pertenecen como miembros a la Institución y el resto al Instituto del Psicoanálisis en calidad de egresados y candidatos. Este sector de la población no tiene ningún acceso legal a la política institucional, ni puede recibir información exhaustiva acerca de la misma so pretexto del cuidado del encuadre analítico. Por otra parte, del total de miembros aceptados en la Institución sólo los 79 Miembros Titulares tienen voz y voto en las decisiones importantes. De los restantes, sólo los 116 Miembros adherentes tienen voz pero no poder para tomar parte en las decisiones. Aun dentro de la minoría dirigente los subgrupos más encumbrados excluyen con maniobras más o menos legales a los demás.

En el Instituto de Psicoanálisis existe una situación semejante.

Hay una Comisión de Enseñanza que es el máximo nivel de la organización pedagógica, compuesta por miembros titulares que pertenecen a su vez a la misma minoría que rige los destinos de la Institución. Existe también un Claustro de Profesores, donde votan sólo los profesores titulares y adjuntos, pertenecientes en su mayoría al grupo antes mencionado. Frente a esa concentración de poder, para resaltar el contraste, consignamos que un cuerpo de delegados representa a los estudiantes que se hacen escuchar por su intermedio en la Comisión de Enseñanza en cuanto a algún tipo de reestructuración pedagógica circunstancial sin contenido demasiado innovador ni científico, ni objeciones a las relaciones de poder.

Por otra parte, cabe recalcar que un candidato a psicoanalista se ve forzado a destinar a su formación entre 40 y 50 horas semanales de trabajo-estudio-dinero, lo cual significa, o bien una renuncia a toda otra actividad esencial por un período de cuatro años, o bien su realización en tiempo de descanso a costa de la salud física y mental. Con todo son, en última instancia, los pacientes quienes pagan ese artificial sobrecargo, y sorprende ver cómo los candidatos, pese a ese régimen de exacción, encuentran la forma de usar el lapso casi inexistente que les resta para elevar su estándar de vida mimetizando las pautas de consumo de los estratos superiores de la Institución.

Este ordenamiento vertical en que la autoridad jerárquica no necesariamente coincide con el mayor nivel científico sino con la antigüedad y la experiencia burocrática, tiene un resultado claramente visible. No solamente desnaturaliza la función específica de la institución de promover la evolución teórico-técnica del Psicoanálisis: profundizando en los conceptos, intercambiando conocimientos con otras ciencias, inaugurando procedimientos y campos de aplicación originales, ensayando formas novedosas en la docencia, etc., sino que la sustituye por la búsqueda de prestigio, status y logros económicos.

Ya otras voces se han levantado en protesta contra la así llamada "falta de democracia" en la Institución y reclamando una supuestamente posible reestructuración.

Pero no es esa falta de liberalidad el punto clave de fractura que nos desliga de la Institución. Sabemos que la verticalidad administrativa y el paternalismo es justamente típico de las organizaciones liberales cuya máxima capacidad de permanecer está dada por una cierta posibilidad que exhiben de hacer concesiones. No ignoramos que esas características del modelo institucional son efectos indicadores de la necesidad del sistema socio-político-económico de sostenerse **también** sobre los pilares que le representa un poder científico prestigiado y monopolista del conocimiento que se maneja para su producción específica con las pautas y la ideología que el mismo sistema suministra en otros ámbitos para su perpetuación.

Lo que nos separa esencialmente es que esas modalidades de funcionamiento societario, a más de los efectos citados, al aislar entre sí a los distintos cuadros en cuanto a la política interna y a la Institución con la realidad en cuanto a la externa, van paulatinamente encastillando a los psicoanalistas, con la aquiescencia de los mismos en su larga espera por el ascenso, en el reducto de un estricto quehacer profesional a-político y a-social. Esa penosa condición es racionalizada con el criterio de la "neutralidad valorativa" del científico, supuestamente posible y necesaria, integrante de toda una concepción utópica que incluye ilusas esperanzas de cambio social al que como hombres no podemos aportar porque el profesionalismo nos absorbe y como psicoanalistas tampoco porque todo intento en ese sentido es acusado de "violación ética" y "mezcla entre Ciencia y Política".

Así nos formamos y así hemos formado a otros. Estamos en camino de ser y hacer otros psicoanalistas, uniéndonos a todos aquellos que deseen colaborar en una línea afín a la nuestra. Queremos practicar verdadero psicoanálisis. Ésta es una decisión que nos compromete en el trabajo y la denuncia enrolándonos junto a otros científicos y profesionales que entienden que su ciencia no puede ni debe utilizarse para construir un muro aislante que la enajene de la realidad social ni enajene a la misma de su instrumento teórico, convirtiéndolo de esta manera en herramienta mistificante y mistificada al servicio del no-cambio. Para nosotros, desde aquí en más, el Psicoanálisis no es la Institución Psicoanalítica oficial. El Psicoanálisis es donde los psicoanalistas **sean**, entendiendo el ser como una definición clara que no pasa por el campo de una Ciencia aislada y aislante, sino por el de una Ciencia comprometida con las múltiples realidades que pretende estudiar y transformar.

GRUPO PLATAFORMA ARGENTINO: Armando Bauleo, Fanny Barenblit de Salzberg, Gregorio Barenblit, Carlos G. Bigliani, Lea Nuss de Bigliani, Manuel B. Braslavsky, Luis María Esmerado, Andrés Gallegos, Diego García Reinoso, Gilberte Royer de García Reinoso, Hernán Kesselman, Marie Langer, Miguel Matrajt, Guido Ángel Narváez, Eduardo Pavlovsky, José Rafael Paz, Emilio Rodrigué, Juan Carlos Volnovich.

Fuente: *Los Libros*, número 25, marzo de 1972, pp. 5-7.

GRUPO DOCUMENTO
Declaración

Somos psicoanalistas que hemos renunciado a nuestra condición de miembros de la Asociación Psicoanalítica Argentina y de la Asociación Psicoanalítica Internacional. La presente declaración tiene por objeto fundamentar las razones

que nos condujeron a tal toma de posición que, si bien se concreta en este momento, debe ser entendida como parte de un proceso signado por la crisis en que
se halla el Psicoanálisis y la institución que hasta hoy aparecía representándolo.
Esta crisis es cualitativamente diferente de otras previas. Para poder entenderla
debe ser referida al contexto socio-económico en que se da. Por ello consideramos inseparable nuestro cuestionamiento a la APA de un proyecto político mínimo en el que se exprese la reinscripción del Psicoanálisis en condiciones diferentes. Nuestra disidencia con la APA es de base y nos compromete en un
examen que nos abarca también a nosotros, y que nos obliga a replantear cuál es
nuestro papel como profesionales de un campo específico –el Psicoanálisis– en
el proceso de transformación de nuestra sociedad. Nuestra renuncia forma parte
de un proyecto global que intentamos otorgue coherencia a cada una de nuestras
acciones.

La crítica a la APA que desarrolla el GRUPO DOCUMENTO no está dirigida a
personas en particular sino a la institución como tal, y sería parcial y superficial
si se la entendiera como destinada simplemente a una asociación profesional que
simplemente "funciona mal". La APA en realidad es coherente con un sistema
social del que reproduce, dentro de las características que le son propias, sus relaciones de explotación, sus privilegios y los métodos de deformación y represión de cualquier pensamiento cuestionador.

La APA ha llegado a constituir una empresa que lucha por la posesión monopolista del Psicoanálisis. Asegura a sus miembros, a través de la pertenencia y
el status que alcancen dentro de ella, la participación en el sistema de privilegio
que implica el monopolio. Esta intención monopolista de la APA con respecto al
resto de los profesionales de la salud mental y a la que contribuyen todos los
miembros de la entidad, se refleja en su estructura interna, en que un reducido
número de personas detenta, formalmente y de hecho, la totalidad del poder político. Este poder se ejerce no sólo en la restricción del voto a una minoría sino
de manera aún más sutil y efectiva, a través del sistema didáctico. Así se constituye una pirámide institucional en la que se encuentran regladas las jerarquías de
forma tal que no pueda modificarse un hecho básico: la instrumentación ideológica del Psicoanálisis al servicio de las clases dominantes de nuestra sociedad.
Pero que los miembros de la APA compartan como conjunto los beneficios que
la institución otorga, no elimina el hecho de que la minoría que ejerce el poder
dentro de la misma deba apelar, para seguir manteniendo su hegemonía, a la
censura de cualquier expresión que tienda a un cambio real. Desde el momento
mismo en que alguien se presenta a las entrevistas para ser admitido en la APA
hasta aquél en que logra la condición de miembro didacta, máxima posición política dentro de la entidad, cada participación en las actividades institucionales es
utilizada como indicio del grado de acatamiento a las normas e ideas que son
impuestas por el grupo dominante. Esto determinó una organización que sin mayor exigencia intelectual permite el progreso de todo aquel que acepte las reglas
del juego. Se crearon así las condiciones que han dificultado un auténtico cuestionamiento de los supuestos básicos de la teoría y de la práctica psicoanalítica,

enfatizándose en cambio desarrollos secundarios y detalles formales de la técnica. Resultó menos riesgoso hacer aportes parciales sobre líneas ya aceptadas que exponerse a las consecuencias de la disidencia. La autocensura constituyó así el complemento de la coerción abierta, coadyuvando al mantenimiento de la represión. Los que debieron ser trabajos científicos se convirtieron en meros medios de ascenso en la pirámide burocrática. He aquí uno de los factores que incidieron para el estancamiento científico del Psicoanálisis.

Por otra parte, la orientación dominante de la APA consiste en desarticular al Psicoanálisis del resto de las disciplinas científicas. Lo convierte así en una especie de superciencia que se basta a sí misma y que pretende explicar a las demás, cayendo de esta manera en una verdadera deformación epistemológica, bajo el pretexto de preservar una supuesta pureza del Psicoanálisis. A esta concepción estrecha en el plano teórico, corresponde una práctica igualmente limitada: no se han profundizado las múltiples aplicaciones de la teoría psicoanalítica en otros campos de actividades distintas del Psicoanálisis individual, lo que en el interjuego entre praxis y teoría, hubiera permitido abrir nuevas perspectivas de desarrollo para esta última.

El valor social del Psicoanálisis no está dado por los pocos individuos a los que se pueda asistir, sino por ofrecer un cuerpo teórico cuya elaboración permitiría crear instrumentos terapéuticos para grupos cada vez más amplios de la población. Además desde el punto de vista de la salud mental los psicoanalistas deben asumir su limitación actual para dar solución al problema de grandes masas de población.

Por todo lo dicho creemos que el problema no reside en proponer modificaciones formales a una institución, cuyas posibilidades de cambio en el plano científico e ideológico están limitadas por su forma de inserción social.

Nuestra renuncia debe ser contextualizada en relación con el momento actual del movimiento psicoanalítico íntimamente ligado a las condiciones existentes en nuestro país. La separación del GRUPO PLATAFORMA, que también actuaba dentro de la APA, constituyó un hecho político que contribuyó a acentuar una polarización ya existente en el movimiento psicoanalítico, polarización de la que fueron ejemplificaciones nuestras sucesivas acciones dentro de la institución. Ante la nueva configuración abierta, nuestra ruptura con la APA apunta al fortalecimiento del amplio movimiento integrado por individuos y grupos que, más allá de las diferencias tácticas circunstanciales, tiendan al rescate del Psicoanálisis poniéndolo al servicio de una meta compartida: el advenimiento de una Sociedad Socialista.

En el orden nacional nuestra decisión se ubica en el proceso de agudización de las contradicciones existentes entre los sectores que detentan el poder económico-político y masas de la población cada vez más amplias. A la crisis estructural en el plano económico-político, determinada por los problemas no resueltos de un país dependiente de los grandes monopolios, se le suma una coyuntura que deja un margen estrecho de juego para los esquemas tradicionales de las clases opresoras. Esto ha determinado que las formas de represión adquieran inusitada violencia. Las clases dominantes presionan ideológicamente en forma creciente en todos los niveles de trabajo científico: sólo se acepta una ciencia que al negar las determinaciones socio-económicas, se pone consciente o inconscientemente, al servicio del mantenimiento del sistema. La tendencia es a cristalizar estructuras académicas que cumplan ese fin. A pesar de ciertos valores humanos y científicos reconocibles, la APA es un ejemplo de las consecuencias a las que conduce la captación de una teoría científica, revolucionaria en su comienzo, por parte de un sistema que coarta todo pensamiento desmistificador. Nuestra inserción como profesionales en una estructura socio-política así caracterizada, hace utópica cualquier pretensión de autonomía en nuestra práctica. Rechazamos la falacia de la neutralidad postulada como desiderátum para el científico, ya que consideramos que el apoliticismo no es nada más que un aval al sistema, pleno de significado político.

Nos es claro que al alejarnos de 'APA sólo estamos en el punto de partida de un trabajo y una acción que serán en definitiva los que darán un real sentido a este pronunciamiento.

Grupo Documento: Diana Etinger de Álvarez, Hugo Bellagamba, Marcos Bernard, Hugo Bleichmar, Emilce Dio de Bleichmar, Santiago Dubcovsky, Carlos Kaplan, Raquel Kielmanowicz, Ignacio Maldonado, Julio Marotta, Aldo Melillo, Lea Rivelis de Paz, Aída Dora Romanos, Jorge Rovatti, Leopoldo Salvarezza, Fanny Elman de Schutt, Jaime P. Schust, Horacio Scornik, Gilberto Simoes, Raquel Kozicki de Simoes, Fernando Ulloa.

Fuente: *Los Libros,* número 25, marzo de 1972, pp. 5-7.

Esta edición se terminó de imprimir en
Industria Gráfica Argentina
Gral. Fructuoso Rivera 1066, Capital Federal
en el mes de setiembre de 2001.